中文社會科學引文索引（CSSCI）來源集刊

# 西域歷史語言研究集刊

二〇二三年第二輯（總第二十輯）

中國人民大學國學院西域歷史語言研究所 編

黃維忠 主編

中國藏學出版社

# Historical and Philological Studies of China's Western Regions
## (2023 No.2) Vol. 20

Institute of Historical and Philological Studies of China's Western Regions,
School of Chinese Classics,
Renmin University of China

Huang Weizhong  Editor-in-Chief

China Tibetology Publishing House

謹以此輯紀念馮其庸先生百年誕辰
To Commemorate the Centenary of the Birth of Mr. Feng Qiyong

馮其庸百年誕辰紀念文集（沈燮元 題）

2005年8月，馮先生在海拔4700米的明鐵蓋達坂山口爲玄奘取經東歸古道立碑。

馮先生工作照

西域歷史語言研究所所長烏雲畢力格教授（左）與馮先生合影（右爲談錫永先生）

馮先生2004年西域考察照

西域歷史語言研究所原所長沈衛榮教授與馮先生合影

尊敬的胡總書記、溫總理：

你們好！

我國自從改革開放以來，經濟發展、社會穩定，國際地位明顯提高。這自然要歸功於黨中央和政府的正確領導。我們都是從舊社會走過來的人，看到祖國今日的繁榮，由衷感到高興，感到自豪。我們相信，這樣的建設繼續下去，實現中華民族的偉大復興真是指日可待了。

作爲八九十歲的老人，我們今天能看到祖國如此成績應該是別無他求了。但是，我們仍有心事未了，越是看到祖國發展的大好形勢，我們覺得越應該把我們的心裏話說出來。

在中國的古代，曾經有一些民族留下了語言文字，但是後來這些民族卻消失了。這種文字通常叫做死文字。例如：粟特文、吐火羅文、于闐文、印度古梵文等，以上這些珍貴的文獻資料，老早即被西方的掠奪者所劫取，但在這些古文獻資料裏，不僅包含著當時的民情風俗，而且反映著西部不少少數民族政權的內附關係，以至於後來漢政權行政機構的設施等等。但是這些珍貴的資料大部分在外國人手裏，其解釋權也由他們掌握主導，我們建議急需做兩方面的工作：一是建立研究機構，培養專業人才（特別趁季羨林老健在的時候。——馮），並調集國內極少數的幾位專家一起來帶研究生；二是向國外派留學生，不僅學習這些古文字（像季老當年一樣），而且還可以在國外搜集原始資料（拍照、買書等）。我們憑藉這些資料，加上國內僅有的一些資料，一是

馮先生寫給中央領導關於成立西域歷史語言研究所的信

可以向兄弟民族做歷史主義和愛國主義的教育；二是萬一有國際爭端的時候，我們可以主動地利用這些資料，解釋這些資料。

現在中國人民大學在政府的支持下，已成立了"國學院"，由馮其庸任院長。在馮其庸的宣導下，在國學院內成立了"西部研究中心"，爲的是配合國家大西部的建設。現在我們再建議在國學院內成立"西域古語言文字研究所"，以完成上述各項任務。因爲這個機構的建立，涉及到在全國調集人才（雖然最多也衹有二三位甚至更少）和對外搜購資料等，需要一定的專用經費，爲此特向中央請示。

爲了在西域以及在中亞的歷史上擁有我們的發言權，爲了配合中國的和平崛起，爲了建立西部更和諧的社會，我們覺得這個措施是很有實際意義的。雖然，古代民族語言歷史的研究已是絕學，但衹要以國家的力量來辦，相信前景是很好的。我們希望在不久的將來，中國學者在這些領域裏能取得權威的解釋權，讓世界能傾聽中國學者的聲音。

真誠致意，並希望早日得到批復。

二〇〇五年九月五日

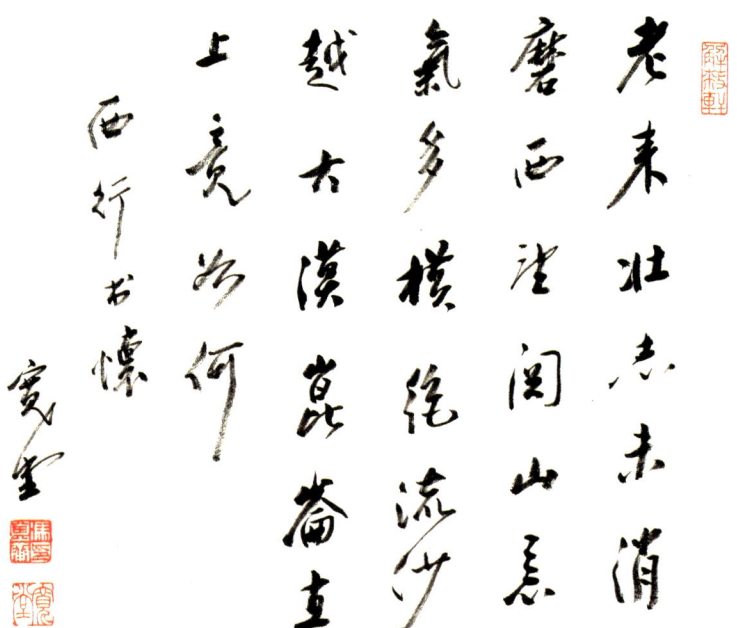

馮先生自作詩

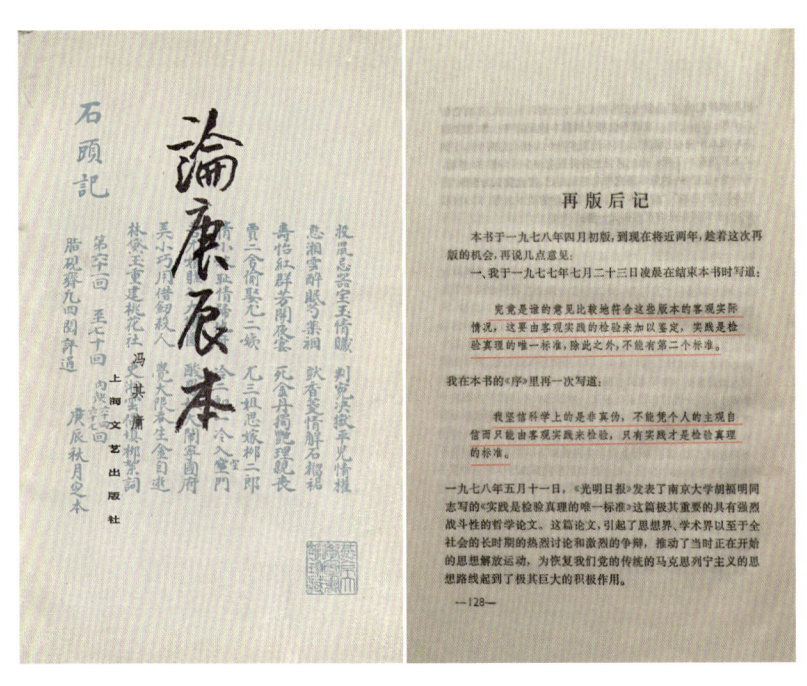

馮先生著作《論庚辰本》

# 《西域歷史語言研究集刊》編委會

主辦：中國人民大學國學院西域歷史語言研究所
主編：黃維忠　中國人民大學國學院西域歷史語言研究所
編委：烏雲畢力格　中國人民大學
　　　索羅寧　中國人民大學
　　　畢　波　中國人民大學
　　　沈衛榮　清華大學
　　　劉迎勝　浙江大學
　　　華　濤　南京大學
　　　榮新江　北京大學
　　　羅　新　北京大學
　　　烏　蘭　中國社會科學院
　　　寶音德力根　内蒙古大學
　　　趙令志　中央民族大學
　　　葉爾達　中央民族大學
　　　阿依達爾·米爾卡馬力　新疆大學
　　　才　讓　西北民族大學
　　　陳維新　臺北故宮博物院
　　　孔令偉　臺灣"中央"研究院
　　　Christopher Atwood　美國賓夕法尼亞大學
　　　Ralph Kauz　德國波恩大學
　　　Lars Peter Laarmann　英國倫敦大學
　　　二木博史　日本東京外國語大學
　　　荒川慎太郎　日本東京外國語大學
　　　井内真帆　日本神户市外國語大學
　　　承　志　日本追手門學院大學
　　　S. Chuluun　蒙古國科學院
　　　Ts. Battulga　蒙古國立大學
　　　Bakhyt Ezhenkhan-uli　中國人民大學、哈薩克斯坦國立 L. N. 古米廖夫歐亞大學

## 編輯部成員

烏雲畢力格　黃維忠　白玉冬（特約）　吐送江·依明（特約）
特爾巴衣爾　楊杰　孟瑜　張閱　陳希

# 目 錄

**馮其庸先生百年誕辰紀念專文**

平生無限銘心事，欲傾肝膽報國恩

　　——記馮其庸先生的家國情懷……………………………………馮其庸學術館　1

**明清西域多語種文獻研究**

清廷致西藏地方上層的第一批文書………………………………烏雲畢力格　5

《欽定藏内善後二十九條章程》的頒佈及其貫徹落實

　　——以《清代西藏地方檔案文獻選編》爲中心…………………張　雲　15

六世班禪爲乾隆皇帝生日所奉祝辭考………………………………薩爾吉　29

滿文《哈薩克汗派遣使臣事奏書》及其反映的清哈關係史實

　　………………………………………………［哈薩克斯坦］巴哈提·依加漢　46

明大慈法王傳《吉祥喜金剛獨勇修習法儀》殘卷研究………安海燕　貢噶旦增　61

《普度大齋長卷》波斯文内容初探…………………………………陳　希　90

紀實與象徵：《第五世噶瑪巴爲明太祖薦福圖》建築及其意蘊考……苞璐爾　107

15世紀河湟地區無量光佛淨土圖像考

　　——以炳靈寺第3窟壁畫爲中心……………………………………毛一銘　121

**漢藏佛學研究**

漢藏佛教視域中的觀音崇拜和修法…………………………沈衛榮　侯浩然　134

漢藏唯識學中"種子與阿賴耶識關係"問題比較研究……………劉丹楓　163

**敦煌學研究**

吐蕃告身（yig gtshang）瑣議……………………………………陳　踐　174

| | | |
|---|---|---|
| 吐蕃重臣算使（rtsis pa）初探 | 黄維忠　象毛措 | 183 |
| 領有・征服：一個古藏文複合詞語義群 | 任小波 | 193 |
| 敦煌藏文大事紀年文書 Or. 8212.187 末卷的文本標注與語法探析 | 格日傑布 | 201 |
| 敦煌寫本《大唐後三藏聖教序》考略 | 屈直敏 | 222 |

## 絲路多語種文獻研究

| | | |
|---|---|---|
| 《入菩薩行論》的西夏譯本（英文） | ［俄］索羅寧　唐曉寧 | 239 |
| 論"報父母恩"與西夏仁宗朝"忠君—惠民"思想 | 張恩輔 | 256 |
| 雀林碑譯注 | 白玉冬 | 271 |
| 國家圖書館藏一葉回鶻文《佛頂尊勝陀羅尼經》研究 | 阿依達爾・米爾卡馬力 | 284 |
| 蒙古文《卻吉德空行母傳》的"中有"題材探討 | 蘇日嘎 | 297 |
| 紡織術語在絲綢之路上的東西方交流 | ［法］哈密屯 著　李丹妮 譯 | 313 |

## 蒙古史研究

| | | |
|---|---|---|
| 讀《脱兒豁察兒書》劄記 | 烏　蘭 | 320 |
| 元代驅口與怯憐口之辨 | 思日牧恩 | 334 |
| 蒙古語時位詞"qoyina"的用法及演變 | 韓蘇日古嘎 | 353 |

## 域外研究

| | | |
|---|---|---|
| 巴布爾《阿魯茲》及校勘本相關問題研究 | 阿拉法特・艾山 | 369 |

## 研究動態

| | | |
|---|---|---|
| 英、法藏敦煌吐魯番回鶻語文獻 | 吐送江・依明 | 392 |
| "第八屆西藏考古與藝術國際學術討論會"會議綜述 | 王詩晴 | 407 |
| 吐蕃文獻研究專題論壇會議綜述 | 曹新卓　旦知吉 | 419 |

| | | |
|---|---|---|
| **本輯作者名錄** | | 427 |
| 稿　約 | | 429 |

# CONTENTS

Feng Qiyong's Patriotism: There are Many Things Worth Remembering in My Life, and I'm Willing to Give Everything Back to My Country ...... Feng Qiyong Academic Hall 1

The Earliest Documents Forwarded by the Qing Government to the Upper Class of Xizang ...... Oyunbilig Borjigidai 5

The Promulgation and Implementation of the *Twenty-Nine Articles on Xizang's Post-War Settlement*—Based on the *Selected Compilation of Tibetan Local Archival Documents* in the Qing Dynasty ...... Zhang Yun 15

A Study on the Benediction Delivered by the Sixth Panchen Lama on the Birthday of Emperor Qianlong ...... Saerji 29

A Manchu Document Entitled "A Memorial by the Envoy of the Kazak Khan" and the Historical Facts It Reflects ...... Bakhyt Ezhenkhan-uli 46

A Study on the Fragment of *Jixiang xijingang duyong xiuxi fayi* Taught by Byams chen chos rje Shākya ye shes ...... An Haiyan, Kun dga' bstan 'dzin 61

A Study of the Persian Text in *the Long Scroll of Pudu Dazhai* ...... Chen Xi 90

Documentary and Symbolic: A Study on the Architecture and Implications of the Illustrated Scroll "Buddhist Ritual Assembly Performed by the Fifth Karma pa to Glorify the First Ming Emperor Taizu" ...... Baoluer 107

A Study on the Images of Amitabha Buddha's Pure Land in the Hehuang Region during the 15th Century: Focusing on the Murals in Cave 3 of Bingling Temple ...... Mao Yiming 121

A Study of the Avalokiteśvara Cult in Sino-Tibetan Buddhist Traditions ...... Shen Weirong, Hou Haoran 134

A Comparative Analysis on the Issue of "Relationship between bīja and ālaya-vijñāna" in Han Buddhism and Tibetan Buddhism ...... Liu Danfeng 163

| | |
|---|---|
| A Brief Discussion on the Tubo's Appointment Credentials (Yig gtshang) ······ Chen Jian | 174 |
| Preliminary Study on Tubo's Important Minister "rTsis pa" (算使) ················································ Huang Weizhong, Xiang Maocuo | 183 |
| "Rule" or "Subjugate": A Synonym Group in Old Tibetan Compound Words ················································ Ren Xiaobo | 193 |
| The Annotation and Grammar Analysis of the Last Part of Dunhuang Document Or. 8212. 187 ················································ Geri Jiebu | 201 |
| A Study on the *Da tang Hou Sanzangshengjiao Xu* in Dunhuang Manuscripts ················································ Qu Zhimin | 222 |
| Tangut Translation of the *Bodhicaryāvatāra* ·············· K. Solonin, Tang Xiaoning | 239 |
| "Repaying the Kindness of Parents" and the "Loyal to the Lord—Benefit for the People" Idea in the Renzong Period of Western Xia (Tangut) ············ Zhang Enfu | 256 |
| Choiren Inscription: Revised Text, Translation and Commentaries ············ Bai Yudong | 271 |
| An Old Uighur *Uṣṇīṣavijayā Dhāraṇī* Fragment from the National Library of China ················································ Aydar Mirkamal | 284 |
| Discussion on the Theme of "bar do" in Mongolian *ČoyiJid Daγini-yin TuγuJi* ··· Sorgog | 297 |
| East-West Borrowings via the Silk Road of Textile Terms ················································ Written by James Hamilton, Translated by Li Danni | 313 |
| Reading Notes of the Letter of Torqočar ················································ B. Ulaan | 320 |
| The Differences between "Qu Kou" and "Qie Liankou" in the Yuan Dynasty ················································ Sirimuen | 334 |
| The Usages and Evolution of Mongolian Locative-Temporal Word *qoyina* ··· Han Suriguga | 353 |
| A Study of Babur's *Aruz* and the Issues Related to the Collated Texts ········· Arafat Hasan | 369 |
| A Review of the Research on Old Uyghur Documents from Dunhuang Collected in Britain and France ················································ Tursunjan IMIN | 392 |
| A Review of the Eighth International Conference on Tibetan Archaeology & Arts ················································ Wang Shiqing | 407 |
| Summary of the Tubo Literature Research Forum ············ Cao Xinzhuo, Danzhiji | 419 |
| List of Contributors ················································ | 427 |
| Call for Contributions ················································ | 429 |

# 平生無限銘心事，欲傾肝膽報國恩

## ——記馮其庸先生的家國情懷

馮其庸學術館

**摘　要**：馮其庸先生有開闊的胸懷和遠大的視野，時刻把家國情懷牢記心中。"平生無限銘心事，欲傾肝膽報國恩"，這是馮其庸先生在87歲時作的一首詩。他考察玄奘歸國古道、提出"大國學"理念、踐行"實踐是檢驗真理的唯一標準"都不是爲了個人名利，而是爲國家能日益強大起來，他以畢生精力踐行了這一莊嚴使命，爲的就是報答偉大的祖國、報答偉大的人民。

**關鍵詞**：馮其庸；家國情懷；大國學；紅學

　　馮其庸先生是一個把家國情懷裝在心中的人，無論是對玄奘歸國古道的考察，還是"大國學"理念的提出，以及主持新時期以來的重大"紅學工程"等，他都表現出開闊的胸懷、遠大的視野，展現出非同一般的大家風範。特別是他不忘初心、學術報國的家國情懷，表現得十分強烈。他做事做學問不是爲了個人名利，而是爲這個國家能日益強大起來盡到一個知識分子的責任和義務。所以在他的學術研究生涯中，目光比許多人看得高、看得遠。

## 一、提出"中華民族强盛之途，除了改革、開放、民主、進步而外，全面開發大西部是其關鍵"的觀點

　　1994年已經四次赴新疆考察的馮其庸，於10月17日在《光明日報》發表了《我嚮往祖國的大西部》一文，提出："我嚮往祖國的大西部，還有一個重要原因，是我堅信偉大的中華民族必定會興盛！中華民族强盛之途，除了改革、開放、民主、進步而外，全面開發大西部是其關鍵。從歷史來看，我們國家偏重東南已經很久了，這樣眾多的人口，這樣偉大的民族，豈能久虛西北？回思漢、唐盛世，無不銳意經營西部，那麼現在正是到了全面開發大西部的關鍵時刻了！因此我們應該要爲開發大西部多做點學術和調查工作。"

1995 年 1 月，馮其庸先生出版了中國大西部攝影集·西行散記《瀚海劫塵》①，用大量的圖片展示了大西部的歷史、文化、宗教、民俗風情。

1999 年 11 月，黨中央作出"開發大西部"的決定後，2000 年 11 月 21—23 日，國家有關部門在陝西西安召開了"玄奘精神和西部文化學術研討會"，來自近二十個省、市六十多位專家學者參加了會議。在會上，馮其庸先生以"歡呼西部大開發"爲題，根據他七進新疆地區考察的經驗，呼籲"繼承玄奘精神，以當代人的宏圖來開發大西部"。會議認爲，玄奘西行求法的經歷給我們開發大西北以啟示，"尤其在人才的培養和儲備上，馮其庸先生的建議令人深思和值得借鑒"②。馮其庸先生還認爲，大西部幅員遼闊，地下、地上的資源豐富，有計劃地逐步開發，對於祖國現代化建設，對於大西部各省區的現代化建設，將起到重大的積極作用。他在《歡呼西部大開發》一文中動情地説："祖國巨人，在這項事業的推動下，必將邁開更加雄強的步伐，闊步前進！"③

## 二、宣導"大國學"的理念

從 1986 年至 2005 年二十年間，馮其庸先生已十進新疆，旁及河西走廊等地。他在途中發現一些民族的語言消失了，一些珍貴的文獻資料，很早被西方的掠奪者所劫取。這些珍貴的文獻裏，不僅包括當時的民情風俗，而且反映著西部不少少數民族政權的內附關係，以及後來漢政權行政機構的設施等等。但這些珍貴的資料大部分在外國人手裏，其解釋權也由他們掌握主導。爲了在西域以及中亞的歷史上擁有我們自己的發言權，爲了配合中國的和平崛起，爲了建立西部更和諧的社會，2005 年 9 月 5 日，馮其庸與季羨林先生聯名上書國務院，建議在即將成立的中國人民大學國學院內建立"西域歷史語言研究所"，專門研究中國西部文化歷史語言民俗，特別是西域中古時期多種語言，培養相關人才，將來以應國家不時之需。報告遞上去不到十天，國務院就批准，並指示教育部和財政部給予大力支持。2005 年 10 月，馮其庸先生出任中國人民大學國學院首任院長，提出了"大國學"理念。他説："我國歷史上就是一個偉大的多民族國家，最原始的文化不應該祇是漢族文化。中華文明不全是漢族創造的，各個民族都有自己的貢獻，也有悠久的歷

---

① 馮其庸：《瀚海劫塵》，北京：北京文化藝術出版社，1995 年。
② 黃心川主編：《玄奘精神與西部文化——玄奘精神與西部文化學術研討會論文集》，西安：三秦出版社，2002 年，前言，第 3 頁。
③ 馮其庸：《歡呼西部大開發》，收入黃心川主編《玄奘精神與西部文化———玄奘精神與西部文化學術研討會論文集》，第 302—305 頁。

史。"① 他認爲國學應當與國家的認同相一致，中國是由多民族、多元文化組成的國家，所以中國的國學不應該祇是漢族的傳統文化，而應當包括中國各民族的優秀傳統文化；國學研究的目的，應當是揭示統一多民族國家形成與發展的歷史過程，展現其共有的精神和文化財富；國學研究的成果，應當對傳承、發展中國優秀傳統文化作出貢獻。馮其庸提出的"大國學"理念，是其重要的思想遺産，它的影響已經遠遠超出一般性的治學理論與方法的範圍，實際上已經涉及如何正確樹立中國的國家觀、民族觀的重大問題，其落腳點正在於我們今天所强調的鑄牢中華民族共同體意識，建設新時期中國式現代化的使命和責任。

## 三、堅持學術研究必須以"實踐是檢驗真理的唯一標準"爲準繩

20世紀70年代中期，馮其庸先生在文化部下屬的《紅樓夢》校訂組任副組長。《紅樓夢》版本有十多種，以何版本作爲底本，是校點成敗的關鍵。對此，學界爭論激烈，意見紛呈。馮其庸將"己卯本"和"庚辰本"逐字逐句對照，發現"庚辰本"是根據"己卯本"過録的版本，其一致性達97%，連錯别字、空白處、避諱字"祥"都一樣。"庚辰本"成於乾隆二十五年，離曹雪芹去世祇有二年，迄今尚未發現晚於此的曹雪芹生前改定本。此外，"庚辰本"是乾隆抄本中最完整的文本，有七十八回，具有比"己卯本"更好的完整性，因此最具校點價值（"己卯本"是乾隆二十四年抄本，原存三十八回，後來發現三個整回，兩個半回）。馮其庸先生據此寫成《論庚辰本》，提出應以"庚辰本"作爲校點底本的觀點，贏得了海内外紅學家的高度認可。《論庚辰本》在紅學史上具有重大的突破性意義。

在《論庚辰本》序言中，馮其庸總結性地寫道："我堅信科學上的是非真僞，不能憑個人的主觀自信而祇能由客觀實踐來檢驗，祇有實踐纔是檢驗真理的唯一標準。"② 在《庚辰本》文中他還提出了："實踐是檢驗真理的唯一標準，除此之外不能有第二個標準"這個科學論斷③。此書寫於1977年7月，早於1978年全國"真理標準大討論"近一年。

大家也許從以上三點中有所體會，什麽叫前瞻性？什麽是真知灼見？

2008年5月，汶川發生了特大地震，86歲的馮其庸抱病爲之作書畫兩日，連同以前留存的作品，通過中華慈善總會共捐48件書畫作品，義賣後救援災區。2009年，馮其庸

---

① 馮其庸：《傳承發展優秀歷史文化》，收入作者《馮其庸文集：瓜飯樓叢稿》卷二《逝川集》，青島：青島出版社，2012年，第172頁。
② 馮其庸：《論庚辰本》，上海：上海文藝出版社，1977年，序言，第3頁。
③ 馮其庸：《論庚辰本》，第91頁。

被聘任爲中國文字博物館館長，繼續爲中華文化的繁榮奉獻餘熱。2015 年 4 月，馮其庸患病住院，他在無錫家鄉的侄兒去看望他。那天，他剛出院不久，當他侄兒來到他身邊的時候，看到他手握放大鏡，正在修改書稿。在交流中，他認真地對侄兒說："雖然我寫了這麽多的書，但我並没有覺得自己了不起，我還有很多不足的地方。祗要身體尚可，我還要好好做事。"這就是一個九十多高齡的文化老人生命不止、奮鬥不息的精神。2015 年 10 月，92 歲的馮其庸抱病赴張家灣鎮參加《紅樓夢》學術研討會，並在會上致辭。

馮其庸出身農家，自幼家境貧寒。他一生坎坷，經歷了太多的社會變化。他接受的中國傳統文化的教育，就造就了他有傳統知識分子強烈的家國情懷和責任擔當，特別是他把一生的經歷以不同的形式轉化爲文化資源，1700 萬字、35 卷的《瓜飯樓叢稿》，15 卷的《瓜飯樓外集》等，爲後人留下了寶貴的財富。他生前給家鄉捐贈了文物、書畫、文集、手稿、攝影作品近 2000 件，其家鄉建造了馮其庸學術館。建館十年來，已開展各類文化交流活動 190 多場次，已成爲無錫地區傳承中國優秀傳統文化的名片。

"平生無限銘心事，欲傾肝膽報國恩"，這是馮其庸先生在 87 歲時作的一首詩。可見，他是想把司馬遷、玄奘、曹雪芹等這樣一批古代的文化巨人所創造的中華優秀傳統文化傳承下去，並使之發揚光大。他以畢生精力踐行了這一莊嚴使命，爲的就是報答偉大的祖國，報答偉大的人民。

# Feng Qiyong's Patriotism: There are Many Things Worth Remembering in My Life, and I'm Willing to Give Everything Back to My Country

Feng Qiyong Academic Hall

**Abstract**: Professor Feng Qiyong had a broad mind and a broad vision, and always kept a sense of patriotism in mind. He wrote a poem as "there are many things worth remembering in my life, and I'm willing to give everything back to my country" at the age of 87. He studied the ancient road of Xuanzang's return to China, proposed the concept of "Da Guoxue" (Studies of Chinese Classics), and practiced "only practice can be the criterion of truth", not for personal fame and wealth, but for the country to become stronger. He practiced this solemn mission with his whole life for repaying the great motherland and the great people.

**Keywords**: Feng Qiyong; Patriotism; Studies of Chinese Classics; Studies on *A Dream of Red Mansions*

# 清廷致西藏地方上層的第一批文書*

## 烏雲畢力格

**摘　要**：本文通過對清太宗頒給大薩斯迦上師的文書實物的考證以後確認，1643年清廷頒給西藏大薩斯迦上師的文書是蒙古文文書，而不是蒙藏合璧文書。這說明，清廷給西藏地方僧俗上層的第一批文書都是蒙古語書寫的。作者認爲，清廷和西藏地方建立聯繫伊始，蒙古語文便成爲兩者間的"金橋"，蒙古語文對清朝在西藏的統治起到了重要的作用。

**關鍵詞**：清太宗致大薩斯迦的文書；蒙古語文；清朝對西藏的統治

　　清朝崇德二年（1637）八月至崇德五年（1640）二月間，清廷與喀爾喀蒙古左翼首領商議，欲共同邀請達賴喇嘛至清廷。崇德四年（1639）十月初七日，清廷向西藏地方派遣了以察漢喇嘛爲首的使團，並致書於圖白忒汗（即藏巴汗）與"掌佛法大喇嘛"（實指五世達賴喇嘛，但因西藏時局尚未定，未敢明指其名）。但因喀爾喀蒙古最後未與清廷一同派使者，清朝使團從呼和浩特返回首都盛京（今瀋陽）。① 崇德四年這份文書本應成爲清廷致西藏地方僧俗首領的第一份文書，但未能送達而作廢。其後，崇德四五年之交（1639年底1640年初），西藏地方組織了一個使團派往清廷，由五世達賴喇嘛的代表格魯派高僧伊拉古克三胡圖克圖率領，赴盛京。使團於崇德七年（1642）冬來到盛京，給清太宗皇太極帶來了五世達賴喇嘛、班禪胡圖克圖和當時的後藏統治者藏巴汗的信件。次年五月，清太宗派使者回訪西藏，致書於當時正在爭奪西藏世俗統治權的顧實汗和藏巴汗兩位蒙藏統治者，以及達賴喇嘛、班禪胡圖克圖、黑帽噶爾瑪、大薩斯迦上師、濟東胡圖克圖、布魯克巴胡圖克圖、思達隴胡圖克圖等藏傳佛教不同派別的七名上師。這是清廷致西

---

\* 本文爲國家社科基金冷門絕學團隊項目"明代西域多語種文本與國內民族交流史研究"（批號：21VJXT017）的階段性成果。

① 相關內容詳見巴根那：《16—17世紀的喀爾喀與衛拉特關係研究》，第三章第一節，內蒙古大學博士學位論文，2013年。

藏地方僧俗首領的第一批文書。①

2015年，四川美術出版社影印出版了何曉東主編的《歷史的見證：西藏博物館藏歷代中央政府治藏文物集萃》一書。該書第98—99頁公佈了題名爲《皇太極敦請薩迦法王會晤聖旨》（以下簡稱《致大薩斯迦上師書》）的一份文物（圖1）。據該書介紹，文物爲清代聖旨，長124厘米、寬41厘米，綢，滿藏文合璧，1643年皇太極（清太宗）頒給薩斯迦法王。但是，經研究發現，《歷史的見證》一文對文物說明有誤，文書不是滿藏合璧，而是蒙古文，藏文是後來加上去的。

本文將對這份珍貴文物進行文獻學研究，並簡述該蒙古文文書的歷史意義。

圖1　"皇太極敦請薩迦法王會晤聖旨"

## 一、清廷致大薩斯迦上師的文書内容

清太宗致西藏世俗統治者和佛教各派上師的信函和他們的回復，在中國第一歷史檔案館所藏清朝内秘書院蒙古文檔案中保存了下來，都是以蒙古文書寫的。2003年，齊木德道爾吉等學者整理並影印出版了《清内秘書院蒙古文檔案彙編》七輯，本文討論的相關檔案就收錄在第一輯中。清太宗致大薩斯迦上師的文書是其中的一個（以下稱《内秘書院文書》）。這位大薩斯迦上師收到清太宗的文書後，再致書於清帝，書中用蒙古語自稱 Kelen-ü erketü güngge sonam ragba rjal msan bal bsangbu，即 "語自在貢嘎索朗扎巴堅贊貝桑布"。蒙古語 "Kelen-ü erketü（語自在）" 是藏文 Ngag dbang（阿旺）的蒙古語意譯，他藏語名字全稱應叫阿旺貢嘎索朗扎巴堅贊（Ngag dbang kun dgav bsod nams grags pa rgyal mthan）。很幸運，《薩斯迦世系史續編》爲這位阿旺貢嘎索朗扎巴堅贊撰寫了長篇傳記，

---

① 關於這次使團以及相關研究請見烏雲畢力格、石岩剛：《薩斯迦派與清朝崇德順治朝廷》，《西域歷史語言研究集刊》第7輯，北京：科學出版社，2014年。該文開頭，把西藏使團到達盛京和清朝派出使團的時間分別誤作1641、1642年，係筆誤。特此更正。

據該傳記，他生於藏曆火雞年（1597），卒於土豬年（1659），他是當時藏傳佛教薩斯迦派都卻拉卜楞的達欽（掌門人）、大薩斯迦寺（薩斯迦，今譯薩迦，薩斯迦寺即今西藏日喀則市境内的薩迦寺）的法台。①

清太宗致大薩斯迦喇嘛文書的内容拉丁文轉寫與漢譯如下（英文句號（.）表示原文中的一個點 dang čeg，冒號（：）表示原文中的兩個點 dabqur čeg，括弧中的文字是根據上下文譯者所加，下同）：

> yeke saskiy-a yin gegen-e: dayičing ulus-un: aɣuda örösiyegči nayiramdaɣu boɣda qaɣan bičig ergübe: bi erten-ü qad-un bayiɣuluɣsan törö šasin-u jalɣamji-yi sanaju: olan amitan-i belgetey-e udurid̄un čidaqu siditen merged-i jalaqu-yin tulada elči ilegejem: elči čaɣan gelüng. baraɣun ɣar gelüng. ragba gelüng. nomči gelüng. nomuqan gelüng. samtan gelüng. günge čoyirjal gelüng: ede bai: aliba üge-yin učir-i elči-eče ayilad: bičig üjekü-yin beleg: nige mönggön čar-a: nige mönggön dongmo: nige manaɣu čögöče: nige šil čögöče: ɣurban qas čögöče: nige qas qubing: nige alta saɣulɣaɣsan quyaɣ: nige seyilügsen saɣadaɣ: numu sumu: nige seyiljü alta saɣulɣaɣsan emegel qajaɣar: nige altan köbege-tü qas büse: nige seyilügsen ildü: nige kemerlig bai.②

> 大薩斯迦明鑒：大清國寬溫仁聖皇帝奉書。朕思古昔帝王所建政教之流傳，爲延請能善領眾生之悉地智者而派遣使者。使者有：察干格隆、巴喇袞噶爾格隆、喇克巴格隆、諾木齊格隆、諾莫罕格隆、薩木譚格隆、袞格垂爾札爾格隆等。欲言之事由使者口悉。閱書之禮有銀盤一、銀桶一、瑪瑙杯一、水晶杯一、玉杯三、玉瓶一、鍍金甲一、雕刻撒袋一及弓和箭、雕刻鑲金馬鞍和馬嚼子一、金鑲玉腰帶一、雕刻腰刀一、錦緞一。③

本文開頭提及的《致大薩斯迦上師書》是一份文物，寫在龍紋黃色綢絹上，鈐蓋滿文"皇帝之寶"（han-i boobai）印璽。文書前段爲蒙古文，後端有藏文。其蒙古文内容如下：

---

① 詳見烏雲畢力格、石岩剛：《薩斯迦派與清朝崇德順治朝廷》，《西域歷史語言研究集刊》第 7 輯，2014 年。
② 齊木德道爾吉等主編：《清内秘書院蒙古文檔案》第一輯，呼和浩特：内蒙古人民出版社，2003 年，第 372—373 頁。
③ 《清太宗實錄》中漢譯如下："大清國寬溫仁聖皇帝致書於昂邦（滿文 amba 的音寫，意思是'大'）薩斯下：朕思自古帝王，創業垂統，每令佛法流傳，未嘗斷絕，今將敦禮高僧，興扶釋教，以普濟羣生，故遣察干格隆、巴喇袞噶爾格隆、喇克巴格隆、諾木齊格隆、諾莫干格隆、薩木譚格隆、袞格垂爾札爾格隆等前往，凡所欲言，俱令口悉。附奉銀盆一、銀茶桶一、瑪瑙杯一、水晶杯一、玉杯三、玉壺一、鍍金甲一、玲瓏撒袋一、雕鞍一、金鑲玉帶一、玲瓏刀一、錦緞一，特以侑緘。"參見《清實錄》第 2 册，北京：中華書局，1985 年，第 888 頁。

čoɤtu yeke saskiy-a yin gegen-e: dayičing ulus-un: aɤuda örösiyegči nayiramdaɤu boɤda qaɤan bičig ergübe: bi erten-ü qad-un bayiɤuluɤsan törö šasin-u jalɤamji-yi sanaju: olan amitan-i belgetey-e uduridun čidaqu siditen merged-i jalaqu-yin tulada elči ilegejem: elči čaɤan gelüng. baraɤun ɤar gelüng. ragba gelüng. nomči gelüng. nomuqan gelüng. samtan gelüng. günge čoyirjal gelüng: ede bai: aliba üge-yin učir-i elči-eče ayilad: bičig üjekü-yin beleg: nige mönggön čar-a: nige mönggön dongmo: nige manaɤu čögöče: nige šil čögöče: ɤurban qas čögöče: nige qas qubing: nige alta saɤulɤaɤsan quyaɤ: nige seyilügsen saɤadaɤ: numu sumu: nige seyiljü alta saɤulɤaɤsan emegel qajaɤar: nige altan köbege-tü qas büse: nige seyilügsen ildü: nige kemerlig bai. degedü erdem-tü-yin naimaduɤar on qaraɤčin qonin jil-un jun-u dumdadu sara-yin sin-e-yin tabun-a:

如將《內秘書院文書》和《致大薩斯迦上師書》內容相比較，就會發現，二者祇有兩個地方稍有差別：第一，文書開頭，《內秘書院文書》作 yeke saskiy-a yin gegen-e（大薩斯迦明鑒），《致大薩斯迦上師書》作 čoɤtu yeke saskiy-a yin gegen-e（具吉祥大薩斯迦明鑒），多一個詞 čoɤtu（具吉祥）；第二，文書末尾，《致大薩斯迦上師書》有年月日落款，而《內秘書院文書》没有，但《內秘書院文書》抄寫致西藏地方所有僧俗上層的文書後，統一加了年月日，而且其日期也與《致大薩斯迦上師書》所收文書完全吻合，所以也不算是遺漏或省略。因此，二文內容一致，《內秘書院文書》和《致大薩斯迦上師書》是同一個文書，前者是後者的抄件，後者是前者的實物原件。

到目前爲止，其他八件文書是否存世，我們不得而知。但無論如何，致大薩斯迦上師的這份文書是清廷給西藏地方上層的第一批文書中的一個，彌足珍貴。

## 二、清廷致大薩斯迦上師的文書語言

首先，《致大薩斯迦上師書》文書實物上的語言不是滿文，而是蒙古文，這不必多言。

關鍵是，文書右半部分不到三分之一的空間所寫的藏文是否也是文物原有者？換句話説，這份文物一開始就是蒙藏合璧，抑或藏文是後來譯寫的？

讓我們先看看右邊藏文部分的內容：

dpal ldan sa skya pa chen povi drung du/ davi ching zhes pavi yul dang rgya cher brtse zhing kun dang mthun pavi dam pa mchog gi rgyal pos zhu yig vbul vbras/ nga sngon gyi rgyal po rnams kyi bkav bzhag bzhin gzhung dang bstan pa spel bar bsam nas/ vgro ba mngon par vdren thub pavi mkhas shing grub pa brnyes pavi bla ma spyan vdren pavi phyir bang phyen pa btang yod/ bang phyen pavi ming ni chi gān dge slong/ pa rōn gar dge slong/ grags pa dge slong/ nom chi dge slong/ no ma gan dge slong/ bsam gtan dge slong/ kun dgav chos rgyal dge slong rnams yin/gzhan tshig don rnams bang chen pavi ngag nas gsal/ zhu yig rten mtshon dngul gyi ka to ra gcig/ dngul gyi mdong mo gcig/ ma na hovi phor chung gcig/ shel gyi phor chung gcig/ shel dkar gyi phor chung gsum/ shel dkar gyi dam be gcig/ gser rgyab pavi khrab gcig/ gser rgyab pavi rmog gcig/ sav thag rkos ma gcig mdav gzhu dang bce pa gser rgyab pavi sga srab rkos ma gcig/ gser gyi kha sgor rgyab pavi shel gyi ske rags gcig/ shang lang brkos ma gcig/ kha thid yug gcig phul yod//

漢譯：

具吉祥大薩斯迦座前：

大清國之慈愛大衆普世聖神之王（"大清國寬溫仁聖皇帝"的意譯——引譯者）敬呈。朕思遵循往昔諸王之聖旨，心懷爲公，弘揚佛法，爲邀請利益衆生之賢者而派遣使者前往。使者有：其干格隆、巴喇袞噶爾格隆、喇克巴格隆、諾木齊格隆、諾莫罕格隆、薩木譚格隆、袞格垂爾札爾格隆。另外，内容均由使者口信轉告。附禮品有銀盆一、銀桶一、瑪瑙小碗一、水晶小碗一、白色水晶香爐三、白色水晶瓶子一個、鑲金鎧甲一套、雕刻撒袋一，以及弓箭等，鑲金馬鞍及馬嚼子一、鑲金水晶腰帶一、大刀一、錦緞一等呈上。

在蒙古文年月日和鈐蓋玉璽地方的左下方有四行藏文：

dam pavi yon tan mngav bas gdan sa lo brgyad pavi chu mo lug gi lovi dbyar zla vbring povi tshes lnga la, 漢譯：具足聖德（"崇德"的意譯——引譯者）在位之第八年陰水羊年夏仲月初五日。

就文書的内容來説，藏文係蒙古文譯文無疑。但問題在於，藏文譯文不是實物一開始就有的，藏文是後來譯寫後填上去的。爲什麽這樣説呢？

首先，清初以來，清朝汗／皇帝的"書""詔""敕""上諭"的格式有規制，其中玉璽的鈐蓋處有嚴格規定。"汗／皇帝之寶 han-i boobai""敕命之寶 hese tacibure boobai""制誥之寶 hese wasimbure boobai"等御寶必須鈐蓋在文書落款處的年月日上。如兩個以上多語種合璧的文書，則各種文字内容呈現出先書文書正文，後書年月日的格局，依次排列，而且各種文字在文書面上所占比例均衡，各種文字大小統一，御寶要鈐蓋在每種文字内容後面的年月日上。下面的圖2、圖3、圖4、圖5、圖6足以爲證。

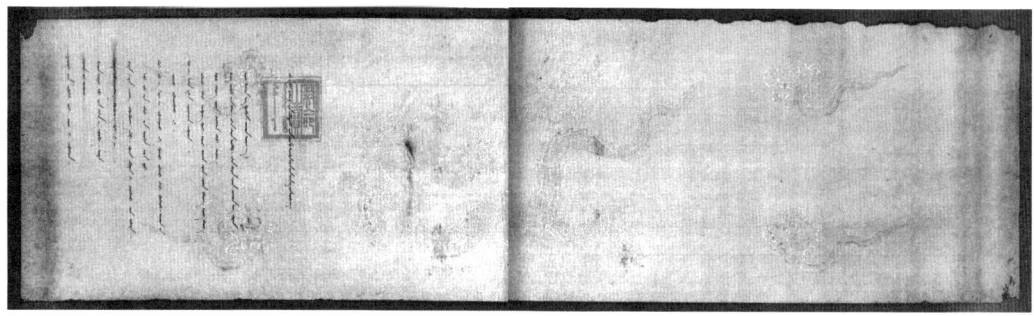

圖 2　順治帝頒給班禪活佛的聖旨

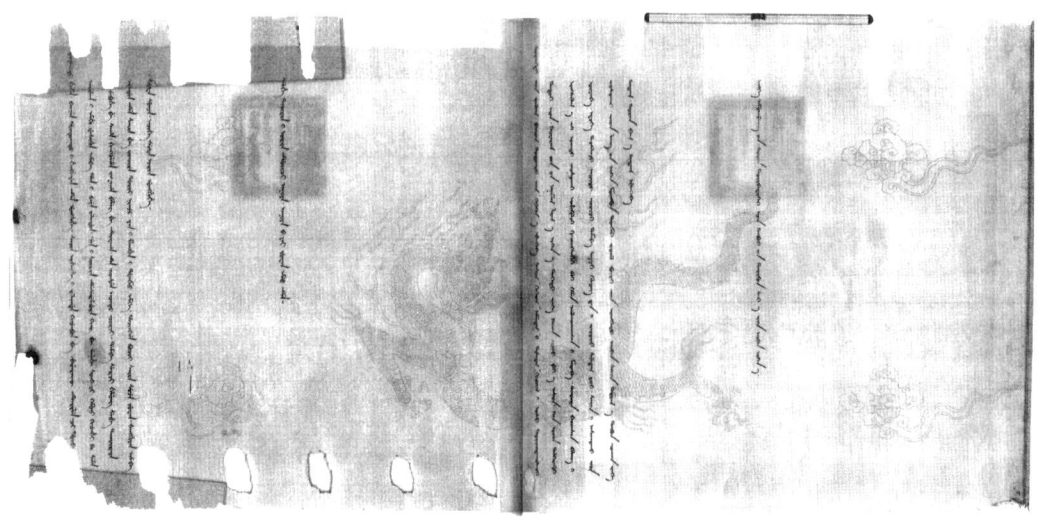

圖 3　康熙帝爲遣使赴藏問安並賞物事致班禪呼圖克圖敕書

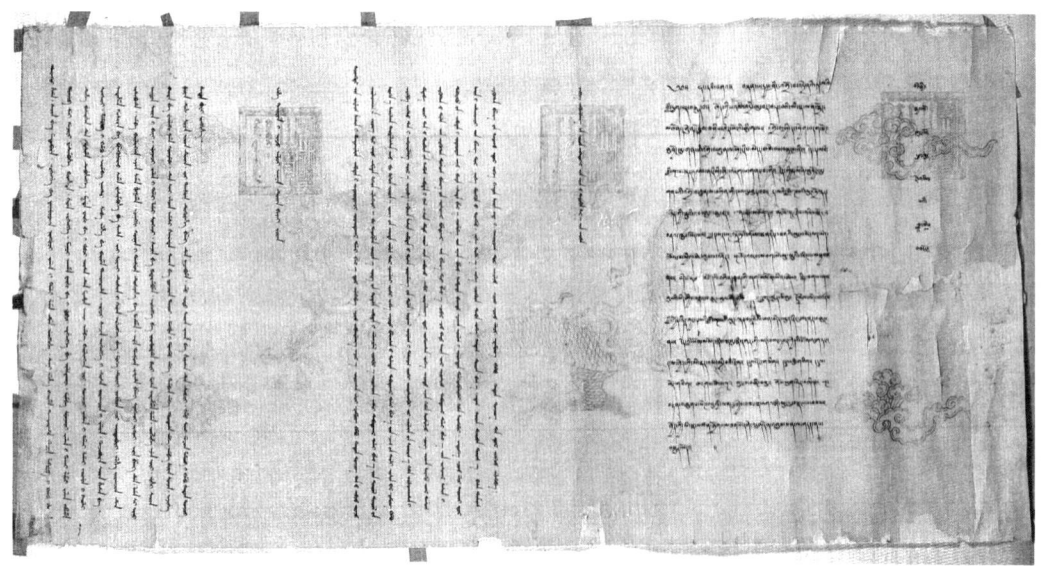

圖 4　康熙帝爲貢賞事給六世達賴喇嘛的敕諭

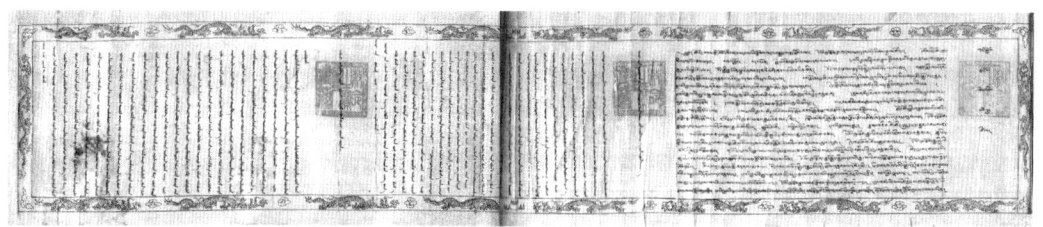

图 5　乾隆皇帝命第穆呼圖克圖攝政之敕諭

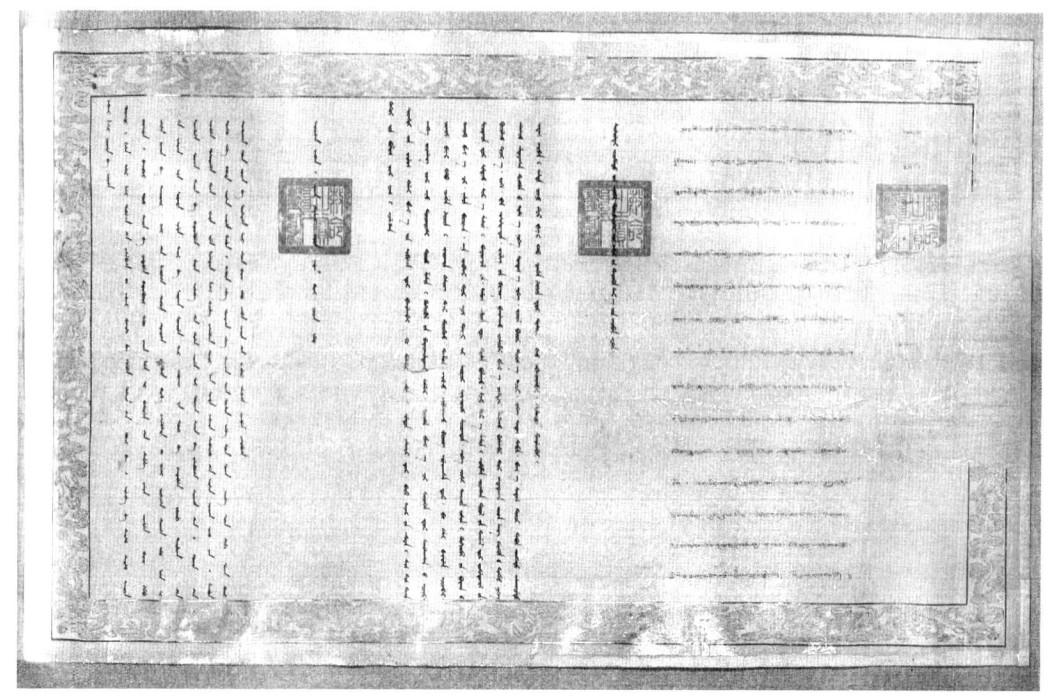

图 6　嘉慶帝爲貢賞事給達賴喇嘛的敕諭

《致大薩斯迦上師書》顯示，蒙藏文在文書實物上的空間安排嚴重不合理，兩種文字的大小不一（藏文字細小），藏文衹占實物的三分之一不到的地方，且藏文的年月日寫在蒙古文年月日下方，玉璽鈐蓋在蒙古文上，藏文年月日無御寶。其實，僅憑這一點就可以斷言，該文書一開始就是單純蒙古文的，而不是蒙藏合璧的。

其次，清朝入關前到順治年間，清朝皇帝頒給西藏高僧大德的文書，不僅用詞謙遜，而且作爲文書外部特徵，在鈐蓋御寶處的後面留較長的空白（見圖2），以示尊敬。本文書也是一個實例：文書開頭並無"聖旨"字樣，而以"具吉祥大薩斯迦明鑒（gegen-e）"開頭，緊接著寫"大清國寬溫仁聖皇帝奉書（bičig ergübe）"。皇帝屈尊"奉書"，把喇嘛上師地位捧得高高在上，充分顯示了皇帝對他們的尊敬和重視。這種文書格式到康熙朝後纔發生了變化，它實際上反映了清朝皇帝和西藏地方宗教首領關係的變化。該文物與清朝初年的其他文書一樣,在鈐蓋"皇帝之寶"的落款年月日後面留了相當長的空白,現在看到的藏文是後來在這個空白處寫上去的,因藏文年月日無處可寫,袛好寫在蒙古文落款左下方的僅有的一點空白處。

再次,除一件順治十八年十二月十二日的滿蒙合璧的敕書外,現存崇德、順治年間頒發西藏的皇帝各種文書都是蒙古文的。順治皇帝於順治十八年正月去世,這就是說,清朝頒給西藏的滿蒙合璧文書是自康熙皇帝開始的,之前沒有滿蒙、蒙藏和滿蒙藏合璧的皇帝下發文書。筆者曾經指出,清朝積極準備"驅準保藏"的康熙五十八年首次頒發滿蒙藏合璧的敕書,次年統一西藏後,下達滿蒙藏合璧敕書纔成爲定制。清廷這樣做,是把藏文納入清朝多語文政治體系內,使其作爲清朝對藏直接統治最終確立的一個重要標誌。① 但是,清太宗致薩斯迦上師的文書寫在1643年,此時絕不可能有蒙藏合璧的皇帝文書。

需要說明的是,《西藏自治區檔案館館藏蒙滿文檔案精選》② 第一册第135/136頁收錄了一份順治十五年十二月初三頒發的題爲"順治皇帝爲遣蘭占巴喇嘛等問安事所頒敕書(蒙藏文合璧)"的文書(圖7)。但該文書不是一開始就是蒙藏合璧的,藏文也是後人翻譯後寫上去的。這從文書的外部特徵上看得很清楚,藏文譯文也説明它是後來的譯文。下面,我們對蒙藏文稍做對比,蒙古文爲:

Quvangdi-yin jarlaɤ: činu mendü-yi asaɤur-a ayiladqaɤsan bičig-i üjejü, qola ɤajar-ača sedkikü-yi činu medebe: činu čing ünen kičiyenggüi-ber oldon tusalaqui-dur, burqan-i šašin masi manduba: mungqaɤ-uud-i sayitur uduriduɤsan-dur, qola dakin tüšin itegebe: ɤajar kedüi qola deki bügesü-ber ɤaiqamsiɤtu yosun-i sedkikü sedkil tasural ügei: tegüber edüge tuslaju ramjamba blama, gümbu gelüng eden-i ilegen mendü-yi asaɤur-a ilegebe: ey-e-ber jasaɤči-yin arban tabuduɤar on ebül-ün segül sara-yin šine-yin ɤurban-a:

漢譯:

皇帝聖旨。爾問安書信已閲覽,得悉爾自遠方念(朕)。因爾誠心勉勵助力,佛教大爲興盛。因諸愚蒙之輩皆受引導,遠方(之人)能依止且信奉。雖地方相隔甚遠,然對神奇之道念想不斷。故今專派拉布占巴喇嘛、貢布格隆等人向爾問安。順治十五年十二月初三日(印文:敕命之寶)

---

① 請參考拙作:《蒙古語文在清代西藏——以西藏檔案館所藏清代蒙古文公牘爲例》,《中央民族大學學報》2021年第5期。
② 西藏自治区檔案館編:《西藏自治区檔案館館藏蒙滿文檔案精選》,成都:四川民族出版社,2018年。

藏文爲：

khyad kyis vtshams vdrir bskur bavi yi ge mthong nas / khyed kyis thag ring nas dgongs pa nges byung / khyed kyis bstan cing don gyis brtson pavi blo dkris pavi phan par mdzad pavi sangs rgyas kyi bstan pa shin tu rgyas byung / rmongs pa rnams legs par vdren pa la / rgyang ring po nas bsten cing yid ches pa byung / sa thag ring yang rmad du byung bavi tshul bsams pa rgyun mi vchad pavo / de bas na da lam ched gtad / rab vbyams bla ma / mgon po dge slong vdi rnams vtshams vdrir btang yod //

漢譯：

爾問安書信我已閱覽，爾於萬里之外（向朕）致意。因爾眞心勵力爾所開示且勵力弘傳之佛敎已大爲興盛。因諸愚蒙之輩皆受引導，遠隔萬里而能依止且生信心。我與爾隔天遠，然則對爾之稀有行狀念想不斷。故專派拉布占巴喇嘛、貢布格隆等人向爾問候。

經比較可以發現，蒙古文文書的開頭爲 quvangdi-yin jarlaγ（皇帝聖旨），而藏文無此內容，直接翻譯了文書的大致意思；蒙古文文書有年月日和御寶，而藏文沒有。假如該文書一開始就是蒙藏合璧的，那麼藏文絕不會落下文書開頭的"皇帝聖旨"這個關鍵詞和頒下聖旨的日期，也不會呈現出文書現在的這樣格式！

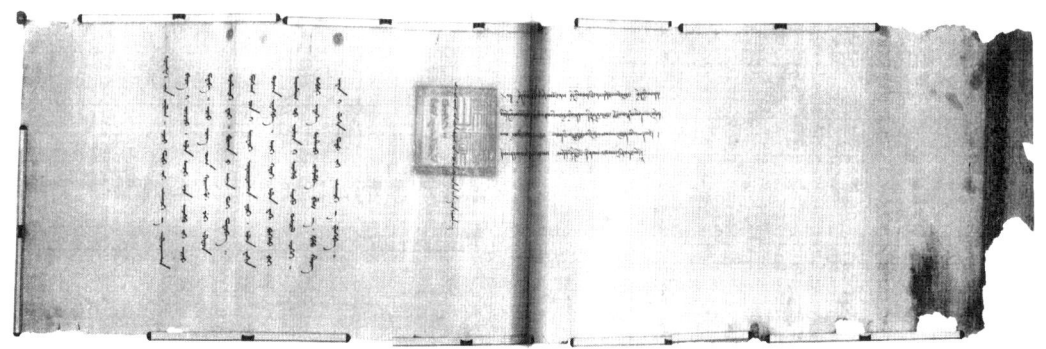

圖 7　順治帝爲遣蘭占巴喇嘛等問安事所頒敕書

## 三、結　語

通過以上考證可知，1643 年清朝頒給西藏大薩斯迦上師的文書是蒙古文文書，而不是《歷史的見證》一書所言滿藏合璧，而且現有文物上所寫的藏文是後人手筆，也即文書被送達西藏以後，西藏方面將原蒙古文内容譯寫上去的。這不是唯一的例子，前文提及的西藏自治區檔案館所藏順治十五年十二月初三日的順治皇帝的蒙古文敕書以及寫在其上的藏文譯文便是又一個例證。

通過對清太宗頒給大薩斯迦上師的文書實物的考證，我們可以確認，清太宗頒給顧實汗、藏巴汗、達賴喇嘛，以及其餘六位高僧大德的文書也都是單一蒙古文的。這説明，清廷給西藏地方僧俗上層的第一批文書都是蒙古語書寫的。

筆者整理西藏自治區檔案館館藏蒙滿文檔案以後發現，清朝和西藏地方建立聯繫伊始，蒙古人和蒙古語文便成爲兩者間的"金橋"。① 蒙古語文在清代西藏成爲清朝中央與西藏地方、内地與西藏之間互相溝通的重要語言。我們對蒙古語文在清代西藏行政中的重要角色的瞭解，是一個非常重要的新發現。筆者認爲，蒙古語文在清代西藏扮演的角色，體現了蒙藏文化關係在促進各民族文化交流交融和對中國多民族國家統一的重要貢獻。

鳴謝：本文寫作過程中得到蘭州大學阿旺嘉措教授和中國人民大學國學院楊杰博士的熱心指點和幫助，在此表示衷心的謝忱！

# The Earliest Documents Forwarded by the Qing Government to the Upper Class of Xizang

Oyunbilig Borjigidai

**Abstract**: Proceeding from the research of the actual documents forwarded by Qing Taizong to the Great Sa skya Lama, the paper concludes that the documents had been originally composed in Mongolian only, and did not include parallel Tibetan text. This shows that originally the Qing court used Mongolian in communications with the Tibetan elites, both monastic and lay. The author believes that Mongolian was the "lingua franca" during the earlier stage of the relationship between the Qing officialdom and Tibetans, and thus Mongolian language played an important role in the governance of Xizang by the Qing government.

**Keywords**: Documents forwarded by Qing Taizong to the Sa skya Lama; Mongolian language; Governance of Xizang by the Qing government

---

① 詳見拙作：《蒙古語文在清代西藏——以西藏檔案館所藏清代蒙古文公牘爲例》，《中央民族大學學報》2021年第5期。

# 《欽定藏内善後二十九條章程》的頒佈及其貫徹落實

## ——以《清代西藏地方檔案文獻選編》爲中心\*

### 張　雲

**摘　要**：西藏自治區檔案館編《清代西藏地方檔案文獻選編》，是研究清代西藏地方與中央關係史，西藏地方政治、經濟、宗教、文化、社會歷史的重要參考資料，價值很高，可以解決許多歷史疑難問題和是非問題。這裏僅就乾隆皇帝時期，由福康安等人上奏、皇帝欽定的《藏内善後二十九條章程》，在嘉慶朝及此後的政策實踐所發揮的作用加以論述，既說明該章程作爲清朝管理西藏地方基本規範的客觀真實性，也說明其在西藏地方治理中的極端重要性，還徹底駁斥了國外某些人試圖否定該章程由皇帝親自確定並得到認真貫徹的謬説。

**關鍵詞**：清代；《欽定藏内善後二十九條章程》；貫徹落實

乾隆五十七年（1792）八月二十七日，清高宗命軍機大臣傳諭福康安、孫士毅、惠齡、和琳："昨已明降諭旨，令福康安等受降藏事，並將善後各條令福康安等公同詳酌妥爲籌辦矣。但撤兵之後，該處應行定立章程，更改積弊，事務繁多，前降諭旨内尚有未經詳盡之處，今因思慮所及，特爲逐條開列，再行詳示。著福康安於撤兵之後，……將所指各款熟籌妥辦，另立章程，務期經久無弊。"① 乾隆皇帝還御筆詳列補擬善後章程六條。同年十一月初二日，福康安等上奏《酌定額設藏兵及訓練事宜六條摺》，二十一日上奏《衛藏善後章程六條摺》，十二月十一日上奏《藏内善後條款除遵旨議復者外尚有應行辦理章程十八條摺》等。根據《阿桂等遵旨議奏福康安等酌定西藏地方官員任用辦法等善後事宜各款摺》敍述："臣阿桂等謹奏，爲遵旨議復事。福康安等爲藏内善後章程事條奏

---

\* 本文係國家社會科學基金重大招標課題"中國西藏與南亞各國關係的歷史、現狀與未來研究"（項目編號20&ZD144）的階段性成果。

① 中國藏學研究中心、中國第一歷史檔案館、中國第二歷史檔案館、西藏自治區檔案館、四川省檔案館合編：《元以來西藏地方與中央政府關係檔案史料彙編》（3），北京：中國藏學出版社，1994年，第763頁。

各款一摺。乾隆五十七年十二月二十七日奉朱批：軍機大臣議復。欽此。臣等欽遵聖旨，悉心籌議，謹將逐條開列於後。"① 這些資料表明，制定善後章程是乾隆皇帝反復強調的重大議題，事實上，也是乾隆十六年（1751）策楞等奏擬章程之後，該項制度的延續。

乾隆五十八年二月二十四日，福康安等上奏稱："昨臣等將訂立章程翻出唐古特字，同至布達拉面見達賴喇嘛，與之逐條詳細講論，並傳集各呼圖克圖、大喇嘛等，及噶布倫以下番目，……將藏内一切章程詳細訓示。我等現已遵旨查明藏地情形，逐條熟籌，妥議具奏。"② 該章程的形成過程十分慎重，福康安等不僅把草擬好的章程翻譯爲藏文，與八世達賴喇嘛當面逐條介紹内涵，還詳細講述給西藏地方各級僧俗官員，確保全體官員知曉章程的所有條文，這是一個廣泛徵求意見的過程。此後，福康安等正式行文將《新訂西藏章程二十九條》抄送八世達賴喇嘛和濟嚨呼圖克圖，函稱："近日，我（福康安——引者）大將軍等會奏新訂西藏章程二十九條，奏報聖聰之底稿，已漸次抄送，有如册中譯載。恐日久遺失，致礙於事，故今再次諮會。俾達賴喇嘛並濟嚨呼圖克圖即據章程之意，宣諭所有噶布倫、代本、宗、奚等永遠遵行。如仍有輕慢悖逆者，定嚴懲不貸。專此奉達。並送上新訂章程二十九條。" 正式頒佈的該章程，要永遠遵行，不能認真貫徹者要受到嚴厲懲罰，明確了該章程的性質和極端重要的地位。

福康安等上奏稱："應俟臣等節次奏摺奉到訓諭後，由駐藏大臣衙門翻寫番字，刊刻出示，在前後藏各處張掛，曉諭窮鄉僻壤，咸使周知，以仰副聖主衛法定制、愛育番黎至意。"③ 也就是說，不僅西藏地方上層政教首領拿到《欽定藏内善後二十九條章程》的藏文本，而且還在前後藏各處張貼，連窮鄉僻壤的全體普通百姓也應周知遵行。

## 一、清道光朝與《欽定藏内善後二十九條章程》有關的幾份藏文檔案

### （一）駐藏大臣圍繞官員提拔任命要求噶倫遵照章程的飭文

《欽定藏内善後二十九條章程》是怎樣發揮作用的呢？藏文檔案資料給出了確鑿的答案。嘉慶七年（1802）五月二十一日，《英善福寧爲勒參巴品級律規事飭諸噶倫文》中記載，"乾隆五十七年稟奏皇帝，按新定之規，下等宗本由仲科内委任。總之，要提拔各類職務等，均須按皇帝之意依次提拔。近日，中等職多瓦宗堆擦如夏巴已調任爲宗本，又中等職沃卡宗堆直龍巴提拔爲乃東上等職，其代理人由此成爲中等職者，應從下等宗堆和有

---

① 西藏自治區檔案館編：《清代西藏地方檔案文獻選編》（1），中國藏學出版社，2017年，第58頁。
② 《元以來西藏地方與中央政府關係檔案史料彙編》（3），第821頁。
③ 《元以來西藏地方與中央政府關係檔案史料彙編》（3），第822頁。

七品官職之仲科內委任。汝等諸噶倫以各自意願從仲科內呈報選票乃為違規之舉。如今，上述宗本尤其重要，個別准允代任。其代理之選票須按律規及時呈報。若今後如同近日行事，則不便呈奏衙門等。據此所呈，汝等諸噶倫須遵循。若需任宗堆等職，按陳規須逐次呈報選票外，不得破格提任。同時，各僧俗事務不得有誤，切記。謹遵。嘉慶七年五月二十一日。原件簽注：劄諸噶倫，五月二十一日收悉名單、官銜及任職地區，已抄錄在案。"① 這裏引證的乾隆五十七年奏摺就是形成章程的過程，而"新定之規"即是《欽定藏內善後二十九條章程》，藏文資料明確稱官員升遷要依照皇帝在章程中表達的旨意，這裏所依據的內容即是章程中的第十一條有關自噶倫到各級官員選任升補的相關規定。② 清晰表明章程的性質，來自章程中的依據，完整貫徹章程規定的事實。

（二）七世班禪額爾德尼與攝政等圍繞九世達賴喇嘛靈童認定，依照章程規定提出免除金瓶掣籤的建議

金瓶掣籤是《欽定藏內善後二十九條章程》中重要內容之一，嘉慶朝的一份檔案資料"班禪及濟仲呼圖克圖等為免予金瓶掣籤恩准旦增曲迥之子認定為八世達賴喇嘛之轉世靈童事之奏稿"（約嘉慶十二年）從請示免予掣籤的角度反映出該章程的貫徹情況。全文如下：

文殊大皇帝玉足尊前：

班禪額爾德尼、濟仲呼圖克圖、第穆呼圖克圖、眾堪布喇嘛、噶倫、代本、宗堆、第巴及西藏僧俗人等跪奏：西藏於五世達賴喇嘛始，差人至盛京為大皇帝之先祖奉行祈禱長壽永生之法事，並得歷代皇帝祖先之鴻恩扶持。乾隆五十七年，於認定大庫倫額爾德尼班智達為呼圖克圖轉世活佛時，拉莫護法神降神師舞弄花招，誤指轉世活佛。故先皇特賞賜金瓶並降諭：嗣後尋找大小活佛靈童時，須將候選者名字寫於木籤上，將此籤牌放入金瓶念經祈禱後，所抽之籤則可認定為活佛靈童。切不可問卜於鬼神附體之降神者。等因。欽此。自此迄今已逾十年，期間謹遵諭旨，絲毫未有弄鬼神等逆行，已抽籤認定之活佛靈童亦深受崇信。故眾僧俗對先皇之救助和扶持黃教之鴻恩深為敬信，將永遵聖旨辦理事務，而永不更改。嘉慶九年，八世達賴喇嘛圓寂時，大皇帝嘉賞大量銀兩，以作金塔供奉禮品。復奉諭旨：爾小喇嘛濟仲呼圖克圖須精心尋訪轉世活佛。等語。故吾小喇嘛和班禪額爾德尼、各呼圖克圖、眾僧侶等惟虔誠祈禱早日尋得轉世活佛外，不敢問卜於護法神。再，據拉薩地區稟稱：經查，九世

---

① 西藏自治區檔案館編：《清代西藏地方檔案文獻選編》（1），第77頁。
② 《元以來西藏地方與中央政府關係檔案史料彙編》（3），第829頁。

達賴喇嘛將於東面出世。等言。故令宗堆和喇嘛細查各所屬區域，根據各地依次所悉情況，茲共尋得九名幼童，其詳情已經欽差駐藏大臣轉奏，伏乞皇上聖鑒。以此爲據，特查得德格部落曲科土司旦增曲迥之子，尤爲靈異。該幼子降生八個月後，既能喊出前世達賴喇嘛和其弟子之名，又可細述前世達賴喇嘛父親之事蹟，還可念誦經書等。然吾小喇嘛濟仲呼圖克圖不敢輕信此言，招此幼童前來面驗。當吾小喇嘛、班禪額爾德尼、大小呼圖克圖、各喇嘛、噶倫等人前往查看時，該幼童稱……查西藏之諸習俗均始創於五世達賴喇嘛時期，該幼童所喊名字係五世達賴喇嘛之稱呼，且弟子名字亦係五世達賴喇嘛之弟子之名。再，該幼童前世父親有一紅色寶石，據稱作爲壇城頂飾供奉於類吾齊寺，此亦係五世達賴喇嘛父親時代，故衆生極爲信奉。吾小喇嘛等雖年事已高，然從未曾見如此靈異之轉世活佛。此係大皇帝爲弘揚黄教所施慈悲扶助之威勢而得。

另於前年，各呼圖克圖和色（拉寺）哲（蚌寺）甘（丹寺）三大寺堪布喇嘛、噶倫、代本、宗堆、第巴，以及西藏僧俗於布達拉內叩拜大皇帝聖像時，於吾小喇嘛等人前跪稱：聖主曾賞賜金瓶，諭令將候選靈童名字寫於木籤上，將籤牌放入金瓶內搖動。等語。此乃聖主念及黄教，爲確定轉世靈童所降之旨。然近日見旦增曲迥之子不僅能講出前世之事，且能念誦經書等，實爲達賴喇嘛之轉世無疑。故班禪額爾德尼和濟仲呼圖克圖向大皇帝上奏稱：若皇上能恩准旦增曲迥之子免於金瓶掣籤而認定爲達賴喇嘛之轉世靈童，則恩德無量。等言。吾小喇嘛等對此回曰：此事關乎皇帝諭旨，不可更改。又據衆生稟稱：皇帝旨意乃爲確定轉世活佛，近期訪得之轉世活佛確係靈童。懇請轉奏皇上。若認爲此情不確切而未稟奏，我等將親自進京面見聖主稟報。等情。然吾小喇嘛等人以爲西藏諸民糊塗固執，彼等信奉近日訪得之旦增曲迥之子事，吾等以爲若能遵奉聖旨，搖動金瓶抽籤，可得先皇之祈禱，又怎會出現失誤？然吾小喇嘛等法力弱小，無法左右三寶之心識。若非抽出衆民信奉之幼童，若衆不敬仰，關係匪輕。爲此，未敢擅自決定。若大皇帝施以慈悲，恩准旦增曲迥之子爲達賴喇嘛之轉世靈童，則大有裨益於西藏僧俗百姓。嗣後，若有不會説話和不能辨認前輩什物之幼童，吾將謹遵先皇所賜諭令，以金瓶掣籤認定，此亦符合大皇帝扶助黄教，並確定轉世靈童之至意。是爲不違礙先皇所頒諭旨，亦能滿足近期衆生所呈信仰之求，不得不稟奏，伏乞皇上聖鑒並賜諭旨。再，尋訪八世達賴喇嘛轉世靈童時，先皇曾特遣前世章嘉呼圖克圖親事該轉世靈童之尋訪，此次亦是否遣使前來之處，伏乞皇上賜旨。隨摺恭呈哈達、古響銅佛尊等物。伏乞寬廣法界予以寬宥。謹呈。①

---

① 西藏自治區檔案館編：《清代西藏地方檔案文獻選編》（1），第86—88頁。

這裏面包含的内容十分豐富:第一,該奏摺把首位受到清朝皇帝册封,並且具有重要影響的五世達賴喇嘛羅列出來,既説明其來有自,又爲下面靈童與數世前的達賴喇嘛諸多類似"徵兆"做必要的鋪墊。第二,強調了乾隆五十七年規定通過金瓶掣籤認定大小活佛的轉世靈童,禁止通過降神指認靈童的傳統做法。當然,後來在實踐中逐漸完善爲大活佛的轉世,而不是大小活佛的轉世都要通過金瓶掣籤的方式加以認定。第三,奏摺強調了西藏地方自從該章程頒佈之後,始終遵循金瓶掣籤的原則來認定轉世靈童真身,而且"已抽籤認定之活佛靈童亦深受崇信","永不更改"。第四,用較多筆墨講出了九世達賴喇嘛靈童"靈異"之處;七世班禪和濟仲呼圖克圖等期望獲得皇帝恩准,對該靈童免予金瓶掣籤而加以認定,顧慮這種做法會冒犯欽頒大小活佛必須通過金瓶掣籤聖旨的威嚴,甚至提出萬一抽籤確定的靈童並非該靈童即"且增曲迴之子",引發百姓並不敬仰問題,甚至還有人要進京面見皇帝,請求認定該轉世靈童,等等。目的是爲提出免於金瓶掣籤尋找充足的理由,反映的是對違反章程規定、觸犯刑罰的忌憚。第五,由於顧慮皇帝並不恩准,該奏摺還提出,如果該靈童以後出現不相符合的情况,將來便遵循金瓶掣籤來認定轉世靈童,甚至也可以仿照前例,請朝廷派遣章嘉呼圖克圖親自前來尋訪。從奏摺中可以看出,濟仲呼圖克圖等費勁心思要認定九世達賴喇嘛的轉世靈童,包括利用七世班禪額爾德尼、西藏百姓"意願"等,而且把自己描述爲始終站在金瓶掣籤原則思考問題的人。有意思的是,乾隆皇帝在《喇嘛説》中列舉蒙藏地區活佛轉世中的諸多違法案例,該奏摺開頭列舉的反面案例回避了西藏地方拉穆護法神肆意指認的不法行爲,祇提到了"認定大庫倫額爾德尼班智達爲呼圖克圖轉世活佛時,拉莫護法神降神師舞弄花招,誤指轉世活佛"的例子,回避了複雜的教派和人際關係。事實上,嘉慶皇帝確實根據西藏地方首領的請求免除了九世達賴喇嘛的金瓶掣籤,但是後來當他們再度提出這個請求時則被朝廷否定。關鍵的問題是,這個奏摺始終是圍繞《欽定藏内善後二十九條章程》及其中金瓶掣籤而展開的,説明該章程的嚴肅性和巨大的現實約束力。

(三)駐藏大臣針對官員提拔和稽查軍糧儲備等方面的問題要求重温章程第十一條内容

嘉慶十七年(1812)九月一日"瑚圖禮祥保爲須依照章程任免西藏諸頭人等事劄飭諸噶倫"檔案,也特别提到了《欽定藏内善後二十九條章程》的貫徹情况。

該檔案内容如次:

欽差駐藏大臣副都統銜瑚圖禮、欽差駐藏大臣都統佐領祥保劄飭諸噶倫:
  查乾隆五十七年平定時局後,已有十餘年謹遵新章程所定任免西藏諸頭人之規,然時有不符章程之舉發生。前經歷任駐藏大臣、本大臣和豐將軍商議,要求諸噶倫依章任免職務，且嗣後任命宗堆時，亦須由噶廈呈交有關保舉人之甘結，經商酌面試後再行正式任命。等語劄飭在案。然前任駐藏大臣奉旨回京後，該地已有違背先前所立章程之事，尤爲在邊境宗堆及重要宗堆之職位空缺時，從仲科和孜仲中補任，此乃嚴重違背舊規之舉。乾隆五十七年所定章程乃如衆所周知，若能遵奉此規，則與旨意相符。然諸噶倫奉行事務時未遵此章程，故駐藏大臣陽（春保）及慶（惠）二人於去歲七月間復摘抄並頒發了乾隆五十七年所定之第二十一條章程，且要求永遠遵從。因陽、慶二位大臣離任遂未執行此意。本年六月復致函云：對於任命宗堆事，諸噶倫仍須依舊規呈交候選人履歷及甘結，待面試後任命。等語。然本大臣按慣例前往查閱日喀則兵演操練並巡查邊境時，諸噶倫竟違背駐藏大臣劄飭，在揀選部分職位空缺人員時，隱瞞應呈報之候選人履歷及甘結。對此本應嚴懲，然暫時擱放。特發此劄，望諸噶倫謹遵。嗣後務須依照章程妥善辦理政府諸項事務，且按照先例向本大臣呈交有關事宜情形，尤爲新任宗堆時亦須永遵章程。此劄發下，任命宗堆時若仍有違規之舉，即仍有隱瞞不報候選人履歷及甘結等事，則本二位大臣必該決革職。又據諸噶倫於是年二月稟稱：接奉陽（春保）、慶（惠）二大臣飭令：須呈報驗查前後藏地區儲備糧食等情，可按諸噶倫呈請，允准秋收清點後呈報。等語。茲臨近秋收季節，因而迅即專派人員前往清點各宗谿儲備之糧並呈報，同時須稟報今年收成情況。特劄。嘉慶十七年九月一日。①

這則檔案，一方面反復強調了《欽定藏內善後二十九條章程》的權威性，另一方面也指出了在宗堆，特別是邊境地區宗堆任命中的違規行爲。值得注意的是，爲了違規做法，駐藏大臣陽春保和慶惠，還專門在嘉慶十六年（1811）章程中的第十一條（文中誤作第二十一條）摘抄出來，讓噶倫們認真遵照執行。此外，駐藏大臣也聽取了噶倫們的合理化建議，即將儲備糧食的清點時間相應後延，不是在秋收之前，而是在秋收之後。

## 二、駐藏大臣文幹、靈海重新摘抄乾隆五十七年章程的内容強化遵循章程紀律

最能展現福康安等上奏並由乾隆皇帝欽定形成章程各項內容執行情況的則是道光元年（1821）七月十四日"駐藏大臣文幹靈海爲遵奉乾隆五十七年所頒章程事飭各勒空文"，該檔案資料十分詳細地羅列了《欽定藏內善後二十九條章程》中的絕大部分內容。

---

① 西藏自治區檔案館編：《清代西藏地方檔案文獻選編》（1），第90—91頁。

钦差驻藏大臣副都统衔文（榦）、钦差二等侍卫霊（海）二大臣为劄行饬遵事。各勒空遵谕并依章程行事，期间，勿偶靖安。藏域乃皇上赐予达赖喇嘛仁波切之礼，诸事因无方圆，乾隆五十三年、五十七年西藏与廓尔喀生发争端，皇帝谕遣天兵乃决，且敕定卫藏各事务以规约，遵奉讫兹三十年，藏域僧俗靖康。荷蒙皇帝垂爱，护佑黄教及藏域僧俗。乾隆五十七年所颁诸章程，若无馀谨敬遵奉久长，藏域僧俗亦定皆靖安。本大臣酌思，于章程，藏人头领则用心甚渺，似弗勤进。若长此以往，不加熟稔，藏人头领事多，藏域百姓恐复受苛虐，且皇恩垂怜以慈悲所赐诸章程亦将溃没。故将乾隆五十七年所颁诸章程择要摘抄以呈，诺门罕酌令西藏大小番目遵奉，并摘抄贴于各办事处。噶伦、代本、扎什伦布札萨克喇嘛、噶厦基巧堪布系处理诸事之要人，均须摘抄一份存留，并时常念颂以熟记，俾己毋愚于规。各章程之重要条款另行摘抄奉呈，奉谕所拟西藏事务之章程如下：

（一）驻藏大臣系藏务官，与达赖喇嘛、班禅额尔德尼地位平等。自噶伦以下番目及管事喇嘛等，统归其管辖，毋论大小番目，须遵从驻藏大臣之命。扎什伦布诸事务，森本不可擅自决断，俾诸事务处置公平起见，凡特殊事项均须事先呈禀驻藏大臣，俟其出巡莅临，再行审核处理。

（二）藏事大小番目缺出拟擢，须由驻藏大臣、达赖喇嘛公同商榷以定。番目大小地位有别，俾诸裁决毋偶乱。嗣后，噶伦缺出，于代本、商上孜本、强佐巴内，由驻藏大臣和达赖喇嘛公同商榷，择选二名贤能卓著者，奏请大皇帝谕准补放；代本缺出，于藏军头领及边地营官中择选，并奏请皇上补用；孜本和强佐巴缺出，须从聂仓巴、协邦、噶厦大仲译、济仲喇嘛中选补；聂仓巴和协邦缺出，从雪第巴、朗孜厦米本、达本中选补；雪第巴、朗孜厦米本、达本缺出，从各地营官及噶厦卓尼中选补；聂仓巴和雪第巴内可委任孜仲，然须拣选以擢；大仲译缺出，从小仲译及噶厦卓尼中升补；大缺、边缺营官，从小缺营官或小仲译等中升补；军官缺出，由甲本等员弁替补；各边地惟小缺营官缺出，始准从仲科、孜仲中选补。此前，喇嘛补放营官均由达赖喇嘛之近侍随从充任，因该近侍随从常年侍奉达赖喇嘛，不能到职，宗豁皆派人代办，难免代办者敲诈番民，贪赃受贿。嗣后，凡需委派代办，均由驻藏大臣选妥干者前去充任，不得由孜仲喇嘛等自行派人代办；噶厦小仲译、卓尼等，其职虽小，因随同噶伦办事，亦关紧要，应从仲科中遴选贤能者充任；凡大小宗豁升补事宜，统归驻藏大臣会同达赖喇嘛遴选，若达赖喇嘛对任选有异议，则需退任秉公复选。除升补噶伦、代本须奏请大皇帝补授外，余者统由驻藏大臣会同达赖喇嘛委派，并颁给汉、藏合璧印照为据。至扎什伦布大小管事，均为喇嘛，向无品级。嗣后，强佐缺出，由索本或森本升补；索本缺出，由孜仲升补；森本缺出，由卓尼升补，不得任意升擢；扎什伦布寺属下寨落较少，亦无要临边界等，可依旧自行升擢；强佐、索本、森本、大缺营官等，均依前藏之例，由驻藏大臣会同班禅额尔德尼会商补放给照。其余各缺茶叶、酥油、柴草事务等，亦选贤能者补放。同时，登记造册呈报驻藏大臣，以便日后查核。西藏头领依序擢任事，条约内并无具细古例可循。是此，噶伦、代本、如本、甲本、定本等擢任事，仍依乾隆五十九年所拟条文遵行。其他诸如孜本、强佐等，亦依上述规定办理。

（三）达赖喇嘛及班禅额尔德尼之亲属向来多为随从官员。如达赖喇嘛之叔、班禅额尔德尼之父巴登敦珠恣意妄为，达赖喇嘛之胞兄罗桑根敦扎巴仗势逞威。嗣后，达赖喇嘛与班禅额尔德尼在世时，其亲属不得担任大小官员及孜仲等职，不得参与黎庶事务。达赖喇嘛、班禅额尔德尼圆寂之后，若有亲属升补，则视其才能秉公委以公职。

（四）达赖喇嘛及班禅额尔德尼与外番人等有书信往来，均须会同驻藏大臣协商办理。西藏与廓尔喀、锡金、不丹、宗巴等接壤，若该外番人等前来呈进贡物、办理公务时，达赖喇嘛每予回函，但立言不能得体，易为外番人所轻且常为藉口。卫藏地域极重，如此书信往来，均须与驻藏大臣会商以断。如章卡币值一案，廓尔喀曾致书达赖喇嘛，因未予慎重处理，终致战乱。嗣后，凡有文书往来，廓尔喀遣使来藏拜会达赖喇嘛和班禅额尔德尼，其回文须照驻藏大臣旨意缮写。凡涉及边界事务等要事，亦须照驻藏大臣旨意办理。不丹虽为宁玛教派，然每年遣使拜达赖喇嘛。锡金、宗巴、洛沃漫塘等小国有使臣来藏进贡达赖喇嘛并班禅额尔德尼，且有文书往来，均按上述规定办理。嗣后外番人员来藏，由边界营官查明人数，禀报驻藏大臣，并由江孜、定日汉官验放后，方可前来拉萨。外番致书驻藏大臣，应由驻藏大臣给谕；致达赖喇嘛等文书，须译呈驻藏大臣，由驻藏大臣阅后，与达赖喇嘛协商酌拟回文交来使带回。噶伦虽为达赖喇嘛管事之人，然不得与外番部落私自通信。若有外番呈信于噶伦者，亦令呈送驻藏大臣与达赖喇嘛商同给谕。若噶伦私行发信，将予以撤职。内外诸事均须严令遵行。

（五）边界地方与外番接壤，管束百姓，查验往来人等，甚为重要。本应遣派精明强干者前去任职，然此等人等不愿前往边地供职，常以庸劣者前去充数，以致贻误边务。嗣后，应从小缺营官及武弁中遴选干练者派往边地供职，倘能办事妥帖，可轮换升擢代本之职。倘办事不力，立即革退，决不姑息。头领等均按此谨遵、严办，边地亦可靖安矣。

（六）西藏大小番目，均由贵族子弟充任，任选亦皆从仲科中选出。番民即令贤能亦无任选之例，偶有平民供职者，亦至多为定本等小头目，不能担任更高职务。此等陳規，有礙公務，應立新章。邇來，達賴喇嘛近侍及噶倫，未經駐藏大臣允准，擅自決斷，致使生發釁端。茲以此章程為準，嗣後凡兵丁若技能出眾，戰績顯著者，非仲科出身，亦可逐級升至定本乃至代本。至文官，仍以仲科中選任，惟不得子襲父職，以免貽誤政務。小仲譯、噶廈卓尼、小缺營官等，年滿十八之仲科方能選任。此等事務駐藏大臣須經常核查，達賴喇嘛亦須按規逐級選任，不得有所偏差。

（七）堪布選任時，達賴喇嘛與駐藏大臣須會商以決。堪布乃寺院住持，選德高博學者充任，方得僧俗敬戴。邇來，垂涎於財利之喇嘛，眼見堪布擁有許多莊園，收禮亦多，且受人尊敬者甚多。嗣後，各大寺院之堪布應由達賴喇嘛、駐藏大臣、濟仲呼圖克圖三人酌商遴選任命，並頒給加蓋三方印信之執照。至於小寺堪布，仍由達賴喇嘛任選。

（八）關於擅自頒發免差令。藏番支應人夫、馬匹、駄畜等烏拉，多由貧戶承擔，而富庶大戶則呈請達賴喇嘛和班禪額爾德尼賜予免差照票。如噶倫、代本、大活佛等屬下谿卡百姓亦多領有減免差賦照票。嗣後，應收回所有免差照票，均攤差役，不得額外加重貧困戶之差徭。倘實有勞績需優待者，應由達賴喇嘛會同駐藏大臣酌商頒給免差照票。應徵入伍者，應由駐藏大臣和達賴喇嘛發給免差照票，以利各兵丁安心操演。該兵丁缺出，即將原票收回。

（九）衛藏黎庶、土地均屬達賴喇嘛。其所轄呼圖克圖、堪布喇嘛、宗堆、德巴甚多，然莊戶增減、來往人等，達賴喇嘛與駐藏大臣均無冊可查，致使邊地來拉薩閒遊者，其何許人等均無法詳查，長住拉薩之人由此甚多，盤查更為困難。達賴喇嘛所轄各寺活佛及僧人等，應一律詳造名冊，並責成噶倫填造各呼圖克圖所屬莊戶名冊，一式兩份，呈報駐藏大臣衙門及達賴喇嘛，以備稽查。嗣後，各寺僧人凡無護照擅自外出者，一經查出，即懲辦該僧人主管堪布及札薩克等頭目。

（十）公職人員等因公外出，需用烏拉人夫等，向由達賴喇嘛簽發牌票，多有流弊。噶倫、代本乃至達賴喇嘛之親屬等多有私派烏拉人夫、馬匹、駄畜及食宿用度情事，致使百姓艱難。嗣後，活佛及頭人等因公外出，一律不得私派烏拉等，不得私發牌票。凡因公外出，需派用人夫等，應報請駐藏大臣及達賴喇嘛公同發給加蓋印信之牌票，沿途依照牌票，再行支派烏拉人夫等。

（十一）藏人處置械鬥、命案及偷盜等，素與漢地各異，仍可照向規辦理。惟須區分罪責輕重，酌加懲處，方能使藏人悅服。據查，噶倫及朗孜廈米本等辦案不公，隨意向富戶額外增加罰款，且將所得金、銀、牛、羊等加以私吞，並未全數歸公。且噶倫等仗勢誣陷卑下之人，羅織罪名，謊報達賴喇嘛，抄沒家產等情，屢有發生。嗣後，命案等除依照向例予以懲辦外，應立案呈報駐藏大臣衙門備案。凡大案、要案應事先報請駐藏大臣核擬辦理；擬沒收財物事項，亦應報請駐藏大臣批准。不論公訴或民訴均須秉公辦理。噶倫等如再有依仗權勢無端侵佔百姓財產者，一經查出，即行革職，並沒收其本人財產，責令退還所侵佔財物，以儆效尤。

（十二）在任噶倫及代本等，向有由達賴喇嘛撥給官邸及谿卡之例，一經卸任，自當移交接任者。近查噶倫及代本雖已卸任，仍不移交官邸及谿卡，致使政府另撥官邸及谿卡給新任者。嗣後，凡噶倫及代本一經卸任，即行移交官邸、谿卡給接任者，不得私自佔有。

（十三）活佛及僧衆之合法俸銀，自應按期發放，然近查得多有提前支領者。嗣後仍應按期發放，不得提前支領。責成呼圖克圖及時督查，凡有提前發放或克扣僧俸等情，即行懲辦掌辦者。

（十四）各村莊應交噶廈之賦稅、貢物等品，與漢地相同，應每年徵收，且問明詳由，酌情予以減免，方能有利。拉薩近處素派濟仲、德巴徵收，遠處則向由地方宗堆催繳並送至噶廈。然近查濟仲、德巴、宗堆等向政府少交大量賦稅，不僅徵收當年之賦稅，且對來年賦稅提前徵收，逃亡戶之賦稅由現存戶負擔，致使百姓不堪忍受。嗣後，強佐巴應督促吉隆、德巴及地方宗堆，定時催繳賦稅外，不得逼迫百姓預繳。各種之逃亡絕戶應減免賦稅，待荒地有人復耕後再行徵收。

再，另具條款如下：（一）所有大小事務均須呈請駐藏大臣，不可恣意妄為。若未能呈請，噶廈亦應妥辦處理。（二）達賴喇嘛及班禪額爾德尼與外番人等有書信往來，均須會同駐藏大臣協商辦理。西藏與近處及接壤地凡有書信文書往來，須呈報駐藏大臣辦理。若有違者，則將嚴懲。（三）邊界地方，甚為重要。應選派精明強幹者前往任職。此可依漢規，每三年遴選一次。邊地宗堆任選常流於隨意，遂難有得力者充任。邊地甚重，然未見三年遴選一次及擢升或撤職之任何記錄。嗣後，邊地宗堆未擢選強幹者，或從邊地宗堆中輪換升擢事，尚無記載，此等事均須一一嚴查辦理。（四）各寺堪布選任時，達賴喇嘛與駐藏大臣須會商秉公以決。然並未見與駐藏大臣酌商決斷之記錄，且未謹遵有關基巧堪布職位缺出，須呈奏皇上，以及各寺堪布在職二十多年仍未換選、未領章程要義、各寺大堪布酌商任選、辦事小堪布由達賴喇嘛選任等諸事，均須嚴查並依情辦理。（五）關於擅自飭令免予支應人夫、馬匹、馱畜等烏拉事，並未於本衙門見噶廈所賜免差照票之記錄。除如本以上兵丁之免差照票須會同駐藏大臣酌商頒給外，由噶廈頒給減免差賦照票等大小諸事，均須究查並記錄備案。（六）衛藏僧俗番戶應如數記載等事，本衙門內未有呈報莊戶名冊。飭此章程後，噶廈是否造冊登記等事，各寺、宗堆頭人須詳細記載並呈交至駐藏衙門及噶廈。（七）不得私派烏拉等事，西藏大小寺廟、噶倫等頭目須自覺遵奉章程規定，嗣後，凡因公外出，需派用人夫等，應報請本駐藏大臣，待辦明原由，發給加蓋印信之牌票，再行支派。噶廈及噶倫等頭目不得私派簽發牌票。凡需由噶廈頒發牌票者，事先須呈請駐藏大臣，待回復後再行頒發，且須注明烏拉人夫、馬匹、馱畜之具體數量。（八）處置械鬥、命案及偷盜等須秉公辦理，西藏律法之向規如何，素未報於本駐藏大臣衙門，遂無從查閱究竟。然除依情區分罪責輕重，酌加懲處外，永不可私自仗勢誣陷、羅織罪名並加以懲辦。西藏律法有何大小向規，並相應懲之以流放、斷截四肢等原由須詳載並報交本駐藏大臣。嗣後，須辨明詳細原由，報請駐藏大臣核擬辦理。凡斷截四肢等處罰事，依向規報請駐藏大臣批准，方可秉公辦理。（九）達賴喇嘛撥給噶倫及代本等之官邸及谿卡，一經本人卸任，即行移交官邸、谿卡給接任者，不得私佔。須根究噶倫及代本等卸任者，以及僧俗諸官員，凡有此等情況者，均須一一按規辦理。（十）公職人員之薪俸、賦稅等依舊辦理。究查賦稅等事，公職人員若按章程規定加以遵奉，不僅利於眾人，且諸僧眾之開支加以造冊，各僧徒應得之合法體銀、每季發放日等一一載明，並呈報本駐藏大臣。（十一）各村莊交噶廈之賦稅、貢物等應每年徵收事，噶廈並未逐年查記賦稅、貢物等徵收與否、遂無從詳查。是此，賦稅、貢物等未予徵收者，地方宗堆及收稅強佐亦未進行責負，予以催繳。莊戶之事，須詳查實情，並相應減免賦稅。嗣後，賦稅、貢物等徵收與否、莊戶稅物如何減免等事，均須每年呈報本駐藏大臣，並酌情予以辨理。

　　以上各條款乃西藏各要務之條規，故特發此函，請諾門罕對各條款逐一詳究，並按規酌情辦理各項事務。西藏諸頭領亦須一同謹遵並熟記上述諸條規。若未遵奉或因遺漏、延遲以及表裏不一等事，造成細微差錯者，均嚴懲不貸。爲此，下發取捨無誤之公告，並須報呈遵奉執行諸務之巨細。爲此擬具。飭遵。道光元年七月十四日。①

值得注意的是，駐藏大臣文榦、靈海摘抄高級官員，或者讓各級官員摘抄的乾隆五十七年章程，並非是福康安上奏並獲得乾隆欽定的二十九條章程原文，而是章程中的絕大部分内容，還有諸如活佛轉世採用金瓶掣籤、重新鑄造"乾隆寶藏"銀錢、火藥槍械製造管理等若干條並未包含其中，這可能與這樣幾個因素有關：一是當時金瓶掣籤已經實施、"乾隆寶藏"業已鑄造，得到切實貫徹等；一是與所解決的突出問題和物件人群有關。儘管如此，對照可以看出，它與福康安等整理的《欽定藏内善後二十九條章程》如出一轍，並且保持了内容上的一致性，更爲關鍵的是全部都出自福康安等上奏、乾隆皇帝欽定的奏摺内容，具有無可置疑的客觀性和權威性。

---

① 西藏自治區檔案館編：《清代西藏地方檔案文獻選編》（1），第127—132頁。

## 三、駐藏大臣琦善依據《欽定藏內善後二十九條章程》相關內容擬定二十八條新訂章程

琦善改定章程，主要是在福康安等上奏並經乾隆皇帝批准的《欽定藏內善後二十九條章程》的基礎上，根據現實需要修改完善形成的，特別是限制攝政濫用權力而制定的。這就首先肯定了《欽定藏內善後二十九條章程》自頒佈以來始終有效及所產生的巨大現實作用，同時也在琦善的酌定二十八條章程中反復提到"二十九條章程"相關內容具體的出臺背景。

例如道光二十四年（1844），"駐藏大臣琦善奏擬修訂福康安善後事宜各款之二十八條致噶廈文"① 檔案中，第一條，"乾隆五十七年諭：據悉，駐藏大臣常不理政務，一味聽人奉承，大權旁落，辦事無能，一切受人左右，故派鄂輝、和琳為駐藏大臣，職權地位與達賴喇嘛、班禪額爾德尼平等。此乃以往之舊例決議。且嘉慶十九年，前駐藏大臣瑚圖禮奏稱：駐藏大臣除與達賴喇嘛地位平等外，並非與攝政呼圖克圖地位平等。故此，駐藏大臣事事均有考核審查之責。……"針對的是乾隆五十七年皇帝諭旨有關加強駐藏大臣地位的問題。第二條，"西藏地區與廓爾喀、不丹、錫金、洛波曼塘、拉達克等地毗鄰，彼等外方藏人，來拉薩朝佛供奉，或派員談判，為澄清邊務，須按平時常規，尊重章程有關規定，事無巨細，均須稟明駐藏大臣，酌情辦理，不得擅自接觸，若有違犯，革職論處。"則是針對駐藏大臣處理涉外事務的權力。第十七條，"僧眾升補，以往未作規定，福康安疏奏亦不明確。……"第十八條，"福康安奏請決議章程中規定：孜本、強佐出缺，可由聶巴、協邦、大仲譯、濟仲喇嘛等升補委用。……"是針對僧俗官員升遷委任的問題，主要是限制噶倫濫用職權，違規提拔官員的問題。而第二十七條，"支派烏拉差役，百姓負擔苛重，福康安之章程中對藏人頭目有所限制，但對攝政未能提及，亦不明確，數目亦無規定。漢族官兵與藏人頭目分散各地，有些則內外相距兩三千里，駐藏大臣無法對每一地方發給路引，勢必因而耽誤。……"則是針對駐藏大臣管理烏拉使用發放路引的問題，琦善則增加了限制攝政濫用驛傳，增加差役負擔的問題。這些具體條文中都具體提到了《欽定藏內善後二十九條章程》或者"福康安奏請決議章程"。

在道光二十五年（1845）二月二十九日，"駐藏大臣琦善等會同班禪額爾德尼於道光二十五年就謹遵二十八條章程事之細則飭文"② 中，系統保存了上述檔案中的相關內容。諸如：第一條表述雖然有點差異，大致內容相同，即"乾隆五十七年奉上諭：聞向來駐

---

① 西藏自治區檔案館編：《清代西藏地方檔案文獻選編》（1），第210—216頁。
② 西藏自治區檔案館編：《清代西藏地方檔案文獻選編》（1），第220—231頁。

藏大臣不諳大體，往往過於謙遜，授人以柄，致爲所輕，諸事擅專。鄂輝、和琳均係欽差大臣，其辦事原應與達賴喇嘛、班禪額爾德尼平等。等因。欽此。著有成例。嘉慶十九年又經前大臣瑚圖禮以辦事大臣與達賴喇嘛平等，並非與代辦事之呼圖克圖平等，奏明在案。……"第二條，西藏地方與廓爾喀、錫金、不丹、洛敏湯巴、拉達克各地接壤，"應請悉遵定例，無論事之大小，均呈明駐藏大臣代爲酌定發給，不准私相授受，違者參革，以重邊疆。"第十七條，"喇嘛升轉向無一定，即福康安當日原奏亦未分晰清楚。"第十八條，沒有如上文同條提及福康安奏摺，但是也提到"原奏摺內載：孜本、強佐缺出，以聶倉巴、協邦、大仲譯及濟仲喇嘛升補。"内容完全相同。第二十條，"藏軍營官先前設有代本五個，乾隆五十七年增設一名，茲依舊例大小番目均須按序升擢排列……"第二十七條，"烏拉出自番民，最爲困苦。福康安原議但禁番目，未及掌辦之人，亦未定有數目。且弁兵、番目均散處汛地，有相距二三千里内外者，勢不能盡由大臣給照，致有延滯。"措辭有變化，內容仍無差别。

　　事實上，琦善《酌擬裁禁商上積弊章程》二十八條衹是對福康安等奏擬的《欽定藏内善後二十九條章程》的修訂補充，特別是有針對性地增加了限制攝政過度干政和濫用權力的有關條文，並非是替代前者，比如涉及活佛轉世採用金瓶掣籤、鑄造貨幣和軍械管理等也沒有包含其中，而這些重要内容卻依然依照規定均在執行。從這一點來看，該章程一方面類似駐藏大臣文幹、靈海對《欽定藏内善後二十九條章程》摘抄，一方面因爲有新的修改又展現不同特徵，故而需要奏報皇帝並獲得批准和欽定。這些有助於理解清朝在欽定章程執行過程中的一些具體做法，即既嚴格遵守奏摺中的相關内容，尤其是欽定的各項章程内容，又有依據實際情況，重在解決存在問題，並非簡單重複章程的各項規定。

　　《清代西藏地方檔案文獻選編》所收錄的有關《欽定藏内善後章程二十九條》的相關檔案，有些已經在《元以來西藏地方與中央政府關係檔案史料彙編》中刊佈過，有些則是新翻譯刊佈的内容，通過這些藏文檔案資料的藏漢文對比，以及與其他漢文、藏文文獻資料相互對勘進行深入研究，可以解決許多重要的是非問題，也必然會推進清代西藏地方歷史研究的深入，對於釐清中央政府對西藏地方行使管理諸項政策制度也會有重要參考價值。

# The Promulgation and Implementation of the *Twenty-Nine Articles on Xizang's Post-War Settlement*—Based on the *Selected Compilation of Tibetan Local Archival Documents* in the Qing Dynasty

Zhang Yun

**Abstract**: The Selected Compilation of *Tibetan Local Archival Documents* in the Qing Dynasty, compiled by the Xizang Autonomous Region Archives, is an important reference data for studying the history of the relationship between the Qing Dynasty and the local government of Xizang, and the history of Xizang's politics, economy, religion, culture, and society. It has high value and can solve many historical difficulties and controversies. This paper only discusses the role of the *Twenty-Nine Articles on Xizang's Post-War Settlement*, which was submitted by Fukang'an and others and approved by Emperor Qianlong, in the policy practice of the Jiaqing reign and thereafter. It not only shows the objective authenticity of this regulation as the basic regulations for the Qing Dynasty to manage Xizang, but also shows its extreme importance in the governance of Xizang. It also completely refutes the fallacy of some foreign scholars who try to deny that this regulation was personally determined by the emperor and was seriously implemented.

**Keywords**: Qing Dynasty; *The Twenty-Nine Articles on Xizang's Post-War Settlement*; Implementation

# 六世班禪爲乾隆皇帝生日所奉祝辭考\*

## 薩爾吉

**摘 要**：本文以一件藏於故宫博物院的六世班禪爲乾隆皇帝生日所奉祝辭文書爲研究對象，分三方面對文書進行了討論：一是通過對文書開頭梵藏對照的第一首頌文的詞彙分析，説明梵文的書寫並非是爲了真正意義上的文學創作，而祇是爲了迎合當時的流行風尚，凸顯對佛教發源地的尊重，另一方面也展示出當時僧人階層梵文水平的急劇衰落，梵文已經不再是學識淵博的象徵，而淪落爲冒充門面的虛飾。二是以譯注的方式給出了文書的現代漢譯，並將其與文書所附的漢譯進行比較，説明原件所附的漢譯祇是對文書内容的概略説明。三是通過與六世班禪傳記相關章節的比較，彰顯出該祝辭文書以及其中提到的賀禮是如何，以什麽樣的方式進獻給乾隆皇帝的，豐富了我們對這一文獻的認識，同時也從一個方面證實了六世班禪傳記所載史料的可靠性。文末提供了該件文書的藏漢文錄文。

**關鍵詞**：六世班禪；乾隆皇帝；祝辭文書；梵文；傳記

六世班禪洛桑貝丹益西（བློ་བཟང་དཔལ་ལྡན་ཡེ་ཤེས།，1738—1780）在乾隆朝的北京之行無論對乾隆皇帝個人而言，還是對清代的治藏政策而言，都是值得關注的重要歷史事件。而與之相關的歷史記載、實物資料亦有諸多留存，爲我們還原這一歷史場景提供了豐富的素材，茲不贅述。[①] 相較於漢文資料的利用，藏文材料的利用和考證則顯得稍微薄弱一些，這固然有語言隔閡的原因，亦有因部分資料保存在北京故宫博物院，不易利用所致。

2019年12月8日，以"須彌福壽——當扎什倫布寺遇上紫禁城"爲題的展覽在故宫博物院舉辦，通過相關的文獻文物，展示了歷輩班禪與清廷，尤其是六世班禪與乾隆皇帝的交往，以及與之相關的藏傳佛教藝術。展品中有一件六世班禪爲乾隆皇帝生日所奉祝辭，則是本文論述的主題。

---

\* 該文曾發表在西藏自治區檔案館主辦的内部刊物《西藏檔案》上（2020年第1期，第97—108頁）。部分内容亦曾在2020年12月臺北故宫博物院舉辦的"轉世利生——十七世紀以來的活佛體制"國際學術研討會上予以簡要介紹，此次收入《西域歷史語言研究集刊》中，除個別詞句略有調整外，其餘一仍照舊。

① 相關研究綜述可以參看柳森：《國內近三十年來關於六世班禪朝覲研究綜述》，《四川民族學院學報》2010年第2期，第1—5頁。

## 一、文書基本情况

就筆者所知，1988 年，故宫博物院王家鵬以《六世班禪的一封奏書》爲題，對相關文獻進行了介紹。① 據該文，藏文文獻長450 厘米、寬75 厘米，用金、墨横行書寫在顔色稍黄堅韌厚實的西藏紙上。文獻的具體保存地點是故宫雨花閣佛堂，藏文奏書原件和滿漢文譯本，以及兩部貝葉式藏文經典一併收藏在一個長80 厘米、寬12 厘米、高9 厘米的彩漆長皮匣内。其中的一部佛經應該是後來進獻給乾隆皇帝的。王文還刊載了皮匣外觀，藏、漢文文書全文，以及部分經葉的照片。

通過上述介紹，我們得知文獻原文爲藏文，附有滿文和漢文譯本，因筆者不諳滿文，以下的討論皆依據藏文、漢文進行。②

文書爲窄幅長條形，周邊繪有金絲欄，天頭地脚均有較大留白，頂上留白後有上下各兩條横繪金絲欄，隔出一較窄空間，中間墨書藏文一行，藏文文書的字體爲珠匝體（དབུ་མེད་）。藏文下方中間彩繪八吉祥圖案，左右爲垂有瓔珞之寶飾，形如幄幔，中間用兩種梵文書體③、梵文的藏文轉寫，以及藏譯四行文字表達了對衆生安樂的祈願，四行文字中，藏文轉寫爲朱筆，其餘爲墨書。接下來是左右對稱的四行彩繪垂有瓔珞之寶飾，中間同樣以兩種梵文書體、梵文的藏文轉寫，以及藏譯四行文字寫有一首四句頌文，其中最後一句涉及的重要詞語用金汁書寫。

接下來文書另起一行，不再分段，一直書寫至結束，共34 行。起首部分爲5 首頌文，然後是散文，其間涉及的重要詞語用金汁書寫，其餘爲墨書。散文部分包括祝辭、禮品清單兩部分内容。文末鈐印一封，内容爲"敕封班禪額爾德呢之寶"。

關於文書的定名，王家鵬的文章中寫作"奏書"，當是源自漢譯本的題名"班禪額爾德呢奏書"，其他文章有寫作"丹書克"，未詳何據④。藏文文獻本身没有出現題名，從内容和其他記載來看，可以定名爲《吉祥祝辭》，因此本文權且稱其爲"祝辭"。

## 二、文書基本内容

從内容而言，文書可以分爲三個部分。第一部分是頌文，依次表達了對釋迦牟尼、文

---

① 王家鵬：《六世班禪的一封奏書》，《紫禁城》1988 年第1 期，第17—21 頁（轉第43 頁）。
② 承蒙故宫博物院羅文華、馬晟楠幫助，筆者得以寓目文書高清照片，在此表示感謝。
③ 即俗稱的蘭札體、烏爾都體。
④ 例如，秦鳳京：《六世班禪朝覲與清廷回賜文物存考》，《歷史檔案》2008 年第3 期，第68—77 頁。

殊菩薩、至尊宗喀巴，以及本尊、尊勝佛母、度母、聲聞、緣覺、菩薩、空行等天衆的讚歎和祈願。其中第 1 頌每個音步 27 個音節，以三種書體寫成，八吉祥圖案上方的藏文蠅頭小字就是對這一頌所用韻律的説明，但這裏所指的音節數並非是梵文頌文的音節數，而是藏文的。很明顯，梵文的音節數要遠遠多於藏文音節數，且梵文是依據藏文而來，根本没有顧及梵文本身的語法，而基本上衹是根據藏文來對詞彙進行機械對應，甚至在詞彙的層面上，也有諸多錯訛（下詳）。這一方面説明梵文的書寫並非是爲了真正意義上的文學創作，而衹是爲了迎合當時的流行風尚，凸顯對佛教發源地的尊重；另一方面也展示出當時僧人階層梵文水準的急劇衰落，梵文已經不再是學識水準的象徵，而淪落爲冒充門面的虚飾。後來的一些有識之士，如更敦群培對這種做法有嚴厲的批評和反思。①

從第 2 頌開始，文書另起一行連續書寫，且不再分段。第 2 至 6 頌衹有藏文，没有梵文和轉寫，就藏文音節數而言，第 2 頌每個音步 23 個音節；第 3 頌每個音步 19 個音節；第 4 至 6 頌每個音步 9 個音節。

第二部分是散文，是對乾隆皇帝的吉祥祝辭，讚頌文殊菩薩大皇帝護佑衆生，護持增盛佛教，尤其是格魯派，祈願皇帝寶座如恒河沙一般持續多劫等等。

第三部分是六世班禪爲乾隆皇帝生日慶典而進獻的禮品清單，包括象徵宇宙山河大地的曼扎，象徵身所依的佛像、尊勝佛母，以及諸尊唐卡；象徵語所依的《般若經》和全套《甘珠爾》；象徵意所依的佛塔、金剛杵、法輪等，以及寶瓶、念珠、香等其他禮品。

從隨函保存的漢譯文書來看，漢譯是對藏文的簡單翻譯，前半部分採取了五言詩體的翻譯方式，具體而言，漢譯將藏文第 1 頌譯爲 3 頌，將藏文第 2 頌譯爲 2 頌，將藏文第 3 頌譯爲 2 頌，將第 4 至 6 頌各自譯爲 2 頌。之後是散文和禮品清單的簡譯。漢文翻譯採取了符合漢語語境下禮制的處理，比如，在禮品清單前寫有"臣僧敕封班禪額爾德呢恭進"，藏文中則衹寫有"小僧在下"（ང་མ་ཆུང་ངུ་བདག）。

關於六世班禪進京事宜，我們還可以在章嘉國師若必多吉的傳記和六世班禪的傳記中找到相關記載。例如，通過前者的記述，我們得知該件藏文文獻是乾隆四十五年（1780）八月初七日班禪進獻給乾隆皇帝的，漢文文獻則是由章嘉國師若必多吉翻譯：

大遍智班禪從讚歎文殊師利大皇帝不可思議之文治武功和雄才大略開始，以廣袤無垠之話語進呈了穩固駐世的真實言辭，大皇帝也以散文的形式頒賜了猶如珠寶瓔珞

---

① 參見《參究方國巡禮記·金原》（རྒྱལ་ཁམས་རིག་པས་བསྐོར་བའི་གཏམ་རྒྱུད་གསེར་གྱི་ཐང་མ།）中"關於藏文的結構"一節。藏文原文參見དོན་གྲུབ་བསོད་ནམས་དཔལ་འབར་དཀོན་འཛོམ་ཞེས་བའི་གསུང་ཆོས་གསལ་བའན་རིག་མཛོད།༡༠ཐ། གངས་ལྗོངས་བོད་ཡིག་དཔེ་རྙིང་དཔེ་སྐྲུན་ཁང་། ༡༩༩༠ ཤོག་གྲངས། ༡༥༧–༡༥༩. 漢譯參見格桑曲批譯，周季文校：《智遊列國漫記》，收入《更敦群培文集精要》，北京：中國藏學出版社，1996 年，第 80—82 頁。

般的甚深廣大的答覆，殊勝喇嘛（章嘉）分別爲施主福田進行了翻譯和傳話。①

六世班禪的傳記對這一事件的記載至爲詳細，其中不僅描述了進獻禮品的程式、念誦的祝辭，以及相應的儀軌，而且部分語句與我們討論的文書完全一致（下詳）②。

## 三、第一頌詞彙解析

以下先列出第一頌每個音步的梵藏文及其筆者漢譯，然後在詞彙層面進行分析，爲更好地説明問題，梵文各詞彙間如不涉及連音，則以連字符隔開。

kṣavathu-havava-bhadra-ṇāmālalo  dvādaśa-grāma-māyo  mahā-krīḍitas  sāda tiṣṭhānubhañjāna-mārīci-tejāśiteḥ |

ཕུན་ཚོགས་བགྲང་ཡས་མཚན་བཟང་པོ་མཚོ་བཅུ་གཉིས་གྲོང་དུ་རྫུ་འཕྲུལ་རོལ་པ་ཆེན་པོ་རྟག་གནས་དཔེ་བྱད་བརྒྱད་ཅུ་འོད་ཀྱི་གཟི།

圓滿無量妙相大海中，十二城中大神通遊戲，常住八十隨好之光芒，

kṣavathu 没有"圓滿"（ཕུན་ཚོགས།）的意思，而是"咳嗽、打噴嚏"之意③。用 havava 來對應"無量"（བགྲང་ཡས།）可能參考了編撰於吐蕃時期的梵藏辭書《翻譯名義大集》④，但該詞一般的翻譯對應的是 asaṃkhya（阿僧祇）。bhadra-ṇāma 對應的是"妙相"（མཚན་བཟང་པོ།），bhadra-ṇāma 雖然在字面上有"賢名/妙相"的意思，可以與藏文對應，但在

---

① ལྕང་སྐྱ་ཆོས་ཀྱི་ཉི་མའི་སྐྱེས་རབས་རོལ་པའི་རྡོ་རྗེའི་རྣམ་ཐར་ཀུན་གསལ་མེ་རིགས་པའི་སྒྲོན་མེ། པ་སངས་ ［圖官·卻吉尼瑪：《章嘉國師若白多傑傳》（藏文），蘭州：甘肅民族出版社，1989 年，第 583 頁，第 6—12 行］：རྗེ་བླ་མ་ཆེན་ཐམས་ཅད་མཁྱེན་པ་ཆེན་པོ་འདི་དག་དངོས་སུ་ཆོས་ཀྱི་རྒྱལ་སྲིད་ཀྱི་མངའ་པ་བསམ་གྱིས་མི་ཁྱབ་ཅིང་། སྐུ་ཚེའི་བཀྲ་ཤིས་བཟོད་ལས་བསམས་ཏེ་གསུང་བཞུད་འབུམས་ཀླུ་པའི་སྐོར་ནས་བཀུར་ཀུན་གྱི་བདུད་ཆོས་ཕྱག་དང་། གོང་མ་ཆེན་པོ་བཀའ་ལུང་ཟབ་ཅིང་རྒྱ་ཆེ་རོལ་པ་རེའི་ཏོག་གསལ་བཞིན་སྐུག་པར་བསྒྱུར་བས། ། རྗེ་བླ་མ་མཆོག་ནས་མཆོད་ཡོན་སོ་སོའི་བསྔགས་དོན་སྟོན་དུ་འགྱུར་བར་གནང་། །

② དཀོན་མཆོག་འཇིགས་མེད་དབང་པོ། རྗེ་བླ་མ་ཤྲི་ཏིའི་གསུང་གི་རྒྱུ་བ་ཐ་ཆེན་ཐམས་ཅད་མཁྱེན་པ་བློ་བཟང་དཔལ་ལྡན་ཡེ་ཤེས་དཔལ་བཟང་པོའི་ཞལ་སྔ་ནས་ཀྱི་རྣམ་པར་ཐར་པ་ཉི་མའི་འོད་ཟེར། ཞེས་པ། གུང་ཐང་ཡོན་རིགས་པའི་སྒྲོན་མེ། ༢༠༠༩ ［貢覺·晉美旺布：《六世班禪白丹益喜傳》（藏文），中國藏學出版社，2002 年，下册，第 980 頁第 12 行至第 988 頁倒數第 2 行］。

③ Sir Monier Monier-Williams, *A Sanskrit-English Dictionary: Etymologically and Philologically Arranged with Special Reference to Cognate Indo-European Languages*, New edition, Delhi: Motilal Banarsidass, 1976(reprinted), p. 330.

④ Sakaki, Ryōzaburō, *Mahāvyutpatti*, parts 1 and 2, Kyoto: Kyoto Imperial University, 1916-1925. ［榊亮三郎：《梵藏漢和四譯對校翻譯名義大集》，京都帝國大學文科大學叢書，京都：真言宗京都大學，1916 年，1925 年（初版），東京：鈴木學術財團，1973 年（第五次印刷）］。第 7909 號。

《梵英詞典》中該詞的義項是"啄木鳥"①，藏文更好的對應可以是 su-lakṣaṇa。梵文沒有 ālala 這個詞，從藏文的"海"（མཚོ།）來看，這裏可能是 ālaya 的誤寫，因爲 jala-ālaya 有"湖泊"之意。

接下來的詞彙一一對應，即 dvādaśa（བཅུ་གཉིས།）、grāma（གྲོང་།）、māyo（སྒྱུ་འཕྲུལ།）、mahā-krīḍita（རོལ་པ་ཆེན་པོ།）、sāda（ཅག）、tiṣṭhā（གནས།）。然後是 anubhañjāna，這是梵文"隨好"（anuvyañjana）的誤寫，對應的藏文是 དཔེ་བྱད།，mārīci 對應的是"光"（འོད།），teja 對應的是"芒"（གཟི།）。aśiti 對應的是"八十"（བརྒྱད་ཅུ།），正確的寫法是 aśīti。"八十隨好"（དཔེ་བྱད་བརྒྱད་ཅུ།）有標準梵文，是 aśīty-anuvyañjana，因此，這裏複合詞的語序也不對。

praghana-samavavāta-unmūla-nagnas samapto guṇas saṃbhavaḥ uttamānantachāyaś ca nūtnas sukhas soraghānirvritiḥ ǀ

རབ་སྟུག་ཀུན་རྨོངས་མུན་པ་མཐའ་དག་པའི་བླག་དུངས་འབྱིན་མཐར་ཡས་ཡོན་ཏན་འབྱུང་གནས་མཆོག་གི་ཕན་དང་བདེ་བའི་སྦྲང་རྩི་གསར།

厚重無邊愚癡之冥暗，輕除無邊功德之生源，最上利益安樂之新蜜，

praghana 對應厚重（རབ་སྟུག），ghana 確實有厚重之義，但這裏作者將藏文的 རབ 機械對應梵文前綴 pra，構擬出的 praghana 在《梵英詞典》中並不存在②。梵文中沒有 samavavāta，這可能對應 ཀུན་རྨོངས་མུན་པ།，ཀུན་རྨོངས། 一般對應 sammoha 或 sammūḍha，མུན་པ། 一般對應 tamas 或 andha。unmūla 是連根拔起之義，nagnas 是裸體之義，不清楚這裏對應的藏文。samapta 準確應寫作 samāpta，是圓滿、獲得之義。guṇa 對應功德（ཡོན་ཏན།），saṃbhava 對應生源（འབྱུང་གནས།），uttama 對應最上（མཆོག），ananta 可能對應的是無邊（མཐའ་ཡས།），chāya 是陰影的意思，這裏可能用來對應冥暗（མུན་པ།）；nūtna 即 nūtana，對應新（གསར།）；sukha 對應安樂（བདེ་བ།）；sora 應該是 surā，指的是酒精飲料，該詞在《翻譯名義大集》中被譯作糧食酒（འབྲུའི་ཆང་།）③，作者可能想用其對應蜜（སྦྲང་རྩི།），而蜜一般對應的梵文是 madhu 或 mākṣika④。ghā 含義不詳，此處或許是想表達罐子（ghaṭa）的含

---

① Sir Monier Monier-Williams, *A Sanskrit-English Dictionary*, p.746. 我們還需注意詩歌的創作者在這裏似乎注意到了音變的規則，即將鼻音的 n 變爲捲舌音 ṇ，但是卻忽視了此條規則適用的具體條件，因而給出了錯誤的音變。

② 《梵英詞典》祇收錄了 praghaṇa，該詞也沒有厚重之義。參見：Sir Monier Monier-Williams, *A Sanskrit-English Dictionary*, p.656.

③ 參考《翻譯名義大集》，第 5719 號。

④ 參考《翻譯名義大集》，第 5725、5726 號。

義，即（蜜）罐。nirvriti 應該是 nirvṛti，指的是幸福、安樂，不確定作者這裏是否想用來對應利益（པན།）。

prakaṭita-nikhila-sthitas vidya unmukta-nemoni-lakṣmī-ritūr śatra-patrāgamas saṃbhavaḥ sujñano bodhi-paryāgamaḥ |

མ་ལུས་འབྱུང་གནས་དང་དེ་གནས་ལུགས་རབ་གསལ་ཡོངས་རྒྱས་འདབ་བརྒྱ་ཡོངས་སུ་རྒྱོལ་བའི་མཁྱེན་བཟང་ལུང་དང་རྟོགས་པའི་དཔལ་གྱི་དཔྱིད།

澄淨無餘生源之本態，綻放顯明教理之百瓣，智慧賢明教證之瑞春，

prakaṭita 應該就是 prakaṭa，對應顯明（རབ་གསལ།），該詞在《翻譯名義大集》中也有收錄，譯作གསལ་བའམ་མངོན་པ①。nikhila 對應無餘（མ་ལུས།）。sthita 對應本態（གནས་ལུགས།）。vidya 或許應該讀作 vidyā，這裏作者可能是想用其對應理（རིགས།），但 vidyā 一般翻譯爲རིག་པ།或 རིག་སྔགས།②。unmukta 對應綻放（ཡོངས་སུ་རྒྱོལ་བ།）。nemoni 的形式和含義都不確定，詞典中也找不到該詞。lakṣmī 對應瑞（དཔལ།）。ritu 是 ṛtu 的誤寫，對應春（དཔྱིད།），該詞一般的含義是季節，而春季對應的梵文一般是 vasanta③。śatra-patra 應該寫作 śata-pattra，對應百瓣（འདབ་བརྒྱ།）。āgama 對應"教理"之教（ལུང་།）。saṃbhava 對應生源（འབྱུང་གནས།）。sujñana 對應智慧賢明（མཁྱེན་བཟང་།）。bodhi 對應證（རྟོགས་པ།）。paryāgama 在詞典中沒有收錄，這裏可能是用其來對應"教證"之教（ལུང་།）。

śaraṇa-parama-bhogatā ājaganti-prameyas kara-prauḍha-devo munīndrāmṛta-śreṣṭha-manthomara-tyābhutaś pālayaḥ ||

རབ་རྒྱས་མཆོག་གི་བདེ་དེས་འགྲོ་ཀུན་འཇི་མེད་བདུད་རྩིས་ཆོག་མཛད་སྐྱབས་ཀྱི་ཕུལ་གྱུར་ཐུབ་དབང་ལྷ་ཡི་བླ་མ་དེ་ཡིས་སྐྱོངས།

極廣殊勝安樂導衆生，不死甘露饜足佑殊勝，能仁天之尊師其護佑！

śaraṇa 對應佑（སྐྱབས།）④。parama 對應殊勝（མཆོག）。bhogatā 對應安樂（བདེ།），但該詞一般被譯作受用（ལོངས་སྤྱོད།）⑤。ājaganti 在詞典中沒有收錄，這裏可能是用來對應衆生

---

① 參考《翻譯名義大集》，第 9393 號。
② 參考《翻譯名義大集》，第 4238 號。
③ 參考《翻譯名義大集》，第 8252 號。
④ 參考《翻譯名義大集》，第 38、1741 號。
⑤ 參考《翻譯名義大集》，第 7367 號：bhoga。

（འགྲོ་ཀུན།），即 ā 來對應ཀུན།，用 jaganti 來對應འགྲོ，jaganti 實際上應爲 jagad。prameya 可能是 praṇeya 的誤寫，這裏用來對應導（དྲེན།）。kara-prauḍha 對應釐足（ཆོས་མཛད།），其中 kara 對應མཛད།，prauḍha 對應ཆོས།。deva 對應天（ལྷ།）。munīndra 對應能仁（ཐུབ་དབང་།）。amṛta 對應不死甘露（འཆི་མེད་བདུད་རྩི།）。śreṣṭha 對應殊勝（ཕུལ་བྱུང་།）①。manthomara 可能是 manūttamara 的誤寫，拆分爲 manu-uttamara，manu 這裏用來指人，uttamara 意思是最優秀的②，這裏可能用來對應尊師（བླ་མ།）③。tyābhuta 應該讀作 atyābhuta，即 ati + ābhuta，atyābhuta 在詞典中沒有收錄，這裏可能是對應極廣（རབ་རྒྱས།），即用 ati 來對應極（རབ།），用 ābhuta 來對應廣（རྒྱས།）。

從以上的解析可以看出，詩頌的創作者在詞彙層面對梵藏文的對應有一定的認知，其應該參考過一些梵藏詞彙對照手冊。雖然目前我們無法確知創作者參考的具體是哪部或哪些文獻④，但是從一個大的背景來看，這方面的材料，除了吐蕃時期的《翻譯名義大集》外，還有藏傳佛教後弘期以降不斷出現的諸多類似辭書。對這些梵藏辭書的系統搜集整理不僅能從詞彙學、翻譯學的層面加深我們對梵文和藏文的詞法研究，還能拓展我們對歷史上印度和藏族地區文化交往的認識。

## 四、文書譯注

以下給出文書的漢譯，並參考六世班禪傳記等文獻，在相應的地方以譯注的方式予以說明。文書原文的轉錄參見附錄1。

詩歌韻律中的平均詩律（samāvṛtta, མཉམ་པའི་སྡེབ།）中（每個音步）有 27 個音節的（詩律）有"連續"（daṇḍaka, རྒྱུན་ཆགས།）和"積累"（རབ་བསགས།）兩種區分，這裏（寫作的）是"連續（詩律）"子目下以稱之爲"雨雲"（ཆར་སྤྲིན།）的樂調（prastāra）所美飾的（頌文）。

唵！衆生吉祥！

圓滿無量妙相大海中，十二城中大神通遊戲，常住八十隨好之光芒，

---

① 參考《翻譯名義大集》，第 2518 號。
② 需要注意的是，梵文中似乎並沒有 manūttamara 這一複合詞的用例。《翻譯名義大集》記錄了 narottama，即 nara（人）+ uttama（優勝），藏文譯爲མི་མཆོག（第 40 號）。
③ 歷史上，藏文བླ།一般的含義是"最上"，對應梵文的 uttara，參見《翻譯名義大集》第 2515 號。如果指代師尊，現在認爲བླ།一般對應梵文的 guru。
④ 我們知道，與六世班禪大約同時代的朵喀・次仁旺傑（མདོ་མཁར་ཚེ་རིང་དབང་རྒྱལ། 1697—1763）編撰有《依字母順序之急備梵藏詞彙・稀有摩尼瓔珞》（ཇི་བར་མཁོ་བའི་ལེགས་སྦྱར་གྱི་སྐད་བོད་ཀྱི་བརྡར་བསྒྱུར་བའི་མཚོན་ནོར་བུའི་དཀར།）。

厚重無邊愚癡之冥暗，輕除無邊功德之生源，最上利益安樂之新蜜，
澄淨無餘生源之本態，綻放顯明教理之百瓣，智慧賢明教證之瑞春，
極廣殊勝安樂導衆生，不死甘露屬足佑殊勝，能仁天之尊師其護佑！①
座間童子之妙容，殊勝祥瑞，俱胝日爲伴，具百琉璃光頂髻，
諸方圓輪增廣，恒常遍滿，紅光胃索，諸勝妙智無餘集一處，
劍蓮經函所關聯，百天頂髻，蓮足高且顯②，文殊妙音名謂瑞，③
諸位善逝攝受，種姓冠中，勝者一父④，願此恒常得成善吉祥！
文殊金剛⑤，無邊幻化，遊戲殊勝，嶄新法衣條幅及，
勤爲扶持，能仁勝説，教理嘉言，無死飲料善流之，
爛澍甘霖，名善慧稱⑥，教法樂音，十方諸刹皆遍滿，
凡諸加持，當下頒賜，諸處恒常，妙善吉祥願圓滿！
凡諸意所念及頃刻亦，殊勝不共成就摩尼寶，
欣然而授諸位本尊神⑦，吉祥妙雨願皆當下澍！⑧
賜壽無量不死之尊神，極樂怙主尊勝佛母及⑨，
具足六光如意輪天女⑩，無量不死甘霖願賜予！
十力四無畏之主宰具，十方諸佛仙人成就者⑪，

---

① 爲體現藏文音節數，頌文對應藏文音節數，譯爲 27 個漢字，以下亦如此處理。能仁天之尊師：ཐུབ་དབང་ལྷ་ཡི་སྟོན།，用金汁寫成。這一頌是對佛的讚頌，其中提到佛有十二宏化事蹟、八十種相好莊嚴等等。
② 蓮足：藏文原文爲ཞབས་པིན།，從後面的長行來看，應該讀作ཞབས་པ།。
③ 文殊妙音：འཇམ་དཔལ་དབྱངས།，用金汁寫成。
④ 勝者一父：རྒྱལ་བའི་ཡབ་གཅིག，用金汁寫成。字面意思是諸位佛陀的唯一父親。這一頌是對文殊菩薩的讚頌。
⑤ 文殊金剛：འཇམ་དཔལ་རྡོ་རྗེ།，用金汁寫成。
⑥ 善慧稱：བློ་བཟང་གྲགས།，用金汁寫成，指的是宗喀巴大師的名字。這一頌是對格魯派創立者宗喀巴大師的讚頌。
⑦ 本尊神：ཡི་དམ་ལྷ།，用金汁寫成。
⑧ 貢覺·晉美旺布（1728—1817）的《六世班禪白丹益喜傳》中對前幾頌有一個概括：འཛམ་བུའི་གཉེན། བརྒྱུད་འཕེན་དུས་སྟེག་བརྩོལ་རོལ། རྒྱལ་བ་གཉིས་པའི་སོགས་བླ་མ་ཡི་དམ། ཀུན་ནས་བཞིན་བཟང་ཆར་ཆེན་དེང་དིར་ཕོབས།（無有對手能仁日之親，具足五髻袈裟舞樂尊，第二勝者等等師本尊，吉祥妙雨願皆當下澍！）。參見《六世班禪白丹益喜傳》（藏文），第 984 頁第 5—7 行。
⑨ 尊勝佛母：རྣམ་པར་རྒྱལ་མ།，用金汁寫成。
⑩ 如意輪：ཡིད་བཞིན་འཁོར་ལོ།，用金汁寫成。
⑪ 佛仙人成就者：སངས་རྒྱས་དྲང་སྲོང་གྲུབ་པ།，用金汁寫成。

佛子聲緣英雄空行衆①，殊勝真諦加持願皆賜！②

首先作出吉祥祝辭（後），將十方一切諸佛、菩薩之悲、智、力三者集於一處之本性，一切勝者唯一父親，至尊文殊妙音③，於四洲諸天頂髻安置蓮足，作爲一切衆生的怙主、皈依處、大依護，對四海環繞的大地上活動的一切衆生以濃郁悲憫涼蔭恒常庇佑，以無邊無際之悲憫將（衆生）安置於無上安樂中；領受能仁教法，尤其服膺第二勝者大宗喀巴無垢傳規之正善真言④，並發揚光大；對成爲暗黑方面之一切種類，以無盡軍力及威赫大力一併殄滅；⑤ 欣然安置一切有情於新圓滿時之喜宴，奉天承運文殊師利大皇帝⑥，願其蓮足於鑲嵌有金剛和五面金龍之高廣黃金寶座上，等恒河沙劫而永固，⑦ 文治武功之白傘蓋超脫有寂之範圍，⑧ 恒常以慈悲護佑一切衆生。⑨

爲隨順吉祥萬萬之大壽，小僧在下列出禮單：

1. 內庫哈達。⑩

2. 十六兩黃金所造曼扎。山坡上花朵圍繞，（山）前中間顯露出玉石均勻鋪就之梵文"唵！金剛地！啊！吽！"，周邊繫有五彩內庫哈達。

3. 身所依：導師能仁王之身像。三百兩純金所造，有白銀金銅之靠背，座背上配列有佛三十四本生，諸多寶石交相輝映。

4. 銀質尊勝佛母九尊身像。有金銅靠背，金剛石、貓眼石、紅瑪玉等諸多寶石交相輝映，各各均具身衣。

5. 繪製唐卡全套，八十一幅。以無量壽、密集、勝樂、大威德、觀音、文殊、金剛手、度母、摩利支天等天衆爲主尊，有上師、本尊、佛、護法神等身像。（唐卡）天頭地腳有蓋幔，有頂子。

6. 語所依：廣、中、略《般若經》全套，二十一函。以靛青紙用醇厚純金（汁）端正書寫，首葉上有純金堆砌之陽刻尊像，有紅、黃、藍三色上等綢緞經簾，有包經布、函

---

① 佛子聲緣英雄空行：རྒྱལ་སྲས་ཉན་རང་དཔའ་བོ་མཁའ་འགྲོ，用金汁寫成，指的是顯教的菩薩、聲聞、緣覺，以及密教的英雄（也譯作勇識）、空行等天衆。

② 以上兩頌在《六世班禪白丹益喜傳》第 984 頁第 7—12 行有收錄，作者將其稱爲"吉祥祝辭"（ཤིས་བརྗོད།），與我們此處討論的文獻的用詞（ཤིས་བརྗོད།）一致。

③ 一切勝者唯一父親，至尊文殊妙音：རྒྱལ་ཀུན་གྱི་ཡབ་གཅིག་རྗེ་བཙུན་འཇམ་དཔལ་དབྱངས།，用金汁寫成。

④ 第二勝者宗喀巴：རྒྱལ་གཉིས་པ་ཙོང་ཁ་པ།，用金汁寫成。

⑤ 從"領受能仁教法"至此處的文句在《六世班禪白丹益喜傳》第 987 頁第 4—8 行有收錄。

⑥ 奉天承運文殊師利大皇帝：གནམ་གྱི་ལྟ་ཚུལ་འཛིན་པའི་འཇམ་དཔལ་གོང་མ་བདག་པོ་ཆེན་པོ།，用金汁寫成。

⑦ 從"蓮足"至此處的文句在《六世班禪白丹益喜傳》第 987 頁第 1—3 行有收錄。

⑧ 這句話在《六世班禪白丹益喜傳》第 987 頁第 8—9 行有收錄。

⑨ 從這句話開始，參見《六世班禪白丹益喜傳》第 986 頁第 3 行以下。

⑩ 編號爲譯者所加。

簽、護經板、捆經繩、書帶扣。

7. 《甘珠爾》印本全套，一百零一函①。首葉至第三葉以靛青紙用純金（汁）書寫，有包經布、函簽、護經板、捆經繩、書帶扣。

8. 意所依：金質菩提塔。以寶石及珍珠瓔珞美飾，塔瓶內有著衣之無量壽身像。

9. 銀鍍金金剛杵一對，（繫）有紅黃哈達。

10. 帶底座之法輪。

11. 上好綢緞之靠墊、坐墊，有金剛圖案。

12. 銀質尊勝瓶，有嵌飾、頸箍。

13. 七政寶、八吉祥、八種吉祥物件，帶有銀鍍金之器皿。

14. 嵌松石金質嘎烏，重三十八兩，扣帶的長度有三十六指②，紐絆中央黃金基座上有松石所造著妙衣之無量壽佛身像，內中有大班智達根敦珠之心所依本尊、銀質至尊度母之身像。③

15. 一百零八顆琥珀珠一串；一百五十五顆琥珀珠一串；一百一十六顆琥珀珠一串。

16. 一百零八顆珊瑚珠一串；一百一十一顆珊瑚珠一串；一百七十顆珊瑚珠一串；一百五十八顆珊瑚珠一串；一百三十八顆珊瑚珠一串。

17. 藏紅花三包，每包兩克。④

18. 粗長香三百束⑤；細香六百束。

19. 有黃鴨圖案之紅黃藏呢三方。

20. 有團花圖案之紅黃白等氆氇兩百匹。⑥

21. 白香五匣。

22. 安息香三匣。

23. 白糖三匣。

24. 喀蘇爾巴尼棗三匣⑦。

---

① 根據函數判斷，這可能是七世達賴喇嘛（1708—1757）時期刻印的那塘新版《甘珠爾》。
② 扣帶：ཡང་བདག， 可能應該讀作 ཡང་དག།
③ 漢文奏書稱之爲"綠衣救度佛母"，《六世班禪白丹益喜傳》中寫作"白度母"（རྗེ་བཙུན་སྒྲོལ་དཀར།，第986頁）。
④ 克：ཕུལ།，藏族計量單位。
⑤ 漢文奏書未登此項。
⑥ 第19、20項漢文奏書顛倒登載。
⑦ 喀蘇爾巴尼：khasurpaṇi，藏文爲音譯，漢文奏書亦如此，但是加了"棗"字。筆者不知道該詞的語源，或許與梵文 kharjūra（棗）的某種形式有關？

25. 阿里杏三匣①。
26. 無核杏三匣②。
27. 配有全套鞍轡馬一匹，單獨的馬八匹。

進獻（此等），願如此祈求之願望如意成就，願明鑒。

(鈐印"敕封班禪額爾德呢之寶")

## 五、六世班禪傳記所見致禮儀程

六世班禪傳記記載了1780年八月初七日班禪與乾隆皇帝見面時的詳細情形，從中我們可以看到這些禮物是如何，以什麼樣的方式進獻給乾隆皇帝的，茲簡述如下。

八月初七日，爲配合乾隆皇帝生日，班禪要給皇帝舉行長壽儀式，他和章嘉國師等喇嘛，以及他的隨行人員十五人等，前往乾隆皇帝在避暑山莊的寢殿。班禪和乾隆皇帝在門口互贈見面哈達，二人落座後，其他人員分列左右而坐。首先是奉茶，然後扎薩克喇嘛和膳食堪布將佛像、佛經、佛塔、曼扎、法輪、七政寶、八吉祥、寶瓶、靠墊、坐墊、繫有哈達之金剛杵等呈給班禪。然後班禪逐次手持上述法物，伴隨著領經師依據密宗學院舉行長壽儀軌時奉獻八吉祥物的唱腔，分別配合一首偈頌，依次向皇帝手中獻上上述法物。接下來，班禪念誦兩首吉祥祝辭，在班禪念誦結束之際，領經師率領大衆唱誦九首吉祥贊詞，在每首偈頌末尾，乾隆皇帝向班禪腰際拋撒白色穀物，（象徵）降下吉祥花雨，班禪亦向乾隆皇帝拋灑花雨，（象徵）開啟諸多吉祥瑞相之門。

接下來，班禪手持哈達，以三首吉祥偈頌廣開道路，呼召諸天，其中第一首偈頌可以視作是對我們這裏討論的班禪所奉祝辭的前四首的一個概括，而後兩首偈頌則與祝辭的最後兩首完全一致。然後班禪用散文表達了對乾隆皇帝的祝福和祈願，其內容大致相當於班禪所奉祝辭中散文的前三分之一，祇不過比起來更爲增廣③。這之後班禪獻上禮品，從六世班禪傳記中提供的禮品清單來看，其中並不包括我們的文獻中提及的法輪、七政寶、八吉祥、寶瓶、靠墊、坐墊、繫有哈達之金剛杵，估計這些禮品已經在前面作爲長壽儀軌的法物獻給了乾隆皇帝。

班禪將禮品獻上後再次用散文祈願，其內容大致相當於班禪所奉祝辭中散文的中間和後面三分之一，但次序稍有不同。這些祝福的話語都由章嘉國師譯爲蒙古語，轉達給乾隆

---

① 阿里杏：此據漢文奏本翻譯，藏文原文爲ཨ་ལི་ལུམ་པ།。阿里杏在藏文中一般稱爲མངར་རིས་ཁམ་བུ།。
② 無核杏：此據漢文奏本翻譯，藏文原文爲མངར་ཁམ་བུ།，從發音上看，該詞可能指的是甜杏（མངར་ཁམ་བུ།）。
③ 參考筆者漢譯從"十方一切諸佛"到"無上安樂"之間的文句。《六世班禪白丹益喜傳》則從第984頁第13行至第985頁第5行。

皇帝。乾隆皇帝異常欣喜，說班禪實乃佛陀，今日所說一切言辭皆爲中的，自己定當護佑百姓，弘揚教法等等。之後是隨班禪一同前來的商卓特和膳食堪布二人給乾隆皇帝奉上祝壽哈達和祝辭。

六世班禪傳記的記載不僅豐富了我們對《六世班禪爲乾隆皇帝生日所奉祝辭》這一文獻的認識，而後者也從另一個側面證實了六世班禪傳記史料的可靠性。

## 附録1 《六世班禪爲乾隆皇帝生日所奉祝辭》藏文録文

སྟེབ་སྟོར་མཉམ་པའི་ཕྱུག་ལས་ཡི་གེ་ཞེས་བདུན་པར་རྒྱལ་ཆགས་དང་རབ་བསགས་ཀྱི་དབྱེ་བ་གཞིས་ཡོད་པ་ལས་འདིར་རྒྱལ་ཆགས་ཀྱི་ནང་གསེས་ཆར་སྒྲིག་ཞེས་པའི་ཕུ་སྤྲུངས་མཛོད་པར་བྱས་པའོ།

ཨོཾ་སྭ་སྟི་པ་ཊཱ་བྷྱཿ

༄༅། །སྐྱེ་དགུ་ཐམས་ཅད་བདེ་ལེགས།

༄༅། །ཕུན་ཚོགས་བགྲགས་ཡས་མཚན་བཟང་པོ་མཆོར་བ་གཞིས་གྱོང་དུ་སྤྱལ་རོལ་པ་ཆེན་པོར་ཐག་གནས་དཔེ་བྱིད་བརྒྱུད་ཏུ་འོད་ཀྱི་གཅེ།

རབ་སྒྲག་ཀུན་སྟོངས་མྱུན་པ་མཐར་དག་པའི་བླམ་དྲུང་འབྱིན་མཐའ་ཡས་ཏ་འབྱུང་གནས་མཆོག་གི་ཕན་དང་བདེ་བའི་སྦྱད་རྫི་གསར།

མ་ལུས་འབྱུང་གནས་དང་དེ་གཞན་ལུགས་རབ་གསལ་ལུང་རིགས་འབའ་བརྒྱ་ཡོངས་སུ་སྐྱོང་བའི་མཐུན་བཟང་ལུང་དང་རྟོགས་པའི་དཔལ་གྱི་འཕྲིན།

རབ་རྒྱས་མཆོག་གི་བདེ་དེ་འགྲོ་ཀུན་འཚོ་མེད་བདུད་ཚེན་ཆོམས་མཛད་སྤྲུབས་ཀྱི་ཕྱུ་གྱུར་ཕྱབ་དང་ལྷ་ཡི་བླ་མ་དེ་ཡིས་སྐྱོངས།

ཐུན་མཚམས་གཞན་གྱི་མདངས་བཟང་མཆོག་གི་དཔལ་གྱི་ཇེ་བའི་ཞེན་བྱིན་དང་འབྲུགས་བྱིན་བྲིང་འོད་བཅུའི་ཟུར་ཕྱུང་ཅན།
ཕྱོགས་ཀྱི་འཁོར་ལོ་རྒྱལ་པར་ཐག་ཏུ་འཁྱིལ་འོད་དཀར་ཞགས་པས།[2]① རྒྱལ་ཀུན་མཁྱེན་རབ་འ་ལུས་གཅིག་ཏུ་སྤུས། རང་གི་ཉི་ལྷོགས་བམ་གྱིས་འབྱེལ་སླ་བརྒྱའི་གྲུགས་ཤས་ཡིན་མཛོན་མོཿ འཁྲ་དཔལ་གྱི་དཔུང་ཞེན་མཚོན་གྱི་དཔལ། བདེ་གཤེགས[3] ཀུན་གྱིས་རིགས་ཀྱི་ཆོས་པ་འཛིན་རྒྱལ་པའི་ཡབ་གཅིག་དེ་ཡིས་ཀྲ་དགོན་ཤེས་པར་མཛོད། འཛམ་དཔལ་རྫེ་མཐའ་བླམ་སྒྱུ་འཕུལ་རོལ་པ་མཆོག་གི་བློ་གྲོས་གསར་པའི་སྤར་ཕྱུན་དང[4] འགྲོག་པ་སྦྱར་མཛོད་ཐུབ་པའི་བསྟན་མཆོག་ལུང་རིགས་ལེགས་བཤད་འཚེ་མེད་བདུད་བའི་རྒྱལ་བཟང་གི། བུ་ཆར་འབེབས་མཁས་བློ་བཟང་གགས་ཤེན་སྙན་པའི་རོལ་མོ་ཕྱོགས་བཅུའི་ཞིང་ཁམས[5] རབ་འགེངས་པ། གང་གིས་བྱིན་བརླབས་དེ་འདིར་སྐྱོལ་རྣུ་ཏུ་ཀུན་ནས་དགེ་དང་ཕེན་པའི་ཕུན་ཚོགས་མཛོད། གང་ཞིག་ཡིད་ལ་འདུན་ཚོལ་གྱི་ཀྱང་། མཆོག་དང་ཐུན་མོང་དངོས[6] གྲུབ་རིན་ཆེན་ནོར། བདེ་བླག་ཉིད་དུ་སྩོལ་མཛད་ཡིད་ལ་སྐྱ། ཀུན་གྱིས་གཤིན་པའི་ཆར་ཆེན་དེར་པོབས། ཚེ་མཐའ་ཡས་བྱིན་འཆེ་མེད་སྩོལ་བའི་སྱ། བདེ་ཅན་ཞིང་མཆོག[7] རྣམ་པར་རྒྱལ་མ་དང་། ཡོན་བཟེར་དུ་ལྡན་ཡིད་བཞིན་འཁོར་ལོ་མས། འཆེ་མེད་ཚེ་ཡི་བདུད་རྩི་དགའ་མེད་སྩོལ། སྟོབས་བཅུ་མི་འཇིགས་པ་ཡི་བདག་ཉིད་ཅན། ཕྱོགས་བཅུའི་སངས[8] རྒྱས་དང་སྲས་གྱུར་པ་དང་། རྒྱལ་སྲས་ཉན་རང་དཔའ་པོ་མཁའ་འགྲོའི་ཚོགས། ཀུན་གྱིས་བདེན་པའི་བྱིན

---

① 方括號裏的阿拉伯數字表示從這一行開始計算的行數。

ཁྲབས་མཆོག་དེ་སྟོང་། ཞེས་ཞེས་པ་བརྗོད་པ་སྟོན་དུ་བཅད་ནས། ཕྱོགས་བཅུའི་རྒྱལ[9]བ་སྲས་དང་བཅས་པ་ཐམས་ཅད་ཀྱི་མཁྱེན་བརྩེ་ནུས་གསུམ་གཅིག་ཏུ་བསྡུས་པའི་ངོ་བོ། རྒྱལ་བ་ཀུན་གྱི་ཡབ་གཅིག་རྗེ་བཙུན་འཇམ་དཔལ་དབྱངས་སྙིང་བཞིན་ལྷ་དང་བཅས་པའི་གཙུག་ན་ཞབས[10]ཀྱི་པདྨ་རྒྱས་པར་བགྱིད་ནས། འགྲོ་བ་ཐམས་ཅད་ཀྱི་མགོན་དང་སྐྱབས་དང་དཔུང་གཉེན་ཆེན་པོ་ཞུགས་ཏེ། ས་ཆེན་པོ་རྒྱ་མཚོ་བཞིས་ཡོངས་སུ་བསྐོར་བའི་ཁམས་ན་སྤྱོད་པའི་འགྲོ་བ་ཐམས[11]ཅད་ཕྱག་རྗེ་གྱི་བཞིན་སྐོམ་པོ་དག་ཏུ་སྐྱོང་ཞིང་། ཕྱག་རྗེ་སྐྱུ་མཐར་མེད་པས་ལྷ་མེད་པའི་བདེ་ལ་འགོད་ཅིང་། ཕྱབ་པའི་བསྟན་སྲིད་དང་བྱེད་པར་དུ་ཡང་རྒྱལ་བ་གཉིས་ཙ་ལ[12]པ་ཆེན་པོའི་རིང་ལུགས་ཀྱིའ་མེད་པའི་གཟུངས་དང་ན་ཕྱག་ཏུ་བཞེས་ཏེ་ཆེས་ཆེས་རྒྱལ་པར་མཛད་ཅིང་། ནག་པོའི་ཕྱོགས་ཀྱི་རིགས་སུ་གྱུར་པ་ཐམས་ཅད་མི་བར་བའི་དཔུང་དང་བཟི་བརྟེན་གྱི་མཐུ[13]ཆེན་པོས་སྟེག་མེད་པར་བརྩམས་ཏེ། སེམས་ཅན་ཐམས་ཅད་ཚོགས་སུལ་གསར་པའི་དགའ་སྟོན་ལ་བྷག་ཏུ་འགོད་པར་མཛད་པའི་ཿ གསམ་གྱི་ལྷ་འཛམ་དཔའི་བྱིངས་གོང་མ་བཀའ་པོ་ཆེན་པོ་གང[14]གི་ཞབས་ཀྱི་པདྨོ་རྗེ་དང་གསེར་འབུག་གདོང་ལྷ་རྣམས་ཀྱིས་མཛོན་པར་སྦ་བའི་གསེར་གྱི་ཁྲི་འབར་མཐོ་པོ་བསྐལ་པ་གངྒའི་ཀླུང་གི་བྱེད་མ་སྟེར་གྱི་དུལ་གྱི་གྱུང་དང་མཚུངས་པར་བཞུགས་ཅིང་། ཆབ[15]སྲིད་འཕྲིན་ལས་ཀྱི་གདུགས་དཀར་སྲིད་ཞིའི་ཁྱོན་ལས་རྣམ་པར་བཀྱལ་ཏེ། འགྲོ་བ་ཐམས་ཅད་ཧྲག་ཏུ་ཧྲབས་པ་དང་བཙེ་བས་སྐྱོང་པར་མཛད་པ་གསོལ། ཞེས་ཀྱི་ཞེས་ཐེ་ཕྱག་ཕྱ[16]ཕྱག་གི་སྒྱུ་ཡིད་ཆེན་པོ་དང་བསྡུན་ཀྱུ་མ་འཁྲུད་དུ་བདག་ནས་གསོལ་བ་འདེབས་པའི་རྟེན་མཚོན་པར་ནན་མཛད་ལ་བཀའ། གསང་སྔགས་བསྡུ་དགས་གྱུད་པའི་མཚུལ་རེ་ཞིས་སུ་མི་ཏོག་ཇར་སྐོར་འཕུལ[17]མའི་དགའ་སུ་གུལ་གསལ་བསྟལ་གྱི་ཚོན་པའི་ཡི་གེའི་བཛྲ་སྨྲ་ལི་ཨུ་ཧྲ་ཞེས་པ་མཚོན་པ་ནན་མཛད་ལ་བཏགས་སྟ་ལུའི་སྟེ་འགོགས་ཅན། སྐུ་ཚེ་བསྟོན་པ་ཕྱབ་པའི་དབང་པོའི་སྐུ[18]བརྙན་གསེར་སྲུང་སྲུང་སུམ་བཅུ་ལས་གྲུབ་པའི་དཔལ་དང་གསེར་ཟངས་ཀྱི་བྲི་རྒྱལ་ཞུན་རྒྱལ་ཡོད་ཀྱི་ཏོག་ས་སངས་རྒྱལ་ཀྱི་འབྱུང་རབས་བོ་བཞིའི་བཀོད་པ་དང་རིན་པོ་ཆེའི་ཕྱ་འམས་མཛད་པ། རྣམ་རྒྱལ་བུམ[19]དགུའི་སྐུ་བསྟན་དཔལ་ལས་གྲུབ་པ་གསེར་ཟངས་ཀྱི་བྲི་རྒྱལ་ཅན་རྡོ་རྗེ་པ་ལམ་དང་ནོར་བུ་ལུམ་མིན། གཡུ་དམར་སོགས་རིན་པོ་ཆེའི་ཕྱ་འམས་མཛད་པ་རྣམས་སོར་བཟར་དང་བཅས་པ། ཚེ[20]དཔག་མེད། གསང་འདུས། བདེ་མཆོག། འཇིགས་བྱེད། སྨན་རས་གཟིགས། འཇམ་དབྱངས། ཕྱག་རྡོར། སྒྲོལ་མ། ཙོང་ཟེར་ཅན་མ་རྣམས་ཀྱི་ལྷ་ཚོགས་གཙོ་པོར་གྱུར་ཅིང་། བླ་མ། ཡི་དམ། སངས[21]རྒྱས། ཆོས་བསྲུང་སོགས་ཀྱི་སྐུ་བརྙན་དུ་མ་ཡོད་པའི་བྱང་ཁོག་བཞིས་ཞེས་ཞིག་སོགས་ཚ་འགྱིས་བཅུད་ཏུ་ཀྱ་གྱ་གཅིག། གསུང་རྟེན་མཛོད་ཁོག་ལ་གསེར་སྦྱང་དངོས་གཅིག[22]ཞིག་བྱ་དང་པོ་རྣམས་ལ་གསེར་སྦྱངས་བརྟེགས་པའི་དལ་ལྷ་འབུར་དོད་བཀོད་གསར་སེར་རྟོ་གསུམ་གྱི་ཤེལ་ཞིག་སོགས་ཡོད་པའི་འབུལ་རྒྱུ་འབྱུང་བསྲུབས་གསུམ་ན་བཟའ་གཏོང་དང་སྨྱེགས་ཡིན་སྐུ[23]རགས་སྐྱེགས་ཆགས་རྣམས་ཚ་འགྱིག་པོ་ཏེ་བྱི་ཇུ་ཧུ་གཅིག། ཿ རྒྱལ་བའི་བཀའ་འགྱུར་རིན་པོ་ཆེ་ཚ་ཚད་པར་མ་དགུ་པོགས་ནས་གསུམ་པའི་བར་ལ་སྒྱིང་ལ་གསེར་སྦྱང་ཤེལ་སྒྲོ[24]ན་བཟའ། གདང་དང་སྦྱེགས་ཤིང་སྐུ་རགས་སྒྱེགས་ཆགས་བཅུས་ཚ་འགྱིག་པོ་ཏེ་བཀ་དང་གཅིག། ཕྱག་རྟེན་གསེར་གྱི་བྱང་རྒྱལ་མཆོད་རྟེན་རིན་པོ་ཆེའི་ཕྱ་དང་སྨྱུ་ཏི་ཀྱིའ་དུ་བ་ཁྲེས་ཀྱིས་མཛེས་ཞིང་། བུམ་སྟོད[25]ནང་ཚེ་དཔག་མེད་ཀྱི་སྐུ་བསྟན་བཞུགས་པ་ན་བཟའ་དང་བཅས་པ། དཔལ་གྱི་རྡོ་རྗེ་ཚ་གསར་མ་ཁ་ཐགས་མཛར་སེར་དང་བཅས་པ། ཚངས་ཀྱི་འཁོར་ལོ་ཤེལ་གས་བཅས། བཟང་གོ་ཀྱི་སྨ་སྟེ་དང་བཞུགས[26]སྟ་དོ་རྗེའི་རེ་ཁ་ཅན། དདུལ་གྱི་རྣམ་རྒྱལ་བུམ་པ་ཕྱན་མགུལ་ཆེད་ཅན། རྒྱལ་སྲིད་རིན་པོ་ཆེ་སྣ་བདུན་དང་བཀྲ་ཤིས་རྟགས་བརྒྱད། བཀྲ་ཤིས་པའི་རྫས་བརྒྱད་རྣམས་དབུལ་ཚ་གསེར་མ[27]ལས་གྱུར་པ་སྟོང་བཅས། གསེར་གྱི་གཉུ་གཡུའི་ཕྱུང་འདགས་སྦུག་སམས་སུ་བརྒྱད་པ་ལུང་ཕབ་ཀྱི་རིང་འཁལ་ལ་སོགས་ཧྲུ་ག་ལོད་པ་འདགས་ལྷང་གི་དགས་སུ་གསེར་གྱིས་གཞི་གཞན་ཕོགས[28]རྒྱལ་བ་ཚེ་མཐར་ཡས་པའི་སྲུང་བསྟན་གསོལ་ལས་གྲུབ་པ་སོན་ཞིག་དང་བཅས་པ་ན་དུ་བ་ཆེན་གོ་འདུག་གྲུབ་ཀྱི་ཕྱག་ལམ་ལྡེན་རྗེ་བསྟུན་སྤྲོལ་མའི་སྐུ་བསྟན་དཔལ་ལས་གྲུབ་པ། སྟོན[29]ཞེལ་རྡོག་བཀུ་དང་བསྐུད་ཀྱིས་ཤ་ལ་གཅིག། སྟོན་ཞེལ་རྡོག་བཀུ་དང་ལུག་བཀུར་གཅིག་ཡོད་པའི་ཤ་ལ་གཅིག། སྟོན་ཞེལ་རྡོག་བཀུ་དང་བཏུ་དགས་ཡོད་པའི་ཤ་ལ་གཅིག། བྱུ་རུ་རྡོག

བརྒྱ།[30] དང་བརྒྱད་ཀྱི་གསལ་བ་གཅིག བུ་དུ་རོག་བརྒྱད་དང་བཞི་གཅིག་ཡོད་པའི་གསལ་བ་གཅིག བུ་དུ་རོག་བརྒྱད་དང་བདུན་ཅུ་ཡོད་པའི་གསལ་བ་གཅིག བུ་དུ་རོག་བརྒྱད་དང་ལྷ་ཅུ་བརྒྱད་ཡོད་པའི[31] གསལ་བ་གཅིག བུ་དུ་རོག་བརྒྱད་དང་སུམ་ཅུ་སོ་བརྒྱད་ཀྱི་གསལ་བ་གཅིག གུར་ཀུམ་ཁ་གཞེས་རེ་ཡོད་པའི་སྨན་གསུམ། སྤོས་སྤོམ་རིང་ཞེས་སུམ་བརྒྱད་དང་ཕ་བ་ཞིབ་དུག་བཅུ།[32] མགོ་སྨན་དམར་སེར་དང་དང་སྐྱུ་བཅས་ཐུག་སྟ་གསུམ། སྲམ་ཕྱུག་ཐིག་རིགས་དང་དཀར་སེར་དཀར་པོ་སོགས་དབུས་ཞེས་བརྒྱ། སྤོས་དཀར་སྨན་ལ་གུ་གུལ་སྨན་གསུམ། ཤེལ[33] དཀར་སྨན་གསུམ། ཁ་ཤུར་ཙི་སྨན་གསུམ། མགོ་ལྕུག་པ་སྨན་གསུམ། མངའ་ཁམས་སྨན་གསུམ། ཧ་སྨ་འབོར་ཚ་ཚོང་གཅིག དང་ཧ་རྒྱད་བརྒྱུད་རྣམས་འབུལ་ལམ་ཞེས[34] པ་དེ་ལྟར་གསོལ་བའི་རེ་བ་ཡོད་བཞིན་དུ་སྐྱང་པོ་མཁྱེན་མཁྱེན་ལགས།

(བགའ་ཡིས་བསྐྱར་བའི་པ་ཚ་ཆེན་ཨེར་དེ་ནིའི་ཕྱག་རྒྱ།)

# 附錄 2 《班禪額爾德呢奏書》漢文錄文

## 班禪額爾德呢奏書①

無量功德佛，身居十二宮，
現八十種相，種種皆圓滿。
除一切障翳，清淨大光明，
布地金蓮花，榮耀芬陀利。
百千祥瑞臻，衆生歸極樂，
釋迦牟尼佛，讚頌無窮已。
霞光環繞日，普照閻浮提，
聚諸佛智慧，傳經執慧劍。
七寶具莊嚴，諸佛悉尊信，
曼殊大師利，攝受天人界。
曼殊巴匝爾②，是佛所現化，
身披紫袈裟，瓔珞牟尼光。
演布大宗乘，妙不可思議，
蘇瑪格斯諦③，聲聞布十方，
以是大願力，攝受無量福。
此無量福德，舉念即成就，

---

① 奏書寫於黃紙之上，共 12 個折頁，每個折頁豎書漢字 6 列。錄文分行依據奏書，標點符號爲筆者所加。
② 巴匝爾：這是對梵文 vajra（金剛）的音譯。
③ 蘇瑪格斯諦：這是對藏文中提及的宗喀巴大師的名號 "善慧稱" 的梵文構擬？Sumatikīrti 的音譯。

種種妙吉祥，成就如意寶。
爾時諸壇城，諸佛現祥光，
無量功德藏，極樂佛世界，
遵生佛母者①，六種大光明，
救度佛母者，甘露降醍醐。
乃至十力足，四無畏諸佛，
諸得道成就，諸神諸菩薩，
聲聞獨覺衆，及空行佛母，
各各施法力，增長無量壽，
宣佈大法音，頂禮作頌言。
爾時十方佛菩薩各具智慧仁慈，至心一
願皈依
曼殊師利佛現化聖帝身，撫育四大部洲，一切
衆生安穩快樂，三千大千世界俱獲殊勝，
利益安樂鴻布宗喀巴法乘，一切諸魔羅
俱以大威力降伏，爲世界中稀有功德。
曼殊師利大皇帝寶座上時有天龍擁護，永遠
鞏固，如恒河沙數，無量無邊，長以大慈願
海，普度衆生，衆生皆歸仁壽，三千大千世
界合口讚頌無量
聖壽，各大歡喜。
臣僧敕封班禪額爾德呢恭
進
哈達一個。
繫五彩哈達嵌松石金滿達一具。
大攝受、嵌寶石、銀座、具三十四世相、金釋迦牟尼佛一尊。
嵌寶石、銀座、烏斯雅滿達佛九尊②。

---

① 遵生佛母：即尊勝佛母。
② 烏斯雅滿達：根據藏文尊勝佛母九尊（རྣམ་རྒྱལ་ལྷ་དགུ），筆者推測"烏斯雅"是對梵文 vijaya（尊勝）的音譯。藏文原文中並未出現與"滿達"對應的詞彙，該詞可能是對梵文 maṇḍala（曼荼羅，壇城）的音譯。

虔造四種溫都遜伊達木佛像八十一軸①。

裝成磁青紙金字三種《大般若經》二十一本。

裝成《甘珠爾》經一部，一百一本。

珠鉢盂嵌寶石座無量壽佛舍利塔一尊。

繫黃紅哈達鑲銀杵一具。

嵌松石鑲銀法輪一具。

黃緞繡杵迎手靠背一分。

嵌寶石銀畢雜雅瓶一具。②

鍍金七珍一分。

鍍金八寶一分。

鍍金八吉祥一分。

嵌松石金盒內供綠衣救度佛母一尊。

琥珀數珠三盤。

珊瑚數珠五盤。

凱奇紅花三包。③

黃紅細香六百束。

氆氌二百個。

黃紅氆三方。

白雲香五匣。

黑雲香三匣。

額訥特可克糖三匣。④

喀蘇爾巴尼棗三匣。

---

① 溫都遜伊達木：藏文中没有對應，漢文此處是略譯。"溫都遜伊達木"可以拆分成"溫都遜"和"伊達木"兩個詞，"溫都遜"應該是蒙古語 ündüsün 的音譯，其本意爲"基礎、根本、總的"；"伊達木"是藏文 ཡི་དམ (本尊) 的蒙古語音譯，二者合起來即指根本本尊。文中的四種指的應是無量壽、密集、勝樂、大威德四本尊。另外，我們還需注意，在蒙古文佛經翻譯中，tantra, 即藏文的密續 (རྒྱུད) 一詞既可以採取梵文的音譯"怛特羅"（dandras, dandr-a），也可以意譯爲"溫都遜"（ündüsün），比如，《吉祥時輪續後分·續之精髓》（དཔལ་དུས་ཀྱི་འཁོར་ལོའི་རྒྱུད་ཕྱི་མ་རྒྱུད་ཀྱི་སྙིང་པོ།）的蒙古文譯本題名爲 Čoγtu čaγ-un kürdün-ü dandras-un qoyitu ündüsün-ü J̌irüken kemegdekü, 其中第一個 རྒྱུད 採取了音譯（dandras）。第二個 རྒྱུད 採取了意譯（ündüsün）。關於"溫都遜"，以及後面的"額訥特可克"的音譯係與任教内蒙古民族大學蒙古學學院的楊曉華女史交流得知，特此致謝。

② 畢雜雅：對梵文 vijaya（尊勝）的音譯。

③ 凱奇：對藏文 ཁ་ཆེ（喀什米爾）的音譯。藏文原文中祇說是藏紅花（གུར་གུམ），未標明產地。

④ 額訥特可克：係蒙古語 enedkeg 音譯，意思是印度。

阿哩杏三匣。

無核杏三匣。

備鞍馬一匹。

馬八匹。

# A Study on the Benediction Delivered by the Sixth Panchen Lama on the Birthday of Emperor Qianlong

Saerji

**Abstract**: This article takes one document as the research object, which was collected in the Palace Museum, China, and according to the content of document, it can be called the Sixth Panchen Lama's benediction on the birthday of Emperor Qianlong. The discussion is divided into three aspects: firstly, by analyzing the words of the first bilingual (Sanskrit and Tibetan) verse at the beginning of the document, it is explained that Sanskrit composition is not for true literary appreciation, but only to cater to the prevailing currents at that time and highlight respect for the birthplace of Buddhism. On the other hand, it also demonstrated the sharp decline of Sanskrit proficiency among the Buddhist elite at that time, as Sanskrit is a mere speciosity, instead of a symbol of erudition. The second is to provide anannotated modern Chinese translation of the document, and compare it with the original Chinese translation attached to the document, indicating that the original Chinese translation is only a rough explanation of the content of the document. Thirdly, by comparing with the relevant chapters of the biography of the Sixth Panchen Lama Lobsang Palden Yeshe, it highlights how the benediction and the handsel mentioned in it were presented to Emperor Qianlong, enriching our understanding of this document and confirming the reliability of the historical materials in the biography of the Sixth Panchen Lama Lobsang Palden Yeshe from one aspect. At the end of the article, a Tibetan and Chinese transcript of the document is provided.

**Keywords**: The Sixth Panchen Lama; Emperor Qianlong; Document of benediction; Sanskrit; Biography

# 滿文《哈薩克汗派遣使臣事奏書》及其反映的清哈關係史實

[哈薩克斯坦] 巴哈提·依加漢

**摘　要**：本文是對中國第一歷史檔案館所藏題名爲《哈薩克汗派遣使臣事奏書》的一份題名、時間及內容格式均有可疑之處的滿文文檔所做的初步研究。在對文檔及相關漢、滿文史料中的一系列晦澀不明之處進行語文學及歷史學考釋的基礎上，對相關史實做了一番梳理，並指出：該文檔是在哈薩克阿布賚所遣使臣卓勒巴勒斯於乾隆二十六年正月呈遞清高宗的一份呈文基礎上編纂而成的，其內容涉及此前由烏梁海人和哈薩克人的衝突而引發的清哈之間的糾紛及相互遣使諸情；儘管是在阿布賚原有呈文的基礎上形成的第二手材料，但該滿文文獻依然因其保留現已失傳的原呈文中的基本內容而具有特殊的史料價值。

**關鍵詞**：清哈關係；阿布賚；滿文呈文；巴魯克事件

2009年出版的《清代中哈關係檔案彙編》第2冊收錄了一篇題名爲《哈薩克汗派遣使臣事奏書》的滿文文檔。① 瀏覽其內容可知，該文檔源自一份哈薩克人給清高宗的呈文；呈文者包括阿布勒班比特汗、阿布賚蘇勒坦、汗巴巴蘇勒坦、圖奎蘇勒坦、博拉特蘇勒坦、阿布勒必斯蘇勒坦、達雅爾蘇勒坦、薩尼雅斯蘇勒坦及巴圖魯蘇勒坦等人，此等人物乃是18世紀中葉哈薩克中玉茲的主要統治者；該呈文內容涉及清哈之間由邊民衝突而引起的一場糾紛。儘管是在哈薩克原有呈文的基礎上形成的第二手材料，但該滿文文獻依然因其保留現已失傳的原哈薩克呈文中的基本內容而具有特殊的史料價值。不過，關於文檔本身及相關的歷史問題，仍有一系列晦澀不明之處需要澄清。本文擬就這些問題做一番初步的梳理、考釋工作。

以下是該文檔的轉寫和譯文。

---

① 《哈薩克汗派遣使臣事奏書》，[乾隆二十七年十一月]，中國第一歷史檔案館、哈薩克斯坦東方學研究所編：《清代中哈關係檔案彙編》第2冊，第138—140頁，第55號文檔，北京：中國檔案出版社，2009年。

## 滿文《哈薩克汗派遣使臣事奏書》及其反映的清哈關係史實

滿文轉寫：

forgon be aliha / dergi enduringge han de / elhe be baime alibuha. be / ejen i horon hūturi de elhe sain i bi. / uriyanghai i urse emu mudan jifi nuktei / jecen ci nadan niyalma wafi genehe. geli / emu mudan jifi duin niyalma wafi genehe. / geli emu mudan jifi sunja tanggū / morin be dalime gamaha. geli emu mudan / jifi juwe niyalma juwe tanggū morin / gamaha. baruk nuktei jecen de yabumbihe. / nuktei jecen be ergembuhakū turgunde. baruk // uriyanghai i komso niyalma be sarakū de / tacilaha be. / dergi hese wasimbume isinjiha manggi. be safi / šanggabume jafaha. abulai tabcila sehe ba akū. / uriyanghai. oros i eherehe gisun de. be / gemu endebufi bucembi dere. jiyangjūn se / coohalaki seme / wesimbuhede. dergi ejen šumilame bulekušefi ilibuha. / ejen i sain hese be. be donjifi urgunjehe. / baruk be jafa buci. suwembe gosire. jafame / muterakū oci. suwenbe wakašara ba akū / sehe / hese be donjifi. be ambula urgunjehe. urgynjehei / baruk i waka babe baiha. / dergici hese wasimbume jidere de. kemuni gosimbi / sehe / hese be. ere jalin de // ejen i umuhun fejihe hukšehe. juse omosi de / isitala / ejen i hesei songkoi biki. abulbanbit han. abulai / sultan se / ejen i elhe be baire jalin yolbos solton sebe / unggihe. hambaba solton. tukei solton. bolot / solton. abulbis solton. dayar solton. saniyas / solton. batur solton. anggai / wesimbure gisun. yolbos solton. dz'ebek. mambat. / maltabar. toktogol. basang. hūdabaridu. itbus. / kubcik. aknasar. harin aithūn. kendz'abai. / atabek. burgut. tokbura. šobkut. uruman. / melgeldu. mūngku. kubuši. mailibai. masikurot. / mengketubai. sunja kutule suwaliyame bi. niyengniyeri / uriyanghai ci emu meyen niyalma jifi nuktei / jecen ci ilan niyalma jafafi gamaha bihe. emu ukacafi jihe. emu haha. emu hehe. / hahai gebu toholi. hehei gebu aitbike. // dergici gosime bulekušereo. .

譯文：

向奉天承運之尊貴大汗請安呈文。

承蒙額真①之洪福，吾等平安吉祥矣。

烏梁海部人曾前來一次，將吾遊牧邊界處 7 人殺死；而後復來一次，殺死 4 人；而後復潛入吾處，將吾等 500 匹馬竊去；而後復來一次，掠走 2 人及 200 匹馬。彼時正值巴魯克行至吾遊牧邊界，見〔烏梁海部〕將吾遊牧騷擾不已，便在不知〔該烏梁海臣屬額真大汗〕之情形下，將少許烏梁海人掠走。聖上就此事頒敕諭旨後，吾

---

① 指清朝皇帝。

等曾遵旨將巴魯克擒拿。

　　阿布賚不曾説過"爾等去劫掠［烏梁海人］"之語。烏梁海曾與俄羅斯惡語相向。想必他們欲將吾等亦置之於死地也。將軍等奏呈大額真，請［向吾部］進兵。大額真聖明，將其制止。聽聞大額真之好聖旨，吾等欣喜也。大額真敕諭曰："若將巴魯克擒獲送來，朕將恩賞爾等；若未擒獲，朕亦不怪罪爾等。"聽聞此語，吾等不勝歡忻。歡喜之餘，吾等亦因其不是而訓斥了巴魯克。接奉聖上諭旨，承受聖上如此之恩澤，吾等將俯首額真之寶座下，遵額真之聖旨行事，直至子子孫孫矣。

　　爲恭祝聖安，阿布勒班比特汗、阿布賚蘇勒坦吾等特遣去卓勒巴勒斯①蘇勒坦等。［除寫此呈文之吾二人外，］汗巴巴蘇勒坦、圖奎蘇勒坦、博拉特蘇勒坦、阿布勒必斯蘇勒坦、達雅爾蘇勒坦、薩尼雅斯蘇勒坦及巴圖魯蘇勒坦等亦以口信方式呈上其奏言。

　　（所遣使者名爲）卓勒巴勒斯蘇勒坦、策伯克、滿伯特、馬勒塔巴爾、托克塔呼勒、巴桑、呼岱別爾迪、伊特巴斯、②庫布西③、阿克納札爾、哈琳—艾特渾④、肯濟拜、阿塔別克、布林庫特、托克布剌、碩布庫特（？）、厄爾曼、馬勒格勒迪、蒙哥、庫米西、邁勒拜、馬斯庫爾特、蒙克提拜⑤；隨役5名。

　　春天時節，一群烏梁海前來自吾等遊牧邊界處掠走3人。後被掠之一人逃回，其餘男女各一，男子名托克勒，女子名艾娣比克。聖上可否恩賞之？

## 一、關於文檔形成的時間及内容構成

　　中國第一歷史檔案館的研究者將該文檔的時間擬爲"［乾隆二十七年十一月］"。⑥想必這一時間是根據該文檔所出月折包的時間擬定的。但這一結論似有問題。理由如下：

　　第一，《清高宗實録》乾隆二十六年正月丙午（1761年2月10日）條下有關於蒙古

---

① 文檔中寫作"yolbos"的該哈薩克使人在《清高宗實録》中寫作"卓勒巴喇斯"（見下頁注1）。顯然，這裏的滿文文檔受其他語言（屬突厥語葛邏禄語支的南疆回語？）的影響把哈薩克語詞首的"J-"音寫成了"Y-"音，並漏寫了一"-r-"音（也就是説，即便把詞首音寫作 Y-，該名亦應作 Yolbars）。
② 此處寫作"itbus"。但在寫成於乾隆二十五年十二月十三日（1761年1月18日）一份來時名單中，該名作"itbas"（見下）。
③ 此處寫作"kubcik"。但在寫成於乾隆二十五年十二月十三日的來時名單中，該名作"hubci"（見下）。
④ 在寫成於乾隆二十五年十二月十三日的來時名單中無此名。
⑤ 在寫成於乾隆二十五年十二月十三日的來時名單中未提從阿塔別克至蒙克提拜爲止的11個人名。
⑥ 即1762年12月15日至1763年1月13日期間。根據中國第一歷史檔案館的檔案題名慣例，此處的方括號表示該時間是後人的擬定。

王公、回部首領及哈薩克阿布賚之使覲見清高宗的記載,其中哈薩克阿布賚之使名爲"卓勒巴勒斯",此名應與上揭《哈薩克汗派遣使臣事奏書》中的 yolbos 一名有涉。①此外,在《清高宗實録》及《平定準噶爾方略·續編》同年同月條目中記有清高宗爲回復阿布賚呈文而頒敕的一份諭旨,其中提及的諸項事件中就包括《哈薩克汗派遣使臣事奏書》中説到的巴魯克劫掠烏梁海事件。②

第二,在清定邊左副將軍成衮扎布寫成於乾隆二十五年十一月二十二日(1760年12月28日)的一份滿文奏摺中提到的向清廷遣使貢馬之哈薩克諸首領之名與《哈薩克汗派遣使臣事奏書》中的相同。③

第三,在清参領那旺寫於乾隆二十五年十二月十三日(1761年1月18日)的滿文諮呈中將哈薩克來使之名記作:jolbaras soltung, ts'ebek, mangbat, maltabar, toktogul, basang, hondai berdu, itbas, hubci, aganaiji, kenjebei, olman, olcon。④除了一些擬音用字的微小差異及一處異寫⑤之外,那旺給出的這一名單在《哈薩克汗派遣使臣事奏書》的使者名單中均可找到。有所不同的是,那旺給出的使者人數爲13人,而《哈薩克汗派遣使臣事奏書》中所見使者名有23個,並提到有5個跟役。其實,這一區別也有跡可循:在成衮扎布的另一份奏摺中提到,阿布賚等人所遣使者並跟役共28人行抵烏里雅蘇台後,成衮扎布等人命其中的13名哈薩克人换乘驛馬繼續前行至北京,並將剩餘人留在烏里雅蘇台以照管哈薩克人此前騎來之馬。⑥

基於上述史實,我們可以確定:與《哈薩克汗派遣使臣事奏書》有關的哈薩克所遣使團是在1760年底行抵清屬烏里雅蘇台、於1761年2月覲見清高宗的。也就是説,該文

---

① 《大清歷朝實録·高宗純皇帝實録》,卷628,頁5下,乾隆二十六年正月丙午。並見上文有關 yolbos 一名的注解。
② 《大清歷朝實録·高宗純皇帝實録》,卷628,頁18下—21上,乾隆二十六年正月乙卯(1761年2月19日);《平定準噶爾方略·續編》,卷9,頁9—13,乾隆二十六年正月丙辰日(1761年2月20日)。在後一種史料中,該諭旨作《賜哈薩克阿布賚等敕書》。
③ 《定邊左副將軍成衮扎布等奏報將哈薩克使臣進貢馬匹送京事摺》,乾隆二十五年十一月二十二日,中國第一歷史檔案館、哈薩克東方學研究所編:《清代中哈關係檔案彙編》,第1册,第432—434頁,第183號文檔,中國檔案出版社,2006年。
④ 《参領納旺爲護送哈薩克使臣赴京事致軍機處諮呈》,乾隆二十五年十二月十四日,《清代中哈關係檔案彙編》,第1册,第448—449頁,第190號文檔。
⑤ 那旺此處所稱的 aganaiji 在上揭滿文檔中寫作 aknasar。
⑥ 《定邊左副將軍成衮扎布等奏報哈薩克使臣卓勒巴拉斯路經烏里雅蘇台返回其遊牧日期摺》,乾隆二十六年二月二十六日(1761年4月1日),《清代中哈關係檔案彙編》,第1册,第490—494頁,第211號文檔。將此文檔和《哈薩克汗派遣使臣事奏書》相對照後可知,被成衮扎布等人留在烏里雅蘇台的是12個使臣(其名分别爲:哈琳—艾特渾、阿塔别克、布林庫特、托克布剌、碩木庫特(?)、厄爾曼、馬勒格勒迪、蒙哥、庫米西、邁勒拜、馬斯庫爾特、蒙克提拜)及一名跟役。

檔所據原始文檔的形成時間要比迄今被擬定的"[乾隆二十七年十一月]"起碼要早一年。

與該文檔相關、需要廓清的第二個問題是該文檔所據原文的作者是誰的問題。如上所示,《清代中哈關係檔案彙編》第 2 册中該文檔題名中没有提及其原作者名。但在較早編成的《清代邊疆滿文檔案目録》一書中,該文檔則題名爲《哈薩克汗阿布勒班畢特爲烏梁海侵擾哈薩克及派人請安事呈文》。①是知,有研究者曾推測該文檔所據原信的作者是哈薩克汗阿布勒班畢特。儘管後來編成的《清代中哈關係檔案彙編》一書中没有明指原作者之名,但從其所擬《哈薩克汗派遣使臣事奏書》這一題名來看,當編輯《清代中哈關係檔案彙編》一書時,中國第一歷史檔案館的研究者似乎也傾向於認爲阿布勒班畢特是該文檔所據原信的作者,因爲衹有阿布勒班畢特在該文檔中是被稱作"哈薩克汗"的,其餘諸人(阿布賚、汗巴巴、圖奎、博拉特、阿布勒必斯、達雅爾、薩尼雅斯及巴圖魯)均被稱作"蘇勒坦"。②

但把阿布勒班畢特説成是該文檔所據原信的作者是可疑的,因爲:首先,此次派赴清廷之哈薩克使團的首領卓勒巴勒斯乃是阿布賚的堂兄弟;據俄國檔案文獻中留存的信息,該卓勒巴勒斯此前曾與當時還在蘇勒坦階位的阿布賚一道被準噶爾汗國首領噶爾丹策零俘虜;後來也曾作爲阿布賚信賴的人物分别於 1743 年及 1758 年出使俄國。③ 其次,在清定邊左副將軍成衮扎布寫成於乾隆二十五年十一月二十二日(1760 年 12 月 28 日)的那份奏摺中寫道:"哈薩克來使卓勒巴勒斯告知我説:'臨來時,阿布賚把他呈往大額真的一封信交給了我。請讓我按照阿布賚的囑咐將此信帶往京城並親自呈遞給大額真。此外,阿布勒班比特等人向大額真所貢 18 匹馬將由官驛趕去京城。還望將軍大人們查看後妥善辦理'云云……"④由此,我們可以斷定:《哈薩克汗派遣使臣事奏書》所據原文的作者是阿布賚,這一原文是由阿布賚的使臣卓勒巴勒斯親手呈遞給清高宗的。其呈遞時間當在乾隆二十六年正月丙午,時日,該哈薩克使臣同外藩蒙古王公及回部首領一同覲見了清高宗。⑤

使人疑惑的第三個問題涉及該文檔的格式問題。與同時期大多數哈薩克書信相較,該

---

① 中國第一歷史檔案館與中國人民大學清史研究所及中國社會科學院邊疆史地研究中心合編:《清代邊疆滿文檔案目録》,第 7 册,桂林:廣西師範大學出版社,1999 年,第 528 頁。
② 文檔中涉及稱呼的這一情形反映了當時哈薩克人有關其統治正統的內部概念,而這一概念與清朝的相關認識是不相符合的。請參閱巴哈提·依加漢:《清廷關於哈薩克統治正統的觀念及其影響——以乾隆四十八年的清哈交往爲例》,《西域歷史語言研究集刊》第 11 輯,北京:社會科學文獻出版社,2019 年,第 74—90 頁。
③ «Казакско-русские отношения в XVI-XVIII веках», док. No 120, C. 307-312; док. 225, C. 571-591.
④ 《定邊左副將軍成衮扎布等奏報將哈薩克使臣進貢馬匹送京事摺》,乾隆二十五年十一月二十二日,《清代中哈關係檔案彙編》,第 1 册,第 432—434 頁,第 183 號文檔。
⑤ 《大清歷朝實録·高宗純皇帝實録》,卷 628,頁 5 下,乾隆二十六年正月丙午。

文檔在格式上存在很大的差别。迄今為止，我們在中國第一歷史檔案館查到 18 世紀中葉至 19 世紀 30 年代期間哈薩克統治者用察合台文或托忒蒙古文寫往清朝的近 200 份書信。① 這些書信具有相對固定的程式化格式，即：收件人及寫信人姓名尊號 + 寫信人的問候 + 信的主體亦即寫信者要說的主要事務 + 使者名單 + 禮物清單（主要是馬）。然而，《哈薩克汗派遣使臣事奏書》的内容構成卻與此有較大的差異。尤其是該文檔在例舉完使臣及跟役名之後，又非常突兀地出現了一段有關烏梁海部劫掠哈薩克人的叙述，末尾的這一段非常像是後來加入的文字。

如下情形也使人感到疑惑：哈薩克來使卓勒巴勒斯在 1760 年底行抵清屬烏里雅蘇台時，曾明確告知清定邊左副將軍成袞扎布，他帶來了阿布賚的"一封信"（見上），但在《清代中哈關係檔案彙編》所收文檔中，我們看到另有一份題名為《［哈薩克汗阿布賚］奏請頒給敕諭事書》、時間擬定為［乾隆二十五年十二月］（1761 年 1 月）、其内容與上述《哈薩克汗派遣使臣事奏書》不同的滿文文檔。如上所示，《哈薩克汗派遣使臣事奏書》主要述及的是烏梁海人對邊境地區哈薩克人的騷擾以及由此引發的巴魯克蘇勒坦劫掠清屬烏梁海人的事件；而在《［哈薩克汗阿布賚］奏請頒給敕諭事書》中，阿布賚汗向清廷告知了自己游牧的範圍（"東界綽爾郭，南界沙拉伯勒，中心為勒布錫"），並期望清高宗頒敕諭旨就此予以認可。② 也就是説，這兩份文檔的存在與上述卓勒巴勒斯曾帶來"一封信"的記載相衝突。

為解開這些疑團，我們把目光投向清高宗為回復此次遣使之哈薩克首領們而頒敕的諭旨。不過，見於《清高宗實錄》和《平定準噶爾方略》中的該諭旨的漢文本比較簡略，③對我們理清相關問題幫助有限。所幸的是，在中國第一歷史檔案館檔案信息平臺上公佈的文檔中，有該諭旨的滿文本。④這一滿文本中留存的信息完全可以用來説明問題。在寫成於乾隆二十六年正月十六日（1761 年 2 月 20 日）、題名《為敕諭哈薩克阿布賚等加意約束所部不得越境盜竊游牧等情事》的該滿文本中有如下語句：

---

① 請參閱：1. 巴哈提·依加漢（Bakhyt Ezhenkhan-uli）：《天馬雙翼（一）：托忒文在哈薩克與清朝交往過程中的媒介作用》，QUAESTIONES MONGOLORUM DISPUTATAE, No. 15, Tokyo, 2019; 2. pp. 51-69. 巴哈提·依加漢：《天馬雙翼（2）：察合台文在哈薩克與清朝交往過程中的媒介作用》，《西域歷史語言研究集刊》第 12 輯，社會科學文獻出版社，2020 年，第 1—21 頁。
② 《［哈薩克汗阿布賚］奏請頒給敕諭事書》，［乾隆二十五年十二月］《清代中哈關係檔案彙編》，第 1 册，第 460—461 頁，第 198 號文檔。
③ 《大清歷朝實錄·高宗純皇帝實錄》，卷 628，頁 18 下—21 上，乾隆二十六年一月乙卯條（1761 年 2 月 19 日）；《平定準噶爾方略·續編》，卷 9，頁 9—13，乾隆二十六年一月丙辰日（1761 年 2 月 20 日）。
④ 《為敕諭哈薩克阿布賚等加意約束所部不得越境盜竊游牧等情事》（乾隆二十六年正月十六日），檔號 03-18-009-000030-0001，中國第一歷史檔案館軍機處滿文錄副檔。

1. 此外，爾等特遣卓勒巴勒斯等人前來恭問朕安，請求寬恕巴魯克之罪，並爲此呈文……①

2. 另，爾使卓勒巴勒斯等所呈文中稱：承蒙大額真鴻福，吾等哈薩克牧地得以擴展，人畜得以繁衍。吾等遊牧現南界至綽爾郭，西界抵沙拉伯勒，中部在勒布錫。特此報聞大皇帝矣。②

3. 另，卓勒巴勒斯等所呈文中尚有"哈薩克全部已爲阿勒巴圖矣。後輩將更易，③ 然惟願［吾等與大額真關係］不變也。念及此，請求頒敕蓋有紅印、可傳至吾之子孫之璽書"之語。④

是知，使臣卓勒巴勒斯所攜來之同一份呈文中實際上囊括了前述兩份滿文文檔的内容，即該呈文既提到了清屬烏梁海人騷擾哈薩克後引發的巴魯克事件，又包含了阿布賚描述其遊牧範圍並期望清高宗就此頒旨予以認可等方面的内容。

更有意思的是，在這份諭旨中，清高宗還明確提到："另，卓勒巴勒斯等口頭奏曰：阿布賚曾要求吾等相機上奏大額真，請將烏梁海掠走之吾部三人回賞予我。"⑤我們在上面就《哈薩克汗派遣使臣事奏書》提出的疑問之一便是：該文檔何以在末尾例舉完使臣及跟役名之後又突兀地出現一段有關烏梁海部劫掠三名哈薩克人的敘述？寫成於乾隆二十六年正月十六日的乾隆諭旨滿文本就此給出了明確的答案。

基於這一題名《爲敕諭哈薩克阿布賚等加意約束所部不得越境盜竊遊牧等情事》的乾隆諭旨滿文本所反映的事實，我們可以做這樣的結論：1. 卓勒巴勒斯所攜阿布賚呈文在被譯爲漢文本時，原信的内容被拆分成了兩份文檔，即後來被題名爲《哈薩克汗派遣使臣事奏書》和《［哈薩克汗阿布賚］奏請頒給敕諭事書》的兩份文檔；2. 在書寫兩份

---

① 滿文原文作：geli jolbaris sebe takūrafi. mini elhe be baime. baruk batur i funde kesi be / baime weile alime bithe wesimbuhengge。

② 滿文原文作：jai suweni elcin jolbaris sei geli gajiha / bithede. meni hasak sa amba ejen i hūturi de. ba onco oho. niyalma ulha / fusengge. meni nuktei julergi ujean corgo bade nukteme bi. wargi ujan šarabel de nukteme / bi. dulibai lebsi i bade nukteme bi. dergici bulekušereo sehebi。在把哈薩克人的原信譯爲滿文時，出現了地理方向上的訛誤，即此處所稱"南界"應是"東界"，而"西界"則應是"南界"。請參見 Ezhenkhan-uli, B., "Abulai Khan's Understanding of Kazakh Pasturelands in East and South Shown in His Letter to Qing Court in 1760," *Saksaha* ( A Manchu Study Journal ), Volume 15 (2018), Michigan University, pp. 33-59.

③ 意即"吾等百年之後會有一輩又一輩的後代來到這個世界"。

④ 滿文原文作：jolbaris sei / gajiha bithede geli alarangge. meni hasak se. gemu albatu oho. jalan halame fakcarakū/ gūnin be jafahabi. meni amaga jalan juse enen de isitala fulgiyan doron gidaha / bithe šangnareo seme arahabi。

⑤ 滿文原文作：jai jolbaris sei anggai wesimbuhe bade. abulai mende / afabuhangge. suwe ildun de amba ejen de baime wesimbufi. uriyanghai sede gamabuha meni ilan niyalma be baicafi šangname bureo seme wesimbuhebi。

文檔之一亦即《哈薩克汗派遣使臣事奏書》時，清朝廷臣們把阿布賚讓卓勒巴勒斯帶給清高宗的一則口信也作爲呈文的內容揉進了漢文譯本中。由於沒有更多相關史料，我們現已無從得知清朝廷臣們如此行事的具體緣由。

## 二、文檔中提及的巴魯克事件及其發生的歷史背景

如上所述，使臣卓勒巴勒斯所攜來之呈文中主要涉及兩方面的內容：1. 清屬烏梁海人騷擾哈薩克後巴魯克對烏梁海人的劫掠事件以及由此引起的清哈之間的糾紛；2. 阿布賚所描述的哈薩克人的遊牧地界以及向清高宗提出的頒敕相關諭旨的請求。關於後一內容，我們曾有專文討論，① 在此不贅。現讓我們來看看與巴魯克事件相關的歷史內容。

其實，這一事件的發生與 1757—1759 年間清朝邊境政策上的一次重要變更有極大的關係。

1757 年秋哈薩克汗阿布賚遣使清廷，提出讓哈薩克人返回塔爾巴哈台祖宗之地的請求。從哈薩克來使那裏聽聞這一請求時，清高宗並沒有表示反對，而是與哈薩克人作了一番相應的交易，即：哈薩克人可以遷至他們提到的地域內遊牧，但必須事先擒拿並向清廷交付阿睦爾撒納。②這說明，儘管清廷在平定準噶爾之初曾有過依靠歸服之厄魯特人屏邊固疆的打算，並把哈薩克人看作是受屏的一方（見下），但爲了擒獲阿睦爾撒納，清高宗在乾隆二十二年與哈薩克人正式建立關係時並不十分在意後者有關其東部遊牧地域歷史的說法，祇是爲清朝與哈薩克人進一步打交道留下了後手。與此同時，負責具體事務、急於建功立業的清朝邊將們則更傾向於對哈薩克人採取進攻性的政策。

這一政策的端倪在寫成於乾隆二十二年七月十三日（1757 年 8 月 27 日）的一份奏摺中即已顯現。由該文檔可知：兆惠和富德等清朝邊將在與霍集伯爾根、哈拉巴魯克等哈薩克首領初次會面時即要求哈薩克人，"策妄阿拉布坦時爾等在何處遊牧的話，如今亦當在那裏遊牧"；並在稍後與和卓別爾根的交談時稱："即便擒獲了阿睦爾撒納，我們也將在額爾齊斯、額敏、察罕呼濟爾、綽諾郭勒、額琳哈比爾干及伊犁等地開展屯田事宜。因此，我們將不斷來至爾等遊牧以追尋、擒獲阿睦爾撒納，不達目的不甘休。"③由此可知，

---

① Ezhenkhan-uli, B., "Abulai Khan's Understanding of Kazakh Pasturelands in East and South Shown in His Letter to Qing Court in 1760," *Saksaha* ( A Manchu Study Journal), Volume 15 (2018), pp. 33-59, 2018.
② 《大清歷朝實錄·高宗純皇帝實錄》，卷 548，第 9—10 頁，乾隆二十二年十月甲子（1757 年 11 月 16 日）。
③ 《定邊右副將軍兆惠等奏哈薩克霍集伯爾根等率屬歸附並曉諭擒剿阿睦爾撒納摺》，乾隆二十二年七月十三日，中國第一歷史檔案館、中國人民大學清史研究所、中國社會科學院邊疆史地研究中心編：《新疆滿文檔案彙編》第 24 冊，廣西師範大學出版社，2012 年，第 255—273 頁。

清朝邊將們在與哈薩克直接交往伊始就把額爾齊斯、塔爾巴哈台及伊犁的上述各地視作是日後屯田、開發之所，並把進一步進兵哈薩克之地當作他們要脅哈薩克首領們的籌碼。

這樣，上述地區所發生的牧地之爭自然就成了清廷關注的焦點。從《平定準噶爾方略》所反映的信息來看，乾隆二十四年（1759），科布多地區的厄魯特人向乾隆帝提出遷居額爾齊斯河的請求，與此相關，清高宗於當年八月壬辰日（1759年10月5日）頒旨稱：

> 上諭軍機大臣曰："成衮扎布奏：據莫尼扎布告稱，察達克等因現在科卜多等處貂鼠無多，請移往阿爾泰，在額爾齊斯之源遊牧等語。察達克所屬烏梁海年來效力行走，且額爾齊斯現亦空曠，即從伊所請亦可。但該處原係杜爾伯特遊牧，今車凌烏巴什等在烏蘭古木居住，前曾降旨伊等，若願歸舊地，亦聽其便。可傳諭成衮扎布曉示車凌烏巴什等云：察達克等請往額爾齊斯等處遊牧。奏奉諭旨，以額爾齊斯原係爾等舊地，今察達克所指之處，若與遊牧無礙，即從其所請。或爾等願歸舊地。現在哈薩克俱降，伊犁賊眾盡滅，全無足懼。即可遷移。爾等現在遊牧之地亦可賞給察達克等。但哈薩克新附，不比爾等歸誠日久，須嚴飭所部，安靜無事。若騷擾哈薩克邊界，則伊等具奏時，朕難於訓諭。至爾等既遵約束，而哈薩克反來擾害，則拏獲即行正法，亦為理直言順。爾等或安土重遷，即無庸置議。此額爾齊斯之地，與其為哈薩克、俄羅斯竊據，不若使烏梁海人等遷移。亦將此旨宣示察達克等，令其各安生業，毋得滋事。所有辦理情形仍著妥議具奏。①

關於遷牧至額爾齊斯之地一事，乾隆二十一年即有杜爾伯特部眾向清高宗提出。由伯什阿噶失所率領的那些都爾伯特部眾原來遊牧於伊犁河谷下游一帶。② 乾隆二十年，當清軍進入伊犁地區時，班第等將領曾希望把該3000—4000帳厄魯特人當作自己與哈薩克之間的屏障，就此，班第曾具奏稱："臣等遵旨將向哈薩克阿布賚所居之地派出使臣，傳諭聖旨。同時，為加強防務，也已向邊境派出部隊，將其交予伯什阿噶失等台吉首領。"③

---

① 《平定準噶爾方略·正編》第76卷，第26—27頁，乾隆二十四年八月壬辰。《清高宗實錄》將該諭旨收在乾隆二十四年八月丙申（1759年10月9日）條下，見《大清歷朝實錄·高宗純皇帝實錄》，卷595。
② 關於伯什阿噶失及其居地請參見 Ezhenkhan-uli, B., "Abulai Khan's Understanding of Kazakh Pasturelands in East and South Shown in His Letter to Qing Court in 1760," *Saksaha*, Volume 15 (2018), pp. 33-59.
③ 《定北將軍班第奏為派往哈薩克之使臣返回後具陳事摺》，乾隆二十七年七月十六日※（1755年8月23日），《清代中哈關係檔案彙編》第1冊，第6—11頁，第3號文檔。滿文原文：amban be ejen i tacibuha hesei songkoi hasak i abulai sede hesei bithe benebume elcin akūraha bime. nuktei ujan de serenšebume cooha tucibufi. taiji beši agasi sebe dalabume afabuha。

然而，曾爲清朝所倚重的這些杜爾伯特部厄魯特人最終非但未能成爲清朝的屏障，反而落到流離失所、自身難保的境地。乾隆二十一年清軍第二次進入伊犁時得知：伯什阿噶失屬部因受哈薩克人的進攻壓迫而逃散，且伯什阿噶失亦不知流落何處。① 於是，清廷除下令伯什阿噶失之子博東齊尋覓其父外，還稱"其遊牧即准在額爾齊斯之地遊牧"。② 稍後，伯什阿噶失先是率八百餘户流落至額爾齊斯、奇蘭及庫爾圖等地，並自庫爾特地方遣人向朝廷再次表示歸附。清廷授予其"親王"稱號，並計劃將其部安置於額爾齊斯之地。③ 然而，這一計劃顯然未能落實，因爲我們看到，伯什阿噶失所率部衆不久之後便已東移至青吉勒（即 Qiŋgil，"青河"）地區。④

上述史事表明：包括杜爾伯特在内的原準噶爾汗國遺衆一直期望遷牧於額爾齊斯河上游之地。但他們的這一願望始終未能實現，究其原因，不外是哈薩克人的阻撓。在經歷過與哈薩克人的衝突後，他們一直對哈薩克人心存畏懼。然而，到了乾隆二十四年，這些準噶爾遺部再次躍躍欲試，希望在皇帝的支持下實現夙願。而清高宗對此也做出了積極的回應。由上揭諭旨中所稱"此額爾齊斯之地，與其爲哈薩克、俄羅斯竊據，不若使烏梁海人等遷移"之語來看，清高宗已將哈薩克視若不可與伍的外夷俄羅斯，並把準噶爾遺部看作是更爲親近之人。這是清廷有關邊民政策方面的一個重要決策。

衆所周知，明代已降，瓦剌及準噶爾政權便是危及明清中央政權的最大勢力。18世紀40年代後準噶爾汗國的内訌以及由此引發的汗國的衰弱爲清朝最終剷除其最大安全隱患提供了機會。不過，清朝起初衹是希望將厄魯特各部分而治之，並在此基礎上，讓聽命於朝廷的厄魯特人成爲介於清朝和中亞回疆地區的屏障。然而，乾隆二十年阿睦爾撒納的叛亂打亂了清廷的如意算盤。爲此盛怒之下的清高宗決定斬草除根，將準噶爾勢力徹底剪滅。其結果便是：曾經盛極一時，不僅讓明清兩朝統治者寢食難安，也使哈薩克人顛沛流離的準噶爾汗國終於土崩瓦解，其部衆被誅殺亦或四散逃亡。阿睦爾撒納及哈薩克錫拉之類先是輔助朝廷、而後復叛的準噶爾首領均將哈薩克之地當成自己的敗亡後的藏身之所。爲了追捕、清剿此類反抗清朝的準噶爾殘餘，清朝軍隊進入哈薩克草原。這樣，也就有了哈薩克與清朝之間面對面交往的可能。此後兩年中，讓清高宗魂牽夢縈的大事之一便是如何捕獲阿睦爾撒納等"逆賊"，從而杜絶準噶爾勢力死灰復燃的可能。這也是一段時期内清朝不得不緊盯哈薩克的形勢，不斷對哈薩克統治者進行威脅、利誘的原因。這一情形最起碼延續到清廷確認阿睦爾撒納死於俄羅斯之地的時間爲止。

---

① 《平定準噶爾方略·正編》第29卷，乾隆二十一年六月丙辰。
② 《平定準噶爾方略·正編》第28卷，乾隆二十一年夏五月乙丑。
③ 《平定準噶爾方略·正編》第29卷，乾隆二十一年夏六月辛酉。
④ 《平定準噶爾方略·正編》第30卷，乾隆二十一年八月辛丑。

在此"平準"事業過程中,與準噶爾汗國相互征戰百年有餘並在 18 世紀中葉開始占上風的哈薩克勢力成爲清朝最得力的同盟者之一。上述乾隆二十二年阿布賚等哈薩克首領遣使清廷時,清高宗與哈薩克人"做交易"的緣由也在於此。不過,隨著準噶爾問題的解決,清哈之間的這一"蜜月期"也迅速得以結束。而在隨後清廷導演的"歷史舞臺劇"中的各種角色也發生了實質性的轉化。到了上引諭旨寫成的乾隆二十四年,曾是清朝和哈薩克人共同打擊對象的厄魯特人在清朝統治者的眼中轉換了角色;曾幾何時被視作是"逆賊"的這些厄魯特人由於已無威脅朝廷的組織能力而再次成爲相較於哈薩克人來講對清朝更爲親近可靠的、可以用之於"屏邊"的部落族群。而兩年前還是平準盟友的哈薩克人則因準噶爾的最終崩潰失去了先前的那種利用價值。這樣,不久前還被默許的哈薩克人的東移活動亦自然成了需要制止的行爲。清高宗諭旨中將哈薩克視若不可與伍的外夷俄羅斯並計劃將杜爾伯特部厄魯特餘衆或部分烏梁海蒙古人移往額爾齊斯河上游地區便是這一政策變更的具體體現。

不過,哈薩克人起初不僅沒有及時覺察到清朝態度的這一微妙之處,反而依然把驅趕、搶掠準噶爾殘餘勢力看作是受到清朝默許的、有利可圖的正常營生。其結果是可想而知的:在清高宗頒敕上述諭旨後不到一年的光景,清廷和哈薩克人之間就產生了糾紛,而這一糾紛的導火索便是巴魯克所率哈薩克人驅趕、劫掠烏梁海人的行爲。

由上引滿文《哈薩克汗派遣使臣事奏書》開頭的內容來看,在巴魯克率衆攻擊之前,先有烏梁海人對哈薩克的屢次騷擾。烏梁海人的這類行爲應是其西遷計劃碰壁時發生的。而爲了應付騷擾,巴魯克也率衆直搗烏梁海人在東邊的遊牧。《清高宗實錄》所收清高宗於乾隆二十四年十二月己卯(1760 年 1 月 20 日)頒敕軍機處的一份諭旨中涉及清廷就相關事件收到的最初情報及其應對措施:

> 諭軍機大臣等,成袞扎布等奏,據察達克呈稱,扎布堪、恰克圖兩旗五佐領人等,在珠特和碩、布固烏蘇等處過冬,於十一月十二日,有哈薩克二百餘人,前來搶掠,章京默勒特呼克、驍騎校圖瑪達克等十人被害,察達克隨帶兵往探,請即行策應防範,暫停入覲等語。哈薩克性同禽獸,伺間搶掠,亦事之所有,察達克若能追剿固善。但此等哈薩克,不知係何部落。若阿布賚所屬,似不應有此,或係俄羅斯、烏梁海之間所居哈薩克,被俄羅斯煽誘,亦未可知。總之本非大事,惟交察達克等,加意探聽防範,堵截擒剿。即須辦理,亦待來年。成袞扎布仍著來京。莫尼扎布諳悉烏梁海情形,著前往查勘,一得確信,作速具奏,俱著傳諭知之。①

---

① 《大清歷朝實錄·高宗純皇帝實錄》,卷 602,頁 3 下—4 下,乾隆二十四年十二月己卯。

由此諭旨可知，巴魯克攻擊烏梁海人的事件發生於乾隆二十四年十一月十二日（1759年12月30日）。諭旨中提及的、與該事件有關的兩個地名中的第一個（"珠特和碩"）何指不明。但第二個地名亦即"布固烏蘇"當即"Bulghun"河名的漢譯。該河發源於阿爾泰山南麓，向南流入現新疆青河境内，然後轉向東流並注入福海境内的烏瀧古湖。準噶爾汗國時期，阿勒泰烏梁海部曾遊牧於該地。乾隆十九年，清朝將較早歸附的該部劃分爲7個旗，並委任上引諭旨中提到的察達克爲其首領。有意思的是，這個察達克也是前引清高宗頒敕於乾隆二十四年八月十九日（1759年10月9日）頒旨中指明讓其遷至額爾齊斯河上游的烏梁海部首領。這也就是説，乾隆二十四年八月十九日清高宗頒敕諭旨後，遊牧於青河至烏瀧古一代的烏梁海人在還沒有完成西移遷牧到額爾齊斯河上游之計劃時便已遭到以巴魯克爲首的哈薩克人的襲擊。由《哈薩克汗派遣使臣事奏書》中所載"巴魯克在不知［該烏梁海臣屬額真大汗］之情形下，將少許烏梁海人掠走"之語可知，哈薩克首領們並不瞭解清朝政策的變更，不知道清廷正在計劃將察達克所率此部烏梁海人遷往額爾齊斯河上游，以免該地區"爲哈薩克、俄羅斯竊據"。

## 三、巴魯克事件發生後清廷的對策及哈薩克中玉兹的反應

事件發生後，察達克等奏請清朝邊將們即刻向哈薩克進兵。但清高宗先是否決了相關的奏請，要求邊將們查明情況，於來年"草青之時"派扎哈沁、杜爾伯特等千餘名，並加索倫兵五百及部分喀爾喀兵，"相機進剿"。這一被要求"密查妥辦"的事務甚至不得事先告知烏梁海首領察達克。①清高宗不希望屬下貿然向哈薩克進兵、把潛在的與哈薩克的衝突寄託於扎哈沁及杜爾伯特等蒙古部落，並要求邊疆大吏們嚴守秘密是有其原因的。首先，此時正值大小和卓木之亂剛剛平定，投放於西域的清軍主力仍需駐守回疆；其二，正如其在乾隆二十四年十二月己未諭旨中（見上）提到的，清高宗很擔心這一事件與俄羅斯人的慫恿有干係。事實上，清高宗的憂慮並非空穴來風。我們在俄國檔案文獻中的確看到有與這一撲朔迷離之傳聞相關的一些史料。據記載，俄國女皇伊莉莎白曾頒旨於哈薩

---

① 《大清歷朝實錄·高宗純皇帝實錄》，卷602，頁23上—24上，乾隆二十四年十二月庚寅。

克小玉兹努喇里汗等統治者，要其準備率領三萬軍隊進入準噶爾的邊境地區。①

於是，清高宗自然產生了對事態惡化的憂慮，而且這一憂慮持續了近兩個月，《清高宗實錄》所載以下乾隆諭旨中的話語便是證明：

> —— 諭軍機大臣等：昨據成衮扎布奏，哈薩克所掠烏梁海内，脱出十餘人，請令額爾克沙喇與莫尼扎布前往詢問，並加撫恤等語。烏梁海被掠一事，可疑處頗多，必須查詢明白，方得辦理之法。朕意或俄羅斯等欲阻阿布賚之内附，託名搶掠；或哈薩克以從前曾附俄羅斯，被其詰責，故以搶掠示信；或阿布賚不能約束所部，致其妄動；或哈薩克錫喇尚存，煽誘生事。大槩不出此四端。著傳諭成衮扎布，即交額爾克沙喇等詳悉訪問，作速奏聞，仍與察達克等密商辦理。②
>
> —— 諭軍機大臣等：成衮扎布奏，莫尼扎布報稱，於恰克圖得俄羅斯文書，有哈薩克統衆三萬，分三路侵犯卡座之語。看來此必係俄羅斯虛辭設間。若其事果屬確實，伊部落又豈肯通信！然亦不可不豫爲準備……③
>
> —— 諭軍機大臣等：成衮扎布等奏稱，額爾克沙喇、莫尼扎布等詢問被掠脱出之烏梁海等，稱係哈薩克之巴魯克巴圖魯統衆搶掠，未知果否確實。即同察達克、圖布慎等領兵抵哈薩克邊界捉生詢問等語。搶掠烏梁海一事，須查詢確實，不可輕舉妄動。即如俄羅斯訛傳哈薩克統衆三萬前來，至今毫無影響，固情節可疑。而烏梁海等，又稱係巴魯克巴圖魯，則又是哈薩克，而非俄羅斯矣。朕前諭謂或係俄羅斯，或係哈薩克，不出所指四端，要於務得實信，今覽額爾克沙喇等報文，内稱於朕所指俄羅斯情節相近等語。若稍有附會，或拘泥辦理，必至歧誤。著傳諭額爾克沙喇等知之……④

不過，清定邊左副將軍成衮扎布等人不久便從前來貿易的哈薩克人那裏獲得了較爲準

---

① Гуревич, Б. П., Моисеев, В. А. (составители), *Международные отношения в Централнлй Азии XVII-XVIII вв. Документы и материалы*, кн. 2. М., 1989, С. 100-101. 並參閲：1. Ш. Ш. Уэлиханов атындағы Тарих және этнология институты, Ә. Х. Марғұлан атындағы Археология институты, *Қазақстан тарихы (бес томдық)*, III том, 211-бет, Алматы: «Атамұра» баспасы, 2010 ж.；2. Khodarkovsky, M., *Russia's Steppe Frontier: The Making of a Colonial Empire, 1500-1800*, Indiana University Press, 2002, p.260, note 86。
② 《大清歷朝實錄·高宗純皇帝實錄》，卷603，頁6下—7上，乾隆二十四年十二月癸巳（1760年2月3日）。
③ 《大清歷朝實錄·高宗純皇帝實錄》，卷605，頁4下—5下，乾隆二十五年一月丙寅（1760年3月7日）。
④ 《大清歷朝實錄·高宗純皇帝實錄》，卷607，頁1下—2上，乾隆二十五年二月辛卯（1760年4月1日）。

確的消息。這些消息表明，先前搶掠烏梁海人的巴魯克所率領的乃是哈薩克人中的個別部眾。①在得知該事件的確與傳聞中的"分三路前來之三萬哈薩克軍"無關、該具體事件背後並無可以影響清朝安全之外部勢力的消息後，清高宗的憂慮始得消散，於是便傳諭派侍衛納旺赴阿布賚處，責令其拿送巴魯克巴圖魯。②隨後，又諭令成袞扎布等於來年七月"相機辦理"進兵擒剿事宜。③

對於清廷的要求，阿布賚等中玉茲哈薩克首領做出了正面、積極的回應。據《哈薩克汗派遣使臣事奏書》中的説法，這些哈薩克首領在接到清高宗的第一份諭旨後，即前去擒拿了巴魯克。不過，巴魯克並未被遣送至清朝。這與哈薩克人的通常做法是相符的：他們連阿睦爾撒納、哈薩克錫喇等準噶爾首領都不曾擒獻於清朝，更遑論自己的部落首領了。

當然，哈薩克人顯然也意識到了事件所隱含的危機。所以，巴魯克事件發生後，哈薩克統治者連續數次向清廷派出了"朝覲"使團。上述卓勒巴勒斯所率使團即是其中之一。如前所示，有關該使團抵達清屬烏里雅蘇台的消息是在乾隆二十五年十一月二十二日發出的，而清高宗相關諭旨滿文本的寫成時間則爲乾隆二十六年正月十六日（1761 年 2 月 20 日）。實際上，在卓勒巴勒斯所率使團之前半年多，阿布勒班比特、阿布賚及阿布勒必斯等哈薩克中玉茲統治還曾向清廷派出由呼圖拜、阿塔萊率領的"朝覲"使團。據清烏魯木齊辦事大臣安泰的一份奏摺（該奏摺的朱批時間爲乾隆二十五年三月五日，即 1760 年 4 月 20 日），呼圖拜、阿塔萊所率使團是於乾隆二十五年二月十八日（1760 年 4 月 3 日）抵達烏魯木齊，並向那裏的清朝大臣們提出赴清廷向大額真汗貢馬呈文的請求的。④而清高宗也在接到相關奏摺後，即刻諭令將來使送往北京。同時，爲了安撫阿布賚等人，清高宗也特意派出曾在此前與阿布賚本人會過面的侍衛那旺遠赴哈薩克草原。⑤在接見呼圖拜、阿塔萊等人之後，清高宗於乾隆二十五年三月庚戌日（1760 年 4 月 20 日）爲回復阿布勒班比特、阿布賚等人的呈文而頒敕了諭旨。該諭旨的漢文本見於《清高宗實録》，而在 2012 年出版的《清代新疆滿文檔案彙編》第 36 冊中見有該諭旨的滿文本。⑥據該諭旨中反

---

① 《大清歷朝實録·高宗純皇帝實録》，卷 607，第 6 頁，乾隆二十五年二月甲午（1760 年 4 月 4 日）。
② 《大清歷朝實録·高宗純皇帝實録》，卷 607，第 6 頁，乾隆二十五年二月甲午（1760 年 4 月 4 日）。
③ 《大清歷朝實録·高宗純皇帝實録》，卷 607，第 9 頁，乾隆二十五年二月丙申（1760 年 4 月 6 日）。
④ 《烏魯木齊辦事大臣安泰等奏報哈薩克使臣到烏魯木齊請安貢馬並回賞摺》，乾隆二十三年三月五日，《清代新疆滿文檔案彙編》第 44 冊，第 337—339 頁。
⑤ 《大清歷朝實録·高宗純皇帝實録》，卷 608，頁 5 下—6 上，乾隆二十五年三月庚戌（1760 年 4 月 20 日）。
⑥ 《敕諭哈薩克汗阿布賚等爲禁止其屬到塔爾巴哈台遊牧並與布魯特和睦相處事》，[乾隆二十四年]《清代新疆滿文檔案彙編》第 36 冊，第 350—356 頁。

映的信息，呼圖拜、阿塔萊等人所攜呈文中涉及的主要内容也是哈薩克東部牧地的擴展和巴魯克事件。① 清高宗對阿布賚等哈薩克首領在事件發生後的態度及行事也頗爲滿意。於是，在要求哈薩克人歸還被掠烏梁海人員及牲畜基礎上，清高宗也不再堅持要求擒送巴魯克巴圖魯。

也就是說，引發本文討論的滿文《哈薩克汗派遣使臣事奏書》中所反映的哈薩克中玉兹衆多首領希望寬宥巴魯克的請求得到了比較圓滿的結果。這樣，由巴魯克巴圖魯率部搶掠清屬烏梁海人事件所引發的清哈之間的一場糾紛也最終得以平息。

# A Manchu Document Entitled "A Memorial by the Envoy of the Kazak Khan" and the Historical Facts It Reflects

Bakhyt Ezhenkhan-uli

**Abstract**: This is a preliminary study of the Manchu document entitled "A Memorial by the Envoy of the Kazak Khan", which is kept in the First Historical Archive of China. There are a number of obscure points in the document concerning the title, the time of file registration and the format of the content. On the basis of philologic-historical analysis of the obscure points in the document and other relevant historical materials in Chinese and Manchu, the author tries to shed new light on the studies of the Qing-Kazakh relationship history. It is poitted out that, the mentioned Manchu document was compiled on the basis of a letter submitted to Qing Emperor Qianlong by Jolbarïs the envoy of Kazakh sultan Abulay, and its content involved the disputes and mutual delegations between the Qing Dynasty and Kazakhs which were caused by a conflict between Uriangkhay Mongols and Kazakhs. Although a secondary source out of a Kazakh letter, this Manchu document still has special value for its keeping of the basic content of the original letter that has not come down to us.

**Keywords**: The Qing-Kazakh relationship; Abulay; Memorial in Manchu; Baraq event

---

① 由該乾隆帝諭旨可知，呼圖拜等人所攜呈文與卓勒巴勒斯所攜呈文内容有所不同：呼圖拜等人所攜呈文中談到了哈薩克人向東移牧的一些更具體的情形，提到了在巴爾魯克、特莫爾綽爾郭、阿勒坦額默勒、哈喇塔拉等地遊牧的哈薩克部落首領的姓名。

# 明大慈法王傳《吉祥喜金剛獨勇修習法儀》殘卷研究*

安海燕　貢噶旦增

**摘　要：**《吉祥喜金剛獨勇修習法儀》所述儀軌最初由明封大慈法王傳至內地，經明代北京"西域僧團"某譯師編輯、翻譯爲漢文流傳。清內府抄本《吉祥喜金剛獨勇修習法儀》殘卷爲原儀軌的末尾部分，即獨尊喜金剛修法出定後的施食儀和整部儀軌的結行部分。文章對該殘卷進行了整理與解讀，同時將其與明英宗正統四年（1439）御製的漢譯喜金剛修習儀軌《吉祥喜金剛集輪甘露泉》進行了對比，並追溯了其中部分偈頌的藏文來源。《吉祥喜金剛獨勇修習法儀》殘卷的出現，首次以遺留性文獻的形式印證了大慈法王在北京弘揚藏傳密教之史實，具有重要的史料價值。

**關鍵詞：**大慈法王；《吉祥喜金剛獨勇修習法儀》；喜金剛修習；藏傳密教

## 引　言

中貿聖佳國際拍賣有限公司2016年秋季拍賣會展品圖錄中出現了一部名爲《吉祥喜金剛修習施食法儀》（即《吉祥喜金剛獨勇修習法儀》殘卷）的漢文藏傳密教儀軌文獻，筆者曾前往預展現場查看這一經卷並在工作人員的協助下對該經卷內容進行了拍照留存。① 據中貿聖佳國際拍賣有限公司官方網站鏈接的雅昌藝術品拍賣網介紹，此本爲清內府鈔並刻印填色本，15.7×5厘米，1册，開化榜紙，經折裝。該册"藍綾封面，朱砂邊框，小楷恭錄，所用紙張爲清代極名貴的開化榜紙，皇家氣息濃厚。內文抄寫極精，應出自宮廷抄工之手，經文中所飾手印圖、印相名稱，皆爲木板刷印，其中手印圖應爲刷印後填色，工藝複雜精緻，不可多得。拍品開本小巧，或爲皇家手持誦讀之物。吉祥喜金剛，梵音讀若'嘿跋折羅'，藏譯讀若'戒多傑'或'傑巴多傑'，係藏傳佛教'無上瑜伽

---

\* 本文係2020年度國家民委基地研究項目"中華民族共同體意識形成、傳播與培育的歷史考察——以滿蒙藏等少數民族的自覺爲中心"（2020 – GMG – 027）的階段性成果。

① 感謝提供預展信息的高山杉、沈衛榮先生！

密'五大本尊（守護尊）之一"。（圖1）①

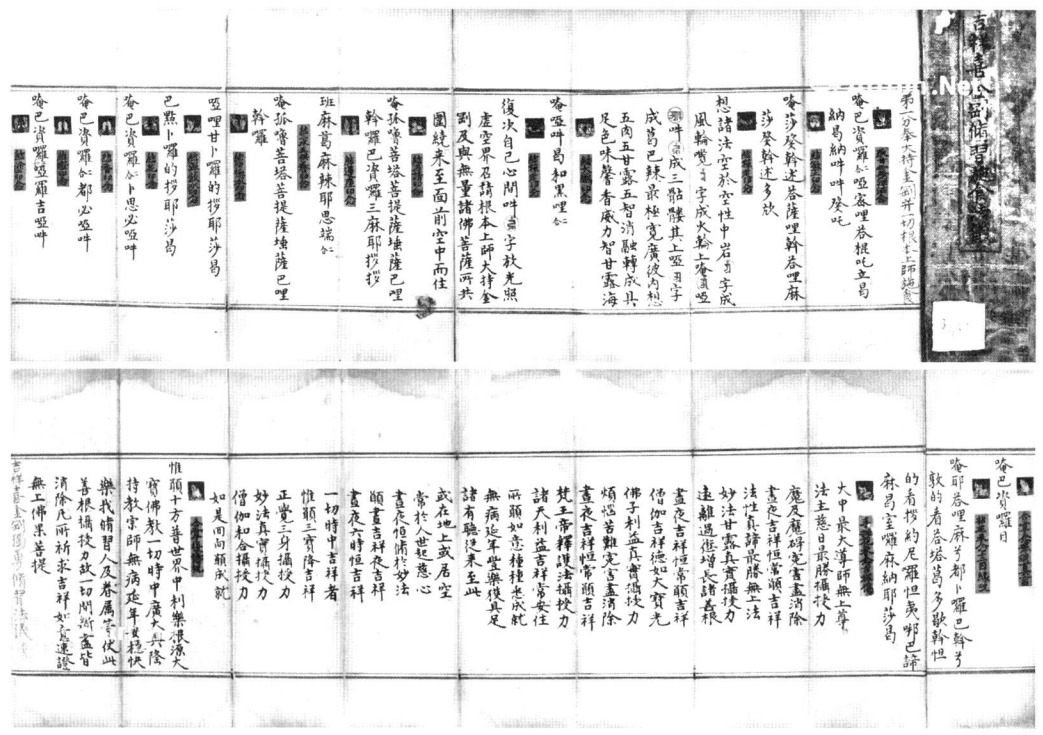

圖1　《吉祥喜金剛修習施食法儀》首尾部分

　　以上介紹説明了該經册的基本形制，强調了這部儀軌作爲文物和藝術品的價值，而對其内容及其作爲歷史和宗教文獻的價值尚缺乏進一步的認識。首先，這部《吉祥喜金剛修習施食法儀》當爲明朝所封藏傳佛教三大法王之一的大慈法王釋迦也失（Shākya ye shes，1354—1435）傳出後以漢文流通的。雖然該法儀没有留下記録其傳譯者或編者信息的題跋，但該文本中有一處提供這部儀軌傳出者的關鍵信息，即在彈灑甘露供養所有傳承上師的部分列出了以"大持金剛"爲首的十六位宗承上師的名録，其最後一位爲"大慈法王"。② 按照我們以往研究漢譯藏傳密教文獻的經驗，儀軌文本中的宗承上師名録往往是判斷該儀軌傳出年代的重要依據，位列宗承上師名録最後一位的上師爲距此儀軌之成書

---

① 中貿聖佳官網：https://www.sungari1995.com/?result.html，雅昌藝術品拍賣網，網址：https://auction.artron.net/paimai-art0061151010，檢索日期：2023年9月27日。

② 有關這十六位宗承上師的名録及其藏文寫法的還原，詳見本文第三節。

年代最近者。① 因此，這部《吉祥喜金剛修習施食法儀》是由大慈法王傳出，而其編輯、翻譯者爲明代"西域僧團"的某位譯師，而此次拍賣的鈔並刻印填色本爲清內府重新抄寫、製作的版本。此外，《吉祥喜金剛修習施食法儀》之底本形成於明代的另一明顯證據爲其在禱祝和供養上師的敘述部分兩次將"上師"寫作"尚師"，而這正是明朝官方文書中通行的避諱用法。② 其次，《吉祥喜金剛修習施食法儀》實際是一篇獨尊喜金剛修習儀軌的殘卷，其完整本的原標題爲《吉祥喜金剛獨勇修習法儀》，封面所書標題《吉祥喜金剛修習施食法儀》爲後人基於殘卷內容新加的題名，對該儀軌內容和結構的進一步分析也證明了這一判斷（詳見本文第二部分）。最初作出這個判斷主要基於兩個原因，其一，雖然該經冊藍綾封面墨書標題爲《吉祥喜金剛修習施食法儀》，但在文末又以朱書"吉祥喜金剛獨勇修習法儀竟"字樣結束，這就出現了首尾兩個不同的標題且二者所指亦不相同的情況。而目前所見古譯藏傳密教文獻中出現的以"某某竟"字樣收尾的情形都是重復經首標題，偶有另一標題者，則以"又名某某"的形式給出，未見首尾標題不協調者。其二，該文本並不完整，祇有施食儀及結行部分。因此，清代重抄本《吉祥喜金剛修習施食法儀》準確當稱作"《吉祥喜金剛獨勇修習法儀》殘卷"，本文行文過程中也將以後者爲准。

《吉祥喜金剛獨勇修習法儀》由大慈法王傳出，又在清內府重新抄寫這一基本事實，即表明它們是研究明清兩朝藏傳密教於內地傳播的珍貴資料。本文擬通過對《吉祥喜金剛修習施食法儀》之歷史、宗教文化背景的考查和對其文本內容的探析，揭示這部古籍作爲歷史和宗教文獻的價值。

## 一、《吉祥喜金剛獨勇修習法儀》形成的歷史、文化背景

目前，我們已經注意到了大量與《吉祥喜金剛獨勇修習法儀》同類型的明代漢文的藏傳密教文獻，例如，乾隆二十五年（1760）從熱河行宮流出的漢文密教文獻集《大乘

---

① 例如，包括《大乘要道密集》在內的諸多古代漢譯藏傳密教文獻中，署名爲"持呪沙門莎南屹囉譯"者占據了相當的數量。在臺北"故宮博物院"所藏兩部由莎南屹囉編譯、明正統四年（1439）製作的泥金寫本《吉祥喜金剛集輪甘露泉》和《如來頂髻尊勝佛母現證儀》中，其"奉大黑兄妹二尊施食"儀軌所列傳承上師名錄中，位於八思巴之後的有五位上師，而其中最後一位上師即爲明代名僧西天佛子大國師智光（1349—1435），我們據此推定莎南屹囉的生平時代應當在明代，與智光相去不遠。見安海燕、沈衛榮《臺灣"故宮博物院"藏漢譯藏傳密教儀軌〈吉祥喜金剛集輪甘露泉〉源流考述》，《文史》2010 年第 3 輯；沈衛榮、安海燕：《明代漢譯藏傳密教文獻和西域僧團——兼談漢藏佛教史研究的語文學方法》，《清華大學學報》（哲學社會科學版）2011 年第 2 期。
② 如《明實錄》"永樂元年二月乙丑"條載："遣司禮監少監侯顯賫書、幣往烏思藏，征尚師哈立麻。"

要道密集》中所收的明代編/譯本,臺北"故宮博物院"所藏明正統四年泥金寫本,國家圖書館善本部所藏明、清抄本,北京故宮博物院藏明寫本以及清内府抄本等等。① 將這些漢文密教文獻與久居漢地的藏傳佛教高僧大慈法王的藏文傳記《如意呈祥之旭日》('Dod pa'i re skong dpal ster nyi ma)②、大智法王班丹扎釋(dPal ldan bkra shis dpal bzang po, 1377—1452?)的漢譯傳記《西天佛子源流錄》③ 結合起來考查可以發現,這些漢文藏傳密教文獻的編輯、翻譯與活躍於明代北京的"西域僧團"有密切關係。已有研究表明,在明成祖、明宣宗的積極支持下,在北京逐漸形成了一個由印度僧、西番僧及其漢人弟子組成的"西域僧團",該僧團以大慈法王釋迦也失、西天佛子大國師智光、西天佛子班丹扎釋爲核心,以大能仁寺、大隆善寺及大慈恩寺爲主要活動場所。三大高僧及其駐錫的寺院聯繫密切,互有往來,在北京形成了一個富有生機的弘揚密教的網絡。④

在引領"西域僧團"的三大高僧中,大慈法王釋迦也失的地位最高。⑤ 他在溝通明朝中央與西藏地方的關係,推動藏傳佛教在漢、蒙古地區的傳播及促進漢藏文化交流等方面都做出了巨大貢獻,對後世影響深遠。釋迦也失於永樂十二年(1414)底第一次抵京,居於元朝舊寺海印寺,十三年(1415)受封爲"妙覺圓通慧慈普應輔國顯教灌頂弘善西天佛子大國師",十四年(1416)五月返藏。宣德二年(1427)四月宣宗再次遣使迎請釋迦也失,後者於宣德四年(1429)底抵京,宣宗特爲其重修海印寺,並更名爲"大慈恩寺",令其住坐,宣德九年(1434)釋迦也失受封"大慈法王",十年(1435)十月二十四日圓寂於大慈恩寺。⑥ 算上第二次進京途中在西北地區傳法的時間,大慈法王前後在漢

---

① 有關這些漢文藏傳密教文獻的内容及其價值,參見沈衛榮:《文本對勘與歷史建構:藏傳佛教於西域和中原傳播歷史研究導論》,《文史》2013 年第 3 輯。
② 北京民族文化宫手抄本,全稱《萬行妙明真如上勝清淨般若弘照普應輔國顯教至善大慈法王傳·如願呈祥之[旭]日》('phrin las sna tshogs la mkhas shing gsal ba chos nyid dam pa mchog tu rgyal ba shes rab rnam dag snang ba chen po kun tu khyab cing rgyal khams skyabs pa bstan pa rgyas mdzad rtag tu dge ba byams chen chos kyi rgyal po'i rnam thar'dod pa'i re skong dpal ster nyi ma),該傳前言中又簡稱其爲《旭日》(nyi zhon),其漢譯文見拉巴平措:《大慈法王釋迦也失》,北京:中國藏學出版社,2012 年,第 95—117 頁。
③ 張潤平、蘇航、羅炤編著:《西天佛子源流錄——文獻與初步研究》,北京:中國社會科學出版社,2012 年。
④ 三大高僧引領的西域僧團共同奠定了明代北京藏傳密教的基本格局,其弟子和再傳弟子在明中期的北京仍然十分活躍,是北京傳播藏傳佛教的主要力量。詳見沈衛榮、安海燕:《明代漢譯藏傳密教文獻和西域僧團——兼談漢藏佛教史研究的語文學方法》;安海燕:《明代漢譯藏傳密教文獻與北京的藏傳佛教——兼論明代北京藏傳佛教格局的形成》,《青海民族研究》2019 年第 1 期。
⑤ 明代在京藏僧有若干等級,大慈法王居首,《明實錄》載:"先是,番僧數等,曰大慈法王、曰西天佛子、曰大國師、曰國師、曰禪師、曰都剛(綱)、曰剌麻,俱係光禄寺支持……"《明實錄》"正統元年五月丁丑"條。
⑥ 詳見安海燕:《大慈法王釋迦也失兩次進京相關史事新證》,《民族研究》2018 年第 6 期;陳立華、陳慶英:《1414 年大慈法王奉命進京朝見及永樂皇帝的安排》,《西藏大學學報》(社會科學版)2021 年第 4 期。

地停留長達九年，考慮到明成祖和明宣宗對大慈法王的格外禮遇和尊崇以及他所駐錫的大慈恩寺不僅是一座皇家御用的高規格寺院，也是明代北京最主要的藏傳佛教寺院之一等史實，可想而知，大慈法王一定對藏傳佛教在漢地的弘揚發揮過重要作用。然而，當進一步探究大慈法王在漢地所傳藏傳佛教的具體面貌和內容時，我們發現可供利用的資料非常有限。迄今有關大慈法王最有價值的史料是其藏文傳記《如意呈祥之旭日》，該傳收錄了大量明代詔書，是研究大慈法王與明成祖、明宣宗關係的珍貴資料。遺憾的是，這部傳記對大慈法王在漢地傳播藏傳佛教的記錄非常簡略，而且僅限於永樂朝第一次來漢地的零星記載，對宣德年間大慈法王在北京至少六年的具體活動更是付之闕如。據該傳，大慈法王第一次來漢地時，在皇家寺院海印寺主持了密集、喜金剛、勝樂等密續本尊的修供儀軌，並且為永樂帝傳授了印度成道者蒂羅巴所傳的勝樂長壽灌頂；在五臺山期間，他對衆多的僧俗人員進行了授戒、灌頂、說法，並且舉辦了金剛童子厴修供儀軌。這次面世的《吉祥喜金剛獨勇修習法儀》殘卷是迄今所見唯一一部由大慈法王傳出的漢文密教文獻，它是大慈法王在漢地傳播藏傳佛教最為直接、有力的證據。這部文獻的發現表明，大慈法王駐錫北京大慈恩寺期間所傳之藏傳密法，曾經被翻譯為漢文在漢地的受衆中流傳，換句話說，以漢文將藏傳密法傳出是大慈法王在漢地弘揚藏傳佛教的一種重要方式。我們目前已經發現一批明代漢譯的藏傳密教文獻，由大慈法王傳出的漢文藏傳密教文獻應當不限於我們看到的這一種，其或因時間久遠而散佚，或有待我們繼續發現。

  在此前已經發現的明代漢譯密教文獻中，不論從篇幅、數量還是宗教內涵上，喜金剛教法類的文獻都具有相當的比例和重要性，它們與《吉祥喜金剛獨勇修習法儀》屬於同一教法體系。目前所見明代漢譯的喜金剛教法類文本包括《喜金剛本續》及依於《喜金剛三續》（Kye rdor rgyud gsum）等密續而產生的各種儀軌文本，《吉祥喜金剛獨勇修習法儀》即屬於後者。喜金剛教法是伴隨藏傳佛教之新譯密咒（gSang sngags gsar ma）浪潮而傳入藏地的無上瑜伽密法，在藏傳密教中具有舉足輕重的地位。11世紀，大量屬於無上瑜伽部系統的密續、注疏、儀軌被翻譯成藏文。以《喜金剛本續》[①] 為中心湧現出了衆多的本續、注釋續以及實修儀軌，其中最重要者稱為《喜金剛三續》，即本續《喜金剛二品本續王》（Kye'i rdo rje shes bya ba rgyud kyi rgyal po）、不共注釋續《聖空行母金剛帳續》

---

[①] 在德格版藏文《大藏經·甘珠爾》中，它被分為兩部，分別對應《喜金剛本續》的前後兩部分，即 No. 417《喜金剛本續王》（Kye'i rdo rje shes bya ba rgyud kyi rgyal po），續部，nga 函，1b1-13b5；No. 418《喜金剛空行母網律儀續王》（Kye'i rdo rje mkha' 'gro ma dra ba'i sdom pa'i rgyud kyi rgyal po），續部，nga 函，13b5-30a3。對其研究參見 David Snellgrove, *The Hevajra Tantra: A Critical Study, Part I: Introduction and Translation, Part II: Sanskrit and Tibetan Text*, London: School of Oriental and African Studies, 1959; Jan-Ulrich Sobisch, *Hevajra and Lam bras Literature in India and Tibet Seen Through Eyes of A-mes-zhab*, Wiesbaden: Reichert Verlag, 2008.

（'Phags pa mkha' 'gro ma rdo rje gur）、共通注釋續《吉祥三菩怛續》（Yang dag par shes bya ba'i rgyud chen po）。藏傳佛教新譯密咒著名傳規之一的道果法，其印度祖師、大成就者必哩斡巴（Virūpa，Birwa pa）在無我母（Nairātmyā）指授下所造的《道果根本金剛句》（Lam 'bras bu dang bcas pa'i rtsa ba rdo rje'i tshig rkang）即濃縮《喜金剛三續》之精華而成。因此，喜金剛修習法門與《道果金剛句》在日後成了藏傳佛教薩思迦派傳承的核心教法。①

喜金剛和道果教法在漢地的傳播始自與藏漢佛教文化都有著很深淵源的西夏王國並爲此後的元、明兩代所繼承。早在西夏（1038—1227）時期，西夏王國作爲藏傳佛教新譯密咒運動的輻射區域，幾乎與藏地同步，喜金剛和道果教授也開始在其境内流傳。在以黑水城文獻、拜寺溝西夏方塔所出文本爲代表的出土文獻和以《大乘要道密集》爲代表的傳世文獻中我們見到了多種西夏文和漢文的喜金剛本續類、儀軌類以及《道果金剛句》的注釋文本。② 元朝以薩思迦③派爲尊，薩思迦派所傳喜金剛教法和道果法亦曾流傳於元朝王室和漢人信衆間。史載元朝首任帝師、薩思迦派第五世祖八思巴就曾先後三次給忽必烈及其皇后察必等授以喜金剛灌頂，而元廷所傳"秘密大喜樂禪定"即以《喜金剛本續》爲根據而制定的瑜伽修行法。④ 此外，至正四年（1344）還由皇太子下令編譯過數種有關道果法的漢文儀軌。⑤ 元明易代，明朝皇帝雖然並不獨尊某一教派，但傳承薩思迦派教法的西藏高僧，如大乘法王昆澤思巴（Kun dga' bkra shis，1383—1415）、大智法王班丹扎釋，甚至大慈法王釋迦也失皆因不同的機緣受到明王室的召請和重視，他們繼續將各自傳承的喜金剛教法帶到或傳入漢地。據《薩思迦世系史》，大乘法王曾給明成祖授予甚深吉祥喜金剛壇城灌頂和與喜金剛有密切關係的護法大黑天的加持；據《西天佛子源流錄》，明宣宗曾於宣德元年（1426）命當時還是大國師的班丹扎釋主持翻譯了名爲《喜金剛甘露海壇場修習觀儀》和《喜金剛二釋本續注解》兩種屬於喜金剛教法的文本，其明抄本至今保存在國家圖書館善本部。⑥

現存明代漢譯藏傳密教文獻中數量最多的即屬於喜金剛教法和道果法，其中的喜金剛

---

① 參見 Ronald M. Davidson, *Tibetan Renaissance: Tantric Buddhism in the Rebirth of Tibetan Culture*, New York: Columbia University Press, 2004; Cyrus Stearns, *Taking the Result as the Path: Core Teachings of the Sakya Lamdre Tradition*. Boston: Wisdom Publication, 2006.
② 沈衛榮：《重構十一至十四世紀的西域佛教史——基於俄藏黑水城漢文佛教文書的探討》，《歷史研究》2006 年第 5 期；寧夏文物考古研究所編：《拜寺溝西夏方塔》，北京：文物出版社，2005 年。
③ 薩思迦，即今譯"薩迦"，對應藏文 Sa skya，元明時作薩思迦或薩斯迦。
④ 沈衛榮、安海燕：《從演揲兒法中拯救歷史：元代宮廷藏傳密教史研究》，北京：中華書局，2022 年，第 15—51 頁。
⑤ 遼寧省圖書館藏《演揲兒法殘卷三種》，民國萃閣堂抄本。
⑥ 阿旺貢噶索南著，陳慶英、高禾福、周潤年譯注：《薩迦世系史》，拉薩：西藏人民出版社，2002 年，第 225 頁；張潤平、蘇航、羅炤編著：《西天佛子源流錄》，第 174 頁。

類文本，除了本文討論的《吉祥喜金剛獨勇修習法儀》外，還有包括《喜金剛甘露海壇場修習觀儀》和《喜金剛二釋本續注解》在内的其他五種文本，兹對其一併介紹如下：

（1）國家圖書館藏明抄本《吉祥喜金剛本續王後分注疏》，一册。該抄本是一部完整的《吉祥喜金剛本續王注疏》*的第二部分或曰後分，第一部分或曰前分已佚。《吉祥喜金剛本續王注疏》*即《西天佛子源流録》所記《喜金剛二釋本續注解》，《西天佛子源流録》爲從該傳記的藏文本中翻譯而來，兩種題名是由不同的譯法所致。① "喜金剛二釋本續"在藏文中常略作 rgyud brtag pa gnyis pa，指的即是喜金剛本續，"二釋"指二分，因《喜金剛本續》有前後二分故謂之。該漢譯本所據的藏文原本爲八思巴帝師在正文行間添加了箋注的《喜金剛本續》，和漢譯本將其稱爲"注疏"的説法略有不同，這部作品在藏文中被稱作"帶有箋注的《喜金剛本續》"，它在收有這部作品的《新獲薩思迦全集母版彙編》（*Sa skya bka' 'bum gsar rnyed phyogs bsgrigs*）中即直接題爲《喜金剛本續王》（*Kye'i rdo rje zhes bya ba'i rgyud kyi rgyal po*）。②

（2）臺北"故宮博物院"藏明英宗正統四年泥金寫本《吉祥喜金剛集輪甘露泉》上下卷，題下署"持呪沙門莎南屹囉二合集譯"。此即《西天佛子源流録》所記《喜金剛甘露海壇場修習觀儀》（*Kyai rdo rje'i sgrub thabs bdud rtsi'i rgya mtsho*），也是同名異譯。這部儀軌是從八思巴帝師及薩思迦諸祖師所造五種喜金剛修習儀軌中精選出相關段落編集並且翻譯而成的，卷首題記所署"集譯"即指這種編譯方式。《吉祥喜金剛集輪甘露泉》是一部喜金剛本尊壇城現證儀軌，其第一部分爲"正行"修習喜金剛之"生起次第"和"圓滿次第"，其中"生起次第"修習"六支"以淨化行者身心與外境，達到清淨圓滿的六佛境界；③"圓滿次第"爲以秘密灌頂、智慧灌頂和第四灌頂等上三灌頂來調煉氣、脈、明點等的修習。第二部分爲支分法出定八瑜伽，即爲日常起居中所行的八種瑜伽，包括誦咒、供養和施食、飲食、睡眠、覺起、沐浴、徑行、欲樂等八種。④

（3）國家圖書館藏明抄本《喜金剛中圍内自受灌頂儀》，一卷，題下署"持呪沙門莎

---

① 班丹扎釋所譯《喜金剛二釋本續注解》很有可能就是今藏於國家圖書館的明抄本《吉祥喜金剛本續王後分注疏》對應的全本《吉祥喜金剛本續王注疏》*，祇可惜國圖現存的是其第二部分。

② *Sa skya bka' 'bum gsar rnyed phyogs bsgrigs*, vol. 3, 拉薩，1999 年，pp. 529-707.（TBRC：W20751）

③ 在現存薩迦的喜金剛現證文本中，其生起次第形成了"四支"（yan lag bzhi pa）和"六支"（yan lag drug pa）兩種傳承。"四支"修法生起次第四支依次爲：生起誓言尊（dam tshig sems bpa' bskyed pa）、攝受六處三業（skye mched dang sku gsung tugs byin gyis brlab pa）、迎請智輪（ye shes kyi tsa kra dgug gzhug）、灌頂嚴種（dbang bskur nas rigs gi bdag pa'i rgyas gdab pa）。"四支"和"六支"有相當的關聯性，六支中的"融會金剛薩埵支"即是合四支中的"生起誓言尊""攝受六處三業""迎請智輪"三支而來，而"四支"的最後一支"灌頂嚴種"則與六支中的"灌頂嚴種不動支"相當。

④ 詳見安海燕、沈衛榮：《臺灣"故宮博物院"藏漢譯藏傳密教儀軌〈吉祥喜金剛集輪甘露泉〉源流考述》，《文史》2010 年第 3 輯。

南屹囉譯"。此爲八思巴的作品，藏文標題作 Kyai rdo rje'i bdag 'jug gi cho ga dbang la 'jug pa。自受灌頂，又稱作自入壇城灌頂，與師授灌頂相對，爲行者觀想自入本尊壇城授予灌頂的儀軌，本篇即是觀想自入喜金剛壇城内受灌的儀軌。

（4）《大乘要道密集》所收《大乘密藏現證本續摩尼樹卷》，題下署"持呪沙門莎南屹囉譯"。該篇爲《大乘要道密集》中篇幅最長者，其作者爲薩思迦三世祖葛剌思巴監藏（Grags pa rgyal mtshan，1147—1216）。藏文題爲 rGyud kyi mngon par rtogs pa'i rin po che'i ljon shing①，直譯爲《本續現證摩尼樹》，標題中的"本續"即指《喜金剛本續》。《本續現證摩尼樹》闡述了從説一切有部到無上瑜伽部因果二乘的見地，尤其是分因、道、果三續系統闡述了薩思迦派有關密續部的建立，其以《喜金剛三續》作爲判教的依據展開了對實修的闡釋。《大乘密藏現證本續摩尼樹卷》並不是對藏文本的全文翻譯，而是對其中圓滿次第部分内容的翻譯，詳細講述行人如何依圓滿次第修道。②

（5）北京故宫博物院藏清寫繪本《修喜佛究竟定之圖》，一册，一一九頁。該圖册爲清宫舊藏，曾經爲乾隆帝御用的密教修行寶典。圖册正文每頁上方圖繪一瑜伽士作動作示範，圖下有藏漢兩種文字對照的説明；文本的主體依薩思迦三世祖葛剌思巴監藏所造之《三十二瑜伽妙用之幻輪》（rNal 'byor gyi phrin las sum cu rtsa gnyis kyi 'khul 'khor）翻譯、編輯而成的。③ 所謂"喜佛"即喜金剛，圖册在喜金剛修習之生起次第的身壇城和圓滿次第的拙火之後給出了"修喜佛三十二妙用定"的三十二式瑜伽示範，其屬於圓滿次第修法之一種。據我們此前的研究，此書爲清代内府根據明代原本重新寫繪而成。④

以上幾種明代翻譯或編譯的喜金剛教法文獻中，其第二種《吉祥喜金剛集輪甘露泉》，第三種《喜金剛中圍内自受灌頂儀》，第四種《大乘密藏現證本續摩尼樹卷》都署爲"持呪沙門莎南屹囉譯"，第一種《吉祥喜金剛本續王後分注疏》雖然佚失了譯者署名所在的前分，但將其翻譯用詞、譯語風格、引用文字與其他大量確認爲莎南屹囉所譯之作

---

① 參見莎南嘉措編：《薩思迦全集》（Sa skya pa'i bka' 'bum）卷3《葛剌思巴監藏全集》（Grags pa rgyal mtshan gyi bka' 'bum），東京：東洋文庫，1968年，第1—70頁。

② 對這部文本的研究參見徐華蘭：《〈大乘密藏現證本續摩尼樹卷〉藏、漢本對勘與研究》，中國人民大學國學院2012年博士論文。

③ 見 Grags pa rgyal mtshan, rNal 'byor gyi phrin las sum cu rtsa gnyis kyi 'khul 'khor, *Sa skya lam 'bras literature series*, vol.11(*Lam 'bras slob bshad*), Dehra Dun, U. P. : Sakya Center, 1983-1985, ff. 288-292。故宫博物院編：《究竟定：清宫藏密瑜伽修行寶典》，北京：紫禁城出版社，2009年。2012年北京故宫博物院又推出了這部珍本的仿真精裝本，見故宫博物院編：《究竟定》，北京：故宫出版社，2012年。本書所引爲2009年版。原書無題名，故宫博物院的整理者將其定名爲《究竟定》。筆者此處根據該圖册正文第一頁的標題將其稱爲《修喜佛究竟定之圖》。

④ 安海燕：《乾隆帝御用藏密瑜伽修行寶典〈究竟定〉編譯背景考——附論乾隆帝的藏傳佛教信仰》，《西域歷史語言研究集刊》第8輯，北京：科學出版社，2015年，第505—522頁。

品比較可知，《吉祥喜金剛本續王後分注疏》的譯者很有可能也是莎南屹囉。① 根據已有信息推測，莎南屹囉應當是明代北京"西域僧團"中的一位優秀譯師，或爲西天佛子智光和班丹扎釋二人的弟子。其理由有二：一者，《吉祥喜金剛集輪甘露泉》奉大黑兄妹施食儀內供部分列出的傳承上師中的最後一位即爲明代西天佛子大國師智光；二者，前述明宣宗令班丹扎釋翻譯的兩部喜金剛文本的存世抄本《吉祥喜金剛集輪甘露泉》和《吉祥喜金剛本續王後分注疏》的實際翻譯者爲莎南屹囉，故莎南屹囉很可能爲班丹扎釋門下的一位譯師。莎南屹囉翻譯如此之多的喜金剛、道果法作品與班丹扎釋與薩思迦派的特殊淵源有關，班丹扎釋雖然兼擅薩思迦、噶舉、格魯各派教法，但他與薩思迦派的關係最爲密切。② 如此，引領"西域僧團"之三大高僧中的兩位——智光、班丹扎釋與明代漢譯薩思迦派教法的聯繫開始呈現出來，而在發現《吉祥喜金剛獨勇修習法儀》殘卷之前，我們尚未見到任何一種與大慈法王有關的漢譯藏傳密教文獻。《吉祥喜金剛獨勇修習法儀》所列傳承上師中，大慈法王之前五位正是薩思迦五祖，這表明大慈法王所傳的這部喜金剛文本依然是典型的薩思迦派教法。這些明代漢文藏傳密教文獻形成之時，藏傳佛教還沒有形成後世所謂四大教派的此疆彼界，各教派之間依然有很廣泛的交流，當時的教法主要以不同的傳規（lugs）相稱，如道果法、大手印、那若六法等，況且明前期的格魯派尚處於初創期，遠沒有形成獨立門户的態勢，其很多教法都來自薩思迦派。③ 因此，大慈法王在漢地傳出薩思迦派的喜金剛教法完全在情理之中，《吉祥喜金剛獨勇修習法儀》殘卷的發現首次爲我們揭示了這一史實。

此外，值得我們注意的是，從目前所見的古代漢文藏傳密教文獻來看，其翻譯或編譯成漢文的時間基本都在西夏、元、明三代，而清朝主要是在乾隆帝的主持下對西夏、元、明三代流傳下來的這些密教文獻做鑒定、著録、裝裱、抄寫等保存和整理性的工作。因此，我們今天所能見到的古代漢文密教文獻有相當一部分是從清宫流出的抄本，如前文提到的《大乘要道密集》和《修喜佛究竟定之圖》。雖然沒有證據表明這部《吉祥喜金剛獨

---

① 安海燕：《明代漢譯藏傳密教文獻研究》"導論"，北京：中國藏學出版社，2019年，第30—41頁。
② 《西天佛子源流録》"總序佛子功德品"中概括其觀修法門和所宗教法爲"精修增究觀門，了悟金剛道果"，這裏的"金剛道果"正是薩思迦派的根本教法道果法。如前所述，班丹扎釋的根本上師班丹堅措是薩思迦派著名學者喇嘛丹巴鎖南堅燦的親炙弟子，班丹扎釋27歲時即依止班丹堅措學習了道果法。而班丹扎釋將薩思迦派獨有的"道果三十二妙用"瑜伽作爲自己每日必修的功課這一事實充分證明並再次印證了他和薩思迦派的聯繫。張潤平、蘇航、羅炤編著：《西天佛子源流録——文獻與初步研究》，第158—160、181頁。
③ 如金剛瑜伽母法最早僅在薩思迦派內部修習，屬薩思迦派不外傳的"十三金法"（gser chos bcu gsum）之一，後來這一修法還是傳入了格魯派，成爲格魯派與上師瑜伽、本尊瑜伽相並列的三根本法。格魯派創立者宗喀巴本人即長期跟隨薩思迦派著名學者仁達瓦（Red mda' ba gZhon nu blo gros, 1349—1412）求學。

勇修習法儀》殘卷是乾隆時期的内府抄本，但我們有理由相信它的抄寫應當和乾隆帝曾經鑒賞、重新包裝和抄寫的那些漢文密教文獻具有類似歷史、文化以及流傳背景，對此，我們已經撰文作了考述，兹不贅述。①

## 二、《吉祥喜金剛獨勇修習法儀》殘卷的結構和内容

藏傳佛教新譯密咒各宗派所傳的核心密法，基本都是在融合無上瑜伽部本續及其解釋續所述義理和修法的基礎上，經過對其進行創造性的解釋和靈活演繹而形成的。就喜金剛教法而言，基於《喜金剛三續》產生了一系列以喜金剛爲主尊的實修儀軌，如喜金剛及其明妃無我母的本尊成就法、喜金剛壇城現證儀軌、喜金剛壇城自入灌頂儀軌、喜金剛身壇城儀軌、喜金剛護輪修法等等，一如前文介紹的漢譯喜金剛教法文獻所示。通過對《吉祥喜金剛獨勇修習法儀》殘卷内容的仔細識別，並將其與薩思迦派所傳各種喜金剛儀軌類文本比對，可以發現它其實由兩大部分構成，分别爲喜金剛壇城修習儀軌中的施食儀以及喜金剛獨勇修習法儀的結行部分，其具體結構如下所示：

（一）喜金剛獨勇修習之施食儀

  1.1 第一奉大持金剛及一切根本上師：

   （1）加持施食；（2）召請上師等；（3）供養蓮座；（4）奉二水五供；（5）奉施食；（6）再次奉二水五供及内供；（7）禮贊；（8）禱祝

  1.2 第二奉本尊佛喜金剛及其壇城眷屬：

   （1）加持施食；（2）召請本尊等；（3）供養蓮座；（4）奉二水五供；（5）奉施食；（6）再次奉二水五供及内供；（7）禮贊；（8）禱祝

  1.3 第三奉當境地祇及六道四生：

   （1）加持地神施食；（2）供奉地神；（3）付囑地神；（4）加持六道四生施食；（5）供奉六道四生；（6）付囑六道四生

  1.4 施食儀之忍納

（二）喜金剛獨勇修習之結行：

   （1）加持供養；（2）奉二水五供；（3）禮贊；（4）忍納；（5）奉送；（6）回向與吉祥偈

可見，這是一部獨尊喜金剛修習儀軌的殘卷，而殘卷的内容並不能爲封面題名《吉祥喜金剛修習施食法儀》所涵蓋，最後一部分喜金剛獨勇修習之結行至少占了殘卷三分

---

① 詳見沈衛榮、安海燕：《乾隆帝所習藏傳密法考述》，《中國文化》2023 年秋季號。

之一的篇幅。既然這部儀軌的原名爲《吉祥喜金剛獨勇修習法儀》，那麼它是不是從同名的藏文文本中翻譯而成呢。通過對藏文《大藏經》和藏地作者諸多有關喜金剛修習文本的爬梳和比對，我們並沒有找到一部與《吉祥喜金剛獨勇修習法儀》殘卷內容完全對應的藏文本。原標題《吉祥喜金剛獨勇修習法儀》中的"獨勇"，是藏文 dpa' bo gcig pa 的直譯，這裏指獨尊喜金剛，是相對於與無我佛母合抱的雙身喜金剛形象而言。我們在藏文文獻中找到了兩部早期的獨尊喜金剛修法：一是藏文《大藏經》之《丹珠爾》部印度上師納卜巴（Nag po pa）造《喜金剛獨勇修法》（dGyes pa rdo rje dpa' bo gcig pa'i sgrub thabs），爲八面十六臂獨尊喜金剛的修習儀軌；① 二是收錄在薩思迦三世祖葛剌思巴監藏文集中的《喜金剛獨勇現證［儀］》（Kye rdor dpa' bo gcig pa'i mngon rtogs），爲一面二臂獨尊喜金剛修習短篇儀軌。② 將這兩篇獨尊喜金剛修習儀軌與大慈法王傳《吉祥喜金剛獨勇修習法儀》殘卷相比對發現，它們的內容和結構都密切相關，但是文字並不一一對應。此外，當我們將目光轉向薩思迦派祖師所造幾部典型的長篇喜金剛現證儀軌時，我們發現，即便文字表達無法密合，《吉祥喜金剛獨勇修習法儀》殘卷的結構、內容均與薩思迦派祖師所傳這些喜金剛現證儀軌中的施食法儀的思路和編排一致，這也印證了這部儀軌內供所列宗承上師名錄的真實性。

《喜金剛本續》所出喜金剛的形象有一面二臂、一面四臂、三面六臂、八面十六臂四種，它們都可以顯示爲獨尊和雙身兩種身相，其中以八面十六臂喜金剛雙身形象最爲殊勝。目前所見薩思迦五祖所造喜金剛壇城儀軌中，有廣、中、略三類修法，其中有幾部具有代表性的廣本喜金剛現證修法，如薩思迦第二世祖莎南節謨（bSod nams tse mo，1142—1182）造《吉祥喜金剛現證四支》（dPal kye'i rdo rje'i mngon par rtogs pa yan lag bzhi pa），③ 三世祖葛剌思巴監藏造《吉祥喜金剛現證六支》（dPal kye rdo rje'i mngon rtogs yan lag drug pa），④ 五世祖八思巴造《吉祥喜金剛現證如意寶》（dPal kye rdo rje'i mngon rtogs yid bzhin nor bu）等，其本尊皆爲雙身喜金剛。⑤ 由於《吉祥喜金剛獨勇修習法儀》殘卷佚失了入定觀修喜金剛本尊形象的內容，故無法確知其所修本尊爲哪一種獨尊。從薩思迦派祖師所造喜金剛修習儀軌來看，獨尊喜金剛修法可能比較簡略，如前述三世祖葛剌思巴監藏文集所收《喜金剛獨勇現證［儀］》，其起首曰："志誠頂禮最妙上師足！吉祥喜金剛瑜伽士當以四座觀修二次第，若欲廣觀修，及觀修中圍輪，他處可知，此爲極略之獨勇喜

---

① 德格版藏文《大藏經·甘珠爾》，No. 1252，續部，ta 函，242b-243b。
② Sa skya bka' 'bum, Vol. 7, Kathmandu, 2006, pp. 210-214.
③ 《薩思迦全集》卷2，350.1.1-366.4.1。
④ 《薩思迦全集》卷3.，217.1.1-221.1.3。
⑤ 《薩思迦全集》卷6，97.4.1-107.2.4。

金剛現證儀",① 這裏所説"觀修中圍輪"即雙身喜金剛的修法,其意爲欲瞭解詳細的喜金剛觀修,包括雙身喜金剛的觀修,可参閲其他儀軌。

爲瞭解《吉祥喜金剛獨勇修習法儀》的全貌,以及明確其殘卷在完整修法中的位置,我們可以參考上述薩思迦祖師所造作品對此問題作一探討。根據薩思迦祖師的相關作品,喜金剛壇城修習通常由入定觀想瑜伽和出定後於日常起居中所行的喜金剛瑜伽兩大部分組成。入定觀想包括生起次第和圓滿次第兩個階段,其中"生起次第"觀想的主旨在於將自己的身語意與喜金剛之身語意相應,以淨化行者的身心與外境,於此有四支、六支觀想等不同傳承。"圓滿次第"則是持喜金剛本尊相深入禪定,有以修習氣、脈、明點的拙火定和欲樂定入定等不同方法。出定部分有八種瑜伽,包括誦咒、供養和施食、飲食、睡眠、覺起、沐浴、徑行、欲樂瑜伽等等。茲不妨以臺北"故宫"所藏集薩思迦各祖師所造喜金剛修法編譯而成的《吉祥喜金剛集輪甘露泉》爲例,列其結構如下:

甲一:前行(sngon 'gro)
　　乙一:設壇、請法
　　乙二:金剛薩埵定(rdo rje sems dpa' bsgom pa)
　　乙三:集二資糧(tshogs gnyis bsag pa)
　　　　丙一:集福德資糧(bsod nams kyi tshogs bsag pa)
　　　　丙二:集智慧資糧(ye shes kyi tshogs bsag pa)
　　乙四:修擁護輪(srung ba'i 'khor lo bsgom pa)
　　　　丙一:修共擁護輪
　　　　丙二:修不共擁護輪
甲二:正行(dngos gzhi)
　　乙一:入定(mnyam par gzhag pa)
　　　　丙一:生起次第(bskyed pa'i rim pa)
　　　　　　喜金剛現證六支(kye rdo rje'i mngon rtogs yan lag drug)
　　　丁一:增長宫殿毘盧支(gzhal yas khang bskyed pa rnam par snang mdzad kyi yan lag)
　　　丁二:融會金剛薩埵支(rjes su chags pa rdo rje sems dpa'i yan lag)
　　　丁三:身中圍
　　　丁四:灌頂嚴種不動支(dbang skur ba mi bskyod ba'i yan lag)
　　　丁五:嘗甘露無量光佛支(bdud rtsi myang ba 'od dpag tu med pa'i yan lag)

---

① *Sa skya bka' 'bum*, Vol. 7, pp. 210-211.

丁六：伸供不空成就支（mthod pa don yod grub pa'i yan lag）

丁七：讚歎寶生如來支（bstod pa rin chen 'byung ldan gyi yan lag）

丙二：圓滿次第（rdzogs pa'i rim pa）

乙二：出定（mnyam pa ma gzhag pa）

丙一：憶念清淨（dag pa rjes su dran par bya）

丙二：出定八瑜伽（mnyam pa las langs pa'i rnal 'byor brgyad）

丁一：誦咒定（bzlas pa'i rnal 'byor）

丁二：伸供定（mchod pa dang gtor ma'i rnal 'byor）

戊一：修建面前中圍（mdun bskyed kyi dkyil 'khor sgrub pa）

戊二：外供（phyi'i mchod pa）

戊三：內供（nang gi mchod pa）

戊四：心間所化八天母供（rang gi snying gnas sprul pa'i lha mo brgyad mchod pa）

戊五：讚歎供（bstod pa'i mchod pa）

戊六： **施食儀** （gtor ma'i cho ga）

己一： **奉本尊喜金剛及其眷屬**

己二： **奉旁宗尊佛**

己三： **奉吉祥大黑兄妹二尊**

己四： **奉空行眾**

己五： **奉當境諸地神等一切神祇**

丁三：肴膳定（kha zas kyi rnal 'byor）

丁四：睡眠定（nyal ba'i rnal 'byor）

丁五：覺起定（ldang ba'i rnal 'byor）

丁六：沐浴定（khrus kyi rnal 'byor）

丁七：徑行定（spyod lam gyi rnal 'byor）

丁八：欲樂定（rjes su chags pa'i rnal 'byor）

**甲三：回向結行**

將《吉祥喜金剛獨勇修習法儀》殘卷內容與《吉祥喜金剛集輪甘露泉》之科判對比可以發現，殘卷部分相當於上述綱目中"伸供定"中的"施食儀"以及整部儀軌的結行部分（粗體字），而這部分內容僅僅是喜金剛現證儀軌中的一小部分，可以說這部殘卷佚失了原文的大部分。"伸供定"爲明代譯法，對應藏文作 mchod pa dang gtor ma'i rnal 'byor，即"供養和施食瑜伽"，屬出定八瑜伽中最爲重要的一種，供養和施食中又以施食儀爲詳。

《吉祥喜金剛獨勇修習法儀》殘卷中的施食儀軌占據了相當的篇幅，這也是其被命名爲"《吉祥喜金剛修習施食法儀》"的原因，然則何謂"施食"？"施食法儀"之藏文作 gtor ma'i cho ga，但它並非指我們今天理解的供養由酥油和糌粑製成的被稱爲"朵瑪"的供物，而是指行人通過觀想，將五肉、五藥、五智轉化成一色香味俱全的甘露海，其甘露即爲"施食"。復次將此甘露分作若干份，分別召請壇城諸尊以及地神與其他六道四生之生靈受享此甘露施食。通過觀想製作供奉本尊、壇城其他尊神、六道四生受享的甘露是施食儀中最重要的步驟，其普遍見於薩思迦派所傳喜金剛修習儀軌。其過程爲行人分別觀想一風輪在下，火輪在上，火輪上復化出一白色頭器，此頭器即是用來熔煉甘露。復觀熔煉器內化現一月輪，月輪中央及四方分別安放人、牛、狗、馬、象五肉（五藥），五肉之上，復安放大香、囉怛、菩提、腦髓、小香等五甘露（精華），五甘露之上復有大圓鏡智、平等性智、妙觀察智、成所作智、清淨法界智等五智，次想咒鬘環繞五肉、五甘露、五智，復想白色五股金剛杵中央吽字放光，驅動風輪，風輪煽動火輪，火輪熔煉頭器內之五肉、五甘露、五智，熔煉所生之氣上沖空中種子字，降甘露至頭器，復召請諸佛融入五股金剛杵，金剛杵和種子字一併落入頭器，至此頭器中物全部銷融，成一具足色香味之甘露海。在此過程中，行人觀想所有內容，皆由各對應的種子字化出。然後以此施食供奉上師、本尊及六道四生。

## 三、《吉祥喜金剛修習施食法儀》文本整理與解讀

在考查了《吉祥喜金剛獨勇修習法儀》形成的歷史、文化背景並理清其內容和結構後，爲了如實、全面呈現這部殘卷的內容，進一步揭示本儀軌的編輯細節，本部分將展開對《吉祥喜金剛獨勇修習法儀》殘卷的整理與解讀。以下分段對殘卷全文進行標點、斷句，先錄原文，再以按語的形式對其進行解讀。錄文有兩點需要說明，一是該殘卷行間原有紅色圈點斷句，但其誤斷頗多，故此錄文對其重新斷句；二是爲了閱讀的方便和更明白地呈現殘卷的結構，錄文在各段之前添加了小標題，置於［］中。此外，考慮到《吉祥喜金剛修習施食法儀》與臺北"故宮博物院"藏《吉祥喜金剛集輪甘露泉》有著相同的歷史、文化背景和類似的編譯方式，故在文本解讀過程中將適當以《吉祥喜金剛集輪甘露泉》的相應內容作爲對照。

[獨尊喜金剛修習法儀之施食儀]

**第一分奉大持金剛并一切根本上師施食**

取甘露彈洒念：唵巴資囉二合啞密哩荅棍吒立曷納曷納吽吽發吒！

結欲王印念：唵莎發斡述荅薩哩斡荅哩麻莎發斡述多欠！

結禪定印念：想諸法空，於空性中岩①字成風輪，囕字成火輪，上唵啞吽 字成三骷髏，其上啞 字成葛巴辣，最極寬廣，彼內想五肉、五甘露、五智消融，轉成具足色味馨香、威力智甘露海。

結大鵬印念：唵啞吽曷和黑哩二合！

結禪定印念：復次自己心間吽 字放光，照虛空界，召請根本上師、大持金剛及與無量諸佛菩薩所共圍繞，來至面前，空中而住。

結召請印念：唵，孤嚕菩塔，菩提薩埵，薩巴哩斡囉，巴資囉，三麻耶捁捁！

結蓮座印念：班麻葛麻辣耶思端二合！

結二水五供養印念：唵，孤嚕菩塔，菩提薩埵，薩巴哩斡囉！

結功德水印念：啞哩甘，卜囉的，捁耶莎曷！

結彈飲水印念：巴點，卜囉的，捁耶莎曷！

結花印念：唵，巴資囉二合，卜思必啞吽！

結香印念：唵，巴資囉二合，都必啞吽！

結燈印念：唵，巴資囉二合，啞羅吉啞吽！

結塗印念：唵，巴資囉二合，干的啞吽！

結食印念：唵，巴資囉二合，你微的啞吽！

結音樂印念：唵，巴資囉二合，沙巴大啞吽！

［自上文"結功德水印念"至此，重複一遍，茲從略］

結仰口印念：唵，孤嚕菩塔，菩提薩埵薩，巴哩斡囉，唵啞葛嚕目亢薩而斡，荅而麻南，啞迭奴得，班納都荅，唵啞吽，發吒莎曷！

取甘露彈洒念：唵，孤嚕菩塔，菩提薩埵，薩巴哩斡囉，唵啞吽！

動鈴鼓念讚：

謂由恩德真大樂，一剎那間而顯現，上師法體如大寶，金剛蓮足我讚禮！

一切正覺自性身，上師尊處我皈依，於彼始初花值處，中圍佛會我敬禮！

堪受供養一切處，所有一切剎塵數，普皆躬詣而親近，最勝信心恭敬禮！

---

① 原文所錄種子字，常在音譯漢字之後添加對應的紅色梵文寫法，這些梵文種子字外圍有紅色圓圈，推測其爲圓形印章印製而成。《吉祥喜金剛集輪甘露泉》在漢譯種子字後也配有梵字，爲直接書寫。爲了保持原貌，本文以圖片形式呈現這些梵文種子字。下同。

吉祥上師伴繞衆，悉皆受享此施食！
我等修習諸眷屬，無病延年及自在，吉祥名稱妙福田，廣大資財獲富饒！
淨廣增等諸法行，隨業現證獲善果，誓句具足擁護我，願助一切成就法！
非時橫報及惡病，遠離禍祟魔障碍，一切噩夢并惡想，所有諸惡永消除！
世間安樂歲豐登，五穀成熟法興隆，一切妙樂皆現前，一切如意願成就！

合掌禱祝：

我今以此廣大施食，虔誠奉獻吉祥上師大持金剛、一切宗承尚師，願垂大慈，哀愍納受，已於我修習人并眷屬等福壽增崇，種種善業，隨願得成，二聚圓滿，二障消除，攝授我等一切有情，速證無上佛果菩提。

按：此爲第一分施食，奉秘密主大持金剛和一切宗承上師。其中供功德水、彈飲水、花、香、燈、塗、食、音樂等所謂"二水、五供"及音樂相應的咒語，殘卷漢譯文與《吉祥喜金剛集輪甘露泉》有所不同，如殘卷功德水咒作："啞哩甘卜囉的拶耶莎曷"（argham pra titstsha ye swā hā），《吉祥喜金剛集輪甘露泉》中出現了兩種譯法，即"啞哩龕二合不囉二合諦擦耶莎曷"和"啞哩甘二合不囉二合牒擦耶莎曷"。而緊接其後的彈飲水咒"巴點卜囉的拶耶莎曷"（pādyām pra titstsha ye swā hā）當爲濯足水（zhab bsil）咒，《施食法儀》此處誤作"彈飲水咒"，下文重複此咒時都出現了同樣的錯誤。其後的花、香、燈、塗、食、音樂咒的譯法，兩種儀軌僅用字不同，《甘露泉》依次作：唵斡資囉二合波瑟必啞吽（oṃ badzra puśpe āḥ hūṃ），唵斡資囉二合徒必啞吽（oṃ badzra dhū pe āḥ hūṃ），唵斡資囉二合啞盧吉啞吽（oṃ badzra ā lo ke āḥ hūṃ），唵斡資囉二合斡提啞吽（oṃ badzra gaṇdhe āḥ hūṃ），唵斡資囉二合乃微的啞吽（oṃ badzra nai wi dye āḥ hūṃ），唵斡資囉二合沙不怛啞吽（oṃ badzra shabda āḥ hūṃ）。後面出現的一段以"謂由恩德真大樂"至"最勝信心恭敬禮"的讚頌偈，在各種儀軌中非常常見，《吉祥喜金剛獨勇修習法儀》殘卷與《甘露泉》中的譯文完全相同，對應藏文作 gang gi drin gyis bde chen nyid/ /skad cig nyi la 'char ba gang/ /bla ma rin chen lta bu'i sku/ /rdo rje can zhabs pad la 'dud/ /sangs rgyas kun gyi rang bzhin sku/ /slob dpon la ni bdag skyabs mchi/ /dang por me tog phog pa yi/ /dkyil 'khor lha tshogs rnams la 'dud/[①]最後的禱祝辭部分出現了以"尚"爲"上"的避諱字的情況，即將"上師"寫作"尚師"，屬於明代官方避諱用字。"我等修習諸眷屬"至"一切

---

① 此頌常見於薩思迦派各種喜金剛修習文本，例如 Bla ma dam pa bsod nams rgyal mtshan, *dPal kye rdo rje'i mngon par rtogs pa yan lag drug pa*,《薩思迦道果文獻叢書》(*Sa skya lam 'bras literature series*), Dehradun, U. P.: Sakya Center, 1983, Vol. 16, p. 549。

如意願成就"之間的一段禱祝偈頌，也出現在《甘露泉》施食儀第一分奉本尊喜金剛及其眷屬部分，二者用字完全一致。《甘露泉》該頌譯自八思巴《吉祥喜金剛現証如意寶》，對應藏文作：/rnal 'byor bdag cag 'khor bcas la/① /nad med tshe dang dbang phyug dang/ /dpal dang grags dang skal ba bzang/ /longs spyod rgya chen kun thob cing/ /zhi dang rgyas la sogs pa yi/ /las kyi dngos grub bdag la stsol/ /dam tshig can gyis bdag la srungs/ /dngos grub kun gyis stong grogs mdzod/ /dus min 'chi dang nad rnams dang/ /gdon dang bgegs rnams med par② mdzod/ /rmi lam ngan dang mtshan ma ngan/ /bya byed ngan pa med par③ mdzod/ /'jig rten bde zhing lo legs dang/ /'bru rnams 'phel zhing chos 'phel dang④/ /bde legs thams cad 'byung bar dang/ /yid la 'dod pa kun grub shog/⑤ 八思巴《吉祥喜金剛現証如意寶》中出現的這段頌文當來自《丹珠爾》1298號文本《吉祥喜金剛施食次第》（dPal dgyes pa'i rdo rje'i gtor ma'i rim pa）⑥，個別不同之處見上述引文對應的注腳。

**第二分奉本佛施食**

取甘露彈洒念：唵，巴資囉二合，哩密哩荅，棍吒立，曷納，曷納吽吽發吒。

結欲王印念：唵，莎發幹述荅，薩哩幹，荅哩麻，莎發幹述多欽！

結禪定印念：於空性中岩🕉字，轉成風輪，彼風輪上，復想噎🕉字，轉成火輪，上想唵哑吽，轉成三骷髏頭，彼上想哑🕉字，轉成白色頭器，額朝行人，器內哑🕉字，轉成月輪，彼月輪上，東方谷🕉字，成巴浪計沙，南方戈🕉字，成契奇沙，西方荅🕉字，成囉怛奇沙，北方曷🕉字，成浪波池奇沙，中央納🕉字，成米奇沙，彼等之上，東方普喀🕉字，轉成大香，南方昂🕉字，轉成囉怛，西方即哛🕉字，轉成菩提，北方冘🕉字，轉成腦髓，中央吽🕉字，轉成小香，彼等之上，東方普喀🕉字，轉成大圓鏡智，南方昂🕉字，轉成平等性智，西方即哛🕉字，轉成妙觀察智，北方冘🕉字，轉成成所作智，中央吽🕉字，轉成清淨法界智於。左布哑哑，依依，悟悟，哩哩，利利，夜夜，俄俄，昂哑，右布葛渴葛葛阿，撈擦撈撈轟吒茶札札拿，怛塔怛怛納，巴發巴巴麻，牙囉辣幹沙，渴薩曷恰，牙囉辣幹札吒！

復次想面前空中倒垂白色唵🕉字，彼上噎🕉字，轉成日輪，日輪上想吽🕉字，轉成

---

① 此句《吉祥喜金剛施食次第》作 bdag ming 'di zhes bya ba la。
② med par，《吉祥喜金剛施食次第》作 zhi bar。
③ 同上注。
④ dang，《吉祥喜金剛施食次第》作 mdzod。
⑤ 莎南嘉措編：《薩思迦全集》卷6，p. 104。
⑥ 德格版藏文《大藏經·甘珠爾》，No. 1298，續部，tha 函，193a。

白色五股杵，臍嚴吽󰀀字，吽󰀀字望下放光，照動風輪，煽動火焰，鎔煉器内，五藥，五甘露，及五智等，氣衝唵󰀀字，降澍甘露，氣復衝吽󰀀字，吽󰀀字放光，召請諸佛，真智甘露，猶如一面二臂分嚕葛相，来融杵内，杵入唵󰀀字，皆堕器内，諸物盡銷，具足色味馨香，咸力如是，想記。

結大鵬印念：唵哑吽曷和黑哩二合！

合掌念：復次想心間吽󰀀字放光，徃自性土召請喜金剛及與無量諸佛菩薩所共圍繞，来至面前，空中而住。

結召請印念，彈指三次：唵伊夏分，發葛頑，麻曷葛嚕尼葛分，巴資囉，薩巴哩幹囉，巴資囉，三麻拶！

結蓮座印念：班麻葛麻辣耶思端！

結二水五供養印念：唵伊夏分，發葛頑麻曷葛嚕尼葛分巴資囉，薩巴哩幹囉！

［分別結功德水、彈飲水、花、香、燈、塗、食、音樂印並誦相應的咒語，重複兩遍，與第一分施食重複處相同，兹從略］

動鈴鼓念讚：

諸法實相妙自性，一切本源自性處，方便勝會①無二者。喜金剛處我讚禮！

空行母尊喜金剛，佛母輪處共讚歎，凡我所得何等福，願諸世間亦如是！

堪受供養一切處，所有一切刹塵數，普皆躬詣而親近，最勝信心恭敬禮！

合掌禱祝：

我今以此廣大施食，虔誠奉獻，吉祥喜金剛中圍佛會，願垂大慈，哀憫納受，已於我修習行人，并諸眷属，福壽增崇，種種善業隨願得成，二聚圓滿，二障消除，攝授我等一切有情，速證無上佛果菩提！

按：此爲第二分施食，奉本尊喜金剛和壇城佛會。這一部分詳細呈現了行人將五肉、五甘露、五智轉變爲真智甘露的過程。值得注意的是，此處對五肉的名稱採取了音譯，即牛肉作"巴浪計沙"（ba glang gi sha），狗肉作"契奇沙"（khyi'i sha），馬肉作"囉怛奇沙"（rta'i sha），象肉作"浪波池奇沙"（glang po che'i sha），人肉作"米奇沙"（mi'i sha），而在《吉祥喜金剛集輪甘露泉》中，五肉的名稱皆爲直譯，此處採取音譯很可能是爲了降低體現典型密教元素的"五肉"對漢地信徒的衝擊力，有以隱語暗示真實所指的意味。其中"動鈴鼓念讚"所用以"諸法實相妙自性"起首的一組讚歎偈，出自印度八十四成就者之一，喜金剛教法印度傳承上師蓮花金剛上師（sLob dpon padma bdzra）所造《喜金剛二十頌讚》（*Kye rdo rje bstod pa nyi shu pa*），藏文作：thams cad dngos po'i rang

---

① 應爲"慧"之誤。

bzhin mchog/ /gdod nas thams cad bdag nyid gnas/ / thabs dang yes rab gnyis med pa'i/ /kye yi rdo rjer bdag phyag 'tshal/ mkha' 'gro ma gtso kye rdo rje/ /lha mo 'khor dang bcas bstod pa'i/ / bdag gis bsod nams gang thob pa/ /des ni 'jig rten de mtshungs shog/ /phyag byar 'os pa thams cad la/ zhing rdul kun gyi grangs snyed kyi/ /lus btud pa yis rnam kun du/ /mchog tu dad pas phyag 'tshal bstod/①

### 第三分奉當境地祇并六道四生施食

取甘露彈洒念：唵，巴資囉二合，啞密哩苔棍吒立，曷納曷納吽吽發吒！

結欲王印念：唵，莎發幹述苔，薩哩幹，苔哩麻，莎發幹述多欣！

結禪定印念：想諸法空，於空性中岩㗾字成風輪，嚩㗾字成火輪，上唵啞吽，成三骷髏，其上啞㗾字成葛巴辣，最極寬廣，彼內想五肉，五甘露，五智銷鎔，轉成具足，色味馨香，威力智甘露海。

結大鵬印念：唵啞吽曷和黑哩二合！

結仰口印念：唵，卜密巴的，怯吒巴辣，薩巴哩幹囉，啞葛囉，渴耶拶拶！

結仰口印念：唵，卜密巴的，怯吒巴辣，薩巴哩幹囉，捺謨薩哩幹，苔塔葛的毘由，彼沙目計別，薩而幹苔亢烏得葛，思巴囉捺，曳忙葛葛捺杭，格哩尼異丹巴陵的莎曷！

合掌念偈：

金輪地主諸神祇，各執方所謂已者，率領山川江河海，住持塚廟新舊房，

諸如是等地神眾，悉所我奉享施食，受已應發菩提心，於我當作修善徒！②

合掌作付囑：

我今以此廣大施食，奉獻汝等一切地神眷屬等眾，受施食已，願諸世間，風雨調順，歲時豐稔，人及他類，疫病無侵，我修習人并眷屬等所修善業，隨願成就，一切間斷，盡皆消除！

取甘露彈洒念：唵啞吽，攝授施食，成各所願，種種受用！

結仰口印念：唵，啞葛嚕目亢，薩而幹，苔而麻南，啞迷奴得，班捺多苔，唵啞吽，發吒莎曷！

合掌念偈：

有頂下及金輪際，中間一切薩埵流，四生所攝人倫等，有形無形諸群生，

悉來共享此施食！③ 無衣飲者獲衣飲，無依怙者得依怙，隨各所樂皆願成！

---

① 德格版藏文《大藏經·丹珠爾》，No. 1222，續部，nya 函，22b-23a。
② 徒，《甘露泉》作"役"。
③ 施食，《甘露泉》作"妙供"。

合掌作付囑：

我今以此廣大施食，普施汝等六道四生一切有情，願皆歡喜，受用飽足，獲無漏樂，速證無上佛果菩提！

按：此爲第三分施食，奉地神、六道衆生以及卵、胎、濕、化四生生靈。其中以"金輪地主諸神祇"起首的一組頌爲奉諸地神偈，以"有頂下及金輪際"起首的一組偈頌爲奉六道四生一切生靈偈。《吉祥喜金剛集輪甘露泉》内供部分也出現了這兩組偈頌，譯文用字與此處基本相同，其所異者見録文部分注脚。以上三部分爲施食儀的正行。供前兩分施食時，行人先通過觀想，將五肉、五藥、五智轉爲具備色香味的甘露，復於禪定中結召請印，頌召請咒，請施食對象來到面前空中，結蓮座印並頌咒，爲此尊供奉蓮花座，復次分別結功德水、彈飲水、花、香、燈、塗、食、音樂印，並頌相應的咒語，如此重複兩遍，行人彈灑甘露施食，呼喚受享施食的對象，頌"唵啞吽"加持，請其受享。次後行人振鈴敲鼓，念讚歎偈，最後合掌禱祝或囑託施食對象。第三分施食時，通過觀想製作甘露後，沒有召請施食對象和二水五供的内容，爲直接念咒而供施食。《吉祥喜金剛獨勇修習法儀》分三分供養施食，三分施食中，通過觀想將五肉、五甘露、五智轉變爲供養尊神和地神、六道四生的甘露的過程各有詳略，以第二分奉本尊喜金剛部分所述最爲詳細，第一分和第三分相應部分較爲簡略；在内容上，根據施食對象的不同又有不同的讚歎偈和禱祝詞或囑咐詞。① 《吉祥喜金剛集輪甘露泉》之施食儀分爲五分，即第一分奉本尊喜金剛及其眷屬，第二分奉旁宗尊佛，第三分奉護法神吉祥大黑兄妹二尊，第四奉空行衆，第五奉當境諸地神等一切神祇。其施食儀結語云："若或施食，是三分者。初奉尊佛，就其初分，奉傍宗佛；第二分善神；第三空行，就第三分奉地神等並六道四生，或一分上奉尊佛等，亦無不可。或復初分但奉尊，第二善神，第三空行等。"可見，喜金剛壇城内施食的分數是很靈活的。

[施食儀之忍納]

振鈴執杵念百字咒：

唵，室哩巴資囉，兮嚕葛，薩麻耶，麻奴巴辣耶，巴資囉，兮嚕葛的奴巴諦吒，得哩鋤弥發幹二合，素埵渴約弥發幹，啞奴囉埵弥發幹，蘇布渴約弥發幹，薩哩幹細提滅，卜囉牙擦，薩哩幹葛哩麻，素撈弥即荅室哩岩，固嚕吽，曷曷曷，曷斛發葛頑巴資囉，兮嚕葛，麻弥們撈，巴資囉，兮嚕葛，發幹麻曷，薩麻耶，薩埵，啞吽發吒！

---

① 根據前面兩分施食的情況，合掌禱祝或付囑爲每分施食的最後一個環節，在對受享施食的對象所做的囑託。對尊神而言，稱爲"禱祝"，主要是祈請他們保護修行人，增長福德智慧，早證菩提；對生靈衆而言，稱爲"付囑"，是願其歡喜受用施食，離苦獲樂，早證佛果。

合掌念忍納偈：我等愚癡不解故，或有錯失或顛倒，恐作有爲雜亂等，中圍佛會願忍納！

按：以上兩段念百字咒和忍納偈的内容屬於該施食儀的結行部分，即以百字明消除行者在施食儀中無意所犯過失之罪愆，以忍納偈請求壇城諸尊忍受、接納儀軌中的過失。施食儀至此結束。

[獨尊喜金剛修習法儀之結行]

取甘露彈洒念：唵，巴資囉二合，啞密哩苔，棍吒立曷納曷納吽吽發吒！

結欲王印念：唵，莎發幹述苔，薩哩幹，苔哩麻莎發幹，述多欣！

結禪定印念：想諸法空，於空性中啞㉧字轉成廣大頭器，諸頭器内，各想唵啞吽，轉成天妙濯足，漱口，彈飲，功德，花、香、燈、塗、食、樂，清徹無碍，猶如普賢，廣大神通，之所化現不可思議，無邊供雲，充塞虛空，盡輪廻際，無有間斷。

結濯足水印念：你哩的，吽兄莎曷！

結漱口水印念：你微的，吽兄莎曷！

結彈飲水印念：薩而幹三朽苔尼莎曷！

結功德水印念：撈吽唎和兄覽，麻曷啞哩甘，卜囉的，撈耶莎曷！

[後接花、香、燈、塗、食、樂印並念相應的咒語，從結濯足浮水印至結音樂印並誦咒之間的部分，重複兩遍]

動鈴鼓念：唵巴資囉苔而麻囉尼苔卜囉囉尼苔三卜囉辣尼苔薩哩幹卜苔怯吒卜辣撈列的卜辣加巴囉密苔拏苔三巴微巴資囉苔哩麻黑哩恒牙三都渴尼，吽吽吽，和和和，啞兄莎曷！

取内供彈洒念：十方三世一切諸佛身語意三、功德妙行，具大恩德，根本相傳最妙上師處，唵啞吽！大持金剛，無我佛母，必哩幹巴，納卜巴，札麻嚕巴，啞幹都的巴，葛牙苔囉，卜嚕密室迦也失，剌麻謝渴而仲幹，尚管巴幹，薩加巴禪卜，羅伴領卜車，只尊領卜車，綽哲薩加班志苔，卓圍管卜綽堅發思巴領卜車，大慈法王等一切最妙宗承根本尚師，唵啞吽！

奉献本佛，唵，牒幹必卒，巴資囉，吽吽吽，發吒莎曷，唵啞吽！奉献一切所作本續，所行本續，修習本續，無上修習本續①，是等四大本續中所載中圍佛會處，唵啞吽！奉諸地神等衆，普世界中，地祇神衆，及與此界當境地祇，一切衆處，唵啞吽！施六道四生，六道四生一切有情受此廣大甘露飽足，獲無漏樂，願證無上佛果菩提，唵啞吽！

---

① 即事續、行續、瑜伽續、無上瑜伽續等四續。

按：儀軌中的宗承上師名錄是我們判斷其傳承脈絡的重要依據，這裏列出的是薩思迦派道果法四種系統中的納卜巴（nag po pa）傳規。大持金剛（rdo rje 'chang），又稱"金剛持"，被認爲是世尊講説密法時所呈現的形象，故又稱秘密主；無我佛母（bdag med ma）是無上瑜伽密本尊喜金剛的明妃，道果法的印度祖師必哩斡巴即是在無我佛母的指授下吸收《喜金剛本續》之精華而作成《道果根本頌金剛句》。接下來的五位宗承上師是以必哩斡巴爲首的五位印度祖師，即必哩斡巴、納卜巴、札麻嚕巴（ḍa ma rū pa）、啞斡都的巴（A wa dhu ti pa）和葛牙荅囉（ga ya dha ra）。此列印度傳承上師的最後一位葛牙荅囉曾先後被西藏大譯師卓彌·釋迦也失（'Brog mi śakya ye shes，993—1074）和桂譯師桂枯巴拉拶（'Gos Khug pa lhas btsas）迎請至西藏，並與後二位西藏譯師合作將多種密續譯爲藏文。保存在今天藏文《大藏經》中的《喜金剛本續》即爲葛牙荅囉與卓彌合作譯出並釐定。這個傳承名單的西藏傳承上師部分即始自卓彌譯師，此譯作"卜嚕密室迦也失"。卓彌譯師傳剌麻謝渴而仲斡（Se mkhar chung ba/Se ston kun rig，1025—1122），後者是卓彌譯師道果要門傳承的心要弟子。謝渴而仲斡傳尚管巴斡（rJe dgon pa ba/Zhang ston chos 'bar，1053—1136），後者是薩思迦初祖貢嘎寧卜（Kun dga' snying po，1092—1158）的上師。此後的傳承爲著名的薩思迦五祖，即：被尊稱爲大薩思迦巴（Sa skya chen po）的初祖貢嘎寧卜，即此儀軌譯爲"薩加巴禪卜"者；二世祖莎南節謨尊稱爲 slob dpon rin po che，即此譯作"羅伴領卜車"者；三世祖葛剌思巴監藏尊稱爲 rje btsun rin po che，即此譯作"只尊領卜車"者；四世祖薩思迦班智達（Sa skya paṇḍita Kun dga' rgyal mtshan，1182—1251），此譯作"綽哲薩加班志荅"，譯自 chos rje sa skya paṇḍita（法王薩思迦班智達）；五世祖八思巴（'Phags pa Blo gros rgyal mtshan，1235—1280），此寫作"卓圍管卜綽堅發思巴領卜車"，其藏文可還原爲 'gro ba'i mgon po chos rgyal 'phags pa rin po che。① 該傳承名錄的最後一位爲大慈法王，表明他所傳該儀軌是來自八思巴的傳承，雖然八思巴與大慈法王的生活年代没有重疊，但藏傳佛教中常常有在定境直傳的情況，清代著名的章嘉活佛的先輩就被追溯爲八思巴，八思巴之後的轉世即爲大慈法王。

動鈴鼓念讚：

> 白母持嚴獸，盗母勝魔器，起屍母水手，葛思麻哩持藥，
> 不葛金剛手，山林母持味，膾母鳴小鼓，是等皆奉尊，
> 真大貪欲故，勇健母抱身。

---

① 有關印度和藏地諸多喜金剛教法、道果法文獻的作者和傳承，詳見 Jan-Ulrich Sobisch, *Hevajra and Lam bras Literature in India and Tibetans Seen through Eyes of A-mes-zhab.*

按：此頌爲行者觀想喜金剛之眷屬——喜金剛壇城内八天母各手持供品供養本尊喜金剛，《吉祥喜金剛獨勇修習法儀》此處以出自《喜金剛本續》的一組偈頌而呈現，《吉祥喜金剛集輪甘露泉》對應内容作："復次，自己心間所化八母而伸供者，誦'白母持嚴獸'① 等偈，意想黑戈哩母，持明點供；紅昨哩母，持囉怛供；黄微苔梨母，持小香供；緑葛思麻二合哩，持大香供；青布葛細，持大肉供。已上天母，即内供也。白沙斡哩，手執成就水銀而奉；青讚苔立，執吒麻嚕，動聲而奉。是外供焉。復次，衆色鍾必尼母，奉大樂供，乃真如供矣。"兩篇儀軌所引用的以"白母持嚴獸"爲首的這組偈頌，出自《喜金剛本續王》（Kye'i rdo rje zhes bya ba rgyud kyi rgyal po）前分第三品《本尊品》（lHa'i le'u），藏文作：/dkar mo ri dwags mtshan ma 'dzin/ /chom rkun bdud las rgyal ba'i snod/ /ro langs ma ni chu lag ma/ ghasma rī ni sman 'dzin cing/ /pukka sī ni rdo rje'i lag/ /de bzhin ri khrod ma ro 'dzin/ /gdol pa mo ni cang de'u brdung/ /'di rnams kyis ni gtso bor mchod/ /'dod chags chen po'i rjes chags pas/ /g·yung mos sku la 'khyad pa nyid/②

動鈴鼓念讚：

<blockquote>
瑜伽尼衆共繞尊，尊已獲得最上意，<br>
爲動非動妙莊嚴，興大慈悲度有情，<br>
幻心金剛修成意，金剛吟嚕葛意歡！<br>
諸法實相妙自性，一切本源自性處，<br>
方便勝會無二者，喜金剛處我讚禮！<br>
空行母尊喜金剛，佛母輪處共讚歎！<br>
凡我所得何等福，願諸世間亦如是，<br>
堪受供養一切處，所有一切剎塵數，<br>
普皆躬詣而親近，最勝信心恭敬禮！
</blockquote>

按：此爲行者觀想自己化現爲無數身，與八天母一同振鈴敲鼓念誦本尊喜金剛讚頌偈。此處以"瑜伽尼衆共繞尊"和"諸法實相妙自性"起首的兩段組偈組成。其中"瑜伽尼衆共繞尊"一組頌文出自《喜金剛本續》的注釋續《金剛帳本續》（'Phags pa mkha' 'gro ma rdo rje gur zhes bya ba'i rgyud kyi rgyal po chen po'i brtag pa）第九品，藏文作：/khyod ni rnal 'byor ma tshogs yongs su bskor/ /khyod ni nyid kyi thugs kyi mchog brnyes te/ /khyod kyis rgyu dang mi rgyu'i 'gro ba kun brgyan te/ /snying rje'i thugs kyis sems can sad mdzad

---

① 意爲白衣天母持象徵月明點白菩提的兔子而供養。
② 德格版藏文《大藏經·甘珠爾》，No. 417，續部，nga 函，5a。

pa/ /sgyu ma'i spros pas rdo rje bsgrubs pa'i yid/ /he ru ka dpal rdo rje yid kyis dgyes/① "諸法實相妙自性"一組頌文出自印度蓮花金剛上師所造《喜金剛二十頌贊》，前錄第二分施食按語部分已引藏文，茲不贅述。整部儀軌正行至此結束。

**［喜金剛獨勇修習之結行］**

振鈴執杵念百字呪：

［見施食儀結行部分，茲從略］

合掌念忍納偈：

由我心愚昧，未周及所犯，自作教他作，願尊垂慈忍！

我等愚癡不解故，或有失錯或顛倒，恐作有違雜亂者，中圍佛會願忍納！

我等力分不堪量，不辨不具或失妄，種種過累恐爲業，中圍佛會願忍納！

合掌念：蓋我行人是新學，故禪定不明，作法差錯，違逆尊旨，乖返真詮，諸如是等，一切過愆，惟願主尊，垂慈忍納。十方常住，諸佛菩薩，願憫念我，所有我等，盡虛空界，一切有情，未證佛間，請佛住世，復願聖衆，身語意三一切尊像，地水火風，未壞之間，堅固而住。於我等，及盡虛空界，一切有情，而爲依怙，作飯救主。

拋花米念最勝堅固咒：唵，蘇卜囉的室吒，巴資囉耶莎曷！

合掌回向：

惟願十方，盡虛空界，三世一切，諸佛菩薩，哀憫攝授，某等垂慈愍念，某等復願為利法界，一切有情，生種善根，法未得緣，今生過現未來，造諸惡業，悉皆消除，我今所修吉祥喜金剛加持功德，智慧得明，有未曾聞，皆所聞聲，願得成就，以此回向，善根，三昧功德，上報四恩，下濟三有，普及有情，願成佛道。

合掌念回向偈：

我以衆善根，願證喜金剛，無餘諸有情，早證如來位！

生種具三昧②，正明喜金剛，敬師具悲心，世世願成就！

以手振鈴杵，教演甚深法，饍膳同母津，生生願成就！

衆生願安樂，衆生願無罪，但適聖道者，速證無上覺！

諸佛攝授力，妙法攝授力，僧伽攝授力，隨願悉成就！

合掌念奉送偈：唵佛普利群生，隨願賜成就，請師如來土，應時願來臨！

合掌念奉送真言：唵巴資囉目！

---

① 德格版藏文《大藏經·甘珠爾》，No. 419，續部，nga 函，51b。

② 原文作"昧"，爲"昧"之誤。

拈花米念十二因緣咒：唵，耶荅哩麻夯都卜囉巴斡，夯敦的，看荅塔葛多歇斡恒的，看撈約尼囉恒夷呎巴諦，麻曷室囉麻納耶莎曷！

手拋花米念吉祥偈：

> 大中最大導師無上尊，法主慈日最勝攝授力，
> 魔及魔碍冤害盡消除，晝夜吉祥恒常願吉祥！
> 法性真諦最勝無上法，妙法甘露真實攝授力，
> 遠離過愆增長諸善根，晝夜吉祥恒常願吉祥！
> 僧伽吉祥德如大寶光，佛子利益真實攝授力，
> 煩惱苦難冤害盡消除，晝夜吉祥恒常願吉祥！
> 梵王帝釋護法攝授力，諸天利益吉祥常安住，
> 所願如意種種悉成就，無病延年豐樂獲具足！
> 諸有聽徒來至此，或在地上或居空，
> 常扵人世起慈心，晝夜恒修扵妙法！
> 願晝吉祥夜吉祥，晝夜六時恒吉祥，
> 一切時中吉祥者，惟願三寶降吉祥！
> 正覺三身攝授力，妙法真實攝授力，
> 僧伽和合攝授力，如是回向願成就！

合掌復禱祝：

惟願十方普世界中利樂根源大寶佛教一切時中廣大興隆持教宗師無病延年，安穩快樂，我修習人及眷属等伏此善根攝授力，故一切間斷盡皆消除，凡所祈求，吉祥如意，速證無上佛果菩提！

吉祥喜金剛獨勇修習法儀竟

按：以上爲整部儀軌《吉祥喜金剛獨勇修習法儀》的結行部分，全部以念誦的方式進行，包括誦百字明消除儀軌中的過失，請壇城主尊忍受、諒解儀軌過失，請求諸佛菩薩的攝授和護佑，以及將此儀軌之功德回向六道衆生，奉送壇城諸尊等等。其所誦咒、辭、偈依次爲百字咒、忍納偈、忍納並禱祝辭、最勝堅固咒、禱祝並回向辭、奉送真言、十二因緣咒、吉祥偈。"由我心愚昧"起首的忍納偈出自印度上師納卜巴（Nag po pa）造《吉祥喜金剛本續注釋之中圍儀》（dpal dgyes pa'i rdo rje'i gzhung 'grel gyi dkyi 'khor gyi cho ga），與之對應的藏文作：rnal 'byor pa dang nyams pa dang/ gang yang bdag rmongs blo yi ni/ / bgyis pa dang bgyid stsal ba/ de kun mchog pos bzod par mdzod/ bag med spyod pa ma dag pas/ chog ga gzung bzhin ma lcogs dang/ lhag chad 'khrul ba ci mchis pa/ dkyil 'khor lha la bzod par gsol// gtso bo nus pa ma mchis pas/ ma 'byor ma rnyed ma 'tshang ba/ 'dir ni bgyid ba gang bgyis rnams/ dkyil 'khor lha la bzod par gsol/① 忍納偈後所念忍納辭"蓋我行人是新學，故禪定不明，作法差錯，違逆尊旨，乖返真詮，諸如是等，一切過愆，惟願主尊，垂慈忍納"一句，與《吉祥喜金剛集輪甘露泉》出定八瑜伽之"看膳定"結行部分的忍納辭基本一致，唯一的不同是這裏的"主尊"二字在《甘露泉》中作"聖衆"。顯然，這是一種固定的忍納辭。接下來的回向偈中用到了一組出自《喜金剛本續》的頌文，即"生種具三昧，正明喜金剛，敬師具悲心，世世願成就，以手振鈴杵，教演甚深法，看膳同母津，生生願成就。"這段文字出自《喜金剛本續》後分第八品《律儀品》('Dul ba'i le'u)，對應藏文作：rigs su skye dang dam thsig can/ smyo med kye yi rdo rje ston/ bla ma la gus snying rje ldan/ skye zhing skye bar 'gyur bar shog/ skye zhing skye bar 'gyur bar shog/ lag pas rdo rje dri bu 'khrol zab mo'i chos ni klog pa dang/ btsun mo'i khu ba mnyam zas can/ skye zhing skye bar 'gyur bar shog/② 而這裏的漢譯文與國家圖書館所藏明代漢譯八思巴箋注本《喜金剛本續》——《吉祥喜金剛本續王後分注疏》中的譯法如出一轍，後者帶有箋注的頌文作："生種具三昧得生於大乘種性，謹守護於所護誓句，正明喜金剛正念現前明喜金剛續，敬師具大悲於灌頂師志誠恭敬，於諸衆生具大悲滑，生生願成就從生至生，悉願成就，斯願約增長觀也。以手振鈴杵攘杵而悟大智，振鈴而具大悲，敷演甚深法開敷宣演玄微喜金剛法，看膳同母津一切時中所食。"③ 二者頌文衹有一字之差，即《吉祥喜金剛獨勇修習法儀》中"教演甚深法"的"教"，在《後分注疏》中寫作"敷"，當屬前者抄錄中出現的訛誤。最後出現的一組以"大中最大導師無上尊"吉祥偈出自藏文《大藏經·甘珠爾》部第 827 號文本《三寶吉祥偈》(dKon mchog gsum gyi bkra shis kyi tshigs su bcad pa)，對應藏文作：chos rje nyi ma rgyal ba'i byin rlabs kyis/ bdud dang bgegs rigs gnod pa'i dgra zhi ste/ rtag tu dpal gnas nyin mtshan bkra shes shog/ /chos nyid bden pa'i chos mchog bla na med/ dam chos bdud rtsi bden pa'i byin rlabs kyis/ /nyes pa'i skyon bral dge tshogs rnam 'phel ba/ rtag tu dpal gnas nyin mtshan bkra shis shog/ dge 'dun yon tan rin chen dpal 'bar ba/ /rgyal sras phan mdzad bden pa'i byin rlabs kyis/ nyon mongs sdug bsngal gdung ba'i dgra zhi ste/ rtag tu dpal gnas nyin mtshan bkra shis shog/ tshangs dang lha dbang srung ma'i byin brlabs kyis/ phan mdzad lha yi bkra shis gnas gyur te/ bde legs bsam pa yid bzhin 'grub pa dang/ tshe ring nad med bde skyid ldan par shog/④ 整部儀軌至此結束。

通過以上對《吉祥喜金剛獨勇修習法儀》殘卷之文本的分析與解讀，我們可以總結

---

① 德格版藏文《大藏經·丹珠爾》，No. 1254，續部，nya 函，253b-274a。
② 德格版藏文《大藏經·甘珠爾》，No. 418，續部，nga 函，27a。
③ 國家圖書館藏明抄本《吉祥喜金剛本續王後分注疏》。
④ 德格版藏文《大藏經·甘珠爾》，No. 827，續部，wa 函，263b-264a。

出以下兩方面的信息：

1. 《吉祥喜金剛獨勇修習法儀》的編排方式反映出一部藏傳密教儀軌的形成過程。如前所述，新譯密咒時期大量本續、注釋續及儀軌文本一起傳入藏地，早期藏地的作者在這些本續、儀軌的基礎上經過敷演和發揮創作出各種修習指南，隨著藏傳佛教各種傳規的持續完善和傳承，後來的儀軌作者基本都是根據既有的程式和內容進行調整和整合。《吉祥喜金剛集輪甘露泉》和《吉祥喜金剛獨勇修習法儀》即分別由大智法王班丹扎釋和大慈法王的弟子按照這種方式編排的作品，所不同者是《吉祥喜金剛獨勇修習法儀》自由發揮的成分更多，它没有像《甘露泉》那樣直接採取薩思迦派祖師的作品中的文字進行編排，而祇是採用了其傳承的喜金剛現證儀軌的程式和框架。正因爲如此，我們没有找到一部與其文本完全對應的藏文本。《吉祥喜金剛獨勇修習法儀》的整體框架遵循了薩思迦祖師的喜金剛作品，其中的部分咒語和偈頌也見於後者，但這些咒語和偈頌並非全部由薩思迦祖師所造，它們中的大部分出自最早譯自印度的作品。

2. 《吉祥喜金剛修習施食法儀》與其他明代漢譯的喜金剛、道果類文獻產生於同一譯場。該儀軌中的讚歎偈、禱祝辭、忍納偈、忍納辭等多有與現存明代漢譯喜金剛教法文本《吉祥喜金剛集輪甘露泉》和《吉祥喜金剛本續王後分注疏》重合者，其譯文與後二者基本相同。雖然《吉祥喜金剛修習施食法儀》部分咒語的音譯用字與《吉祥喜金剛集輪甘露泉》不同，但這並不能説明兩篇儀軌之間没有聯繫，正如文本分析中提及的，即便在《甘露泉》之内，也出現了同一咒語的兩種音譯，這或反映出當時"西域僧團"之譯場未對音譯用字進行釐定、統一的情況。

## 四、結　語

論及明代的藏傳佛教，世人往往首先聯想到的是明封八大教王，尤其是其中的三大法王，即噶哩麻巴的大寶法王、薩思迦派的大乘法王和格魯派的大慈法王。在漢族士人筆下，三大法王的宗教活動多半被賦予明顯的政治意義，其宗教内容不是被忽略，就是被誤解。採集漢文檔案資料而成的大慈法王的藏文傳記《如意呈祥之旭日》，其主要内容即爲大慈法王與明成祖、明宣宗的往來詔書及互動，而有關大慈法王宗教活動的描寫也圍繞這一主題展開。該傳載大慈法王在皇家寺院海印寺主持有明成祖參加的密宗修供儀軌，期間出現了天響神樂，顯現具有寶幢、金剛、法輪和蓮花形狀的五色彩虹以及天降花雨等種種祥瑞，儀軌完成後明成祖又夢見佛、菩薩端坐於雲端，此後大慈法王爲明成祖傳授勝樂長壽灌頂時又出現了長壽丸光芒四射的奇觀，如是等等，而對大慈法王在北京所傳密法的具體內容和情形鮮有涉及。① 大慈法王所傳這部《吉祥喜金剛修習施食法儀》的出現，首次以遺留性文獻的形式，直接印證了大慈法王在北京弘揚藏傳密教之史實，可謂掀開了大慈法王在漢地所傳密法之面紗，突破了以往記述性史料聚焦於藏地高僧與帝王互動之敘事所傳達的固化信息和刻板印象。通過我們持續的文獻調查和對這些文獻歷史、文化背景的發掘，至此，引領明代北京"西域僧團"的三大高僧大慈法王、西天佛子大國師智光和班丹扎釋與明代漢譯藏傳密教文獻的聯繫全部建立起來，明代藏傳佛教在北京的流傳情況變得更加清晰。

最後，我們希望重申歷史上形成的漢文密教文獻的價值，它們是考查漢藏佛教交流的珍貴資料，祇有深入挖掘、探究這些文獻的文本內容，分析其形成背景，明確其宗教內涵，纔能從更深的層面理解明代漢藏佛教乃至漢藏文化交流、互動的內容和動力，不斷地接近漢藏兩個民族之文化接觸的歷史情境，更明白地勾勒出明代漢藏文化交流的圖景和面貌。

# A Study on the Fragment of *Jixiang xijingang duyong xiuxi fayi* Taught by Byams chen chos rje Shākya ye shes

An Haiyan, Kun dga' bstan 'dzin

**Abstract**: The transcript of *Jixiang xijingang xiuxi shishi fayi* 吉祥喜金剛修習施食法儀 produced by the imperial palace of the Qing Dynasty is a fragment of the ritual of single Hevajra practice. Its original title should be *Jixiang xijingang duyong xiuxi fayi* 吉祥喜金剛獨勇修習法儀. The rituals described in *Jixiang xijingang duyong xiuxi fayi* were originally transmitted to Han areas by Byams chen chos rje Shākya ye shes Sangha from the Western Regions (1354-1435) of the Ming Dynasty, edited and translated into Chinese by a translator of the Sangha from the Western Regions in Beijing in the Ming Dynasty. The content of the fragments is the last parts of the *Jixiang xijingang duyong xiuxi fayi*, that are, the *gtor ma'i cho ga* and the closing part of the whole ritual after the establishment of the Hevajra. This paper sorts out and interprets the text of the fragment, and compares it with the Chinese translation of the Hevajra practice ritual *Jixiang xijingang jilun ganluquan* 吉祥喜金剛集輪甘露泉 which was made by the Emperor of the Ming Dynasty in 1439, and traces the Tibetan origin of some of the Gatha. The appearance of this

---

① 拉巴平措：《大慈法王釋迦也失》，第102頁。

fragment for the first time confirmed the historical fact of Shākya ye shes's promotion of Tibetan esoteric teachings in Beijing in the form of legacy documents.

**Keywords**: Byams chen chos rje Shākya ye shes; *Jixiang xijingang duyong xiuxi fayi*; Hevajra; Tibetan esoteric Buddhism

# 《普度大齋長卷》波斯文内容初探*

陳 希

**摘 要**：《普度大齋長卷》以圖文形式記録了藏僧噶瑪巴爲明成祖父母祈福所設法會的具體情景，使用了包括波斯文在内的五種文字記述法會諸日所顯吉兆。既有研究尚無對《長卷》波斯文文本的全文釋讀。利用前人成果及《長卷》漢文内容，本文完成了波斯文文本前九列内容的録寫與翻譯，並指出《長卷》採用波斯文翻譯，與當時永樂皇帝關注帖木兒政權、別失八里政權有直接關係。

**關鍵詞**：明代；永樂；《普度大齋長卷》；波斯文

《普度大齋長卷》以圖文形式記録了藏傳佛教首領噶瑪巴爲明成祖父母祈福所設法會的具體情境，文字部分以漢文、波斯文、泰傣文、藏文和蒙古文五種文字書寫同一内容，在彰顯佛法靈妙的同時，凸顯明朝君主統一天下的至高權威。國際學界已從藏傳佛教和美術史角度對《長卷》進行了深入研究[①]，而國内首先注意到《長卷》波斯文内容的是駱愛麗、劉迎勝兩位學者。其研究介紹了波斯文内容的總體情況，揀選、分析了具有特定含義、特殊譯法的波斯文詞彙，認爲從語法、句法、文體及筆法來看，《長卷》的波斯文譯文"應屬波斯語爲母語者或者是極其熟知波斯語者所爲"[②]。不過，從特定詞彙來看，翻譯這部分内容的譯者雖然懂漢語，但對某些漢文化概念的理解比較膚淺，對佛教文化更是陌生。在這一研究的基礎上，本文將探究《長卷》波斯文翻譯的使用背景，録寫並翻譯部分内容，挖掘關於《長卷》波斯文文本的更多細節。

---

\* 本文爲國家社科基金冷門絶學團隊項目"明代西域多語種文本與國内民族交流史研究"（批號：21VJXT017）的階段性成果。

[①] 參見乙坂智子：《永楽五年霊谷寺普度大斎と呈祥詩文——胡広撰「聖孝瑞応歌」考》，載《横浜市立大学論叢》人文科学系列，2019年，Vol. 71，No. 3，pp. 149-218；高志緑：《「普度明太祖長卷」について》，載宮崎法子、森雅秀編集《アジア仏教美術論集 東アジアV 元・明・清》，中央公論美術出版社，2022年，第423—476頁。

[②] 駱愛麗、劉迎勝：《〈噶瑪巴爲明太祖薦福圖〉回回文初探》，《西北民族研究》2006年第1期，第55頁。

## 一、《長卷》使用波斯文翻譯的背景和原因

衆所周知，波斯文在中國廣泛使用的時期是元代。因操波斯語的中亞、西亞人大量入仕大蒙古國，旭烈兀又在伊朗地區建立伊利汗國，波斯文成爲元代官方使用和往來溝通的重要文字。大蒙古國時期的大汗外交書信、元朝官方頒發的牌符，都可見到波斯文書寫的内容。同時，以波斯文爲語言中介，中國的知識名物、歷史文化也通過書籍編纂在這一時期進入伊朗地區。可以説，波斯文在元代的使用有具體切實的意義。

在這樣的歷史背景下，代元而興的明朝仍可見波斯文使用的實例。爲人熟知的有官方編寫的翻譯教材《華夷譯語》，其中的《回回館譯語》《回回館雜字》收録了分類的波斯文單詞和文章（"貢文"）等内容。不過，據劉迎勝教授的研究，被稱爲使臣"貢表"的26篇文章中，有相當一部分並非西亞、中亞等地使臣東來時由當地政府撰寫的正規文書，而是普通商人爲行商方便，請托懂波斯語者僞造的。這些文章語句生硬、錯誤百出，但由於朝中熟識波斯語者不多，未被勘破而留存至今。① 這一現象説明，在《華夷譯語》編纂之時，明朝與行用波斯語的西亞、中亞諸政權的官方往來規模有限。在民間，西北地方的經堂教育興起之後，使用波斯文字母記寫漢語詞彙的"小兒錦"自明代中晚期開始逐漸發展②，波斯文字的使用開始與漢語結合，出現了新的發展方向。

近來，研究者注意到明朝初期官方行用波斯文的新例：永樂五年"諭米里哈只"三體敕諭。此敕諭使用了漢文、蒙古文和波斯文三種文字，記録了明成祖對伊斯蘭教教士"米里哈只"的護持聖旨③。"護持聖旨"的文體、措辭，與元朝護持文書一脈相承，顯示出元明兩代在官方宗教文書方面的繼承性。這是明朝官方對轄境内伊斯蘭教教士頒佈波斯文文書的一個例子。此例也提示出，目前或仍有明朝初年官方行用波斯文的實例，尚未得到充分研究。

本文要討論的《普度大齋長卷》即屬此列。與前述"諭米里哈只"三體敕諭類似，《長卷》内容也與宗教活動相關；而不同之處在於，《長卷》頒賜的對象並非使用波斯文的伊斯蘭教教士。根據研究者的介紹，這一記録藏傳佛教法會盛况的珍貴史料，被噶瑪巴

---

① 劉迎勝：《明代中國官辦波斯語言教學教材源流研究》，《南京大學學報》（哲學·人文·社會科學版）1991年第3期，第106頁。關於此文獻的專題研究，另參見劉迎勝：《〈回回館雜字〉與〈回回館譯語〉研究》，北京：中國人民大學出版社，2008年。

② 劉迎勝：《回族與其他一些西北穆斯林民族文字形成史初探——從回回字到"小經"文字》，《回族研究》2002年第1期，第10頁。

③ 陳彬彬：《永樂五年"諭米里哈只"三體敕諭釋讀及其歷史文化意藴探微》，《世界宗教研究》2022年第7期，第104—117、133—134頁。

帶回了西藏地區的楚布寺保存，直到 20 世紀 60 年代被西藏自治區文物管理委員會保管收藏。① 可見能夠接觸到《長卷》的讀者，主要是噶瑪噶舉派的高僧。由於藏傳佛教在元朝被尊奉爲國教，《長卷》配以藏傳佛教高僧們熟悉的蒙古文、藏文翻譯是容易理解的。但是，即使在元朝頒發給藏傳佛教的官方文書中，也並未使用過波斯文譯文②。則爲何明朝初年記述藏傳佛教活動的《長卷》，要增加波斯文翻譯呢？

從前述駱愛麗、劉迎勝文中對《長卷》波斯文相關詞彙的分析可見，此譯者在翻譯自己不甚明晰的佛教詞彙和漢文化概念時，大量使用了音譯的方法。如佛教詞彙 "如來大寶法王大善自在佛" "舍利" "大藏經" 等。法會的祈福對象，即明成祖父母 "皇考太祖高皇帝" "皇妣孝慈高皇后"，被翻譯爲 "我的父親太祖" "我的母親孝慈高皇后"③。可以推測，以此種方式翻譯出的波斯文譯文，對操波斯語的母語者來説，也有不少難以理解之處。那麽，此種譯文出現在《長卷》中有何具體作用呢？

結合前述元朝時期官方使用涉及波斯文的多語種文本的情況，推測《長卷》使用多語種譯文，反映出明成祖對多族群、多文化地區的統治願望。波斯文是中、西亞地區居民使用的主要文字，也流行於當時的西北地方，出現在《長卷》中，表明永樂帝對這些地區及族群的關注。

而更值得注意的是，波斯文譯文在《長卷》中僅排在漢字之後，位居蒙古文與藏文之前。前引駱愛麗、劉迎勝的研究已注意到這一情況，並猜測波斯文 "是否爲當時僅次於漢文的另一種廣泛使用（識别/書寫）的文字"④。結合當時的歷史情況來看，筆者認爲，波斯文在《長卷》中的這一排序，還有更具體的原因。

如上所述，波斯文是中亞、西亞及當時西北地區使用的主要文字之一，而明朝初期，中亞地區主要受到帖木兒政權統治，西北地區則有別失八里政權（東察合台汗國）。永樂初年，正是明廷與帖木兒政權開始遣使往來、並參與別失八里政權事務的關鍵時間節點。張文德已注意到，在與帖木兒政權往來之前，明成祖於永樂四年（1406）設哈密衛，"凡有入貢夷使、方物，悉令此國譯文以具"⑤。這說明在當時的哈密地區，已有官方設置的譯者，負責將中亞地區東來的文書譯爲漢語。同時，明廷也致力於修復與別失八里的關係。洪武年間，明太祖已向別失八里派出使者。永樂五年四月，別失八里王沙迷查干向明

---

① 駱愛麗、劉迎勝：《〈噶瑪巴爲明太祖薦福圖〉回回文初探》，《西北民族研究》2006 年第 1 期，第 53 頁。
② 參見西藏自治區檔案館編：《西藏歷史檔案薈萃》，北京：文物出版社，1995 年。
③ 駱愛麗、劉迎勝：《〈噶瑪巴爲明太祖薦福圖〉回回文初探》，《西北民族研究》2006 年第 1 期，第 55—57 頁。
④ 駱愛麗、劉迎勝：《〈噶瑪巴爲明太祖薦福圖〉回回文初探》，《西北民族研究》2006 年第 1 期，第 55 頁。
⑤ 張文德：《明朝使臣陳誠出使帖木兒王朝述論》，《江蘇師範大學學報》（哲學社會科學版）2023 年第 3 期，第 88 頁。

廷表示，要武力收復故土撒馬爾罕，明成祖遣使要求沙迷查干勿輕舉妄動①。這一時間，僅比《長卷》所記"普度大齋"的開始時間晚兩個月。而同年五月，帖木兒之孫哈里放歸明廷使臣傅安。之後，帖木兒政權與明廷之間數次派遣使者往來②。可見《長卷》所記法會舉辦之時，正處於明廷與別失八里、帖木兒政權聯繫日益加強的歷史背景之下。如何處理與這兩個政權的關係，也是當時明成祖的統治重點。受到這一情況的影響，即使是在記述藏傳佛教法會情況的《長卷》中，也出現了波斯文譯文，且其位置僅次於漢文之後，反映出當時的政治形勢。

## 二、《長卷》波斯文文本翻譯

《長卷》波斯文譯文配合漢文原文，在《寶藏：中國西藏歷史文物》所刊畫卷圖片中，去掉重複部分，共計 22 段內容③，記錄了永樂五年二月、三月共 22 日的祥瑞圖景④。筆者所據圖片共九列內容，記錄了永樂五年二月初五日到十三日的法會盛況。第一、二列有 13 行內容，第三、四、五列有 9 行，第六至九列有 15 行。以下為九列波斯文文本的錄寫及翻譯⑤：

[第一列]

داى مينگ پادشاهى معظم استقبال و [?]للب كردن

Dāy Mīng pādishāh-ī muʿaẓẓam istiqbāl va ?LLB kardan

尊貴的大明皇帝迎接

ژولای دای باو فا وانگ دای شین زه زای فو

JhūLāy Dāy Bāv Fā Wāng Dāy Shayn Zi Zāy Fū

如來大寶法王大善自在佛

كرمابا با توينان روى زمين را بسر روى كرد

---

① 劉迎勝：《白阿兒忻台及其出使》，收入葉奕良主編《伊朗學在中國論文集》第 2 輯，北京：北京大學出版社，1998 年，第 68 頁。
② 張文德：《明朝使臣陳誠出使帖木兒王朝述論》，《江蘇師範大學學報》（哲學社會科學版）2023 年第 3 期，第 87 頁。
③ 甲央、王明星主編，達瓦次仁等撰文，嚴鐘義等攝影：《寶藏：中國西藏歷史文物》第 3 冊《元朝時期 明朝時期》，北京：朝華出版社，2000 年，第 94—114 頁。
④ 關於《長卷》記述 22 日祥瑞的具體情況，參見駱愛麗、劉迎勝：《〈噶瑪巴為明太祖薦福圖〉回回文初探》，《西北民族研究》2006 年第 1 期，第 53 頁。
⑤ 本文使用 IJMES 轉寫系統，其中字母ژ轉寫作 jh 而非 zh。本文第一列波斯文內容的轉寫得到中國人民大學國學院特爾巴衣爾老師的幫助，翻譯有疑問處曾向北京大學外國語學院博士生劉弋鯤請教，特此致謝！

Karmābā bā tawyinān rūy-i zamin rā bi-sar rūy-i kard
哈立麻巴與僧衆將地面朝向頭部（叩頭）

در بتخانه لینگ گوی سی از برای دستگیری

dar butkhāna-yi Līng Gūy Sī az barāy-i dastgīr-yi
在靈谷佛寺爲庇護

همه مردگان و کارهای نیکویی کردن از برای

hama murdigān, va kārhā-yi nikūyi kardan, az barāy-i
所有亡靈，做善事①，爲

پدرم تای زو پادشاه اعلی و

pidar-am Tayzū pādishāh-i aʻlā va
我的父親，至高的太祖皇帝和

مادرم هیاوصه خوانگ خو و همه مردگانی روی

mādar-am Hiyāwṣa Khwāng Khū va hama murdigānī rūy-i
我的母親孝慈皇后，和所有亡靈

زمین را از تاریخ یونگ لاو پنجم سال در روزی پنجم ماه

zamin ra, az tārīkh-i YūngLāv panj-um sāl dar rūz-i panj-um-i māh-i
地面上的，從永樂五年，在初五日，

دو در سری آغاز کاری نیکوی کردن ابرهای پنج رنگه

dū. dar sar-ī āghāz-i kār-ī nīkūy kardan, abrhā-yi panj ranga
二月②。在善事一開始，五色雲彩

پیدا شد نیک روشن و شفاف بسوی هوا برآمد

paydā shud, nīk rawshan va shaffāf, ba-sūy-i havā bar-āmad.
顯現，十分明亮又晶瑩，在天空上出現。

بهم پیوسته شکلهای وی همچو ژوی باز بر سری

baham payvasta, shaklhā-yi vay hamchū JhūYi. bāz bar sar-i
彼此相連，其形狀就像如意。又在尖塔頂端，

گلدسته روشنانی شالی پیدا شد همچو ماهتابی

guldasta, rawshanān-ī ShāLī paydā shud, hamchū māhtābī

---

① 該譯文中的"做善事"，即指普度大齋。
② 該句完整意爲：哈立麻巴與僧衆在靈谷寺爲庇護所有亡靈叩頭，爲太祖皇帝和孝慈皇后，以及地面上的所有亡靈，從永樂五年二月初五日（開始）做善事。

出現舍利①的光芒，就像月光

ز طلوع کند روشنای وی شعلهای زدن

zi ṭulūʿ kunad, rawshanā-yi vay shuʿalhā-yi zadan.
升起，其亮光如同燃燒起來。

[第二列]

روز ششم ابرهاء کژ کول ؑگل

rūz-i shish-um, abrhā-yi kashkūl-i gul
初六日，如缽②之雲

پیدا شد بری هوا در میان ز ابرها

paydā shud bar-i havā, dar miyān-i zi abrhā
顯現在天空上，從雲叢中

لوخانانی نه شمار پیدا شد از میان

LawKhānānī nā shumār paydā shud, az miyān-i
無量③羅漢們顯現，從

مغرب و جنوب با ابرهای آمدند

maghrib va janūb bā abrhā-yi āmad-and.
西和南與雲朵一同出現

در عقب ایشان جند دیگر می

dar aghab-i īshān, jund-i dīgar mī-
在他們身後，另一群人正

آمدند گاه پیدا شدی و گاه نا پیدا

āmad-and, gāh paydā shudī va gāh nā-paydā.
出現，時而顯現，時而不顯現。

باز ساعتی از آسمان گل بارید

bāz sāʾatī, az āsamān gul bārīd,
又一時段，從天上降下花④，

---

① 此處"舍利"一詞的拼寫與下文兩處寫法不同。
② 此處原文寫形有誤，應寫作 کشکول。
③ 根據漢文原文，此處的波斯文寫形有誤，應寫作 نا شمار。
④ 此處對應漢文之"天花飄舞"，譯者以 آسمان گل 翻譯"天花"，但放在波斯語語法結構中，翻譯如上。

گل و غنچه گل همچو یشب بود و روشن

gul va ghuncha-yi gul hamchū yashb būd va rawshan-i

花和花芽就像碧玉一樣，光芒

ان همدیگر پیوسته می تافتند ساعتی

ān hamdīgar payvasti mī-tāft-and. Sā'atī

他們的 互相勾連交織。

دیگر روشن پیدا شد از سقف بتخانه

dīgar, rawshan paydā shud az saqf-i butkhāna.

另一時刻，從佛殿殿頂亮光顯現。

باز ده و چندی لوخانان پیدا شد

bāz dah va chandī LawKhānān paydā shud

又顯現出十幾位羅漢

در میان ابر کژکول و [ ? ] مکرم ان

dar miyān-i abr, kashkūl va[ ? ]①makrram an

在雲中，缽和？慷慨的 把那

بدست گرفتا و کلاه بسر کرده

bi-dast giriftā va kulāh ba-sar karda.

拿在手中，往頭上戴上帽子。

[第三列]

روز هفتم

rūz-i haft-um,

初七日，

ترانک بین بارید

tarābak-i bayyin bārīd,

清晰的小水滴②降下，

رنگ وی همچو روغن گاو

rang-i vay hamchū rawghan-i gāv,

其顏色就像牛油膏，

---

① 此處原圖字跡模糊，難以識讀。
② 指甘露。此處波斯文原文識點有誤，應作ترابک以下三處同此誤，不再出注。

شیرین طعم و خوش

shīrīn ṭaʿm va khūsh-
味甜而香

بوی ناگاه ابر پنجی

būy①, nā-gāh abr-i panj[ī]②
氣，突然五色雲

رنگه پیدا شد شاخ

ranga paydā shud, shākh-i
顯現，其樹枝

وی همچو زر و گل وی

vay hamchū zar, va gul-i vay
就像金的，花

همچو یشب نیک

hamchū yashb, nīk
就像玉一樣，十分

روشن و شفاف

rawshan va shaffāf.
明亮又晶瑩。

［第四列］

روز هشتم روشنایی

rūz-i hasht-um, rawshanāy-ī
初八日，光

پنج رنگه از همان مغرب

panj ranga az hamān-i maghrib
五色的，從正西方

و جنوب پیدا شد تا به

va janūb paydā shud, tā ba
和南方顯現，向

---

① 此處بوی خوش是一個詞。
② 此處原文應作پنج。

سوی میان شرق و شمال

sūy-i miyan-i shargh va shimāl

東方和北方

می تافت از آسمان گل

mī-tāft. az āsamān gul

照耀，從天上花

بارید ترانگبین بهمه جا پیدا

bārīd, tarābak-i bayyin ba-hama jā paydā

降落，清晰的小水滴隨處

شد باز روشنانی پنج

shud. bāz rawshanānī-yi panj

顯現。又五色光

رنگه پیدا شد از قلمه

ranga paydā shud, az qalama-yi

顯現，從寶樓

ژولای هوا برآمد

JhūLāy havā bar-āmad.

如來 上空出現。

[第五列]

روز دهم باز

rūz-i dah-um[nuh-um], baz

初十［初九］日①，又

از آسمان گل

az āsamān, gul

從天空，花

و ترانگبین بارید

va tarābak-i bayyin bārīd.

和清晰的小水滴降下。

در هوا باو گای

---

① 此處原文有誤，應作第九（نهم）日。

dar havā, Bāv Gāy
在空中，寶蓋、

و جوانگ و فان

va Jūāng va Fān
幢和幡

نمود هوا هوا می جنبید

namūd, havā-yi havā mī-junabīd.
顯現，在高空搖擺。

وی وقت باز روشنی

vay vaqt bāz rawshan-ī
那時，又一道光

پنج رنگه از قلمه‌یی

panj ranga az qalama-yi
五色的，從寶樓

ژولای برآمد شد

JhūLāy bar-āmad shud.
如來 出現。

[第六列]

روز دهم باران شیرین بارید طعم وی همچو

rūz-i dah-um, bārān-i shīrīn bārīd, ta'm-i vay hamchū
初十日，甜雨落下，其味道就像

شکر روشنای پنج رنگه بسوی هوا برآمد

shikar, rawshanā-yi panj ranga ba-sūy-i havā bar-āmad.
糖，五色光向著天空方向升起。

بر سر گل دسته گرداگرد سه شیلی

bar sar-i gul-dasta① girdāgird, sa ShīLī
在塔頂四周，三顆舍利

پیدا شد شکل وی همچو مروارید شعله

paydā shud, shakl-i vay hamchū marvārīd, shu'la-yi

---

① 此處應作گلدسته，波斯文原文將一個詞分寫爲兩個詞。

顯現，其樣子如同珍珠，火焰

وی به مهتاب می زد همچو انتاب که در دریا

vay ba mahtāb mī-zad, hamchū an tāb ka dar dariyā

它的 引燃了月光，仿佛那光亮是在海中

طلوع کند گاه سوی بالا شدی و گاه سوی

tulūʻ kunad, gāh sūy-i bālā shudī va gāh sūy-i

升起的，時而向上升，時而

فرو شدی روشنی ، وی بهمه جا ، می تافت

furū shudī, rawshanī-yi vay ba-hama jā-yi mī-tāft.

向下降，其光亮照耀各處。

باز او لوخانان پیدا شد بی شمار در هوا می آمدند

bāz ŪLūKhānān paydā shud bī shumār dar havā mī-āmad-and,

又出現無數阿羅漢在天空中，

و توینان ده و چندی بوغچه بر سر کرده و عمیا

va tawyinān-i dih va chandī būghcha bar sar karda vaʻMYA

十數僧人包著頭，？

بدست گرفته از بازار می گذشتند و می گفتند

bi-dast girifta, az bāzār mī-guẕasht-and, va mī-guft-and

手中拿著，從集市穿過，他們說，

بسوی بتخانه لینگ گوی صی طلب صدقات می

ba-sūy-i butkhāna-i Līng Gūy Ṣī talab-i ṣadaqāt mī-

向靈谷寺方向請求佈施

رویم بازاریان ایشان را دیدند ابروها ایشان

ravīm, bāzāryān īshān rā dīd-and abrūhā-yi īshān

我們去往，市人看他們，其眉毛

دراز و پیشانی فراخ صورت ایشان نیک موزون

darāz, va pīshānī farākh, ṣūrat-i īshān nīk mawzūn,

長的，其額頭寬廣，身形十分勻稱，

و مردمان از عجابی ایشان در می کردند

va mardmān az ujāb-ī īshān dar mī-kard-and,

人們因對他們的奇怪而跟著他們，

تا به در اوّل بتجانه رسید نا پیدا شد

tā ba dar-i avval-i butkhāna risīd, nā paydā shud.
到達禪寺的第一門口①，就不見了。

[第七列]

روز یازدهم ابرهاء

rūz-i yāzdih-um, abrhā-yi
初十一日，雲

پنج رنگه پیدا شد از

panj ranga paydā shud, az
五色的 出現，從

آسمان به همه جای گل

āsamān ba hama jā-yi gul
天空到各處花

بارید و ترانکبین

bārīd va tarābak-i bayyin
落下，清晰的小水滴

باز پیدا شد بر درخت

bāz paydā shud, bar-i dirakht-i
又出現，柏樹樹頂

سرو گل زرّین

sarv gul-zarīn
金色的花

پیدا شد شکل وی

paydā shud, shakl-i vay
出現，其形狀

همچو گل نیلوفر

hamchū gul-i nīlūfar.
好像蓮花。

هزار ته برگ در

---

① 此處根據波斯文語法，應如上文所譯。但據漢文原文，此處اوّل بتجانه應對應"第一禪寺"，此句爲"到達第一禪寺入口"之意。

hizār tah-i barg dar

一千樹葉的底部

وى بپیوسته بغایت

vay bi-payvasta, bi-ghāyat

相連，十分

لطیف روشنی پنج

laṭīf. rawshan-ī panj

精妙。五色光

رنگه بر سقف بتخانه

ranga bar saqf-i butkhāna

在殿頂

ژولای بر هوا

JhūLāy, bar havā

如來，將天空

تمام فراز گرفته

tamām farāz girifta

完全奪去

و معلّق ایستاد

va muʿallaq īstād.

並垂直樹立①。

[第八列]

روز دوازدهم گل آسمان

rūz-i davāzdah-um, gul-i āsamān

初十二日，天花

پیدا شد هر یکی برابر قاش

paydā shud, har yikī barābar qāsh,

出現，每朵都與卡失錢［大小］相同，

در هوا پر شد گرداگرد پرّان

dar havā pur shud, girdāgird parrān

---

① 該句對應漢文原文"有五色毫光，蔭覆壇殿"。

在天空中佈滿，四周飛行。

شد از شب روشنای بر سر بت

shud. az shab rawshanā-yi bar sar-i but
晚上，在佛頂光芒

پیدا شد شکل وی همچو قوس

paydā shud, shakl-i vay hamchū qaws-i
出現，其形狀就像

قزح بپیوسته در روشنای وی

quzaḥ bi-payvasta, dar rawshanā-yi vay
彩虹相連，在其光芒

تارموی نمود می شد روشنی

tār, mūy namūd mī-shud. rawshan-ī
頂端，顯現出毫髮。一道光

پنج رنگه گرداگرد بتخانه

panj ranga girdāgird butkhāna-i
五色的 環繞在

ژولای می بود بر سر گلدسته

JhūLāy mī-būd, bar sar-i guldasta
如來殿，在塔頂

یکی شیلی پیدا شد همچو آفتاب

yikī ShīLī paydā shud, hamchū āftāb
一顆舍利顯現，好像太陽

که مشرق از طلوع کند بر سوی

ka mashriq az ṭulūʿ kunad, bar sūy-i
自東方升起，在其上方和

و فرو سوء وی گرداگرد می

va furū sū-yi vay girdāgird mī-
下方環繞著。

کردید علفهای که نزدیک بود دیده

kardīd. alafhā-yi ka nazdīk būd dīda
可見近處草木，

می شد بغایت رو شن بعد از

mī-shud, bi-ghāyat rawshan. ba'd az
非常明亮。之後

تمام شدن باز نا پیدا شد

tamām shudan, bāz nā paydā shud.
結束，又不出現了。

[第九列]

روز سیزدهم دو بخار روشن پیدا شد یکی بسوی

rūz-i sīzdah-um, dū bukhār paydā shud, yikī ba-sūy-i
初十三日，兩道水霧出現，一道向

خیاو لینگ و یک بسوی اوردوی

Khiyāv Līng, va yīk ba-sūy-i ūrdū-yi
孝陵，一道向幹耳朵［屬於］

پادشاه می تافت باز روشنی پنج رنگه مدور در گردا گرد

pādishāh mī-tāft. bāz rawshan-ī panj ranga mudavar dar girdāgird-i
皇帝 照耀。又有一道五色圓光環繞在

بتخانه بود و باز در بالای قلمه

butkhāna būd va bāz dar bālā-yi qalama-i
佛寺周圍和在樓的上空

ژولای کل آسمان نزدیک خیمه شاهی گردا گرد می برید

JhūLāy. gul-i āsamān nazdīk-i khayma-i shāhī girdāgird mī-barīd.
如來［樓］。天花飛繞在君主的帳幕周圍。

باد و هواء خوش و سازوار برفهاء خوب متواتر می بارید شب

bād va havā-yi khūsh va sāz-vār, barfhā-yi khūb mutavātir mī-bārīd, shab
風和空氣良好和諧，瑞雪連續降落，晚上

از سقف بتخانه گلدسته روشنی پیدا شد در میان روشنای

az saqf-i butkhāna-i guldasta rawshanī paydā shud, dar miyān-i rawshanā-yi
從佛塔出現一道光，在光中

سایهء بتخانه گلدسته نمود دید توینی پای برهنه صورت وی بس

sāya-yi butkhāna-i guldasta namūd, dīd tawyinī pāy-i birihna, ṣūrat-i vay bas
佛殿塔頂的影子顯現，祇見一位僧人赤腳，其外貌相當

عجیب جامه، بر دوش کرد بدست چب دامن

ajīb, jāma-yi bar-dūsh kard, ba-dast-i chap dāman

奇怪，衣服搭在肩膀上，左手抓著衣襟，

گرفته و بدست راست کفش برداشته بیاد

girifta, va ba-dast-i rāst kafsh bar-dāshta bi-āyad.

右手提鞋而來。

وی همچو پریدن بود مردمان صورت ویرا دیدند

vay hamchū parīdan būd, mardmān ṣūrat-i vay rā dīd-and

他就像在飛行，人們看他的樣子

بس عجب آمد و دری وی سدند و تفرج کردند

bas ajab āmad, va dar-i vay shud-and va tafarruj kard-and,

十分奇怪，就跟著他漫步，

تا به بش بتخانه رسید بعد از زمان دیگر

tā ba bi-ash butkhāna risīd, baʿd az zamān-i dīgar,

直到他到達佛殿，之後再一會兒，

ناگاه نا پیدا شد به هر جای جستند و

nā-gāh nā paydā shud, ba har jāyi just-and

他突然不見了，任何地方都找

نه یافتند زمانی گذشت درهوا باز نمود

nā yāft-and, zamān-ī guẕasht, dar havā bāz namūd.

不到，過了一會兒，他在天空又出現了。

## 三、結　論

　　如前所述，學者已指出，《長卷》波斯文文本可能由波斯語母語者或非常熟悉波斯語之人翻譯，如翻譯"丈""尺"等計量單位時，翻譯者使用了波斯長度單位"蓋斯"（گز）。① 在上文中，用以翻譯佛僧之"缽"的詞彙是"كشكول"，該詞原指伊斯蘭教托缽僧使用的器物。可見翻譯者對波斯語承載的波斯文化十分熟悉。但另一方面，如上文所見，對"天花""第一禪林"等詞彙，譯者使用了波斯文詞彙加漢語語法結構的混合式翻

---

① 駱愛麗、劉迎勝：《〈噶瑪巴爲明太祖薦福圖〉回回文初探》，《西北民族研究》2006年第1期，第62頁。

譯，這反映出既有研究提到的，譯者也有"漢語思維"①。此外，從上文還可知，譯者對某些詞彙的翻譯受到了前朝文化的影響。如將佛僧譯爲"توين"，該詞即經常出現在元代護持文書中的"脫因"，是利用漢語詞彙"道人"指代佛教僧人的用法。② 又如第九列第二行，將漢文原文的"皇城"譯爲"君主的斡耳朵"，應與元代統治者所奉行的草原習俗直接相關。故而，《長卷》的波斯文譯文雖爲受到當時政治局勢影響所作，其文本特徵也反映出不同語言、文化之間的交流與相互影響，以及前後時代的文化繼承性。

# A Study of the Persian Text in *the Long Scroll of Pudu Dazhai*

## Chen Xi

**Abstract**: *The long scroll of Pudu Dazhai* illustrated and recorded the specific scenes of the ritual performed by Tibetan monk Karmapa to pray for the Emperor Yongle's parents. The scroll used five kinds of characters including Persian to describe the auspicious signs of the ritual that had last several days. There has been no complete interpretation of the Persian text of the great scroll so far. Using previous research and the Chinese content of the scroll, this paper completes the transcription and translation of the first nine columns of the Persian text, and points out that the appearance of the Persian translation is directly related to the concern of the Emperor Yongle about the Timurid regime and the Beshbalik regime.

**Keywords**: Ming Dynasty; Yongle; *The long scroll of Pudu Dazhai*; Persian

---

① 駱愛麗、劉迎勝：《〈噶瑪巴爲明太祖薦福圖〉回回文初探》，《西北民族研究》2006年第1期，第61頁。
② 關於該詞，參見蔡美彪：《八思巴字碑刻文物集釋》，北京：中國社會科學出版社，2011年，第40—41頁。

# 紀實與象徵：《第五世噶瑪巴爲明太祖薦福圖》建築及其意蘊考*

芭璐爾

**摘 要**：《五世噶瑪巴爲明太祖薦福圖》（下簡稱《薦福圖》）是一幅藏於西藏博物館長達近50米、寬60厘米的巨幅畫卷，描繪了西藏第五世黑帽系活佛哈立麻在永樂皇帝邀請下於永樂五年（1407）在南京靈谷寺主持薦福法會過程中出現的祥瑞景象。整幅畫卷中未出現普度大齋的主人公永樂皇帝與第五世噶瑪巴哈立麻，卻以畫中諸多元素映射了兩位主人公，其中建築是畫卷主角，出現頻率最高，不僅反映了明朝初期靈谷寺原貌、還體現了普度大齋進行過程中明成祖與哈立麻的參與。

**關鍵詞**：《薦福圖》；建築；紀實性；齋幄；象徵

## 一、《薦福圖》中的建築及其名稱

《薦福圖》中描繪的薦福法會發生於南京靈谷寺，此寺始建於梁天監十三年（514），梁武帝將圓寂的寶志禪師葬於獨龍阜，其女永定公主造五級塔於其上，第二年塔前建開善寺，這是靈谷寺的原型，後又經歷了多次重修和改名（唐代"寶公院""開善道場"，宋代"太平興國寺""十方禪院"，明初"蔣山寺"等）。明洪武四年（1406）明太祖在蔣山寺舉行廣薦佛會爲"亡者超度，爲生者解冤"①，之後明太祖敕令將"蔣山寺"與寶公塔向東移至鐘山陽左側獨龍崗，並賜名爲"靈谷寺"②。明太祖《御制大靈谷寺記》中對此寺選址原由以及建址環境有詳細記錄③。

---

\* 本文係國家社會科學基金冷門絕學研究專項學術團隊項目"明代西域多語種文本與國內民族交流史研究"（項目編號：21VJXT017）、中國博士后科學基金第73批面上資助"《五世噶瑪巴爲明太祖薦福圖》名物考"（2023M733851）階段性成果。

① （明）葛寅亮撰，何孝榮點校：《金陵梵刹志》，天津：天津人民出版社，第93—94頁。
② （明）葛寅亮撰，何孝榮點校：《金陵梵刹志》，第50頁。
③ （明）甘熙修，（清）謝元福增輯：《靈谷禪林志》，南京：南京出版社，2019年，第23—25頁。

《薦福圖》中所繪建築具紀實性，其中出現的十座木構與磚砌建築均可在明代《金陵梵刹志》"靈谷寺左景"與清代《靈谷禪林志》"靈谷寺圖"等靈谷寺地圖中找到對應。《薦福圖》中十座建築沒有同時出現於同一場景中，一幅畫中最多出現七座①。根據以上兩份地圖及《奉敕撰靈谷寺碑》② 等相關文獻和長卷題記，對應的建築具體名稱見表1，體現了靈谷寺主體建築名稱與形制從明初至清的演變。A－J（中軸線上由南向北）分別對應了金剛殿、天王殿、無量殿、大殿、法堂、如來大寶法王西天大善自在佛寶樓（下稱"寶樓"）、誌公塔、東廡、西廡與如來大寶法王西天大善自在佛好事壇場（下稱"好事壇場"）等。③

表1 《薦福圖》建築名稱對照表

| 建築 | A | B | C | D | E |
|---|---|---|---|---|---|
| 《薦福圖》中圖像 | | | | | |
| 《奉敕撰靈谷寺碑》中名稱 | | | | 大殿 | 法堂 |
| 《薦福圖》中名稱 | | 天王殿 | | | |
| 《金陵梵刹志》中名稱 | 金剛殿 | 天王殿 | 無量殿 | 五方殿基 | 法堂 |
| 《靈谷禪林志》中名稱 | 金剛殿基 | 天王殿 | 無量殿 | 五方殿 | 毘盧殿 |

| 建築 | F | G | H、I | J |
|---|---|---|---|---|
| 《薦福圖》中圖像 | | | | |
| 《奉敕撰靈谷寺碑》中名稱 | 塔附殿 | 誌公塔 | 兩廡 | |
| 《薦福圖》中名稱 | 如來大寶法王西天大善自在佛好事壇場 | | "西廡""東廡"（？） | 如來大寶法王西天大善自在佛寶樓 |
| 《金陵梵刹志》中名稱 | 供袈律堂 | 誌公寶塔 | | 法臺基 |
| 《靈谷禪林志》中名稱 | 觀音閣 | 誌公寶塔 | | 大寶法王殿基 |

---

① 見《薦福圖》"二月初十八日"畫卷中最後一幅圖中的"金色世界"，象徵薦福法會結束，畫面中共有七座建築，均以金色描繪。
② （明）徐一夔：《奉敕撰靈谷寺碑》，載（明）葛寅亮撰、何孝榮點校：《金陵梵刹志》，第107—110頁。
③ 建築名稱主要以《薦福圖》題記中的記錄爲基準：天王殿、好事壇場、西廡、東廡、寶樓，參考最能反應靈谷寺建寺初期原貌的《奉敕撰靈谷寺碑》：大殿、法堂、誌公塔，二者中均未出現的建築，則使用明代《金陵梵刹志》中名稱：金剛殿、無量殿。

關於建造靈谷寺可參考的最早文獻記載爲洪武十六年（1383）的《奉敕撰靈谷寺碑》，其中記載了靈谷寺在新址得以重建後的最初面貌："建立之日，以十四年九月之吉。中作大殿。大殿之前，東爲大悲殿，西爲經藏殿。食堂在東，庫院附焉。禪堂在西，方丈近焉。而大殿之後，則爲演法之堂。誌公之塔，則樹於法堂之陰，其崇五級。復作殿附塔，以備禮誦。左右爲屋，以棲僧之奉香燈者。翼以兩廊，其壁則繪佛出世、往生、涅槃，及三大士、十六應真、華梵神師示現之跡，屏以重門，繚以周垣。"① 由於此份文獻撰寫年代與《薦福圖》創作年代僅有二十餘年之差，它是識別《薦福圖》建築設置較爲可靠的參考文獻。其中提到的大殿、演法之堂、塔附殿、志公塔、兩廊等六座建築可與《薦福圖》中建築 D、E、F、G、H、I 對應。關於此六座建築的建築形制，《奉敕撰靈谷寺碑》載："締構之法，以梁架桁，不施疊拱，以枡承榱，不出重簷。凡交橡接霤，盤結攢轑，如蜂房蟻穴之狀者悉不用。"② 説明建築樣式較爲簡單，雖採用了梁架結構，但不用鬥拱。詳細分析如下。

首先，在《薦福圖》十座建築中，有一座建築形制是獨一無二的，即寶公塔，不論在畫卷或文獻中祗有一座，因此可以其爲參考建築。如此一來寶公塔對應建築 G。寶公塔也稱"誌公寶塔"，關於誌公塔的記載爲："五級，下即瘞肉身處，明洪武十四年（1381），建。"③ 寶公塔爲舍利塔，在修塔記中有明確記録④，《薦福圖》中頻頻出現的"塔頂舍利放光"景象也説明了這一點。塔與"好事壇場"（即建築 F）以長廊相連。此建築是薦福法會時哈立麻施壇城做法之地。從《奉敕撰靈谷寺碑》中"誌公之塔，其崇五級，復作殿附塔，以備禮誦"可見建築 F 初建時應爲寶塔之附殿，具有禮佛誦經功能。在《金陵梵刹志》和《靈谷禪林志》中又分別對應"觀音殿"與"古律堂"，最早的附殿毀於宣德年間⑤。

長卷中出現塔影的三月十六日，寶塔左右兩側見建築大小和形制與"好事壇場"相同的兩座建築，畫卷中將西側的建築稱爲"西廊"（建築 H），按照此説法，其對面的建築應爲"東廊"（建築 I）。《奉敕撰靈谷寺碑》記載塔附殿翼以兩廊⑥，可見在建寺初期

---

① （明）徐一夔：《奉敕撰靈谷寺碑》，載（清）甘熙修，（清）謝元福增輯：《靈谷禪林志》，第 26 頁。
② （清）甘熙修，（清）謝元福增輯：《靈谷禪林志》，第 26 頁。
③ （清）甘熙修，（清）謝元福增輯：《靈谷禪林志》，第 53 頁。
④ （明）釋可浩：《重修寶公塔記》中記載："塔者，梵語窣睹波，此云方墳，以之藏舍利，標記古師靈跡，示法不滅也"，參見《靈谷禪林志》第 54 頁。
⑤ "觀音殿，五楹，即古律堂，宣德間，災，江西喻顯聰募建，國初，復毀，僧於南重建"，見（清）甘熙修，（清）謝元福增輯：《靈谷禪林志》，第 53 頁。
⑥ 見（清）甘熙修，（清）謝元福增輯：《靈谷禪林志》，第 26 頁。

便有東西廡的存在。長卷中所有建築均採用平視視角的透視，但東西兩廡分別旋九十度平鋪於寶塔左右兩側。如按透視原理，衹能看到左右兩廡頂，無法看清建築的具體樣式，如連接寶塔與"好事壇場"的廊道所示。長卷中東西廡的畫法，構成了平面與立體相結合的畫面，此種表現方式是中國古代城市地圖中的重要表現技法。

"好事壇場"左側爲"寶樓"（建築 J），二者與寶公塔一起貫穿於整幅長卷中。《薦福圖》中"寶樓"爲三層歇山頂建築。"大寶法王殿，舊在古律堂之東。有臺，名説法臺。……於靈谷建大齋，爲高皇帝、后資福。後封哈立麻爲大寶法王，此殿所由建也"①，到明末衹剩臺基，《金陵梵刹志》稱"法臺基"，清時稱"大寶法王殿基"。《薦福圖》圖注中對此建築的描述爲"如來所居寶樓"，此建築應是當時哈立麻之居所②。

《奉敕撰靈谷寺碑》記載："志公之塔，則樹於法堂之陰"③，法堂之陰指法堂之北，即位於寶公塔（建築 G）南側的是法堂（建築 E）。《金陵梵刹志》中也稱"法堂"，《靈谷禪林志》對法堂描述爲："毘盧殿，七楹，既古大法堂"，④ 可與《薦福圖》中的七楹建築相對應，此法堂毀於順治年間，康熙年間重建，⑤ 在清代更名爲"毘盧殿"。"大殿之後，則爲演法之堂"⑥，因此位於法堂前的建築 D 爲大殿，其位置又對應了《金陵梵刹志》中的"五方殿"⑦。據記載，最初位於寺院正中的大殿主尊爲過去、現在、未來三世佛⑧。此殿毀於明宣德年間，於成化年間重建，清初復毀，嘉慶年間重建⑨。在宣德年間損毀之後再建便有"五方殿"之稱，主尊也隨之發生變化，爲釋迦、彌陀、觀音、勢至、文殊像。《靈谷禪林志》中對此殿描述爲七楹，但《薦福圖》中對應建築爲五楹歇山頂建築，由此可見此殿初建時或爲五楹。

除上述《奉敕撰靈谷寺碑》中記載的六座建築外，《薦福圖》中還有建築 A – C。其

---

① （清）甘熙修，（清）謝元福增輯：《靈谷禪林志》，第 61 頁。
② 《賢者喜宴》中有皇子們送哈立麻至靈谷寺，皇帝至靈谷寺見哈立麻，哈立麻從寢殿出來的相關記載，表明哈立麻在南京期間下榻於靈谷寺，而"寶樓"便是其寢殿。見（明）巴臥·祖拉陳瓦著，周潤年譯注：《賢者喜宴·噶瑪崗倉史》，西寧：青海人民出版社，2016 年，第 204—206 頁。
③ （清）甘熙修，（清）謝元福增輯：《靈谷禪林志》，第 26 頁。
④ （清）甘熙修，（清）謝元福增輯：《靈谷禪林志》，第 50 頁。
⑤ （清）甘熙修，（清）謝元福增輯：《靈谷禪林志》，第 50 頁。
⑥ （清）甘熙修，（清）謝元福增輯：《靈谷禪林志》，第 26 頁。
⑦ 何孝榮也提到大雄寶殿與五方殿堂有相同的屬性，都是供奉寺院主尊之最主要的殿，見何孝榮：《明代南京寺院研究》，北京：紫禁城出版社，2012 年，第 162 頁，表 1 中"五方殿"被納入"大雄寶殿"。
⑧ （清）甘熙修，（清）謝元福增輯：《靈谷禪林志》，第 26 頁。一般在漢藏佛教寺院中，三世佛是措欽大殿或大雄寶殿的主尊。
⑨ （清）甘熙修，（清）謝元福增輯：《靈谷禪林志》，第 50 頁。

中，建築 B 在長卷中有明確的名稱——天王殿①，是一座五楹歇山頂建築。《金陵梵刹志》中"歷金剛、天王二殿，爲無量殿，純甓空構，不施寸木。次爲五方殿，已圮，今擬重建。又次爲大法堂及律堂，而寶公塔巋然在焉。左爲法臺基"② 交代了明末靈谷寺的樣貌。由此可見，天王殿前方爲金剛殿，即建築 A，後方則是無量殿，即建築 C。前者是五楹歇山頂建築，由明成祖增建而成。③ 此殿在清末已毀，祇剩柱礎，從而在《靈谷禪林志》地圖中記爲"金剛殿基"。後者是重簷歇山頂磚砌拱券結構建築，留存至今，也是現今靈谷寺中唯一一座明代建築遺存。無量殿在《薦福圖》中通身藍色，體現了長卷在表現建築材質時，以紅色表示木材，藍色則爲磚石的繪畫特徵。關於此殿記載爲："無量殿，五楹，廣十四丈，高六丈八尺，皆以磚爲之，俗名無梁殿。"④ 殿内置三大佛，兩旁塑二十四諸天。《奉敕撰靈谷寺碑》中未涉及以上三座殿，目前還未找到其他文獻記載了上述三座建築的建成時間⑤，應爲靈谷寺建成之後至永樂初年所增建⑥。

靈谷寺的建造受到明太祖朱元璋的極度重視，"規模氣象，軒豁雄麗，望之翬飛，（積）之山立。……皆皇上萬己之暇，睿思所及，……凡木石瓴甓、丹堊髹漆皆上所賜。其工之巨，不可數計"⑦。按照《金陵梵刹志》，在同時期的金陵大刹中，靈谷寺與大報恩寺、天界寺均爲大刹，其中南京大報恩寺始建於南朝，經歷了幾百年的毀壞與重建，於明代永樂年間得以重新修建，永樂皇帝"敕工部大建之，準宫闕規制，造九級舍利塔……落於宣德三年……額曰大報恩寺。"⑧ 其落成年代晚於靈谷寺，此處提到"準宫闕規制"，明確了當時按照宫闕制度敕建佛寺。作爲與大報恩寺同等級的靈谷寺，也應由宫闕制度建造而成。大刹建築規模以及建築體量均與次大刹、中刹有明顯區别。開間數是明顯的特徵之一，《薦福圖》中開間數量最多的建築爲建築 E⑨，即好事壇場前一座面闊七間的建築。

---

① 《薦福圖》圖注中明確提到的圖注記載道：初十五日……至晚，塔殿及天王殿俱見毫光，又有圓光二道交相輝映。

② （明）葛寅亮撰，何孝榮點校：《金陵梵刹志》，第 85 頁。

③ （清）甘熙修，（清）謝元福增輯：《靈谷禪林志》，第 48 頁。

④ （清）甘熙修，（清）謝元福增輯：《靈谷禪林志》，第 49 頁。

⑤ 有清人認爲無量殿建於明洪武年間。見（清）釋德玉：《掃苔無量殿記》："靈谷之無量殿，創自明洪武間，凡巨費悉出内帑。"（清）甘熙修，（清）謝元福增輯：《靈谷禪林志》，第 49 頁。白穎、陳濤在最新的研究成果中認爲無量殿，即建築 C 爲洪武十四至十五年建造而成。見白穎：《磚塑造的空間：明初南京靈谷寺無梁殿研究》，《建築學報》2023 年第 4 期，第 102—108 頁。

⑥ 永樂年間重修靈谷寺的記錄見《明太宗實録》卷五四"永樂四年五月辛亥條"：修靈谷寺。

⑦ （清）甘熙修，（清）謝元福增輯：《靈谷禪林志》，第 26 頁。

⑧ （清）悟明撰，陳平平、李金堂、胡曉明校點：《敕建報恩寺梵刹志》卷一，南京：鳳凰出版社，2014 年，第 4 頁。

⑨ 目前無法得知此建築在永樂時期的名稱，故以建築 E 來代稱。

而次大刹中建築開間數最多爲五。再者，靈谷寺天王殿面闊五間，與次大刹、大刹的三楹天王殿相比，建築體量明顯更大，也體現了寺院的高等級。

根據《奉敕撰靈谷寺碑》，靈谷寺初建時有大殿（對應五方殿）、法堂、志公塔、附殿及其兩廡等（建築 D–I），而長卷中出現的其餘建築（建築 A–C、建築 J）應爲建寺之後至永樂初年逐漸增建而成。並且根據靈谷寺建築規模與等級，可知在永樂初年哈立麻做薦福法會時，靈谷寺爲當時金陵等級最高的佛寺。

## 二、《薦福圖》中的"齋幄"

除上文提到的十座建築，《薦福圖》二月十三日，即薦福法會第九日白天的場景中出現了一座歇山頂黄色方形幕帳，圖注稱"齋幄"，在夜晚場景中已然不在。雖然在漢文圖注中没有提到相關信息，但蒙古文、藏文與波斯文圖注中都明確提到了"皇帝的幕帳"，蒙古文圖注爲"eǰen nü čačar"，eǰen 意爲"主人、君主"，nü 爲屬格，čačar 爲方形大帷幄；藏文圖注中是"gong ma'i gzim ther"，gong ma 指皇帝，gzim ther 爲寢帳；波斯文圖注爲"khaima-yi shāhī"，直譯爲"君主之帳幕"①。按照多語種圖注，在當時圖注翻譯者的理解中，齋幄是皇帝專屬的。再者，此齋幄顔色是具有皇家特色的黄色，更加説明了此帳幕的皇家屬性。在識讀繪畫作品時，畫中主人公以代表其身份地位的特徵而得以識别，如在描繪皇帝出行的明代《入蹕圖》長卷繪畫中，一眼可辨認出皇帝：御舟爲金頂褚柱子、黄色文繡帷幕，赫然於船隊中，皇帝的體積亦明顯大於周邊官員，這些均屬於視覺提示。在《薦福圖》中出現的黄色齋幄，也向觀衆傳遞了特殊的視覺信息。

方形幕帳自古以來並不罕見，而此齋幄樣式的獨特之處在於其歇山頂。明代初期，禮制得以復興，相應地，對於宫闕樓閣的建造也有了嚴格的等級要求。《明史·輿服志》中提到"官員營造房屋，不許歇山轉角"②。方形幕帳頂部使用歇山頂樣式亦説明此齋幄的皇家屬性。關於歇山頂幕帳建築樣式，目前發現的最早類似於此齋幄樣式的建築結構出土於河北滿城 1 號西漢墓，經考古隊修復，墓中的柱頭、立柱等可組裝成廡殿頂（五脊四阿式頂）幄帳的構架③。雖然此廡殿頂幄帳構架於墓葬中使用，並不一定具有與齋幄相同的

---

① 詳細的語法及詞意解讀見駱愛麗、劉迎勝：《〈噶瑪巴爲明太祖薦福圖〉回回文初探》，《西北民族研究》2006 年第 1 期，第 59 頁。
② （清）張廷玉等撰：《明史》卷六八"輿服四"，北京：中華書局，1974 年，第 1671 頁。
③ 關於此銅帳的詳細內容見中國社會科學院考古研究所：《滿城漢墓發掘報告》，北京：文物出版社，第 160—179 頁。

功能，但也側面反映了此種幄帳形式在西漢時期就已出現。《營造法式》中提到"九脊小帳"①，但此帳非幕帳，是供奉神像的木龕，在佛寺或者墓室中較爲常見。在一些中國古代繪畫中，車輿與龍舟等採用歇山頂形式，如元代《大駕鹵簿圖書》中的鹵簿儀仗中繪雙層歇山頂樣式車輿，又明代《入蹕圖》中皇帝浩浩蕩蕩的車轡儀仗中船只與車頂都使用了房屋建築頂樣式，可見歇山頂的建築樣式與各種建築或交通工具的結合並非奇事。

《薦福圖》中的"齋幄"樣式在現存繪畫圖像中不常見，相關文獻記載也不多。目前在古籍中記載的"齋幄"主要出現於祭祀典禮的語境中。如在宋徽宗趙佶《南郊祭天齋宮即事賜太師》② 中清廟是皇帝致齋之地，而齋幄同清廟並列出現，應與致齋相關。宋代洪適《郊祀畢宣勞將士口宣》③ 記載了在郊祀完成後皇帝認爲通過建祭壇與齋幄而得以受福。此處齋壇與齋幄並列，表明齋幄在祭祀過程中的重要性。宋代梅堯臣《親郊前三日大慶殿雪中皇帝率群臣發章聖五后》④ 形容了帝王親自去郊祭之前的場景，其中齋幄中點著香爐，散發出的香煙使齋幄安靜。他還寫道："卜惟陽月吉，孝享禮方脩。齋幄嚴宮殿，羣臣奉冕旒。"⑤ 此兩句描述了祭祀典禮之前的場景，其中齋幄與宮殿一同出現，說明了其重要性。從而可見在宋代，齋幄爲祭祀開始之前的一個重要場所，與致齋相關。而在清代文獻如《出山異數記》中，記錄了康熙皇帝在曲阜祭孔活動時在齋幄內休息⑥；《清實錄》記載了雍正皇帝"冬至，上辛，祫祭，羣臣懇請遣官恭代，猶必親詣，省視陳設，行迎神之禮。退居齋幄，默致精誠，俟禮畢，然後旋輅"。⑦ 不同於宋代的"致齋"功能，在清代，齋幄成爲皇帝在祭禮過程中的休息之處，或祈禱祈福之場所。目前還未找到相關的明代文獻，因此在明代初期，"齋幄"是否沿襲宋代"齋幄"之功能，是"致齋"之地抑或與清代一樣是皇帝的隨行休息之處還有待考證。

---

① （宋）李誡撰：《營造法式》卷十"九脊小帳"，清文淵閣四庫全書本。"九脊"指歇山頂建築，因歇山頂有九脊而得名。
② "報本精禋自國南，先期清廟宿齋嚴。層霄初擴同雲霽，暖吹俄回海日暹。十萬軍容冰作陣，九街鴛瓦玉爲簷。肅雍顯相同元老，行慶均釐四海沾。""清廟齋幄常有詩，賜太師已曾和進，禋祀禮成，以目擊之。"見（宋）王明清：《揮麈錄·餘話》卷一，上海：中華書局，1961年，第271—272頁。
③ "朕修報觚壇，逆旅齋幄，衛社賴六師之武，周廬閱三宿之勞，式對嚴凝，良深嘉獎"，見（宋）洪適：《盤洲文集》卷一六，宋刻本。
④ "將郊先奉冊，拜立未央庭。天表君心孝，人驚曉雪零。冕旒紛點綴，劍佩濕晶熒。曲蓋曾無用，羣臣敢自寧。鑪煙靜齋幄，井氣凍宮餅。明日來壇下，中宵已見星。"見（宋）梅堯臣撰：《親郊前三日大慶殿雪中皇帝率群臣發章聖五后》，《宛陵先生文集》卷一一，四部叢刊續編景明萬曆刻本。
⑤ （宋）梅堯臣撰：《祫享觀禮二十韻》，《宛陵先生文集》卷六。
⑥ "上乘輿進城，詣先師廟，至奎文閣前，降輦入齋幄少憩，即步行陞殿，跪讀祝文，行三獻禮，三跪九叩，爲曠代所無。牲用太牢，祭品十籩豆，樂舞六佾，其執事禮樂弟子，皆任所教者也。"（清）孔尚任：《出山異數記》，徐振貴主編：《孔尚任全集輯校注評》（第四冊），濟南：齊魯社，2004年，第2337頁。
⑦ 《清世宗實錄》卷五五"雍正五年閏三月"。

在宋代，齋幄的確與祭祀活動相關，且常出現於皇帝郊祀的語境當中。"齋幄"一詞中，"齋"體現功能，"幄"則説明其本質。《周禮》中提到幄爲皇帝所居之帳："帷幕皆以布爲之，四合象宫室曰幄，王所居之帳也……凡朝覲、會同、軍旅、田役、祭祀，共其帷、幕、幄、帟、綬。"① 説明幄在當時具有多重功能。宋代祭禮中多次提到"幄殿"，尤其在宋真宗掀起"神道設教"時期，隨著幾次大型的祭祀祈福活動，"幄殿"的功能得到了詮釋："（大中祥符元年[1008]九月）甲子扶侍使等奉天書升玉輅，赴太廟南城門内幄殿，有頃，車駕至詣幄殿，酌獻訖，奠告六室至太祖太宗，告以嚴配之意，上涕泗交下，左右指事無不感動。行禮次，白雲如龍鳳仙人，正在廟室上，有鶴十四來翔。"② 説明在致齋、散齋期間，於幄殿内祭奠祖先，此種誠意感動上天，導致祥瑞景象的出現。

而與"齋"相關的建築有齋宫、齋室等。關於齋宫的建築功能，元代記載祭祀禮儀相關文本中載："盥濯居齋宫，聖壽祝萬年"③，此處提到洗漱完畢後入住齋宫，以最虔誠和最好的狀態向神靈祈禱。在中國古代祭祀禮儀中，齋室、齋宫是非常重要的組成部分。秦漢時期就有齋宫的相關記録：齋宫爲所齋之宫，是君主專門用於"致齋"之地④。早在秦朝時就作爲宗廟的附屬建築，專門用於皇帝祭祀祖先之前的"致齋"。在洪武年間，齋宫依舊有"致齋"功能。⑤ 除了皇帝，當國家舉行祭天大典時，官員甚至普通民衆也需進行齋戒，也都有不同的"致齋"之地。關於致齋之所，皇帝和官員及百姓使用的詞語不同，皇帝使用"齋宫"，明史多次提到"帝御齋宫"⑥，以及《靈谷寺碑》中記載正月十日明太祖在齋宫。⑦《蔣山寺廣薦佛會碑文》中："皇帝御寶歷之四年……乃冬十（月）[有]二（日）[月]，詔征江南有道浮屠來復等十人，詣於京師，命欽天監臣著以穀旦，就蔣山太平興國禪寺丕建廣薦法會。上宿齋室，卻葷肉弗禦者一月。"⑧ 蔣山寺爲靈谷寺前身，此處提到明太祖朱元璋在法會期間住宿於齋室。而在大祀期間，官員、配祀官等居

---

① 見（西周）姬旦撰，（東漢）鄭玄注：《周禮》卷二"官塚宰下"。
② （宋）李燾撰：《續資治通鑒長編》卷七十，北京：中華書局，2004年，第1562頁。
③ （元）胡祗遹撰：《紫山大集》卷一，三怡堂叢書本。
④ 王承文：《論漢晋道教"静室"的性質和來源》，《學術研究》2017年第2期，第114頁。"致齋"指舉行祭祀前的齋戒時間，關於戒齋時長不同的年代有不同的規定，"散齋"期間可以不住齋宫，但在"致齋"期間必須居住在齋宫，是公開大祭前最重要的階段。關於更多詳細解釋，見同頁。
⑤ "一正祭……駕自齋宫詣壇"，皇帝在齋宫致齋三日後出發去郊壇祭祀。見《大明會典》八一"禮部三九"
⑥ 關於齋宫的具體地點，明史中提到洪武年間右順門外有殿曰武英，爲皇帝齋戒時居所。（清）張廷玉等撰：《明史》卷六八，第1668頁。
⑦ （清）甘熙修，（清）謝元福增輯：《靈谷禪林志》，第26頁。
⑧ （明）宋景濂：《蔣山寺廣薦佛會碑文》，（清）甘熙修，載（清）謝元福增輯：《靈谷禪林志》，第166頁。

"齋房"或借住於道士房榻①。從"齋幄"的字詞來看,它應與齋宮、齋室一樣,均有致齋功能。

但如果將以上文本中"齋幄"的"致齋"含義代入《薦福圖》,顯然不符合長卷的敘事邏輯。"齋幄"出現日爲二月十三日,是法會開始的第九天,然而"致齋"爲大齋開始前的準備階段②,因此出現於此的"齋幄"應不與宋代祭禮中的"幄殿"具同一功能,沒有致齋含義。導致此現象的原因或有兩種。首先,在明代"齋幄"發生了詞意的轉換,並非專屬的致齋場所,而是皇帝的隨行帳房,或祭祀典禮中默念禱告之場所,正如清代文獻中的記載。明代洪武年間皇帝、皇太子、親王等鹵簿車架等項儀仗所需物資中包含了"黃帳房一座,用黃木綿布帳,並帷幕上施獸吻,硃紅漆柱,並杖竿,竿首練粧蹲獅,頂用毡。"③《明史·輿服志》中也載:"車架之出,有具服幄殿,按《周官》大小次,木架葦障,上下四旁周以幄墻,以象宮室。明鹵簿載具服幄殿,儀仗有黃帳房,乃元制也。帳並帷幕,以黃木綿布爲之。上施吻獸,柱竿紅髹,竿首彩裝蹲獅,毡頂。"④ 又或是由於圖像與圖注的分割導致了與長卷中黃色歇山頂樣式的帳殿對應的並非圖注中具有致齋功能的"齋幄",根據薦福圖的圖注與圖像的整體對照,二者有不統一、不一致的内容⑤,圖注文字原有的含義與畫匠所描繪的名物並非完全匹配,這就涉及《薦福圖》圖像與圖注孰先孰後的問題,有待進一步研究。

不論在歷史語境還是《薦福圖》圖像中,"齋幄"均爲皇帝專屬,祇不過圖像中的黃色歇山頂殿幄不具宋代以來"幄殿"的"致齋"之意,更多是爲了表達皇帝親臨法會。

## 三、皇帝與哈立麻:"齋幄"與"寶樓"

"齋幄"僅在二月十三日的薦福法會中出現一次,它的突然出現並非偶然。根據上文對"齋幄"圖像、圖注與意涵等方面的分析,可知它的出現與明成祖緊密相關,體現了

---

① 如"配祀官齋房於齋宮之西南",見(清)張廷玉等撰:《明史》卷四七"禮一",第1240頁;"弘治五年,分獻配祭等官,借局道士房塌",見《明史》第1241頁。
② (清)張廷玉等撰:《明史》卷四七"禮一",第1240—1241頁。致齋三日便是指祭祀開始前第三日開始的"致齋",此期間徹底斷絕與外界事。
③ 見《大明會典》卷一八二"工部二"。吻獸爲中國傳統建築中裝飾脊頂的建築構件。在東宮儀仗中則爲青帳房,見《大明會典》卷一八四"工部四"。
④ (清)張廷玉等撰:《明史》卷六五"輿服志一",第1605頁。
⑤ 日本學者高志緑認爲這或許是因畫卷成於多人之手,抑或是在後世修理的過程中有錯簡的可能性。見高志緑:「「普度明太祖長卷」について」,宮崎法子、森雅秀編『アジア仏教美術論集 東アジアⅤ元・明・清』,中央公論美術出版社,2022年,第423—476頁。由衷感謝中國人民大學國學院碩士研究生額日古納對此文的翻譯。

皇帝參與了薦福法會。那麼"齋幄"是否表明永樂皇帝在當天親臨靈谷寺還是僅僅有象徵含義？

目前對永樂皇帝親臨靈谷寺的記錄有漢文文獻《御制靈谷寺塔影記》《明實錄》以及藏文文獻《賢者喜宴》等。《御制靈谷寺塔影記》提到皇帝於永樂五年四月十五日前往靈谷寺觀塔影①，《賢者喜宴》中記載爲：三月五日（應爲畫中二月五日）哈立麻開始制作壇城時，永樂皇帝前去班賜禮品、三月十八日皇帝前去接受灌頂②等。由此可見，永樂皇帝確實在靈谷寺大齋期間前往祈福，但是否在出現齋幄的二月十三日抵達靈谷寺，目前還沒有相關的史料證明。除大齋期間外，關於皇帝駕臨靈谷寺的記錄如下："元月二十三日太陽初升，皇帝駕臨寺院中，法王從寢宫之內門，所有上師從中門迎接。"③"元月二十七日早晨，皇帝駕臨法王駐地，賜予法王白檀木制作的高度有兩肘之手千手千眼觀世音一尊以及供奉觀世音的銀制供器……"④《薦福圖》圖注中還提到"（三月）初五，駕幸靈谷寺設齋供。"《明實錄》中僅有皇帝五月親臨靈谷寺的記錄："（五月）己巳，上幸靈谷寺駐驛中。"⑤ 根據以上文本記載，永樂皇帝駕幸靈谷寺的頻率較高，也體現了永樂皇帝對於靈谷寺，以及薦福法會的重視。

明成祖朱棣在永樂初年舉辦了多次佛、道教大齋法會，並有親臨大齋的慣例，如在薦福法會之前的永樂四年十二月"征天下道士至京師，朝天宫、神樂觀、洞神宫修舉金籙齋法，薦皇考皇妣，車駕幸齋壇，七日而畢。"⑥ 除了學者們常說的永樂皇帝通過大規模舉辦大齋從而強調其皇位的正統性外，也體現了明成祖對於佛、道教的信仰與法事活動的熱衷，而這也恰恰是對其父朱元璋時期大興佛、道法會的繼承。

《薦福圖》二月十三日圖注中提到孝陵和皇城⑦，但畫面中並未出現二者。兩道慧光達孝陵與皇城，說明了其指向性，皇城爲皇帝所在之地，孝陵爲明太祖高皇帝與高皇后的

---

① （明）朱棣：《御制靈谷寺塔影記》，（明）葛寅亮撰，何孝榮點校：《金陵梵刹志》，第98頁。
② （明）巴臥·祖拉陳瓦著，周潤年譯注：《賢者喜宴·噶瑪崗倉史》，第206—207頁。
③ （明）巴臥·祖拉陳瓦著，周潤年譯注：《賢者喜宴·噶瑪崗倉史》，第204—205頁。
④ （明）巴臥·祖拉陳瓦著，周潤年譯注：《賢者喜宴·噶瑪崗倉史》，第205頁。
⑤ 見《大明實錄》《大明太宗文皇帝實錄》卷六十七"永樂五年五月"：己巳，上幸靈谷寺駐驛中，庭有青蟲著上衣，以乎拂置地徐，命中官取置樹間曰，此雖微物，皆以坐理，毋輕傷之。
⑥ （明）陳建撰，（明）岳元聲訂：《皇明資治通紀》卷十二，明末張名振評點本。
⑦ 《薦福圖》二月十三日漢文圖注爲："初十三日慧光二道，一達孝陵，一達皇城。復有五色圓光，環於壇殿及如來所居寶樓。旋見天花飛達齋幄，風日和暢，瑞雪繼下。"二月十六日圖注爲："塔殿及如來所居樓見五色毫光祥雲，五彩天花遍下，充滿孝陵，彌布皇城。""孝陵"的藏文轉寫對應爲 bang so，意爲陵墓，而皇城對應藏文轉寫 pho brang，爲皇宫。

陵寢①，此處呼應了明成祖辦普度大齋爲皇考皇妣薦福之目的。"天花飛達齋幄"同樣具有指向性，强調了齋幄的存在。《蔣山寺廣薦佛會碑文》記載了明太祖朱元璋在蔣山寺廣薦佛會的相關儀式與過程。在各項程序中朱元璋都親力親爲，對此次法會極爲重視。② 其中還記載道："聞前事二日，淒風成寒，飛雪灑空，山川慘澹，不辯草木，鑾輅一至，雲開日明，祥光沖融，布滿寰宇。……此皆精誠，動乎天地，感乎鬼神。"③ 在《薦福圖》中，畫家所描繪的"齋幄"如上文中的"鑾輅"一樣，是皇帝的象徵，正如"鑾輅一至，雲開月明"，在《薦福圖》中"天花飛達齋幄，風日和暢"。因此長卷中的齋幄是皇帝親臨的象徵，意在表達皇帝的誠心。

與齋幄具有象徵含義一樣，"好事壇場"與"如來寶樓"則是大寶法王哈立麻的象徵，畫匠通過長卷中僅有的兩條文字，即"好事壇場""寶樓"的名稱指向哈立麻④。首先關於"好事壇場"⑤之名稱，"好事"指超度法會，通常有"設齋做好事"的說法⑥，意爲修建大齋、壇場做超度、祈福法事。具體做壇場法事的場景可參考《西天佛子源流錄》，其中不僅多次出現"壇場好事""好事壇場"⑦ 等相關詞彙，還以大篇幅描繪了大慈法王釋迦也失修建壇場做法事的場景。法事活動主要在佛殿内進行，殿中設主供佛，修建壇場的僧人們在房殿内繪制壇城並作供養，之後再觀想儀軌等等。根據文章第一部分的分析，在長卷中以大寶法王哈立麻命名的兩座建築"好事壇場"與"寶樓"中，"好事壇場"對應了《奉敕撰靈谷寺碑》中記載的建寺初期用於禮誦的寶塔附殿，而"如來寶樓"

---

① 王焕鑣撰，周鈺雯、王韋點校：《明孝陵志》，南京：南京出版社，2006 年，第 18 頁。孝陵，葬明太祖高皇帝、孝慈高皇后。
② 更多相關分析見趙偉：《明初蔣山法會考述》，《世界宗教文化》2018 年第 6 期，第 111 頁。因此靈谷寺薦福法會的相關程序可以以此次蔣山寺廣薦法會爲參考。
③ （明）宋濂著，徐儒宗等點校：《宋學士文集》，杭州：浙江古籍出版社，2014 年，第 708 頁。
④ 如果長卷中並未標明此兩座建築爲大寶法王的"好事壇場"與"寶樓"，那麽很難判斷出此兩座建築在當時的功能以及與哈立麻的關係。由此可見，題注起到了提示作用。
⑤ 圖中藏文注釋爲：gzhu'i la'i ta'i ba'u hwa' wang zi then ta'i shen tsi ca'i hu'o dkyil 'khor bzhengs nas cho ga bsgrub pa'i gnas/ 直譯爲"如來大寶法王西天大善自在佛制作壇城舉行儀軌之處"，對應的蒙古文題記爲：mandal ger（mandal-un ger），藏文題記爲 dkyil 'khor lha khang/
⑥ "好事"在《元曲》中出現多次，如在《昊天塔孟良盜骨雜劇》中："就在這五臺山寺裏做七天晝夜好事超度俺父親和兄弟早升天界也"，體現了其超度意涵。見（明）臧懋循：《元曲選》，明萬曆刻本。
⑦ 見張潤平、蘇航、羅炤編：《西天佛子源流錄——文獻與初步研究》，北京：中國社會科學出版社，2012 年，第 177 頁："凡遇聖誕節，修建壇場好事，亦如正旦"，第 178 頁："宣德癸酉，上命佛子及弟子等，長例修設護國吉祥壇場好事"；第 143 頁圖 69 標題："修護國好事壇場"；等等。

没有明確可對應的建築。根據"如來寶樓"的相關圖注與題記①，圖中此建築確實表現爲哈立麻在南京期間的住所。如此一來有兩個問題：首先，靈谷寺内是否存在過哈立麻的寢宮？是專門爲其所建，還是與好事壇場一樣是靈谷寺原有的建築，由於噶瑪巴在内做法及住宿，所以以其名稱呼？再者，如果存在過"如來寶樓"，它是否爲圖中描繪的三層歇山頂樣式建築？

建寺伊始，寺院生活區衹有"食堂在東，庫院附焉。禪堂在西，方丈近焉。"《五世噶瑪巴傳記》載："自蒙古以來，雖然皇宫中有很多寺院，還是新建了城牆外的靈谷寺與城牆内的大都寺等漢式布局的寺院，並建造了住處。"② 表明當時在靈谷寺新建了大寶法王的居所。③《靈谷禪林志》中明確提到此建築爲大寶法王而建。因此在寶塔東側的此建築很可能是永樂皇帝專門爲哈立麻所建。哈立麻在京期間，與明成祖聯繫頻繁，常被邀請至皇宫參加一些活動，活動結束後由皇子們送回寺院④。皇帝也會駕臨靈谷寺見哈立麻，也有哈立麻從寢殿出來迎接的相關記載⑤。有一夜大寶法王參加完宫内晚宴後返回寺院，寢殿門外有與宫内相同的會供與各種遊藝把戲⑥。以上文獻均證明哈立麻在南京期間下榻於靈谷寺，有專門的寢殿，根據寢殿外也可進行各種遊藝活動來看，寢殿規模應不小，且附近應有空曠之地得以進行以上戲耍活動。《金陵梵刹志》與《靈谷禪林志》地圖中中軸

---

① 圖像中藏文題記轉寫爲：de bzhin gshegs pa thams cad kyi ngo bo rin po che chos kyi rgyal po byams pa chen po'i dbang phyug kar ma pa'i gzim khang/ gzim khang 爲寢殿。在圖注中的藏文描述爲：de bzhin gshegs pa rin po che'i gnas khang，直譯爲：得銀協巴之住處；蒙古文描述爲：ruu lai burqanu saquγsan dabqur ger，直譯爲：如來大寶法王所居疊樓。dabqur 有"雙層"或"樓層"之意，結合圖像中的三層寶樓，或形容了如來寶樓爲多層的，而非單層。

② 丹求達哇編：《水晶石：噶舉教法史》（藏文），北京：民族出版社，2013 年，第 466 頁。藏文轉寫爲：hor dus nas pho brang na kar sde mang du yod mod kyang khyad par du rgya lugs kyi bkod pa can gyi lcags ri phyir ling gu si'i sde dang/nang du tA tu kar sde sar du btab ba la bzhugs gnas mdzad/ 關於此處出現的大都寺，鄧銳齡認爲其疑指大天界寺，但當時天界寺爲漢僧修持之地，哈立麻一行未必居此。見鄧銳齡：《〈賢者喜宴〉明永樂時尚師哈立麻晉京紀事箋證》1992 年第 3 期，第 88 頁。

③ （明）徐一夔：《奉敕撰靈谷寺碑》，載（清）甘熙修，（清）謝元福增輯：《靈谷禪林志》，第 26 頁。

④ 見丹求達哇編：《水晶石：噶舉教法史》（藏文），第 467 頁：傍晚（法王）離開的時候，皇帝送至第三道門，皇子們送至寺院。藏文轉寫爲：dgongs mo phyir byon pa la gong mas sgo gsum bar du bskyal/ rgyal bu rnams kyis dgon par bskyal/

⑤ 見丹求達哇編：《水晶石：噶舉教法史》（藏文），第 466 頁：第二天太陽剛剛升起的時候，皇帝到寺院，法王從寢殿内門迎接，其他僧人們從中門迎接。藏文轉寫爲：phyi nyin nyi shar tsam du gong ma dgon du tshur byon/ drung nyid kyis gzim khang gi nang sgo dang bla ma rnams kyis bar sgo nas bsus/ 第 467 頁：（一月）二十七日早晨，皇帝駕臨法王之寢殿。藏文轉寫爲：nyer bdun gyi nang par gong ma drung gi gzim khang du byon te/ 也可見（明）巴臥·祖拉陳瓦著，周潤年譯注：《賢者喜宴·噶瑪崗倉史》，第 204—206 頁。

⑥ 見丹求達哇編：《水晶石：噶舉教法史》（藏文），第 467、478 頁：藏文轉寫爲：srod tsam na dgon par phebs/ gzim khang gi sgor yang de dang 'dra ba'i mchod pa dang rtsed sna sna tshogs pa 'dug/

線上的幾座佛殿東側最大規模的建築僅有"法臺基"（或"大寶法王殿基"）①。此殿"樓閣九十九間，皆綠玻璃瓦所成，階級三十三層，壯麗無比。宣德間，災"②，顯然此處"樓閣九十九間、階級三十三層"的描述使用了誇張手法，意在突出當時這座建築的壯麗，但足以證明當時大寶法王的寢殿等級之高。在清代，乾隆皇帝駕臨靈谷寺並在此地（"法臺基"）建行座，③ 亦體現了此地的重要性。

八邦寺版本的噶舉派祖師像中有《五世噶瑪巴得銀協巴肖像》④，此幅唐卡在制作過程中應受到《薦福圖》影響，尤其在建築的細節上是一致的。其中共出現三座建築，除了可以明確辨認的寶公塔與相連附殿"好事壇場"外，還有一座單層建築位於"好事壇場"右側。然而在《薦福圖》中"好事壇場"右側未出現建築，祇有左側的"寶樓"，且爲三層建築。長卷中最常出現的建築就是有明確題記的"壇場"與"寶樓"，作爲強調噶瑪巴與明廷交流的五世噶瑪巴肖像畫，其中所現建築應爲此二者無疑。至於爲何此建築繪於右側以及僅有一層，目前還無從得知。根據五世噶瑪巴得銀協巴傳記，除了靈谷寺，得銀協巴曾住於宮殿中新建的觀見宮殿。長卷中三層建築的描繪是否受啟發於那座宮殿？《明實錄》提到了皇帝與哈立麻在奉天殿與華蓋殿見面：（十二月乙酉，即十二月二十四日）尚師哈立麻至京入見，上御奉天殿⑤。十二月庚戌（二十五日）宴尚師哈立麻於華蓋殿賜金百兩。⑥ 此兩座殿在朱元璋在位時就已經存在，並非永樂年間新建。⑦ 從建築樣式看二者也並非三層歇山頂式建築。目前還未發現確切證據可以證明當時的"寶樓"是否爲三層，但長卷中的其他建築具紀實性，從畫面一致的角度以及上述文獻中對於寶樓的描述考慮，"寶樓"或真實反映了哈立麻寢殿原貌。

## 四、結　語

《薦福圖》中大部分建築均可與建寺初期的相關文獻所對應，並完整體現在之後的明

---

① 雖然一般來說在漢式伽藍七堂寺院布局中，寺院的中軸線上均爲佛殿，僧舍及寢殿集中於兩側。靈谷寺初建時"食堂在東，庫院附焉。禪堂在西，方丈近焉"，住宿區集中於西側。大寶法王寢殿位置不在住宿區。
② （清）甘熙修，（清）謝元福增輯：《靈谷禪林志》，第61頁。
③ 見（清）甘熙修，（清）謝元福增輯：《靈谷禪林志》，第61頁："國朝乾隆間，翠華臨幸，即其地恭設行座，中爲垂花門，左右各有角門，繚以黃牆。
④ 18世紀，100×60厘米，藏於美國紐約Tambaram美術館。
⑤ 《明太宗實錄》六二"永樂四年十二月"。
⑥ 《明太宗實錄》卷六二"永樂四年十二月"。
⑦ 癸卯新内成，正殿曰奉天殿，前爲奉天門，殿之後曰華蓋殿，華蓋殿之後曰謹身殿。請參見《明太祖實錄》卷二五"吳元年九月"。

清史料中。説明畫師真實地反映了當時靈谷寺的建築，具有紀實性，也是描繪了大量奇幻色彩的瑞象的《薦福圖》中最具寫實性的內容，對還原明初的靈谷寺原貌有極大的參考價值。長卷中有一日出現"齋幄"，根據其"黃色歇山頂"的圖像特點以及其對應的蒙古文、藏文以及波斯文圖注與"齋幄"詞意的解讀，它具有皇帝專屬的性質。然而這並不代表皇帝當天一定駕臨靈谷寺。相比於其他建築的紀實性，此"齋幄"更具象徵性，象徵皇帝親臨大齋，也呼應了五世噶瑪巴傳記以及相關文本中所記載的皇帝到達大齋現場，以此來體現皇帝的虔誠之心。《薦福圖》沒有描繪主人公永樂皇帝與五世噶瑪巴，畫匠巧妙地以"寶樓"與"好事壇場"代表了五世噶瑪巴，以"齋幄"象徵永樂皇帝，並以這種方式展現了當時哈立麻與永樂皇帝的參與，更是映射了明廷多封衆建的治藏政策背景下西藏地方與明廷之間的友好往來。

# Documentary and Symbolic: A Study on the Architecture and Implications of the Illustrated Scroll "Buddhist Ritual Assembly Performed by the Fifth Karma pa to Glorify the First Ming Emperor Taizu"

Baoluer

**Abstract**: The illustrated scroll "Buddhist Ritual Assembly Performed by the Fifth Karma pa to Glorify the First Ming Emperor Taizu" is a giant scroll nearly 50 meters long and 60 centimeters wide collected in the Xizang Museum. It depicts auspicious scene which is occurred when the Fifth Karma pa was invited by Emperor Yongle to host a blessing ceremony at Linggu Temple in Nanjing in the fifth year of Yongle (1407). The figure of Emperor Yongle and the Fifth Karma pa were not involved in the entire scroll. However, many elements in the painting reflect the two protagonists. Among them, architecture appears most frequently. It not only reflects the original appearance of Linggu Temple in the early Ming Dynasty but also reflects the participation of Emperor Yongle and the Fifth Karma pa in the process of Buddhist ritual.

**Keywords**: The illustrated scroll "Buddhist Ritual Assembly Performed by the Fifth Karma pa to Glorify the First Ming Emperor Taizu"; Architecture; Documentary; Emperor's tent; Symbol

# 15世紀河湟地區無量光佛淨土圖像考

## ——以炳靈寺第 3 窟壁畫爲中心

毛一銘

**摘　要**：西方淨土是漢地流行時間最長、影響最廣的佛教圖像題材之一，儘管該題材在藏地出現時間較晚且現存作品數量不多，但隨著 15 世紀漢藏佛教藝術交流加深，藏地新興的淨土圖像樣式傳播至河湟地區。基於此，本文首先對西方淨土相關的漢藏文經典和藏地淨土圖像早期遺存的特徵作簡要梳理，並結合壁畫題記信息以確定該圖像題材在西藏的文本依據及定名。其次，以魯賓藝術博物館藏 15 世紀西藏中部地區的無量光佛淨土唐卡爲參照，對炳靈寺第 3 窟淨土壁畫進行復原與分析；同時也可以進一步歸納出無量光佛淨土圖像的內容及特點，並結合河湟地區其他無量光佛淨土壁畫的構圖、風格及圖像題材配置，分析這批漢藏交界地帶淨土圖像的來源問題。

**關鍵詞**：無量光佛淨土；炳靈寺第 3 窟壁畫；15 世紀

## 引　言

甘肅永靖炳靈寺石窟作爲中國歷史上最爲悠久的石窟寺之一，自明代起陸續受到藏傳佛教的改造。其中，炳靈寺第 3 窟現存大量精美的明代壁畫，其圖像內容豐富，保存較爲完好，是炳靈寺石窟中存有明代早期藏傳佛教藝術的代表性洞窟。炳靈寺第 3 窟現位於石窟群最南端，坐西朝東，是一座唐代開鑿的小型平頂窟，洞窟中心保留有唐代雕鑿的仿木構方塔。該石塔西壁左下方有一則墨書題記："大明國（陝）（西）/道河（州）（在）/源地居（住）（奉）/佛發心弟子/長王阿即/藏卜□□/上同父□□/母崔氏/並兄□/王緒/王緯/魏氏/趙氏/李（氏）/侄男金□/大僧/定住/遊僧□/上千大造意/者發心彩畫/千佛石寺洞/造完奉/上報四（恩）（下）/資三有（法）（界）/有情□德□□/嘉靖□年□/月二十五（日）"①，表明石塔壁畫重繪於明嘉靖初年（1522—1531），並爲洞窟四壁壁畫重

---

① 斜杠表示原題記換行位置，方框表示缺字，括號内爲殘損或字迹模糊的文字，可通過上下文推斷並參照炳靈寺第 4 窟嘉靖十六年石刻題記得出。該題記由筆者現場考察後辨識並整理而成，另外參見董玉祥：《梵宮藝苑——甘肅石窟寺》，蘭州：甘肅教育出版社，1999 年，第 202—204 頁；王玲秀：《炳靈寺第 3 窟石塔壁畫創作背景及内涵探析》，《西藏研究》2012 年第 5 期，第 60—61 頁。

繪年代提供了時間下限①。

圖 1　炳靈寺第 3 窟無量光佛淨土壁畫（筆者攝）

炳靈寺文保所曾對第 3 窟西壁南鋪壁畫（見圖 1）作初步辨識，認爲壁畫內容符合《觀無量壽經》中"十六觀"之"水觀""地觀""寶樹觀""八功德水觀""寶樓觀"與"花座觀"，從而將此鋪壁畫定名爲"觀無量壽經變"②。筆者十分贊同該鋪壁畫展現了西方淨土世界，但其具體內容及定名還有待商榷。首先，寶樹、寶樓、八功德水等內容是西方淨土變的基本要素，而非觀經變的判定依據；其次，該壁畫具有顯著的藏地風格，需要放入藏傳佛教語境下討論。此外，甘肅永登妙因寺也存有相似的淨土壁畫，並且具有相對明確的繪製時間；年代稍晚的此類圖像則見於永登紅城感恩寺與炳靈寺第 70 窟。因此，在研究炳靈寺第 3 窟淨土壁畫的同時，可以對 15 世紀河湟地區這批圖像進行整體考察③。此時是藏傳佛教藝術在西藏本土及中原內地繁榮發展的時期，河湟地區則地處漢藏邊界交通要道，戰略地位突出，受到中央王朝的重視。明廷以多封衆建政策爲基礎，大力扶持當地藏傳佛寺，爲藏傳佛教藝術東漸及漢藏藝術交流提供了肥沃的土壤。儘管西方淨土題材是漢地流行時間最長、影響最廣的佛教圖像題材之一，但在上述背景之下，新興的西藏圖像樣式進入漢藏交界地帶，爲這一傳統題材注入新的活力。

## 一、西方淨土經典及藏地早期圖像

阿彌陀佛及其淨土信仰建立在大乘佛教經典基礎上，其核心文本是成書於西北印度貴霜王朝時期的大、小無量壽經（Sukhāvatīvyūha-sūtra，以下簡稱"大經"與"小經"），以

---

① 炳靈寺第 3 窟四壁及窟頂壁畫的重繪時間早於石塔壁畫，由於缺乏直接的文獻材料證據，需要以圖像爲線索做盡可能充分的論證，將另以專文論述。
② 趙雪芬、賀延軍、曹學文：《炳靈寺第 3 窟觀無量壽經變辨析》，《西藏研究》2019 年第 4 期，第 117—121 頁。
③ 河湟地區泛指黃河上游與其支流湟水之間形成的谷地，位於甘青兩省交界地帶。其中，炳靈寺石窟位於黃河沿岸，妙因寺位於湟水最大的支流大通河沿岸，感恩寺位於黃河支流莊浪河沿岸，三者均處於黃河與湟水交彙的中心地帶。

及在漢傳佛教中流行的《觀無量壽經》。這些經典教導眾生信願念佛以往生淨土，並大量描繪了淨土的諸種無上莊嚴，成為西方淨土圖像創作的主要依據。需要說明的是，西方淨土名為極樂世界（梵：Sukhāvatī，藏：bDe ba can），阿彌陀佛又意譯為無量光佛（梵：Amitābha，藏：'Od dpag med）或無量壽佛（梵：Amitāyus，藏：Tshe dpag med）。

大經現存五種漢譯本，在三個早期譯本中以曹魏康僧鎧譯《佛說無量壽經》二卷本最為流通①，此外還有唐菩提流志譯《大寶積經·無量壽如來會》二卷本與宋法賢譯《大乘無量壽莊嚴經》三卷本；藏譯本收錄於《甘珠爾》寶積部，名為《聖無量光莊嚴大乘經》（'Phags pa 'od dpag med kyi bkod pa zhes bya ba theg pa chen po'i mdo），由印度班智達勝友（Jinamitra）、施戒（Dānaśīla）及西藏譯師智軍（Ye shes sde）于9世紀前後共同譯出，並按新譯語厘定②。小經現存兩種漢譯本，一是流傳甚廣的後秦鳩摩羅什譯本《佛說阿彌陀經》，二是唐玄奘所譯《稱贊淨土佛攝受經》；藏譯本同樣由施戒與智軍譯定，名為《聖極樂莊嚴大乘經》（'Phags pa bde ba can gyi bkod pa zhes bya ba theg pa chen po'i mdo），現收錄於《甘珠爾》③。至於《觀無量壽經》，僅存劉宋畺良耶舍的漢文本，尚未發現相應的梵文及藏文本。

通過以上簡要梳理可知，大、小二經的藏文本在譯出時間和經名翻譯上，分別與唐代譯出的《大寶積經·無量壽如來會》和《稱贊淨土佛攝受經》更為接近，尤其是都將大經收錄於《大寶積經》第五會。在經文內容上，小經的漢藏譯本基本一致，僅部分細節有所出入④。此外，藏譯本在9世紀成書的吐蕃譯經目錄《旁塘目錄》中已有收錄，分別位於"大經部"與"小經部"，名曰"無量光如來淨土莊嚴"（De bzhin gshegs pa 'od dpag med kyi zhing gi bkod pa）與"極樂莊嚴"（bDe ba can gyi bkod pa）⑤；在布頓《佛教史大寶藏論》中，這兩部經的歸類及標題名稱已與藏文大藏經的收錄情況一致⑥。由此可見，相較於容易混淆的漢譯本經名，藏譯本標題始終反映了大、小二經內容的不同側重點，大

---

① 另外兩種譯本為東漢支婁迦讖譯《無量清淨平等覺經》四卷本與三國吳支謙譯《佛說阿彌陀三耶三佛薩樓佛檀過度人道經》二卷本。
② 梵名 Ārya-amitābhavyūha-nāma-mahāyānasūtra，載德格版《甘珠爾》寶積部第 39 函，No. 49，第 237b1–270a5 葉。跋尾譯文："由印度堪布勝友、施戒與大譯師智軍翻譯，並按新譯語厘定。"
③ 梵名 Ārya-sukhāvatīvyūha-nāma-mahāyāna sūtra，載德格版《甘珠爾》經部第 51 函，No. 115，第 195b4–200a2 葉。跋尾譯文："由印度堪布施戒與大譯師智軍等人譯定。"
④ 如解釋"無量光"與"無量壽"這兩個名號時，藏譯本與玄奘本對應，而與鳩摩羅什順序相反；或在文末敘述各方諸佛的部分中，藏譯本與鳩摩羅什本相同，有東、南、西、北、上、下之六方佛，而玄奘本另外還有東南、西南、西北與東北四個方位，共計十方佛。
⑤ 西藏自治區博物館編：《旁塘目錄聲明要領二卷》（dKar chag 'phang thang ma dang sgra sbyor bam po gnyis pa），北京：民族出版社，2003 年，第10、16 頁。
⑥ 布頓著，郭和卿譯：《佛教史大寶藏論》，民族出版社，1986 年，第 219、227 頁。

經詳細敘述了無量光佛的生平與願力,因此標題聚焦於"無量光莊嚴",而小經篇幅短小,著重介紹西方極樂世界,從而以"極樂莊嚴"爲題。另外,儘管《觀無量壽經》在西藏未經收錄或翻譯,但後弘期的藏文文獻同樣强調了觀想淨土的重要性。自12世紀起,西藏密宗上師受西方淨土經典及思想的啓發,撰寫了大量淨土相關的祈請文及修持儀軌,被稱爲"極樂淨土祈願文"(bDe ba can gyi smon lam)①,以表達往生極樂世界的願望及方法,同時也促進了西方淨土題材在西藏的興起。

圖2 萬喇寺松載殿淨土壁畫局部(採自 Christian Luczanits, *The Interior Decoration of Wanla*, 2015, p. 48)

藏地有關西方淨土的早期圖像遺存主要見於西藏西部,其中拉達克萬喇(Wanla)松載殿(bKra shis gsum brtsegs)內存有三處14世紀上半葉繪制的壁畫②。一處位於殿內一層十一面觀音塑像龕內側左壁,該鋪壁畫主尊爲菩薩裝、托寶瓶的無量壽佛,其右側繪蓮花生小像;主尊周圍繪多組説法佛及二弟子像,其蓮座均由同一蓮莖相接。根據公布圖版(見圖2)來看,畫面上方還繪有朝向主尊的跪姿菩薩,其餘空間繪寶樹及圓形寶池,這些均是西藏後期圖像中描繪淨土場景的雛形。另外兩處壁畫是關於"西方三聖"的一佛二菩薩組合,其一,位於釋迦牟尼佛龕的左側前壁,該壁面共三鋪壁畫,上方大鋪壁畫主尊爲説法印釋迦牟尼或毘盧遮那佛及其二脅侍菩薩;下方並列兩鋪壁畫,左側一鋪爲四臂觀音三尊像,右側一鋪主尊爲佛裝、托寶瓶的無量光或無量壽佛,其右脅侍爲身白色、持蓮的觀音菩薩,左脅侍爲身藍色、持金剛杵的金剛手菩薩,且二者均持拂塵,此一佛二菩薩周圍環繞忏悔三十五佛。其二,相同的一佛二菩薩組合位於殿二層回廊入口處,並且繪於五方佛序列中,其中不空成就佛與寶生佛爲菩薩裝報身相,而阿閦佛與阿彌陀佛爲佛裝應身相,可

---

① Georgios T. Halkias, *Luminous Bliss: A Religious History of Pure Land Literature in Tibet*, Honolulu: University of Hawai'i Press, 2012, pp. 12-13.
② 該殿正壁與左右兩壁各有一大型壁龕,龕內分别安置十一面八臂觀音、彌勒菩薩與釋迦牟尼佛塑像,其餘壁面滿繪壁畫,圖像題材以止貢噶舉派傳承內容爲主,繪制年代在14世紀上半葉,相關研究詳見 Christian Luczanits, *The Interior Decoration of Wanla*, 2015(目前還未出版,見 https://www.luczanits.net/sites/Wanla.html)。

能分別對應了妙喜淨土與極樂淨土的主尊身份①。

所謂"西方三聖",是指出自淨土經典的阿彌陀佛、觀音菩薩與大勢至菩薩所組成的三尊像②。此組合興起於宋夏時期,多見於接引亡者往生極樂世界的來迎圖中,並常以寶冠中裝飾化佛或寶瓶作爲區分觀音與大勢至菩薩的標志物③。隨後,西藏西部開始出現此類組合像,但以金剛手菩薩代替大勢至菩薩,構成了具有密教特色的西方三聖像。對此,也許可以聯系9世紀漢藏邊界地區分布的大日如來三尊像,該組合以胎藏界曼荼羅中台八葉院中央的禪定印大日如來爲主尊,以觀音菩薩爲右脅侍,金剛手菩薩爲左脅侍,分別代表佛部、蓮華部與金剛部④。此後,隨著阿彌陀佛及西方三聖影響力的提升,同屬胎藏界曼荼羅中台八葉院的禪定印阿彌陀佛替換大日如來,與觀音、金剛手菩薩組成密教化的西方三聖像⑤。這種替換在唐代漢譯胎藏界曼荼羅儀軌中有所描述,一行述記《大日經義釋》載:"凡作余佛壇,如作彌陀壇,即移彌陀入,中其大日佛移就彌陀位。若是二乘諸天等,即不令坐八葉華,當去之,但於方壇中坐其本座。"⑥ 另外,阿彌陀佛、觀音與金剛手菩薩的三尊組合還見於唐密成就法中,不空譯《金剛恐怖集會方廣儀軌觀自在菩薩三世最勝心明王經》載:"中畫阿彌陀如來,坐白蓮華,右手住於施願。右畫觀自在菩薩,身相白色,虎皮爲裙,白玻璃寶以爲腰條,以黑鹿皮角絡而披,住白蓮花,左手持白蓮華,右手施願,無瓔珞臂釧。左畫金剛手菩薩,身赤白色,著種種寶瓔珞,手持白拂,作拂如來勢。"⑦

---

① Christian Luczanits, *The Interior Decoration of Wanla*, pp. 158-163.
② 有關西方三聖像的記載始見於宋代,如(宋)法雲編《翻譯名義集》卷一:"仍造西方三聖像設,廣以化人。"大正新修大藏經刊行會編:《大正新修大藏經》第54册 No.2131,東京:大藏出版株式會社,1988年,第1055頁。
③ 關於二菩薩的形象,在《觀無量壽經》中有所交代,見(劉宋)畺良耶舍譯:《觀無量壽經》,《大正新修大藏經》第12册 No.365,第343—344頁。
④ 如青海玉樹勒巴溝馬年石刻與四川甘孜石渠縣照阿拉姆石刻,參見謝繼勝:《川藏、青藏交界地區藏傳摩崖石刻造像與題記分析——兼論吐蕃時期大日如來與八大菩薩造像淵源》,載謝繼勝主編:《漢藏佛教美術研究》,北京:首都師範大學出版社,2010年,第3—32頁。
⑤ 還有一種解釋是,大勢至菩薩(mthu chen thob)在印度及藏傳佛教傳統中不爲人所熟知,但其化現與密宗中的金剛手菩薩關係密切。參見謝繼勝:《居庸關過街塔造像義蘊考——11至14世紀中國佛教藝術圖像配置的重構》,《故宫博物院院刊》2014年第5期,第75頁;Abira Bhattacharya, "The Cult of Amitabha and Pure Land: A Comparative Study of the Artistic Conventions in Indian Art and the Dunhuang Banner Paintings from the National Museum Collection", Published by Critical Collective, 2021(詳見https://criticalcollective.in)。
⑥ 但此處阿彌陀佛的脅侍菩薩仍爲觀音與大勢至菩薩,見(唐)一行述記:《大日經義釋》第12卷,河村照孝編集:《新纂大日本續藏經》第23册 No.0438,東京:株式會社國書刊行會,1975—1989年,第464頁。
⑦ (唐)不空譯:《金剛恐怖集會方廣儀軌觀自在菩薩三世最勝心明王經·成就事品》,《大正新修大藏經》第20册 No.1033,第10頁。

值得注意的是，無論在經典還是圖像中，二脅侍菩薩的左右位置較爲固定，通常觀音在主尊右側，金剛手在左側，這也符合胎藏界曼荼羅的配置；而在漢傳佛教西方三聖像中，常見大勢至菩薩在右，觀音菩薩在左。

至于主尊阿彌陀佛的形象及身份問題，根據淨土經典的敘述，無量光佛等同於無量壽佛，但兩者在圖像上有所不同，尤其在藏傳佛教造像系統中，無量光佛通常爲佛裝化身相，雙手施禪定印或托佛缽，而無量壽佛爲菩薩裝報身相，雙手施禪定印或托寶瓶。在早期圖像中，這一特徵還未定型，正如前引萬喇松載殿壁畫中的西方三聖像，主尊阿彌陀佛爲佛裝化身相，卻禪定印托寶瓶。這種模糊性在後期漢地所存藏傳佛教圖像中也有所反映，如飛來峰第 89 龕元代造像爲佛裝並托缽的無量光佛，而佛像頭光兩側壁所刻梵文真言以無量壽佛長咒爲主①；又如明宣德六年（1431）刊印的《諸佛菩薩妙相名號經咒》版畫，其中一尊爲托寶瓶菩薩裝的無量壽佛像，對應藏文卻記作"無量光佛"（'od dpag med）②。從 15 世紀上半葉衛藏地區的圖像實例來看，兩者已有明確的區分，正如日喀則江孜白居寺法王殿東壁南北兩側各繪有典型的無量壽佛與無量光佛像③。與此同時，無量光佛淨土圖像中的主尊身份及形象也已統一並固定下來，包括以下幾例河湟地區所見淨土壁畫。

## 二、炳靈寺第 3 窟淨土壁畫的圖像復原及分析

首先需要說明的是，相比於漢地西方淨土變宏大的場面與豐富的淨土内容，藏地西方淨土圖像遵循了藏式傳統構圖，以一佛二菩薩爲中心，尤其突出主尊無量光佛，淨土場景則被安排在畫面四周狹長的區域内④。這類具有藏地本土特色的圖像以"無量光佛淨土"命名更爲準確，一方面便於與漢地西方淨土變作區分，另一方面符合西藏壁畫題記中的記

---

① 謝繼勝等：《江南藏傳佛教藝術：杭州飛來峰石刻造像研究》，北京：中國藏學出版社，2014 年，第 150—156 頁。

② 國家圖書館版本提供：《諸佛菩薩妙相名號經咒》，中國藏學出版社，2011 年，第 31 頁。

③ 其中，無量光佛的脅侍菩薩不同於上述藏地特有的"西方三聖"組合，其右脅侍爲身白色、持蓮的觀音菩薩，左脅侍爲身黄色、持蓮的菩薩形象，可能表現的是大勢至菩薩。白居寺作爲 15 世紀西藏藝術的集大成者，同時受後藏地區及中原内地藝術風格的影響，在圖像題材上也極具多樣性，因此在某種程度上缺乏普適性。這一點在下文所引白居寺大塔淨土殿内壁畫上也有所體現，其構圖和内容與本文所討論的典型藏式無量光佛淨土圖像有所不同。

④ 無量光佛淨土的同類題材"阿閦佛淨土"也採用了此種構圖方式，該圖像題材目前僅見於藏傳佛教遺存中，在西藏西部出現的時間更早，爲 12 至 13 世紀，並且在夏魯寺 14 世紀左右的壁畫中，阿閦佛淨土已呈現出上述緊湊的構圖方式，也許對無量光佛淨土圖像樣式的形成有所影響。參見楊清凡：《阿閦佛東方淨土圖像及往生信仰》，《青海民族研究》2017 年第 1 期，第 28—31 頁。

述。以白居寺吉祥多門塔一層"淨土殿"爲例,該殿正壁塑無量壽佛及四尊脅侍菩薩,塑像兩側壁面繪三十五佛;左右壁及殿門內兩側壁均繪有無量光佛淨土題材。殿內存有兩處題記,其一爲殿門入口處的大段偈頌,涉及正壁塑像及三十五佛等內容。其二是位於壁畫下方的題記,交代了"三十五如來身像畫"與"三鋪大型淨土"的繪製位置、經典依據、供資施主與繪製畫師等信息,並插入了一段有關無量光佛在過去世作爲比丘法藏(Chos kyi 'byung gnas)許下無邊誓願的贊頌①。據此題記可知,殿內淨土壁畫繪製的經典依據以《聖無量光莊嚴大乘經》爲主,並且壁畫名爲"極爲殊勝之世尊無量光如來極樂世界莊嚴"(bcom ldan 'das 'od dpag tu med pa'i zhing khams bde ba can gyi bkod pa phul du phyin par bzhugs pa 'di rnams kyi),或簡稱爲"無量光佛之淨土"('od dpag med pa'i zhing),其主旨在於表達往生無量光佛淨土的願望。

圖3　魯賓藝術博物館藏15世紀無量光佛淨土唐卡（採自 Marylin M. Rhie and Robert A. F. Thurman, *Worlds of Transformation: Tibetan Art of Wisdom and Compassion*, Tibet House, New York, 1999, p. 461）

圖4　炳靈寺第3窟無量光佛淨土壁畫線圖（筆者繪）

至15世紀前後,成熟的無量光佛淨土圖像開始在藏地出現,並傳播至漢藏交界的河湟地區。其中十分典型的一例爲魯賓藝術博物館藏西藏中部地區唐卡（見圖3）,其畫面

---

① 關於題記的錄文、轉寫與翻譯,詳見［意］圖齊著,魏正中、薩爾吉主編:《梵天佛地》第四卷第二册,上海:上海古籍出版社,2009年,第9—15、167—174、312—314頁。

以一佛二菩薩爲中心，四周繪有豐富且精致的淨土場景①。將此幅唐卡與炳靈寺第 3 窟淨土壁畫的線圖（見圖 4）進行比對後發現，兩者在構圖方式和圖像內容上如出一轍，僅繪制細節與風格有所出入。因此，該唐卡對於復原壁畫圖像具有關鍵作用，下文將以此唐卡爲依據並結合壁畫殘存部分，對無量光佛淨土圖像的內容及特點進行解析，從而達到複原炳靈寺第 3 窟淨土圖像的目的。

首先，唐卡主尊無量光佛爲雙手禪定印並托缽的佛裝化身相，其左右脅侍爲觀音與金剛手菩薩，均未繪出身色，僅以持物作爲區分，並在位置上進行了對調。對此，第 3 窟壁畫或許受到了直接影響，二脅侍菩薩同樣未作身色區分，並且對調了位置，形象上均以右手下垂施與願印，左手持蓮，其中左脅侍蓮花上無持物，爲觀音菩薩，右脅侍所持蓮花不存，其上或有金剛杵，應爲金剛手菩薩；主尊同樣爲佛裝化身相，且身色暗紅，儘管其雙手漫漶，但可推測爲施禪定印並托佛缽的姿態。此外，該幅唐卡背面還寫有烏堅（dbu can）和烏梅（dbu med）體真言與頂禮句。其中烏堅體內容分爲兩部分，一部分主要由阿彌陀佛真言、金剛手菩薩真言與六字真言組成，對應唐卡正面所繪一佛二菩薩像；另一部分重複書寫"頂禮無量光佛"以強調對主尊的尊崇②。由此可見，在這一時期的無量光佛淨土圖像中，主尊身份、形象以及與二脅侍菩薩的組合樣式已基本固定。

其次，一佛二菩薩周圍餘下空間滿繪淨土相關的場景，可以分爲以下三個部分。其一，主尊頭光兩側對稱排列跪姿的聽法菩薩與聲聞，其上由龐大的菩提樹冠籠罩，樹冠中央繪一尊說法印坐佛，其上有一朵蓮花向兩側放出虹光，連接至兩尊相同的說法佛，重複的內容還出現在畫面兩側及最下方。由此，畫面四周共分布十尊說法佛，代表了十方諸佛，說法佛周圍還聚集了聽法聲聞、菩薩以及蓮花化生的場景。其二，唐卡四角共繪六座藏式重檐建築，建築內繪三人皆有頭光，中尊爲纏頭巾、著長袍的西藏貴族形象，善跏趺坐於方形板凳上，雙手於胸前施說法印，其兩側爲聽法菩薩，此情景對應了經典中描述極

---

① 該唐卡尺寸（101.6×88.9cm）與洛杉磯博物館藏 15 世紀西藏西部唐卡尺寸（105.4×86.4 cm）非常接近；布魯克林博物館與紐瓦克藝術博物館也藏有同時期無量光佛淨土唐卡，此外還有許多私人收藏的唐卡及拍賣品，不再一一列舉。有關魯賓藝術博物館藏無量光佛淨土唐卡的介紹，參見 Marylin M. Rhie and Robert A. F. Thurman, *Worlds of Transformation: Tibetan Art of Wisdom and Compassion*, New York, Tibet House New York in association with the Shelley and Donald Rubin Foundation, 1999, pp. 460-462.

② 烏堅體藏文題記轉寫：oṃ amitdeva hriḥ padma dhari hūṃ/ oṃ āḥ hūṃ/ oṃ (va) jrapāṇi hūṃ oṃ maṇi padme hūṃ hriḥ// oṃ (vajrapāṇi) hūṃ oṃ amitdeva hriḥ padma dhari hūṃ/ oṃ maṇi padme hūṃ hriḥ// oṃ amitdeva hriḥ padma dhari hūṃ// sngas rgyas 'od dpag tu med pa la phyag 'tshal lo/ sngas 'od dpag tu med pa la phyag 'tshal lo/ hriḥ// 高清圖片詳見喜馬拉雅藝術資源網第 121 號作品（https://www.himalayanart.org/items/121）。

樂世界諸天人及其所居寶樓的內容①。其三，唐卡兩側從上至下各有五條短小的河道，與縱向線條構成多個平行四邊形，將上述以諸佛、建築爲中心的圖像内容分爲多個小格，格内底色也間隔繪成紅色或藍色。這些小河道又與貫通整個畫面邊框的大型河道相連，並從中生出蓮葉、花苞、盛開的蓮花以及蓮花化生，水中的波紋也被細緻地勾勒，以此展現出極樂世界的七寶池及八功德水。其中最爲顯著的蓮花化生情景對稱繪於畫面兩側靠上的位置，化生者與聽法聲聞的形象一致，雙手合十呈跪姿面向主尊禮拜，其身下的蓮花大而精美，自水中生出，化生者頭頂繪一大傘蓋由兩側天女執持。因此，畫面中的淨土場景主要表現爲聽法菩薩及聲聞、十方諸佛、天人及建築、淨水池、蓮花化生等內容，此外還有寶樹、寶幢、寶傘、寶螺、寶盆與摩尼寶等吉祥瑞物點綴在畫面各處。炳靈寺第3窟現存的淨土畫面與上述各部分內容可一對應，僅在細節上有所減省或加入少量漢地圖像元素。如表現建築時采用歇山頂樣式，並省去了建築内部的人物，但又保留了屋頂上的寶塔及建築下方的飄帶等細節。又如在水中增加了鴛鴦一類的禽鳥，或以繁複的菱形格及雙色紋樣表示寶地，此種畫法可追溯至敦煌早期西方淨土變壁畫遺存。

最後，唐卡主尊的佛座中央繪有一尊四臂觀音，其下方爲蓮花生大士，這一組合在15世紀西藏無量光佛淨土圖像中並不罕見。觀音信仰在西藏十分流行，隨著13世紀至14世紀六字真言及四臂觀音信仰在西藏興起，也促進了藏地西方淨土題材的發展②；而蓮花生大士受到藏傳佛教各教派的尊崇，尤其在寧瑪派中出現了"法身無量光佛、報身觀音菩薩與化身蓮花生大士"的三身概念③。因此，無量光佛淨土圖中的四臂觀音與蓮花生像是西藏本土特有的内容，至於炳靈寺第3窟壁畫，其下方殘損部分很可能未將其繪出。一方面可以參考另一幅與魯賓藝術博物館藏唐卡十分相似的15世紀唐卡，其佛座中央爲二菩薩對坐小像，並没有繪出四臂觀音及蓮花生像④；另一方面，在目前已知的15世紀河湟地區其他無量光佛淨土圖像中，還未見到此類圖像内容。

---

① （曹魏）康僧鎧譯《佛說無量壽經》卷一："又，講堂、精舍、宮殿、樓觀皆七寶莊嚴，自然化成，復以真珠、明月摩尼衆寶以爲交露，覆蓋其上。……無量壽國其諸天人，衣服、飲食、華香、瓔珞、諸蓋幢幡、微妙音聲，所居舍宅、宮殿、樓閣，稱其形色、高下、大小，或一寶、二寶，乃至無量衆寶，隨意所欲，應念即至。"《大正新修大藏經》第12册 No. 360，第271—272頁。

② 在詳述六字真言的《寶篋莊嚴經》中，曼荼羅壇場主尊爲無量光佛，並以四臂觀音作爲其眷屬，參見謝繼勝：《平措林寺六體六字真言碑與蒙元真言碑源流》，《歷史語言研究所集刊》第89本第4分，2018年，第663—709頁。

③ 出自伏藏師尼瑪沃澤（Nyang ral nyi ma 'od zer, 1124—1192）的《蓮花生傳》（Gu ru'i rnam thar zangs gling ma），參見 Matthew T. Kapstein, "Pure Land Buddhism in Tibet? From Sukhāvatī to the Field of Great Bliss", pp. 23-24.

④ 該唐卡由私人收藏，參見 Denise Patry Leidy and Robert A. F. Thurman, Mandala: The Architecture of Enlightenment, New York: Asia Society Galleries, 1997, p. 64.

## 三、河湟地區無量光佛淨土圖像來源及相關問題

河湟地區另一處關鍵的無量光佛淨土壁畫位於妙因寺萬歲殿回廊北壁西側（見圖5），其重要性在於壁畫繪制年代確切且保存完整，根據萬歲殿的完工時間及回廊建築與壁畫風格可知，此鋪壁畫繪制於明宣德二年（1427）前後①。對於其圖像題材的判定，學界以往有不同的觀點：其一，注意到壁畫内容與"淨土三經"相吻合，但考慮到阿彌陀佛禪定印並托缽的形象十分罕見，最終判定該鋪壁畫可能爲釋迦説法圖②；其二，認爲該鋪壁畫可能爲藥師琉璃光淨土變，其主尊爲藥師佛，並强調主尊兩側聽法場景具有漢式繪畫特點③；其三，根據主尊身色、佛座上的孔雀等圖像細節，指出該鋪壁畫主尊及題材爲無量光佛淨土，並提出壁畫風格與粉本可能源自西藏的設想④。現根據上文的個案分析並對照

**圖5　妙因寺萬歲殿回廊無量光佛淨土壁畫**

（採自謝繼勝、李俊、郭麗平：《妙因寺萬歲殿暗廊佛專壁畫辨識與風格源流》，《漢藏佛教美術研究》，北京：首都師範大學出版社，2010年，第350頁）

---

① 參見謝繼勝、李俊、郭麗平：《妙因寺萬歲殿暗廊佛專壁畫辨識與風格源流》，載謝繼勝主編：《漢藏佛教美術研究》，第337—342頁。
② 謝繼勝、李俊、郭麗平：《妙因寺萬歲殿暗廊佛專壁畫辨識與風格源流》，載謝繼勝主編：《漢藏佛教美術研究》，第349—351頁。
③ 羅文華、文明：《甘肅永登連城魯土司屬寺考察報告》，《故宫博物院院刊》2010年第1期，第65—66頁。
④ 楊旦春：《甘肅永登妙因寺萬歲殿回廊北壁西堵壁畫題材再探》，《西藏大學學報》（社會科學版）2019年第1期，第108—113頁。

壁畫內容來看，妙因寺這鋪壁畫的題材無疑是無量光佛淨土，並且其圖像樣式源於西藏本土。首先，主尊爲標準的禪定印托缽、佛裝化身相的無量光佛，二脅侍菩薩以跪姿列於主尊兩側聽法菩薩眾中，身下繪有蓮座以示區分，其持物不明，但身色顯著，右脅侍爲白色觀音菩薩，左脅侍爲藍色金剛手菩薩。其次，主尊上方的菩提樹冠小巧，兩側聽法聲聞的數量較多，並繪有執傘蓋、寶幢或樂舞的眾多天女。對於十方諸佛的表現，省去了下方三尊，其餘七尊分布方式不變，但與主尊形象相似①；其蓮座未由蓮花放出的虹光相連，而是由雲朵承托，其後方延伸出的雲氣也與虹光有異曲同工之妙。再次，六座重檐建築均勻分布於畫面兩側，内部也繪有禪定印坐佛，其中束側建築物中還有一位頭戴紅帽的薩迦派上師。至於七寶池的刻畫，此處以環繞壁畫外側邊沿的河道爲主，尤其在畫面下方集中表現了從水中蓮花化生的場景。另外，壁畫背景中也滿繪菱形格紋以示寶地，此舉與炳靈寺第3窟淨土壁畫一致。總的來說，妙因寺無量光佛淨土壁畫在遵循藏地圖像的前提下，做了細節上的改動與創新，並受到漢地繪畫風格的初步影響。

河湟地區另外兩例年代稍晚的無量光佛淨土壁畫則呈現出更爲顯著的漢地元素與風格，並從早期緊湊的縱向或方形構圖轉變爲橫向構圖。其中一鋪壁畫位於甘肅永登感恩寺菩薩殿南壁，繪制於15世紀末，畫中採用了大量與北京法海寺壁畫畫法類似的五彩祥雲圖樣②。一一鋪壁畫位於炳靈寺第70窟南壁，繪制於16世紀初，畫面正下方繪有一座漢式風格顯著的大型淨水池，一佛二菩薩的蓮座均從該水池中生出；許多西方淨土變中常見的禽鳥也出現於此，如建築物旁的白鶴、河流兩岸的雙頭共命鳥及人首鳥身的迦陵頻伽等。除此以外，青海瞿曇寺作爲河湟地區明廷大力扶持的藏傳佛教寺院，是漢藏藝術交流的重要樞紐，但目前未發現存有此類無量光佛淨土壁畫，僅在瞿曇殿外前壁左側繪有一鋪漢地風格濃厚的西方淨土變③。

另外值得注意的是，河湟地區無量光佛淨土題材與其他圖像題材之間存在固定搭配關係，也是對西藏早期淨土題材相關圖像配置的繼承與發展。其中，最爲典型的題材爲十一面觀音。在萬喇松載殿内，正壁主供像爲十一面八臂觀音，其左側壁繪有一小鋪處於萌芽階段的淨土圖像；在炳靈寺第3窟中，成熟的無量光佛淨土圖像則繪制於正壁南側，南壁相鄰位置繪有十一面千手千眼觀音像；炳靈寺第70窟也採用了繪塑結合的方式展現這種配置關係，該窟南壁繪一整鋪無量光佛淨土壁畫，窟室中心偏後位置塑一尊高度幾近窟頂的十一面八臂觀音像，這與萬喇的做法如出一轍。另一種與無量光佛淨土搭配的題材爲釋

---

① 在無量光佛淨土圖像中，畫面四周的諸佛數量並不固定，但其手印多爲說法印。
② 魏文：《甘肅紅城感恩寺及其壁畫研究》，首都師範大學碩士學位論文，2009年，第27—29頁。
③ 格桑本主編：《藏族美術集成：繪畫藝術·壁畫·青海卷1》，成都：四川民族出版社，2014年，第12—13頁。

迦牟尼佛,仍以早期圖像遺存豐富的萬喇松載殿爲例,一層的"西方三聖"壁畫位於釋迦牟尼塑像右側壁,並且其上方一大鋪壁畫的主尊很可能也是釋迦牟尼佛①。至 15 世紀河湟地區,這種配置關係更爲明確,如妙因寺萬歲殿回廊北壁西側繪淨土,東側壁以釋迦成道相爲中心,周圍繪佛傳與本生故事;同樣的,炳靈寺第 3 窟正壁繪兩鋪壁畫,南側爲淨土,北側爲觸地印釋迦及十六羅漢像②。而炳靈寺第 70 窟主壁於三世佛序列中繪觸地印釋迦,南壁無量光佛淨土圖則與北壁宗喀巴及其傳記圖相對,其中,"西方三聖"與宗喀巴師徒三尊像具有對應關係,而宗喀巴傳記圖可能呼應了釋迦生平及佛傳故事這一題材。此外,三十五佛作爲藏傳佛教中圍繞觸地印釋迦繪製的常見題材,有時也會出現在阿彌陀佛及其淨土主題周圍,如上述萬喇松載殿一層"西方三聖"像四周繪有三十五佛,或白居寺大塔一層淨土殿正壁繪三十五佛於無量壽塑像兩側;炳靈寺第 172 窟明代壁畫中也有相關内容,其北壁上方繪三十五佛,下方繪上師及高僧像,並題有"計念彌陀共十萬,同證西方般若舟""南無阿彌陀佛"的墨書題記③。

## 結　語

早在吐蕃時期,西方淨土思想的核心經典已被翻譯成藏文,並被收錄至譯經目錄,但相關圖像題材直到 14 世紀前後纔在西藏西部興起,主要表現爲單尊無量壽佛與簡單淨土場景的搭配,並出現不少密教化的西方三聖組合像,這些早期圖像内容對後期無量光佛淨土畫面的構成起到關鍵作用。隨著圖像中主尊形象的固定與淨土場景的完備,具有西藏本土特色的淨土圖像最終形成,結合白居寺壁畫題記,可將該圖像題材命名爲"無量光佛淨土"。

隨後,在 15 世紀漢藏交流的熱潮中,新興的圖像樣式以唐卡這一理想的壁畫粉本形式傳播至河湟地區。其中,炳靈寺第 3 窟壁畫展現出對西藏唐卡的高度還原,是解決河湟地區無量光佛淨土圖像來源問題的關鍵,也由此梳理出這一圖像的内容及特點。妙因寺萬歲殿回廊壁畫早先受學界關注較多,但對於其圖像題材的判定莫衷一是,通過本文的研究可以確定該鋪壁畫題材爲無量光佛淨土,並且其確切的繪製時間爲河湟地區此類圖像的年

---

① 萬喇松載殿二層也有一鋪幾乎相同的壁畫,關於其主尊身份的分析,參見 Christian Luczanits, *The Interior Decoration of Wanla*, pp. 152-155.
② 此類圖像題材在藏傳佛教中十分流行,即以觸地印釋迦成道相爲中心,四周繪十六羅漢、佛傳與本生故事等内容,上述兩例壁畫可能受限於壁面空間,各有減省,完整的代表性作品可參見魯賓藝術博物館藏 15 世紀唐卡,相關介紹與圖版詳見 Marylin M. Rhie and Robert A. F. Thurman, *Worlds of Transformation: Tibetan Art of Wisdom and Compassion*, pp. 132-138.
③ 杜門城、王亨通主編:《炳靈寺石窟内容總錄》,蘭州:蘭州大學出版社,2006 年,第 207—210 頁。

代判定提供了重要標尺。以上兩例爲 15 世紀上半葉無量光佛淨土圖像在河湟地區的典型案例,至 16 世紀前後,該圖像題材在河湟地區仍然活躍,並在構圖和内容上反映出更爲顯著的漢地風格,如感恩寺菩薩殿與炳靈寺第 70 窟壁畫。結合河湟地區圖像對西藏早期淨土題材相關圖像配置的繼承與發展情況,可以進一步確認河湟地區無量光佛淨土圖像的主要來源爲西藏本土,並隨著明代漢藏藝術交流的加深而融入更多漢地藝術風格。

  本文就以上幾個方面對 15 世紀河湟地區無量光佛淨土圖像作了初步探討,同時也是炳靈寺第 3 窟壁畫研究課題的一部分,並在缺少題記與相關文獻資料的情況下,爲洞窟四壁壁畫繪制年代的判定提供了重要依據。希冀在第 3 窟整窟圖像系統研究完成後,河湟地區這批無量光佛淨土圖像能夠得到進一步的認識和研究。

# A Study on the Images of Amitabha Buddha's Pure Land in the Hehuang Region during the 15th Century: Focusing on the Murals in Cave 3 of Bingling Temple

Mao Yiming

**Abstract**: The Western Pure Land is one of the longest standing and most influential subjects of Buddhist image in China. Although the subject appeared relatively late in Tibetan areas and the number of extant works is not large, with the deepening of Han-Tibetan Buddhist artistic exchange in the 15th century, the newly emerging style of Pure Land image in Tibetan areas spread to the Hehuang region. Based on this, the article first briefly summarizes the Sino-Tibetan sutras related to the Western Pure Land and the characteristics of the early surviving Pure Land images in Tibetan areas, and then combines information from mural inscriptions to determine the textual basis and naming of the image subject in Xizang. Secondly, by referring to the Amitabha Buddha's Pure Land Thangka from central Xizang collected by the Rubin Museum of Art, the article restores the Pure Land image in Cave 3 of Bingling Temple, and summarizes the content and characteristics of the Amitabha Buddha's Pure Land. At the same time, combined with the composition, style and image subject arrangement of other Amitabha Buddha's Pure Land murals in the Hehuang area, the origin of these Pure Land images in the Han-Tibetan border area is analyzed.

  **Keywords**: Amitabha Buddha's Pure Land; Murals in Cave 3 of Bingling Temple; 15th Century

# 漢藏佛教視域中的觀音崇拜和修法

沈衛榮　侯浩然

**摘　要**：在東亞佛教的神佛世界中，觀音菩薩的影響力最大，信仰者最多，以至被稱爲"半個亞洲的信仰"。觀音崇拜源自大乘佛教的菩薩信仰，在傳入中國後經歷了本土化發展，於漢傳和藏傳佛教體系中發展出不同的型態和特徵。長期以來，中外學者對觀音信仰的研究傾注了極大的熱情，也發表了不少重要成果。然而，遺憾的是，目前爲止尚未有學者將兩種佛教傳統的觀音信仰放在一起，從比較研究的角度進行分析和探討。爲了填補這一空白，本文對漢傳、藏傳佛教傳統中觀音崇拜進行比較研究，重點在於分析二者在義理和修持上的異同。在研究中，嘗試打破印度、漢傳和藏傳佛教之間被人爲地建構起來的種種界定和壁壘，將印度、漢傳和藏傳佛教視作一個整體的、連續的和不斷發展變化的宗教傳統，分析觀音崇拜的思想和實踐是如何從同一源頭出發，在傳播過程中經過不斷衍化，最終形成漢藏佛教傳統中各具特色的觀音信仰體系。

**關鍵詞**：漢藏佛教；觀音崇拜；六字真言；瑪尼寶卷；觀音修法

## 一、引言：漢藏佛教研究的三個道次第（Lam rim）

"漢藏佛學"是我於2006年海歸以來一直在積極倡導和踐行的一個學術理念和學術領域。近二十年來我所做的學術研究工作的重點就是漢藏佛學，指導和培養的學生們也基本上都在從事漢藏佛學研究。其實，漢藏佛學研究在20世紀三四十年代就已經開始有人做了，流亡中國的愛沙尼亞男爵鋼和泰（Baron Alexander von Stael-Holstein，1877—1937）先生於1927年在北京建立"漢印研究所"（Sino-Indian Institute），身邊聚集了一批傑出的中西方優秀佛教研究學者，如陳寅恪（1890—1969）、于道泉（1901—1992）、林藜光（1902—1945）、雷興（Ferdinand Lessing，1882—1961）、李華德（Walter Liebenthal，1886—1982）、顧立雅（Herrlee Glessner Creel，1905？—1994）等人，他們所從事的梵、藏、漢佛教文獻對勘和研究，可以被認爲是最早的漢藏佛學研究。① 20 世紀 40 年代，現代中國最優秀的佛教學者呂澂（1896—1989）先生得到了一部自清宮廷流出的漢譯藏傳密教文獻集成——《大乘要道密集》，準確地發現它與元代宮廷所傳藏傳密教之間有十分緊密的關聯，於是也開始倡導和率先開展漢藏佛學研究，用他找到的相應的藏文文本來解讀見於《大乘要道密集》中那些類似於天書的藏傳密教儀軌文獻。② 可惜鋼和泰和呂澂先生開創的這種研究傳統長期以來無人爲繼，以致早已被人遺忘。真正在中外學界大張旗鼓地倡導漢藏佛學研究，並努力要把漢藏佛學建設成爲一個於世界佛教研究領域內可與印藏佛學對應的新學科，則應該是從 2007 年我在中國人民大學國學院建立"漢藏佛教研究中心"開始的。

今天回顧這十幾年來的漢藏佛學研究，不無感慨地發現我們已經走過了三個不同的發展階段，借用藏傳佛教的說法，或可以把漢藏佛學研究劃分爲以下三個道次第（lam rim）：

第一個階段，我們在中外佛教學界率先提出了"漢藏佛學"（Sino-Tibetan Buddhism）這個學術概念，表明了構建一個與印藏佛學相對應的漢藏佛學學科的學術雄心，並對這個學科的學術內涵和學術方法（佛教語文學）做了基礎的設計和界定。在這個初始階段，我們在漢藏佛學這個學術架構下所從事的學術研究工作，則主要集中在對漢藏佛教交流史、藏傳佛教於西域和中原傳播史，或者說是藏傳佛教"中國化"的歷史過程研究，以及漢藏佛教文獻的對勘和比較研究，提倡以傳統語文學的方法來研究漢藏佛教。③

第二個階段，開始於我們對作爲一種獨立的、創新的佛教傳統，即漢藏佛教的發現，改變了我們對中國佛教之身份認同的認知。當我們在漢藏佛學這個主題下，充分發掘和利用漢、藏、西夏、古回鶻、蒙古等多語種佛教文獻，對漢藏佛教進行比較研究，並細致地研究和建構西夏、回鶻和蒙古佛教的歷史時，驀然回首，突然發現我們一直在研究、討論和苦苦尋找的"漢藏佛學"原來早已經是一種歷史的存在。我們所研究的敦煌佛教、西夏佛教、回鶻佛教、蒙古佛教和清代的佛教，其實都是一種漢藏、顯密圓融的"漢藏佛教"，從此對它們的研究必須放在一個更加甚深和廣大的漢藏佛學背景下進行，不能偏墮於漢藏的任何一方。④

---

① 沈衛榮：《林藜光先生與鋼和泰男爵》，《文匯學人》2015 年 1 月。
② 沈衛榮：《〈大乘要道密集〉與西夏、元朝所傳西藏密法——〈大乘要道密集〉系列研究導論》，《中華佛學研究》第 20 期，第 1—50 頁。
③ 沈衛榮：《西藏佛教歷史的語文學研究》，上海：上海古籍出版社，2010 年；沈衛榮《藏傳佛教於西域和中原的傳播——〈大乘要道密集〉研究初編》，北京：北京師範大學出版社，2017 年。
④ 沈衛榮、侯浩然：《文本與歷史：藏傳佛教歷史敘事的形成和漢藏佛學研究的建構》，北京：中國藏學出版社、北京大學出版社，2016 年。

第三階段，也是我們今天想要嘗試做出的一種學術努力，即是要打破印度、漢傳和藏傳佛教之間早已被人爲地建構起來的種種界定和壁壘，重新把印度佛教、漢傳佛教和藏傳佛教視作一個整體的、連續的和不斷發展變化的宗教傳統，從而嘗試從整體的、內在的、歷史的視角出發，來開展漢藏佛教比較研究。具體來説，我們想嘗試從對漢藏、顯密佛教之義理和修持傳統本身的探究和比較，來考察它們的共通和不共之處，並思考和建構漢藏、顯密佛教之思想和實踐是如何從同一源頭出發，進而不斷變化發展，最終形成各種不同傳統的歷史軌跡。①

　　本文主要是在第三階段的學術設計和框架下談一談我們對觀音菩薩崇拜和修法的新的理解。通過對觀音菩薩信仰在漢傳、藏傳佛教兩種不同傳統中的形式和特點的分析，向大家展示漢藏佛學研究的第三個道次第是什麽樣的佛學研究的新路徑。觀音崇拜是我們最近特別感興趣的一個學術題目，是漢藏佛學研究的一個很好的切入點。藉此可以弄清楚漢傳佛教和藏傳佛教在哪些地方是一致的，哪些地方又是不一樣的，是什麽原因導致了它們之間會出現這樣的異同？如果我們能把這些問題都説清楚了，就不會再在印度、漢傳、藏傳、顯教和密教等諸多傳統之間人爲地設立一條不可逾越的鴻溝，使彼此之間產生那麽多的誤解，產生那麽多的矛盾和沖突，換句話説，我們或可期待漢藏、顯密佛教從此能夠走上一條相互間更加理解、更加圓融的美美與共和健康發展的道路。

## 二、何謂觀音崇拜？

　　談漢藏佛教中的觀音信仰，最好先從兩個最流行的咒語開始説起。漢傳佛教信衆們念誦最多的一條咒語，或者更確切地説，它祇是一條禮敬詞或者祈願詞——"南無阿彌陀佛"（Namo Amitābhāya Buddhāya）。在藏傳佛教裏信衆們念誦得最多的一條咒語無疑是六字真言——"唵嘛呢叭咪吽"（Oṃ Maṇipadme Hūṃ）。這兩個咒語聽起來完全不一樣，但實際上殊途同歸，它們的意義基本一樣，都是爲了呼唤觀音菩薩、祈求觀音救度。漢地的佛教信徒念"南無阿彌陀佛"，字面意思是"頂禮阿彌陀佛"，其深層意義則是祈請大慈大悲的觀世音菩薩的救度。阿彌陀佛是報身佛，住在他的淨土西方極樂世界，觀世音菩薩是阿彌陀佛的心子，也是他在人間的化身，是他派來救度衆生的。觀世音菩薩和大勢至菩薩作爲阿彌陀佛的左右脅侍，負責接引得道的衆生來到西方極樂世界。在藏傳佛教裏，"唵嘛呢叭咪吽"是呼唤觀音菩薩顯靈的最常用的咒語。由此可見，無論是漢傳佛教裏贊誦"南無阿彌陀佛"，還是藏傳佛教裏念誦"唵嘛呢叭咪吽"，它們的目的都一樣，都是

---

① 沈衛榮：《論西夏佛教之漢藏與顯密圓融》，《中華文史論叢》2020 年第 1 輯，第 277—321 頁。

爲了召喚大慈大悲、救苦救難的觀世音菩薩。

觀音菩薩在大乘佛教信仰中的地位和作用無與倫比，是整個東亞佛教系統裏面衆多佛菩薩中最重要的一個，甚至可以説，他比阿彌陀佛、釋迦牟尼佛更爲重要。觀世音菩薩對整個東亞文化和生活習俗的潛移默化的影響，祇是我們常常没有自覺地意識到這一點。譬如，有些人是學習藏傳佛教的，在很多特殊的時刻會念誦"唵嘛呢叭咪吽"六字真言。有些人熟悉漢傳佛教，就會念"南無阿彌陀佛"。二者在心理上起到的效果是一樣的，都是消除緊張感，使人内心得到寬慰。這反映出來的是東亞地區人們相當普遍的一種文化心理。今天，人們去浙江舟山朝聖普陀山，或去拜謁南海觀音，或去布達拉宫轉經、五體投地，其實其意義都是一樣的，都是觀音菩薩崇拜。"普陀山"，舊譯作"補陀洛迦山"，漢語這兩種譯法和藏語"布達拉"（Photala）一樣，都是梵語 potalaka 的音譯。從佛教的角度看，普陀山和布達拉宫實際上是一回事，意指的都是觀音菩薩的道場。從中國佛教共同體的視角來看，它們無疑都是中華民族最具代表性的文化符號。

爲什麽觀音菩薩會在漢藏佛教傳統中受歡迎呢？其實，這和我們整個大乘佛教的根本信仰是密切相關的。大乘是相對於小乘而言的，小乘法門，是以自我完善與自我解脱爲宗旨的，其最高果位爲阿羅漢果及辟支佛果。籠統地説，小乘就是强調人人都能經過修道而進入涅槃，你自己修行、自己覺悟，不一定要關心他人的利益和成就；而大乘則認爲有情都具佛性，祇要虔誠地信仰佛教，人人皆可成佛，而且你既可以智慧自解脱，也可以方便他解脱，即身成佛。大乘佛教同時還主張不僅要自度、自利，還要利他，要兼度他人。在我們今天的日常生活中，我們常常會把一些樂於助人、樂善好施的人稱爲"活菩薩"，言下之意就是説他們就像是大乘佛教中所説的菩薩一樣，慈悲爲懷、利益他者。菩薩思想和菩薩理想是大乘佛教思想和修行的最重要的特色。那麽，在大乘佛教中，究竟又是什麽樣的人纔可以被稱爲菩薩呢？

菩薩或菩提薩埵，梵文作 bodhisattva；bodhi 意爲"開悟"或"覺醒"，而 sattva 則指"存在"，連起來就是指"開悟的存在"。大乘佛教中，菩薩指的是生發了菩提心的人，而菩提心（bodhicitta）指的是一種自發的要求覺悟和利他的願望和慈悲心，即發心願爲利益一切有情衆生和佛法而覺悟成佛。大乘佛教的萬神殿裏有很多菩薩，而觀世音菩薩的特别之處在於，他是一位體現諸佛慈悲的菩薩，爲了利益衆生，輪迴不空，誓不成佛，就是説祇要輪迴裏還有衆生在受苦受難，他就一定留下來救度他們。在藏傳佛教中，行者要修本尊禪定也好，或者其他各種上師瑜伽和護法求修也好，首先要發菩提心，簡稱發心。今天人們常説要發心如何如何，這發心是指起意要做什麽事情，顯然早已經忘記"發心"這個詞本來是一個佛教裏面來的概念，專指發菩提心。我曾在黑水城出土漢文佛教文獻中見到一個《持誦聖佛母般若多心經要門》，其中有一個發心偈，叫做："諸佛正法菩薩僧，直至菩提我歸依，我以施等諸善根，爲有情故願成佛。"後來我發現原來這是最早由阿底峽（982—1054）所傳，以後於藏傳佛教各教派都通用的一個幾乎是最著名的發心偈頌，不敢相信它這麼早就已經傳到了漢地的佛教信衆手中。①

按照大乘佛教的説法，菩薩無處不在，他們就生活在我們中間，或許我們每個人身邊就有衆多菩薩，祇是因爲我們自己的根器不夠利，所以没能發現他們、認識他們。菩薩是可以隨機應變的，所謂"隨機"是指"隨化機"，"化機"指的是一切有情衆生，即我們這些可以被調伏、被救度的衆生。菩薩隨着"化機"的需求，化到我們這個世界來，這就是"隨機應變"，這不是投機取巧，而是一種善巧方便，其目的是對我們進行有針對性的救度。如果一名女孩子希望得到愛情，希望有個丈夫來保護她，菩薩可以化現爲她的丈夫；如果有人特別希望做生意掙大錢，菩薩可以化現爲商主來幫你做生意；有的村子上老是有各種各樣不好的事情發生，我們也可以祈請菩薩化現爲村長來救度受苦的村民。這就是菩薩的隨機應變。每一個菩薩都有自己的特點、擅長和神通，比如觀音菩薩是慈悲的化身，文殊菩薩是智慧的化身，金剛手菩薩是力量的化身——我們以前講到過印藏佛教中的大成道者，其中很多也是菩薩化身，他們各自顯現諸多不同的神通，神通越大，救度有情的能力也隨之增大。大家知道觀音菩薩是慈悲的化身，他最突出的特點就是我們耳熟能詳的"大慈大悲、救苦救難"。與其他菩薩一樣，觀音菩薩已經達到了菩薩修行的最高境界，就是法雲地階位，也就是我們通常意義上所説的佛的果位——其智慧、神通與解脱均已達究竟，成爲一切解脱智慧的源泉，一切想要求得解脱之法的衆生的守護者，以及六道衆生的救怙主。觀音菩薩是因其慈悲爲懷、救苦救難的特質，發願利樂有情而具足千手千眼。《大悲心陀羅尼經》（*Mahākārunikacitta-dhāranī*）中説："若我當來，堪能利益、安樂一切衆生者，令我即時，身生千手、千眼具足。"信衆祈請觀世音菩薩救度的方法也非常簡單，就是一心稱頌觀世音菩薩名號，當你身處任何危難之中，不管什麼時候、什麼地方，你都可以通過呼喚觀世音菩薩的名號，祈求其顯現，並得其救助，所以念誦觀世音菩薩名號是漢傳觀音菩薩信仰的最基本的方法。②

説起觀世音的名字，梵文作 Avalokiteśvara，最早出現在《金光明經》（*Suvarṇaprabhāsa-sūtra*）中，歷史上出現過幾種不同的譯法，竺法護（Dharmarakṣa）把它譯成"光世音"（Ābhālokita-svara），鳩摩羅什（Kumārajīva，343—413）譯作"觀世音""觀音"。玄奘（602—664）在《大唐西域記》中批評了這兩種譯法："舊譯爲'光世音'或云'觀世音'，或'觀世自在'，皆訛謬也"，提出準確譯法應該是"觀自在"。從現今

---

① 沈衛榮前揭書《論西夏佛教之漢藏與顯密圓融》，第283—290頁。
② C. N. Tay, "Kuan-yin: The Cult of Half Asia," *History of Religions*, Vol. 16, No. 2( Nov., 1976), pp. 147-177.

常見的梵文形式 Avalokiteśvara 來看，我們很容易理解玄奘的譯法：Ava-動詞前綴"下"，-lokita-：動詞-lok-的過去分詞，即"注意、看、觀察"的意思，而-īśvara-，即"領主""統治者"或"主人"的意思。根據梵語音變規則，-lokita-和-īśvara-組合時，a 和 ī 發生元音二合，於是變成-eśvara，Avalokiteśvara 的意思是"俯視（世界）的主宰"，便有了"觀自在"的稱號。唐代清涼澄觀法師（738—839）指出"觀自在菩薩"和"觀音菩薩"是不同的譯法，因爲在梵文古本中就存在兩種不同的名稱。他的這一說法在 1927 年新疆出土的古抄本中得以證實，其中觀音菩薩的名字的書寫形式爲 Avalokitasvara，其中"娑伐羅"（svara），意思爲"聲音"，因此 Ava-lokita-svara 可意譯爲"觀音"。鳩摩羅什出生在龜茲（今新疆維吾爾自治區庫車縣一帶），可以想見，他當時看到的"觀音菩薩"的名號很可能就出自這個版本的《金光明經》。"Avalokiteśvara"的藏文名字作 sPyan ras gzigs dbang phyug，這種理解和玄奘的相同，spyan 是"眼睛"的意思，gzigs 是"觀"，dbang phyug 是"自在"，在書面語和口語中常常省略 dbang phyug，僅說 sPyan ras gzigs，或即可與"觀音"對應。①

說了那麽多觀音菩薩名字的譯法和意義，其實在佛教修行裏怎麽理解一個名號的字面意思常常並不很重要，而念對一個名字的發音卻很重要。舉例來說，很多咒語、陀羅尼，你可能不一定要去知道它具體是什麽意思，但要念得通順，發音要正確，要不然佛菩薩很可能聽不見、聽不懂，沒法及時地聽到你的呼喊，不能及時地救度你離苦得樂。漢文大藏經裏面，尤其是密教部裏，保存了大量的、長篇的以漢字音譯的印度語陀羅尼經咒，今天即便是最嚴謹的佛教語文學家恐也無法完全將其準確地還原成梵語或者巴利語形式。但這並不妨礙僧人和信衆日常唱誦這些陀羅尼和經咒。對於"唵嘛呢叭咪吽"的準確意涵，學界目前也莫衷一是。從本質上來說，六字真言是一個咒語，需要在修行的時候念出來、把它發出聲音來。按照密教理論，聲音有它超凡的力量，例如像"唵""啞""吽"這樣的種子字，你並不需知道字面上它究竟是什麼意思，有的咒語本來其字面上就沒有意義，它就是一個音節。

觀音崇拜和阿彌陀佛崇拜是緊密地聯繫在一起的，故民間有"家家阿彌陀，戶戶觀世音"的說法。大家知道佛有三身（Trikāya）：應身或化身（nirmānakāya, spru sku）、報身或受用身（sambhogakāya, long spyod rdzogs pa'i sku）、法身或自性身（dharmakāya, chos kyi sku），法身是沒有色相和形狀的，它代表佛性；而報身則住在佛國極樂世界中，從來沒來過我們這個世界。如阿彌陀佛住於西方極樂世界，沒來過我們這個世界。來到我們這個世界的祇有佛爲度化衆生，而於世間示現的應身或曰化身佛——釋迦牟尼。而下一

---

① 王邦維：《布呾洛迦山與普陀山：關於觀音的故事》，《文史知識》2015 年第 5 期。

個化身佛應該是彌勒佛（Maitreya），衆生一直在祈願彌勒佛早點來到我們這個世界，但彌勒佛至今還没來。觀音菩薩是阿彌陀佛在人間的化身，也是阿彌陀佛的弟子，藏文裏面説觀音是阿彌陀佛的心子（thugs sras），他頭頂上常帶有阿彌陀佛的形象。阿彌陀佛，梵文作 Amitābha，意思是無量光佛，也叫無量壽佛（Amitāyus），是蓮花部諸佛之首，住在西方極樂世界（Sukhāvatī），那是衆生在成佛、覺悟以後纔能去的地方。① 按佛教義理來説，在我們這個世界祇有班禪是"活佛"，因爲他是阿彌陀佛的轉世，其他轉世喇嘛雖然被稱爲活佛，但他們都祇是觀音菩薩的轉世，祇能被稱爲菩薩，而不能稱佛。歷史上出現的第一位班禪是四世班禪羅桑卻吉堅贊（Blo bzang Chos kyi rgyal mtshan，1567—1662），他是五世達賴喇嘛阿旺羅桑嘉措（Ngag dbang Blo bzang rgya mtsho，1617—1682）的老師，達賴喇嘛要封他的老師當轉世喇嘛，因爲他自己是觀音菩薩，他的老師就必須是阿彌陀佛。②西藏的所有轉世活佛中，祇有班禪纔是佛，是阿彌陀佛的化身，其他活佛都是觀音菩薩的轉世。阿彌陀佛與有關長壽、延命、遮止非時之死、臨終往生的儀軌相關。《無量壽經》（*Aparimitāyus-sūtra*）和《觀無量壽經》（*Amitāyurdhyāna-sūtra*）中説，人在壽終之時由阿彌陀佛及其左右脅侍觀世音菩薩和大勢至菩薩接引而進入西方極樂淨土。在英國國家博物館裏有一個漢文的《佛説續命經》（Stein Painting 229）。在敦煌出土的古藏文文獻裏出現了大量的《無量壽經》的抄本，這説明阿彌陀佛不管是在漢地，還是藏地都是十分流行的信仰和修法。

## 三、漢藏佛教傳統觀音崇拜的文獻來源

在漢地，觀世音菩薩崇拜最重要的教法依據來源是《妙法蓮華經》中第二十五章"普門品"。它詳細介紹了觀世音菩薩名稱的由來、其大慈大悲的情懷，誠心稱念觀世音菩薩聖號的功德和效用，以及觀世音菩薩隨緣化現、度脱衆生的不可思議的神通。這一章也可作爲《觀音經》單獨流傳，非常受歡迎。在此我們不妨選録"普門品"中的一節，來説明漢地觀音崇拜的内涵：

> 爾時，無盡意菩薩，即從座起，偏袒右肩，合掌向佛，而作是言："世尊，觀世音菩薩，以何因緣，名觀世音？"佛告無盡意菩薩："善男子，若有無量百千萬億衆生，受諸苦惱，聞是觀世音菩薩，一心稱名。觀世音菩薩，即時觀其音聲，皆得解

---

① G. Tucci, "Buddhist Notes: a propos Avalokitesvara," *MCB*, IX, 1948-1951, pp. 174-176.
② 才讓：《四世班禪生平及與四世達賴、五世達賴之關係》，《故宫博物院院刊》2021 年第 2 期，第 4—13 頁。

脱。若有持是觀世音菩薩名者，設入大火，火不能燒，由是菩薩威神力故。若爲大水所漂，稱其名號，即得淺處。若有百千萬億衆生，爲求金、銀、琉璃、硨磲、瑪瑙、珊瑚、琥珀、真珠等寶，入於大海，假使黑風吹其船舫，飄墮羅刹鬼國，其中若有乃至一人，稱觀世音菩薩名者，是諸人等皆得解脱羅刹之難。以是因緣，名觀世音。若復有人，臨當被害，稱觀世音菩薩名者，彼所執刀杖尋段段壞，而得解脱。若三千大千國土，滿中夜叉、羅刹欲來惱人，聞其稱觀世音菩薩名者，是諸惡鬼，尚不能以惡眼視之，況復加害。設復有人，若有罪、若無罪，杻械枷鎖檢繫其身，稱觀世音菩薩名者，皆悉斷壞，即得解脱。若三千大千國土，滿中怨賊，有一商主，將諸商人，齎持重寶，經過險路。其中一人作是唱言：'諸善男子，勿得恐怖！汝等應當一心稱觀世音菩薩名號，是菩薩能以無畏施於衆生，汝等若稱名者，於此怨賊，當得解脱！'衆商人聞，俱發聲言：'南無觀世音菩薩！'稱其名故，即得解脱。"①

顯而易見，這一段落的基本內容就是説你在經歷苦難、遭遇危險的時候，只要稱頌觀音菩薩的聖號，就可以化險爲夷、離苦得樂，漢傳佛教中觀音崇拜的基本方法就是念誦他的名號。與之形成鮮明對比的是，藏傳佛教以觀世音爲中心的修法和儀軌不勝枚舉。敦煌寫本裏面就已經出現了很多觀音菩薩的密教修法，而且觀音菩薩的形象也是多種多樣的，其咒語也不止六字真言一種，像這樣的以觀音菩薩爲本尊的修法文本在黑水城出土文獻中也有很多，對此我們將在下面詳細討論。

盛唐以後，隨着佛教本土化，觀音形象隨之也逐漸本土化，甚至性別也由男性變爲女性，出現了送子觀音等形象，即懷抱嬰兒的女身觀音。于君方早就指出過在漢地民間送子觀音非常流行。② 那麼，送子觀音的淵源在哪裏呢？這又得説到"觀世音菩薩普門品"中的一段文字，它是這麼説的：

觀世音菩薩有如是等大威神力，多所饒益，是故衆生常應心念。若有女人，設欲求男，禮拜供養觀世音菩薩，便生福德智慧之男；設欲求女，便生端正有相之女，宿殖德本，衆人愛敬。③

---

① CBETA 2022. Q4, T09, no. 0262, pp. 56c3-29.

② Chun-fang Yu, *Kuan Yin: The Chinese Transformation of Avalokiteśvara*, New York: Columbia University Press, 2001. 漢譯本參見于君方著，陳懷宇、姚崇新、林佩瑩譯，《觀音：菩薩中國化的演變》，北京：商務印書館，2012年。

③ CBETA 2022. Q4, T09, no. 0262, pp. 57a5-9.

這一段是針對有生育需求的女性信眾們説的，只要她們禮敬觀世音菩薩，求男求女，皆會隨他們所願。民間出現了多種男女信眾頌《觀音經》，向觀音菩薩祈求繼嗣，如願得子的傳説。觀音菩薩崇拜很早就與祈求婦女生育聯係在一起，觀音還被賦予了保育生育的功能。在敦煌文獻中，發現有梵漢雙語的《觀音菩薩救產難陀羅尼》（Pelliot Sanscrit 8），供婦女佩戴，以保證其生育順利。①

　　《妙法蓮華經》的"普門品"是漢傳觀音菩薩崇拜的根本經典，其中講述了觀世音以種種神通方便救度眾生的故事，强調一心稱頌觀世音名號的重要性；而《華嚴經》的"入法界品"則將補特伽洛山視爲觀音菩薩的道場；《無量壽經》（《大阿彌陀經》）和《觀無量壽經》則把觀世音菩薩與大勢至菩薩作爲無量壽佛的脅侍菩薩，塑造出了"西方三聖"形象。從上述大乘佛教經典出現的年代及其它們在漢地的傳譯情况可以看出：觀音菩薩信仰是隨着公元1世紀大乘佛教菩薩道在印度的興起而興起的，在公元5世紀左右發展完善。漢傳佛教主要是繼承了印度佛教對於觀音經典的説教，以觀音菩薩的神通方便、救度故事來宣講大乘菩薩信仰的基本教義，尚未呈現出藏傳佛教觀音崇拜之十分明顯的密教化特色。

　　在藏傳佛教中，觀音菩薩崇拜顯然比它在漢傳佛教中更加普遍，對於信眾的日常生活也更加重要，其内容也更加豐富多彩。我們不妨先從著名的六字真言，即"唵嘛呢叭咪吽"説起。好幾年前，有位佛教界的朋友請我去看黄曉明主演的電影《大唐玄奘》，既盛情難卻，也有意想瞭解一下玄奘法師在今人心目中的形象，不料當電影的主題音樂響起，我就覺得有點坐不住了。電影主題曲唱的就是"唵嘛呢叭咪吽"，可在玄奘生活的那個年代怎麽可能出現這六字真言呢？六字真言是在敦煌時期，應該是在10世紀的藏文文獻裏纔出現的。和觀音崇拜相關的陀羅尼、咒語和真言在敦煌古藏文文獻中至少出現了三種，六字真言僅是其中之一，當時它顯然尚未像後來那樣占有壓倒性的優勢。它是從11—12世紀纔在藏地開始流行起來的，在玄奘的時代根本不可能有"唵嘛呢叭咪吽"的出現。然而，在我們今天這個時代六字真言實在是太流行了，已經成了佛教的一個極有影響力的象徵符號，所以，電影工作者也會把它拿去給漢傳佛教大師玄奘的故事作主題曲了。

　　敦煌出土大量與觀音崇拜相關的文獻，其中的漢文文本很多，藏文文本也不少。觀音菩薩崇拜在敦煌地區流行應該從9世紀以後就開始了。敦煌藏文本中保存了大量的與觀音崇拜相關的多種類型的文本，如大乘經、陀羅尼、成就法和贊頌等，其中也有從漢文翻譯成藏文的文獻，例如《觀音菩薩一百零八聖號》（*sPyan ras gzigs dbang phyug gi mtshan*

---

① Imre Galambos, *Dunhuang Manuscript Culture: End of the First Millennium*, New York: De Gruyter, 2020, pp. 157-159.

*brgya rtsa brgyad pa*，PT 381）。同時，敦煌藏文文獻中也出現了多種觀音密教形象，例如不空羂索觀音（Amoghapāśa）、如意輪觀音（Cintāmaṇi-cakra）、千手千眼觀音（Sahasrabhuja-sahasranetra）等。從寫本的裝訂形式來看，相當一部分是便攜式的經折和小册子；從内容上看，大多數是爲人治病、消災和主持葬禮的短篇儀軌，以及短篇的贊頌和成就法合集，反映出當時敦煌地區觀音信仰於民間的廣泛流行。這時藏傳佛教的觀音信仰已經呈現出了向密教化轉變的趨勢。①

在敦煌藏文文獻中出現的觀音崇拜的咒語和口訣至少有三種，而六字真言祇是其中一種。如果説"南無阿彌陀佛"不能完全算是一個咒語，而更是一種供養、祈禱和贊頌的話，那麽，"唵嘛呢叭咪吽"則是一個典型的真言、咒語，它是專門用來召唤觀音菩薩的。西方不少藏傳佛教研究者曾花大力氣研究"唵嘛呢叭咪吽"這六字真言到底是什麽意思，他們一般認爲"唵"和"吽"祇是語氣詞，没有實際的意義，而主要分歧則在對"嘛呢叭咪"的理解上。"嘛呢"（Maṇi）意爲珍寶，"叭咪"（Padme）意爲蓮花；"嘛呢叭咪"按照梵文方位格語法，意思可以是"珍寶在蓮花上"，所以對這句咒語可以作這樣的理解："唵！珍寶在蓮花上！吽！"小唐納德·洛佩斯（Donald S. Lopez Jr.）教授認爲，六字真言可譯爲"妙哉蓮花"，還有學者提出"嘛呢叭咪"是觀世音菩薩的稱謂，可以理解作"持有珍寶蓮花者"，故全句應作"向持有珍寶蓮花的聖者敬禮祈請！摧破煩惱！"還有學者給六字真言以一種純粹密教的解讀，説蓮花代表女陰、珍寶象徵男根，故它的意思是男女、陰陽和合。②這純粹是一種有意的誤解，我們在藏傳佛教裏從來没有見到過這種説法，金剛和蓮花纔可以成對作爲男女和陰陽的比喻，但是珍寶和蓮花則從來没有。

六字真言在藏地的流行與《佛説大乘莊嚴寶王經》（*Kāraṇḍavyūha Sūtra*）在藏地的翻譯和傳播有關。《寶王經》視六字真言爲觀音崇拜最重要的陀羅尼，詳細講述了念誦六字真言的功德。③《寶王經》藏文譯本的標題名爲 '*Phags pa za ma tog bkod pa zhes bya ba theg pa chen po'i mdo*（P 0784，D 0116）。根據藏傳佛教史，《寶王經》是在拉妥妥日年贊時期降落在雍布拉康頂上的神秘寶物中的一種，但這祇是傳説，它的藏文翻譯應該是相對比較晚纔出現的。《寶王經》也曾被翻譯爲漢文，這當然更晚，它是宋代著名的譯師天息災，又名法賢（Devaśāntika, ？—1000）翻譯的。天息災是北印度迦濕彌羅國僧人，是惹爛馱

---

① 李婵娜：《九至十一世紀的吐蕃觀音崇拜——以敦煌古藏文文獻研究爲中心》，沈衛榮主編《文本中的歷史：藏傳佛教在西域和中原的傳播》，中國藏學出版社，2012年，第36—76頁。

② Sam van Schaik, "The Tibetan Avalokiteśvara Cult in the Tenth Century: Evidence from the Dunhuang Manuscripts," in Ronald M. Davidson and Christian K. Wedemeyer eds., *Tibetan Buddhist Literature and Praxis: Studies in its Formative Period, 900-1400*, Leiden: Brill, 2006, pp. 55-72.

③ Alexander Studholme, *The Origins of Oṃ Maṇipadme Hūṃ: A Study of the Kāraṇḍyavyūha Sūtra*, Albany: State University of New York Press, 2002.

囉國（Jalandhara）密林寺三藏明教大師。北宋太平興國五年（公元980年），天息災與施護一同攜梵本佛經至汴京，受宋太宗召見並賜紫衣。太宗有意恢復譯經事業，故賜天息災爲明教大師，在汴京太平興國寺西建立譯經院，令他與施護、法天等人隱居於此，翻譯佛經。這是漢地佛經翻譯史上一個重要的篇章。由於漢地佛經的翻譯已經中斷了很長時間，宋初從印度和西域招來很多有名的大譯師，給他們非常豐厚的利益供養，這些譯師們翻譯了很多佛經，其中不少經典是密教的很重要的文獻。可是，這些經典於後世佛教所起的作用很小，因爲宋代譯經的質量很成問題。我研究過的藏傳密教中的幾部最重要的無上瑜伽部的經典，如《喜金剛本續》（Hevajratantra）和《密集本續》（Guhyasamājatantra）等，它們都曾被譯成了漢文，可是如果沒有梵文本和藏文本做參照，今天我們根本無法讀懂這些譯本。有人認爲造成這些宋譯密教文本出現這類問題的原因很可能是因爲漢地的皇帝或者漢傳佛教徒不願意看到經典中有很多密教元素，特別是出現與男女雙修相關的内容，所以故意把它們都删除掉了。但是，對照與其相應的梵文本或者藏文本即可發現，這一定不是因爲迫於外界壓力而刻意删改以致文本晦澀難懂，而是譯師們在翻譯的時候或就根本沒看懂原文的意思，再加上他們本身的梵文和漢語水平都很有限，不具備鳩摩羅什和玄奘等大譯師所具備的天才的譯經能力。漢傳佛教發展到宋代已經是強弩之末了，宋代翻譯的這些佛經，在中國佛教史上影響比較小，包括這一部《寶王經》。[1]當然，比較而言，漢文《寶王經》的翻譯質量還算是比較好的。於此我們不妨摘引《寶王經》中有關六字真言的一個段落，以説明念誦六字真言可以達到什麼樣的福報和功德：

> 有六字大明陀羅尼難得值遇，若有人能稱念其名，當得生彼毛孔之中，不受沉淪。出一毛孔而復往詣入一毛孔，於彼而住，乃至當證圓寂之地。時除蓋障菩薩白世尊言："世尊，今此六字大明陀羅尼，爲從何處而得耶？"佛告善男子，此六字大明陀羅尼難得值遇，至於如來而亦不知所得之處。因位菩薩云何而能知得處耶？除蓋障菩薩白世尊言："如是陀羅尼，今佛如來應正等覺，云何而不知耶？"佛告善男子，此六字大明陀羅尼，是觀自在菩薩摩訶薩微妙本心，若有知是微妙本心即知解脱。……
>
> 善男子！觀自在菩薩，身毛孔中俱胝數如來，止息已，讚歎是人言：善哉！善哉！善男子，汝能得是如意摩尼之寶，汝七代種族皆當得其解脱。善男子，彼持明人，於其腹中所有諸蟲，當得不退轉菩薩之位。

---

[1] 沈衛榮：《宋、西夏、明三種漢譯〈吉祥喜金剛本續〉的比較研究》，沈衛榮主編《漢藏佛學研究：文本、人物、圖像和歷史》，中國藏學出版社，2013年。

若復有人以此六字大明陀羅尼，身中項上戴持者，善男子，若有得見是戴持之人，則同見於金剛之身，又如見於舍利窣堵波，又如見於如來，又如見於具一俱胝智慧者。若有善男子、善女人，而能依法念此六字大明陀羅尼，是人而得無盡辯才，得清淨智聚，得大慈悲。如是之人，日日得具六波羅蜜多圓滿功德，是人得天轉輪灌頂。是人於其口中所出之氣，觸他人身，所觸之人，發起慈心，離諸瞋毒，當得不退轉菩薩，速疾證得阿耨多羅三藐三菩提。若此戴持之人，以手觸於餘人之身，蒙所觸者，是人速得菩薩之位。若是戴持之人，見其男子、女人、童男、童女，乃至異類諸有情身，如是得所見者，悉皆速得菩薩之位。如是之人，而永不受生老病死苦、愛別離苦，而得不可思議相應。念誦今此六字大明陀羅尼，作如是説。①

六字真言，有時也被稱爲六字大明咒，或六字大明陀羅尼。從以上《寶王經》的摘引中，我們讀到"此六字大明陀羅尼，是觀自在菩薩摩訶薩微妙本心，若有知是微妙，本心即知解脱"，簡單地說，六字真言就是觀音信仰的核心，掌握了六字真言，行者就能夠得到解脱，六字真言對於觀音信仰確實具有無與倫比的重要性。"善男子！彼持明人，於其腹中所有諸蟲，當得不退轉菩薩之位。"持六字真言的信眾，不僅其家族七代可以得到解脱，就連其腹中的蟲子也可以成就菩薩的果位！《寶王經》中還提到佩戴六字真言的功德，"若復有人以此六字大明陀羅尼，身中項上戴持者，善男子，若有得見是戴持之人，則同見於金剛之身，又如見於舍利窣堵波，又如見於如來，又如見於具一俱胝智慧者。""若此戴持之人，以手觸於餘人之身，蒙所觸者，是人速得菩薩之位"，連觸摸了佩戴六字真言之人的身體，也可以獲得菩薩之位！② 今天我們在寺院的紀念品商店裏很容易就買到六字真言的紀念品，如手鏈、項鏈或者鑰匙扣等，可見這些裝飾品並非是現代旅遊業帶來的新事物，而是新瓶裝舊酒，是《寶王經》中就已經記述過的行爲，是觀音崇拜的重要内容。

六字真言的功能和作用應該至少有兩個，一個是上面所説的召喚觀音菩薩，你只要念誦"唵嘛呢叭咪吽"，觀音菩薩就能聽到，並即刻顯現和救度；另一個是"唵嘛呢叭咪吽"這六字對應的正好是六道輪迴，六字和六道一一對應，如謂："唵能普化諸天衆，嘛字遍度於人間，呢者能滅修羅衆，叭字善除畜生苦，咪字能濟餓鬼道，吽字摧滅地獄苦。""唵嘛呢叭咪吽"對應的是六道輪迴，讓衆生念誦六字真言，就是要依此把六道之門關上，所謂遮止六道，這樣行者死後就不會再進入六道輪迴了。這是一個很重要的功

---

① CBETA 2022.Q4, T20, no.1050, pp.59b1-c19.
② Holly Gayley, "Soteriology of the Senses in Tibetan Buddhism," in *Numen*, Vol.54, Fasc.4, *Religion Through the Senses*, Leiden: Brill, 2007, pp.459-499.

能，圍繞這種功能形成了密教的修法。對六字真言的功能還有其他不同的解釋，如說六字真言對應五佛，或者與六種不同的成就相應等，但是我相信六字真言最重要的功能就是遮止六道。

《寶王經》在宋代已經被翻譯成漢文，但六字真言在漢傳佛教裏並沒有像在藏傳佛教裏那樣流行。漢地現在念誦六字真言，是晚近從藏傳佛教中引進來的。《妙法蓮華經》依然是漢傳佛教中觀音信仰最根本的經典，而《寶王經》是宣揚六字真言功德的最重要文獻，跟《妙法蓮華經》中的"一心稱名觀世音"的修法是不一樣的，《妙法蓮華經》是説你有什麽苦難，你必須去呼喚觀音菩薩，而觀音菩薩千手千眼、大慈大悲，所以不管你遭遇怎樣的艱難困苦，觀音都可以來救你。漢地没有像藏地一樣出現那麽普遍的六字真言崇拜，漢地的觀音崇拜没有被納入密教修行系統，並賦予其密教的意義。

## 四、觀音崇拜對於漢藏文化的影響

西夏、元朝、明朝和清朝的大部分皇帝都曾十分信仰藏傳佛教，尤其是明代的皇帝，他們對藏傳佛教的信仰可能比元朝的皇帝還虔誠。例如，明成祖朱棣（1360—1424）就是一個非常信仰藏傳佛教的人，我們習慣把他稱爲永樂皇帝。他在位的時候，首次允許兩千多名番僧常駐北京，爲北京的藏傳佛教信衆作宗教服務。藏地的僧人在元明時期的典籍裏被稱爲番僧或者西番僧。明初活躍在北京的番僧其實遠遠超過兩千人。當時有個别藏傳佛教寺院裏面，經調查發現一家寺院就有超過二千番僧居住，這到今天還是很難想象的。按照明朝初年人口比例來說，當年在北京的番僧的比例當遠遠高於現在。永樂皇帝允許這麽多喇嘛常駐在北京，所謂"居京自效"，開了歷史的先例，而元朝皇帝是不讓西番僧常駐在北京的。明朝時候有許多番僧聚居於現在南鑼鼓巷附近的嵩祝寺、法淵寺、智珠寺一帶。乾隆帝御書《法淵寺碑記》載，"法淵寺在嵩祝寺左，其右則智珠寺，佛宇毗連，皆前明經廠舊址也。明永樂間，以延致喇嘛傳寫梵經，故有番經廠、漢經廠之名。"①

早在永樂皇帝還在南京的時候，"六字真言"應該就已經在漢地流傳很廣了。明朝在西藏册封八大法王，實際上是三大法王、五大教王。三大法王就是噶瑪噶舉派的大寶法王、薩迦派的大乘法王和格魯派的大慈法王。永樂皇帝曾在永樂六年和十一年（公元1408、1413年）派專使召請宗喀巴（Tsong kha pa Blo bzang grags pa，1357—1419）大師，宗喀巴自己不能前往，特委派他的弟子釋迦也失（Shākya ye shes，1354—1435）前往明朝廷朝覲。釋迦也失在1415年抵達京師和成祖見面。他們會面是在南京還是北京是有爭議

---

① 陳楠：《法淵寺與明代番經廠雜考》，《中國藏學》2006年第2期，第138—143頁。

的,但我自己更傾向於北京。釋迦也失得到了很高規格的接待,後來還受封"大慈法王"稱號,得到了豐厚的賞賜。1416年,釋迦也失離京往五臺山朝聖,離京第二天皇帝就馬上給他寫信說,大法王你現在在路上一定很辛苦,那個地方是不是很冷,是不是沒啥好吃的,我派人送新鮮的果子、送暖和的衣服給你吧,一路上寫了十幾封信。這些信件的漢文本有些保留在《清涼山志》裏,而它們的藏文本則曾於1990年代初被哈佛大學的范德康教授在北京民族宮圖書館中發現。① 從永樂皇帝給大慈法王連續頒布的這一系列詔書中,可以看出永樂皇帝對藏傳佛教的青睞不應該祇是一個政治行爲,他完全可能是對藏傳佛教有個人信仰的,作爲皇帝,如果他沒有個人的信仰,祇是做一下官樣文章,很難想象永樂會爲一位上師連續發出這麽多這樣的詔令的。

永樂皇帝當時還做了一件令舉國轟動的事情,即他請五世噶瑪巴活佛得銀協巴 (1384—1415)在南京爲明太祖朱元璋與馬皇后主持超薦大法會,出現了不可思議的種種瑞相,有英文著作將這次事件稱爲"南京奇跡"(Nanking miracles)。② 據傳永樂皇帝在夢中親見作爲觀音菩薩化身的五世噶瑪巴,於是發出金字詔書,邀請他來漢地朝覲。噶瑪巴旅行了三年纔到達南京(1407年),受到一萬僧衆的盛大歡迎,永樂也親自手持千輻金輪到城外迎接。噶瑪巴曾授成祖帝后多種密法灌頂,其中即包括勝海觀音修法,還率領天下僧衆在靈谷寺和五臺山,修建普度大超薦場,爲先皇明太祖朱元璋與馬皇后超度薦福。法會從永樂五年二月初五到二月十八,連續十四天,噶瑪巴每日示現奧妙神通,衆人皆見空中祥光、寶雲等種種莊嚴瑞相。皇帝親眼目睹,龍心大悅,命畫師將所見的神通事跡繪制在大匹絲絹上,而成《噶瑪巴爲明太祖薦福圖》長卷四十九幅。每幅均有噶瑪巴所住閣樓與法會壇場、塔樓等圖像;畫中右側則書寫漢、藏、蒙、波斯和傣文等五種文字的題記,以記載這段歷史。這幅長卷至今保存完好,稀有而珍貴。③

當然上面所說的這些內容大都見於明代的官方記載,有意思的是,在明代的文人筆記裏有這樣一則故事,說是當時在南京舉辦大法會的時候,許多政府官員也都受邀參加了這次盛會,大部分人都對噶瑪巴上師無比虔信、五體投地拜倒在他腳下。但有一位名叫李繼鼎的大學士,在排隊等候大寶法王摸頂的時候,問旁邊的同僚說,你知道什麽是"唵嘛呢叭咪吽"嗎?同僚說我不知道,他說我告訴你,"唵嘛呢叭咪吽"就是"讓俺來把你哄"的意思!他說這個活佛哪有那麽大的本事?如果真有那麽大本事,他不是無所不能

---

① 安海燕:《大慈法王釋迦也失兩次進京相關史事新證》,《民族研究》2018年第6期,第78—91頁。

② Patricia Berger, "Miracles in Nanjing: An Imperial Record of the Fifth Karmapa's Visit to the Chinese Capital," *Cultural Intersections in Later Chinese Buddhism*, University of Hawai'i Press, 2001, pp. 140-169.

③ 索文清:《明初哈立麻晉京朝覲與"薦福圖"的誕生》,《西藏民族學院學報》(哲學社會科學版)2009年第1期,第19—26頁。

嗎？那爲什麼還要請人替他作翻譯呢？他一來不是我們該什麼都好了嗎？怎麼到處還有水災、旱災，出現那麼多天災人禍呢？他就是來哄你的。明代的好幾部文人筆記裏都記錄了這件軼事。從元到明，一方面諸多文人筆記裏面記錄了番僧各種各樣的神通，另外一方面也有人對之不屑一顧、嗤之以鼻，覺得活佛並沒有多大神通，"唵嘛呢叭咪吽"如同兒戲，就是這麼哄你來的。這些反面的記載至少説明六字真言於明代初年在漢地已經流傳開了。大家或都熟悉中國的四大名著之一《西遊記》，一般認爲這本小説成書於明代中葉。小説裏有個情節與六字真言相關，即在孫悟空大鬧天宮之後，太上老君把他投進了煉丹爐，燒了七七四十九天。可是，孫悟空不僅没有被煉成仙丹，反而煉就了一雙火眼金睛。太上老君是道教主神，眼看拿他没啥辦法，玉帝衹好搬來如來佛祖，請他施法將孫悟空壓在五行山下。玉帝見妖猴已被降服，欣喜萬分，向如來敬獻禮物，設宴奉謝。衆仙在喝得酩酊大醉之時，忽聽巡視靈官來報，説那大聖從五行山下伸出頭來了。衆仙一片驚慌。如來不急不慢地説道："不妨、不妨"，遂從衣袖裏面抽出一張帖子，"上有六個金字唵嘛呢叭咪吽，遞與阿難，叫貼在那山頂上。"阿難領了帖子，將它貼在了五行山頂上，五行山即生根合縫，孫悟空就再也逃不出來了。一直等了五百年，到唐三藏到西天取經路過此地，揭了這個封條纔把他解脱出來。這個情節有意思的地方在於裏面出現了"唵嘛呢叭咪吽"，它把六字真言描述得威力無窮，竟可以把大鬧天宮的齊天大聖鎮住五百年！這同樣説明，六字真言已經在明代漢地流行很廣了，竟成了民間傳説、民間故事和小説創作的母題（motif）。①

觀音菩薩和六字真言的信仰在藏地的影響遠遠勝過漢地，其中最突出的表現就是觀音菩薩崇拜在藏地催生出了世界上獨一無二的活佛轉世制度。我們熟知的達賴喇嘛活佛轉世系統就是以觀音崇拜爲核心建構起來的。前面我們説過活佛實際上不是佛，而是觀音菩薩的化身。觀音菩薩以外的其他菩薩或没有化身、或不轉世，例如薩迦派的祖師們，薩迦班智達和八思巴帝師等，都曾被認爲是文殊菩薩的化身，但他們不轉世。宗喀巴則被稱之爲第二佛陀，他是佛，住在彌勒佛的淨土兜率天宮中，也不再回到我們人世間。衹有觀音菩薩不斷化現、轉世，在雪域救度有情衆生。

觀音菩薩在藏地具有非常特殊的地位。藏傳佛教中有一套以觀音崇拜爲中心的神話故事，它們主要見於《瑪尼寶卷》（*Maṇi bka' 'bum*）中，它是托名松贊干布（Srong btsan sgam po，617—650）口授的有關吐蕃佛教、歷史和松贊干布本生及教誡的一部著名的伏

---

① 李天飛：《封住孫悟空的六字真言怎麼念？爲何要寫成"俺那裏把你哄"？》，《澎湃新聞·翻書黨》2016年2月27日（https://www.thepaper.cn/newsDetail_forward_1436670，2023年12月28日查閲）。

藏（gter ma）文集。① 《瑪尼寶卷》明確交代了爲什麼藏人那麼相信觀音菩薩？爲什麼他們把西藏作爲觀音菩薩的化土？它說阿彌陀佛預見了世尊釋迦牟尼佛行將涅槃，就讓身邊會衆弟子中出類拔萃、法力無邊的大悲觀世音菩薩前去請求世尊暫勿入寂，囑託觀世音菩薩一定要説服世尊在涅槃之前爲雪域衆生轉動法輪。觀世音菩薩到了世尊面前，請求他爲雪域衆生轉動法輪。世尊給觀世音菩薩説了以下一段話，拒絕了觀音菩薩的請求，引導後者自己去教化雪域衆生：

> 雪域非我化境，再無衆生需我調伏。因此，我將以身示滅、進入涅槃，以激勵那些對教義怠慢之徒，證明無常之所在。北方的雪域目前還是動物的領域，所以即使是"人"這個詞在那裏也不存在，它還處在蒙昧的巨大黑暗之中。所有死在那裏的人都不會上升，而是像雪花一樣飄落海面，墮入惡趣的世界。在未來某時，當教義衰落時，你！觀音菩薩，將教化他們。首先，以菩薩的化身生育需要得到教化的人類。然後，通過物質把他們吸引在一起［作爲弟子］。之後，通過教義將他們聚在一起！造福有情衆生！②

觀音菩薩回到西方極樂世界，向阿彌陀佛傳達了釋迦牟尼的密意，在得到了阿彌陀佛的應允之後，自己輾轉來到了西藏，一看這個地方果真是那麼的蠻荒，衆生還處於水深火熱之中，便發心一定要救度西藏，利益有情，想着想着眼中流出了兩滴慈悲的眼淚，一滴化爲綠度母、一滴化爲白度母，而她們最終成爲觀音菩薩調伏藏地、傳播佛法的最佳助伴。傳説觀音菩薩先在普陀山上給一隻神變來的獼猴授戒，命他從南海到雪域修行，後來這隻獼猴和羅刹女結合生下第一代藏人，一共六個孩子，他們繁衍生息成了六個種姓。孩子一半像父親，性情溫和、有文化；一半像母親，蠻橫野蠻。獼猴和女妖的結合本來聽起來很像是達爾文進化論的一個好例證，卻逐漸被塑造成了觀音菩薩神變的故事，藏人成了觀音菩薩和羅刹女結合而衍生出來的子孫。藏地流行的這種觀音菩薩傳説顯然帶有其鮮明的本土文化特色，很像是本土的族源傳説被佛教化的結果。

《瑪尼寶卷》又説大悲觀世音菩薩到吐蕃後發現雪域衆生絶非以文治、溫文爾雅、溫良恭儉讓就能調伏的，而必須依靠法治、用武功方能教化，因此，他化身爲能主宰萬民、至高無上的轉輪王，即吐蕃的第一任贊普松贊干布。他迎娶的泥婆羅尺尊公主被認爲是白

---

① Matthew T. Kapstein, "Remarks on the *Maṇi bKa'-'bum* and the Cult of Avalokiteśvara in Tibet," in *Tibetan Buddhism: Reason and Revelation*, edited by Steven D. Goodman and Ronald M. Davidson, Albany, NY: State University of New York Press, 1992, pp.79-94.

② Kasptein 前揭書，第 86 頁。

度母的化身，大唐宫室女文成公主（625—680）則爲綠度母的化身。過去有一些學者，如意大利著名藏學家圖齊（Giuseppe Tucci，1894—1984），就曾指出尺尊公主是虚構的，她是爲了對應觀音菩薩和白綠二度母的配置而創造出來的人物。① 觀音菩薩化身吐蕃至高無上的君主，西藏變成了觀音菩薩的化土。在這個基礎上，以後又出現了與此配套的説法，即蒙古是金剛手菩薩的化土、漢地是文殊菩薩的化土等等。這種説法的確立，可能要到14世紀，甚至更晚。而觀音化土的説法也不應早於12世紀，當時《瑪尼寶卷》還没有完全成型。總之，在這種三個一組（trinity）的神權框架體系之下，漢、藏、蒙的統治者都變成了政教雙運的轉輪聖王（cakravartin）和菩薩的化身。松贊干布和達賴喇嘛作爲藏地先後出現的政教領袖是觀音菩薩的化身，一代天驕成吉思汗作爲大蒙古國的締造者是金剛手菩薩的化身，而漢地皇帝則成爲文殊皇帝或稱曼殊師利大皇帝（'Jam dbyangs gong ma chen po），是文殊菩薩的化身。在故宫博物院羅文華先生出版的一本題爲《龍袍與袈裟》的書中，發布了清宫的一組有趣的唐卡圖像，其中乾隆皇帝（1711—1799）把自己打扮成文殊菩薩的形象，或身著僧袍、頭戴班智達帽、右手結説法印、左手托寶瓶，結跏趺坐在須彌座上，周圍環繞着藏傳佛教歷代祖師，或有普賢、地藏菩薩相伴左右，爲衆神簇擁、蓮花環繞。宫中繪製唐卡都有嚴格的程序，這顯然不是隨便畫的，一般繪製這樣的唐卡都需要皇帝的口諭，如果没有乾隆的授意，其他人是不敢擅作主張來繪製聖上形象的。乾隆這種呈現自我的方式無疑是迎合了藏傳佛教宇宙觀和菩薩轉世的意識形態，一方面表現自己是人間最高的統治者，一方面也宣告自己是神界的領袖，"朕即法王"。②

## 五、《瑪尼寶卷》與作爲觀音化身的松贊干布

在藏傳佛教的視野裏，漢、藏、蒙三個地方的統治者都是菩薩化身，但是除了西藏，其他兩個地方並没有出現以各自的菩薩爲中心的活佛轉世制度，那麽，西藏的活佛轉世制度又是怎麽出現的呢？要回答這個問題，我們就得回到藏地的宗教、社會和歷史背景之中，談一談爲什麽吐蕃第一任贊普松贊干布會被"製造"成爲觀音菩薩的化身？在藏地，對後弘期流行的觀音崇拜的形成和發展影響最大的文獻就是前面所説的《瑪尼寶卷》。它是一部是以觀音崇拜爲中心，由神話、傳説、儀式和教義多種文本組成的文集，直接歸在松贊干布的名下。如果有人要問《瑪尼寶卷》是否真爲松贊干布親撰？這當然是一個無法回答的問題。《瑪尼寶卷》是一部伏藏文本，伏藏的原義是"埋藏的寶藏"，指的是蓮花生大師（Padmasambhava，約公元8世紀）遺留下的寶藏。蓮花生曾作授記，預言西藏

---

① G. Tucci, "The Wives of Srong btsan sgam po," *Oriens Extremus* IX (1962), pp. 121-126.
② 羅文華：《龍袍與袈裟：清宫藏傳佛教文化考察》，北京：紫禁城出版社，2005年。

的教法或將會短暫的滅亡，故對那些不適合當時傳授給西藏人的經典，他把它們交給了各地的神靈保護，等待將來被伏藏師（gter ston）發現，使它們重新得以傳播。伏藏師通常是一些本身就具有神通的、獲得了授記的人物。他們可以準確地發掘伏藏、理解伏藏教義，並且將之編訂，甚至"翻譯"（某些伏藏文本有特殊字體、語言和表達方式）成適應大衆需求和便於傳播的形式。①

從文本結構上來看，《瑪尼寶卷》主要分三部分，由三位寧瑪派伏藏師陸續在 12 世紀中葉至 13 世紀中葉於拉薩大昭寺（Ra sa Jo khang）發現，分別是：經部（mdor skor）、成就法部（sgrub skor）和口訣部（zhal gdams kyi skor）。第一部分是關於松贊干布和觀音菩薩的各種傳説，特別宣揚前者是後者化身的故事，是由伏藏師釋迦光（Shākya 'od，13 世紀）發現的；第二部分則是觀音菩薩成就法（sādhanā, sgrub thabs），即本尊瑜伽（Devata-yoga, lHa'i rnal 'byor）或者本尊禪定的儀軌文獻，是由伏藏師卓陀額珠（Grub thob dngos sgrub）發掘；第三部分是由 150 餘篇短小文本構成的雜集，内容都是圍繞觀音崇拜的修法和教義展開，是由伏藏師娘日尼瑪沃賽（Nyang ral Nyi ma 'od zer，1124—1192）發掘出來的。② 三位伏藏師中以娘日尼瑪沃賽最爲著名。他被認爲是赤松德贊（Khri srong lde btsan，742—797）的轉世。赤松德贊正是蓮花生二十五位弟子之一，《瑪尼寶卷》埋藏於大昭寺就是蓮花生大師向赤松德贊作的授記。娘日尼瑪沃賽自幼就學習與觀音菩薩、馬頭明王（Hayagrīva）相關的修法和教義，是這兩種教法的重要傳播者。從文本傳播的角度看，伏藏是在經歷了朗達瑪（Glang dar ma，799—842）滅佛以後的"黑暗期"或説"分裂期"之後，讓失落了的寧瑪派教法重新回到文本流傳系統中的一種善巧方便。諸多學者對敦煌藏文文獻的研究發現，娘日尼瑪沃賽所發掘的一些伏藏文本，在敦煌藏文文獻中都發現了與它們相應的版本或者"原型"，説得直白一些，就是他極有可能是利用了伏藏形式，讓自己的一些家族私人藏書——可能在此前的吐蕃社會動蕩的階段裏已經普遍認爲是失落或毁掉了的文本——重新進入大衆視野，使它們回到文本傳播之中，得以傳抄、複制、念誦和修習等等。③ 按照藏傳佛教的傳統，《瑪尼寶卷》的"著作權"（authorship）或者"權威性"（authority）歸屬於松贊干布，但無疑這三位伏藏師或多或少都參與了"創作"和編訂這個文本的過程。

---

① Andreas Doctor, *Tibetan Treasure Literature: Revelation, Tradition, and Accomplishment in Visionary Buddhism*, New York: Snow Lion Publications, 2005.

② Franz-Karl Ehrhard, "The Royal Print of The *Maṇi Bka' 'Bum*: Its Catalogue and Colophon," in *Nepalica-Tibetica: Festgabe for Christoph Cüppers*, Band 1, edited by Franz-Karl Ehrhard and Petra Maurer, Andiast: International Institute for Tibetan and Buddhist Studies GmbH, 2013, pp.143-172.

③ Cathy Cantwell and Robert Mayer, *Early Tibetan Documents on Phur pa from Dunhuang*, Vienna: The Austrian Academy of Sciences Press, 2008, pp.65-135.

《瑪尼寶卷》成型於 12 至 13 世紀，但其中包含的傳説故事、修法、儀軌可能在藏地早已流傳。近些年來，學者對敦煌文獻中的有關觀音崇拜的藏文文獻研究也説明觀音崇拜在 10 到 11 世紀之間在敦煌地區已經流行了。雖然《瑪尼寶卷》是一部寧瑪派的伏藏文獻，但寧瑪派並非早期在藏地傳播觀音菩薩教法的唯一教派，以阿底峽（Atiśa，982—1054）爲代表的噶當派也很早就推崇觀音崇拜，甚至有學者認爲他是藏地流行觀音教法的源頭。除了《噶當全書》（bKa' gdams glegs bam）之外，噶當派最重要的教法是"十六精要"（thig le bcu drug），它是以觀音菩薩爲主尊的修持（nyams len）。① 傳説由阿底峽發掘的《柱間史》（bKa' chems ka khol ma）也是一部號稱爲贊普松贊干布遺訓的文本，主要講述的是觀音菩薩化身松贊干布統治西藏、支持佛教發展的種種事跡。其中很多故事類似於《瑪尼寶卷》的第一部分。② 《柱間史》通常被認爲是一部關於吐蕃的早期歷史著作，就觀音菩薩崇拜的傳播來説，它的推動作用遠不如《瑪尼寶卷》。究其原因，《瑪尼寶卷》並非一部吐蕃歷史著作，其本質上是一部以六字真言爲中心召唤觀音菩薩的修持類儀軌文本，其第二和第三部分以觀音菩薩爲主尊的觀想和修法是其核心，而圍繞松贊干布和觀音菩薩的傳説故事的第一部分則可以被視爲是觀音修法和儀軌的前導文，即 lo rgyus 這樣的文本，是用來介紹修法的主尊和其産生的"歷史"背景的。我們在很多早期的修法文獻中都看到了類似的文體，例如黑水城出土的寧瑪派修法文本《欲護神求修》就花了很長的篇幅來介紹欲護神是如何從一個羅刹女被大黑天母調伏而成爲佛教的護法神的。③

　　《瑪尼寶卷》的編訂有其特殊的歷史和宗教背景。按照西藏傳統的説法，在 9 到 10 世紀，西藏經歷了"朗達瑪滅佛"，佛教已經毁滅殆盡，西藏歷史進入一個"黑暗期"。現在很多人質疑"朗達瑪滅佛"的真實性，説朗達瑪死後，吐蕃進入政治上的分裂期，強人四起、紛爭不斷，後來連藏王墓也被盜掘了，經濟也經受了災難性的衰退，因此他難以逃脱末代贊普常常會被汙名化的命運。④ 赤祖德贊（806—841）時候頒布了"一人出家，七户供養"的政令，佛教活動需要消耗國家大量的糧食、財力、物力，没有強有力的中央集權對佛教的支持，佛教事業是難以爲繼的，故自然就會走向衰落。後弘期伊始，當佛教再次傳入西藏的時候，藏人希望出現一個強有力的、像松贊干布這樣的轉輪聖王，他不

---

① Franz-Karl Ehrhard, "The Transmission of the Thig-le bcu-drug and the bKa' gdams glegs bam," in *The Many Canons of Tibetan Buddhism: PIATS 2000: Tibetan Studies: Proceedings of the Ninth Seminar of the International Association for Tibetan Studies, Leiden 2000*, edited by Helmut Eimer, Leiden: Brill, 2002, pp. 29-56.

② Ronald M. Davidson, "The Kingly Cosmogonic Narrative and Tibetan Histories: Indian Origins, Tibetan Space, and the bKa' 'chems ka khol ma Synthesis," in *Cosmogony and the Origins*, *Lungta*, 2004.

③ 侯浩然：《黑水城文獻中發現的藏傳佛教替身儀軌研究》，《清華國學》第一輯，2022 年，第 198—200 頁。

④ Samten Karmay, "King Lang Darma and his rule," in *Tibet and Her Neighbours: A History*, edited by Alex McKay, London: Hansjörg Mayer, 2003, pp. 57-66.

光是能夠在政治和軍事上統一西藏，還可以從教法上重新振興佛教。寧瑪派，或舊譯密續派（gsang sngags rnying ma），是吐蕃最古老的佛教傳統，他們的黃金時代正是在吐蕃前弘期，尤其是三聖王統治時期。到了後弘期，自12到13世紀，寧瑪派面臨着薩瑪派（gsar ma）即新譯密續派（gsang sngags gsar ma）的挑戰，以卓彌譯師釋迦也失（'Brog mi Shākya ye shes, 992—1072）爲代表的藏地新譯密續派的譯師們從北部印度地區大量地翻譯無上瑜伽部（Anuttarayoga Tantra, Bla na med pa'i rgyud）的密續，諸如《密集金剛本續》（Guhyasamājavajra Tantra）、《喜金剛本續》和《勝樂金剛本續》（Cakrasaṃvaravajra Tantra）等。新譯密續派的譯師們歷經萬難遠赴印度求學，學成之後回到藏地，說着印度典雅的語言、念誦着印度悠揚的咒語、推崇着印度時髦的新神、談着當時最深奧的佛理，迅速俘獲了藏人的心，沖擊着作爲舊派的寧瑪派在藏地的宗教地位和影響力。①在這種情況下，寧瑪派重新將目光轉向了前弘期，轉向了觀音菩薩化身的聖王松贊干布，他們使用《瑪尼寶卷》這種伏藏文本重新建立起寧瑪派與吐蕃黃金時代的聯係，渴望昨日再現、輝煌重來。這顯然有點一廂情願，自吐蕃滅亡以後，西藏就再也沒有出現過一個強大的、統一的地方政權。即使松贊干布在位時，它也不是西藏歷史上最強大的時候，而是在赤松德贊統治時期，是他建立起了一個僅次於唐朝的政權，從西安一路向西，到今天新疆和田，和田再向西的中亞地方也都是它的統治範圍，但在朗達瑪遇刺之後，這樣的一個政權便永遠地消失了。

在西藏歷史上，後弘期早期的一些上師也曾被認爲是觀音菩薩的轉世，如阿底峽的大弟子仲敦巴，但噶當派的活佛轉世並沒有形成體系，直到後來被格魯派吸納，形成了達賴喇嘛轉世系統。②寧瑪派對於觀音崇拜在藏地的興起和傳播有巨大的貢獻，但最早建立活佛轉世系統的不是寧瑪派，而是新譯密續派的噶瑪噶舉派，它是從三世噶瑪巴讓迥多吉（1281—1339）開始的。三世噶瑪巴在14世紀的時候就引用過《瑪尼寶卷》，可見作爲一部寧瑪派的伏藏文本，《瑪尼寶卷》也曾被新譯密續派全盤接受，其原因主要就是觀音菩薩崇拜已成爲當時西藏普遍的信仰，甚至在尼泊爾和東印度地區，當時也流行觀音崇拜，例如12至13世紀來到藏地傳法的印度瑜伽士米得蘭左吉（Mitrayogin）就以擅長觀音修法而著稱。他傳播的多種觀音修法儀軌不僅被譯成藏文，後來在西夏蒙元時期也被譯成了漢文，這些文本一直保留至今。《瑪尼寶卷》能被新舊密續派普遍接受或還有另一個原因，就是裏面收集的多種觀音求修儀軌沒有明顯的宗派屬性，是新舊密續派都能接受的修

---

① Ronald M. Davidson, *Tibetan Renaissance: Tantric Buddhism in the Rebirth of Tibetan Culture*, New York: Columbia University Press, 2005.

② Leonard W. J van der Kuijp. "The Dalai Lamas and the Origins of Reincarnate Lamas," *The Dalai Lamas: A Visual History*, edited by Martin Brauen, Chicago: Serindia, 2005.

法和儀軌。《瑪尼寶卷》不僅被視爲松贊干布的遺訓，而且還被視爲他的靈魂（rgyal po'i bla）的延續。從某種意義上來説，《瑪尼寶卷》的出現就意味着松贊干布的再現和觀音菩薩的轉世。①

早年我曾用心研究過一世達賴喇嘛的生平和他對於格魯派活佛轉世系統形成的歷史貢獻，當時看達賴喇嘛的多種傳記，就發現它們一開始都要講述觀音菩薩的故事，強調傳主是觀音菩薩的化身，他來到人間的使命就是爲了救度雪域的有情衆生。記得20世紀70年代末，現世達賴喇嘛曾經在德國與《明鏡周刊》記者所作的一次訪談中説他不想再作爲達賴喇嘛轉世重回人間了。這個訪談在當時引起了很大的反響，激發了有關活佛轉世制度的很多的討論，其中有些人批評達賴喇嘛説："你怎麽能不轉世呢！你是觀音菩薩！輪迴不空，你怎麽就想不回來了呢？世界上還有很多需要你救助的人，你必須回來！"後來，達賴喇嘛改口説他可以回來，但還是不想以達賴喇嘛的身份回來，可以考慮以一個另外的形式回來。從這場爭論中，我們也可以看出西藏活佛轉世制度與觀音菩薩崇拜的關聯是何等的密切。

今天我們習慣於將西藏的轉世活佛都稱爲仁波切，這其實是很不恰當的。或者説，將西藏的轉世喇嘛稱爲活佛本身就是不恰當的，佛不生不滅，本來就没有活和不活的區分，更重要的是，活佛不是佛，他們是觀音菩薩的化身。如果我們對西藏的歷史有比較多的瞭解的話，我們知道西藏歷史上被稱爲仁波切（Rin po che）的上師並不多。而且這幾位最著名的仁波切都是佛，他們是不會轉世回來的，如上師仁波切（Guru rin po che）蓮花生、覺沃仁波切（Jo bo rin po che）阿底峽和傑仁波切（rJe rin po che）宗喀巴，他們都被稱爲"第二佛陀"，住在佛土，不再轉世回來。回到我們這個世界來的轉世活佛都是觀音菩薩，其中最早的化身是三世噶瑪巴讓迴多吉。噶瑪巴上師的藏文稱號之一是chos rje rin po che，後來明代永樂皇帝賜封五世噶瑪巴上師爲"大寶法王"，授予如來大寶法王龍鈕白玉印。後人對噶瑪巴上師所享用的"大寶法王"稱號十分推崇，賦予它十分崇高的政治和宗教地位，其實所謂"大寶法王"無非就是chos rje rin po che的漢文意譯。大寶法王在元、明西藏地方政治上並没有特别大的影響力，但是越到後來他們在西藏宗教的影響越來越大，遠遠超過了他的世俗影響力，所以，到後來大寶法王就變成了西藏宗教社會中一個非常重要的角色。②在明代中原的官僚體系裏面，並没有法王或者上師們的具體位置，明代分封了很多法王、國師和西天佛子等等，他們雖然聲望顯赫，但都不歸屬於明代的官僚體系裏面，不像在元朝帝師是從一品的高官，地位很重要，但是在明代和明以後的西藏社

---

① Davidson前揭書，第220—222頁。
② 佐藤長著、鄧鋭齡譯：《明代西藏八大教王考》，《西藏民族學院學報》1987年第3期。

會，法王、國師、上師和仁波切們的地位變得越來越重要，超越了傳統的地方權貴、家族們的影響力。

以往有學者提出活佛轉世系統的建立是爲了解決藏傳佛教寺院領袖的繼承問題，它是選拔寺院和教派繼承人的一種善巧的手段，例如格魯派和噶瑪噶舉派都是用活佛轉世系統來解決教派繼承人問題。在整個藏傳佛教體系裏面，寧瑪派和薩迦派早期都沒有建立活佛轉世制度，因爲他們的教法傳承都是以家族爲中心，通過父子（yab sras）、叔侄（khu dbon）相續的方式代代相傳。17 世紀之後，轉世活佛在藏傳佛教各個教派中都出現了。現如今，活佛越來越多，以至於網絡傳言朝陽區就有三十萬仁波切。以前索甲仁波切寫《西藏生死書》時專門提到，現在的世界越來越富裕，但受苦受難的人卻越來越多，如華爾街的人就最需要救度，因爲他們是餓鬼轉世。很多人經濟上富裕了，但腦袋越來越有問題，越來越需要得到菩薩的救度，所以，隨着世界上需要被救度的衆生越來越多，菩薩的重要性就越來越大，以致今天社會上仁波切再多也依然供不應求。① 但是，我想隱藏在這種現象背後的一個理念依然還是世人對觀音菩薩的信仰和崇拜。

## 六、藏傳佛教中觀音崇拜的密教化

藏地從後弘期開始所傳的觀音法門便與漢地觀音菩薩信仰呈現了明顯不同的形態。印度佛教從 6 世紀之後，受到印度教教派中的濕婆派、毗濕奴派和性力派的影響，開始向秘密宗教方向發展，而觀音修法體系亦不例外，也開始向密教化、儀軌化轉變。觀音崇拜在後弘期再次傳入藏地當在 10 世紀之後，藏地當時更多地受到了觀音崇拜的密教化傳統的影響，比如《瑪尼寶卷》第二部分就是以觀音菩薩爲本尊的成就法，主要是修本尊禪定，所以很多本尊禪定主修觀音菩薩，出現了不少觀音菩薩密教化的形象。元人盛熙明《補陀洛迦山傳》中說：

> 藏教密乘經中所載，觀自在菩薩爲蓮華部主，現諸神變，忿怒則稱馬首明王，救度則聖多羅尊，滿諸願則大准提尊，及如意輪王、不空羂索，乃至師子吼，並毘俱胝、一髻、青項、白衣、葉衣、千首千臂，皆有儀軌、真言，略舉其名，若西天未譯番本，師傳本續，真言要門，未易悉究。②

我們現在知道藏傳佛教中的觀音菩薩求修儀軌多種多樣，名目繁多，它們早在西夏時

---

① 索甲仁波切：《西藏生死書》，杭州：浙江大學出版社，2011 年。
② CBETA 2022. Q4, T51, no. 2101, pp. 1136a11-17.

期就已經被翻譯成西夏文、漢文傳世。在 9 至 14 世紀的西夏和蒙元時期的西夏文佛教經典中，同時出現了觀音的兩種不同的表達方式，即源自藏文的"觀自在"和源自漢文的"觀世音"。從國家圖書館善本部複印出來《觀世音菩薩修習》和《觀音密集玄文》兩套觀音修法文本，其中包含了二十多種不同的觀音修法。相信還有更多的觀音修法儀軌等待我們去發現，我們今天所見到的《觀世音菩薩修習》僅僅是這套觀音修法集成中的第五卷的內容，前面至少有四卷內容我們沒有看到，我們也不知道這第五卷後面還有多少卷軼失了，總之這部文集中原來所收集的觀音修法的數量應該遠遠超過我們今天所能見到的這些。祇是今天我們在漢文文獻裏面見到的觀音菩薩修習的文本已經足夠的多，而且我們在藏文文獻裏面可以找到大量的與這些漢譯觀音菩薩修行文本相應的藏文原本。①

值得一提的是，這兩部觀音修法文本裏面，即有多篇是和米得蘭左吉的傳承直接相關的。"米得蘭左吉"——亦作"密得囉_二合_佐吉""密怛囉_二合_佐吉"——藏文名 Mi tra rdzo ki、Mi tra jo ki 或 Mi tra jho ki，梵文名字 Mitrayogin。藏文史籍中亦將其稱作 A dzita mitra, Shrī dzāgata mitra ānant，係其梵名 Jaganmitrānanda 的音譯，漢文亦譯作"拶葛怛米得蘭啞喃荅"，被稱爲觀音化身。米得蘭左吉是一位活躍於 12 到 13 世紀之交的東印度班智達，他是遊戲金剛（Lalitavajra）的親傳弟子，而後者與那若巴（Nāropa，1016—1100）是帝洛巴（Tilopa，988—1069）最重要的兩位弟子。在遊戲金剛的指導下，他於十二年間專注於觀世音菩薩修法，親見本尊並得其傳授。米得蘭左吉是藏地傳播的多種身形的觀音菩薩修法的源頭。②

説了那麽多有關觀音修法歷史傳承的故事，接下來我們來看一下觀音菩薩修法本身應該是怎樣的一種修法。這裏選了三種相對來説比較有特點的觀音修習文本來進行研究，第一種叫《聖觀世音菩薩禪定要門》，現藏國家圖書館，應該是明代初年譯成漢文的，它是一個比較典型的修習本尊禪定的文本，我們先來看看這個文本：

聖觀世音菩薩禪定要門（失譯）

夫修習人，於寂靜處穩軟座上，跏趺正坐。首先，皈依上師、三寶，發菩提心云：那謨孤嚕毘牙_二合_ _上師_！那謨勃塔耶 _佛_！那謨塔哩麻_二合_耶 _法_！那謨僧伽耶_僧_！我今為利一切有情同證觀世音菩薩果位，故修此禪定要門。一刹那間，自心蓮花上，想月輪中央白色"唵哩_二合_"字放光，召請十方諸佛，來至面前，空中而住，遂伸五供養云：（略）

---

① 安海燕：《明代漢譯藏傳密教文獻研究》，中國藏學出版社，2019 年。
② Chandra, Lokesh, "*The Biography of Mitrayogin*," in *Indo-Asian Studies*, vol. 2, 1965, pp. 161-170.

次誦七支偈云：

最上三寶我皈依，一切罪業皆懺悔，隨喜有情諸善根，正覺菩提意中持，

正覺妙法及僧伽，直至菩提我皈依。利益自他有情故，我今發大菩提心，

最上菩提心發已，我為衆生作利益，菩提妙行皆修習，為利有情願成佛。

遂發四無量心：

願諸衆生常住安樂具安樂因慈；願諸衆生離諸苦惱斷諸苦因悲；

願諸衆生離一切苦常住安樂喜；願諸衆生無有憎愛冤親平等捨。

次誦變空呪云：

唵莎發呕朿塔薩哩幹二合塔哩麻二合莎發呕秌徒欣

一般的本尊禪定都是這麼修的，即修習人找一個很安靜的地方，放一張安穩、柔軟、舒服的座位，坐下結跏趺坐。然後，首先要皈依佛、法、僧三寶，念誦咒語："那謨孤嚕毘牙二合 上師！那謨勃塔耶佛！那謨塔哩麻二合耶法！那謨僧伽耶僧！""那謨"是梵語 namo 的音譯，就是敬禮的意思。所以，這整個四句下來，就是"頂禮上師、佛、法、僧！"再下面就是説發菩提心，説我今爲利益有情，爲證觀世音菩薩果位，故修習本尊禪定。這表明行者修本尊禪定不祇是爲了自己的利益，而是爲了利益一切有情衆生。修觀世音菩薩，要得到觀世音菩薩的果位，目的就是爲了利益一切有情。本尊禪定一開始都是這樣的，前面是念誦祈禱、然後就是敬禮上師、敬禮佛、敬禮法、敬禮僧，在藏傳佛教裏面上師最重要，上師是三寶的基礎，所以行者要先敬禮上師。

想諸法皆空，於空性中，自心蓮花上，想"啞"字轉成月輪，於月中央觀想白色"吃哩二合"字放大光明，照諸衆生，脱苦獲樂。其光復迴融入字種，一刹那間，自身轉成觀世音菩薩，其身白色，一面四臂，二手合掌當胷，下右手持水晶數珠，下左手執紅蓮花，衆寶瓔珞嚴身，綰髮結髻，頂戴七寶，頭冠額嚴紅色阿彌陁佛。復次，蓮月輪上，金剛跏趺而坐，誦"唵啞吽"三字呪，攝受額、喉、心三業，然後想心月輪上，白色"吃哩二合"字。復次，出光召請智觀世音菩薩，隨誦召請呪云："唵嚕計說囉薩八哩幹囉雅納薩麻耶拶。"想來至面前，伸五供養已，誦"拶吽啝斛"，記智相融，為一不二。復觀本尊心間，蓮月輪上，白色"吃哩二合"字，周匝圍繞，六字神呪，顯現分明，如鏡中像，似水中月，凝然湛寂而住。到此注意諦觀多時，若疲倦時出定誦呪："唵嘛呢叭咪吽。"隨力誦之，或千百徧，行住坐臥，終而復始修之不間，決定證聖果也。

聖觀世音菩薩禪定要門竟

在前面的準備階段結束之後，修習者開始進入本尊禪定的核心部分。即在蓮花上想種子字"唖"成月輪，月輪上出現種子字"啖"，這是觀世音菩薩的種子字。修習人從種子字觀想自身一刹那間轉化成一面四臂的觀世音菩薩，這是誓言尊，也叫記句尊，梵文叫做 samaya-sattva，藏文 dam tshig sems dpa'。samaya 通常翻譯成"記句"，藏文 dam tshig，在密教裏指行者需要遵守的誓言，而 samaya 本義是"結合處"和"會合的地方"，或者可譯成"相應"。修習人首先需要淨化自身，使得自身成爲合格的誓言尊，然後纔能召請智慧尊（jñanasattva, ye shes sems dpa'）隱入自身，與誓言尊合二而一。所以，下面一步修法就是召請四臂觀音的智慧尊，請智慧尊順利進入記句尊，然後需要作供養，再誦三字明咒，達到"記智相融，爲一不二"，這樣修行者就修成了。然後，從本尊的心間再生出觀音菩薩的種子字"啥哩二合"（hrīḥ），六字真言環繞在它的周圍，這就是證果的驗相。修習人誦咒即是爲了召喚智慧尊，以達到行者自身的身語意三門時時刻刻都與觀音菩薩相應、相合的境地。在藏傳佛教中，不管是畫一張唐卡，還是修一座佛塔或者佛像，它都必須要經過一個開光，或稱勝住的儀軌，這種儀軌的核心就是要讓誓言尊和智慧尊合二爲一，然後使這尊造像或佛塔脫凡入聖，否則它祇是一個泥胎。而佛教行者修習本尊禪定同樣也是這樣的一個過程，即讓自己發心修習而生起的本尊的誓言尊與本尊的真性智慧尊合二而一，以證成果位，求索成就。

作爲本尊禪定的觀音修法代表了觀音禪定修法的基本框架，它在藏傳佛教裏非常普遍。接下來，我們再來看一個非常有特點的觀音修法，叫做"捨壽定"。剛開始接觸這個修法儀軌時，我們沒弄懂"捨壽定"的意思。大家知道阿彌陀佛是無量壽佛，其功能是增壽，要讓人長壽，而修習觀音禪定怎麼能叫捨壽定呢？後來我們纔搞懂這是一個什麼樣的修法，捨壽定爲何要和觀音修法關聯在一起？現將《捨壽定》的文本部分錄入如下：

夫修習者，若作捨壽時，有其二種。初調習，後正捨。初，自身頓成觀音我慢故，內想中道脉，外白內赤，如空心竹筒，上下通徹。想臍間月輪上，識性變成白色"啥哩二合"字，放大光明，照自己身中，所有諸虫，皆得離苦，證得菩薩之身。正調習時，其"啥哩二合"字，上衝出淨梵，於頂放不思議光，遍照一切有情，盡得三業清淨，證得大悲之身。其光却迴入自己臍間"啥哩二合"字內而住。如是往復，每日作五七遍矣。田施奉送，求索願事，皆得成就。若每日頻習，作此定時，或覺頂胸動，或頂上似虫行，或覺頂開。若臨終時，識性從淨梵眼出，決生淨土無疑也。

如此看來，捨壽定首先要調習，觀想自身頓成觀音我慢。"我慢"就是說"佛慢"，指的是佛的傲慢、佛的驕傲。在佛教裏面,我慢或者傲慢並不一定是個不好的詞。在修習本尊禪定時所說的"佛慢"當是指行者必須時刻保持的佛的威儀,即保持着佛的儀態和成佛的發心,所以,行者必須時刻以佛的形象出現,與佛的身語意三門時刻相應,說行者自身頓成觀音,就是指他要有觀音菩薩的莊嚴儀態。生起佛慢,就是觀想自身成觀世音菩薩。接下來,要修氣脈明點,或先要修"中脈"。在藏傳密教中,人體內的能量系統爲三脈七輪,其中中脈最爲重要,稱之爲"命脈","大道脈",梵語作"啊縛都底"(avadhuti),藏語稱作 dbu ma。所以稱"命脈",即表示中脈爲一切衆生之命根,稱"大道脈"則代表中脈爲成佛之捷徑,因爲它是重生、脱離苦海、成佛涅槃的唯一捷徑。修持密法的第一大成就即是開通中脈。調習的核心是在講從臍輪處生出觀音菩薩種子字,觀想其沿着中脈上沖至頭頂淨梵穴,打通中脈,在頂上放不可思議光、遍照有情、清淨三業、證得大悲觀世音之身,然後種子字再歸於腹輪。如此,修習者每日反復修習五到七遍,所求皆得圓滿,在臨終時,識性即可以沖破淨梵穴直至阿彌陀佛的淨土。這樣的修法本質上與漢傳佛教中的觀音崇拜一致,都是爲了最終能夠在阿彌陀佛的西天極樂世界中得道成佛,然成佛的途徑則完全不同。藏傳佛教讓行者以修中脈、修拙火的修法,使自己的識性直接飛越到阿彌陀佛的淨土,充分顯示出密教無上瑜伽部修法是一種成佛的捷徑,是一種大善巧方便。

以上對捨壽定的分析,讓我們終於明白捨壽定實際上就是一種臨終破瓦法,其具體的修法甚至就是一種拙火定的修法。那麼,臨終破瓦法又是一種什麽樣的修法呢?《大乘要道密集》中有一個直接跟阿彌陀佛相關的臨終破瓦修法《阿彌陀佛臨終要》:[①]

敬禮殊勝上師衆!

夫欲脩此要門,行人初夜善事既已將畢,至臨寢時,想自居境,成極樂國,衆寶所成,處處行列,出諸豐饒如意寶樹,無生老病死,離冤憎愛,地甚綿軟,喻於天宮。復次,想自成本尊佛,右脇而臥,如獅子眠,面前日月蓮花座上,體即本師,容即彌陀,相好光嚴,手結禪印,執持甘露盈滿之缽,具愍衆生無緣大悲,出家容儀,慈愍行人,此佛周匝諸相承師,及本尊佛、佛子,猶如雲集,所共圍繞。次脩七支,然後相順向外出息,自己心性,如光明出,融入面前彌陀心間。復順內息,彌陀佛心,如光明來,融入自心。如斯往復,順出入息,應當脩作二十一度,或二三遍。

復次,緣想諸佛、佛子、上師尊佛,悉皆融入彌陀佛中,彌陀如來,復融於己。佛身語意而與自己身語意三,融和一性。如是想記,語誦《行願經》中偈曰:"彼佛衆會咸清淨,我時於勝蓮花生,親覩如來無量光,現前受我菩提記。"如是發大弘願

---

[①] 沈衛榮:《〈阿彌陀佛臨終要〉與臨終遷旨研究》,《中國哲學史》2023 年第 2 期,第 72—82 頁。

三遍，以意安住，無戲論，隨便眠也。若如此要，恒常觀脩，上機之人，現生親覩彌陀佛面；中機臨終，下機中有，得覩佛面，聽聞妙法。至扵後世，如蛇退皮，即得往生安樂刹也。斯要門者《行願經》云："願我臨欲命終時，盡除一切諸障碍，面見彼佛阿彌陀，即得往生安樂刹。據如是文而述成也。

此師傳者，文殊菩薩傳與勝一切宽接怛哩上師，此師傳與大金剛座師，此師傳與小金剛座師，此師傳與八哩囉拶幹師，此師傳與大薩思加幹師，此師傳與大誓尊巴師，此師傳與薩思加班帝怛師，此師傳與思納哩探幹師也。阿彌陀佛臨終要竟

《阿彌陀佛臨終要》的修法跟我們前面講的兩個觀音修法屬於同一個體系，這充分説明阿彌陀佛和觀音菩薩信仰、修行體系是緊密聯繫在一起的。依這部修法要門中所説的阿彌陀佛修持法，要求行者晚上睡覺時修習，觀想自己睡覺的地方就是西方極樂世界，自己就是觀世音菩薩，佛慢堅固，前方有蓮花月輪座，座上有阿彌陀佛，阿彌陀佛周圍有諸上師圍繞，諸上師周圍有諸佛菩薩衆圍繞，在心中觀想向他們頂禮三次，然後念誦《普賢行願品》的七支供養文三次，觀想自己的氣息從右鼻孔出，氣息與自心從阿彌陀佛的左鼻孔進入，融入其心間，自心和阿彌陀佛的心合而爲一，吸氣時心裏想，從阿彌陀佛的心間放出光，光經阿彌陀佛的右鼻孔進入自己的左鼻孔後融入心間，觀想阿彌陀佛的心和自心合一。這樣觀想三次後，最外圍的諸佛菩薩化光融入諸上師，上師們也化光融入阿彌陀佛，阿彌陀佛化光融入自身，自己也化光。觀想阿彌陀佛、本尊大悲觀世音菩薩和自心三者無分別融合。最後行者發願：願於喜樂佛刹土，勝美蓮中化生，親睹如來無量光，現前授我菩提記。於此禪定中，心不散亂地以吉祥臥入睡，如每天不間斷地練習，將來這個身體就會像蛇蜕皮一般的捨下，往生西方極樂世界，於蓮花中化生。

《捨壽定》和《阿彌陀佛臨終要》的核心修法都是破瓦法（'pho ba）——印度教和佛教中的一種相當流行的密宗修行方法，被描述爲"死亡時的意識轉移""心流轉移""有意識的死亡修行"或"無禪定的開悟"（ma sgom sangs rgyas）等。在藏傳佛教中，破瓦法是那若六法中的一種，它也出現在許多其他教派和學修體系之中。遷識在死亡的那一刹那發生，即將人的意識通過頭頂直接轉移到佛國淨土中，繞過據説死後於中有階段所必須的經歷。常見的遷識目的地有西方極樂淨土（Sukhāvatī）、東方妙喜淨土（Abhirati）、密嚴淨土（Ghanavyūha）、Aṭakāvatī、布達拉、銅色山（Zangs mdog dpal ri）、兜率天（Tuṣita），等等。

上面我們選的這三種藏傳密教中的典型的觀音修法，即《聖觀世音菩薩禪定要門》《捨壽定》和《阿彌陀佛臨終要》等，都是在漢傳佛教裏沒有出現過的觀音修法。在漢傳佛教中，我們念誦"南無阿彌陀佛"或者"一心稱名觀世音"，都僅僅是爲了召唤觀音菩薩來救助我們，帶我們去阿彌陀佛的西方極樂世界，這和我們念誦六字真言"唵嘛呢叭

咪吽"的功能是基本相同的,然而,六字真言和觀音崇拜在藏傳佛教中還有漢傳佛教中沒有的一面,它有了更新的發展,它是能夠使行者通過念誦六字真言直接遮止六道輪迴,或者通過修習觀音禪定,修習觀音和阿彌陀佛的臨終破瓦法,直接將自己的心識快捷地遷往阿彌陀佛的西方極樂世界,即身成佛。大家知道印度佛教在 6 世紀之後逐漸密教化,而觀音信仰向藏地傳播是在 7 世紀之後,所以藏傳佛教較爲完整地接受了晚期印度密教的傳統,而漢傳佛教則更多地保持了 7 世紀之前印度大乘佛教的狀態。漢藏和顯密佛教之間既有共通的信仰基礎,又有不同的修習特點和發展方向,非常典型地反映在他們各自傳承的觀音菩薩崇拜和修行的具體實踐和傳統上。我們今天在上述這三種藏傳佛教所傳觀音修法中所看到的那些密教因素,如咒語、陀羅尼、手印、觀想、曼陀羅以及氣脈明點的修持等,它們在漢傳佛教的觀音崇拜中基本沒有出現過。但二者殊途同歸,其背後的教法理念卻依然是完全一致的,都是發心成佛、依大乘佛教修行而自利利他,他們都希望通過不同的方式和途徑尋求得到觀音菩薩的救助和引導,最終出離輪回而到達阿彌陀佛的西方極樂世界。目標是一致的,祇是道路不同,行者該選擇哪條道路,是漢是藏,是顯是密,皆隨自己根器的利鈍和各種緣起的和合而定,對此我們不應起任何分別心,更不可揚此抑彼,妄加指摘。

# A Study of the Avalokiteśvara Cult in Sino-Tibetan Buddhist Traditions

Shen Weirong, Hou Haoran

**Abstract**: In the world of East Asian Buddhism, Avalokiteśvara has the greatest influence and the largest number of believers, and it has been called the "faith of half of Asia". The worship of Avalokiteśvara originated from the Bodhisattva belief in Mahāyāna Buddhism and underwent a localized development after its introduction into China, showing different patterns and characteristics in the Han and Tibetan Buddhist traditions. For a long time, Chinese and overseas scholars have devoted great enthusiasm to the study of the Avalokiteśvara Cult, and have published many important research results. However, no comparative study has yet been conducted on the worship of Avalokiteśvara in the two Buddhist traditions. To fill this gap, this paper conducts a comparative study of the cult of Avalokiteśvara in the Han and Tibetan Buddhist traditions, analyzing the similarities and differences between the two in terms of doctrine and practice. By doing so, this paper attempts to break down the barriers between Indian, Han and Tibetan Buddhism, to consider them as an integral, continuous, and evolving religious tradition, and to analyze how the ideology and practice of the Avalokiteśvara started from the Indian Mahāyāna Buddhism, and, through dissemination and development, eventually formed the Avalokiteśvara Cult that is distinctive to each of the Han and Tibetan Buddhist traditions.

**Keywords**: Sino-Tibetan Buddhism; The Avalokiteśvara Cult; The Six-Syllable mantra; *Maṇi bka' 'bum;* Esoteric practice of Avalokiteśvara

# 漢藏唯識學中"種子與阿賴耶識關係"問題比較研究

劉丹楓

**摘 要**:"種子"與"阿賴耶識"是構成大乘佛教唯識哲學體系的兩個基本概念。對於二者之間的關係,唯識論典常常以"非一非異"來表述。清晰地把握"非一非異"的真正内涵,對於理解唯識哲學而言至關重要。唯識思想傳入中國後,不僅漢傳佛教的法相唯識宗對種子與阿賴耶識的關係問題有着充分的論述,立足於中觀哲學的藏傳佛教思想界對這一問題也有着獨到的闡釋。本文即以漢傳佛教唯識宗所依據的典籍《成唯識論》《攝大乘論》以及藏傳佛教格魯派創始人宗喀巴所著《末那阿賴耶識難處廣釋·善説海》中的相關論述爲基礎,對唯識哲學中的"種子與阿賴耶識非一非異"理論,進行闡述與分析,並由此略窺漢藏佛教唯識學的異同以及漢藏佛教中國化的不同路徑。

**關鍵詞**: 種子;阿賴耶識;非一非異;漢藏佛教

唯識思想是大乘佛教兩大思想體系之一,以"阿賴耶識"(梵 ālaya-vijñāna;藏 kun gzhi rnam par shes pa)爲其核心概念。"阿賴耶識"這一概念,是印度瑜伽行派在早期佛教思想的基礎上,進一步剖析認識主體後得出的重要理論成果。早期佛教對於認識的分類,僅有眼識乃至意識六種①,而印度瑜伽行派在此基礎上,更進一步地提出了作爲第七識的末那識與作爲第八識的阿賴耶識,並將阿賴耶識建構爲佛教世界觀中生死流轉的主體與因果業報的承載者。在對阿賴耶識進行解釋時,印度瑜伽行派提出:"阿賴耶識"這一概念最少有兩方面的含義,即能藏與所藏②。簡單來説,所謂能藏,是指作爲異熟識的阿

---

① 即眼識、耳識、鼻識、舌識、身識和意識。
② 從梵文字面來看,ālaya一詞最基本的含義即"藏",故阿賴耶識有時亦被稱作"藏識"。相應的,藏文中對應 ālaya 的 kun gzhi 一詞,字面含義即"一切所依",同樣含有"藏"義。

此外,對於"藏"的解釋,其實不僅有能藏、所藏二種,亦可解爲執藏,如玄奘在《成唯識論》中説:"初能變識大小乘教名阿賴耶,此識具有能藏、所藏、執藏義故。"(《大正新修大藏經》,T31, no. 1585, p. 7, c20-21。)此中所謂"執藏",指阿賴耶識被第七末那識執著爲我,如《成唯識論述記》云:"爲染第七等之所執藏,以爲内我名執藏義。"(《大正新修大藏經》,T43, no. 1830, p. 301, a4-5。)但由於這一層含義在《唯識三十論頌》中並没有得到明確體現,並且也不是所有的唯識論典都提出了這種解釋,加之嚴格來説,被執著爲我的阿賴耶識就是作爲能藏的異熟阿賴耶識,所以本文於此不再專門加以論述。

賴耶識本身，而所謂所藏，是指阿賴耶識中所藏有的種子①（梵 bīja；藏 sa bon），也就是作爲能熏的前七識滅時，在阿賴耶識上熏習所生的一種功能。譬如，唯識哲學的根本經典之一《唯識三十論頌》就說道："初阿賴耶識，異熟一切種"②，對此，印度唯識論師安慧（Sthiramati，475—555）在其所著《唯識三十頌釋》中解釋道："阿賴耶與依，同謂而異名。復次，此中攝藏一切法爲果性，一切法中攝藏此爲因性，是爲阿賴耶。了別謂之識。一切界、趣、胎、類中善、不善異熟，謂之異熟。一切法種子所依，謂之一切種……起一切法功能故，是爲一切種。"③

由此可見，在"阿賴耶識"這一概念提出之始，"種子"這一概念就已經存在，並且二者相輔相成，共同奠定了唯識哲學體系的基礎。有鑒於種子與阿賴耶識二者的密切聯繫與重要地位，理清二者在本質上或者說實體上的關係，是理解唯識哲學的必由之路。對此，許多唯識典籍都提出，種子與阿賴耶識的關係既非實體相同，也非實體相異，而是"非一非異"。如唯識思想的開創者世親（Vasubandhu，約 4 世紀末）在《攝大乘論釋》中就說道："論曰：復次，阿賴耶識中諸雜染品法種子，爲別異住？爲無別異？非彼種子有別實物，於此中住，亦非不異。然阿賴耶識如是而生，有能生彼功能差別，名一切種子識。"④

印度唯識思想傳入中國後，分別在漢傳佛教與藏傳佛教傳統中形成了不同的發展進路，且均取得了重大的發展成果，漢藏佛教也均對唯識哲學中"種子與阿賴耶識的關係問題"做出了系統的闡發。在漢傳佛教傳統中，玄奘（602—664）以印度唯識思想爲基礎，創立了法相唯識宗，翻譯了《攝大乘論》等大量唯識典籍，系統論述了"種子""阿賴耶識"等唯識哲學核心概念的內涵以及二者之間的關係，對漢傳佛教思想發展產生了深遠的影響。而在藏傳佛教傳統中，藏傳佛教各宗派，雖然"都以中觀思想爲基石……

---

① 雖然總的來說，一般認爲能藏或者所依，是指作爲異熟識的阿賴耶識，而所藏或者能依，是指阿賴耶識所藏之種子。然而，如果從不同的角度來進行解釋，也可以認爲種子能藏於阿賴耶識，故是能藏，而阿賴耶識是種子所藏之處，故是所藏，如《成唯識論述記》云："所依染法名能藏，此識爲所藏"（《大正新修大藏經》，T43，no. 1830，p. 301，a2。）然而，由於這些解釋並沒有本質區別，僅是角度不同，故本文不在正文中另行列出。

② （唐）玄奘譯，《唯識三十論頌》，《大正新修大藏經》，T31，no. 1586，p. 60，b4。

③ 原文作："ālayaḥ sthānam iti paryāyau ǀ atha vālīyante upanibadhyante 'smin sarvadharmāḥ kāryabhāvena tad vālīyate upanibadhyate kāraṇabhāvena sarvadharmeṣv ity ālayaḥ ǀ vijānātīti vijñānam ǀ sarvadhātugatiyonijātiṣu kuśalākuśalakarmavipākatvād vipākaḥ ǀ sarvadharmabījāśrayatvāt sarvabījakam ǀ …… sarvadharmotpādana śaktyanugamāt sarvabījaṃ……"梵本參 Hartmut Buescher, *The Triṃśikāvijñaptibhāṣya of Sthiramati*, Ph. D. Dissertation, Department of Asian Studies, University of Copenhagan, 2002，p. 7-37. 漢譯參徐梵澄：《徐梵澄文集·第七卷》，上海：三聯書店，2006 年，第 389—412 頁。

④ （唐）玄奘譯：《攝大乘論釋》，《大正新修大藏經》，T31，no. 1597，p. 328，a15-18。

唯識學……未形成獨立的學派"①,對於唯識思想的研究,也大多"祇是爲了從反面認識中觀思想"②,但仍有一些藏傳佛教論師在批判唯識思想的同時,從正面對其做出了系統而獨到的論述,如格魯派的創始人宗喀巴(Tsong kha pa,1357—1419)就著有《末那阿賴耶識難處廣釋·善說海》(下簡稱《難處釋》)③,並專門討論了唯識哲學中的"阿賴耶識"概念以及相關的"種子與阿賴耶識關係"問題等。由此可見,雖然由於接受印度佛教的背景、方式等的不同,漢藏唯識學的發展進路存在一定差異,但漢藏佛教傳統中都有完整的唯識思想體系傳承。

對於漢藏唯識學的内容及發展過程,學術界也給予了高度的關注,並取得了豐碩的研究成果,但仍有進行一些補充研究的空間。一方面,學界對於漢傳唯識學的研究,雖然成果豐碩,對於"種子與阿賴耶識的關係"等具體問題也有深入的研究,但大多忽視了藏傳佛教的相關說法。如印順法師在《攝大乘論講記》中以《攝大乘論》爲依據,論述了"種子與阿賴耶識的關係"問題④。魏德東在博士論文《佛教唯識哲學要義》⑤中,對於"阿賴耶識"概念體系進行了全面的哲學分析。丹·魯索斯(Dan Lusthaus)在《佛教現象學:關於佛教瑜伽行派與〈成唯識論〉的哲學分析》(*Buddhist Phenomenology: A Philosophical Investigation of Yogācāra Buddhism and the Ch'eng Wei-shih lun*)⑥一书中,引入現象學視角,對"阿賴耶識"與"種子"等概念做出了哲學闡釋等,但這些論著都有意無意地忽略了藏傳佛教對於唯識思想的闡發;另一方面,近現代佛教學者對於藏傳唯識學的研究,又多以藏傳佛教對於唯識思想的批判爲着眼點,對藏傳佛教有關唯識思想的正面闡釋,關注略有不足。如徐東明在《宗喀巴對瑜伽行派的判釋》⑦一文中,介紹了唯識學在藏地的傳播與發展,並且着重分析了宗喀巴對唯識思想的批判。肯納德·里普曼(Kennard Lipman)在《唯識及其來自中觀的批評:一些現象學反思》(The Cittamātra and

---

① 鄭堆:《藏傳佛教與漢傳佛教的聯繫與區別》,《中國藏學》2021年第3期,第5—15頁。
② 鄭堆:《藏傳佛教與漢傳佛教的聯繫與區別》,《中國藏學》2021年第3期,第5—15頁。
③ 宗喀巴著,圖登達瓦譯:《末那阿賴耶識難處廣釋·善說海》(譯稿),瀋陽:北塔法輪寺編譯組,2017年。原文參宗喀巴:《ཡིད་དང་ཀུན་གཞིའི་དཀའ་བའི་གནས་རྒྱ་ཆེར་འགྲེལ་པ།》,གསུང་འབུམ། ཚོང་ཁ་པ/ཞོལ,卷18,Mongolian Lama Guru Deva,1978—1979,第629—742頁。據佛教數字資源中心(BDRC)數據庫,purl. bdrc. io/resource/MW635_ A853C9.[BDRC bdr: MW635_ A853C9]。
④ 釋印順:《印順法師佛學著作全集·第三卷》,北京:中華書局,2009年,第53頁。
⑤ 魏德東:《佛教唯識哲學要義》,中國人民大學博士學位論文,1997年。
⑥ Dan Lusthaus, *Buddhist Phenomenology: A Philosophical Investigation of Yogācāra Buddhism and the Ch'eng Wei-shih lun*, Abingdon: Routledge Curzon, 2003.
⑦ 徐東明:《宗喀巴對瑜伽行派的判釋》,《西北民族大學學報》2014年第5期。

Its Madhyamaka Critique: Some Phenomenological Reflections）一文中①，也運用多種印、藏佛教論典，分析了唯識思想與中觀思想的差別，以及藏傳佛教對於唯識思想的批判等。

本文即在綜合運用《成唯識論》《攝大乘論》以及《難處釋》等漢、藏唯識學論典的基礎上，梳理佛教唯識哲學中"種子與阿賴耶識非一非異"理論的具體内涵，對其中體現的辯證關係進行簡要地分析，並通過對比漢藏佛教有關這一問題的不同論述，略窺漢藏佛教唯識學的異同以及漢藏佛學中國化的不同路徑。

## 一、問題由來：種子與阿賴耶識本質相同或相異引發的理論難題

在分析唯識哲學中的"種子與阿賴耶識非一非異"理論之前，首先需要考察這一理論提出的背景及必要性。諸多唯識典籍中都明確提出：可以從異熟與種子兩個方面來理解阿賴耶識，如《唯識三十論頌》就說道："初阿賴耶識，異熟一切種"② 等。然而，在對這一問題進行具體地解釋時，可以發現，無論認爲種子與阿賴耶識本質相同，還是認爲二者完全相異，都會在理論上產生不可彌合的矛盾與漏洞，因此，唯識論師們不得不開闢其他的解釋思路來說明種子與阿賴耶識的關係。所以，在對種子與阿賴耶識的"非一非異"關係進行梳理之前，首先需要理清種子與阿賴耶識不能本質相同或相異的原因。

（一）種子與阿賴耶識本質相同引發的理論難題

在繼承印度瑜伽行派思想的基礎上，對於唯識哲學體系中種子與阿賴耶識不可以本質相同這一問題，漢藏唯識學中均有非常詳細的論述。對此，漢傳唯識學解釋道：如果種子與阿賴耶識本質完全相同，那麼二者之間的體用、因果、一多等關係皆不能成立③。如玄奘的弟子窺基（632—682）在《成唯識論述記》就說道："若即是一，不可說爲有因果法、有體用法"④，即認爲如果種子與阿賴耶識本質相同，那麼唯識論典中所說的"種子是阿賴耶識之功能"就難以成立，因爲體性與作用、原因與結果不可能本質相同。又如

---

① Kennard Lipman, *The Cittamātra and Its Madhyamaka Critique: Some Phenomenological Reflections*, Philosophy East and West, Vol. 32, No. 3 (Jul., 1982), pp. 295-308.
② （唐）玄奘譯：《唯識三十論頌》，《大正新修大藏經》，T31，no. 1586，p. 60，b4。
③ 此中所謂的"因果、體用及一多"關係，均要求處於相應關係中的一對概念，不能是同一實體。以因果關係爲例，在佛教哲學中，如果處於因果關係的一對概念是同一實體，那麼就會得出某物自身持續不斷地生成自身的悖論，如《中論》云："若言生時生，是能有所生，何得更有生，而能生是生？若謂更有生，生生則無窮，離生生有生，法皆能自生。"（《大正新修大藏經》，T30，no. 1564，p. 11，a6-10。）體用、一多等與此同理。
④ （唐）窺基：《成唯識論述記》，《大正新修大藏經》，T43，no. 1830，p. 302，c14-15。

《攝大乘論釋》也説道："若不異者云何有多？此不應理"①，即認爲如果種子與阿賴耶識本質相同，那麽一阿賴耶識中含有衆多種子，則自相矛盾，因爲本質相同的事物不應該即是一、又是多。印順法師在《攝大乘論講記》中也補充道："又本識中所有某一種能生性的種子，因爲感果的功能完畢，或受了強有力的對治的關係，它的功能消失了，但不能説本識也跟它消失"②，也就是説如果種子與阿賴耶識本質相同，那麽種子壞滅時，阿賴耶識也應該消失，而這顯然不符合唯識哲學的基本立場。在唯識哲學中，阿賴耶識恒無間斷，直至證得等同於阿羅漢果的境界時纔會捨棄，並且即使在這個時候，所捨棄的也僅僅是"阿賴耶識"之名稱，而非阿賴耶識本身，因爲此時的阿賴耶識已經轉爲所謂的"大圓鏡智"，如《唯識三十論頌》中就説道："初阿賴耶識，異熟一切種……恒轉如瀑流，阿羅漢位捨"③，且《成唯識論》中也説道："論説轉去阿賴耶識得自性身，圓鏡智品轉去藏識而證得故。"④

與漢傳唯識學相較，在解釋"種子與阿賴耶識本質無法相同"這一問題時，藏傳唯識學的論證思路則更爲豐富。宗喀巴在《難處釋》中，提出了三條"種子與阿賴耶識本質無法相同"的理由：

（1）如果種子與阿賴耶識本質相同，那麽種子也應當具有認識能力，並應當具有相應的認識對象與認識方式，而這就會與唯識哲學中"種子無所緣"之説矛盾。對此，《難處釋》中説道："種子與阿賴耶識二者非是一物。若不爾者，阿賴耶種子分應成有所緣行相。若許，則與'種子無所緣行相'之説相違。"⑤

（2）種子的功能並不相同甚至互斥，比如有些能夠引發受生於地獄等惡趣的果報，有些能夠引發受生於人、天等善趣的果報，然而，如果種子與阿賴耶識本質完全相同，那麽這些功能不同的種子將同時存在於一個本質相同的基礎——即同一阿賴耶識上。而在邏輯上，本質互斥的兩個事物，無法同時存在於一個實體。譬如，雖然衆多不同種類的樹木均以樹木爲本質、以"樹木"這一概念爲基礎而存在。但是，當人們言及"沉香樹"時，必然已經排除了其他非沉香樹的樹種，因此，"沉香樹"與"非沉香樹"這兩個互斥的事物，無法同時存在於一個實體，也就是説，一棵具體的樹不可能既是沉香樹，又不是沉香樹。阿賴耶識與種子的關係也是如此，在阿賴耶識與種子本質相同的前提下，能夠引發受

---

① （唐）玄奘譯：《攝大乘論釋》，《大正新修大藏經》，T31，no. 1597，p. 328，a23-24。
② 釋印順：《印順法師佛學著作全集·第三卷》，第 53 頁。
③ （唐）玄奘譯：《唯識三十論頌》，《大正新修大藏經》，T31，no. 1586，p. 60，b4-8。
④ （唐）玄奘編譯：《成唯識論》，《大正新修大藏經》，T31，no. 1585，p. 58，a7-9。
⑤ 宗喀巴著，圖登達瓦譯：《末那阿賴耶識難處廣釋·善説海》（譯稿）。原文參宗喀巴：《ཡིད་དང་ཀུན་གཞིའི་དཀའ་བའི་གནས་རྒྱ་ཆེར་འགྲེལ་པ།》，གསུང་འབུམ། ཙོང་ཁ་/ཞོལ/，卷 18。

生於善、惡二趣等相反異熟果報的、屬性互斥的種子不應該同時存在並藏於阿賴耶識之中，並且也不能毫無雜亂地引發善報、惡報，從而動搖唯識哲學將阿賴耶識建構爲業果報應的承載者的核心理論①。

（3）藏傳唯識學提出的第三條論證與第二條類似，祇不過在歸謬時，將引出的悖論，從種子若與阿賴耶識本質相同則會引發善惡二趣混淆，替換成種子若與阿賴耶識本質相同則會引發欲界、色界與無色界三界混淆。如《難處釋》説：" 諸五趣種子應成雜亂，受許諸五趣種子爲一物故……又，諸界亦當雜亂。"②

（二）種子與阿賴耶識本質相異引發的理論難題

由上述内容可知，種子與阿賴耶識不能夠本質相同，否則便會引發唯識哲學體系内部的自相矛盾，相似地，在唯識哲學中，種子與阿賴耶識也不能本質相異。對此，漢藏唯識學中也都有較爲詳細的論述。漢傳唯識學解釋種子與阿賴耶識不能本質相異的思路主要有二③：

（1）由於種子是一種功能，所以從體用的角度來説，阿賴耶識是體而種子是用。另外，從能生、所生的角度來説，種子是因而阿賴耶識是果。因此，如果二者本質完全相異，那麽將得出毫無關聯的事物之間可以具有因果關係、本體已經消失的事物仍然能夠發揮作用等荒謬的結論，這些不僅不能爲佛教哲學所接受，也不能被世上絶大部分的哲學體

---

① 如《難處釋》云："今當觀察：與色同質之事，是否是色之本質？若是，汝之所許不成，汝許與色同質之事與聲、香、味等亦是同質。然若是色之本質，不隨行此等。若非色之本質，則既是同質，又是異質，此是瘋話，我等不與瘋狂共諍。

'從非樹遮回之事與沉香樹爲是同質？爲是異質？若是同質，異於沉香之樹，應成非樹。若是異質，沉香樹應非樹，未從非樹遮回故。若許雖與沉香樹相異，然與樹是同質，沉香非樹，諸物互雜而住故'，此説順於正理。因此，乃至諸別之外，許有'總物'，爾時觀察同質異質，不能斷除二過。復次，受許同質已，復許二分若不相違，支與有支二者則是同質，佛亦不能遮遣。"

② 宗喀巴著，圖登達瓦譯：《末那阿賴耶識難處廣釋·善説海》（譯稿）。原文參宗喀巴：《ཡིད་དང་ཀུན་གཞིའི་དཀའ་བའི་གནས་རྒྱ་ཆེར་འགྲེལ་པ་》，གསུང་འབུམ་ ཚོད་ལ་ [ཚོད་]，卷18。

③ 事實上，除了下文所提到的兩條論證思路之外，《攝大乘論釋》中還提出了第三種論證方式，即：異熟阿賴耶識是無記性，所以種子若與阿賴耶識本質完全相異，就應當通於善、惡及無記三性，然而種子唯是無記。如《攝大乘論釋》云："有別異故、由善不善熏習力故，種子應成善不善性，然許無記。"（《大正新修大藏經》，T31，no. 1597，p. 328，a21-23）。

然而，並非所有唯識論師都認可種子唯是無記這一説法，如《大乘阿毘達磨集論》云："何等隨逐善？謂即彼諸法習氣……何等隨逐不善？謂即彼習氣。"（《大正新修大藏經》，T31，no. 1605，p. 669，b3-c1。）又如《成唯識論》云："種子者，謂：本識中善、染、無記諸界、地等功能差別。"（《大正新修大藏經》，T31，no. 1585，p. 40，a23-24。）因此，本文於此並不將此作爲證成"種子與阿賴耶識非異"的主要論據之一。

系所認可。如《成唯識論述記》中就説道:"本識是體,種子是用。種子是因,所生是果。此之二法理應如是……若一向異,應谷麥等能生豆等,以許因果一向異故。不爾法滅應方有用,以許體、用一向異故。"①

(2) 根據唯識哲學的修行理論,阿賴耶識在與種種雜染種子結合之時,是刹那生滅之法,而在證得等同於阿羅漢果位的境界之時,阿賴耶識便捨棄雜染種子,轉爲大圓鏡智,此時轉爲大圓鏡智的本識,便不再是刹那生滅之法,而是真實常住之法,如《成唯識論》中説道:"大圓鏡智相應心品,謂此心品離諸分別,所緣行相微細難知,不妄不愚一切境相,性相清淨離諸雜染……無間無斷窮未來際,如大圓鏡現衆色像。"② 因此,如果種子與阿賴耶識本質完全相異,那麽阿賴耶識縱使當下並非顯現爲真實常住,也應該祇是暫時地被種子障覆,而不應該受到完全異體的種子的影響,變爲刹那生滅的本質。對此,《攝大乘論》中説道:"若有異者,彼諸種子應分分別,阿賴耶識刹那滅義亦不應成"③,印順法師也解釋道:"爲什麽本識與種子差别,本識就不成其爲刹那滅呢?……本識離卻雜染種子,就轉依爲法身,是真實常住……賴耶,在本論中雖都在與染種融合上講,是刹那生滅;但它的真相,就是離染種而顯現其實本來清淨的真心……本論在建立雜染因果時,是避免涉及本識常住的。"④

而在藏傳唯識學中,以宗喀巴所著《難處釋》爲例,在解釋"種子與阿賴耶識不能本質相異"時,除上述兩點理由外,還提供了另外一種思路,即通過分析不同概念範疇之間的關係,從概念到概念式地説明種子與阿賴耶識不可以本質相異。在《難處釋》中,宗喀巴論述道:由於種子具有功能及作用,所以它是一個有爲法而非無爲法。而在佛教哲學中,所有佛教傳統均一致認可有爲法祇能以四種方式存在,即心法(眼識等)、心所法(與心法相應的心理活動)、色法和心不相應行法(非色非心之法),除此之外再無其他存在的可能性。而將種子的存在方式與心法等四種有爲法的存在方式相比較後,可以發現,種子似乎不屬於任何一種有爲法的存在方式。首先,種子不隨前七識的斷滅而斷滅,因爲它依於阿賴耶識而存在,因此種子並非眼識等心法;其次,種子也不具有認知能力,並非心理活動,因此也不是心所法;再次,作爲一種感果的功能,種子不隨色法的壞滅而壞滅,如無色界中亦有種子,因此,種子也不是色法;最後,如果認爲種子與阿賴耶識本質相異,那麽相當於承認種子在本體論層面是一個實體,而在唯識哲學中,心不相應行法皆

---

① (唐)窺基:《成唯識論述記》,《大正新修大藏經》,T43,no. 1830,p. 302,c10-17。
② (唐)玄奘編譯:《成唯識論》,《大正新修大藏經》,T31,no. 1585,p. 56,a12-16。
③ (唐)玄奘譯:《攝大乘論釋》,《大正新修大藏經》,T31,no. 1597,p. 328,a20-21。
④ 釋印順:《印順法師佛學著作全集·第三卷》,第54頁。

非實有①，所以種子也不是心不相應行法；那麼，基於上述四點理由，可以推出：作爲有爲法的種子，既不包含在前七識當中，也不屬於心所法，既非色法，也非心不相應行法，從而，它如果存在，就衹能以心法當中阿賴耶識的方式存在，但如果種子也是阿賴耶識，且種子與阿賴耶識本質相異，那麼一個人就應該同時擁有兩個本質不同認識主體。這不僅與佛教唯識哲學相矛盾，也嚴重違背人們的日常經驗。對此，《難處釋》說道："若是異物，則［種子阿賴耶］全非色、不相應行及七識身。［種子阿賴耶］實物有、無色界中有、無七識身時亦生起故。因此，須有第二阿賴耶識。若許，一所依上有二阿賴耶識故，應成非一相續。"②

## 二、漢藏唯識學中種子與阿賴耶識"非一非異"關係的内涵

通過上述論述可知，在唯識哲學中，種子與阿賴耶識既不能本質相同，也不能本質相異，因此二者的關係衹能是"非一非異"。然而，在印度佛教傳統中，在具體地解釋所謂"非一非異"關係時，不同的唯識論師提出了兩種不同的思路。其一，是以安慧等爲代表的唯識論師，他們認爲雖然阿賴耶識是實有法，然而種子卻是一個假有法，因此，二者之間的關係自然是"非一非異"的假實關係，如《成唯識論述記》中說："此安惠等難，問：生等與法非因果，不可例同於種子者，此與諸法既非一異，有因果故，應如瓶等是假非實"③；其二，是以護法（Dharmapāla，約6世紀中葉）等爲代表的唯識論師，他們認爲種子與阿賴耶識均是實有法，並且這兩個實有法之間的關係是"非一非異"，如《成唯識論》中就總結了護法的觀點，認爲："種子……與本識及所生果不一不異，體用因果理應爾故。雖非一異而是實有。"④ 接下來，本文就從這兩個方面，考察漢藏唯識學中"種子與阿賴耶識非一非異"的具體内涵。

(一) 建立在"種子假有"基礎上的"非一非異"關係

在"種子假有"的基礎上，成立種子與阿賴耶識的"非一非異"關係就顯得順理成章。在大多數哲學體系中，提到兩個事物之間的關係既非實體相同、也非實體相異的時候，能夠得出的最簡單也最直接的結論就是：二者並非都是實體。根據漢傳唯識論典的記

---

① 如《大乘阿毘達磨雜集論》云："如是等心不相應行法，唯依分位差別而建立故，當知皆是假有。"參《大正新修大藏經》，T31，no. 1606，p. 701，a14-15。
② 宗喀巴著，圖登達瓦譯：《末那阿賴耶識難處廣釋·善說海》（譯稿）。原文參宗喀巴：《ཡིད་དང་ཀུན་གཞིའི་དཀའ་བའི་གནས་རྒྱ་ཆེར་འགྲེལ་པ།》, གསུང་འབུམ། ཆོས་ཁག་/ཤེལ་པ།卷18。
③ （唐）窺基：《成唯識論述記》，《大正新修大藏經》，T43，no. 1830，p. 303，a4-7。
④ （唐）玄奘編譯：《成唯識論》，《大正新修大藏經》，T31，no. 1585，p. 8，a5-8。

載,安慧等印度唯識論師提出"種子假有"説的主要原因是:種子以前七識爲因,於阿賴耶識之上受熏而生,然而種子既非前七識,又非阿賴耶識,所以種子是相對於其他事物而存在的,因此,種子必然是假有,如同瓶子是在陶土等製作材料的基礎上假立的存在。對此,《成唯識論述記》轉引安慧等的觀點稱:"生等與法非因果,不可例同於種子者,此與諸法既非一異有因果故,應如瓶等是假非實,瓶爲假果體,色等爲因故。"①

對於安慧等的觀點,漢藏唯識學表現出了不同的態度。在藏傳唯識學中,以宗喀巴等爲例的論師對安慧的見解表示贊同,支持從"假實關係"的角度理解種子與阿賴耶識的非一非異關係。宗喀巴在《難處釋》中,甚至還以《攝大乘論·無性釋》②爲依據,提供了一條更爲直接的補充思路來説明種子與阿賴耶識的假實關係,即認爲:種子是阿賴耶識的功能差別,所以種子是功能,而阿賴耶識是有功能者,進而,由於功能是在有功能者的基礎上構建而成的概念,所以,作爲一種功能的種子必然是假有。對此,宗喀巴在《難處釋》中總結道:"此〔無性〕論師許'功能'假有,'有功能'實有。"③

然而,在漢傳佛教傳統中,作爲漢傳佛教唯識宗創立者的玄奘,對於安慧的見解提出了不同意見。比如,玄奘在《成唯識論》中,就在總結印度護法的思想的基礎上,提出了反對種子假有説的理由,他説道:"若爾真如應是假有,許則便無真勝義諦"④,《成唯識論述記》中也進一步解釋道:"設彼救言:'真如亦假,不起故,如空華。'許則便無真勝義諦。真勝義諦若許無者,約誰説有世俗諦耶?何有涅槃而有造修求成佛等?"⑤ 也就是説,如果片面地將種子建構爲假有,那麽由於"假有"這一表述也可能表示無生滅、無作用的事物,所以可能導致唯識哲學體系中的佛教修行次第及目標,出現偏差與動搖,因此,在理解種子與阿賴耶識的關係問題時,不能僅因"非一非異"的表述就片面地將種子解讀爲假有。

(二)建立在"種子實有"基礎上的"非一非異"關係

通過上文論述可知,建立在"種子假有"基礎上的、種子與阿賴耶識的"非一非異"關係雖然看似直白明瞭,並不需要額外的解釋,但事實上,這種觀點並非不容置疑。在漢傳佛教傳統中,玄奘就反對安慧的見解,並在繼承了護法等印度唯識論師的思想的基礎

---

① (唐)窺基:《成唯識論述記》,《大正新修大藏經》,T43,no.1830,p.303,a5-8。
② 此論無漢譯。
③ 宗喀巴著,圖登達瓦譯:《末那阿賴耶識難處廣釋·善説海》(譯稿)。原文參宗喀巴:《ཡིད་དང་ཀུན་གཞིའི་དཀའ་བའི་གནས་རྒྱ་ཆེར་འགྲེལ་པ།》,གསུང་འབུམ། ཚོང་ཁ་པ།(ཞོལ།)卷18。
④ (唐)玄奘編譯:《成唯識論》,《大正新修大藏經》,T31,no.1585,p.8,a9-10。
⑤ (唐)窺基:《成唯識論述記》,《大正新修大藏經》,T43,no.1830,p.303,a12-16。

上,提出:種子屬於阿賴耶識之相分,是阿賴耶識之功能,也是阿賴耶識的認識對象,並且必然是能夠發揮作用的實有法。進而,漢傳唯識學從認識與認識對象、體與用的角度,解釋了種子與阿賴耶識之間的非一非異關係。對此,《成唯識論訂正》中進一步解釋道:"假法如無,畢竟斷滅,不復有生,非如因緣,熾然而生。今既因緣,豈非是實?"①

同時,玄奘還特別提出,此處所説"種子實有",祇是爲了強調種子能夠發揮功能,避免"種子假有"這一表述可能帶來的誤解,而非認爲種子在本體論的意義上實有其體,否則,種子便成了獨立於阿賴耶識之外的、異體之物,進而便會產生上文所述的、"種子與阿賴耶識相異"帶來的理論困境。因此,在《成唯識論》中,玄奘還特別強調:"然諸種子,唯依世俗説爲實有,不同真如。"②

此外,安慧等與護法等對於種子性質的見解差別,還涉及唯識思想的發展歷程等思想史問題,譬如,安慧僅承認阿賴耶識有自證分,而護法則認爲阿賴耶識有見分、相分、自證分及證自證分四個部分,所以,由於安慧根本就不認可阿賴耶識存在所謂的"相分",自然也不可能通過將種子解釋爲相分的思路,來理解種子與阿賴耶識的非一非異關係。

## 三、小 結

通過總結、分析漢藏唯識學中關於"種子與阿賴耶識關係"問題的論述,本文得出下述五點結論:

(1) 漢藏唯識學均繼承了印度瑜伽行派的基本觀點,認爲種子與阿賴耶識的關係是"非一非異"。

(2) 印度唯識論師們提出"種子與阿賴耶識非一非異"的思想,不僅有充分的必要性,也有重大的理論建設意義。將種子與阿賴耶識的關係建構爲"非一非異",解決了佛地雖無阿賴耶識而有種子、無色界及無想定中亦有種子等關涉佛教修行實踐的重大問題,這不僅解決了唯識哲學中的衆多理論難題,也進一步完善了唯識哲學的修行境界論。

(3) 唯識思想傳入中國後,漢藏佛教傳統均對其予以了高度的關注,並對其做出了更爲豐富的闡發,是佛教思想中國化的重要歷史成果。

(4) 漢藏唯識學對於"種子與阿賴耶識"的關係問題的闡釋,既有相同之處,也有一定差異,反映了漢藏佛教中國化的不同背景與進路。譬如,以宗喀巴的《難處釋》爲代表的藏傳佛教唯識學論著,相對於漢傳佛教而言,在論述"種子與阿賴耶識的關係"

---

① (明) 廣伸:《成唯識論訂正》。據臺灣圖書館善本佛典資料庫 ( https://cbetaonline.dila.edu.tw/mulu/D ) ,D23, no. 8879, p. 179a7-9。

② (唐) 玄奘編譯:《成唯識論》,《大正新修大藏經》,T31, no. 1585, p. 8a10-11。

問題時，更加注重通過歸謬論證的方式來得出結論，這與藏傳佛教受到印度後期中觀學派、特別是印度中觀應成派的影響，及其對量論的重視密切相關。又如，藏傳佛教諸宗皆以大乘佛教中觀思想爲理論依據，因此對於大乘佛教唯識思想普遍持有批判態度，這也導致《難處釋》等論著，在揭示唯識哲學的一些"理論漏洞"時，較漢傳唯識學更爲詳細、角度更爲多樣，但在正面闡釋"種子與阿賴耶識非一非異"的具體內涵時，則相對簡略等。這些內容充分反映出漢藏唯識學在基本立場、關注焦點等方面的差異，也在一定程度上展示了漢藏佛教接受印度佛教、發展印度佛教、推動佛教中國化進程的不同路徑。

（5）以《難處釋》爲代表的藏傳唯識學論典，是研究唯識哲學的重要補充資料，值得學界關注。

# A Comparative Analysis on the Issue of "Relationship between bīja and ālaya-vijñāna" in Han Buddhism and Tibetan Buddhism

## Liu Danfeng

**Abstract**: "Bīja" and "Ālaya-vijñāna" are two basic concepts that constitute the philosophical system of Consciousness-Only school. Regarding the relationship between "bīja" and "ālaya-vijñāna", the treatises of Consciousness-Only school often express it as "neither one as the same nor different". A clear grasp of the true connotation of this expression is crucial to understanding the philosophy of Consciousness-Only school. It is not only that the Consciousness-Only school of Han Buddhism has fully discussed the relationship between "bīja" and "ālaya-vijñāna", but the ideologists of Tibetan Buddhism also have unique interpretations about this issue. This article attempts to compare relevant discourses such as *Vijñāpti-mātratā-siddhi*, *Mahāyāna-saṃgraha* and *Yid dang kun gzhi'i dka' ba'i gnas rgya cher 'grel pa bzhugs so* composed by the Tibetan Buddhist scholar Tsong-kha-pa, expound and analyze the theory of "bīja and ālaya-vijñāna", and briefly explore the similarities and differences of the philosophical system of Consciousness-Only school between Han and Tibetan Buddhism.

**Keywords**: Bīja; Ālaya-vijñāna; Neither one as the same nor different; Han Buddhism and Tibetan Buddhism

# 吐蕃告身（yig gtshang）瑣議*

## 陳 踐

**摘 要**：文章基於九篇敦煌吐蕃文獻，探討了吐蕃時期的兩種告身（yig gtshang）：一類是文職人員的告身，另一類是立戰功的軍將所獲得的虎皮告身。第一類最初應僅授予對吐蕃有特殊貢獻的功臣，並作爲其特權的延續。此時告身並非授官的憑證。直至赤祖德贊（815—836在位）時期，吐蕃的告身纔成爲授官的憑證，並細分爲七種。第二類早期虎皮告身僅有虎皮掛告身、虎皮鞍韉告身和虎皮蹬墊告身三種。後來纔增設了與虎皮告身相匹配的金石告身。

**關鍵詞**：吐蕃；大藏告身；虎皮告身；益西沃

告身係古代授官的憑證，即委任狀，這個核心，吐蕃與唐朝是一致的，但在其他方面，比如，質地、形狀、能否繼承、僧人能否授以告身、立戰功軍將是否授以虎皮告身等方面，卻大相徑庭，完全不同。

吐蕃時期的告身，稱作"營獎"（yig gtshang）。《新唐書·吐蕃傳》載："其官之章飾，最上瑟瑟，金次之，金塗銀又次之，銀次之，最下至銅止，差大小，綴臂前以辨貴賤。"①《册府元龜》卷九六一《外臣部·土風三》記爲：吐蕃"爵位則以寶珠、大瑟瑟、小瑟瑟、大銀、小銀、大碯石、小碯石、大銅、小銅等爲告身，以別高下。"又云："大略其冠章飾有五等：一謂瑟瑟，二謂金，三謂金飾銀上，四謂銀，五謂熟銅。各以方圓三寸，褐上裝之，安膊前，以別貴賤。"② 根據以上漢文史料描述，説明吐蕃金石告身、大小約方圓二寸，上寫告身等級，置於方圓三寸之褐子（氆氌）上，縫於上衣臂上。以下簡述吐蕃兩類不同的告身。

---

\* 本文係國家社科基金冷門絕學研究學者個人項目"敦煌藏文大事紀年文書研究"（20221GS0043）的階段性成果。

① 《新唐書·吐蕃傳》，北京：中華書局，1975年，第6072頁。

② （宋）王欽若等編纂，周勛初等校訂：《册府元龜》，南京：鳳凰出版社，2006年，第11136頁。

## 一、文職人員之告身

  吐蕃最早的告身可能產生於松贊干布之父南日倫贊時期，當其率精兵萬人，滅頑敵森波傑、芒波傑逃遁突厥之後，占領了"帕"之勇瓦以下，工布諧那以上之後，召開了慶功會，頒獎功臣們奴戶。P. T. 1278 號第 245—246 行載：此時，野心家瓊保·邦色蘇孜對酒高歌，強調一切功勞皆是他一人所爲。南日倫贊贊普之内侍官尚囊對歌擊敗了蘇孜，於是，贊普任命尚囊爲大論之職。其大論之名位爲"小手大小（sug bu）之銀牌（告身）"。① 止貢·嘉袞切倉將該告身解讀爲"鑲嵌小冰珠石之銀牌告身"②。該譯文的不同是因爲對一個潦草語詞辨認不同所致。本人把 sug bu 解讀爲小手（大小），止貢認爲係 Pug bu（spug bu）小冰珠石。筆者曾譯 P. T. 1071 號狩獵傷人賠償律，該文獻中多次出現瑟瑟告身、金告身、金塗銀告身、銀告身、黄銅告身、紅銅告身、大藏告身等告身之名，從未見"鑲嵌小冰珠石告身"。又如 P. T. 1089 號"吐蕃官員請求復職表"中，也出現有大頗羅彌告身、大黄銅告身、小黄銅告身、紅銅告身、小紅銅告身、大藏告身等，但同樣未見"鑲嵌小冰珠石銀牌告身"。另外，16 世紀的史籍《賢者喜宴》中，把告身歸納得十分全面，也未見止貢所言之告身，估計止貢未曾讀過 P. T. 1071 號和 P. T. 1089 號兩份文獻，纔會作如此大膽解讀。再者，告身作爲授官憑證，有從簡到繁，逐步完善的過程，作爲告身的雛形，不大可能"鑲嵌小冰珠石"於銀上，然後又消失得無影無蹤，任何史籍均未記載。

（一）吐蕃告身有繼承之特權

  P. T. 1287 號《敦煌本吐蕃歷史文書》第 263—265 行載：韋·邦多日義策係吐蕃統一時，兩代之功臣，松贊干布滅象雄統一吐蕃後，對義策盟誓承諾："義策忠貞不二，你死後，我爲爾營葬，殺馬百匹以行糧，子孫後代無論何人，均賜以金字告身，不會斷絕！"③
  赤松德贊（755—797 在位）之父赤德祖贊（704—754 在位），被奸臣末·東則與朗·邁色所害賓天，赤松德贊瀕危境之際，恩蘭·達札路恭啟奏告發，將二奸臣治罪。公元 763 年，達札路恭又率兵侵唐，深入京師長安。故赤松德贊爲其立碑盟誓，賞賜法律方面的特權：如路恭子孫中有一人背叛贊普，罪及一人，不株連九族；賞賜財產方面的特權：其子孫後代所掌握之奴隸、地土、牧場、牲畜、園林，永不没收，哪怕絕嗣，也歸其近親

---

① 原文參見王堯、陳踐：《敦煌本吐蕃歷史文書》（增訂本），北京：民族出版社，1992 年，第 163 頁。
② 止貢·嘉袞切倉：《敦煌藏文歷史文書所見吐蕃史》，松贊圖書館印行，2010 年。
③ 王堯、陳踐：《敦煌本吐蕃歷史文書》（增訂本），第 164 頁。

所有。碑文北側5—11行；贊普赤松德贊陛下詔誓如下：論達札路恭之子孫後代，無論何時，地久天長，賜以大銀字告身，固若雍仲。……第31—37行；論達札路恭之子孫後代中手執盟書者一人絶嗣，或遭罪譴，上峰也不没收其銀字告身，可授予論達札路恭與達公之子孫後代中某個近親以固若雍仲之銀字告身。……第39—40行；賜達札路恭之父，達公之子孫蕃衍，均授"具告身尚論之品位"。①

以上盟誓内容説明，告身是不能繼承的，但贊普可以授以繼承之特權。

ITJ 1262號爭奪新恝城千户長官職之訴訟文②是一件敘述吐谷渾（va zha）一個大家族内部爲爭奪新恝城千户長一職的訴訟文書。吐谷渾有位名爲"勒貢"的先祖（曾祖），因對吐蕃上峰忠貞不二，忠心耿耿，秉承王差，上峰賞賜其金字告身，傳至三代。祖父"喔堆久"任新恝城千户長，後，傳至叔伯"洛杜"擔任新恝城千户長，並獲賜大銀字告身。上訴人之父"且杜"擔任"塔姆辛"千户長，並獲賜頗羅彌告身。後，上訴人之遠房堂兄"且白"使陰謀詭計欲搶奪新恝城千户長一職之繼承權，還求甥吐谷渾王（dbon va zha rje）與吐谷渾臣爲其疏通求情。雙方産生激烈矛盾，對薄公堂。③

該文書從側面證明，告身祗授予對吐蕃社稷有特殊貢獻之權臣，並有告身繼承特權，其他民族也一視同仁。

赤德松贊（798—815在位）時期，娘·定埃增不僅是其恩師，更是協助其戰勝宫廷内鬥，登上贊普王位之功臣。赤德松贊爲報答娘氏鴻恩，也爲了自己子孫後代能維護佛法，世代永存，頒賜論娘·定埃增兩通諧拉康盟誓碑文，碑文甲中，如前所述，賜與法律特權，財産特權之外，還"賞賜娘氏祖先，大論囊桑努貢之子孫後代中一人，以雍仲永固之告身。"④可以繼承。公元812年龍年，赤德松贊又頒賜第二通碑文，主要内容是增加了"臣囊桑努貢之子孫後代，駐於'藏'和'堆'地者，授以有告身尚論之品位"。⑤

由上可知，在812年之前，吐蕃的告身還没有達到"授官之憑證"，而是異常稀缺之珍貴賞賜物。因爲大功臣韋·義策和大内相恩蘭·達札路恭、大論囊桑努貢三位本人，並未獲得相應之告身，而是其子孫後代中一位，獲頒賜一枚永固之告身。P. T. 1071號狩獵傷人賠償律中有七種告身，P. T. 1089號吐蕃官員請求復職表中，有五種告身，基本上達到"官皆有告身"。這兩份文獻所記時期，告身成爲古代授官的憑證。

---

① 陳踐、王堯：《吐蕃文獻選讀》，成都：四川民族出版社，2003年，第46—47頁。
② 本文書前後殘缺，存50行。因"甥·吐谷渾王"爲赤德祖贊之親外甥，可推測，該文書大約形成於704—754年之間。
③ 鄭炳林、黄維忠主編：《敦煌吐蕃文獻選輯·社會經濟卷》，民族出版社，2013年，第163—168頁。
④ 陳踐、王堯：《吐蕃文獻選讀》，第90頁。
⑤ 陳踐、王堯：《吐蕃文獻選讀》，第91頁。

（二）僧人不能授以告身

P. T. 113 號《大論致沙州安撫論告牒》載：

> 大尚論從隴州發出告牒，寄諸安撫大論：
> 
> 康計甘於沙州中途還俗時，擔任了小軍帳頭目，以所作功績衡量，若身爲俗人應賜告身，因其身爲比丘，賜以沙州終身長老地位，蓋印頒佈。①

這一文獻所載說明，吐蕃時期僧人不能授以告身。洪辯在 P. T. 1203 號民間借貸文書中載："堪布洪辯借粟子二十蕃門，定於狗年秋季八月十五日還與寺廟糧庫，保人哈子昌按指印。此二十蕃門粟子，抵作堪布過去應得而未得的、每次一蕃兩的上等酥油之數。"②這一借條說明，洪辯在吐蕃統治沙州之際，並未獲得告身。吐蕃王朝崩潰後，河西歸義軍政權初建，都僧統洪辯、都法師悟真纔被敕授告身。P. 3720《唐大中五年（851）五月廿一日洪辯悟真告身》載："敕釋門河西都僧統、攝沙州僧政、法律、三學教主洪辯，入朝使、沙州釋門義學都法師悟真……洪辯可京城内外臨壇供奉大德，悟真可京城臨壇大德，仍並賜紫，餘各如故。"這是唐朝中央政府按照唐制，對歸義軍政權中宗教領袖階層按照官職級别頒佈的告身。③

以上有關洪辯的兩份文獻說明，吐蕃時期對僧人不能授以告身，而唐朝對僧人可以授以告身。但事物常有階段性的變化。藏文文獻《賢者喜宴》提及，佛教徒、苯波均可以授以告身，如何來解讀這個問題？筆者認爲，巴臥·祖拉陳瓦所著之《賢者喜宴》一書，自述該書成書定稿於陽木鼠年，即公元 1564 年，此時離吐蕃王朝崩潰有 722 年。書中所敘述的十二種告身，可能出現在 11 世紀益西沃（lha bla ma yi she vod）時期。此時，吐蕃贊普達磨五世孫益西沃是王族僧侶執政，將告身授予佛教徒、苯波。史載，益西沃晚年被葛邏禄人擒拿，對方揚言要用益西沃身體等重量之黄金來贖取。其侄極盡可能，籌集到益西沃頭部以下之黄金量，益西沃囑其侄放棄拯救他，令其侄持黄金去邀請阿底峽來藏地弘揚佛法。最後，其侄照辦。益西沃則爲弘揚佛法獻身。

筆者所譯《賢者喜宴》中關於"告身"章節，有兩處與黄顥、周潤年④二位的譯文相異，其中一處是：……stod smad kyi dbang blon nams la dngul gyi yi ge chen po byin。筆者

---

① 王堯、陳踐：《敦煌吐蕃文書論文集》，四川民族出版社，1988 年，第 189 頁。
② 王堯、陳踐：《敦煌吐蕃文書論文集》，第 23 頁。
③ 王東：《敦煌古藏文文獻 PT113 號〈大論致沙州安撫論告牒〉小議》，《文獻》2016 年第 3 期，第 25 頁。
④ 巴臥祖拉陳瓦著，黄顥、周潤年譯注：《賢者喜宴·吐蕃史譯注》，北京：中央民族大學出版社，2010 年，第 36 頁。

譯作:"賜上、下二部地區之王公們以大銀字告身。"即將(stod smad)譯作"地理方位之上下",如俗話中之"上村、下村"之意。黃、周譯作:"高低級權臣等賜以大銀字告身。"此譯文從邏輯分析,有待商榷。試問:上級、下級怎會賜以相同告身?關於"等級之上、下(貴賤、地位高低)",藏文應爲 mtho dman,而非 stod smad。

我們在1982年翻譯 P. T. 1071 號《狩獵傷人賠償律》時,就是參閱了木刻板的《賢者喜宴》第20頁的。以下是《賢者喜宴》木刻版第20頁的頁中所記之告身等級和 P. T. 1071 號狩獵傷人賠償律中所記之告身等級:

**《賢者喜宴》木刻版第20頁的頁中之告身等級①**

| 告身等級 | 封賜對象 |
| --- | --- |
| 大玉字告身 | 貢論上 |
| 小玉字告身 | 貢論中、囊論上 |
| 大金字告身 | 貢論下、囊論中、喻寒波上 |
| 小金字告身 | 囊論下、噶論中 |
| 頗羅彌字告身 | 噶論下 |
| 大銀字告身 | 寺院規範師、經咒師、高部低部二地之王公們 |
| 小銀字告身 | 護佑贊普起居之苯波、建王臣下榻之建築師、羌塘風水官、邊鄙牧守、官殿頂部衛士等 |
| 青銅字告身 | 父民六族 |
| 鐵字告身 | 作戰勇士 |
| 水波紋木告身 | 一般平民 |

**P. T. 1071 號狩獵傷人賠償律中之告身等級②**

| 藏文行序 | 告身等級 | 獲告身人 |
| --- | --- | --- |
| 6—7 | 玉字告身頗羅彌字告身 | 或者,這些尚論,被玉字告身以下,頗羅彌告身以上,以及和他們命價相同之人因狩獵等射中…… |
| 15—17 | 銀字告身紅銅字告身 | 大尚論本人與大尚論命價相同之人,被尚論銀字告身以下,紅銅字告身以上,或與其命價相同狩獵而射中…… |
| 27—28 | 大藏告身 | 大尚論本人和大尚論命價相同之人,被大藏告身以下,平民百姓以上之人因狩獵等射中…… |
| 51—53 | 紅銅字告身 | 大尚論玉字告身及與玉字告身命價相同者,被銀字告身及其同命價者以下,紅銅字告身及其同命價者以上之人因狩獵等射中…… |
| 96—98 | 金字告身大藏告身 | 金字告身尚論本人及與有金字告身者命價相同之人,被大藏告身以下,平民百姓以上之人因狩獵等射中…… |
| 196—198 | 黃銅字告身 | 黃銅字告身尚論本人和與黃銅告身者命價相同之人,被大藏告身以下,平民百姓以上之人因狩獵等射中…… |

---

① 王堯、陳踐:《敦煌吐蕃文獻選》,四川民族出版社,1983年,第6頁。
② 王堯、陳踐:《敦煌吐蕃文獻選》,第7—17頁。

P. T. 1071 號共載有七種告身，即玉字告身、金字告身、金塗銀字告身、銀字告身、黃銅字告身、紅銅字告身、大藏告身。"大藏告身"之所以被解讀爲告身，是因爲它與其他告身相互並提，並加以比較。一般來說，凡能作比較者，都是同類、同性質的。此告身或與《賢者喜宴》中之鐵字告身品位相當，二者均授予勇士。但大藏告身是何物質製成，待考。

P. T. 1089 號《吐蕃官員請求復職表》是研究蕃占敦煌時期職官制度的重要資料，現將復職後，吐蕃官員和沙州官員姓名、職務、品位列表如下：①

| 藏文行序 | 沙州吐蕃官員姓名 | 職位 | 告身級等 |
| --- | --- | --- | --- |
| 53 | 戎波·喻貢 | 節兒論 | 紅銅告身 |
| 54 | 瓊波·廬瑪 | 節兒觀察使 | 紅銅告身 |
| 54 | 没廬·喻貢 | 中等節兒 | 紅銅告身 |
| 54 | 末·劄瑪臘 | 小節兒及料敵防禦使 | 紅銅告身 |
| 54 | 察羅帕曉 | 小千戶長 | 紅銅告身 |
| 55 | 塞拉馬 | 小千戶長 | 小紅銅告身 |

| 藏文行序 | 沙州唐人官員姓名 | 職位 | 告身等級 |
| --- | --- | --- | --- |
| 55 | 杜悉諾結 | 唐人都督及吐蕃節兒僚佐 | 大頗羅彌告身 |
| 57 | 安本義 | 副都督、部落長官 | 大黃銅告身 |
| 58 | 尹佩 | 東本助理 | 大黃銅告身 |
| 59 | 張奴子 | 部落稅務官兼地方財務總管 | |
| 60 | 薩寶 | 地方總稅務官 | 給以大藏之物質獎賞 |
| 60 | 曹昌然 | 部落水官 | |
| 61 | 李普華 | 地方總大農田官 | 給以大藏告身及大藏告身之物質獎賞 |
| 62 | 張悉諾臘 | 水利官兼部落長官 | |
| 62 | 康寶譚 | 爲部落長官助理 | 大黃銅告身 |
| 63 | 劉璜 | 稅務官兼地方財務總管 | |
| 64 | 安興子 | 部落營田使 | |
| 64 | 李進 | 地方總水監 | |
| 64 | 張門奴 | 小千戶 | 小黃銅告身及小紅銅告身之物質獎賞 |
| 66 | 詹拉東 | 度支官 | |
| 66 | 楊律徠 | （部落）水監 | |
| 66 | 王恩 | 部落水監 | |

---

① 詳細研究參見王堯、陳踐：《吐蕃職官考信錄》，《中國藏學》1989 年第 1 期。

## 二、虎皮告身

吐蕃人自古崇武，向來有給英雄掛虎皮，給懦夫掛狐皮之習俗，如 P. T. 1071 號狩獵傷人賠償律文獻中，若一位具告身者置於野犛牛身下，旁邊人見此不救，則懲罰未救人之懦夫，掛狐皮，並没收其家產等等。

從給英雄掛虎皮，到賞賜虎皮告身，也有其演變的過程。P. T. 1287 號第 385—386 行載：赤松德贊頒賜民庶中攻克奪迪部與秋琛部之善戰勇夫以"虎皮牌"。① 這可能是虎皮告身的雛形。隨著戰爭範圍之擴展，爲了鼓舞士氣，產生了大、中、小三種虎皮告身："即虎皮掛告身、虎皮鞍韉告身、虎皮蹬墊告身。"②

P. T. 1217 號係一封文告的副本，其第 2—4 行載："卑職先後爲社稷效勞，忠心耿耿，僅褒以虎皮鞍韉告身，今請求頒一封文副本。……後賞其小銀字告身和虎皮鞍韉告身。"③ 這説明，吐蕃早期對立戰功之軍將祇頒賞虎皮告身，引起了立戰功軍將之不滿，爲了提高士氣，搭配了與立戰功大小相配的金石告身。

or. 15000/269 號虎皮告身殘卷④是一份十分重要的文獻，對立戰功軍將授予兩種告身，列表如下：

| 藏文行序 | 立戰功軍將名字 | 兩種告身 |
| --- | --- | --- |
| 2 | …… | 大金字告身和虎皮掛告身 |
| 3 | …… | 大金字告身和虎皮掛告身 |
| 3 | 論格熱 | 銀字告身…… |
| 4 | …… | 大銀字告身和虎皮鞍韉告身 |
| 5 | …… | 紅銅告身和大頭虎皮桑踏 |
| 6 | 格桑門勒 | 小黄銅告身和虎皮鞍韉告身 |
| 7 | …… | 小黄銅告身和虎皮鞍韉告身 |
| 9 | ……魯多傑 | 大黄銅告身和虎皮掛告身 |
| 11 | 孔桑達貢 | 小黄銅告身和虎皮蹬墊告身 |

虎皮告身還可以授予爲吐蕃立戰功的其他民族軍將，如莫高窟第 144 窟東壁供養人題記："夫人蕃任瓜州都□（督）□倉□曹參軍金銀間告身大蟲皮康公之女修行頓悟優婆姨

---

① 王堯、陳踐：《敦煌本吐蕃歷史文書》（增訂本），第 167 頁。
② 東噶·洛桑赤列：《東噶藏學大辭典》，北京：中國藏學出版社，2002 年，第 1820 頁。
③ 王堯、陳踐：《敦煌吐蕃文獻選》，第 58 頁。
④ 陳踐：《敦煌古藏文語詞匯釋》，中國藏學出版社，2021 年，第 280 頁。

如祥□（弟）一心供養。""康公"爲粟特人。另，南詔德化碑碑陰載："大軍將開南城大軍將大□告身……大大蟲皮衣趙眉丘。""……（賞二色）綾袍金帶兼大大蟲皮衣孟綽望。"上述"大蟲皮衣""大大蟲皮衣"即藏文中之"虎皮褂告身"。

## 三、結　論

以上基於九篇敦煌吐蕃文獻，討論了吐蕃時期的兩種告身。一類是文職人員的告身。最初應僅授予對吐蕃有特殊貢獻的功臣，並作爲其特權的延續。此時告身並非授官的憑證。直至赤祖德贊（815—836 在位）時期，吐蕃的告身纔成爲授官的憑證，並細分爲七種。值得注意的是，僧侶並不在告身的授予物件之列。另一類是立戰功的軍將所獲得的虎皮告身。從文獻來看，早期虎皮告身僅有虎皮掛告身、虎皮鞍韉告身和虎皮蹬墊告身三種。然而，吐蕃武職軍將們對僅授予虎皮告身表示不滿。爲了鼓舞士氣，吐蕃增設了與虎皮告身相匹配的金石告身。因此，立戰功的軍將們最終能擁有兩種告身。

附記：1985 年，我去新疆參加中國敦煌吐魯番學術研討會期間，曾去新疆吐魯番縣博物館，見到一份放在玻璃櫃內的漢文告身，據說是從墓葬內發現的出土文物，是在一張不大的宣紙上，用毛筆書寫了賜給某某人之告身。我當時非常驚訝，因爲我們翻譯的敦煌吐蕃文獻中之告身，是在玉、金、頗羅彌、銀、紅銅、黃銅等物質的小牌上，寫上藏文的告身級別。那時，我就想，等敦煌吐蕃藏文告身文獻資料齊備了，我就寫一篇小文，告訴相關學者，吐蕃時期告身的概貌。以上是我寫此文的緣起，可謂四十年磨一劍！

## A Brief Discussion on the Tubo's Appointment Credentials (Yig gtshang)

Chen Jian

**Abstract**: Based on nine Dunhuang Tibetan documents, this article explores two types of appointment credentials (yig gtshang) during the Tubo's period. One category is for civil servants. Initially, they should only be awarded to meritorious officials who have made special contributions to Tubo and serve as a continuation of their privileges. At this time, the appointment credentials were not proof of official appointment. It was only during the reign of Trisong Detsen (r. 815-836) that the Tubo's appointment credentials became proof of official appointment and were subdivided into seven types. The other category is the tiger skin appointment credentials obtained by military generals who have achieved martial success. According to the documents, there were only three types of early tiger skin appointment credentials: tiger skin hanging credentials, tiger skin saddle credentials, and tiger skin stirrup credentials. Later Tubo added gold and stone credentials to match the tiger skin credentials.

**Keywords**: Tubo; Appointment credentials ( Yig gtshang) ; Ye shes vod

# 吐蕃重臣算使（rtsis pa）初探*

## 黄維忠　象毛措

**摘　要**：在吐蕃的囊倫（内臣）體系中，設有專門負責經濟的官員。然而，由於史料的匱乏，我們目前僅知曉岸本（mngan dpon）、算使（rtsis pa，資悉波）等幾位關鍵官員的名稱，但對其職責的討論仍處於初始階段，甚至常將算使與僉牟使二者混爲一談。文章擬利用敦煌漢藏文文獻、簡牘和碑銘文獻，討論吐蕃重臣算使的設置、職責問題。文章認爲，吐蕃從中央至地方均設有算使一職，算使的職能有四：一爲普查土地、牛羊、户籍，二爲審計賦稅收支，三爲統計罰没官員財産，四爲審核官員任職。作爲吐蕃時期最有實權的官員之一的算使，其職位一直被其後的西藏地方政府沿用，且基本保持了其原有職能。

**關鍵詞**：吐蕃職官；算使（rtsis pa）；資悉波折逋（rtsis pa chen po）；額氏（rNgegs）

吐蕃王朝自633年至877年在青藏高原上屹立了240餘年，展現了其强大的統治力。作爲一個積極向外擴張的政權，吐蕃需要維持一支龐大的軍隊。而軍隊的給養，離不開充足的經濟資源作爲支撐。正如古人所言："兵馬未行，糧草先動。"爲了高效且合理地分配這些資源，吐蕃建立了一套運轉順暢的財政系統。

在吐蕃的囊倫（内臣）體系中，設有專門負責經濟的官員。然而，由於史料的匱乏，我們目前僅知曉幾位關鍵官員的名稱及其可能的職責：岸本（mngan dpon），負責管理財物和發放官員俸禄工作；算使（rtsis pa，資悉波），負責帳册簿籍的管理、户籍統計以及稅收等事務。學界對岸本、算使職責的討論仍處於初始階段，甚至常將算使與僉牟使二者混爲一談。[①] 本文擬利用敦煌漢藏文文獻、簡牘和碑銘文獻，重點探討吐蕃重臣——算使的設置、職責問題。

---

\* 本文係國家社科基金冷門絕學研究學者個人項目"敦煌藏文大事紀年文書研究"（20221GS0043）、古文字與中華文明傳承發展工程規劃項目"甘肅簡牘與絲綢之路研究"（G3937）的階段性成果。

① 金瀅坤：《吐蕃統治敦煌的財政職官體系——兼論吐蕃對敦煌農業的經營》，《敦煌研究》1999年第2期，第88頁；陸離：《吐蕃統治河隴西域時期制度研究——以敦煌、新疆出土文獻爲中心》，北京：中華書局，2018年，第174頁。

## 一、算使（rtsis pa，資悉波）的設置

在吐蕃內臣系統中，從中央至地方均設有算使（rtsis pa，資悉波）一職。

在吐蕃中央，設置有 rtsis pa chen po 一職。該職名稱見於《唐蕃會盟碑》北面第 36 行："rtsis pa chen po rngegs blon stag zigs rgan khal"，對應的漢文是"資悉波折逋額論悉諾昔乾窟"。顯然，rtsis pa chen po 漢文對應爲"資悉波折逋"。王忠先生認爲這一職務"管理財政，相當於唐朝的户部尚書"①，王堯先生翻譯爲"大會計官"②，陳楠總結爲"關於這一官職的職掌，學者們的意見大同小異，或曰管理財政，相當於唐朝的户部尚書；或曰此職爲專司帳册簿籍的大會計官。"③ 新近出版的《西藏通史·吐蕃卷》亦認爲資悉波折逋"爲管理財政收支、帳册簿籍之官，相當於唐朝的户部尚書"④。這一結論仍有待檢驗。

rtsis pa 一詞一直沿用至今。在現代藏語中，rtsis pa 仍然是"會計""計賬員"之意。敦煌漢文文獻 S. 2729《辰年（788）三月五日算使論悉諾羅接謨勘牌子曆》（詳見下文）中出現的"算使"一詞正是 rtsis pa 的意譯⑤。因此本文題目直接用"算使"，而非音譯詞"資悉波"。

至於吐蕃在地方上所設算使一職，法藏敦煌藏文文獻 P. T. 1089《戌年十二月德論爲沙州衆僚對官秩品階意見不一事牒》⑥ 中的記載最爲詳細，共出現 6 次。

---

① 王忠：《新唐書吐蕃傳箋證》，北京：科學出版社，1958 年，第 6 頁。
② 王堯編著：《吐蕃金石録》，北京：文物出版社，1982 年，第 52 頁。
③ 陳楠：《藏史叢考》，北京：民族出版社，1998 年，第 48 頁。
④ 張雲、林冠群主編：《西藏通史·吐蕃卷》，北京：中國藏學出版社，2016 年，第 387 頁。
⑤ 王堯、陳踐先生在《吐蕃職官考信録》所列《吐蕃職官（地方官員）》中標注爲"資悉波/算使"，表明王先生可能在 20 世紀 80 年代已經關注到敦煌漢文文獻中出現的"算使"一詞，並精準對譯爲 rtsis pa "資悉波"。參見王堯、陳踐：《吐蕃職官考信録》，《中國藏學》1989 年第 3 期，第 113 頁。
⑥ P. T. 1089 的定名據朱麗雙的研究，以前學界習稱《吐蕃官吏呈請狀》或《大蕃官申請狀》。該文書國內外諸多學者討論過。最早由法國學者拉露（M. Lalou）於 1955 年刊佈。此後，代表性的研究者有山口瑞鳳、王堯、陳踐、楊銘、謝蕭（Cristina Scherrer-Schaub）、朱麗雙等人。朱麗雙在其文章中對前賢研究有詳細的分析，可參。Marcelle Lalou, "Revendications des fonctionnaires du Grand Tibet au VIII$^e$ siècle," *Journal Asiatique*, vol. CCXLIII, 1955, pp. 171-212；山口瑞鳳：《沙州漢人による吐蕃二軍團の成立とmKhar tsan 軍團の位置》，《東京大学文学部文化交流研究施設研究紀要》第 4 號，1980 年，第 13—47 頁；王堯、陳踐：《吐蕃職官考信録》，《中國藏學》1989 年第 3 期，後收入《王堯藏學文集》，中國藏學出版社，2012 年；楊銘：《P. T. 1089〈吐蕃官吏呈請狀〉研究》，《吐蕃統治敦煌研究》，台北新文豐出版公司，1997 年；Cristina Scherrer-Schaub, "Revendications et recours hiérarchique: contribution à l'histoire de Śa cu sous administration tibétaine," in Jean-Pierre Drège eds., *Études de Dunhuang et Turfan*, Genève: Droz, 2007, pp. 257-326；朱麗雙：《吐蕃統治時期沙州官員的官秩品階問題——P. T. 1089 釋讀》，《中國藏學》2020 年第 4 期。

(r1) $ /:/khyI'i lo'i dgun sla tha cungs la/gdun sa zha nas/**rtsIs** gyI phyag rgya phogste①//

漢譯文：（1）戌（狗）年季冬之月，發自若地集會處，鈐［德論］算使之印。②

此處的 rtsIs，王堯、陳踐先生譯爲 "資悉波（審計）"③，朱麗雙對此詞專門作了注釋 "支計、度支之意"，並譯成 "計支"④。從整句來看，此處的 rtsIs 確實應理解爲 rtsIs pa，係指人。尤其是在 P. T. 1089 末尾，蓋有 "德論算使之印"（bde blon gyi rtsis gyi phyag rgya）。在敦煌文獻中，蓋有官印的文書有不少，例如有六件敦煌附近某地官方田籍文書末尾即蓋有官方印章：brog gi phyag rgya，即牧官之印，表明這些官方田地屬於牧場。⑤ 因此，可將 rtsIs 譯爲 "資悉波" 或 "算使"。

rtsIs gyI phyag rgya 還出現在 S. 10647 + P. T. 1111《申年三月六日算倉斛門迴殘牒》第 1 行中：spre'u lo'i dpyid//zha'I 'dun tsa nas/rtsis gyI phyag rgya phogste/ "申（猴）年春，自若地集會處，鈐**算使**之印。" 該文書末尾亦同 P. T. 1089，鈐 "德論**算使**之印"。⑥

(r36) ru dpon/khrI dpon//dgra blon chen po//rtse rje (r37) ra gan pa//zhing pon chen po//mkhar dpon chen po//stod smad gyI phyug ma'I gzhIs pon chen po//ru spyan nang kor las bskos pa (r38) rnams//dgra blon 'bring po//ru theb/dgra blon chungu//khral po chen po/://gsang gI yige pa ched po//**rtsis pa ched po**//zhal ce pa ched/ (r39) po//bod sum gyI stong pon//mthog kyab dang 'a zha'i stong pon//rtse rje zangs pa'//gsang gI pho nya//gsang gI yige pa 'bring po// (r40) gsang gI yige pa chungu//spyI gcod//bod sum gyI stong cung//rgya drugI lo tsa pa/lung dor gyI dmag pon/zangs pa sna la gtogs pa/**rtsIs**/ (r41) spyan//mthong

---

① 原作 phyogste，下加字 y 原卷已劃掉。
② 此據朱麗雙的最新譯文。其中，rtsis 字，朱麗雙譯爲計支、計支使、支計使等，本文根據最新研究，均譯爲 "算使"。參見朱麗雙：《吐蕃統治時期沙州官員的官秩品階問題——P. T. 1089 釋讀》，《中國藏學》2020 年第 4 期。
③ 王堯、陳踐：《吐蕃職官考信錄》，《中國藏學》1989 年第 3 期，第 108 頁。
④ 朱麗雙：《吐蕃統治時期沙州官員的官秩品階問題——P. T. 1089 釋讀》，《中國藏學》2020 年第 4 期。
⑤ ［日］岩尾一史著，楊富學、楊春燕譯：《西域出土古藏語田籍初探》，《西夏研究》2014 年第 2 期。
⑥ 參見岩尾一史《古代チベット帝国支配下の敦煌における穀物倉会計：S. 10647 + Pelliot tibétain 1111 の検討を中心に》，《内陸アジア言語の研究》卷 26，2011 年，第 39—74 頁。另，末尾鈐德論算使之印的文書還有 P. T. 1128，見 Gertraud Taenzer（田澤爾），*The Dunhuang Region during Tibetan Rule（787-848）*，Wiesbaden: Harrassowitz Verlag, 2012, p. 264.

kyab dang 'a zha'I stong cung// stagI zar can pa sna la ma gtogs pa//gsang gI rub ma pa dang 'gyed ma pa'//gzhIs pon spyan/ (r42) byung 'tsho ched po// stagI zar cung pa/gzhIs pon 'og pon/∶/gsang gI yige pa phra mo/lho bal gyI dmag pon chungu /byung 'tsho chungu / **chos gyi** (r43) **rtsIs pa** /khram pa/sam mkhan zhes 'byung/

漢譯文：（36）茹本，乞利本①，大防禦使，黃銅［告身］節兒，（37）大營田使（ཤིང་སོང་གི་གཏོ་），大防城使，上、下財產倉庫之大倉督，諸内侍任茹悉編者，（38）中防禦使，代理茹長（རུ་ཞིག），小防禦使，大税務使，機密大文書官，**大算使**②，大司法官，（39）吐蕃和孫波之千户長，通頰和退渾之千户長，紅銅［告身］節兒，機密信使，機密中文書官，（40）機密小文書官，總裁斷官，吐蕃和孫波之千户小長，漢與突厥譯語舍人，龍家（ལུང་）與洮羌（རོང་）之將軍，紅銅［告身］頭領，**算使**（41），**悉編**③，通頰和退渾之千户小長，虎皮鞍韉［告身］頭領，機密［**信息**］管理官與傳送官，倉督長悉編，（42）畜產大管理官，小虎皮鞍韉告身，倉督副長，機密書吏，邊鄙小將軍，畜產小管理官，**教法**（43）**算使**④，簡牘文書官，堪輿師。

此段係"涼州軍鎮决議的官秩品階次序"。此段中出現3個與算使有關的職官名，表明吐蕃在地方官員中至少設置了三個層次的算使：大算使（rtsis pa ched po）、算使（rtsIs）、教法算使（chos gyi rtsIs pa）。大算使位在"大司法官，吐蕃和孫波之千户長，通頰和退渾之千户長，紅銅［告身］節兒"之上；算使位在"通頰和退渾之千户小長，虎皮鞍韉［告身］頭領"之上；教法算使是專門在寺廟内設置的算使，位置僅在"簡牘文書官、堪輿師"之上。

(r70) spre'u lo'i dbyar dmag pon chungu rnams gyIs gsol nas/ **rtsis pa** dang/ (r71) gsang la gtogs pas/dbyangs dkyIgste zhus pa las/

---

① 乞利本（khrI dpon）：即萬户長。"吐蕃萬户是建立在人口稠密的绿洲城鎮的一種行政建制。"參見Kazushi Iwao, "On the old Tibetan khri-sde",《西域歷史語言研究集刊》第1輯，北京：科學出版社，2007年，第209—226頁。［日］岩尾一史著，楊銘、武丹譯：《吐蕃萬户（khri-sde）制度研究》，《藏學學刊》第7輯，第217—227頁。

② 本行中出現的rtsis pa ched po，王堯、陳踐先生譯爲"大資悉（會計）"。參見王堯、陳踐：《吐蕃職官考信録》，《中國藏學》1989年第3期，第110頁。

③ 朱麗雙指出："前人皆將第40行末的རྩིས和第41行開頭的རྩིས視作一個官職。但從文書這部分行文來看，單垂綫或雙垂綫斷開者皆爲不同官職。"朱麗雙：《吐蕃統治時期沙州官員的官秩品階問題——P. T. 1089釋讀》，《中國藏學》2020年第4期，第169—183頁。筆者從之。

④ chos gyi rtsIs pa，王堯、陳踐先生譯爲"資悉巴"，未將chos譯出，參見王堯、陳踐：《吐蕃職官考信録》，《中國藏學》1989年第3期，第110頁；楊銘譯成"法之事務官"。

漢譯文：（70）申（猴）年夏，諸小將軍呈請後，算使與（71）[諸] 參與機密[官員] 商討。

此一行爲"另一個有關官秩品階爭議的案例"。表明算使參與了與其他官員對官秩品階爭議的討論。

算使一職在沙州也曾出現過。P.T.1079《比丘邦靜根訴狀》載，沙州唐人三部落於824年成立後，在午年（826/838），沙州算使（rtsis）曾與僧統沙門巴爾奈、親教師沙門羅揚、沙州節兒論野綺立、論吐桑、論許布·野札來息等其他僧俗官員一起對沙州寺户户籍進行登記。①

此外，在新疆出土的吐蕃時期的簡牘中有兩條與算使有關的記載："……之農田一突，邦布小王農田一突，資悉波（rtsis pa）農田一突半，悉斯贊新墾荒在通頗有兩突，零星散地一突。"②"班丹領受，資悉波（rtsis pa）之田地三突。軍官俸田一突，茹本之新墾荒地一突，副先鋒官田一突。"③

以上敦煌藏文文獻和簡牘表明，吐蕃在涼州、沙州和新疆均設置有算使一職，反映出吐蕃在占領區設有算使，且在萬户、千户和寺院層級均有設置。吐蕃本土方面，未見相關史料記載。照此推理，吐蕃本土也應設有各層級的算使。

## 二、算使的職責

敦煌漢藏文獻爲我們提供了算使職責的信息，尤其是在《吐蕃大事紀年》（P.T.1288 + IOL Tib J 750、Or.8212.187）中，rtsis 一詞出現了30次，這可以理解爲吐蕃贊普派遣算使所執行的任務。根據學界最新的研究，吐蕃時期的議事會制度由贊普創立，並由贊普親自召開或由指定的臣屬來主持。④ 當贊普指派臣屬來主持議事會並商議各項事務時，尤其是涉及土地、牛羊、户籍的普查，賦税的審計與收支，以及罰没官員財産的統計等，這些都不是主持議事會的大論能夠單獨完成的。因此，這類統計工作（rtsis）應由專門的負責人來操辦，而該負責人就是算使。根據對該詞的仔細分析，可以看出，算使有四種職能，我們分別加以討論。

---

① 鄭炳林、黄維忠主編：《敦煌吐蕃文獻選輯·社會經濟卷》，民族出版社，2013年，第160—161頁。陸離認爲，此財務官（算使）有可能是沙州岸本，有誤。參見陸離：《吐蕃統治河隴西域時期制度研究——以敦煌、新疆出土文獻爲中心》，中華書局，2018年，第174頁。
② 王堯、陳踐譯注：《吐蕃簡牘綜録》，第26頁。
③ 王堯、陳踐譯注：《吐蕃簡牘綜録》，第27頁。
④ 旦知吉：《從〈吐蕃大事紀年〉中的動詞"འདུན""བསྡུ""བཤམས"看吐蕃會盟的召集者》，《中國藏學》2022年第5期。

## (一) 普查土地、牛羊、户籍

在《吐蕃大事紀年》中，有關算使普查土地、牛羊、户籍等職能出現了 14 處，詳見表 1：

表 1　算使普查土地、牛羊、户籍一覽表

| 年份 | 算使職能 | |
|---|---|---|
| 虎年 [654—655] | 首次統計 [户口] ① | [28] ② mkho sham chen pho bgyI ba'I rtsis mgo bgyI ba |
| 狗年 [674—675] | 清點紅證（禁衛軍之紅牌證） | [60] zhugs long dmar pho brtsIs pa |
| 虎年 [690—691] | 首次統計暗軍 [人數] | [104] mun [105] magI rtsis mgo bgyIs pha |
| 兔年 [691—692] | 統計田地賦稅及斷嗣 [户數] | [109] phyIng rild dang / rabs cad gyI rtsis bgyIs |
| 猴年 [708—709] | 統計禁衛軍之紅證 | [167] sku srungs gyI khram dmar pho brtsIs/ |
| 雞年 [709—710] | 統計茹拉之紅册 | [173] zhugs long dmar pho brtsIs / |
| 鼠年 [712—713] | 統計三茹之紅證 | [187] ru gsum gyI khram dmar pho brtsIs / |
| 蛇年 [717—718] | 統計各"岸區"之户數 | [206] mngan gyI khyIm rtsis bgyIs pha |
| 羊年 [719—720] | 統計三茹 [直屬] 王室田地之賦稅及牲畜稅 | [211] ru gsum gyI rje zhing gyI phying rll gyI rtsis dang/ sog ma'I rtsis |
| 蛇年 [729—730] | 清點"暗軍"之增損 | [254] mun magI snon [255] god brtsIs/ |
| 雞年 [733—734] | 統計四茹之斷嗣户數 | [267] ru bzhI rabs chad brtsIs/ |
| 猴年 [744—745] | 清點各地兵丁之白證 | [297] yul yul dmag myI khram skya brtsIs/ |
| 豬年 [747—748] | 清查牧區牲畜之事結束 | OR8212.187 [11] 'brog sogi rtsis gyi [mjug?] bcade/ |
| [狗年] [758—759] | 清點物資 | OR8212.187 [32] chad ka'I rtsis bgyis |

從上表可以看出，算使普查土地、牛羊、户籍是較爲頻繁的，在百餘年間，共進行了 14 次，這與吐蕃積極向外擴張的特徵相符合。此外，敦煌漢文文獻也提供了相關信息。S.2729《辰年（788）三月五日算使論悉諾羅接謨勘牌子曆》③ 表明吐蕃占領敦煌不久即開始編制部落、清查人口。該文書涉及敦煌僧尼部落所屬龍興、大雲、蓮台、靈圖等十三

---

① 因對 rtsis 一詞的理解與學界前賢不完全相同，本譯文係自譯，下同，不一一具注。學界關於《吐蕃大事紀年》的研究綜述，筆者在《從〈吐蕃大事紀年〉看吐蕃巡守制度》一文中已經詳細介紹，可參黄維忠：《從〈吐蕃大事紀年〉看吐蕃巡守制度》，《中國藏學》2021 年第 4 期。[户口] 中的内容係爲理解方便所加。

② 係 P. T. 1288 + IOL Tib J 750 的行號，下同，不一一具注。

③ 《辰年（788）三月五日算使論悉諾羅接謨勘牌子曆》，學界也常稱《辰年三月僧尼部落米净辯牒》。《英藏敦煌社會歷史文獻釋録》作 "辰年三月沙州僧尼部落米净辯上算使論悉喏囉接謨勘牌子曆附辰年至申年注記"，參見郝春文《英藏敦煌社會歷史文獻釋録》第 14 卷，北京：社會科學文獻出版社，2016 年，第 71—78 頁。唐耕耦、陸宏基：《敦煌社會經濟文獻真跡釋録》第 4 輯，第 194—204 頁。

寺僧尼的情況：

> 辰年三月五日，算使論悉諾羅接謨勘牌子曆：
>
> 龍興寺都統石惠捷，辰年三月十三日死；張菩提；張淨隱……大雲寺翟維明，巳年七月十一日死；呂維寂；李法智；……計尼一百七十一，都計見上牌子僧尼三百一十人，內一百卅九僧，一百七十一尼。牒件狀如前，謹牒。
>
> 辰年三月日，僧尼部落米淨辯牒……
>
> 造牌子後死，辰年三月十日龍興寺僧張淨深死，吐蕃贊息檢。

此外，在巳年、午年、未年、申年均對牌子進行了勘檢。該項工作由算使論悉諾羅接謨領導勘檢，具體負責勘檢者有三人：吐蕃贊息、楊舍人、崔董羅。算使論悉諾羅接謨還見於 P.3028《吐蕃占領敦煌時期官營牧羊算會曆狀》。該文狀記載了猴年、雞年、狗年連續三年的羊群數量清點情況，並記有："以前悉諾羅從羊年五月七日後至狗年四月二十九日點前兼馬年舊欠，都計壹伯捌拾貳口。"① 該文書表明，算使論悉諾羅接謨除負責清點人口、登記户籍外，還要清點敦煌地區的羊群數量。②

(二) 審計賦稅收支

這一職能在《吐蕃大事紀年》中僅出現 2 處。即猴年[720—721]，"統計大藏王室田地、林園之賦稅"（[216]rtsang chen gyI rje zhing glIngs gyi pyIng rild gyI rtsis bgyIs/）；狗年[722—723]，"統計王室之收支盈虧"（[225] khab soe thugs nyen [226] gyI lhag cad brtsIs/）。這與赤德祖贊（704—755）對岸區（mngan gy·i thang）進行改革有關③。

(三) 統計罰没官員財產

這一職能在《吐蕃大事紀年》中出現 5 處。詳見表 2：

---

① 唐耕耦、陸宏基：《敦煌社會經濟文獻真跡釋録》第 3 輯，第 580—584 頁。
② 陳楠認為："在軍事占領區設資悉波一職，説明這一職務或許與軍隊有關。也許是為軍隊籌措軍餉、負責後勤供應的軍需官。"這一判斷有誤。參見陳楠：《藏史叢考》，第 49 頁。
③ 筆者認為，吐蕃專門設有經濟區（岸區—籠區），和政治軍事性質的"茹—軍鎮體系"並行不悖。關於此問題，筆者擬專文討論，此不贅述。

表 2　算使統計罰沒官員財產一覽表

| 年份 | 算使職能 | |
|---|---|---|
| 龍年［680—681］ | 清點麹氏和熱桑王之財產 | ［75］khu dang ra sang［76］rje'I nor brtsIs |
| 豬年［699—700］ | 統計獲罪遣者之財產 | ［131］bkyon bab gyI nor brtsis pa |
| 羊年［707—708］ | 清點麹氏、洛氏等獲罪者之財產 | ［162］khu dang / lho bkyon bab gyI nor brtsis |
| 虎年［738—739］ | 統計資財 | ［280］cad ka brtsIs/ |
| ［羊年］［755—756］ | 清點遭罪譴者朗氏與末氏之財產 | OR8212. 187［16］lang 'bal bkyon pab pe'I nor brtsIs pa |

（四）審核官員任職

這一職能在《吐蕃大事紀年》中出現 5 處。詳見表 3：

表 3　算使統計罰沒官員財產一覽表

| 年份 | 算使職能 | |
|---|---|---|
| 羊年［719—720］ | 審查仲巴茹永乞森去世、森哥蒙布接任其職事宜 | ［211］ru yong phyI gseng gum ste/brung pa seng go mon bu bchug［212］pa'I rtsis bgyIs/ |
| 豬年［723—724］ | 審查論赤松木傑將大度支職務移交尚赤聶門松之事 | ［230］khud pa chen pho blon khrI sum rjes/zhang khrI mnyes smon zung la phul ba'I rtsis bgyIs/ |
| 羊年［731—732］ | 審查大藏"仲巴"遐阿唐贊免職、森哥門布補缺之事 | ［260］rtsang chen gyI［261］brung pa/zha snga thang rtsan byung nas/seng go mon bu bcug pa'I rtsis bgyIs pa |
| 馬年［742—743］ | 於朵地審查许布·孔松免職、朗卓·孔贊接任事宜 | ［290］zlor shud pu khong zung dang/lang gro khong rtsan gnyIs/'byung 'jugI rtsis bgyIste / |
| 雞年［745—746］ | 審查"仲巴"尚哲工免職、屬盧·瑪公接任及森哥·潘拉頗免職、娘·都孔接任事宜 | ［301］brung pa zhang tre gong phyung ste/cog ro rma gong bcug pa dang/seng go 'phan la skyes phyung ste/myang［302］'dus khong bcug pa'I rtsis bgyIste / |

從這一職能出現的時間看，係赤德祖贊（704—755 在位）執政 15 年後，給算使新添的職能。P. T. 1089《戌年十二月德論爲沙州衆僚對官秩品階意見不一事牒》中算使參與與其他官員對官秩品階爭議的討論，表明吐蕃在占領區同樣有算使負責審核官員。

從以上幾種職能看，吐蕃時期的算使是最有實權的官員之一，兼具户部加吏部的職權。那麽如此重臣出自哪個家族呢？《唐蕃會盟碑》"rtsis pa chen po rngegs blon stag zigs rgan khal"（"資悉波折逎額論悉諾昔乾窟"）透露出，大算使（資悉波折逎）來自額氏（rNgegs），一個雅礱部落氏族或與雅礱部落關係密切的氏族①。據林冠群先生統計，在吐

---

① 據林冠群先生的《唐代吐蕃氏族一覽表》，"雅礱部落氏族或與雅礱部落關係密切的氏族：悉補野氏（sPu rgyal）、麹氏（Khu）、額氏（rNgegs）、洛氏（Lho）、努布氏（gNubs）、琛氏（mChims）、夏氏（Sha）、布氏（sPug）、蔡氏（mTshe）、錯氏（gTso）、屯米氏（mThon mi）、搾氏（bKrags）"。參見林冠群：《唐代吐蕃史研究》，聯經出版社，2011 年，第 571 頁。

蕃大論中，還有兩位大論出自額氏，分別是 rngegs dud kyi rjes（額·多幾傑）和赤德祖贊贊普時期的 rngegs mang zham stag tsab（額·芒相達則，725—727 年任職）。① 此外，《吐蕃大事紀年》中出現 rngegs khyi ma re（額·乞瑪熱）一名，係猴年［684—685］前往烏如雪之熱干木訴訟的三人之一。② 上文提及的敦煌漢文文獻 S. 2729《辰年（788）三月五日算使論悉諾羅接謨勘牌子曆》、P. 3028《吐蕃占領敦煌時期官營牧羊算會曆狀》中的論悉諾羅與建中二年（781）十二月出使唐朝的吐蕃使論悉諾羅或爲同一人③。至於其出自哪一家族，無從得知。

值得注意的是，吐蕃時期設置的算使一職，一直被其後的西藏地方政府所沿用。明清時期西藏地方政府設有孜康，其官員中即有"孜本"（rtsis dpon）一職。"其任務是普查、掌管全藏的土地、牛羊、戶籍的清冊，審計西藏地方政府的賦稅（財政）的收支；另外對俗官任職前進行審查（查是否出自名門、貴族的後裔）、考課。"④ 顯然，孜本的職能也保持了算使的原有職能。

## 三、結 論

從以上的討論可以得知，吐蕃從中央至地方均設有算使（rtsis pa，資悉波）一職，且在地方，茹（萬戶）、千戶和寺院層級均有設置。算使兼具戶部加吏部之職權，共負責四項工作：一爲普查土地、牛羊、戶籍，二爲審計賦稅收支，三爲統計罰沒官員財產，四爲審核官員任職。算使作爲吐蕃重臣，一直被其後的西藏地方政府沿用，且保持了其原有職能。

---

① 林冠群：《唐代吐蕃史研究》，第 639、641 頁。
② 《吐蕃大事紀年》：至猴年［684—685］，贊普駐年噶爾，派大論贊悉若於烏如雪之熱干木召集議事會，庫·都贊、額·乞瑪熱、吐谷渾人三人前來訴訟。（ [86] $ /:/ spre'u lo la bab ste/ btsan po nyen kar na bzhugs shIng/blon che btsan snyas/'dun ma dbu ru shod gyI re [87] skar du bsduste /khu 'dus tsan dang rngegs khyI ma re dang/'a zha gsum mchid shags 'tshal zhing/）。
③ 《册府元龜·外臣部·通好》：建中二年"十二月，入蕃使判官、監察御史常魯與吐蕃使論悉諾羅等至自蕃中"。《宋本册府元龜》卷 980《外臣部·通好》，中華書局，1989 年，第 3914 頁。此一信息由中國藏學出版社的張寧提供，特此致謝。
④ 多傑才旦主編：《西藏封建農奴制社會形態》，中國藏學出版社，2005 年第 2 版，第 320—321 頁。

# Preliminary Study on Tubo's Important Minister "rTsis pa" (算使)

Huang Weizhong, Xiang Maocuo

**Abstract**: In the Tubo's Nanglun (inner minister) system, there were officials specifically responsible for the economy. However, due to the scarcity of historical materials, we currently only know the names of several key officials such as mngan dpon and rtsis pa, but the discussion of their responsibilities is still in its initial stage, and even the two positions of rtsis pa and Jianmou Shi(敛牟使) are often confused. This article intends to use Dunhuang Chinese-Tibetan documents, bamboo slips, and inscriptions to discuss the establishment and responsibilities of the Tubo official rtsis pa. The article believes that the Tubo had the position of rtsis pa from the central to the local level, and the functions of the rtsis pa included four aspects: the first is to conduct a general survey of land, cattle and sheep, and household registration; the second is to audit tax revenue and expenditure; the third is to calculate the confiscated property of officials; and the fourth is to review the appointment of officials. As an important official, it has been continuously used by the subsequent local government of Xizang and has maintained its original functions.

**Keywords**: Tubo's officials; rTsis pa; rTsis pa chen po; rNgegs

# 領有·征服：一個古藏文複合詞語義群

任小波

**摘　要**：本文試圖解析一個表示"領有·征服"的古藏文複合詞語義群——'bangs su⋯，揭示這個能產的構詞法在古藏文文獻中的用例和書證，考察古代藏人如何解釋、運用和豐富他們的政治辭令和行政術語。

**關鍵詞**：領有；征服；古藏文；複合詞；語義群

## 一、引　言

關於古藏文複合詞的詞源學解釋和語境化處理，李方桂先生對於 glo ba 'dring（ > glo ba ring，叛逆）的釋讀[①]，烏瑞先生對於 dra ma drangs（引兵）的釋讀[②]，陳踐先生對於 stams las bcad（ > sdams las bcad，殘虐）的釋讀[③]，皆爲我們開示了典範性的研究路徑。2015 年以來，陳踐先生針對古藏文語詞和文獻研究中的二次誤譯、重復勞動等弊病，多次呼籲推進《古藏文辭典》的編纂工作。2021 年，她又親力示範，出版總結性的《敦煌古藏文語詞彙釋》一書[④]。然而，編纂一部科學的藏漢雙解的《古藏文辭典》，仍然任重道遠。

對於古藏文狹義複合詞的研究，已有新的進展[⑤]。對於古藏文廣義複合詞的研究，尚待積極推進。本文試圖解析一個表示"領有·征服"的古藏文複合詞語義群——'bangs

---

① Li Fang-Kuei（李方桂），"Tibetan *glo-ba 'dring*", in Søren Egerod ed., *Studia Serica Bernhard Karlgren Dedicata*, Copenhagen: E. Munksgaard, 1959, pp. 55-59.
② Géza Uray, "Old Tibetan *dra-ma draṅs*", *Acta Orientalia Academiae Scientiarum Hungaricae*, Vol. 14, No. 2, 1962, pp. 219-230.
③ 陳踐：《敦煌古藏文 PT 986 號文書〈尚書〉四古詞譯釋》，《民族翻譯》2014 年第 1 期，第 27—28 頁。相關評注，參見任小波：《金滴——陳踐教授的古藏文語詞研究》，《中國藏學》2019 年第 2 期，第 48 頁。
④ 陳踐：《敦煌古藏文語詞彙釋》，北京：中國藏學出版社，2021 年。
⑤ Joanna Bialek, *Compounds and Compounding in Old Tibetan: A Corpus Based Approach*, 2 vols., Marburg: Indica et Tibetica Verlag, 2018.

su……,揭示這個能産的構詞法（動補短語）在古藏文文獻中的用例和書證,考察古代藏族人如何解釋、運用和豐富他們的政治辭令和行政術語。

## 二、釋 義

首先,古藏文集合名詞 'bangs,其基本涵義爲"屬民",其敬語形式爲 chab 'bangs。PT 1287 號《吐蕃贊普傳記》第 360—361 行 rgya 'bangs ni mang bsdus nas / … bod yul ni thil（mthil）du bgyis /,譯言"收衆多唐之屬民,歸於蕃地之轄下";第 395—396 行 dmangs yan chad sum brgya' rtsa bcu gnyis bzung nas / 'jang … 'bangs rnal mar bkug nas /,譯言"擒平民以上三百一十二人,招南詔爲真正屬民"。其中 'bangs,顯然區別於指稱"平民"（民衆）的 dmangs。此外,PT 1071 號《狩獵傷人律》第 250—251 行,則有"王民"（rgyal 'bangs,國王屬民）、"平民"（dmang[s]）之分。舉例分析如下：

（1）《噶迥寺碑》（804—809 年）第 38 行、PT 1287 號《吐蕃贊普傳記》第 389 行 bod 'bangs,譯言"吐蕃屬民";《雪碑》（763 年）南面第 65—66 行 btsan po'i 'ba[ ngs],譯言"贊普屬民";PT 1047 + ITJ 763 號羊胛骨卜文書第 35 行 rgyal pho nyi 'og gi 'bangs,譯言"國王轄下屬民"。此外,PT 1287 號《吐蕃贊普傳記》第 220 行 btsan po rjes 'bangs,譯言"贊普臣民";《諧拉康碑》西碑（800—810 年）第 21—22 行 rjes 'bangs kyi lugs,譯言"臣民之禮"①。其中 rjes 'bangs,義爲"臣民"。此詞,區別於指稱"君民"（王臣）的 rje 'bangs。

（2）ITN 309（= M. I. vii. 32）號木簡第 2 行 snying tsoms kyi 'bangs,譯言"悉寧宗屬民";Or. 8212/1845（= M. Tagh. 0197）號寫本第 r.1 行 stong kud（khud）gyi 'bangs,譯言"千户所領屬民";《江浦寺碑》（815—838 年）第 28 行 lha ris kyi 'bangs,譯言"寺院所領屬民"（寺户）。其中 lha ris,義爲"寺産"②。現代藏文之中,仍有 sde 'bangs（部落屬民）、lha 'bangs（寺院屬民）等詞。

其次,基於敦煌吐蕃歷史文書,可將表示"領有·征服"的古藏文複合詞語義群 'bangs su … 分爲六個類型。就其所在語境而言,這些語詞儘管難免有所誇飾,然而其事大多可考。舉例分析如下：

---

① 王堯:《吐蕃金石録》,北京:文物出版社,1982 年,第 109、116 頁。
② 陳踐:《若干典型古藏文語詞疏譯之三》,《中國藏學》2016 年第 4 期,第 32—33 頁。

(1) 一般式

**I. 招爲屬民 = 領有・征服**

PT 1287 號《吐蕃贊普傳記》第 84—85 行 sum khams thams shad（cad）'bangs su dgug par bka' stsal（bstsal）to //，譯言"命其招蘇毗全境爲屬民"（644 年以前）。其中 **'bangs su dgug pa**，義爲"招爲屬民"。此處 dgug pa，係 'gugs pa（徵招、調集）的未來時。同本第 319 行 rtsang bod 'bangs su bkug pa，譯言"招藏蕃爲屬民"；第 524 行 dor pola stsogs（sogs）pa // rgyal po dang bchas（bcas）su 'bangsu bkug … //，譯言"招禿魯卜①等部及其國王爲屬民"（790 年代）。其中 **'bangs su bkug pa**，義爲"招爲屬民"。此處 bkug pa，係 'gugs pa 的過去時。ITJ 1375（= Ch. xvii. 2，= Vol. 70，fol. 15）號《吐蕃贊普傳記》殘葉第 v. 2 行 'bangsu bkug pa，涵義相同。此外，Or. 15000/490（= M. I. xxviii. 002）號寫本第 5 行 glar bkug，義爲"徵爲雇傭""僱用"，係同一構詞法②。現代藏文之中，仍有 'bangs su 'khol ba，義爲"用爲屬民""役使"；又有 bran du bkol ba，義爲"用爲僕役""奴役"。此處 bkol ba，係 'khol ba（役使、利用）的過去時。

**II. 收爲屬民 = 領有・征服**

PT 1287 號《吐蕃贊普傳記》第 381 行 lung gi rgyal po nung（*lung）kog man chad 'bangs su bsdus /，譯言"收龍王③之龍國（焉者）以下（以東）爲屬民"（790 年代）；第 525 行 stod pyogs（phyogs）dang lho pyogs kyi rgyal pran（phran）mang po yang 'bangsu bsdus so' /，譯言"收上部（西域）、南部之衆多小邦爲屬民"。其中 **'bangs su bsdus [ pa ]**，義爲"收爲屬民"。此處 bsdus pa，係及物動詞 sdud pa（聚攏、收集）的過去時。此外，PT 1287 號《吐蕃贊普傳記》第 354 行 rgyal pran ni kun kyang 'dum（'dul）//，譯言"制服一切小邦"；第 489 行 mtha' bzhi 'dul //，譯言"制服四邊"。如上 'bangs su bsdus [ pa ]，實與 'dul [ ba ]（制服）涵義相同。現代藏文之中，仍有 mnga' 'og tu bsdus pa、mngar bsdus 以及 dbang [ du ] bsdu [ ba ] 等詞，義爲"收服""制服"。

吐蕃贊普《敕賜介辛大論詔書》（787 年）第 19—21 行 zhang zhung sde dang bcas pa 'a

---

① 關於 Dor po 這一部族，參見岩尾一史：《ドルポ考—チベット帝国支配下の非チベット人集団—》，《内陸アジア言語の研究》第 31 號，2016 年，1—19 頁。對於 Dor po，岩尾一史博士將其推定爲"洮州羌"，然而並未解決對音問題。謝光典博士將其比定爲《元史・武宗本紀》中的"禿魯卜"，本文採信此說。

② Frederick W. Thomas, *Tibetan Literary Texts and Documents concerning Chinese Turkestan*, Vol. 2, London: Royal Asiatic Society, 1951, pp. 148-150; idem, *Tibetan Literary Texts and Documents concerning Chinese Turkestan*, Vol. 3, London: Royal Asiatic Society, 1955, p. 54.

③ 關於 Lung gi rgyal po（龍王），參見榮新江：《龍家考》，《中亞學刊》第 4 輯，1995 年，第 144—146 頁。

zha' 'khor dang bcas pa / dags（dwags）po rgyab dang bcas pa mngar 'dus te /，譯言"象雄（羊同）部衆、吐谷渾鄰邦、達波後援，集於治下"。ITJ 1371（= Vol. 53, fol. 1）號贊普願文（822年以後）第10行 dbang du 'dus pa，義爲"集於治下"。如上 **mngar 'dus**、**dbang du 'dus pa**，涵義相同。此外，PT 16 + ITJ 751（= Ch. 9. i. 37）號《大夏玉園會盟願文》（823年以後）第26. a. 1行 **chags 'og tu 'dus pha**，義爲"集於轄下"。此處 'dus pa，係不及物動詞 'du ba（會合、聚集）的過去時。現代藏文之中，仍有 dbang [du] 'dus [pa]、chab 'og tu bcug [pa] 等詞，義爲"歸順""降伏"。

（2）敬語式

### III. 納爲屬民＝領有·征服

PT 1287號《吐蕃贊普傳記》第345—346行 mywa'ɨ rgyal po kag la bongzhes bya ba // 'bangs su pyag（phyag）'tshal nas /… 'jang gɨ rgyal po bod kyi 'bangs su bzhes pas //，譯言"蠻王閣羅鳳來致臣屬之禮，納南詔①王爲吐蕃屬民"（752年）。其中 **'bangs su bzhes pa**，義爲"納爲屬民"。此處 bzhes pa，係敬語類動詞 bzhes pa（持、納）的過去時。PT 1071號《狩獵傷人律》第372行 si'i（su'i）'bangs su'i bran so sor bzhes 'tshol zhig //，譯言"納爲誰之屬民、誰之奴户，聽其自願"②。綜觀此本前後語境，依照吐蕃階層序列，屬民之主常爲"國王"，奴户之主常爲"平民"。

ITJ 1459（= Vol. 73, fol. 37）號寫本第2行 sha cu'i skun kar（sku mkhar）'bangs dang bchas（bcas）su phyag du bzhes，譯言"納沙州（敦煌）城池及其百姓於［贊普］掌中"（786年）。其中 **'bangs … su phyag du bzhes**，義爲"納百姓於掌中""管爲屬民"。與此相類，ITJ 1375號《吐蕃贊普傳記》殘葉第 r. 3—4行 byang gi zhang zhung thams cad… phyag du phul te //，譯言"獻北部象雄全境於［贊普］掌中"（634年以前）。此外，ITJ 1262（= Vol. 56, fol. 72）號寫本第44—45行 **'bangs … phyag du phul ba**，義爲"獻屬民於掌中""所管屬民"。此處 phul ba，係敬語類動詞 'bul ba（呈、獻）的過去時。

### IV. 統爲屬民＝領有·征服

PT 1287號《吐蕃贊普傳記》第203行 dags po 'bangs su mnga' ba las log go //，譯言

---

① 對於 'Jang（>lJang，爨/南詔），參見 Paul Pelliot, "Deux itinéraires de Chine en Inde à la fin du VIIIᵉ siècle", *Bulletin de l'École Française d'Extrême-Orient*, Tome 4, Nº 1, 1904, p. 159; idem, *Notes on Marco Polo*, Vol. 1, Paris: Imprimerie Nationale, 1959, pp. 173-175.

② 對於這一關鍵語段的通解和漢譯，參見王堯、陈践：《敦煌吐蕃文獻選》，成都：四川民族出版社，1983年，第29頁。

"統達波爲屬民，彼又叛亂"；第 393 行 mywa dkar po 'bangs su mnga' ba las / glo ba rings pa (ring ba) … /，譯言"統白蠻爲屬民，彼又叛逆"。其中 **'bangs su mnga' ba**，義爲"統爲屬民""屬國"。同本第 306—307 行 thog ma 'a zha de nas 'bangs su mnga' 'o //，譯言"統吐谷渾爲屬民，自是而始①"（634 年）。此處 mnga' ba，係敬語類動詞 mnga' ba（統、領）的過去時。現代藏文之中，仍有 mnga' 'bangs 一詞，義爲"屬民""百姓"。

（3）組合式

## V. 征討 + 領有・征服

PT 1288 + ITJ 750（= Ch. 79. viii. 7）號《吐蕃大事紀年》序言 lig snya shur brlag ste zhang zhung thaṃs cad 'bangsu bkug ste mnga'o /，譯言"破李聶秀②，招象雄全境爲屬民，且統轄之"（644 年）；PT 1286. 1 號《吐蕃小邦名表》第 27—28 行 gchig（gcig）gis gchig brlag ste / 'bangs su bkug na /，譯言"以一破一，招爲屬民"。此外，Or. 8212/187 號《吐蕃大事紀年》756 年條 se cu phab // tse ci man cad（chad）'bangsu bkug /，譯言"陷巂州，招孜基以下爲屬民"；PT 1287 號《吐蕃贊普傳記》第 382—383 行 dor po bton te / 'bangs su bzhes so //，譯言"拔禿魯卜，納爲屬民"。如上 **brlag \ phab \ bton + 'bangs su bkug \ bzhes**（破 \ 陷 \ 拔 + 領有・征服）組合，構成一個固定句式。

PT 1287 號《吐蕃贊普傳記》第 213—214 行 dags po 'bangsu dgug pa'ɨ dmag pon（dpon）du bka' stsal to // 'ung nas …// dags pa lha de la brgal te // dags po ['bangs su] yongs su bkug ste /，譯言"委任其爲招達波爲屬民之將軍；其後，攻達波王拉德，悉數招達波爲屬民"；第 302—305 行 myi log kun 'bangsu slar bkug go' // 'ung gɨ 'og du …/ sum pa mtha' dag dmagis（dmag gis）gdab myi dgos par / …yongs kyis 'bangs rnal mar bkug go //，譯言"重又招諸叛亂者爲屬民；其後，無需發兵蘇毗全境，悉數招［蘇毗］爲真正屬民"；第 394—396 行 nol thabs（snol 'thab）bkyeba … / 'jang…'bangs rnal mar bkug nas /，譯言"交戰，招南詔爲真正屬民"。如上 **brgal \ dmagis gdab \ nol thabs bkye ba + 'bangs su bkug**（攻 \ 發兵 \ 交戰 + 領有・征服）組合，構成一個固定句式。

PT 1287 號《吐蕃贊普傳記》第 434 行 zhang zhung gɨ rgyal po la [dmag] drangs ste /

---

① 山口瑞鳳提出 thog ma 'a zha 爲一複合名詞，將其釋作"同盟之吐谷渾""親蕃之吐谷渾"，參見《吐蕃王国成立史研究》，東京：岩波書店，1983 年，第 347—349、655—656 頁，706 頁（注 36）。此說未諦，本文不取。

② 關於 sNya shur 這一氏族，參見 Ariane Macdonald, "Une lecture des Pelliot tibétain 1286, 1287, 1038, 1047, et 1290: Essai sur la formation et l'emploi des mythes politiques dan la religion royale de *Sroṅ-bcan sgam-po*", in Ariane Macdonald ed., *Études Tibétaines dédiées à la mémoire de Marcelle Lalou*, Paris: Adrien-Maisonneuve, 1971, p. 315（n. 446）.

chab srid mdzad nas / zhang zhung gɨ rgyal po lɨg myi rhya srid brlag ste // zhang zhung tham chad 'bangs su bkug go //，譯言"引兵擊象雄王，並征討之，破象雄王李迷夏之國政，招象雄全境爲屬民"。如上 [dmag] drangs + chab srid mdzad + srid brlag + 'bangs su bkug （引兵+征討+破國+領有·征服）組合，構成一個完整句式。

如上三類組合，反映了征服戰爭和征服活動的次序性特徵。其中 chab srid mdzad，實爲"征討"的敬語或藻詞形式①。百慈藏卷《吐蕃兵律》第 475 行 chab srid la gshegs（往征），PT 1288 + ITJ 750 號《吐蕃大事紀年》700 年條 chab srɨd la … khol du gshegs（往征其爲臣僕），均指墀都松親征"夏、古、寧三地"（sha gu nyɨng sum）之事②。如上二詞均爲"征討"之義③，前者係後者的縮略形式。與此對應，PT 1287 號《吐蕃贊普傳記》第 399 行 chab srid la gshegs（往嫁），PT 1288 + ITJ 750 號《吐蕃大事紀年》671 年條 [*chab srid la] bag mar gshegs pa（往嫁爲妃）、734 年條 [*chab srid la] bag mar btang（遣嫁爲妃），均爲"聯姻"之義，前者係後者的縮略形式。

### VI. 領有·征服 + 徵稅

PT 1287 號《吐蕃贊普傳記》第 333 行 dru gula stsogsste nyɨ ngog (nye ngogs) gzhan 'bangs su bkug cing / dpya' (dpya) phab pa …/，譯言"招突厥等其他鄰部爲屬民，徵其賦稅"（689 年）；第 392 行 stod pyogs su [dmag] drangste / lɨ 'bangs su bkug nas dpya' phab bo //，譯言"引兵擊上部，招于闐爲屬民，徵其賦稅"（798 年）；第 396 行 'jang rje gol (khol) gyis kyang pyag 'tshal te / 'bangs rnal mar bkug nas / dpya' phab ste …//，譯言"南詔王來致臣服之禮，招爲真正屬民，徵其賦稅"（800 年）。如上 'bangs su bkug + dpya' phab（領有·征服 + 徵稅）組合，構成一個固定句式。ITJ 733（= Ch. 73. xv. 4，= Vol. 56，fol. 35）號苯教儀軌文書第 49—50 行 rgya dang bug chur gnyis / 'bangs [su] rgyal po

---

① 關於 chab srid mdzad（征討），參見 Ariane Macdonald, "Une lecture des Pelliot tibétain 1286, 1287, 1038, 1047, et 1290: Essai sur la formation et l'emploi des mythes politiques dan la religion royale de *Sroṅ-bcan sgam-po*", p. 280（n. 342）；山口瑞鳳：《吐蕃王国成立史研究》，第 405、408 頁。

② 貝雄·達瓦瓊達（Pad gzhung Zla ba chung bdag）：《古藏文兵律注釋與研究》（*dMag khrims yig rnying yig cha'i tshig 'grel dang zhib 'jug*），拉薩：西藏人民出版社，2020 年，第 40—44、443—445、456 頁。

③ Nathan Hill, "The Allative, Locative, and Terminative Cases (*la-don*) in the *Old Tibetan Annals*", in Yoshiro Imaeda（今枝由郎）, Matthew T. Kapstein and Tsuguhito Takeuchi（武内紹人）eds., *New Studies of the Old Tibetan Documents: Philology, History and Religion*, Tokyo: ILCAA, Tokyo University of Foreign Studies, 2011, pp. 10-12. 對於 khol du，此文未作解釋。

des bkol zhing dphya' (dpya) 'jal bar 'ong ngo //，譯言"彼王用漢人、默啜（突厥）① 二部爲屬民，俾其納稅"。如上引文，實爲同一句式。其中 **'bangs [ su ] ... bkol**，義爲"用爲屬民""役使"。綜上可知，民户的領有與賦税的徵收關係密切。

PT 1287 號《吐蕃贊普傳記》第 334—335 行 'jang la chab srid mdzad de mywa dkar podpya' phab // mywa nag po 'bangsu bkug pa la stsogste /，譯言"征討爨部（後稱南詔），徵白蠻（西爨）之賦税，招烏蠻（東爨）爲屬民"（703 年）；第 387—388 行 nyi ngog rgyal po gzhan dpya' phab pa dang / rgyal pran 'bangs su bkug pa la stsogs pa ... //，譯言"徵其他鄰部國王之賦税，招小邦爲屬民"。據此可知，徵税與征服的差別，反映了政治支配的强弱；徵税與征服的複指，標明了政治支配的内涵。

## 三、結　語

古藏文複合詞的提取和研究，無疑是編纂《古藏文辭典》的一項必要的基礎工作。理想的古藏文複合詞研究，或應滿足如下三個基本條件：（1）在語料上，涵蓋寫本、碑銘、木簡三大存世的古藏文文獻；（2）在例句上，體現基於年代坐標、歷史背景的語境化的處理；（3）在義項上，貫徹詞源學的解釋和類型化的分析，儘量與漢文文獻中的古代譯語勘同。本文對於古藏文中的"領有·征服"這個複合詞語義群的研究，即在嘗試踐行如上研究路徑，囊括以 'bangs su 爲起首的四則同義辭條，以及與之近似的表述或與之匹配的組合。

綜合上文研究，可以獲得如下兩條簡要結論：（1）通過古藏文中表示"領有·征服"的四個基本複合詞，亦即"招爲屬民""收爲屬民""納爲屬民""統爲屬民"（單一形式），可以透視吐蕃在政治構造和行政統轄上的"屬人主義"特徵；（2）通過兩類與之匹配而成的固定句式，亦即"征討+領有·征服""領有·征服+徵税"（組合形式），可以管窺吐蕃征服戰爭及對外擴張的層次性和差異性。吐蕃王朝崩潰以後，隨著西藏地方政治結構和社會條件的變遷，這個複合詞語義群最終失去原本語境，退出歷史舞臺。通過這項研究，足以見微知著，告訴我們古代藏族人如何將他們的政治思維與政治辭令統一起來。

---

① 關於 [ ' ] Bug chur ( < Qapγan，默啜)，參見 Louis Ligeti, "Àpropos du Rapport sur les rois demeurant dans le Nord", in Ariane Macdonald ed., *Études Tibétaines dédiées à la mémoire de Marcelle Lalou*, Paris: Adrien-Maisonneuve, 1971, pp. 177-179 (note 37).

附錄：引文所見主要動詞簡表

| 現在時 | 過去時 | 未來時 | 詞　　義 |
|---|---|---|---|
| 'khol ba | bkol ba | — | 役使，利用 |
| 'gugs pa | bkug pa | dgug pa | 徵招，調集 |
| 'gyed pa | — | bkye ba | 放，發 |
| rgol ba | brgal ba | — | 攻擊，進犯 |
| mnga' ba | mnga' ba | — | 統，領 |
| 'jal ba | — | — | 繳納，支應 |
| gtong ba | btang ba | — | 遣送，給予 |
| 'du ba | 'dus pa | — | 會合，聚集 |
| 'dul ba | — | — | 制服，調伏 |
| 'debs pa | — | gdab pa | 施，發 |
| 'don pa | bton pa | — | 拔，取 |
| 'dren pa | drangs pa | — | 引，率 |
| sdud pa | bsdus pa | bsdu ba | 聚攏，收集 |
| 'bul ba | phul ba | — | 呈，獻 |
| 'bebs pa | phab pa | — | 降下，攻陷；派發，徵收 |
| mdzad pa | mdzad pa | — | 作，做 |
| 'dzin pa | bzung ba | — | 執，擒 |
| bzhes pa | bzhes pa | — | 持，納 |
| rlog pa | brlag pa | — | 破除，毀滅 |
| gshegs pa | gshegs pa | — | 去，往 |

附記：本文初稿，曾宣讀於"吐蕃文獻研究專題研討會"（中國人民大學國學院、中央民族大學藏學院合辦，2023年10月28日）。茲又略作修訂，敬祈方家指正！

# "Rule" or "Subjugate": A Synonym Group in Old Tibetan Compound Words

Ren Xiaobo

**Abstract**: This article attempts to analyze a synonym group that means "rule" or "subjugate" (*'bangs su* …) in old Tibetan compound words, in order to reveal the use cases and documentary evidences of this productive word-formation method in old Tibetan documents, and to examine how ancient Tibetans interpreted, utilized and enriched their political rhetorics and administrative terms.

**Keywords**: Rule; Subjugate; Old Tibetan; Compound words; Synonym group

# 敦煌藏文大事紀年文書 Or. 8212. 187 末卷的文本標注與語法探析<sup>*</sup>

格日傑布

**摘　要**：本文採用語法描寫理論，對敦煌藏文文獻 Or. 8212. 187 末尾第 62 行至第 92 行之間的文字進行了語法標注，並在此基礎上初步探討了其中存在的具有代表性的語音和語法特徵。本文認爲該卷末尾中出現的清濁交替、輔音韻尾 -s 和 -n 的交替、前綴和韻尾的脫落、終止格的變體 vdu 和 dus 等語音現象，以及連詞 sde 的用法、作格和屬格的多功能、作格分裂模式、屬格隱現現象、las la-stsogs-pa/la-stsags-pa 等形式的混用等語法現象體現了古藏語的構詞和句法特徵，對研究古藏語提供了重要參考。

**關鍵詞**：Or. 8212. 187；語法標注；語音；語法

## 一、緒　論

敦煌藏文文獻 Or. 8212. 187 號作爲記載吐蕃大事紀年的抄本，是迄今最受學界矚目、研究最爲充分的藏文文獻之一，[①] 然而，王堯和陳踐所著《敦煌本吐蕃歷史文書》以及黃布凡和馬德所著《敦煌藏文吐蕃史文獻譯注》中沒有完整收錄該卷末尾第 62 行至第 92 行之間的文字。其中，有一部分内容與該卷的上文第 41 行至 61 行重複。該卷末尾第 62 行至 67 行文字與該卷第 56 行至 61 行相同，末尾第 69 行至 82 行與該卷第 41 行至 51 行基本相同，末尾第 83 行至 86 行與該卷第 51 至 54 行的部分内容大致相同。末尾第 87 行至 92 行在該卷上文中沒有出現，屬於新的内容。Brandon 認爲第 87 行至 92 行與該大事紀年文獻沒有關聯，這幾行文字可能記錄了地方統治者對吐蕃違反盟約發動軍事行動的控訴。[②]

---

[*] 本文係國家社科基金冷門絕學項目"敦煌藏文大事紀年文書研究"（項目編號：22VJXG043）階段性成果。本藏文轉寫採用威利羅馬字母轉寫方案（Wylie Romanization System），僅其中的 ' 改爲 v 來表示。

[①] 相關綜述可參考朱麗雙、黄維忠：《〈古藏文編年史〉研究綜述》，《敦煌學輯刊》2018 年第 3 期。

[②] Brandon Dotson, *The Old Tibetan Annals: An annotated Translation of Tibet's First History*, Wien: Österreichische Akademie der Wissenschaften, 2009, p. 137.

該卷上文和末尾雖然寫在同一卷紙上，但在構詞和句法層面有很多差異，尤其在重複的內容中，同一個詞語和語法結構存在不同的記載。這種現象我們不能簡單地理解爲殘卷的不規範性。敦煌藏文文獻作爲記錄藏語口語的第一手資料，這種構詞和句法層面的差異體現了古藏語的語音和語法面貌。據考察，這種現象在其他敦煌藏文文獻中也有記載，這正好考證了這些差異的普遍性。鑒於此，本文採用語法描寫理論，對這段文字進行了語法標注，並在此基礎上初步探討了其中存在的一些具有代表性的語音和語法特徵。

## 二、語音特徵

通過比較該卷上文和末尾重複的內容，本文發現同一個詞在上下文中有不同的寫法，這對探討古藏語的語音演變提供了重要參照。由此入手，本文認爲該卷末尾的文字呈現了如下古藏語的語音面貌。

（一）清濁混用

該卷上下文中，雙唇音 p 和 b、齒齦音 t 和 d、齒齦—硬齶擦音 zh 和 sh 交替使用，這種清濁混同的現象體現了古藏語濁音清化的演變。

| 上卷 | ཕོ་བྲང་། | དཔྱར་འདུན། | དམག་པོན། | སྟོང་དཔོན། | མལ་ཏོ། | ཁྲི་སྨ་ཧྲག་ཚབ། | ཞོ་ཐང་། |
|---|---|---|---|---|---|---|---|
| 下卷 | ཕོ་ཕྲང་། | དབྱར་འདུན། | དམག་བོན། | སྟོང་དབོན། | མལ་དོ། | ཁྲི་སྨ་ཧྲག་བཙབ། | ཤོ་ཐང་། |

如上所示，例詞 po brang 和 zho thang 中，上卷記錄了濁音，而末卷是清音。其餘例詞與之相反，上卷是清音，而末卷是濁音。這種清濁混同的方式記錄同一個詞的現象說明當時古藏語全濁的語音面貌正在發生變化。

（二）輔音韻尾-s 和-n 的交替

在上下文中，齒齦部位的鼻音韻尾-n 和續音韻尾-s 可以相互交替。具體如下：

（1）མདོ་སྨད་ཀྱི། དབྱར་འདུན་ཞེས་ཀྱི་ཞོ་ཐང་དུ་འདུན༎（Or. 8212. 187 第 42 行）

（2）མདོ་སྨད་ཀྱི་དབྱར་འདུན་ཞེས་ཀྱི་ཤོ་ཐང་དུ་འདུན（Or. 8212. 187 第 71 行）

（3）དགུན་འདུན་སྐྱི་བྱར་དུ་འདུས༎（Or. 8212. 187 第 43 行）

（4）དགུན་འདུས་སྐྱི་བྱར་དུ་འདུས（Or. 8212. 187 第 72 行）

上文第 42 行和 43 行中，名詞和動詞分別使用了韻尾-n 和韻尾-s，然而，在與之對應的末尾第 71 行和 72 行中，名詞和動詞可以交替使用韻尾-s 和韻尾-n。即使是不同的詞類韻尾也可以相互替換。

（三）前綴和韻尾的脱落

在末尾文字中，二合輔音聲母中的前綴音 b-和 m-不穩定，比如：在 64 行中，zhang blon 被記錄爲 zhang lon。mkhar 在第 84 行中有前綴，但在第 88 行中是沒有前綴音的 kar。複輔音韻尾中，續音韻尾-s 已脱落，比如：khrims 在第 91 行中被記錄爲 khrim。由此可見，末尾中前綴和韻尾基本脱落，但這並不説明末尾代表已經簡化了的語言面貌，因爲在部分例詞中，末尾出現了複輔音韻尾，而在上文中祇有單輔音韻尾。比如：上文第 46 行和 51 行中出現的 phyag vtsal 和 lcag zam 在末尾第 76 行和 81 行中分别被記載爲 pyags vtsal 和 lcag zams。這種混用的現象説明當時口語中的複輔音聲母和韻尾都在發生簡化。

（四）終止格有 vdu 和 dus 的形式

Or. 8212. 187 中，終止格變體有 du、ru 和 ra，尚未出現清化的 tu。但出現了 vdu 和 dus 兩個變體。

（5）ཕོ་བྲང་དབྱར་ས་བྱར་ན་[བཞུགས]།དབྱར་འདུན་སྨྲ་ཀྱི་བུ་ཅུང་འདུ་འདུས།། （Or. 8212. 187 第 45 行）

（6）ཕོ་བྲང་དབྱར་ས་བྱར་ན་བཞུགས་དབྱར་འདུས་སྨྲ་ཀྱི་བུ་ཅུང་འདུ་འདུས་ （Or. 8212. 187 第 75 行）

如上所示，該卷上文第 45 行和末尾第 75 行都出現了帶鼻冠音的形式 vdu，從例句中看，當前置音節末尾爲軟齶鼻音時，構成這種帶鼻冠音的形式。此外，在末尾文字中，有 6 處，dus 充當了終止格，這一變體在上文中没有出現。

（7）མདོ་སྨད་ཀྱི་དཔྱར་འདུན་བློན་ཁྲི་སྨྲ་སྤྲུག་ཚབ་ཀྱིས། སྨྲ་མོད་ཀྱི་སྙིག་དུ་བསྣམས།། （Or. 8212. 187 第 56 行）

（8）མདོ་སྨད་ཀྱི་དཔྱར་འདུན་བློན་ཁྲི་སྨྲ་སྤྲུག་ཚབ་ཀྱི་སྨྲ་མོད་ཀྱི་སྙིག་དུས་བསྣམས （Or. 8212. 187 第 63 行）

（9）དགུན་སླད་རྒྱ་རྗེ་ནོངས་ནས།། རྒྱ་རྗེ་གསར་དུ་བཙུགས་པ།། （Or. 8212. 187 第 49 行）

（10）དགུན་སླད་རྒྱ་རྗེ་ནོངས་ནས་རྒྱ་རྗེ་གསར་དུས་བཙུགས་པ་ （Or. 8212. 187 第 80 行）

如上所示，末尾第 63 行中，終止格 dus 標注所處成分，在第 80 行中，dus 作副詞附綴，也是終止格演化的功能，這種用法在 PT 1287 中比較常見。至於出現這種音變的原因，尚待進一步研究。

（五）存疑

該末卷中，還有一些其他詞存在如下不同的寫法：舌尖擦音 z 和舌面前塞擦音 j 的混同，比如：該卷上文第 41 行和第 44 行中的 re lung bzangs 和 skyes bzang 在末尾第 69 行和 73 行中被記載爲 re lung bjang 和 skyi bjang。末卷中的兩個詞出現了增音的現象，比如：上文第 46 行和 54 行中的 pho nya 和 dra ma 在末尾第 75 行和 89 行中分别是 pho nyang 和 dran ma。在複輔音韻尾中，出現了第一個韻尾脱落的現象，比如：上文第 49 行中的

nongs 在下文第 80 行是 nos，鼻音韻尾已脱落。末尾中有一個詞出現了齶化的現象，比如：上文第 51 中的 rgal 在末尾 82 行中被記錄爲 rgyal。該卷末尾中，也有母音 i－e 和 i－u 交替的情況，比如：上文第 59 行中的 yi ge 在下文第 65—67 行中被記載爲 ye ge。上文第 51 行中的 bum lIng 在末尾第 83 行中被記載爲 bum rung，其中，聲母和母音都發生了音變。這些寫法可能同樣呈現了當時口語的語音面貌，但其普遍性及產生的原因有待進一步考證。

## 三、語法特徵

下面將討論該卷末尾所呈現的具有代表性的語法特徵，這些語法現象在敦煌本 PT 1038、PT 1286、PT 1287、PT 1288、ITJ 750 等歷史文獻中也有記載，由此可以證明這些現象具有一定的普遍性。

### （一）連詞 sde

傳統文法把"te/de/ste"命名爲"待述詞（lhag bcas）"，表連貫、複指和並列 3 個語義功能，根據前置音節的韻尾添加不同的語音變體。多識對其語義功能進行了較爲詳細的分類，可稱之爲傳統文法的總結。① 在現代研究中有如下重要論述：Jäschke 認爲 te 附加在完成或非完成動詞後，具有構成動名詞（Gerund）的功能。② Beyer 認爲這類詞具有定指和話題標記的功能，③ Beer 認爲 te 可以分析爲副動詞（converb）標記，④ 邵明園對這類詞的語義演化作了專題討論，認爲這類詞源自指代詞 de "那"，逐步發生虚化，表示回指和強調，同時也充當話題標記和副動詞附綴，最終成爲體標記的音節組成成分。⑤ 該殘卷中，這類詞還有形式 sde。敦煌歷史文獻 PT. 1038 的第 18 行中，sde 可以視爲指代詞，其語義與 de 相同。安多方言中，hti/hte 可以充當指代詞，在語音上與 sde 相近。由此，結合邵明園提出的語法化歷程來看，sde 可能是這類詞的最初形式。

（11） ཁལ་ཡང་སྙེ་ཏ་ཕྱིན་ཅད་ནས་ཟ་འགྱི་ཁྱིམ་དང་ཡང་འབྱུར་སྟེ།（Or. 8212. 187 第 91 行）

（12） བཙན་པོ་པོ་བྲང་ལྷ་སྐྱལ་ནས་བཞུགས་སྟེ་བྲག་ན་བཀག་ནན་ཕྱུར་དྲགས་ཏེ་མཆེ（Or. 8212. 187 第 92 行）

---

① 多識：《藏語語法深義明釋》（藏文），蘭州：甘肅民族出版社，1999 年，第 67 頁。
② Jäschke, H. A, *Tibetan Grammar*, London: Trübner & Co., 1883, p. 55.
③ Beyer, Stephan, *The Classical Tibetan Language*, New York: State University of New York, 1992, p. 279.
④ Beer Z., "Switch-reference in the Ye Shes Rgyas pa'i Mdo," *Journal of the Royal Asiatic Society of Great Britain & Ireland* 29(2), 2019, pp. 249-256.
⑤ 邵明園：《藏文"待述詞"及語法化》，《語言研究集刊》（第 28 輯），上海：上海辭書出版社，2022 年，第 233—256 頁。

该卷末尾第 91 行至 92 行中，sde 的功能與待述詞一致。如上所述，安多方言中也有與之功能相近的詞語，這個問題值得進一步探討。

（二）作格和屬格的多功能

該卷末尾中，作格 gyis 可連接兩個名詞性成分，具有限制中心語的功能。這種用法共出現了 6 次。據藏文文獻記載，藏語作格可以後置於名詞、代詞和名詞性成分，表示施事、工具、材料、性質、方式、狀態、程度、原因、持續、處所、比擬、差比、伴隨、關涉和領屬等功能。① 有研究認爲藏語瑪曲方言中作格可以標記領屬結構。② 由此可見，該殘卷中的這種用法並不孤立。從工具格的多功能來看，Stolz 等繪製的"伴隨—工具"功能的概念空間中，伴隨功能的首選區域是領有和並列，③ 因此，藏語作格表領屬概念具有語言類型學特徵。

（13）དབྱར་བཙན་པོ་ཕོ་བྲང་རུ་སྨྱུག། ཕོ་བྲང་སྟིང་སྟ་[བཞུགས]（Or. 8212. 187 第 41 行）

（14）དབྱར་བཙན་པོ་ཕོ་བྲང་རུ་སྨྱོས་གྱིས་ཕོ་བྲང་སྟིང་སྟ་བཞུགས་（Or. 8212. 187 第 69 行）

（15）དགུན་པོ་བྲང་ཁྱར་གྱི་ལྕང་བུ་ན་བཞུགས།།（Or. 8212. 187 第 42 行）

（16）དགུན་པོ་བྲང་ཁྱར་གྱིས་ལྕང་བུ་ན་བཞུགས་（Or. 8212. 187 第 71 行）

上例中，gyis 出現在兩個名詞中間，不表示施事相關的語義概念。通過比較上文第 41 行和 42 行與下文第 69 行和 71 行中重複的例句，可知屬格 gI/gyI 與 gyis 表同一個功能，體現了作格的多功能性。敦煌藏文文獻 PT 1051 第 28 行的中作格也有同樣的功能。

該卷末尾中，屬格也呈現了表多種功能的特徵，有兩處表施事。目前來看，這種記載也並非誤寫，在《柱間史》和《紅史》等文獻中也有相同的用法。④ 在藏文文獻和現代方言中，屬格表限定功能、施事、來源、差比、轉折、標句詞、時體和語氣等功能。

（17）མདོ་སྣང་གྱི་དབྱར་འདུན་བློན་ཁྲི་སྣ་སྨྲག་ཚོབ་གྱིས། སྣ་མོད་ཀྱི་སྲིག་ཏུ་བསྡུས།།（Or. 8212. 187 第 56 行）

（18）མདོ་སྣང་གྱི་དབྱར་འདུན་བློན་ཁྲི་སྣ་སྨྲག་ཚོབ་ཀྱི་སྣ་མོད་ཀྱི་སྲིག་ཏུས་བསྡུས་（Or. 8212. 187 第 63 行）

如上所示，上文第 56 行是作格 gyis，而在末尾第 63 行中使用了 gyi，二者功能相同，都表示施事。

（三）作格分裂

所謂"作格分裂"（split-ergativity），通常是指施事（A, Agent）、受事（P, Patient）

---

① 格日傑布：《藏語作格的多功能性及語法化路徑》（待刊）。
② 周毛草：《古藏語作格助詞在現代方言中的表現》，《民族語文》2011 年第 4 期。
③ Stolz, Thomas, Cornelia Stroh and Aina Urdze, *On Comitatives and Related Categories*, Berlin · New York: Mouton de Gruyter, 2006, p. 157.
④ 格日傑布：《藏語屬格的多功能性》，《中國藏學》2021 年第 1 期。

和當事（S，Subject）不嚴格遵守作格型語言標記方式的現象。有研究表明，世界上並不存在嚴格作格型語言，而是會出現分裂現象。Silverstein 認爲作格語言格局必定有分裂表現。① Nichols 亦指出，分裂是作格概念本身的一部分。② Dixon 也説明迄今未見完全的形態或句法作格語言。③ 藏語的作格性，整體呈現出"古今有別，方言有異"的特點。傳統文法代表的經典藏語屬於"作—通格配列"語言，採用 A 與 S/P 相對的標記方式，但部分古藏文文獻中存在分裂作格現象。現代方言中，拉薩話被認爲是典型的分裂作格型方言，而安多方言整體上採用較爲典型的作—通格配列模式。敦煌吐蕃大事紀年文獻中，作格分裂的現象比較常見，該卷末尾同樣體現了這種語法特徵。

（19） ཞང་རྒྱལ་ཟིགས་དང་ཞང་སྟོང་ཅུན་ལས་སྟོགས་པས༎ བྱམས་ལིང་ལྔག་ཟམ་རྒྱལ་ཏེ༎（Or. 8212. 187 第 51 行）

（20） ཞང་རྒྱལ་ཟིགས་དང་ཞང་སྟོང་སྩུན་ལས་སྟོགས་པ་བྱམས་རིང་ལྔག་ཟམ་རྒྱལ་དེ་（Or. 8212. 187 第 83 行）

（21） རྒྱའི་པོ་ཉུ[ཡང]འདོ་ཞི་ལས་སྟོགས་པ། བྱལ་འཆལད༎（Or. 8212. 187 第 46 行）

（22） རྒྱའི་པོ་ཉུང་ཡང་འདོ་ཞི་ལས་སྩུགས་པ་བྱགས་འཆལ（Or. 8212. 187 第 75 行）

上例中，上文第 51 行中採用了作格—通格模式，而末卷第 83 行中，施事由通格標注，呈現了作格分裂的配列。上文 46 行和末尾 75 行中，及物動詞 vtshal 對應的施事都由通格標注，説明上下文都是作格分裂模式。

（四）屬格隱現

一般而言，敦煌古藏文中，名詞性成分作前置定語時，需要在其後面附加屬格，但在部分例句中，也存在屬格標記隱現的情況。

（23） དབྱར་བཙན་པོ་པོ་བྲང་ཇུ་སྱུག༎ པོ་བྲང་སྟོང་སྟ་[བཞུགས]（Or. 8212. 187 第 41 行）

（24） དབྱར་བཙན་པོ་པོ་བྲང་ཇུ་སྟོས་གྱིས་པོ་བྲང་སྟོང་སྟ་བཞུགས（Or. 8212. 187 第 69 行）

上文第 42 行中，btsan po 和 pho brang 中間有屬格 e，這一標記在雪碑文、諧拉康碑、PT 1288 和 ITJ 750 中普遍用於表示限定語和中心詞之間的關係。這些例句中，屬格 e 祇出現在由母音 o 結尾的開音節後面。在末尾第 69 行中，btsan po 和 pho brang 中間没有屬格，出現了隱現的現象。在 PT 1287 的第 255 行、320 行、339 行中同樣出現了這種屬格隱現的情況，限於篇幅，在此不具體討論這種現象出現的規律。

（五）las/la stsogs pa 的構成

現代藏語中，la sogs pa、la sogs 和 sogs 附加在名詞或名詞性成分後面，表示例舉未

---

① Silverstein, Michael, "Hierarchy of features and ergativity," In Dixon, R. M. W(ed.), *Grammatical Categories in Australian Languages*, Canberra: Australian Institute of Aboriginal Studies, 1976, pp. 112-171.

② Nichols, Johanna, *Language Diversity in Space and Time*, Chicago: The University of Chicago Press, 1992, p. 65.

③ Dixon, R. M. W, *Ergativity*, Cambridge: Cambridge University Press, 1994, p. 14.

盡，或暗指還有未表明的內容，類似漢語中的"等等"。從敦煌文獻的記載來看，這種構式是重新分析後的結果。最初，sogs 是一個及物動詞，表收集或匯集，其語音也更複雜，敦煌文獻中有 stsogs、stshogs 等寫法。本文初步認爲，早期階段，附加位格 la 和奪格 las 可能表示兩種意義，在［…NP + LOC + stogs］的結構中，la 標注處所成分，表示某人把某事或某物彙集在某處。而在［…NP + ABL + stogs］的結構中，las 標注源點，表示某人從某處收集了某物。隨實義動詞 stsogs 發生虛化，位格和奪格在這種結構中，逐步引申表"附加"義的語義特徵，初步形成表附加義的語法結構。在動詞虛化、組合新構式的歷程中，往往會經歷一個重新分析的過程。使用者會根據新的語境和功能對早期的形式和用法進行新的切分和語義解讀。本文認爲 Or. 8212.187 末尾等敦煌藏文文獻中出現的 las la stsogs、la bstsogs pa、latshogs pa lasscogs pa、la bsogs 等寫法呈現了不同語法化階段的語音和語法形式。後繼續虛化，la sogs pa、la sogs 成爲一個固定的構式，sogs 也完全失去了詞彙意義。這一構式的語法化問題將在另文專題探討。

（六）存疑

該卷末尾中出現的名物化標記 pa 的功能和名詞重疊的形式也可能體現了當時口語的語法特徵。Coupe 在藏緬語副動詞研究中提出，名物化標記可以充當副動詞。① Jacques 在嘉絨茶堡話中也發現了名物化作副動詞標記的例證，並認爲有"名物化 > 關係化 > 副動詞"的語法化歷程。② 該卷末尾中的名物化標記 pa 可能同樣具有充當副動詞標記的功能。

（25）ཕྱིན་ཅད་བདེན་དུས་གཟུང་ཡང་སྨྱི་དྲུང་པ་བོར་ཀྱང་ཁལ་ཡང་སྨྱི་ཧྭ་ད་ཕྱིན་ཅད་ནས་ཟབ་ཁྲིམ་དང་ཡང་འབྱུང་སྟེ།
（Or. 8212.187 第 90 行）

結合語境來看，上例中的名物化標記 pa 具有連接小句的功能，與副動詞 ste 類詞、nas、las 等連接小句的功能相同。這個問題值得進一步深入分析。

在 PT 1286 的第 6 行和 PT 1287 的第 372 行中，有 yul yul 和 sa sa yul yul 的名詞重疊構形，名詞重疊在敦煌古藏文中有量化的功能，表示"每、所有"等意義。目前，祇見 AA 式和 AABB 式重疊。但在該卷末尾第 64 行中出現了重疊形式 mol cen mol cen，這種 ABAB 式重疊的功能及其普遍性還有待進一步考察。

---

① Coupe, Alexander R, "On the diachronic origins of converbs in Tibeto-Burman and beyond," in Picus Sizhi Ding and Jamin Pelkey( eds.), *Sociohistorical Linguistics in Southeast Asia: New Horizons for Tibeto-burman Studies in Honor of David Bradley*, Leiden: Brill, 2017, pp. 211-237.

② Jaques, Guillaume, "Clause linking in Japhug," *Linguistics of the Tibeto-burman Area*, 2014. 37(2), pp. 264-328.

## 四、文本標注

本文基本採用了黃布凡和馬德的漢譯文，同時，也參考了王堯和陳踐的漢譯文和 Brandon Dotson 和 Joanna Bialek 的兩本英譯本。對具有爭議的語句，本文在注腳提供了各譯文的不同解釋，對部分詞彙和句子提供了新的理解。①

| 62 | ‖ | ཕོ་བྲང་ | བྱར་ | གྱི་ | ལྕང་བུན་ | བཞུགས་ | ‖ |
|---|---|---|---|---|---|---|---|
| 62 | .. | pho prang | byar | gyi | lcang bun | bzhugs | .. |
| 62 | .. | pho prang | byar | gyi | lcang bu | n | bzhugs | .. |
| 62 | .. | 行宮：ABS | 加爾 | GEN | 薑布 | LOC | 居住：PST | .. |

| དཔྱར་འདུན་ | སླགི་ | བུ་ཅུང་ | དུ་ | འདུས་ |
|---|---|---|---|---|
| dpyar vdun | glagi | | bu cung | du | vdus |
| dpyar vdun | glagi | gi | bu cung | du | vdus |
| 夏會：ABS | 臘 | GEN | 布窮 | TERM | 聚集：PST：INTRA |

[764—765]［至龍年］，（贊普）行宮駐於加爾之薑布。夏會於臘之布窮舉行。②

[62] ༄༅།། ཕོ་བྲང་བྱར་གྱི་ལྕང་བུན་བཞུགས།། དཔྱར་འདུན་སླགི་བུ་ཅུང་དུ་འདུས།

| 63 | མདོ་སྨད་ | གྱི་ | དཔྱར་འདུན་ | བློན་ | ཁྲི་སྒྲ་སྡག་ཚབ་ | གྱི་ |
|---|---|---|---|---|---|---|
| 63 | mdo smad | gyi | dpyar vdun | blon | khri sgra sdag tsab | gyi |
| 63 | mdo smad | gyi | dpyar vdun | blon | khri sgra sdag tsab | gyi |
| 63 | 多麥 | GEN | 夏會：ABS | 臣 | 赤扎達匝卜 | GEN |

---

① 語法標注文本中出現的術語縮寫形式有如下：ABS（absolutive/通格）、ERG（ergative/作格）、ALL（allative/向格）、LOC（locative/位格）、TERM（terminative/終止格）、GEN（genitive/屬格）、COM（comitative/伴隨格）、ELA（elative/離格）、ABL（ablative/奪格）、PRES（present form/現在時 verb inflection）、PST（past form/過去時 verb inflection）、FUT（future form/將來時 verb inflection）、CONV（converb/副動詞）、COOR（coordinator/並列）、NMZ（nominalizer/名物化標記）、REDUP（reduplication/重疊）、HON（honorific、敬語）、NEG（negative/否定標記）、TRA（transitive/及物動詞）、INTRA（intransitive/及物動詞）。

② 本文引用的黃布凡和馬德的翻譯均引自該書：黃布凡和馬德：《敦煌藏文吐蕃史文獻譯注》，蘭州：甘肅教育出版社，2000 年，第 56—58 頁。

| སླ་ཤོད་ | གྱི་ | སྙིག་ | དུས་ | བསྡུས་ | བོད་ཡུལ་ |
|---|---|---|---|---|---|
| sla shod | gyi | snig | dus | bsdus | bod yul |
| sla shod | gyi | snig | dus | bsdus | bod yul |
| 拉雪 | GEN | 悉匿 | TERM | 召集：PST：TRA | 蕃地 |

多麥之夏會由論・赤扎達匝卜於拉雪之悉匿地召開。於蕃地

[63] མདོ་སྨད་ཀྱི་དཔྱར་འདུན་བློན་ཁྲི་སྣ་ཊ་ག་ཅན་གྱི་སླ་ཤོད་ཀྱི་སྙིག་དུས་བསྡུས་བོད་ཡུལ་

| 64 | དུ་ | མོལ་ཅེན་ | མོལ་ཅེན་ | མཛདེ་ | | ཞང་ལོན་ | ཆེན་པོ་ |
|---|---|---|---|---|---|---|---|
| 64 | du | mol cen | mol cen | mdzade | | zhang lon | chen po |
| 64 | du | mol cen | mol cen | mdzad | e | zhang lon | chen po |
| 64 | TERM | 大商議 | REDUP：ABS | 做：PST：HON | CONV | 尚論 | 大的：ABS |

| སྤོ་བླེག་ | མཛདེ་ | | བློན་ཆེ་ | སྣང་བཞེར་ |
|---|---|---|---|---|
| spo bleg | mdzade | | blon che | snang bzher |
| spo bleg | mdzad | e | blon che | snang bzher |
| 褒獎晉升 | 做：PST：HON | CONV | 大臣 | 囊熱爾：ABS |

舉行大協商會議，對大尚論加官晉級，賜大論囊熱爾

[64] དུ་མོལ་ཅེན་མོལ་ཅེན་མཛདེ་ཞང་ལོན་ཆེན་པོ་སྤོ་བླེག་མཛདེ་བློན་ཆེ་སྣང་བཞེར་

| 65 | གེ་གེ་རུ་ | བི་ | ཡེ་གེ་ | སྩལ་ | དེ་ | བློན་ཆེར་ | བཅུག་ |
|---|---|---|---|---|---|---|---|
| 65 | ke ke ru | vi | ye ge | stsal | de | blon cher | bcug |
| 65 | ke ke ru | vi | ye ge | stsal | de | blon che | r | bcug |
| 65 | 綠寶石 | GEN | 文字：ABS | 賜予：PST：HON | CONV | 大臣 | TERM | 安置：PST |

| ཞང་རྒྱས་ཟིགས་ | ཆེན་པོ་ | བི་ | ཡེ་གེ་ |
|---|---|---|---|
| zhang rgyas zigs | chen po | vi | yege |
| zhang rgyas zigs | chen po | vi | ye ge |
| 尚結息：ABS | 大的 | GEN | 文字：ABS |

以瑟瑟告身，① 任其爲大論。賜大尚結息

[65] གེ་གེ་དུ་འི་ཡེ་གེ་སྩལ་དེ་བློན་ཆེར་བཅུག་ཞང་རྒྱས་ཟིགས་ཆེན་པོ་འི་ཡེ་གེ་

---

① 本文採用了黃布凡和馬德的翻譯，王堯和陳踐的翻譯略有不同。王堯和陳踐的譯文："對大尚論予以褒獎。授大論囊熱以白寶石文字告身。"詳見王堯：《敦煌本吐蕃歷史文書・吐蕃制度文化研究》，北京：中國藏學出版社，2011年，第211頁。

| 66 | སྩལ་ | དེ་ | མགར་འཛི་རྨུན་ | ཐང་ | དུ་ | ཆོག་ཤེས་ | |
|---|---|---|---|---|---|---|---|
| 66 | stsal | de | mgar vdzi rmun | thang | du | chog shesu | |
| 66 | stsal | de | mgar vdzi rmun | thang | du | chog shes | u |
| 66 | 賜予：PST：HON | CONV | 噶爾·子敏 | 告身 | TERM | 滿足 | TERM |

| བསྡོད་ | བློན་ | རྒྱལ་བདང་ | བློན་ཆེར་ | | བཅུག |
|---|---|---|---|---|---|
| sdod | blon | rgyal bdzang | blon cher | | bcug |
| sdod | blon | rgyal bdzang | blon che | r | bcug |
| 晉升：PRES | 臣 | 結藏：ABS | 大臣 | TERM | 安置：PST |

以（松耳石）告身，賜以與噶爾·子敏相當、令其滿意之地位。① 任論·結藏爲大論。②

[66] སྩལ་དེ་མགར་འཛི་རྨུན་ཐང་དུ་ཆོག་ཤེས་བསྡོད་བློན་རྒྱལ་བདང་བློན་ཆེར་བཅུག

| 67 | སྟོང་རྩན་ | གཡུའི་ | ཡིགེ་ | སྩལ་དེ་ | | སོ་ | མཐའ་བཞི་ |
|---|---|---|---|---|---|---|---|
| 67 | sdong rtsan | g·yuvi | | yege | stsal·de | so | mtha bzhi |
| 67 | sdong rtsan | g·yu | vi | yege | stsal de | so | mtha bzhi |
| 67 | 悉東贊：ABS | 松耳石 | GEN | 文字：ABS | 賜予：PST：HON CONV | 邊境 | 四方 |

| དམག་པོན་ | དུས་ | བཀའ་ | སྩལད་ | པར་ | | ལོ་ |
|---|---|---|---|---|---|---|
| dmag bon | dus | bkav | stsald | par | | lo |
| dmag bon | dus | bkav | stsald | pa | r | lo |
| 將軍 | TERM | 諭旨 | 賜予：PST：HON | NMZ | TERM | 年 |

賜悉東贊以松耳石告身，任其爲四方戍邊將軍，③ 是爲一年。

[67] སྟོང་རྩན་གཡུའི་ཡིགེ་སྩལད་སོ་མཐའ་བཞི་དམག་པོན་དུས་བཀའ་སྩལད་པར་ལོ

---

① 本文採用了黄布凡和馬德的翻譯，王堯和陳踐、Brandon Dotson 的翻譯略有不同。詳見王堯和陳踐："尚·野息授以瑜石（瑟瑟）文字告身，並提拔至與噶爾孜門相應等同之權位。"第 211 頁。Brandon Dotson: "Zhang [Mchims-rgyal] Rgyal-zigs [Shu-theng] was bestowed the great insignia and praised for saying he was content with the rank of Mgar 'dzi-rmun", p. 135. In Brandon Dotson, *The Old Tibetan Annals: An annotated Translation of Tibet's First History*, Wien: Österreichische Akademie der Wissenschaften, 2009, p. 135.

② 該末尾中出現了不同的人名，上文第 60 行中是 khri bzang。對此，黄布凡和馬德有如下翻譯："任論泣藏爲大論"，第 57 頁。本文保留了末尾的寫法 rgyal bjang。

③ 本文採用了黄布凡和馬德的翻譯，王堯和陳踐的翻譯略有不同。詳見王堯和陳踐："東贊授以瑜石（瑟瑟）文字告身，並授以四境防戍都元帥之詔令"，第 211 頁。

| 68 | གཅིག | བཙན་པོ | ཁྲི་བཙུག་ལེགས་བཙན | གྱི | བཀའ | སྐོས | དེ | མཆིས | པ |
|---|---|---|---|---|---|---|---|---|---|
| 68 | gcig | btsan po | khri btsug legs btsan | gyi | bkav | skos | de | mchis | pa |
| 68 | gcig | btsan po | khri btsug legs btsan | gyi | bkav | skos | de | mchis | pa |
| 68 | 一 | 贊普 | 赤祖勒贊 | GEN | 諭旨 | 頒佈:PST | CONV | 有:PST | NMZ |

頒佈贊普赤祖勒贊大詔令,①

[68] གཅིག་བཙན་པོ་ཁྲི་བཙུག་ལེགས་བཙན་གྱི་བཀའ་སྐོས་དེ་མཆིས་པ

| 69 | ཁོང་ | ཀྱིས་ | རེ་ལུང་བཛང་ | སུ | བསྡུས | དབྱར | བཙན་པོ | པོ་བྲང་ | ཟུ་སྤོས | གྱིས |
|---|---|---|---|---|---|---|---|---|---|---|
| 69 | khong | kyis | re lung bjang | su | bsdus | dbyar | btsan pho | pho brang | zu spos | gyis |
| 69 | khong | kyis | re lung bjang | su | bsdus | dbyar | btsan pho | pho brang | zu spos | gyis |
| 69 | 孔 | ERG | 熱壟桑 | TERM | 召集:PST:TRA | 夏 | 贊普 | 行宮:ABS | 蘇布 | ERG |

(多麥之夏會由論赤扎與論囊熱爾藏)孔於熱壟桑召集。② [761—762] [至牛年],夏,贊普行宮駐蘇布

[69] ཁོང་གྱིས་རེ་ལུང་བཛང་སུ་བསྡུས་དབྱར་བཙན་པོ་པོ་བྲང་ཟུ་སྤོས་གྱིས

| 70 | པོ་བྲང་ | སྡིང་སྣ | | བཞུགས | དབྱརད་འདུན | མར་དྲོའི | |
|---|---|---|---|---|---|---|---|
| 70 | pho brang | sding sna | | bzhugs | dbyard vdun | mar drovi | |
| 70 | pho brang | sdings | na | bzhugs | dbyard vdun | mar dro | vi |
| 70 | 宮殿 | 丁那 | LOC | 居住:HON | 夏會:ABS | 墨竹 | GEN |

| བརྫེན | དུས | འདུས | མཆིས | དང |
|---|---|---|---|---|
| brdzen | dus | vdus | mchis | dang |
| brdzen | dus | vdus | mchis | dang |
| 怎塘 | TERM | 聚集:PST:INTRA | 有:PST | COOR |

---

① 這一句在該卷上文中沒有出現。

② Brandon Dotson 把該句中的 khong 譯爲"他",但該末尾第 69 行至 82 行的內容基本上與該卷上文第 41 行至 51 行相同,因此,本文保留了第 41 行的翻譯,認爲 khong 指 "blon snang bzher rtsang khong",該末尾缺少其餘詞。詳見黃布凡和馬德:"多麥之夏會由論赤扎與論囊熱爾藏孔於熱壟桑召集。"第 56 頁。王堯和陳踐:"多思麻之夏季會盟由論·綺力思扎域論·囊熱贊貢二人於日壟桑召集之。"第 210 頁。Brandon Dotson: "Having established the decree of Bstan-po Khri-Btsug-legs-btsan, he convened [the council] at Re-lung-bzang." p. 135.

丁那宫。① 夏會於墨竹之怎塘召集，②

[70] པོ་བྲང་སྡིང་སྣ་བཞུགས་དཔྱར་འདུན་མཉས་རྡོའི་བཙེན་དུས་འདུས་མཆིས་དང་

| 71 | མདོ་སྨད་ | གྱི་ | དཔྱར་འདུན་ | ཉས་ | གྱི་ | ཤོ་ཐང་ | དུ་ | འདུན་ |
|---|---|---|---|---|---|---|---|---|
| 71 | mdo smad | gyi | dpyar vdun | nyas | gyi | sho thang | du | vdun |
| 71 | mdo smad | gyi | dpyar vdun | nyas | gyi | sho thang | du | vdun |
| 71 | 多麥 | GEN | 夏會：ABS | 聶 | GEN | 曉塘 | TERM | 聚集：PST：INTRA |

| དགུན་ | པོ་བྲང་ | བྱར་ | གྱིས་ | ལྕང་བུ་ |
|---|---|---|---|---|
| dgun | pho brang | byar | gyis | lcang bu |
| dgun | pho brang | byar | gyis | lcang bu |
| 冬 | 宮殿：ABS | 加爾 | ERG | 薑布 |

多麥之夏會於聶之曉塘召開。冬，（贊普）行宮駐加爾之薑布。

[71] མདོ་སྨད་ཀྱི་དཔྱར་འདུས་ཉས་ཀྱི་ཤོ་ཐང་དུ་འདུན་དགུན་པོ་བྲང་བྱར་གྱིས་ལྕང་བུ་

| 72 | ན་ | བཞུགས་ | དགུན་འདུས་ | སྐྱི་བུར་ | དུ་ | འདུས་ |
|---|---|---|---|---|---|---|
| 72 | na | bzhugs | dgun vdus | skyi bur | du | vdus |
| 72 | na | bzhugs | dgun vdus | skyi bur | du | vdus |
| 72 | LOC | 居住：HON | 冬會：ABS | 吉布林 | TERM | 聚集：PST：INTRA |

| མདོ་སྨད་ | གྱིས་ | དགུན་འདུན་ | གཙེ་ནམ་ཡོར་ |
|---|---|---|---|
| mdo smad | gyis | dgun vdun | gtse nam yor |
| mdo smad | gyis | dgun vdun | gtse nam yor |
| 多麥 | ERG | 冬會：ABS | 孜那木約爾 |

冬會於吉布林召開。多麥之冬會於孜那木約爾召開，

[72] ན་བཞུགས་དགུན་འདུས་སྐྱི་བུར་དུ་འདུས་མདོ་སྨད་ཀྱིས་དགུན་འདུན་གཙེ་ནམ་ཡོར་

| 73 | དུས་ | འདུས་ | དེ་ | བློན་ | སྐྱི་བྱང་ | ལས་ | ལ་སྩོགས་པ་ | |
|---|---|---|---|---|---|---|---|---|
| 73 | dus | vdus | de | blon | skyi bjang | las | la stsags pa | |
| 73 | dus | vdus | de | blon | skyi bjang | las | la | stsags | pa |
| 73 | TERM | 聚集：PST：INTRA | CONV | 臣 | 悉頰藏 | ABL | ALL | 收集：PST | NMZ：ABS |

---

① 該句中的"snIngs"有不同的翻譯，黃布凡和馬德譯爲"蘇布宮之中心"，王堯和陳踐、Brandon Dotson 都認爲是地名，本文採用了後者的理解。詳見黃布凡和馬德："贊普行宮設於蘇布之中心"，第 57 頁。王堯和陳踐："贊普牙帳于蘇浦於那宮"，第 210 頁。Brandon Dotson: "the Btsan-po's court resided [in] Sding-sna court in Zu-spos." p.136.

② 此句中的地名"bdzen"在該卷第 42 行中被記載爲"bdzen thang"。本文保留了上文的翻譯。

| ཁར་ཙན་ | བ་མགོ | དང་ | ཀེཝུ་ཤེན་ |
|---|---|---|---|
| khar tsan | ba mgo | dang | kevu shen |
| kha tsan | ba mgo | dang | kevu shen |
| 堅城 | 邦木果 | COOR | 交河縣 |

論悉頰藏等攻陷邦木果與交河縣兩堅城，①

[73] དུས་འདུས་དེ་བློན་ཁྲི་བཟང་ལས་ལ་སྩོགས་པ་ཁར་ཙན་བ་མགོ་དང་ཀེཝུ་ཤེན་

| 74 | གཉིས་ | ཕབ་ | ཞང་སྡོང་སྩན་ | གྱིས་ | ཟོང་ཅུ་ | དང་ |
|---|---|---|---|---|---|---|
| 74 | gnyis | phab | zhang sdong stsan | gyis | zong cu | dang |
| 74 | gnyis | phab | zhang sdong stsan | gyis | zong cu | dang |
| 74 | 二：ABS | 降下：PST | 尚息東贊 | ERG | 松州 | COOR |

| ཟངས་ཀར་ | གཉིས་ | ཕབ་ | པ་ | ལོ་ | གཅག་ |
|---|---|---|---|---|---|
| zangs kar | gnyis | phab | pa | lo | gcag |
| zangs kar | gnyis | phab | pa | lo | gcag |
| 桑噶爾 | 二：ABS | 降下：PST | NMZ | 年 | 一 |

尚息東贊攻陷松州與桑噶爾兩地，是爲一年。

[74] གཉིས་ཕབ་ཞང་སྡོང་སྩན་གྱིས་ཟོང་ཅུ་དང་ཟངས་ཀར་གཉིས་ཕབ་པ་ལོ་གཅག

| 75 | ཕོ་བྲང་ | དཔྱར་ | སྦྱར་ | ན་ | བཞུགས་ | དབྱར་འདུས་ | གླ་ | གི |
|---|---|---|---|---|---|---|---|---|
| 75 | pho brang | dpyar | sbyar | na | bzhugs | dbyar vdus | gla | gi |
| 75 | pho brang | dpyar | sbyar | na | bzhugs | dbyar vdus | gla | gi |
| 75 | 行宮：ABS | 夏 | 加爾 | LOC | 居住：HON | 夏會：ABS | 臘 | GEN |

| བུ་ཅུང་ | འདུ་ | འདུས་ | རྒྱའི་ | | ཕོ་ཉང་ |
|---|---|---|---|---|---|
| bu cung | vdu | vdus | rgyavi | | pho nyang |
| bu cung | vdu | vdus | rgya | vi | pho nyang |
| 布窮 | TERM | 聚集：PST：INTRA | 唐 | GEN | 使者 |

[762—764][至虎年、兔年]，夏，（贊普）宮駐於加爾，夏會於臘之布窮召集。唐使者

[75] ཕོ་བྲང་དཔྱར་སྦྱར་ན་བཞུགས་དབྱར་འདུས་གླ་གི་བུ་ཅུང་འདུ་འདུས་རྒྱ་འི་ཕོ་ཉང་

---

① 本文採用了黃布凡和馬德的翻譯，王堯和陳踐的翻譯略有不同。詳見王堯和陳踐："論・思則卜藏等人攻陷巴高及交鄉二城。"第210頁。

| 76 | ཡང་འདོ་ཞི་ | | ལས་སྩགས་པ་ | | ཕྱགས་ | འཚལ་ | མདོ་སྨད་ | གྱིས་ | དཔྱར་འདུས་ |
|---|---|---|---|---|---|---|---|---|---|
| 76 | yang vdo zhi | | las stsags | pa | pyags | vtshal | mdo smad | gyis | dpyar vdus |
| 76 | yang vdo zhi | las | stsags | pa | pyags | vtshal | mdo smad | gyis | dpyar vdus |
| 76 | 楊內侍 | ABL | 收集：PST | NMZ：ABS | 禮節：HON | 作：PST | 多麥 | ERG | 夏會：ABS |

楊內侍等來致禮。多麥之夏會

[76] ཡང་འདོ་ཞི་ལས་སྩགས་པ་ཕྱགས་འཚལ་མདོ་སྨད་གྱིས་དཔྱར་འདུས་

| 77 | དབུ་ལེ་ | འི་ | ལྷ་རིས་མོར་ | | འདུས་ | དགུན་ |
|---|---|---|---|---|---|---|
| 77 | dbu le | vi | lha ris mor | | vdus | dgun |
| 77 | dbu le | vi | lha ris mo | r | vdus | dgun |
| 77 | 烏勒 | GEN | 拉日姆 | TERM | 聚集：PST：INTRA | 冬 |

| ཕོ་བྲང་ | བྱར་ | གྱིས་ | ལྕང་བུ་ | ན་ | བཞུགས་ |
|---|---|---|---|---|---|
| pho brang | byar | gyis | lcang bu | na | bzhugs |
| pho brang | byar | gyis | lcang bu | na | bzhugs |
| 行宮：ABS | 加爾 | ERG | 薑布 | LOC | 居住：HON |

於烏勒之拉日姆舉行。冬，（贊普）行宮駐加爾之薑布。①

[77] དབུ་ལེ་འི་ལྷ་རིས་མོར་འདུས་དགུན་ཕོ་བྲང་བྱར་གྱིས་ལྕང་བུ་ན་བཞུགས་

| 78 | དགུན་འདུན་ | སྐྱི་བུར་ | དུ་ | འདུས་ | མདོ་སྨད་ | གྱིས་ | དགུན་འདུན་ | གཙེར་ | ཁྲི་སྒྲ་དང་ |
|---|---|---|---|---|---|---|---|---|---|
| 78 | dgun vdun | skyi bur | ru | vdus | mdo smad | gyis | dgun vdun | gtser | khri sgra dang |
| 78 | dgun vdun | skyi bur | ru | vdus | mdo smad | gyis | dgun vdun | gtse r | khri sgra dang |
| 78 | 冬會：ABS | 吉布林 | TERM | 聚集：PST：INTRA | 多麥 | ERG | 冬會：ABS | 孜地 TERM | 赤扎 |

冬會於吉布林召集。多麥之冬會於孜地由赤扎

[78] དགུན་འདུན་སྐྱི་བུར་དུ་འདུས་མདོ་སྨད་ཀྱིས་དགུན་འདུན་གཙེར་ཁྲི་སྒྲ་དང་

| 79 | གི | སྡག་ཚེབ་ | གྱིས་ | བསྡུས་ | རྒྱའི་ | དཔྱ་དར་ | སོ་ཕྱོགས་ | སུ་ | སྡོང་དཔོན་ |
|---|---|---|---|---|---|---|---|---|---|
| 79 | gi | sdag tseb | gyis | bsdus | rgyavi | dpya dar | so phyogs | su | sdong dpon |
| 79 | gi | sdag tseb | gyis | bsdus | rgya vi | dpya dar | so phyogs | su | sdong dpon |
| 79 | GEN | 達匝卜 | ERG | 召集：PST：TRA | 唐 GEN | 絲綢貢品：ABS | 邊境方向 | TERM | 千部長 |

---

① Brandon Dotson: "They convened the Mdo-smad summer council at Lha-ris-mo In Dbu-le. In the winter the [Btsan-po's] court resided in Lcang-bu in Byar."p. 136.

達匝卜召集。① 以唐廷絲綢貢品分賜於四方"東本"（千部長）

[79] གི་སླད་ཅེན་གྱིས་བསྡུས་རྒྱའི་དཔུད་དར་སོ་ཕྱོགས་སུ་སྟོང་དཔོན་

| 80 | ཡན་ཆད་ | བྱ་སྒར་ | | སྩལད་ | དགུན་སྨད་ |
|---|---|---|---|---|---|
| 80 | yan cad | bya sgar | | stsald | dgun smad |
| 80 | yan cad | bya sga | r | stsald | dgun smad |
| 80 | 以上：ABS | 獎賞 | TERM | 賜：PST：HON | 冬末 |

| | རྒྱ་རྗེ | ནོས་ | ནས་ | རྒྱ་རྗེ | གསར་དུས་ | |
|---|---|---|---|---|---|---|
| | rgya rje | nos | nas | rgya rje | gsar dus | |
| | rgya rje | nos | nas | rgya rje | gsar | dus |
| | 唐王：ABS | 死：PST：HON | CONV | 唐王：ABS | 新的（重新） | TERM |

以上（之官員）。季冬，唐王薨，新王立，

[80] ཡན་ཆད་བྱ་སྒར་སྩལད་དགུན་སྨད་རྒྱ་རྗེ་ནོས་ནས་རྒྱ་རྗེ་གསར་དུས་

| 81 | བཅུག་ | པ་ | དབྱར་ | དང་ | དང་ | ས་རིས་ | ལས་ |
|---|---|---|---|---|---|---|---|
| 81 | bcug | pa | dbyar | dang | dang | sa ris | las |
| 81 | bcug | pa | dbyar | dang | dang | sa ris | las |
| 81 | 安置：PST | NMZ | 絲綢（貢品） | COOR | COOR | 土地 | ABL |

| | ལས་སྩོགས་པས་ | | | བུམ་རིང་ | ལྕགས་ཟམས་ |
|---|---|---|---|---|---|
| | las stsogs pas | | | bum ring | lcag zams |
| las | stsogs | pa | s | bum ring | lcag zams |
| ABL | 收集：PST | NMZ | ERG | 鳳林 | 鐵橋：ABS |

[以向（蕃地）貢奉]絲綢和土地等（爲不宜而毁約），②

[81] བཅུག་པ་དབྱར་དང་དང་ས་རིས་ལས་ལས་སྩོགས་པས་བུམ་རིང་ལྕགས་ཟམས་

| 82 | རྒྱལ་ | དེ་ | དྲ་ཅེན་ | དྲངས་ | ཏེ | | ལ་སྩོགས་པ་ | |
|---|---|---|---|---|---|---|---|---|
| 82 | rgyal | de | dra cen | drang | te | | la stsogs pa | |
| 82 | rgyal | de | dra cen | drang | te | la | stsogs | pa |
| 82 | 跨越：PST | CONV | 大軍：ABS | 引領：PST | CONV | ABL | 收集：PST | NMZ |

---

① 該句中出現了"Kri sgra dang gi Stag tshab"，Brandon Dotson 保留了這一寫法，但該句對應的第 48 行中出現了"khrI sgra stag tshab"，因此，本文保留了上文的翻譯。詳見 Brandon Dotson："Kri-sgra dang gi Stag-tshab convened the Mdo-smad winter council at Gtse." p.136.

② 該句不全，本文根據上文第 50 行的原文和翻譯進行了補充。Brandon Dotson 的翻譯也同樣符合這個操作。詳見 Brandon Dotson："[As he found it unsuitable to offer Tibet] silk tribute and maps and so forth." p.136.

| བུམ་ལིང་ | ལྕག་ཟམ་ | རྒལ་ | ཏེ་ | དྲ་ཅེན་ | དྲང་ |
|---|---|---|---|---|---|
| bum ling | lcag zam | rgal | te | dra cen | drang |
| bum ling | lcag zam | rgal | te | dra cen | drang |
| 鳳林 | 鐵橋：ABS | 跨越：PST | CONV | 大軍：ABS | 引領：PST |

（尚結息與尚悉東贊等）越鳳林鐵橋，率大軍，等等，越鳳林鐵橋，率大軍，①

[82] རྒལ་དེ་དྲ་ཅེན་དྲང་ཏེ་ལ་སྩོགས་པ་བུམ་ལིང་ལྕག་ཟམ་རྒལ་ཏེ་དྲ་ཅེན་དྲང་

| 83 | སྡེ་ | ཞང་རྒྱལ་ཟིགས་ | དང་ | ཞང་སྡོང་སྩན་ |
|---|---|---|---|---|
| 83 | sde | zhang rgyal zigs | dang | zhang sdong stsan |
| 83 | sde | zhang rgyal zigs | dang | zhang sdong stsan |
| 83 | CONV | 尚結息 | COOR | 尚悉東贊 |

| | ལས་སྩོགས་པ་ | | བུམ་རུང་ | ལྕག་ཟམ་ |
|---|---|---|---|---|
| | las stsogs pa | | bum rung | lcag zam |
| las | stsogs | pa | bum rung | lcag zam |
| ABL | 收集：PST | NMZ：ABS | 鳳林 | 鐵橋：ABS |

尚結息與尚悉東贊等越鳳林鐵橋，

[83] སྡེ་ཞང་རྒྱལ་ཟིགས་དང་ཞང་སྡོང་སྩན་ལས་སྩོགས་པ་བུམ་རུང་ལྕག་ཟམ་

| 84 | རྒལ་ | དེ་ | དྲ་ཅེན་ | དྲངསྡེ་ | འབུ་ཤིང་ཀུན་ | དང་ |
|---|---|---|---|---|---|---|
| 84 | rgal | de | dra cen | drangsde | vbu shing kun | dang |
| 84 | rgal | de | dra cen | drangs de | vbu shing kun | dang |
| 84 | 跨越：PST | CONV | 大軍：ABS | 引領：PST | CONV | 臨洮 | COOR |

| ཟིན་ཅུང་ | | ལས་སྩོགས་པ་ | | རྒྱའི་ | མཁར་ |
|---|---|---|---|---|---|
| zin cung | | las stsogs pa | | rgyavi | mkhar |
| zin cung | las | stsogs | pa | rgya vi | mkhar |
| 成州 | ABL | 收集：PST | NMZ：ABS | 唐 | GEN | 城堡 |

率大軍，攻克臨洮軍和成州等

[84] རྒལ་དེ་དྲ་ཅེན་དྲངསྡེ་འབུ་ཤིང་ཀུན་དང་ཟིན་ཅུང་ལས་སྩོགས་པ་རྒྱའི་མཁར་

---

① 該句不全，本文根據上文第 51 行的原文和翻譯進行了補充。

| 85 | མང་པོ་ | ཕབ་དེ་ | | ཞང་རྒྱལ་ཟིགས་ | སླར་ | བོད་ཡུལ་ | དུས་ | མཆིས་ | སྡེ་ |
|---|---|---|---|---|---|---|---|---|---|
| 85 | mang po | phabde | | zhang rgyal zigs | slar | bod yul | dus | mchis | sde |
| 85 | mang po | phab | de | zhang rgyal zigs | slar | bod yul | dus | mchis | sde |
| 85 | 很多：ABS | 降下：PST | CONV | 尚結息：ABS | 復 | 蕃地 | TERM | 有：PST | CONV |

眾多唐廷城堡，尚結息返回蕃地，

[85] མང་པོ་ཕབ་དེ་ཞང་རྒྱལ་ཟིགས་སླར་བོད་ཡུལ་དུས་མཆིས་སྡེ་

| 86 | ཞང་རྒྱལ་ཟིགས་ | དང་ | བློན་ | སྟག་སྒྲ་ | ཞང་སྟོང་བཙན་ | དང་ | ཞང་བཙན་བ་ | ལས་སྩོགས་ |
|---|---|---|---|---|---|---|---|---|
| 86 | zhang rgyal zigs | dang | blon | stag sgra | zhang stong stsan | dang | zhang btsan ba | las stsogs |
| 86 | zhang rgyal zigs | dang | blon | stag sgra | zhang stong stsan | dang | zhang btsan ba | las stsogs |
| 86 | 尚結息 | COOR | 臣 | 達扎 | 尚息東贊 | COOR | 尚贊婆 | ABL 收集：PST |

尚·結息、論·達扎、尚·息東贊、論·贊婆等……①

[86] ཞང་རྒྱལ་ཟིགས་དང་བློན་སྟག་སྒྲ་ཞང་སྟོང་བཙན་དང་ཞང་བཙན་བ་ལས་སྩོགས་

| 87 | | བ་ | ༑ | བཙན་ | པོ་བྲང་ | ནས་ | ཡམ་ཅུ་ | དང་ |
|---|---|---|---|---|---|---|---|---|
| 87 | | ba | · | btsan | pho brang | nas | yam cu | dang |
| 87 | | ba | · | btsan | pho brang | nas | yam cu | dang |
| 87 | ·· | NMZ | · | 贊普 | 行宮 | ELA | 嚴木久 | COOR |

| སྟག་ཅུང་བཟང་ | གྱིས་ | ཀྭ་ཅུ་ | མཁར་ | ནང་ | དུ་ |
|---|---|---|---|---|---|
| sdag cung bjang | gyis | kwa cu | khar | nang | du |
| sdag cung bjang | gyis | kwa cu | khar | nang | du |
| 達烱蔣 | ERG | 瓜州 | 城堡 | 裏 | TERM |

嚴木久與達烱蔣（桑）自贊普行宮前往瓜州時，②

[87] ༈༎ བ་བཙན་པོ་བྲང་ནས་ཡམ་ཅུ་དང་སྟག་ཅུང་བཟང་གྱིས་ཀྭ་ཅུ་མཁར་ནང་དུ་

---

① 該句不全。

② 該句有不同的理解，本文採用了黃布凡和馬德的翻譯。詳見黃布凡和馬德："嚴木久與達烱蔣（桑）自贊普行宮往瓜州時"，第57頁。王堯和陳踐："顏木久與悉諾窮桑自贊普宮殿前往瓜州時"，第211頁。Brandon Dotson: "From Ba-btsan cour: at the time when Yam-cu and Stag Cung-bzang stayed in Kwa-cu stronghold,"p.137. Joanna Bialek: "From bcan-[ po's] court: Yam-cu and Stag Cung-bzang, having met Kam-cu of king Rko-te, who came out from the stronghold at the time when [ they] were staying in the stronghold of Kwa-chu, enquired."In Joanna Bialek, *Morphological Annotation and Translation of the Old Tibetan Annals( PT 1288, ITJ 750, Or. 8212. 187, Dx12851v)*（待出版），p. 67.

| 88 | མཆིས་ | པའི་ | | དུ་སུ་ | | ཁར་ | ནང་ | ནས་ | རྒྱ་ |
|---|---|---|---|---|---|---|---|---|---|
| 88 | mchis | pavi | | dusu | | khar | nang | nas | rgya |
| 88 | mchis | pa | vi | du | su | khar | nang | nas | rgya |
| 88 | 去：PST | NMZ | GEN | 期間 | TERM | 城堡 | 裏 | ELA | 唐（人） |

| པོ་ཀོ་ཏེ་ | མཆིས་ | པའི་ | | གམ་ཅུ་ | མཇལ་ | དེ་ |
|---|---|---|---|---|---|---|
| po ko te | mchis | pavi | | kam cu | mjal | de |
| po ko te | mchis | pa | vi | kam cu | mjal | de |
| 博高德：ABS | 有：PST | NMZ | GEN | 甘州：ABS | 拜見：PST | CONV |

於城中有唐人博高德的甘州相遇，①

[88] མཆིས་པའི་དུ་སུ་ཁར་ནང་ནས་རྒྱ་པོ་ཀོ་ཏེ་མཆིས་པའི་གམ་ཅུ་མཇལ་[དེ་]·

| 89 | རྨས་ | པ་ | མཆིད་ | ནས་ | བོད་ | གྱིས་ | དྲན་མ་ | དྲང་ | དེ་ |
|---|---|---|---|---|---|---|---|---|---|
| 89 | rmas | pa | mchid | nas | bod | gyis | dran ma | drang | de |
| 89 | rmas | pa | mchid | nas | bod | gyis | dran ma | drang | de |
| 89 | 説：PST | NMZ | 言談 | ELA | 蕃 | ERG | 兵：ABS | 引領：PST | CONV |

| མཆིས་ | པ་ | དང་ | བྱར་ | ནས་ |
|---|---|---|---|---|
| mchis | pa | dang | byar | nas |
| mchis | pa | dang | byar | nas |
| 有：PST | NMZ | COM | 依據？ | ELA |

談話如下：吐蕃已發兵，根據這個，②

---

① 各譯文中該句有不同的理解。本文主要根據屬格 vi 表限定功能的用法，提供了新的翻譯。在其他藏文文獻中，屬格也可以充當表連貫和因果關係的連詞，若採納這種用法，該句也可以翻譯爲"唐博高德從該城出發，於甘州相遇"。rgya po 的理解本文採用了黃布凡和馬德的翻譯，但 PT 1287 中存在 rgyal po 一詞，rgyapo 可能也是韻尾脱落，目前無法確定。其他翻譯詳見黃布凡和馬德："與自該城前往甘州之唐博高德相遇"，第 57 頁。王堯和陳踐："與自城内前往甘州之唐人高德相遇"，第 211 頁。Brandon Dotson: "King Ko-te came from within the stronghold to visit Kam-cu, and complained." p. 137. Joanna Bialek: "From bcan-[po's] court: Yam-cu and Stag Cung-bzang, having met Kam-cu of king Rko-te, who came out from the stronghold at the time when [they] were staying in the stronghold of Kwa-chu, enquired." p. 67.

② 各譯文中該句有不同的翻譯。本文結合 Brandon Doston 的翻譯，初步猜測 byar 是動詞，與前置伴隨格 dang 組合成句。該句中的 byar 對翻譯整個句子非常關鍵，該卷中 byar 有指地名"加爾"的用法，由此也可以猜測該句指"在加爾地舉行盟誓……"。目前無法確定。其他翻譯詳見黃布凡和馬德："談話如下：吐蕃派軍駐扎以往有約"，第 57 頁。王堯和陳踐："談話如下：吐蕃引兵進攻過去盟誓中聲言不應侵擾之地。"第 211 頁。Brandon Dotson: "[His] petition: Tibet has led a military campaign." p. 137. Joanna Bialek: "The Bod people came drawing an advance force and pestered." p. 67.

[89] རྣམས་པ་མཆིད་ནས་བོད་ཀྱིས་དུན་མ་དུང་དེ་མཆིས་པ་དང་བྱར་ནས་

| 90 | བྲོ | ཡེ་གན | ལས་ | གཏོག | དེ | ཕྱིན་ཅད | བདེན | དུས |
|---|---|---|---|---|---|---|---|---|
| 90 | bro | ye kan | las | gtog | de | phyin cad | bden | dus |
| 90 | bro | ye kan | las | gtog | de | phyin cad | bden | dus |
| 90 | 盟誓 | 以往契約？ | ABL | 歸屬 | CONV | 今後 | 真實 | TERM |

| གཟུང་ | ཡང་ | མྱི | རུང་ | པ་ | བོད་ |
|---|---|---|---|---|---|
| gzung | yang | myi | rung | pa | bod |
| gzung | yang | myi | rung | pa | bod |
| 識別：FUT | 也 | NEG | 可行 | NMZ | 蕃 |

此盟誓包括於以往契約內，自今後不應該視爲事實。①

[90] བྲོ་ཡེ་གན་ལས་གཏོག་དེ་ཕྱིན་ཅད་བདེན་དུས་གཟུང་ཡང་མྱི་རུང་པ་བོ[ད]་

| 91 | ཀྱང་ | ཁྲལ་ | ཡང་ | མྱི | རྟ | ད | ཕྱིན་ཅད | ནས་ | ཟགྱི |
|---|---|---|---|---|---|---|---|---|---|
| 91 | kyang | khral | yang | myi | rta | da | phyin cad | nas | zgyi |
| 91 | kyang | khral | yang | myi | rta | da | phyin cad | nas | zag | gyi |
| 91 | 也 | 稅 | 也 | 人 | 馬 | 現 | 今後 | ELA | 食 | GEN |

| ཁྲིམ | དང་ | ཡང་ | འབྱོར་ | སྡེ | ། |
|---|---|---|---|---|---|
| khrim | dang | yang | vbyor | sde | . |
| khrim | dang | yang | vbyor | sde | . |
| 法 | COM | 也 | 相應 | CONV | |

今後，對吐蕃而言，稅收、人馬也要遵守食之法。②

[91] ཀྱང་ཁྲལ་ཡང་མྱི་རྟ་ད་ཕྱིན་ཅད་ནས་ཟགྱི་ཁྲིམ་དང་ཡང་འབྱོར་སྡེ།

---

① 各譯文中該句有不同的理解。本文提供了新的翻譯。其他翻譯詳見黃布凡和馬德："以往有約，今後雖履約亦有不宜處"，第57頁；王堯和陳踐："往昔，盟誓中曾聲言將於恪守諾言，卻未付諸實踐"，第211頁。Brandon Dotson: "In accordance with this, and in compliance with the contract of the oath, henceforth it is inappropriate to abide by its truth. Although one might say [this is not so]," p. 137. Joanna Bialek: "Therefore, participating in the oath, even though [the relationship] was thereafter taken for truth( i. e. valid), for the Bod people," p. 67.

② 各譯文中該句有不同的理解，本文基本採用了黃布凡和馬德的翻譯。詳見黃布凡和馬德："對吐蕃人馬差役今後應制訂供食之法。"第57頁；王堯和陳踐："我等也不再向蕃地輸賦。今後，應恪守誓言。"第211頁。Brandon Dotson: "Although one might say [this is not so], from now hence taxes, men, and horses will indeed be in accordance with the law of Za." p. 137. Joanna Bialek: "for the Bod people, who are not willing, taxes (men and horses) from now on also agree with the mercantile law." p. 67.

| 92 | བཙན་པོ་ | ཕོ་བྲང་ | ལྷ་སྐལ་ | ནས་ | བཞུགསྡེ་ | |
|---|---|---|---|---|---|---|
| 92 | btsan pho | pho brang | lha skal | nas | bzhugsde | |
| 92 | btsan pho | pho brang | lha skal | nas | bzhugs | de |
| 92 | 贊普 | 行宮：ABS；HON | 拉陔 | ELA | 居住：HON | CONV |

| བླ་ | ན་ | བཀའ་ནན་ | ཐུར་ | དྲགས་ | སྡེ་ | མཆི་ |
|---|---|---|---|---|---|---|
| bla | na | bkav nan | thur | drags | sde | mchi |
| bla | na | bkav nan | thur | drags | sde | mchi |
| 上 | LOC | 嚴令：ABS | 下方 | 嚴厲 | CONV | 有：PRES |

贊普行宮駐於拉陔，上面（高層）對下面（庶民）的命令非常嚴厲。①

[92] བཙན་པོ་ཕོ་བྲང་ལྷ་སྐལ་ནས་བཞུགསྡེ་བླ་ན་བཀའ་ནན་ཐུར་དྲགས་སྡེ་མཆི

# 五、結　語

敦煌藏文文獻 Or. 8212. 187 末尾第 62 行至第 92 行的文字中，雖然有一部分内容與該卷上文重複，但這段文字呈現了與上文不同的詞語拼寫和句法結構。通過其他敦煌藏文文獻的考證，可以確定這些寫法並非誤寫，而是體現了當時口語的特徵。由此，我們可以得出以下兩點結論：

其一，該末尾文字體現了古藏語的語音正處於濁音清化和複輔音簡化的過程。

其二，該末尾中記録了很多具有古藏文典型特徵的語法現象。

基於上述理由，該卷末尾中出現的上述不太常見的拼寫和語法結構不能簡單地理解爲"不規範"的現象，而是應該結合古藏語和現代方言語料，加以分析其呈現的語音和語法特徵。這些語料對研究古藏語和古藏文文獻提供了重要資料。

---

① 各譯文中該句有不同的理解。Joanna Bialek 認爲 nan thur 是一個詞，表懲罰。但在 PT 1287 的第 306 行中出現了 bkav nan chen po，指大嚴令，在 PT 1287 第 15 行中出現了 thur，表向下。在 PT 1287 第 425 行中出現了[動詞 + zhing + mchis]的構式。根據這些用法，本文提供了新的翻譯。其他譯文詳見黄布凡和馬德："時贊普行宮駐於拉陔，下令嚴飭……"第 57 頁。王堯和陳踐："贊普駐於拉格，嚴飭以上二論。"第 211 頁。Brandon Dotson: "The Btsan-po's court resided in Lha-sgal. The above complaint being very harsh." p. 137. Joanna Bialek: "The bcan-po abode in the court Lha-sgal; the order, being a harsh punishment, came from the authorities." p. 67.

# The Annotation and Grammar Analysis of the Last Part of Dunhuang Document Or. 8212. 187

Geri Jiebu

**Abstract:** In this paper, using the theory of grammatical description, the text between the 62nd line and the 92nd line of the last part of Or. 8212. 187 is annotated, and on this basis, the representative phonological and grammatical features in it are discussed. This paper considers that the main phonological phenomena in the end of the volume include the alternations of unvoiced and voiced, consonant endings -s and -n, the loss of prefix and suffix, the variants of terminative case *vdu* and *dus*. The main grammatical phenomena include the usage of the converb marker *sde*, the multifunction of ergative and genitive markers, the split-ergativity, the phenomenon of genitive invisibility, and the mixing of las la-stsogs-pa/la-stsags-pa. These grammatical phenomena reflect the word formation and syntactic features of the old Tibetan and provide important references for the study of ancient Tibetan.

**Keywords:** Or. 8212. 187; Annotation; Phonological features; Grammar

# 敦煌寫本《大唐後三藏聖教序》考略

屈直敏

**摘　要**：武則天御撰《大唐後三藏聖教序》在敦煌遺書和傳世藏經中均有留存，學界對敦煌遺書中的《大唐後三藏聖教序》尚未有全面系統的敘錄和研究。在此對檢得的19個敦煌寫卷進行全面考述，進而結合傳世藏經，對序文題名等進行考辨。研究表明，序文題名原作《大唐後三藏聖教序》，後改爲《大唐新譯三藏聖教序》《大唐新譯聖教序》等。

**關鍵詞**：敦煌；聖教序；武則天

有唐一代，中國佛經翻譯事業達到頂峰，帝王、太子、皇后等都曾爲譯經大師們所譯佛經御撰序文，這些御製的譯經序文，大多抄寫在所譯佛經之前，在敦煌寫經和傳世藏經中多有留存。《大唐後三藏聖教序》是武則天爲日照（地婆訶羅）所譯佛經撰寫的序文，在敦煌遺書中保存的《大乘密嚴經》前大多抄有該序。學界關於武則天御製《大唐後三藏聖教序》的研究主要有：周肇祥（無畏居士）最早刊佈了《唐後三藏聖教序密嚴經密嚴會品卷子》圖版及跋文，[1] 該寫卷現藏於故宮博物院，編號爲新153372。[2] 饒宗頤較早對P.2155號寫卷進行考述。[3] 曹懷玉介紹了西北師大收藏的1個寫卷（編號004）[4]，馬德先後撰有5篇論文，介紹了P.2155、P.2129、P.2261、P.3586、LB.003等5個寫卷，

---

[1] 周肇祥：《唐後三藏聖教序密嚴經密嚴會品卷子》，《藝林月刊》第48期，1933年，第16頁。
[2] 王素、任昉、孟嗣徽：《故宮博物院藏敦煌吐魯番文獻提要（寫經、文書類）》，《故宮學刊》第3輯，2006年，第575頁。
[3] 饒宗頤：《法京所藏敦煌群書及書法題記》，《饒宗頤二十世紀學術文集》卷8《敦煌學》（上），北京：中國人民大學出版社，2009年，第240—241頁。
[4] 曹懷玉：《西北師院歷史系文物室藏敦煌經卷錄》，《西北師大學報》（社會科學版）1983年第4期，第44頁。

並加以録文和考證，指出武則天改"後序"爲"新序"是爲了標新立異。① 于芹介紹了山東博物館收藏的 LB.003 號寫卷，② 何亞星對《大乘密嚴經》98 個寫卷進行了系統梳理，檢得 BD.15286、BD.15346、P.2129、P.2261、S.6139＋S.441、S.6404、S.6926、Дх.02116、西北師大 004、北大 D080、中村 145 共 12 個抄有《大唐後三藏聖教序》的《大乘密嚴經》寫卷，同時指出 BD.11807A、P.2155、P.3586 共 3 個寫卷存有相同序文，但不能確知是否屬於《大乘密嚴經》，然而何文並未對有序文的寫卷進行全面叙録和探討③。筆者結合前人考定，全面查閱諸家所藏敦煌文獻，共檢得 19 件寫卷，現略作梳理，考述如下。

## 一、寫卷叙録

敦煌寫本《大唐後三藏聖教序》寫卷散藏於世界各地，中國國家圖書館、俄羅斯科學院東方文獻研究所各 3 件，英、法國家圖書館各 4 件，中國故宫博物院、山東博物館、北京大學圖書館、西北師範大學以及日本書道博物館各 1 件，具體如下。

（一）中國國家圖書館藏

1. BD.11807A（L.1936）

首尾俱殘，存 11 行，首題"《大唐後三藏聖教序》"，起"朕聞真空無像"，訖"緇衣西上，寧惟法顯之流"④。

2. BD.15286（新 1486）

首尾俱全，存序文及《大乘密嚴經》卷上、中、下，序文存 20 行，首題"《大唐後三藏聖教序》御制"，起"朕聞真空無像"，訖"部奏條流，列之於後"。後接抄"《大乘

---

① 馬德：《國内散藏敦煌遺書的調查隨筆》，《敦煌研究》2012 年第 5 期，第 46—49 頁；《敦煌遺書研究誤區檢討》，《敦煌研究》2014 年第 3 期，第 152—159 頁；《敦煌本唐代"御制經序"淺議》，《敦煌學輯刊》2014 年第 3 期，第 25—42 頁；《敦煌本唐代"御制經序"考察——兼窺饒宗頤先生敦煌學研究之一角》，鄭煒明主編：《饒學與華學：第二届饒宗頤與華學暨香港大學饒宗頤學術館成立十周年慶典國際學術研討會論文集》（上），上海：上海辭書出版社，2016 年，第 336—347 頁，該文將"P.2129"誤作"P.2179"；《敦煌本武則天〈大唐後三藏聖教序〉的幾個問題》，伏俊璉、徐正英主編：《古代文學特色文獻研究》第 2 輯，上海：上海古籍出版社，2016 年，第 277—288 頁，該文將"LB.003"誤作"LB.004"；《試論敦煌遺書佛經初譯本的價值》，《敦煌學輯刊》2018 年第 2 期，第 51—61 頁。
② 于芹：《山東博物館藏敦煌遺書叙録》，《敦煌研究》2012 年第 5 期，第 59—69 頁。
③ 何亞星：《〈密嚴經〉寫本考及異文研究》，浙江師範大學 2022 年碩士學位論文，第 83—84 頁。
④ 任繼愈主編：《國家圖書館藏敦煌遺書》第 110 册，北京：北京圖書館出版社，2009 年，第 84 頁。

密嚴經·密嚴會品第一》，中天竺國三藏法師地婆訶羅、唐言日照奉詔譯"，中間題有"《大乘密嚴經》卷上""《大乘密嚴經》卷中"，末題"《大乘密嚴經》卷下"。①

3. BD. 15346（新 1546）

首全尾殘，存序文及《大乘密嚴經》卷上，序文存 26 行，首題"《大唐後三藏聖教序》御制"，起"朕聞真空無像"，訖"部奏條流，列之於後"。後接抄"《大乘密嚴經·密嚴會品第一》，中天竺國三藏法師地婆訶羅、唐言日照奉詔譯"，訖"于諸衆生，心無顧戀，證于實際及以涅槃"②。

（二）英國國家圖書館藏

1. S. 6139 + S. 441

S. 6139（翟 7343），首尾及下部並殘，存 8 行，起"白馬東來，豈直摩騰之輩"，訖"聲通於有頂。爲暗室之明炬，實昏衢之慧日"③。《英藏敦煌文獻》題作"《方廣大莊嚴經序》"④，《敦煌遺書總目索引》⑤《敦煌遺書最新目錄》⑥ 題作"聖教序"，《敦煌遺書總目索引新編》題作"聖教序八殘行"⑦。

S. 441（翟 3902），首殘尾全，存序及《大乘密嚴經》卷上、中、下，序文存 2 行，起"盡菴園之奧旨，擊大法鼓，響震于無聞"，訖"部奏條流，列之於後"。後接抄"《大乘密嚴經·密嚴會品第一》，卷上，中天竺國三藏法師地婆訶羅、唐言日照奉詔譯"，中間題有"《大乘密嚴經》卷上""《大乘密嚴經》卷中"，末題"《大乘密嚴經》卷下"。《英國國家圖書館藏敦煌遺書》題作"《大乘密嚴經（地婆訶羅本小字本）序》"⑧。《英藏敦煌漢文寫本注記目錄》題作"《大乘密嚴經》3 卷"⑨，《敦煌遺書總目索引》⑩

---

① 任繼愈主編：《國家圖書館藏敦煌遺書》第 141 册，北京圖書館出版社，2011 年，第 285—302 頁。
② 任繼愈主編：《國家圖書館藏敦煌遺書》第 142 册，北京圖書館出版社，2011 年，第 362—364 頁。
③ 黄永武：《敦煌寶藏》第 45 册，臺北：新文豐出版公司，1981 年，第 52 頁。
④ 《英藏敦煌文獻》第 10 册，成都：四川人民出版社，1994 年，第 98 頁。
⑤ 王重民：《敦煌遺書總目索引》，北京：商務印書館，1962 年，第 236 頁。
⑥ 黄永武：《敦煌遺書最新目錄》，新文豐出版公司，1986 年，第 219 頁．
⑦ 施萍婷：《敦煌遺書總目索引新編》，北京：中華書局，2000 年，第 191 頁。
⑧ 《英國國家圖書館藏敦煌遺書》第 7 册，桂林：廣西師範大學出版社，2011 年，第 53 頁。
⑨ ［英］翟林奈（Lionel Giles）：《英藏敦煌漢文寫本注記目錄》(*Descriptive Catalogue of the Chinese Manuscripts from Tunhuang in the British Museum*)，倫敦：英國國家博物館董事會，1957 年，第 110 頁。
⑩ 王重民：《敦煌遺書總目索引》，第 118 頁。

《敦煌遺書最新目錄》① 題作"《大乘密嚴經》卷下",《敦煌遺書總目索引新編》題作"《大乘密嚴經》卷上、中、下（原卷首尾俱全）"。②

2. S. 6404（翟 3903）

首殘尾全,存序及《大乘密嚴經》卷上、中、下,序文存 15 行,起"西秦之譯更新。大乘小乘,逗根機而演教",訖"部奏條流,列之於後"。後接抄"《大乘密嚴經·密嚴會品第一》,卷上,中天竺國三藏法師地婆訶羅、唐言日照奉制譯"。中間題有"《大乘密嚴經》卷上""《大乘密嚴經》卷中",末題"《大乘密嚴經》卷下"。③《英藏敦煌漢文寫本注記目錄》題作"《大乘密嚴經》,有序文,近乎完本",④《敦煌遺書總目索引》題作"《大乘密嚴經》,中天竺國三藏法師地婆訶羅、唐言日照奉制譯",⑤《敦煌遺書最新目錄》題作"《大乘密嚴經》",⑥《敦煌遺書總目索引新編》題作"《大乘密嚴經》,中天竺國三藏法師地婆訶羅、唐言日照奉制譯（首題）"。⑦

3. S. 6926（翟 3904）

首殘尾全,存序及《大乘密嚴經》卷上,序文存 13 行,起"仍集京城大德,凡有十人",訖"部奏條流,列之於後"。後接抄"《大乘密嚴經·密嚴會品第一》,卷上,中天竺國三藏法師地婆訶羅、唐言日照奉制譯",末題"《大乘密嚴經》卷上"。⑧《英藏敦煌漢文寫本注記目錄》題作"《大乘密嚴經》,殘存近半序文及卷上之第一、二品",⑨《敦煌遺書總目索引》⑩《敦煌遺書最新目錄》⑪ 題作"《大乘密嚴經》卷上",《敦煌遺書總目索引新編》題作"《大乘密嚴經》卷上（尾題）"。⑫

（三）法國國家圖書館藏

1. P. 2129

首殘尾全,存序及《大乘密嚴經》卷上、中、下,序文殘存 7 行,起"爲佛法之棟

---

① 黃永武:《敦煌遺書最新目錄》,第 16 頁.
② 施萍婷:《敦煌遺書總目索引新編》,第 15 頁。
③ 黃永武:《敦煌寶藏》第 46 册,第 115 頁。
④ ［英］翟林奈:《英藏敦煌漢文寫本注記目錄》,第 110 頁。
⑤ 王重民:《敦煌遺書總目索引》,第 241 頁。
⑥ 黃永武:《敦煌遺書最新目錄》,第 227 頁.
⑦ 施萍婷:《敦煌遺書總目索引新編》,第 199 頁。
⑧ 黃永武:《敦煌寶藏》第 53 册,第 580 頁。
⑨ ［英］翟林奈:《英藏敦煌漢文寫本注記目錄》,第 110 頁。
⑩ 王重民:《敦煌遺書總目索引》,第 251 頁。
⑪ 黃永武:《敦煌遺書最新目錄》,第 227 頁。
⑫ 施萍婷:《敦煌遺書總目索引新編》,第 216 頁。

樑，乃慧海之舟楫"，訖"菩提了義，其在茲乎"。後接抄"《大乘密嚴經·密嚴會品第一》，中天竺國 三 藏法地婆訶羅、 唐言日照奉詔譯 "，中間題有"卷上""卷中""《大乘密嚴經》卷中""卷下"，末題"《大乘密嚴經》卷下"。① 《法藏敦煌漢文寫本目錄》題作"《大乘密嚴經》序（7行）及卷上、中、下"。② 《敦煌遺書總目索引》③《敦煌遺書最新目錄》④《敦煌遺書總目索引新編》⑤ 均題作"《大乘密嚴經》三卷"。

2. P. 2155C

首尾俱全，存19行，首題"大唐三藏，《大唐新譯三藏聖教序》"，起"朕聞真空無像"，訖"部帙條流，列之於後"。寫卷前面抄有沙門靖邁制《唯識二十論序》、李百藥奉勅撰《大乘莊嚴論序》，寫卷背面抄有"歸義軍節度使特進檢校太傅兼中書令曹元忠狀"，鈐有"歸義軍節度使新鑄印"。⑥

3. P. 2261

首尾俱全，存序及《大乘密嚴經》卷上，序文存30行，首題"《大唐後三藏聖教序》御制"，起"朕聞真空無像"，訖"列之於後"。後接抄"《大乘密嚴經·密嚴會品第一》，卷上，中天竺國沙門地婆訶羅奉詔譯"，末題"《大乘密嚴經》卷上"。⑦

4. P. 3586

首尾俱殘，存23行，前3行下部殘，有朱筆校點，起" 照 市於 三千 "，訖"極提河之深致；一音妙義"。《法藏敦煌漢文寫本目錄》題作"《大唐新譯三藏聖教序》"。⑧《敦煌遺書總目索引》⑨《敦煌遺書最新目錄》⑩ 題作"《御制譯佛經序》"，《敦煌遺書總

---

① 上海古籍出版社、法國國家圖書館編：《法藏敦煌西域文獻》第6冊，上海古籍出版社，1998年，第192頁。
② ［法］謝和耐（Jacques Gernet）、吳其昱（Wu Chi-yu）、王重民等：《法藏敦煌漢文寫本目錄》（*Catalogue des Manuscrits Chinois de Touen-houang：Fonds Pelliot Chinois*）卷1，巴黎：法國國家圖書館，1970年，第84頁。
③ 王重民：《敦煌遺書總目索引》，第256頁。
④ 黃永武：《敦煌遺書最新目錄》，第641頁。
⑤ 施萍婷：《敦煌遺書總目索引新編》，第225頁。
⑥ 《法藏敦煌西域文獻》第7冊，上海古籍出版社，1998年，第129—130頁。
⑦ 《法藏敦煌西域文獻》第10冊，上海古籍出版社，1999年，第221頁。
⑧ ［法］蘇遠鳴（Michel Soymié）等：《法藏敦煌漢文寫本目錄》（*Catalogue des Manuscrits Chinois de Touen-houang：Fonds Pelliot Chinois de la Bibliothèque Nationale*）卷4，巴黎：法國遠東學院（École française d'Extrême-Orient），1991年，第75頁。
⑨ 王重民：《敦煌遺書總目索引》，第290頁。
⑩ 黃永武：《敦煌遺書最新目錄》，第731頁。

目索引新編》①《法藏敦煌西域文獻》②題作"《垂拱元年大唐新譯三藏聖教序》"。

（四）俄羅斯科學院東方文獻研究所藏

1. Дх.02116

首尾及下部俱殘，存12行，起"代傳三聖，年將七十"，訖"部帙條流，列之於後"，後接抄"《大乘密嚴經·密嚴會品第一》"。《俄藏敦煌文獻》題作"《大乘密嚴經·密嚴會品第一》"③。《俄藏敦煌文獻敍錄》題作"《大唐後三藏聖教序》"④。

2. Дх.05368 + Дх.06795

Дх.05368，殘片，存4行，起"大唐"，訖"終資祇夜"。⑤《俄藏敦煌文獻敍錄》題作"譯經序"⑥。

Дх.06795，殘片，存5行，起"三藏聖教序，御制"，訖"逗根機而演教"。⑦《俄藏敦煌文獻敍錄》題作"《大唐後三藏聖教序》"⑧。Дх.05368 + Дх.06795 綴合後錄文如下：

大唐後三藏聖教序　　　御制
朕聞：真空無像，非像教無以譯
鏡，圓照市於三千，鷲嶺玄門
終資祇夜。自金人感夢實
━━━━━━]逗根機而演教。

（五）各地散藏

1. 北京大學圖書館藏 D.080

首全尾殘，存序及《大乘密嚴經》卷上《密嚴會品第一》部分，序文存28行，首題"《大唐後三藏聖教序》御制"，起"朕聞真空無像"，訖"部奏條流，列之於後"。後接抄"《大乘密嚴經·密嚴會品第一》，中天竺國三藏法師地婆訶羅、唐言日照奉詔譯"，訖

---

① 施萍婷：《敦煌遺書總目索引新編》，第288頁。
② 《法藏敦煌西域文獻》第26册，上海古籍出版社，2002年，第4頁。
③ 俄羅斯科學院聖彼得堡分所、俄羅科學出版社東方文學部、上海古籍出版社編：《俄藏敦煌文獻》第9册，上海古籍出版社，1998年，第38頁。
④ 邰惠莉：《俄藏敦煌文獻敍錄》，蘭州：甘肅教育出版社，2019年，第190頁。
⑤ 《俄藏敦煌文獻》第12册，上海古籍出版社，2000年，第107頁。
⑥ 邰惠莉：《俄藏敦煌文獻敍錄》，第396頁。
⑦ 《俄藏敦煌文獻》第13册，上海古籍出版社，2000年，第204頁。
⑧ 邰惠莉：《俄藏敦煌文獻敍錄》，第488頁。

"和合如是,諸見復有"。①

2. 故宫博物院藏新 153372

首尾俱全,存序及《大乘密嚴經》卷上,序文存 29 行,首題"《大唐後三藏聖教序》御制",起"朕聞真空無像",訖"部奏條流,列之於後"。後接抄"《大乘密嚴經·密嚴會品第一》,中天竺國三藏法師地婆訶羅、唐言日照",末題"《大乘密嚴經》卷上"。未見寫卷圖版全貌,據《藝林月刊》所刊圖版及王素、任昉、孟嗣徽《故宫博物院藏敦煌吐魯番文獻提要(寫經、文書類)》敘録。

3. 山東博物館藏 LB. 003

首全尾殘,存 29 行,首題"《大唐後三藏聖教序》",起"朕聞真空無像",訖"菩提了義,其在兹乎",末句"部奏條流,列之於後"被挖除,鈐有"瓜沙州大王印"。② 參見于芹《山東博物館藏敦煌遺書敘録》、馬德《敦煌本武則天〈大唐後三藏聖教序〉的幾個問題》。

4. 西北師大藏 004

首殘尾全,存序及《大乘密嚴經》卷上,序文存 30 行,首題"《大唐後三藏聖教序》",起"朕聞真空無像",訖"部奏條流,列之於後"。後接抄"《大乘密嚴經·密嚴會品第一》卷上,中天竺國三藏法師地婆訶羅、唐言日照奉詔譯",末題"《大乘密嚴經》卷上"。③

5. 書道博物館藏中村 145

首尾俱全,存序及《大乘密嚴經》卷上、中、下,序文存 19 行,首題"《大唐後三藏聖教序》御制",起"朕聞真空無像",訖"部奏條流,列之於後"。後接抄"《大乘密嚴經·密嚴會品第一》,中天竺國三藏法師地婆訶羅、唐言日照奉詔譯",中間題有"《大乘密嚴經》卷上""《大乘密嚴經》卷中",末題"《大乘密嚴經》卷下"。④

## 二、寫卷校録

録文以 BD. 15286(新 1486)爲底本釋録,以其餘寫卷爲校本,凡有異文訛誤,均出

---

① 北京大學圖書館、上海古籍出版社編:《北京大學圖書館藏敦煌文獻》第 1 册,上海古籍出版社,1995 年,第 279—278 頁。
② 據敦煌研究院馬德先生惠賜寫卷圖版敘録,特此致謝。
③ 段文傑編:《甘肅藏敦煌文獻》第 3 册,蘭州:甘肅人民出版社,1999 年,第 237—238 頁。
④ [日]磯部彰:《台東區立書道博物館藏中村不折旧藏禹域墨書集成》卷中,東京:二玄社,2005 年,第 356 頁。

校記考釋，校記分別標以［1］、［2］、［3］……置於錄文後。

  大唐後三藏聖教序[1]御製[2]
  朕聞：真空無像，非像教無以譯其真；實際無言，非言緒無以詮其實。是以龍宫法鏡，圓照帀[3]於三千；鷲嶺玄門，方廣周於百億。師無師之智，必藉修多；學無學之宗，終資祇夜。自金人感夢，寶偈方傳。貝葉靈文，北[4]天之訓逾[5]遠；貫花微至[6]，西秦之譯更新。大乘小乘，逗根機而演教；半字滿字，逐權實而相曉。敘唐之御寓，載葉昌期，代傳三聖，年將七十。舜河[7]與定水俱清，堯燭與慈燈並照。緇衣西上，寧惟[8]法顯之流；白馬東來，豈直摩騰之輩。大弘釋教，諒屬茲辰。
  朕爰自幼[9]齡，歸心彼岸，務廣三明之路，思崇八正之門。往者凤遘[10]閔凶，遽違嚴蔭；近以孝誠無感，復背慈顏。露草之恨日深，風樹之悲鎮切。凡是二親之所蓄用，兩京之所舊居，莫不總結招提之宇，咸充無盡之[11]藏。仍集京城大德，凡有十人，共中天竺國三藏法師，于西[12]太原寺同譯經論。法師等並業鄰初[13]地，道架彌[14]天，爲佛法之棟梁，乃慧海之舟楫。前後翻譯，凡有十部，以垂[15]拱元年，歲次大梁，月旅[16]夷則，汗青方就，裝縹畢功，甘露之旨[17]既深，大雲之喻方遠。庶永垂沙劫，廣濟塵區，傳火之義自明，寫瓶之辯[18]逾潤。
  朕以虛[19]昧，欽承顧記[20]，常願紹隆三寶，安大寶之鴻基；發揮八聖，固先聖之丕業。所以四句微言，極提河之深致；一音妙義，盡菴園之奧旨。擊大法鼓，響震於無間；吹大法螺[21]，聲通於有頂，爲闇[22]室之明炬，實昏衢之慧日[23]。菩提了義，其在茲乎？部奏（帙）[24]條流，列之於後。


**校注：**

［1］"大唐後三藏聖教序"，P.2155 作"大唐新譯三藏聖教序"。

［2］"製"字，P.2261 作"製"，"制"與"製"爲古今字，常通用，今簡作"制"。

［3］"帀"字，P.2155、LB.003、西北師大 004 作"迊"，"帀"同"迊"，通作"匝"。

［4］"北"字，D.080 作"比"，形近而誤。

［5］"逾"字，D.080 作"途"，誤。

［6］"至"字，P.2155、P.2261 作"旨"。

［7］"河"字，D.080 作"何"，"河"與"何"古通假。

［8］"惟"字，P.2155、S.6404 作"唯"，敦煌寫本中"惟"與"唯"常通用。

［9］"幼"字，P.2155、P.3586 作"幻"。"幼"異體作"纫"，因形近而誤作"幻"。

[10]"遘"字,"遘"的異體字,通"構",今簡作"构"。

[11]"之"字,D.080 無。

[12]"西"字,中村 145 無。

[13]"初",P.2155 作"天",誤。按:"初地"爲佛教三乘共修"十地"中的第一階位"乾慧地",故當作"初"。

[14]"彌"字,新 153372 作"弘",誤。

[15]"垂"字,D.080 作、新 153372 作"乘",形近而誤。

[16]"旅"字,P.2155 作"振","旅"俗作"振"。

[17]"旨"字,D.080 作"京",誤。

[18]"辯"字,BD.15436、D.080、新 153372、LB.003、西北師大 004 作"辨",敦煌寫本中"辯"與"辨"常通用。

[19]"虛"字,D.080 無,P.2261 作"靈",形近而誤。

[20]"記"字,P.2155 作"托",形近而誤。

[21]"蠡"字,D.080、S.6404 作"蠡",《一切音義》作"蠃"。"蠡""蠡""蠃"皆爲"蠡"的異體字,通作"螺"。

[22]"闇"字,P.2155 作"暗","闇"與"暗"同。

[23]"日"字,Дx.02116 作"月"。"慧日"爲佛教用語,比喻佛的智慧如日普照衆生,破除一切黑暗。"慧月"指能破除衆煩惱的智慧。據上下文意,當作"日"。

[24]"奏",P.2155、Дx.02116 作"袂",P.2261 作"袞",D.080 作"秦","袂"異體作"褎",因形近而誤作"袞""奏""秦"。

## 三、日照譯經概述

關於地婆訶羅(日照)所譯佛經,法藏《華嚴經傳記》載,日照於永隆(680—681)初年到京師長安,先後譯出《華嚴》《密嚴》等經論十餘部,"皇太后御制序文,深加贊述"①。贊寧等《宋高僧傳》載,日照從儀鳳四年(679)至垂拱(685—688)末年,先後譯出《大乘顯識經》《大乘五蘊論》等佛經共 18 部,"天后親敷叡藻,制序冠首焉"②。釋智昇《續古今譯經圖記》載,日照從儀鳳初至垂拱末年,先後譯出《方廣大莊嚴經》

---

① 釋法藏:《華嚴經傳記》卷 2《譯經篇第一之二·周西京廣福寺日照傳》,《大正藏》第 51 冊,第 154 頁 c 欄 10 行至第 155 頁 a 欄 9 行。
② 贊寧等:《宋高僧傳》卷 2《譯經篇第一之二·周西京廣福寺日照傳》,《大正藏》第 50 冊,第 719 頁 a 欄 18 行至 b 欄 1 行。

《大乘密嚴經》《大乘顯識經》《證契大乘經》《大方廣佛花嚴經續入法界品》《大乘離文字普光明藏經》《大乘遍照光明藏無字法門經》《大方廣師子吼經》《大乘百福相經》《大乘百福莊嚴相經》《大乘四法經》《菩薩修行四法經》《七俱胝佛大心准提陀羅尼經》《佛頂尊勝陀羅尼經》《最勝佛頂陀羅尼淨除業障經》《造塔功德經》《金剛般若波羅蜜經破取著不壞假名論》《大乘廣五蘊論》共 18 部，"天后親敷睿藻，制序標首"①。唐明佺《大周刊定眾經目錄》（簡稱《大周錄》）著錄日照譯經 14 部，唐智昇《開元釋教錄》（簡稱《開元錄》）、唐圓照《貞元新定釋教目錄》（簡稱《貞元錄》）著錄日照譯經 18 部，詳見表 1：

表 1　日照譯經唐代經錄著錄表

| 經名、卷數 ＼ 目錄、卷次 | 大周錄（卷次） | 開元錄（卷次） | 貞元錄（卷次） | 譯出時間 |
| --- | --- | --- | --- | --- |
| 《大乘顯識經》2 卷 | 卷 4 | 卷 9、11、20 | 卷 12、20 | 永隆元年（680） |
| 《大方廣佛華嚴經續入法界品》1 卷 | 卷 2 | 卷 9、11、20 | 卷 12、21 | 垂拱元年（685） |
| 《方廣大莊嚴經》12 卷 | 卷 1 | 卷 9、11、20 | 卷 12、21 | 垂拱元年（685） |
| 《證契大乘經》2 卷 | 卷 4 | 卷 9、11、20 | 卷 12、21 | 永隆元年（680） |
| 《大乘離文字普光明藏經》1 卷 | 卷 4 | 卷 9、12、20 | 卷 12、21 | 永淳二年（682） |
| 《大方廣師子吼經》1 卷 | 卷 1 | 卷 9、12、20 | 卷 12、21 | 永隆元年（680） |
| 《大乘百福相經》1 卷 | 卷 1 | 卷 9、12、20 | 卷 12、21 | 永淳二年（682） |
| 《大乘四法經》1 卷 | 卷 1 | 卷 9、12、20 | 卷 12、21 | 永隆元年（680） |
| 《七俱胝佛母心大准提陀羅尼經》1 卷 | 卷 1 | 卷 9、12、20 | 卷 12、21 | 垂拱元年（685） |
| 《佛頂尊勝陀羅尼經》1 卷 | 卷 4 | 卷 9、12、17 | 卷 12、22 | 永隆元年（680） |
| 《大乘密嚴經》3 卷 | 卷 1 | 卷 9、12、20 | 卷 12、22 | 垂拱元年（685） |
| 《造塔功德經》1 卷 | 卷 1 | 卷 9、12、17、20 | 卷 12、22 | 永隆元年（680） |
| 《金剛般若波羅蜜經破取著不壞假名論》2 卷 | 卷 6 | 卷 9、12、20 | 卷 12、22 | 永淳二年（682） |
| 《大乘廣五蘊論》1 卷 | 卷 6 | 卷 9、12、20 | 卷 12、22 | 垂拱元年（685） |
| 《大乘遍照光明藏無字法門經》1 卷 | | 卷 9、12、17 | 卷 12、21 | |
| 《大乘百福莊嚴相經》1 卷 | | 卷 9、12、17、20 | 卷 12、21 | |
| 《菩薩修行四法經》1 卷 | | 卷 9、12、17、20 | 卷 12、21 | 永隆二年（686） |
| 《最勝佛頂陀羅尼淨除業障經》1 卷 | | 卷 9、12、17 | 卷 12、22 | |

日照所譯佛經，傳世大藏經收錄數量和經名略有差異，詳見表 2：

---

① 釋智昇：《續古今譯經圖記·大唐傳譯之餘》，《大正藏》第 55 冊，第 368 頁 b 欄 28 行至 c 欄 19 行。

表2 歷代大藏經收錄日照譯經表

| 藏經\經名 | 佛經名 | 備註 |
|---|---|---|
| 房山石經 | 《佛説七俱胝佛大心准提陀羅尼經》《佛説大乘百福莊嚴相經》《大乘顯識經》《證契大乘經》《大乘密嚴經》《大乘廣五蘊論》《金剛般若波羅蜜經破取著不壞假名論》《菩薩修行四法經》各1部。《造塔功德經》《大乘百福相莊嚴經》《大方廣師子吼經》《大乘百福相經》《大乘遍照光明藏無字法門經》各2部 | 無《方廣大莊嚴經》《大方廣佛花嚴經續入法界品》《大乘四法經》《大乘離文字光明藏經》《佛頂最勝陀羅尼經》《最勝佛頂陀羅尼淨除業障經》 |
| 開寶藏 | 《顯識經》《大方廣佛華嚴經續入法界品》《大莊嚴經》《證契大乘經》《離文字普光明藏經》《遍照光明藏無字法門經》《大方廣師子吼經》《百福相經》《百福莊嚴相經》《四法經》《菩薩修行四法經》《七俱胝佛母心大准提陀羅尼經》《佛頂尊勝陀羅尼經》《最勝佛頂陀羅尼淨除業障經》《廣五蘊論》《金剛般若波羅蜜經破取著不壞假名論》《密嚴經》《造塔功德經》 | |
| 毗盧藏 圓覺藏 | 《大乘顯識經（御制序）》《大方廣佛華嚴經續入法界品（御制序）》《方廣大莊嚴經（御制序）》《證契大乘經》《離文字普光明藏經》《無字法門經》《大方廣師子吼經》《大乘百福相經》《大乘百福莊嚴相經》《大乘四法經》《菩薩修行四法經》《七俱胝佛母心大准提陀羅尼經》《佛頂尊勝陀羅尼經（序沙門彥悰述）》《最勝佛頂陀羅尼淨除業障經》《大乘密嚴經》《造塔功德經（序）》《金剛般若波羅蜜經破取著不壞假名論》《大乘廣五蘊論（御制序）》 | 圓覺藏無"御制序""序沙門彥悰述""序" |
| 崇寧藏 趙城金藏 | 《大乘顯識經》《大方廣佛華嚴經續入法界品》《大莊嚴經》《證契大乘經》《大乘離文字普光明藏經》《大乘遍照光明藏無字法門經》《大方廣師子吼經》《大乘百福相經》《大乘百福莊嚴相經》《大乘四法經》《佛説菩薩修行四法經》《佛説七俱胝佛母准提大明陀羅尼經》《佛頂尊勝陀羅尼經》《最勝佛頂陀羅尼淨除業障經》《大乘密嚴經》《造塔功德經》《金剛般若波羅蜜經破取著不壞假名論》《大乘廣五蘊論》 | 《佛説七俱胝佛母准提大明陀羅尼經》，趙城金藏作《佛説七俱胝佛母心大准提陀羅尼經》 |
| 資福藏 高麗藏 至元禄 | 《大乘顯識經》《大方廣佛華嚴經續入法界品》《方廣大莊嚴經》《證契大乘經》《大乘離文字普光明藏經》《大乘遍照光明藏無字法門經》《大方廣師子吼經》《大乘百福相經》《大乘百福莊嚴相經》《大乘四法經》《菩薩修行四法經》《七俱胝佛母心大准提陀羅尼經》《佛頂尊勝陀羅尼經》《最勝佛頂陀羅尼淨除業障經》《大乘密嚴經》《造塔功德經》《金剛般若波羅蜜經破取著不壞假名論》《大乘廣五蘊論》 | 《最勝佛頂陀羅尼淨除業障經》，高麗藏作《最勝佛頂陀羅尼淨除業障咒經》 |
| 磧砂藏 普寧藏 | 《大乘顯識經》《大方廣佛華嚴經續入法界品》《方廣大莊嚴經》《證契大乘經》《大乘離文字普光明藏經》《大乘遍照光明藏無字法門經》《大方廣師子吼經》《大乘百福相經》《大乘百福莊嚴相經》《大乘四法經》《佛説菩薩修行四法經》《佛説七俱胝佛母心大准提陀羅尼經》《佛頂尊勝陀羅尼經》《最勝佛頂陀羅尼淨除業障經》《大乘密嚴經》《造塔功德經》《金剛般若波羅蜜經破取著不壞假名論》《大乘廣五蘊論》《咒三首經》 | 《佛説菩薩修行四法經》《佛説七俱胝佛母心大准提陀羅尼經》，普寧藏作《菩薩修行四法經》《七俱胝佛母心大准提陀羅尼經》 |
| 洪武南藏 | 《大乘顯識經》《方廣大莊嚴經》《證契大乘經》《大乘離文字普光明藏經》《大方廣師子吼經》《大乘百福相經》《大乘百福莊嚴相經》《大乘四法經》《佛説菩薩修行四法經》《佛頂尊勝陀羅尼經》《最勝佛頂陀羅尼淨除業障經》《大乘密嚴經》《佛説造塔功德經》《金剛般若波羅蜜經破取著不壞假名論》《大乘廣五蘊論》《咒三首經》 | 無《大方廣佛華嚴經續入法界品》《大乘遍照光明藏無字法門經》《七俱胝佛母心大准提陀羅尼經》 |

續表

| 經名<br>藏經 | 佛經名 | 備註 |
|---|---|---|
| 永樂南藏<br>嘉興藏 | 《大乘顯識經》《大方廣佛華嚴經續入法界品》《方廣大莊嚴經》《證契大乘經》《大乘離文字普光明藏經》《大乘遍照光明藏無字法門經》《大方廣師子吼經》《大乘百福相經》《大乘百福莊嚴相經》《大乘四法經》《菩薩修行四法經》《佛說七俱胝佛母心大准提陀羅尼經》《佛頂尊勝陀羅尼經》《最勝佛頂陀羅尼淨除業障經》《大乘密嚴經》《造塔功德經》《金剛般若波羅蜜經破取著不壞假名論》《大乘廣五蘊論》《咒三首經》 | 《大方廣佛華嚴經續入法界品》《造塔功德經》，嘉興藏作《華嚴經續入法界品》《佛說造塔功德經》 |
| 永樂北藏<br>乾隆藏 | 《大乘顯識經》《大方廣佛華嚴經續入法界品》《方廣大莊嚴經》《佛說證契大乘經》《大乘離文字普光明藏經》《大乘遍照光明藏無字法門經》《佛說大方廣師子吼經》《佛說大乘百福相經》《佛說大乘百福莊嚴相經》《佛說大乘四法經》《佛說菩薩修行四法經》《佛說七俱胝佛母心大准提陀羅尼經》《佛頂尊勝陀羅尼經》《最勝佛頂陀羅尼淨除業障經》《大乘密嚴經》《佛說造塔功德經》《金剛般若波羅蜜經破取著不壞假名論》《大乘廣五蘊論》《咒三首經》 | |
| 縮刻藏<br>卍正藏<br>大正藏<br>佛教藏經<br>中華藏經 | 《大乘顯識經》《大方廣佛華嚴經續入法界品》《方廣大莊嚴經》《證契大乘經》《大乘離文字普光明藏經》《大乘遍照光明藏無字法門經》《大方廣師子吼經》《大乘百福相經》《大乘百福莊嚴相經》《大乘四法經》《佛說菩薩修行四法經》《佛說七俱胝佛母心大准提陀羅尼經》《最勝佛頂陀羅尼淨除業障經》《佛頂尊勝陀羅尼經》《大乘密嚴經》《佛說造塔功德經》《金剛般若波羅蜜經破取著不壞假名論》《大乘廣五蘊論》《咒三首經》 | 《最勝佛頂陀羅尼淨除業障經》，大正藏、中華大藏經作《最勝佛頂陀羅尼淨除業障咒經》 |

按：據佛教藏經目錄數位資料庫《漢籍全文·佛典經錄資料庫》[①]、香光尼眾佛學院圖書館《藏經目錄整合查詢系統》[②] 整理。

從上述佛教圖書目錄和歷代藏經收錄可知，日照所譯佛經主要有 18 部，後磧砂、普寧、洪武等藏經增收《咒三首經》，共 19 部。

## 四、序名考辨

在敦煌寫本 19 個寫卷中，BD.11807A、Дх.05368＋Дх.06795、LB.003 共 4 個寫卷存序文且首題"《大唐後三藏聖教序》"，BD.15286、BD.15346、P.2261、D.080、新 153372、西北師大 004、中村 145 共 7 個寫卷是序文與日照（地婆訶羅）譯《大乘密嚴經》連抄，序文首題"《大唐後三藏聖教序》"，P.2155C 存序文但題作"《大唐新譯三藏聖教序》"，P.3586 殘存序文無題名，S.6139＋S.441、S.6404、S.6926、P.2129、Дх.02116 共 6 個寫卷序文與日照（地婆訶羅）譯《大乘密嚴經》連抄，殘存序文無題名。

《大唐後三藏聖教序》載："中天竺國三藏法師，于西太原寺同譯經論。……前後翻

---

① 網址：https://jinglu.cbeta.org/jinglu.htm

② 網址：http://www.gaya.org.tw/library/aspdata/search/tripitaka.asp

譯，凡有十部，以垂拱元年，歲次大梁，月旅夷則，汗青方就，裝縹畢功。""中天竺國三藏法師"即地婆訶羅，唐言日照，由此可知，日照在垂拱元年七月譯出 10 部佛經，武則天御製序文冠於經首。除敦煌寫本題名《大唐後三藏聖教序》外，慧琳《一切經音義》（簡稱慧琳《音義》）、可洪《新集藏經音義隨函錄》（簡稱可洪《音義》）、玄逸《大唐開元釋教廣品曆章》（簡稱《廣品曆章》）等傳世文獻也留存部分詞條及題名，但其序名隨經名而各有不同，詳見表3：

表3　日照譯經存武則天御製序表

| 出典<br>經名 | 慧琳《音義》（T54） | | 可洪《音義》（K34） | | 《廣品曆章》（A098） | |
|---|---|---|---|---|---|---|
| | 卷次/序名 | 詞條 | 卷次/序名 | 詞條 | 卷次 | 序名 |
| 大乘顯識經 | | | 卷2：聖教序大唐御制 | 逗根、叡唐、御寓、諒屬、凤邁、閔凶、蓄用、舟楫、汗青、裝縹、鴻基、丕業、法螽 | 卷5 | 大唐新譯聖教序 |
| 大方廣佛華嚴經續入法界品 | | | 卷4：序文 | 筌其、逗根、叡唐、御寓、載葉、諒屬、凤邁、幼齡、閔凶、遞違、蓄用、垂拱、月振、汗青、裝縹、塵區、丕業、奄園、法螽 | | |
| 方廣大莊嚴經 | 卷24：大唐新譯方廣莊嚴經三藏聖教序皇太后御制 | 叡唐、御寓、諒屬、幼齡、遞違、舟楫、大梁、夷則、法嬴 | 卷5：序文御制 | 逗根、叡唐、載葉、諒屬、朕爰、幼齡、凤邁、閔凶、遞違、招提、舟楫、月振、汗青、裝縹、塵區、丕業、法螽 | 卷8 | 大方廣新譯三藏聖教序皇太后御制 |
| 證契大乘經 | | | 卷6：序文 | 逗根、叡唐、諒屬、凤邁、閔凶、蓄用、舟楫、月振、汗青、裝縹、法螽 | | |
| 大乘離文字普光明藏經 | | | 卷7：序 | 言緒、筌其、逗根、叡唐、御寓、諒屬、閔凶、遞違、舟楫、月振、裝縹、法螽、部帙 | 卷10 | 大唐新譯聖教序皇太后御制 |
| 大方廣師子吼經 | | | | | 卷10 | 大唐新譯聖教序皇太后御制 |
| 大乘百福相經 | | | 卷7：序 | 筌其、逗根、叡唐、御寓、諒屬、凤邁、閔凶、遞違、舟楫、裝縹、部帙 | 卷10 | 皇太后御制序 |
| 大乘密嚴經 | 卷31：大乘密嚴經序 | 裝縹 | 卷9：序文 | 筌其、逗根、叡唐、御寓、諒屬、凤邁、閔凶、遞違、道架、舟楫、裝縹 | 卷13 | 皇太后御制 |
| 金剛般若波羅蜜經破取著不壞假名論 | | | 卷10：序 | 叡唐、御寓、幼齡、凤邁、閔凶、舟楫、遞違、月振、裝縹、丕業 | 卷15 | 大唐後三藏聖教序皇太后御制 |

此外，《全唐文》《全唐文新編》收有該序，題作"《方廣大莊嚴經序》"①。從上表可知，兩種《音義》中的序名，多隨經名序，或直接簡稱序，但從所存條目可知，其序文均屬武則天御製序文。《廣品曆章》中僅有1則題作"《大唐後三藏聖教序》"，3則題作"《大唐新譯聖教序》"，1則題作"《大方廣新譯三藏聖教序》"，其餘兩則無題名。撰者作"大唐御製""御製"各1則，"皇太后御製"8則。

武則天爲日照譯經所撰經序，《大正藏》收日照所譯19部佛經均無該序，但《房山石經》《資福藏》《毗盧藏》《磧砂藏》《趙城金藏》《普寧藏》《永樂南藏》《嘉興藏》《乾隆大藏經》《高麗藏》《中華大藏經》等歷代大藏經則收有該序，其中《中華大藏經》以《趙城金藏》爲底本，以《房山石經》《資福藏》《磧砂藏》《普寧藏》《永樂南藏》《嘉興藏》《乾隆大藏經》《高麗藏》等8種藏經爲校本，收錄日照譯經19部，其中8部有序文（詳見表4）。

表4 歷代藏經存武則天御製序表

| 藏經＼經序 | 大乘顯識經 | 大乘密嚴經 | 方廣大莊嚴經 | 證契大乘經 | 大乘廣五蘊論 | 大方廣師子吼經 | 大方廣佛華嚴經續入法界品 | 大乘離文字普光明藏經 | 金剛般若波羅蜜經破取著不壞假名論 |
|---|---|---|---|---|---|---|---|---|---|
| 房山石經 | | 大乘密嚴經序皇太后御製 | | | | | | | |
| 趙城金藏 | 大唐新譯聖教序皇太皇御製 | 大唐新譯三藏聖教序皇太子御製 | 大唐新譯三藏聖教序皇太后御製 | | 序殘 | | | | |
| 資福藏 | 大乘顯識經序御製 | 大唐三藏聖教序御製 | 方廣大莊嚴經序御製 | | 大乘廣五蘊論序御製 | 大方廣師子吼經序御製 | | | 大唐新譯三藏聖教序 御製 |
| 磧砂藏 | 大乘顯識經序御製 | 大唐三藏聖教序御製 | 方廣大莊嚴經序御製 | 證契大乘經序御製 | 大乘廣五蘊論序御製 | 大方廣師子吼經序御製 | 大方廣佛華嚴經續入法界品序御製 | | 大唐新譯三藏聖教序皇太后御製 |
| 普寧藏 | 大乘顯識經序御製 | 大唐三藏聖教序御製 | 方廣大莊嚴經序御製 | | | | | | 大唐新譯三藏聖教序御製 |

---

① 董浩：《全唐文》卷97《高宗武后三》，中華書局，1983年，第1001頁；周紹良：《全唐文新編》卷97《高宗武后三》，長春：吉林文史出版社，2000年，第1133—1134頁。

續表

| 藏經\經序 | 大乘顯識經 | 大乘密嚴經 | 方廣大莊嚴經 | 證契大乘經 | 大乘廣五蘊論 | 大方廣師子吼經 | 大方廣佛華嚴經續入法界品 | 大乘離文字普光明藏經 | 金剛般若波羅蜜經破取著不壞假名論 |
|---|---|---|---|---|---|---|---|---|---|
| 永樂北藏 | 大乘顯識經序唐武則天制 | | 方廣大莊嚴經序唐武則天制 | 證契大乘經序唐武則天制 | | | | | |
| 永樂南藏 | 大乘顯識經序御制 | 唐三藏聖教序御制 | 方廣大莊嚴經序御制 | | | | | 唐三藏聖教序則天聖後制 | |
| 嘉興藏 | 大乘顯識經序唐武則天制 | | 方廣大莊嚴經序唐武則天制 | 證契大乘經序唐武則天制 | | | | | |
| 乾隆大藏經 | 大乘顯識經序唐武則天制 | | 方廣大莊嚴經序唐武則天制 | 證契大乘經序唐武則天制 | | | | | |
| 高麗藏 | 大唐新譯聖教序皇太皇御制 | 大唐新譯三藏聖教序皇太后御制 | 大唐新譯三藏聖教序皇太后御制 | | | 大唐新譯聖教序皇太后御制 | | 大乘離文字普光明藏經序御制 | |
| 中華大藏經 | 大唐新譯聖教序皇太皇御制 | 大唐新譯三藏聖教序皇太子御制 | 大唐新譯三藏聖教序皇太子御制 | 證契大乘經序唐武則天制 | 大唐新譯聖教序皇太后御制 | | 唐三藏聖教序則天聖後制 | 大乘離文字普光明藏經序御制 | 大唐新譯三藏聖教序皇太后御制（附卷上末） |
| 興聖寺藏 | | 大乘密嚴經序白太君御制 | | | | 大唐新譯聖教序皇太后御制 | | | |
| 金剛寺 | | 大乘密嚴經序皇太后御制 | | | | | | | |
| 七寺 | | 大乘密嚴經序皇太后御制 | 大唐皇太后御制新經論序 | | | | | | |

按：日本興聖寺、金剛寺、七寺三古寺藏寫經序，據日本國際佛教學大學院大學《日本古寫經資料數據庫》（https://koshakyo-database.icabs.ac.jp/）整理。

從上表可知，傳世藏經中共9部日照譯經存武則天御製序文54則，所存譯經較《音義》《廣品曆章》少《大乘百福相經》，多《大乘廣五蘊論》。在54則序文中，1則序文殘缺，序名、撰者缺，30則隨經名序，6則作"《大唐新譯聖教序》"，10則作"《大唐新譯三藏聖教序》"，3則作"《大唐三藏聖教序》"，3則作"《唐三藏聖教序》"，1則作"《大唐皇太后御制新經論序》"。撰者題作"皇太皇御制"3則，"皇太子御制"2則，

"皇太后御制" 13 則,"則天聖后制" 2 則,"唐武則天制" 10 則,"御制" 22 則,"白太君御制" 1 則。顯然,歷代藏經在傳抄刻印過程中,序文、撰者題名屢有改易,甚至誤改作唐太宗李世民御制的"《大唐三藏聖教序》",撰者則誤作"皇太子御制"。

武則天爲日照譯經御製序文,撰於垂拱元年七月,當時唐睿宗李旦當朝,但實際上是武則天臨朝聽政,執掌朝政大權,這與序中自稱"朕"相符。據敦煌寫本 11 個寫卷的題名及《廣品曆章》著錄均作"《大唐後三藏聖教序》",且在唐太宗李世民曾爲玄奘譯經御製《大唐三藏聖教序》,而該序係在其後撰成,因而序名、撰者當作"《大唐後三藏聖教序》,御製"。載初二年(690)九月,武則天改元天授,改國號爲周,先後於聖曆二年(699)、長安四年(704)爲實叉難陀譯經御製《大周新譯大方廣佛華嚴經序》《新譯大乘入楞伽經序》,久視元年(700)爲義淨譯經御製《大周新翻三藏聖教序》。神龍元年(705),唐中宗李顯即位,復國號唐,一切典章制度,並依永淳以前故事,唐朝規復。①十一月,武則天臨終遺制,令去帝號,稱"則天大聖皇后"。景雲元年(710)七月,唐睿宗李旦即位,改號"則天皇太后"②。此後,歷代經錄、藏經在著錄、傳抄、刻印過程中,爲了避諱武則天稱帝建周代唐,又鑒於其稱帝後御製 3 篇"新序",且後來改號爲"則天皇太后",故不僅改"御製"爲"皇太后御製""則天聖后製",而且將《大唐後三藏聖教序》改爲《大唐新譯三藏聖教序》《大唐新譯聖教序》等。綜上所述,武則天的譯經活動,上承太宗、高宗之餘緒,下啟中宗、玄宗、代宗、憲宗、穆宗,而且武則天又是唐代帝王、皇后、太子中御製"經序"最多的一位,因而梳理清楚武則天御製譯經"後序""新序"及抄經"序",對於深入研究唐代"御製經序"的作用,探討唐代帝王、社會與佛教的關係等都具有極其重要的意義。

# A Study on the *Da tang Hou Sanzangshengjiao Xu* in Dunhuang Manuscripts

Qu Zhimin

**Abstract**: The *Datang Hou Sanzangshengjiao xu*《大唐後三藏聖教序》, written by Empress Wu 武則天, has been preserved in the Dunhuang documents and Buddhist scriptures. However, it has not yet made a comprehensive narrative and research on this preface in the academic

---

① (後晉)劉昫等:《舊唐書》卷 7《中宗本紀》,中華書局,1975 年,第 136 頁。
② (後晉)劉昫等:《舊唐書》卷 6《則天皇后本紀》,第 132—133 頁。

circles. This paper is to comprehensively describe the 19 Dunhuang manuscripts, and then combined with the preface preserved in the Buddhist scriptures to identify its title. Research shows that the title of this preface was originally named *Datang Hou Sanzangshengjiao xu*. Later, it was changed to *Datang Xinyi Sanzangshengjiao xu*, *Datang Xinyishengjiao xu*, and so on.

**Keywords**: Dunhuang; Preface to the Buddhist scriptures; Empress Wu

# Tangut Translation of the *Bodhicaryāvatāra*

## K. Solonin, Tang Xiaoning

**Abstract**: The paper introduces the Tangut translation of the *Bodhicaryāvatāra* by Śāntideva. The paper discusses the publications of the text and its multiple translations. One of the conclusions of the paper is that the Tangut text, although generally following the Tibetan translation of Blo ldan Shes rab and Sumatikīrti, is in some instances closer to the received Sanskrit text than the standard Tibetan translation. This is explainable through the historical circumstances of the spread of Tibetan Buddhism in the Tangut realm. The paper discusses the dates of the translation and identity of the translator.

**Keywords**: *Bodhicaryāvatāra*; Tangut Buddhism; Tibetan Buddhism; Śāntideva; Renzong

## General Introduction

Both from the perspective of its poetic merits and religious implications, as one of the basic *Mahāyāna* compositions, the *Bodhicaryāvatāra* or *Bodhisattvacaryāvatāra* (Bejing no 5272, Derge 3871)[①] is one of the most influential texts of Indian Buddhism[②]. Its importance from intellectual and ritualistic perspectives determined its wide popularity throughout the Buddhist realm, but especially within Tibetan Buddhism. Since the Tanguts were exposed to Tibetan Buddhism since the early 12$^{th}$ century, the existence of a Tangut translation is to be expected.

---

① Peking edition: 5272, *dbu ma*, *la*, 1a1-42b (vol. 99-100 243-1); Derge edition: 3871, *dbu ma*, *la* 1a1-40a7.

② The Tangut text suggests the title *Bodhisattvacaryāvatāra*. However, we use the abridged version of the title as a matter of convenience. See discussion in below. The studies of the text in all languages are too numerous to be listed here. Text's core concept of Bodhicitta is discussed in an exhaustive manner in Dorji Wangchuk, *The Resolve to Become a Buddha: A Study of the* Bodhicitta *Concept in Indo-Tibetan Buddhism* (Tokyo: The International Institute for Buddhist Studies of the International College for Postgraduate Buddhist Studies, 2007). Here we are not referring to numerous scholarly publications on various intellectual aspects of the text.

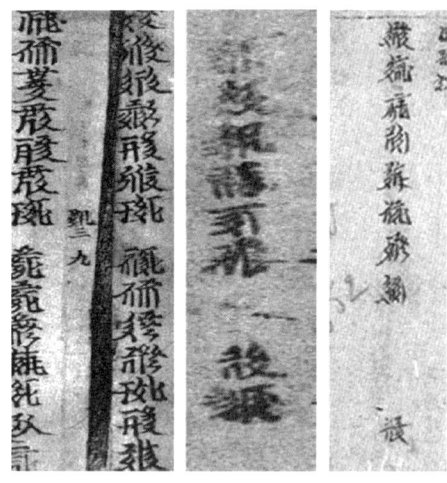

FIG 1　　FIG 2　　FIG 3

On the basis of preceding identifications by N. A. Nevskij (1892-1937) and later Nishida Tatsuo (1928-2012), the Tangut text of the *Bodhicaryāvatāra* was catalogued by E. I. Kychanov (1932-2013) in his *Catalog* of Tangut Buddhist texts kept in the Institute of Oriental Studies in St. Petersburg[①]. Currently identified fragments of the Tangut translation of the *Bodhicaryāvatāra* include the following items: inventory numbers 0781, 0788, 0944, 5096 and 5891. Kychanov also lists a manuscript scroll no. 4827, but this text was currently unavailable for our scrutiny. All fragments are woodblock prints in scroll format and codicologically close to each other. The available Tangut version of the text includes three *juan* 卷 (Tangut term 𗰖), covering chapters 1 to 8 of both the received Sanskrit texts and of the standard Tibetan translations found in various editions of Tibetan Buddhist Canon. For now, we can neither confirm nor deny the existence of the Tangut translations of the 9th and 10th chapters.

The existence of the Tangut translations of the last two chapters seems likely, since the third *juan* of the Tangut text, which is preserved completely, does not contain an expected final colophon to the whole text. Although unrelated to the Tangut one, the Chinese version of the *Bodhicaryāvatāra* also circulated in four *juan*. All available fragments are consistent from the perspective of their print layout and linguistic features, and are therefore considered to be representative of a similar recension of the text. However, surviving fragments appear to belong to different editions of the text. Observations to this effect are as follows:

All extant fragments are printed scrolls with visible "sequential" marks in the places where separate pages (*zhi* 紙) were joined togther in correct sequence to form a long scroll. Fragment 0781 (the 1st *juan* of the Tangut translation, covering chapters 1-4 of the original), which is the primary object of the present study, contains one visible mark: $po^1$ $tjij^1$ $dźj$ $i$ $v^2$ $lew^1$ $tsew^1$ 𗰖𗰖𗰖𗰖 𗰖[?], i. e. "*Entry into the Bodhi Practice*, 1st  *juan*, 1 [?]" in Tangut writing (FIG 2).

---

① E. I. Kychanov, *Каталог Тангутских буддийских памятников Института Востоковедения РАН* [Catalog of the Tangut Buddhist Monuments from the Institute of Oriental Studies, Russian Academy of Sciences] (Kyoto: University of Kyoto Press, 1999), texts, nos 401-403 (404, no 2621 attributed erroneously).

This fragment includes handwritten sections, probably to amend the damaged parts of the original woodblock edition. Tangut fragment 5096, which corresponds to the stanzas 4. 11-4. 20 of the original text, contains a similar "sequential mark" $po^1$ $tjij^1$ $dźji$ $v^2$ $lew^1$ $tsew^1$ 𘃎𘄴𘕿𗖵𗥪 𗐱𗥪, which returns the translation: "*Entry into the Bodhi Practice*, first *juan*, 16". Thus, we suggest that nos. 0781 and 5096 are different copies of the same edition of the text.

Fragment no. 0788 belongs to the second *juan* of the translation, and includes the Tangut version of chapters 5 and 6 of the received Sanskrit and Tibetan texts. In this edition only the mark $po^1$ $tjij^1$ $dźji$ $·o^2$ $nji$ [?]$^1$ $tsew^1$ 𘃎𘄴𘕿𗖵𘇂𗥪 (*Entry into the Bodhi Practice*, 2$^{nd}$ *juan*) is visible, while the numbering marks are not available for scrutiny. Our present research indicates that 0788 and a set of fragments cataloged under no. 5891 belong to the same edition and should be combined together. No. 5891 contains ślokas 57-109 from chapter 5 and ślokas 1-39 from chapter 6. Thus, no. 0788, which opens with śloka 40 and continues until the end of chapter 6, directly connects with 5891.

Finally, no. 0944 contains a complete translation of chapters 7 and 8 of the received text. The editorial marks in this fragment are 𘕿 三 (*Practice*, three, FIG 1 in Chinese and Tangut) followed by a *zhi* number—also in Chinese "nine". Such a layout indicates that 0944 belongs to an alternative edition when compared to nos. 0781, 5096, 5891 and 0788, which are numbered in Tangut and use different abbreviations for the title.

We suggest that the Tangut standard edition consisted of either three or four *juan*. Different publications proceeded from the same source edition for which different sets of woodblocks were prepared. But an original layout and structure of the text remained intact. Therefore, even variant editions could have been combined together into a coherent text. Currently, fragments nos 0781, 5981, 0788 and 0944 comprise a complete text, covering chapters 1 to 8 of the *Bodhicaryāvatāra*, with the omission of ślokas 1-25 from the second *juan*. Opening verses from the first chapter are also missing from 0781, but this is due to the damage of the text, and the existence of these stanzas is easily confirmed. If we suggest the existence of the fourth scroll of the Tangut text, it would include the chapters on Wisdom and Transfer of Merit, and the Tangut publication will be on a par with the Chinese version.

Another composition attributed to Śāntideva known in Tangut translation is the *Śikṣāsamuccaya*. The actual text written by Śāntideva has not yet been identified. However, we identify manuscript fragment no 4852 bearing title $γiew^1$ $lew^2$ $zji^2$ $śio̱^1$ $la^1$ 𘟥𘃸𘕿𗖵𗉛 (*Notes to the Collection of What is to be Learnt*, or *Anthology of Training*, other variants of translation also possible). The surviving part contains a brief endnote: 𗴂𗹙𗖰𗰱𗖵𗫡𘜶𗅲𗡪 ("This completes the fifth *juan* of the *Notes to the Anthology of Training*", FIG 3), thus indicating that the fragment is representative of a much longer composition whose other parts might be identified in the future. The text is written in an extremely cursive style, and therefore, we currently refrain from discussing its subject matter before more research is completed.

## Titles of the Tangut Translation of the *Bodhicaryāvatāra* and its Composition

We combine fragment nos. 0781, 5981, 0788 and 0944 into a single text. All three fragments share a similar title: *po¹ tjij¹ kjir¹ sjij² jij¹ dźi kha¹ v² śjij¹* 𗂅𗣼𗡪𗗚𗦻𗖻𗰭𘝯𗰔. Thus, the Tangut returns the translation: *Entry into the Practices of Bodhisattva*, i. e. the underlying Sanskrit would be *Bodhisattvacaryāvatāra*, rather than *Bodhicaryāvatāra*. As long as the Tangut text in all probability is based on a Tibetan version of the composition, we can conclude that the title is an adequate reproduction of the Tibetan *byang chub sems dpa'i spyod pa la 'jug pa*, with special attention to the nominalization of the verb: Tangut *v² śjij¹* 𘝯𗰔 (verb root + nominalizer) is a grammatically correct translation of the Tibetan *'jug pa*. In the Tangut collection at IOM RAS we find scroll fragment 0899 with the title *po¹ tjij¹ kjir¹ sjij² jij¹ dźi ɣa² v² śjij¹ la¹ njɨ¹ tsew²* 《𗂅𗣼𗡪𗗚𗦻𗖻𘟙𘝯𗰔𗰭》𗰞𗰭①, which returns the translation "*Notes to the Entry into the Practices of Bodhisattva*, part two". The surviving part of the text is written in cursive script, covering chapters 2-4 of the core text. Significantly, the title of the core text recorded in *The Notes* differs from the one currently available in translation by the usage of the locative *ɣa²* 𘟙 instead of *kha¹* 𗰭 in the text studied here (FIG 4). Change of case markers was practiced during the revisions of earlier publications during the rule of the Tangut emperor Renzong 仁宗 1124-1193, which started in the mid. 12th century. This suggests that the currently available core text of the *Bodhicaryāvatāra* is the one revised on the basis of an earlier translation completed during Renzong's reign period.

FIG 4    FIG 5

---

① *Catalog*, no 403.

Several years ago, Edzina Banner of the Inner Mongolia Autonomous Region, witnessed the discovery of some previously unknown Tangut texts. Among these was a part of a book cover bearing a tag with the title of the composition under this cover: $sej^1$ $dwewr^2$ $dźji\cdot o^2$ 𘜶𘝯𘒆𘟩□. The Chinese calque returns 入淨覺行□, i. e. *Entry into the Practices of Pure Awakening*, which corresponds with the title *Bodhicaryāvatāra*. Although the text has not survived, current scholarly consensus concludes that the Tangut title indicates an alternative translation of the text (FIG 5). Finally, the Kychanov *Catalog* lists manuscript scroll no. 4827 with the title $po^1$ $tjij^1$ $kjir^1$ $sjij^2 \cdot jij^1$ $dźji$ $ɣa^2 \cdot o^2$ $sjij^1$ 𘜶𘝯𘚢𘒚𗷅𘒆𘕰𘟩𘟙, which again returns the translation *Entry into the Practices of Bodhisattva*①. According to Kychanov, the text contains colophon: $ŋwə^1$ $bju^1$ $śja^2$ $to^2 \cdot ji^1$ $mji^1$ $śia^1$ $mẽ^1$ $zjir^1$ $bju^1$ 𗥤𗆧𘜶𘟙𗰜𗏁𗖌𗗚𘟙: "Śramana Huizhao (慧照, Chinese calque from Tangut) from the Monastery "Manifestation of Five Wisdoms". Despite our best efforts, this text remains unavailable to us②.

The Tangut version studied here is based on these available fragments and includes eight chapters:

1. $po^1$ $tjij^1$ $njij^1$ $tśhja^2 \cdot iow^1$ 𘜶𘝯𘃩𘊲𗒽 ("Merits of the Awakened" Mind, *bodhicittānuśaṃsā, phan yon bshad pa*)③

2. $dźji^2$ $rewr^2$ 𘀗𗰔 (Confession of Sins, *pāpadeśanā, sdig pa bshags pa*)

3. $po^1$ $tjij^1$ $njij^1$ $ɣiwej^1 \cdot jij^1$ 𘜶𘝯𘃩𗙏𘟙 ("Holding the Awakened Mind", *bodhicittaparigraha, yongs su gzung ba*)

4. $mji^1$ $śja^2$ $wja^2$ 𗦫𘓐𗴂 ("Vigilant Care", *bodhicittāpramāda, bag yod bstan pa*) (1st juan)

5. $tśhja^2$ $nwə^1 \cdot wejr^1 \cdot jij^1$ 𘊲𗵒𘅤𘟙 ("Protection of Virtious Wisdom", *saṃprajanyarakṣaṇaḥ, shes bzhin bsrung ba*)

6. $no^2$ $zew^2$ 𗫂𗡪 ("Joyful Forberance", *kṣāntipāramitā, bzod pa*) (2nd juan)

7. $\cdot jir^2$ $dźjij^1$ 𗒹𗸕 ("Pure Effort", *vīryapāramitā, brtson 'grus bstan pa*)

8. $mjij^1$ $sjwi^1$ 𗥦𘓐 ("Tranquil Contemplation", *dhyānapāramitā, bstam gtan bstan pa*) (3rd

---

① *Catalog*, no 400: 493.

② *Catalog* lists another composition 𘜶𘝯𘚢𘒚𘊲𘎪𗗚𗧘𗖵𘟩𘟙𗅁𘟙𘕰𘒏𗦫𘈖𘈩𘓐𘑨 (*Catalog* no 401; *Notes to the Precious Torch, Illuminating the Entry into the Training of Bodhisattva, together with its Path and Fruit*). Kychanov mistakenly identifies this composition with a Commentary to the *Bodhicaryāvatāra*. This text mentions Huizhao as its translator. Huizhao is otherwise known for translating series of esoteric instructions into Tangut, including *lam 'bras* texts. Therefore we suspect that 4827 is another *lam 'bras* text, without direct relationship with the *Bodhicaryāvatāra*.

③ Hereafter our translations follow Tangut.

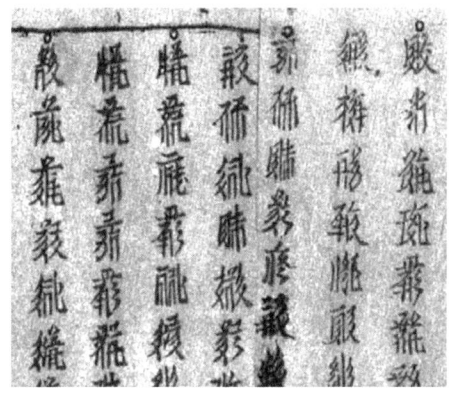

FIG 6

*juan*)

The Tangut translation runs as a plain text, and divisions between the ślokas are not marked. However, a Tangut reader applied specific marks in the shape of circles ( ● or ○ above the printed text; FIG 6). These were supposed to separate paragraphs with different topics. In most cases these marks generally coincide with four-line stanzas, but sometimes they cover longer or shorter paragraphs. A similar "semantic" punctuation device is observable in other Tangut translations of Indic/ Tibetan verse texts, as in the translation of the *Satyadvayāvatāra* by Atiśa Dīpaṃkaraśrījṃāna (982-1054)[①]. Such marks suggest that these texts were studied by someone or a group of premodern readers.

## On the Origin of the Tangut Text of the *Bodhicaryāvatāra*

We have many reasons to believe that altogether there existed three Tangut translations of the text, out of which only one survived almost completely, another one is preserved in the fragments of the commentary, and the third one is known only by the title. As our preliminary study indicates, the text studied here and the version partially preserved in the commentarial fragment no. 0899 stem from one text, and these texts probably represent edited or revised versions of each other; whereas the title, which we translate as *Entry into the Practices of Pure Awakening*, belonged to an alternative textual tradition. Such a situation is not uncommon for the Tangut translations of fundamental texts, which often circulated in a variety of alternative translations, in turn based on different source texts. One example is the Tangut version of the *Maṃjuśrīnāmasaṃgīti*, which circulated in a number of independent Tangut and Chinese translations, generally unrelated to each other[②].

---

① Solonin, K., and Kuowei Liu. "Atiśa's *Satyadvayāvatāra* ( bden pa gnyis la 'jug pa) in the Tangut Translation: A Preliminary Study," *Journal of Indian Philosophy* 45, no. 1 (2017): 121-162.

② Zhang Yongfu 張永富, "Wenben chuanyi yu wenhua liuchuan: Xia, Zang, Han wen *Zhenshi ming jing* duikan yu yanjiu" 文本傳譯與文化流傳——夏、藏、漢文《真實名經》對勘與研究, Renmin University of China, Ph. D. thesis ( Beijing: 2022).

The study of the Sanskrit and Tibetan texts of the *Bodhicaryāvatāra* presents several problems, including (1) the authorship of the text, (2) the relationship between surviving Sanskrit and Tibetan versions, (3) connections between the standard received version and the Dunhuang version of the Tibetan translation, (4) interpolations into and omissions from the text, (5) textual basis for the commentarial works, and so forth[①].

The *Bodhicaryāvatāra* existing in a variety of manuscript and printed editions has generated vast commentarial literature, and several "abridged" versions of it. Part of this textual heritage survives in a variety of languages, including Sanskrit, Tibetan, Chinese, Mongolian and Tangut[②]. The existence of the Uighur version of the *Bodhicaryāvatāra* is certain, but only fragments of a commentary to the text have been identified so far (information by Kasai Yukio)[③]. Despite some nuances, extant Sanskrit manuscripts indicate a single source text with variations, which occurred during the process of transmission. This is the text of the later recension, which is the basis for the standard Tibetan translations, and preserved in various editions of the Tibetan Canon, one of which, in turn, was the source for the Tangut translation.

A comparision between various Tibetan editions, which claim to have been produced from Indic versions originating from different parts of India (Kāśmīra and Madhyadeśa), demonstrates

---

[①] Overview of the textual and historical problems pertaining therein see: Authorship of the composition: Akira Saito, "Facts or Fictions: Reconsidering Śāntideva's Names, Life and Works", *Kokusai Bugaku Daigakuin Daigaku Kenkyū kiyō* 国際仏学大学院大学研究紀要 XXII (2018): 145-164 and series of other articles. Concerning the Tabo manuscript of the text: Akira Saito, "Remarks on the Tabo Manuscript of the *Bodhisattvacaryāvatāra*," in Cristina Anna Scherrer-Schaub ed., *Tabo Studies* II: *Manuscripts, Texts, Inscriptions and Arts*. Serie Orientale Roma 87 (Roma: Istituto italiano per l'Africa e l'Oriente, 1999): 175-189. The study of the Dunhuang recension of the text: Akira Saito, "A Study of the Dunhuang Recension of the *Bodhicaryāvatāra*" (Mie: Mie University, 2000); issues of the recension of the text: Akira Saito, "Bu ston on the *Spyod 'jug Bodhisattvacaryāvatāra*, Transmission of the Tibetan Canon," in *Proceedings of IATS 7*, Graz, 1995. Vol. 3 (Wien: OAW, 1997), vol. 275: 79-85. Recent study of the Dunhuang in comparison with the standard editions: Sodnam 索南, "Dunhuang zangwen xieben *Ru pusa xing lun* yanjiu" 敦煌藏文寫本《入菩薩行論》研究, Xibei Minzu Daxue 西北民族大學 Ph. D. thesis (Lanzhou: 2014); F. Liland, "The transmission of the *Bodhicaryāvatāra*: The history, diffusion, and influence of a Mahāyāna Buddhist text," University of Oslo, M. A. thesis (University of Oslo: 2009).

[②] On overview see in: F. Liland, "The transmission of the *Bodhicaryāvatāra*": 18-32. References to Akira Saito research further in the text.

[③] The most detailed account of the versions of the text and adjacent problems: Saito Akira 斎藤明, "Tonkō shutsodo Akushyamati saku *Nu Bosatsu kō ron* to sono shūhen" 敦煌出土アクシヤマテイ作"入菩薩行論"とその周辺, Yamaguchi Zuihō 山口瑞鳳 ed., *Tibetto no Bukkyō to Shōkai* チベットの仏教と社会 (Tokyo: Shunju 1986): 79-109. On the Uighur text: Rashmann S., Zieme P., "Ein *Bodhicaryāvatāra*-Kommentar in altürkischer überliferung." *AoF* 12 (2), 1985: 309-318.

that the original text was already edited in India. In other words, all textological accounts for the transmission of the *Bodhicaryāvatāra* proceed from the classical idea of two initial variants branching from a single original. According to Saitō Akira, the original text of the *Bodhisattvacaryāvatāra* in 9 chapters should rather be considered the work of *Akṣayamati (bLo gros m[y]i zad pa). This is the first recension. Later, Śāntideva edited the original work, so that it was expanded to 10 chapters, and became the basis for the later recension of the text①. The early version by Akṣayamati was translated by dPal brtsegs and is the basis for the Dunhuang recension of the Tibetan translation. Furthermore, Rin chen bzang po (958-1055) translated the expanded version (his translation is known from the Tabo manuscript), which was, again, retranslated by Blo ldan shes rab (1059-1109) in cooperation with Sumatikīrti (late 11$^{th}$ century). This was the text received by Bu ston rin chen grub (1290-1346), who edited it, and thereby completed the process of translation②. The translation by Blo ldan shes rab is the foundation of the standard version of the text as it survives in various versions of the Canon. Bu ston preserved the lineage of transmission of the text, which listed, among others, Jitāri (950-1000), Sumatikīrti, rNgog Blo ldan shes rab, Phya pa Chos kyi seng ge (1109-1169). The names and works by these masters emerge directly or indirectly in the majority of the Tangut translations of Tibetan doctrinal compositions③. In other words, Bu ston's lineage of the text was crucial for the spread of Tibetan Buddhism among the Tanguts, and it was the lineage responsible for the Tibetan and Tangut texts as we have them now. We suggest that the spread of the *Bodhicaryāvatāra* in the Tangut realm was connected with the growth of bKa' gdams influence within the Tangut state. But we can present no direct historical evidence to this effect. Other than that, the Chinese translation by Tianxizai 天息災, completed around 985④, which attributes the authorship of the composition to Nāgārjuna, is puzzling from the perspectives of both its linguistic features and the clarity of language, but most

---

① Dates for Śāntideva vary substantially, but the scholars generally agree to locate him within late 7$^{th}$-mid 8$^{th}$ century (e.g. Akira Saito: 725-765).

② The above exposition is based on Akira Saito, "Bu ston on the *Spyod 'jug*" and "Facts or Fictions".

③ Akira Saito, "Bu ston on the *Spyod 'jug*": 80. On Tibetan Buddhism in the Tangut State see: Solonin, Kirill. "DĪPAṂKARA IN THE TANGUT CONTEXT: AN INQUIRY INTO THE SYSTEMATIC NATURE OF TIBETAN BUDDHISM IN XIXIA (PART 2)." *Acta Orientalia Academiae Scientiarum Hungaricae* 69, no. 1 (2016): 1-25; Solonin K., Xie Haoyue, "Tangut Buddhism and the *Bodhicittotpādasamādānavidhi*," *Studies in Chinese Religions* 7 (2/3) 2021: 267-278; Solonin, K., and Kuowei Liu. "Atiśa's *Satyadvayāvatāra*", etc.

④ Lü Cheng 呂澂 in *Li chao zangjing luekao ji xinbian Hanwen Dazang jing mulu* 歷朝藏經略考及新編漢文大藏經目錄 estimates the date as Yongxi 雍熙 2$^{nd}$, i.e. 985. (CBETA 2022. Q4, LC06, no. 6, p. 247a12-13).

significantly from the perspective of its source text.

From the overall perspective of the history of Tibetan Buddhism in Xixia, the Tangut version of the *Bodhicaryāvatāra* should be dependent on the version retranslated by Sumatikīrti and Blo ldan shes rab and, therefore, unrelated to the Dunhuang edition. Because the lineage of the text is well established, we have opted to refer to the Derge version of the text for our study of chapters 1-4. The proximity between the Tangut and the later Tibetan recensions is very close: the shift between verses 4 and 5 in the second chapter, verse 3.1 in six lines rather than in four, as well as verses missing from the Dunhuang version, are all found in our Tangut text[①]. Therefore, we believe that the Tangut translator worked from a Tibetan text that closely resembled the version which is the basis for the editions contained in the Tibetan Canon. However, there are specific issues that do not allow for direct identification between the Tangut text and the translation by Sumatikīrti and rNgog Blo ldan shes rab.

During the mid. 12th century, a project for the revision of earlier Buddhist translations in Xixia was initiated. This process may have been triggered by the arrival of the famous Indian master Jayānanda and his retinue to the Tangut realm[②]. However, scholarship suggests earlier sojourns to the Tangut realm by other known Indian masters, including Sumatikīrti. Our text seems likely to also have been connected with the work by Jayānanda's translation team.

## Dating the Tangut Translation of the *Bodhicaryāvatāra*

Tangut fragment no. 0944 contains colophon which reads:

《𘜶𗦇𗦻𗾈𗎘𗩾𘝯𗭪𗟱𗆧》𗫻𘃪𗧘
𗸐𗫡𗦇𘟛𘃎𘟣𗜯
𘋏𘊴𘋠𗢳，𗾟𗱆𘊐𗮉，𘉘𗖻𗼻𘅣𘌤𘊭𗂧𘉠𗯿 𘙌𗫂𗩱𘊸，𘉋𗸐𗾺𘊄，𗦇𗷓𗷭𗢳，𘊴𗘊𘈩𗢳，𗢸𘉅𘅜𗢺  𗷐𗷌  𗧘𘈷

---

① Akira Saito, "Remarks on the Tabo Manuscript of the *Bodhisattvacaryāvatāra*": 181.
② Kuijp, Leonard W. J. van der, "Jayānanda: A Twelfth Century Guoshi from Kashmir Among the Tangut," *Central Asiatic Journal* 37, no. 3/4 (1993): 188-197; Ma Zhouyang 马洲洋, "The *Nyāyabindu* in Tangut Translation," *Journal of Indian Philosophy*, 49 (5): 779-825.

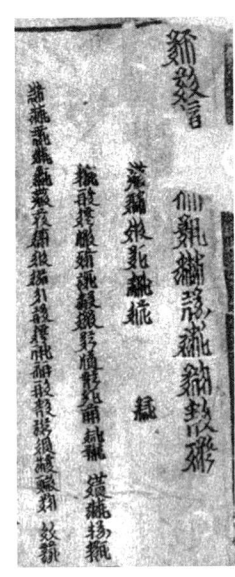

FIG 7

*Entry into the Practices of the Bodhisattava*, third *juan*

Composed by Bodhisattava Śāntideva ( *śja² tja¹ djɨj¹·wa¹* ) ①

Translated by the Imperial Decree by *śramaṇa* Deyuan② ( Source of Virtue) , State Preceptor, Head Translator and Transimitter [ of the scriptures] ③, endowed with knowledge of Truth, Expounder of *sūtra, śastra* and *vinaya.*

Personally revised by the Emperor "Promoting Love, Respect and Harmony, establishing Virtue and removing Evil, endowed with Divine Plans and Wisdom of Sages, the one respecting the Heaven and glorifying the Way."

FIG 7

This imperial title coincides with the Chinese 奉天顯道, 耀武宣文, 神謀睿智, 制義去邪, 懺睦懿恭皇帝, known from Xixia period publications in Chinese. This imperial title belongs to the second half of the reign of Tangut Emperor Renzong 仁宗(1124-1193, otherwise known as Renxiao 仁孝). The part of the title which reads *zhi yi qu xie* 制義去邪 was almost certainly inserted into the original title sometime in the 1140s ( probably, *Renqing* 人慶 1ˢᵗ; i. e. around 1144)④, which indicates editing of the text after this date. The title remained in circulation until the end of Renzong's rule; therefore, it can only serve as a *terminus post quem* for the publication of the edited Tangut version. This concurs with the hypothesis that the text upon which the surviving Tangut commentary *Notes to the Entry into the Practices of Bodhisattva* is based represents an earlier version of the translation.

Concerning the translator of the text, Tangut monk Deyuan, we can observe the following: Tangut collection in St. Petersburg includes a woodblock and manuscript copies of the Tangut translation of the *Ting nge 'dzin gyi tshogs kyi le'u zhes bya ba*, ( *Samādhisambhāraparivarta*,

---

① As Akira Saito observed, the Tangut return variant returns *Śāntadeva rather than Śāntideva ( Note that Tangut here did not account for the long vowel) . This first variant is in accord with the version by Blo ldan shes rab.

② We use the transcription of the Chinese calque of the name: *tśhja² xjow¹* 𘌍𘂊 returns Chinese Deyuan 德源. Tibetan for this would be *Bsod nams 'byung gnas.

③ i. e. probably Tangut equivalent of the Tibetan *zhu chen gyi lo tsā ba*.

④ The exact time when *zhi yi qu xie* 制義去邪 had been included the title remains debatable ( conflicting views of E. I. Kychanov and Luo Zhao 羅炤), e. g. see: Cui Hongfen 崔红芬, "Zai lun Xixia dishi" 再論西夏帝師, *Zhongguo Zangxue* 中國藏學, 2008 (1): 210-214.

Beijing 5319, Tangut title *ka¹·jij¹ dzjɨ² tjij¹* 𘀄𘓄𘋩𗖵, lit. "Accumulations for Samādhi")①. The text composed by Bodhibhadra (Byang chub bzang po) was translated into Tibetan and ascertained by Chos kyi shes rab (i. e. Gorub lotsāwa Chos kyi shes rab, active 11th century) following the oral exposition by an Indian master Viryacandra (Vinayacandra)②. Tangut colophon to the woodblock edition (no 2852) reads as follows:

𗦂《𘀄𘓄𘋩𗖵》𗰖, 𗯨𗖰𗫨𗙏𘜶𗘼𗥤𘃡𗪚𗧘𘝯, 𗰜𗓽𗊫𘟙𗖻𘊵𘐆𘟣. 𘝞𗏁𘕣𗫡𗴂𘊻𘃢, 𗜈𘟀𘟛𗮀𘈌𘞗𘊗𗺉𗑗, 𘝙𗦫𘏒𗟲𘖄, 𘝞𗿒𗟭𗠁, 𗧿𘝏𗆐𘚢, 𘏒𗅒𗼻𗵽𗇋𗥤, 𘋨𘃡𘕰□, 𘏒𗨁𗉗𗓫𘊗𘝯

This *Chapter on the Accumulations for Samādhi* was orally transmitted by the great Indian teacher Vinayacandra and translated by the Tibetan *dge slong* Dharma Wisdom (i. e. Dge slong Chos kyi shes rab)③. Thereafter, in the Tangut State during the reign of the Heavenly Lord Eternal Tranquility [the text was] translated into Tangut in the vihara "Rise of True Dharma, Life from the Way"④ by Deyuan, [known as] Tripitaka Master Liberation, specialist in the Dharma rituals, translator of the sūtras and exponent of meaning, director of the Office of Virtue, State Preceptor, Understanding the Good and Thinking of □.

Colophon to the manuscript version (0816) is similar to the one in the printed version, with an addition of the editorial mark "checked, correct", indicating, that it is based on the revised publication. The front page of the printed version has not survived, whereas the manuscript contains the following: 𘝞𘟣𗖰𘄴, 𗰜𘟛𗅲𗓽, 𗨁𗄻𗌰𗥤, 𗥤𗫡𗤶𘒣 𗴂𘊻𘕰𘓺𗣼𘝯, indicating that the text was translated by Emperor Weiming 嵬名. The title is similar to the one from the *Bodhicaryāvatāra* with the omission of *zhi yi qu xie* 制義去邪, which locates the *Samādhisambhāraparivarta* prior to the *Bodhicaryāvatāra*. This means that Deyuan was the State

---

① *Catalog*, nos. 409, 410 (call numbers 0816, 2852).
② About Gorub lotsāwa see: Гой-лоцава Шоннупэл. Синяя Летопись ['Gos Lotsawa Gzhon nu dpal, *The Blue Annals*. Translated from Tibetan by G. Roerich] (SPb: Eurasia: 2001): 104-108.
③ This is the reproduction of Tibetan: *rgya gar kyi mkhan po biryatsandra las zhus te/ bod kyi lotsāba dge slong Chos kyi shes rab kyis bsgyur cing zhus te gtan la phab pa*.
④ *tha² bju¹ xa¹* 𘟛𗅲𗓽 resists straightforward unterpretation: both *tha²* 𘟛 and *xa¹* 𗓽 are Chinese phonetic borrowings. Out of these, *tha²* 𘟛 can represent Chinese 道 *dao*, and *xa¹* 𗓽 can stand for *huo* 活. Thus translation adopted here is tentative.

Preceptor and the director of the Office of Virtue (highest administrative body for Buddhist clergy in Xixia) by the time of the translation of the *Samādhisambhāraparivarta*. While translating the *Bodhicaryāvatāra* he was removed from the Office of Virtue, but remained State Preceptor and Head translator.

However, the situation is more complicated: *tsiow¹ · jij¹ ŋwər¹ dzjwi¹* 䗹𗼇𘓺𘈩 (Chinese calque: *yongping huangdi* 永平皇帝, Heavenly Lord Eternal Tranquility) is generally believed to represent either Renzong or an emperor before him, i. e. Qianshun 乾順, Chongzong 崇宗 1087-1139①. If Yongping represents Renzong, we suggest that the *Bodhicaryāvatāra* was translated prior to the *Samādhisambhāraparivarta*, probably around 1140, and later edited by Renzong any time after 1144, when his new title which included *zhi yi qu xie* 制義去邪 was adopted. In turn the *Samādhisambhāraparivarta* was also translated prior to 1144, but during the period when Renzong did not yet have the new title. If the *Samādhisambhāraparivarta* is a later translation from the Renzong period as is stated in the colophon, it explains the timeline of Deyuan's promotion to the director of the Office of Virtue: he did not have that position when the *Bodhicaryāvatāra* was originally translated. It seems likely that publication of the revised version of the *Bodhicaryāvatāra* coincided with the date of publication of one of versions of the *Mamjuśrīnāmasamgīti*, which is datable to *Renqing* 2$^{nd}$; i. e. 1145②.

We suggest that a version of the *Bodhicaryāvatāra* circulated in the Tangut realm prior to 1150: the Tangut law code known as *Edited and Newly Promulgated Law Code of the Tiansheng reign period*, adopted during 1149-1170, probably around 1150, mentions that monks were required to have qualifications to preside over the so-called "regular rituals". We interpret the Tangut expression *ju² wji¹ lew² tsjir¹ tśju¹* 𗼃𗭪𗉘𗻭𘃡 ("regular rituals" possibly a rendering of the Tibetan *yidam blang pa'i cho ga*) in the *Tiansheng Code* as an abbreviation of the Tangut title *po¹ tjij¹ njij¹ lji̭ ¹ · ju² · wji¹ lew² tsjir¹ tśju¹* 𗧓𘗠𘉋𘉹𗼃𗭪𗉘𗻭𘃡 i. e. of the Tangut title for the translation of the *Bodhicittotpādasamādānavidhi* by Jitāri (950-1000?). The Tangut translation of the title reads as follows: *Dharma Procedure* (*cho ga*, Chinese calque *fashi* 法事) *for [generating] Bodhicitta and Regular Ritual Pertaining Thereto*), which, in turn, was one of the

---

① Li Fanwen 李範文 eds., *Xixia lingmu chutu canbei cuibian* 西夏陵墓出土殘碑粹編 (Beijing: Wenwu chubanshe 文物出版社, 1984): 15.

② Zhang Yongfu, "Wenben chuanyi yu wenhua liuchuan": 35-36 (5.1.2).

most widely circulating Buddhist compositions in Tangut①. Given that the Tangut version contains quotations from the *Bodhicaryāvatāra*, some of which are exact and can be located in the Tangut translation of the *Bodhicaryāvatāra*, we conclude that the edited version, which is the subject of current study, circulated before the *Tiansheng Law Code* was promulgated②. This locates the publication of our revised text around the early 1140s. The Tangut commentary (*The Notes*) is also preserved in an earlier version of text. The Tangut *Śikṣāsamuccaya* probably also represents an earlier layer or translation: its title uses ɣiew¹ lew¹ 爜纄 for *śikṣā*, whereas in the translation of the *Bodhicaryāvatāra* term ɣiew¹ tji² 爜孜 appears ("what has to be learnt/ practiced"/ "what is learnt/ practiced") in this context.

We conclude that our text is a later edition of the *Bodhicaryāvatāra*, edited and published during the 1140-1150s. Simultaneously, the Tangut commentary to the text as well the translation of the *Śikṣāsamuccaya* both represent an earlier layer of translation. However, the fact that the *Tiansheng Law Code* directs Tangut and Tibetan speaking communities to study the *Mañjuśrīnāmasaṃgīti*, but does not mention the *Bodhicaryāvatāra*, is an important question for future research. One suggestion is that the law code was concerned with the "state protection" function of Buddhism, while the *Bodhicaryāvatāra* is oriented towards individual practice, and may have been, therefore, less significant to Tangut officialdom③.

## The Source Text for the Tangut Translation of the *Bodhicaryāvatāra*

It was established early on by Nishida Tatsuo that the essence of the editing work during the reign of emperor Renzong concentrated on developing new transcription techniques, which brought Tangut transcriptions of Sanskrit closer to Indic pronunciations and simultaneously reflected

---

① Solonin K., Xie Haoyue, "Tangut Buddhism and the *Bodhicittotpādasamādānavidhi*": 10; Suoluoning 索羅寧, *Da Peng Zhanchi: Zangchuan xin jiu yi mizhou zai Xixia de chuanbo* 大鵬展翅：藏傳新舊譯密咒在西夏的傳播 (Shanghai: Shanghai guji chubanshe 上海古籍出版社 2023): 60-68.

② Li Mengxi 李夢溪, "Jitian *Ru Pusa xing lun* yu Jietari *Fa Putixin changzuo fashi* de guanxi" 寂天《入菩薩行論》與節怛哩《發菩提心常做法事》的關係 *Xixia Xue* 西夏學 2024.1 (in print).

③ The study of this fragment in the *Tiansheng Law Code* see in: Arakawa Shintaro 荒川慎太郎, *Seikabun Kongōkyō-no kenkyū* 西夏文金剛経の研究 (Kyoto: Shokadoh, 2015): 25-27; Solonin K., "Local Literatures: Tangut/ Xixia", in: J. Silk et al eds., *Brill Encyclopedia of Buddhism* (Leiden: Brill, 2015), Vol.1: 844-859.

changes in the phonology of both the Tangut language and the Chinese dialect of Xixia[①]. Some minor changes in grammatical patterns are also observable. These include changes in the usage of pronouns, and applications of alternative case markers. This last innovation appears puzzling, because in most cases, changes in case markers do not result in semantic changes, at least based on our current understanding.

The appearance of the edited version of the *Bodhicaryāvatāra* might have been part of a more comprehensive revision project and can be connected to the activities of Jayānanda's translation team. Traces of this project are observable in other Tangut translations, such as in the *Lotus Sūtra*, for which both edited and unedited versions have survived[②]. Deviations between the Tibetan translation by Blo ldan shes rab and the Tangut versions emerged during the course of editing: as we have observed, the Tangut translation generally follows the translation by Blo ldan shes rab. This is true for most of the instances when Tibetan translation deviates from Sanskrit. However, in some cases the Tangut translation appears to be closer to the received Sanskrit text. Below we limit ourselves to several examples:

1.33

**Tangut**: [𗎁𗦻 𘂬𘜶 𗰞𘊝𗧠] 𗸕𘂬𘜶 𘏨 𗣼𘅜𘏨 (Lit.: "Incalculable sentient beings during the long time, sentient beings are like the sky, does not exhaust even if exhausted…")

**Tibetan Derge**: [*sems can grangs mtha' yas la dus ring du*] // *bde bar gshegs kyi bde ba bla na med*

**Tibetan Dunhuang**: [*sems can grangs mtha' yas la dus ring du*] // *bde bar gshegs kyi bde ba bla na myed* //

In this stanza Tangut $ŋa^1$ $sjij^2$ $dju^1$ $sji^1 tsji^1 mji^1$ $sji^1$ 𗸕𘂬𘜶 𘏨 𗣼𘅜𘏨 (Lit.: "Sky sentient beings exhaust though not exhaust"). Here corresponding Tibetan in both Dunhuang version and in Derge agree on *bde bar gshegs kyi bde ba bla na med*, while Tangut accurately translates Sanskrit:

---

① Sun Bojun 孫伯君, *Xixia xinyi fojing tuoluoni de duiyin yanjiu* 西夏新譯佛經陀羅尼的對音研究 (Beijing: Zhongguo shehui kexue chubanshe 中國社會科學出版社, 2010).

② Nishida Tatsuo 西田龍雄, "Seika bun Hokke kyō ni tsuite" 西夏文法華經について, "Seika go kenkyū to *Hokke kyō*" 西夏語研究と法華經, I-IV in: *Seika bun shin ron* 西夏文新論 (Tokyo: Shoukadoh 2012); Sun Bojun, "Xixia Renzong huangdi de jiaojing shijian" 西夏仁宗皇帝的校經實踐, Xixia fojing fanyi de yongzi tedian yu yijing shidai de panding 西夏佛經翻譯的用字特點與譯經時代的判定, in: Sun Bojun, *Xixia wenxian congkao* 西夏文獻叢考 (Shanghai: Shanghai guji chubanshe, 2015): 30-34.

*gaganajanaparikṣayākṣayam* ( Lit: "Sky living beings though disappear not disappear")①.

Tianxizai translation is correct on this point:

**Tianxizai translation**:"云何獲得於能仁？<u>要度無邊有情盡，有情無盡若虛空</u>，一切智求自圓滿。"②

## 2.33

**Tangut**: *lhjwɨ² bow² tha² dźjwu¹ mji¹ dźiej² lew²* 𘜔 𗊄 𗋽 𘛞 𗢳 𗖵 𘏞 ( Lit.: "Sudden great thunderbolt no trust should")

**Tibetan Derge**: *glo bur tshe la yid mi brtan*

**Tibetan Dunhuang**: *glo bur tshe la yid myi brtan*

**Sanskrit**: *aviśvāsya ākasmikamahāśaniḥ*

Here Tangut *lhjwɨ² bow² tha² dźjwu¹* 𘜔 𗊄 𗋽 𘛞 correctly reproduces Sanskrit *ākasmikamahāśaniḥ*, "sudden great thunderbolt", deviates from the Tibetan translation.

Tianxizai not available

## 2.44

**Tangut**: *tha² kja¹ ŋo̱² tha² nji̱² tser¹ tśior¹* 𗊄 𘕘 𘝯 𘏞 𘛞 [𘓉] 𘛷 [𘟛 𘏒 𗊉 𘜔 𗼻 𗼻] ( Lit. "Great disease oppress yellow excrement great depression receive what to say?")

**Tibetan Derge**: *'jigs chen nad kyis thebs gyur pa // rab tu nyam thag smos ci dgos*

**Tibetan Dunhuang**: *'jigs chan nad kyis thengs gyurd pa// rab du nyams thag smos ci dgos*

**Sanskrit (2.45)** *kiṃ punar [ ...] purīṣotsargaveṣṭitaḥ*

Tangut *nji̱² tser¹ tśior¹* 𘛞 [𘓉] 𘛷 correctly translates *purīṣotsarga* missing from all Tibetan versions.

Tianxizai not available

## 3.14

**Tangut**: 𘝯 𘏞 𗊄 𗼃 𗰔 𘛷  𘈢 𘝊 𘚗 𘊐 𗣀 𘏞 𘏞 ( Lit.: "Them for joy attain receive able deeds whatever done should"

**Tibetan Derge**: *de la gnod par mi 'gyur ba'i // [ las gang yin pa'ang byed du chug]*

---

① Discussion of this stanza see in: P. Thomas, "Stotra, Psychological Conditioning and the *Bodhicaryāvatāra*," M. A. thesis (University of Kathmandu: Center for Buddhist Studies, 2014): 134-135.

② CBETA 2022. Q4, T32, no. 1662, p. 544c2-3.

**Tibetan Dunhuang**: *de la gnod par myi 'gyur ba'i // las gang yin pa 'ang byed du chug*
**Sanskrit:** *kārayantu ca karmāṇi yāni teṣāṃ sukhāvaham*

Here Tangut *no² nej² lhju̱² rjir¹ sji²* 𘒪𘃪𗤶𘅝𘓄 directly translates Sanskrit *sukhāvaha* ("what is able to bring joy") and reproduces Sanskrit morphology, thus deviating from Tibetan *gnod par mi 'gyur ba'i las*.

Tianxizai not available

## 4.24

**Tangut**: *dji̱¹ dzjwi¹ ŋwər¹ phjii¹ mji̱¹ śjwo¹ zjij¹* 𗦺𘄴𘂴𘟪𘃡𗧠𗧘 [ 𗼇𗖊𘐧𗷅𗊢𗗙𗵗 ] (Lit.: "Hell king divine messenger command make then"…)
**Tibetan Derge**: *'chi bar 'gyur ba'i dus kyi tshe //* [ *mya ngan chen po ldang bar 'gyur* ]
**Tibetan Dunhuang**: *'chi bar 'gyur ba'i dus kyi tshe//* [ *mya ngan chen po ldang bar 'gyur* ]
**Sanskrit**: [ *śociṣyāmi ciraṃ bhūyo* ] *yamadūtaiḥ pracoditaḥ*

Tangut *dji̱¹ dzjwi¹ ŋwər¹ phjii¹* 𗦺𘄴𘂴𘟪 correctly reproduces *yamadūtaiḥ pracoditaḥ*, omitted from both Tibetan versions, with the difference that *mji̱¹ śjwo¹* 𘃡𗧠 is an active verb.

Tianxizai not available

Observations like these allow different interpretations. One suggests an independent Tibetan version upon which the Tangut translation was based. However, deviations between the Tangut and Tibetan occur where the Dunhuang and later recensions all agree. Therefore, there may have been another independent lineage of textual transmission, but this seems unlikely. Another explanation might be that a Tangut translator consulted an actual Sanskrit text, or used oral explanations or even a commentary from someone familiar with the original Sanskrit text of the *Bodhicaryāvatāra*. In general, the situation with the Tangut text being sometimes closer to Sanskrit accords with Bu ston's observations concerning the imperfections in Blo ldan shes rab's translations, and a necessity to improve these[①]. These explanations and consultations could only have been provided by members of Jayānanda's circle during the 1140s and 1150s. Therefore, we suggest that the Tangut text was prepared on the basis of the translation by Sumatikīrti and Blo ldan shes rab with the assistance of one of or a group of Jayānanda's disciples. Furthermore, this

---

① Akira Saito, "Bu ston on the *Spyod 'jug*": 81-82.

locates the Tangut translation within 1140s—1150①. This issue will be solved when the Tibetan and Tangut commentaries are brought into the picture.

The fact that in 2.33 the Tangut and Chinese agree against the Tibetan allows for positing that the Tangut translator had access to the Sanskrit text. But final conclusions should be postponed until the full study of the Tangut text is completed.

## Conclusions

Considering the above, we can provisionally conclude that there existed a diverse tradition of the BCA in the Tangut translation. We can establish existence of both independent translations and multiple editions of the texts, circulating in Xixia since the 1140s. The version currently studied demonstrates proximity to the standard Tibetan translation available in the Tibetan Buddhist canon. Notwithstanding, separate examples indicate that the Tangut text was prepared with consulting the Sanskrit text, or someone familiar with the actual Indic version. This "someone" might have been associated with Jayānanda's translation team, active in Xixia in the mid. 12$^{th}$ century.

## 《入菩薩行論》的西夏譯本

[俄] 索羅寧　唐曉寧

**摘　要**：文章討論西夏譯文《入菩薩行論》的歷史背景、翻譯過程以及西夏文、藏文和梵文譯本之間的關係。據譯文比較可見，西夏譯文雖然基於藏譯本，某些內容異於藏文，接近梵文。此説明譯者參考的是梵文本，或翻譯是在印度僧指導下進行的。另外，還討論了西夏譯本的翻譯時代和譯者身份等問題，《入菩薩行論》不同譯本的流傳和不同木刻版版本之間的差異。

**關鍵詞**：《入菩薩行論》；西夏佛教；藏傳佛教；寂天；仁宗

---

① The earliest dated occasion of Tibetan Buddhist activities is dated to 1152. Solonin K. "Textual Evidence for Sino-Tibetan Buddhism in Xixia", *T'oung Pao* 108 (3/4) 2022: 436-485.

# 論 "報父母恩" 與西夏仁宗朝 "忠君—惠民" 思想

張恩輔

**摘 要**：本文從西夏文佛教文獻和世俗文獻中共有的關鍵字"報父母恩"出發，通過分析兩類文獻中"報父母恩"的表現形式及西夏仁宗朝人對兩類文獻中"報父母恩"的理解，得出佛教文獻中的"報父母恩"與"惠民"關聯，世俗文獻中的"報父母恩"與"忠君"關聯的結論，指出君王爲"報父母恩"而"惠民"，臣民視君王爲"父母"而"忠君"，進而指出"忠君—惠民"思想是佛教、儒家思想結合的產物，更是民族文化融合的產物，能夠體現中原王朝文化對周邊少數民族的吸引力，並爲學界探討西夏的儒家文化和佛教文化提供新的視角。

**關鍵詞**：西夏仁宗；"忠君—惠民"思想；佛教思想；儒家思想；西夏文

西夏作爲中國歷史上地處西北的政權，曾先後與宋遼、宋金三足鼎立，歷十帝，國祚189年。歷史上儒家、佛教文化都對西夏文化產生過影響，故探討儒家、佛教文化在西夏的地位一直以來都是學界的重心之一。

傳統的漢文史書中對西夏統治者崇尚儒家思想的記載較多，如《宋史·夏國傳》中記載景宗李元昊命人譯《孝經》《爾雅》《四言雜字》爲西夏文，崇宗李乾順建國學，仁宗李仁孝尊孔子爲文宣帝等等。[①] 當今一些學者也肯定儒家文化在西夏的地位。例如史金波認爲儒學是西夏的治國之本，"西夏統治者對以儒學爲核心的中原文化的主導地位心悅誠服"。[②] 再如杜建錄認爲儒家文化是西夏主流政治文化，其認爲西夏統治者在選官、科舉、司法等諸多方面模仿漢制，著重強調中原文化尤其是儒家文化，對西夏統治者的影響。[③] 總的來說，按照學者們的論述，西夏統治者推崇儒學的表現可歸納爲：1. 西夏統治者積極學習模仿宋朝的制度；2. 西夏統治者興建學校；3. 儒家經典的引進和翻譯；4. 西夏儒臣對儒家思想的宣揚。

---

① 脫脫：《宋史》，北京：中華書局，1985年，第13995—14025頁。
② 史金波：《西夏社會》，上海：上海人民出版社，2007年，第381—386頁。
③ 杜建錄：《論民族交往交流交融中的西夏文化》，《中央民族大學學報》（哲學社會科學版）2021年第6期。

除上述觀點外，在新出土的西夏文獻中有大量佛教文獻的背景下，部分學者還認爲佛教思想也對西夏文化產生了重要影響。例如高奕睿（Imre Galambos）指出在黑水城和其他遺址出土的西夏文獻中，佛教文獻的規模占據優勢，這體現出佛教在西夏境內的重要性。① 西田龍雄（Nishida）認爲西夏的佛教包含漢傳、藏傳佛教的成分，且在13世紀初占據西夏文化的主導地位。② 聶鴻音與李吉和認爲西夏人對儒家文化不如對藏傳佛教那樣有熱情。③ 李華瑞梳理了西夏向宋贖經的情況，同時指明西夏僧人的地位很高這一事實。④ 總的來說，這些學者肯定了佛教文化對於西夏的重要性，認爲西夏人對佛教的理解很深刻。

回到"儒家、佛教文化在西夏的地位"的問題上來，可以看到漢文史書的記載和出土西夏文獻的情況不相符合，從漢文史書視角出發的學者肯定儒家文化的作用，而從出土文獻視角出發的學者肯定佛教文化的作用。事實上兩者的觀點並不衝突。李華瑞和索羅寧都曾指出，西夏的政治文化受儒家思想影響頗深，而宗教文化中占主導地位的則是佛教；國家政事及官方教育打著儒家的烙印，而佛教則在民間廣泛流行。⑤ 二者看上去似乎有著分野，但也有重疊之處，這重疊之處的其中一點就是"忠君—惠民"思想。筆者在閱讀仁宗朝的西夏文文獻時，發現一些佛教文獻和世俗文獻中都出現了關鍵詞"報父母恩"，通過分析"報父母恩"在兩類文獻中的表現，構建起仁宗朝"忠君—惠民"思想，爲探討"儒家、佛教文化在西夏的地位"提供新的視角。

## 一、西夏文佛教文獻中的"報父母恩"

佛教文獻中的"報父母恩"背後是自然親情的表達。現存的西夏文獻中存在兩類直接與"報父母恩"相關的文本，分別是《佛説父母恩重經》和《佛説報父母恩重經》，粗略地説《佛説父母恩重經》存夏漢兩種版本，《佛説報父母恩重經》僅存漢文版本。西夏文《佛説父母恩重經》在不同的本子上出現過兩種不同的譯者題款，一種爲"詮教法師鮮卑寶源"（𘜶𘋩𘘦𘜔𘎆𘕿𘜔𘒣𘏲𘏞），鮮卑寶源是仁宗時代的僧官；另一種爲"奉天顯

---

① Imre Galambos, *Translating Chinese Tradition and Teaching Tangut Culture: Manuscripts and Printed Books from Khara-khoto*, Berlin: de Gruyter, 2015, p.3.
② Kirill Solonin, HouHaoran, "Tangut Buddhism", Jonathan Silk, *Brill's Encyclopedia of Buddhism*, vol.4, Leiden: Brill, 2023, p.209.
③ 李吉和、聶鴻音：《西夏番學不譯九經考》，《民族研究》2002年第2期。
④ 李華瑞：《論儒學與佛教在西夏文化中的地位》，《西夏學》2006年第1期。
⑤ 李華瑞：《論儒學與佛教在西夏文化中的地位》，《西夏學》2006年第1期；索羅寧：《西夏漢傳佛教文獻研究》，蘭州：甘肅文化出版社，2022年，第22頁。

道耀武宣文神謀睿智惇睦懿恭皇帝嵬名御譯"（西夏文），"奉天顯道耀武宣文神謀睿智惇睦懿恭皇帝嵬名"即指仁宗。從這兩種譯者題款可以推斷在仁宗執政時期，西夏人曾翻譯過《佛説父母恩重經》，且該活動與仁宗相關。該經對"報父母恩"的闡釋很精到，且將"報父母恩"與"廣施善行"關聯，下面給出其部分内容及譯文：①

原文：

[西夏文七行]

[西夏文結尾二行]

譯文：

佛謂大衆曰："善男子善女人生孝順心，爲其父母，出家修道者，爲報父母之恩也。"

若爲父母，起修寺舍，能修諸功德，則此者爲父母生子時受苦恩。

若爲父母，行平等心，能饒益衆生，則此者爲報父母爲子憂思之恩。

若爲父母，親近善親，能聞大乘經，則此者爲報父母吞苦吐甘之恩。

若爲父母，能書寫讀誦此報恩經，則此者爲報父母推乾就濕之恩。

若爲父母，修勤，能常行十善，則此者爲報父母哺乳養育之恩。

若爲父母，礙罪悔過，能受持齋戒，則此者爲報父母沐浴不淨之恩。

若爲父母，救孤病人，能修橋鑿井，則此者爲報父母因做惡業恩。

若爲父母，放身上血，能寫此報恩經，則此者爲報父母無極慈悲之恩。

佛曰："善男子善女人，依前修者，實爲孝順兒女，方爲報父母之深恩。若不如此，

---

① 本段西夏文參考蔡莉：《西夏文佛教僞經考》，碩士學位論文，寧夏大學西夏學研究院，2019年，第55—56頁。本文中所有的譯文均爲筆者自行翻譯，下同。

則非孝順子也,與諸牲畜無異也。"

(一)佛教教義"報父母恩""廣施善行"在西夏境内的流行

雖然《佛説父母恩重經》一直以來被認爲是僞經的一種,是佛教傳入中土後爲吸引更多信衆而創作的"佛經",但其中"報父母恩"的主題則是佛教教義中的有機組成部分。① 例如《增壹阿含經》中提到:"比丘當知,父母恩重,抱之,育之,隨時將護,不失時節,得見日月,以此方便,知此恩難報。"② 黑水城出土的漢文佛經中包括了《增壹阿含經利養品第十三》《增壹阿含經結禁品第四十六》的部分内容,出土的西夏文佛經中也存在《增壹阿含經》的摘譯本(抄本),可以推斷《增壹阿含經》漢文本和夏譯本應該同時流行於西夏境内,且受衆不少;同時可以進一步推斷,在西夏境内,"報父母恩"的概念不祇存在於《佛説父母恩重經》或《佛説報父母恩重經》中。一些發願文中也提到"報父母恩",如俄 Инв. No. 4090《聖佛母般若心經持誦要門》卷尾有"𗗚□𗼇𗄈𗤋𗯿𗵒𗼇𗂧𗱢𗁅𗢳𗪺𗪏𗣓𗲠(爲報阿爺勤□及阿孃野貨氏之生育恩)"③ 的字樣,這也能證明"報父母恩"在西夏境内的接受度較高,流傳較廣的事實。

從夏譯本《佛説父母恩重經》上述選段的内容上看,爲了"報父母恩","孝順女男"(𗼃𗿷𗤋𗢳)需要做起修寺舍(𗦇𗡱𗰔𗠋)、修橋鑿井(𗬩𗱈𗰉𗰜)、救孤病人(𗢳𗥫𗿷𗰜)等善事,同時還需要行平等心(𗫅𗼕𗤋𗰓),常行十善(𗿒𗤋𗰜𗰕),與佛教教義中的"廣施善行"聯繫非常緊密。"廣施善行"同樣也是佛教教義中的有機組成部分,如夏譯本《地藏菩薩本願經利益存亡品第七》曾提到:④

原文:
……𗼙𗰜𗤋𗯿𗵒𗞞𗴮𗇋𗲖𗼙𗰜,𗏇𗵎𗤑𗯿,𗴥𗧘𗸎𗬌,𗩱𗱢𗫅𗥪𗰔𗺉,𗼙𗡪𗿈𗧘𗤋?……𗰖𗼻!𗴸𗢳𗠇𗰔𗼀𗢳𗲡,𗱢𗴖𗋅𗸯𗯁,𗢴𗰜𗴢𗯿𗴢𗰔,𗴢𗐯𗴢𗴩,𗴿𗝰𗷉𗡱𗰜,𗫥𗵒𗴸𗱽𗴩,𗴿𗦇𗴥𗦇。……

---

① 聶鴻音認爲《佛説父母恩重經》是一部宣揚儒家孝道的中土作品,但吴福秀則指出"佛教孝親觀更多張揚的是一種宇宙間的自然親情,它不同於中國古代社會在自然經濟基礎上形成的以家族宗法制度爲核心的封建倫理關係",同時結合俄 Инв. No. 0759《佛説父母恩重經》的内容來看,夏譯本中仍然保留了佛教最原始的親情觀,即"報父母恩",這是此佛經的底層邏輯,故分析夏譯《佛説父母恩重經》的"報父母恩"時需與儒家思想分離。參見聶鴻音:《西夏文獻論稿》,上海:上海古籍出版社,2012年,第333頁;吴福秀:《論佛經中的孝親觀及其中國化》,《襄樊學院學報》2008年第4期。

② 瞿曇僧伽提婆譯:《增壹阿含經》,《大正藏》第2册,第125號,第601頁上欄。

③ 阿爺、阿孃是西夏人對父母的稱呼。見聶鴻音:《西夏佛經序跋譯注》,上海古籍出版社,2016年,第121—122頁。

④ 本段西夏文參考王龍:《西夏文〈地藏菩薩本願經〉綜考》,《華西語文學刊》2016年第2期。

譯文：

……及有命終者，生無微善，依各本業，自墮向惡，親屬何能忍心，增惡業也？……世尊！我觀閻浮衆生，惟諸佛法中，所至一毫一渧，一沙一塵，能修衆善事，則如此利益，盡皆自得。……

此段文字從正反兩面論證行善的必要性，若不行善，則祇能向惡墮落，終其一生不得解脱；但若行諸善事，則所有好處，"盡皆自得"，同時也能得到解脱。《地藏菩薩本願經》在敦煌和黑水城均有出土，不僅表明地藏信仰在西夏的流行，還能側面表明"廣施善行"的思想同樣也在西夏境内流行。西夏時期的佛經中表現"廣施善行"的片段有很多，這裏不一一列舉。

(二) 仁宗對"報父母恩""廣施善行"的理解及延伸

上述内容論證了"報父母恩"和"廣施善行"的思想在西夏境内的流行，夏譯本《佛説父母恩重經》將二者連接起來，提出了"爲了報父母恩，人們需要廣施善行"的觀點。仁宗將這個觀點進行了延伸，將"人們需要廣施善行"延伸爲"統治者需要造福百姓"，這一點在他創作的發願文中可見一斑。

在《聖佛母般若心經》的御制後序中仁宗這樣寫道：①

原文：

　……𘜶𗥤𗖰𘃡𘇂𘟀𗄮𘂤，𗐾𗧘𗈁𗖵𘄏𘇓𗷖𗨻𗖵𘝯𘊐𗇋𗾟𗒘𗾫𗥃𗿒，𗖵𗅉𗟲𘃪𘋢𗤋𗼃，𗯿𗍊𗫨。𗋕𗖵𘃡𘉐𗑱𗅋𗉞𗕛𗥜，《𗎛𗌠𗫨𗐯𘟥𗿒𘂤𗾺》𘄡𗐯、𘞽𘟙𗹙𘓄𘜔，𗈪、𗖵𘓄𘎪，𗈪《𗄊𗯿𘅎𘃡𗎫𘑲𗑱𗪇》𗢳𘓄𗨻𗎮，𗢳𗼇𘈔𗤒𗿒。𗈪𘃡𘉐𗑱𗅋𘉐𗖵𘃡𗈁𘋨𘅣𗪞𗤋𗫨𘟙𗴒𗾺，𗭼𘊺𗫴𘈩𘉪𘏒𗈪𗁅，《𗗚𗹙𗫨》𗧘《𗾺𗿒》𗧘𘑲𘃡，𗖵𗟲𘓽𗡠𗧘𘃡𘝎𗧘𘅎𘝯，𗜓𗫗、𗹺𗝤、𗬑𗧘𘓄𘈔……

譯文：

……朕既觀如此功利，爲報轉身慈母皇太后之生育勞苦恩，於年初忌日時，發宏願。命蘭山覺行國師沙門德慧，重將《聖佛母般若心經》與梵、西番本仔細校對，譯番、漢本，並連《真空觀門施食儀軌》等爲一軸，刻印二萬卷，施於臣民。並命覺行國師等燒結滅惡趣道場，爲救濟六道法事外，令説《金剛般若》及《心經》等，設蓮華會大乘懺罪，懸幡、放生、救濟貧苦等。……

---

① 本段西夏文參考聶鴻音：《西夏佛經序跋譯注》，第38—39頁。

仁宗命德慧國師校譯《聖佛母般若心經》，將佛經施散於臣民，懺悔罪過，救濟貧苦，希望通過這種方式，達到報答母親生育之恩的目的。此舉反映了佛教中的因果思想，衹有在世時造福百姓，纔能夠報答生母之恩，纔能修得善果。上述發願文表現出的"爲了報父母恩，統治者需要造福百姓"，成爲約束統治者的法則，造福百姓不是空談，其變得與統治者（此處即仁宗）的自身利益密切關聯。

## 二、西夏文世俗文獻中的"報父母恩"

出土的西夏文世俗文獻中，有相當規模的文獻都包含了"報父母恩"思想，且與儒家思想有關聯，其中跟仁宗朝思想有關的主要包括兩大類：

第一類，夏譯漢籍。此處的夏譯漢籍爲西夏人對儒家漢籍的直接翻譯，這樣的文獻包括《孝經》《論語全解》等。在西夏建國之初景宗李元昊就從宋朝引進過《孝經》，毅宗李諒祚也從宋朝引進過《孟子》等書籍。根據現存西夏文譯本《孝經傳》和《論語全解》中西夏文"𗂧"（孝）有缺筆避諱的情況，不難得出仁宗在位時《孝經傳》和《論語全解》得到了翻譯。① 綜合來看，可以推斷仁宗朝的衆人有條件接觸並閱覽頗具規模的儒家典籍及其夏譯本。

第二類，夏譯漢籍自編及西夏原創書籍。夏譯漢籍自編爲西夏人根據其需求選擇翻譯漢籍中的部分內容後，編寫而成的作品，其中包含西夏人原創的論述內容，如《德行集》等。《德行集》雖然成書於桓宗李純祐時期，但此時李純祐年紀尚小，他迫切希望瞭解前代君王的治國方略，繼承其父仁宗之大業，故希望前朝老臣爲其編寫教材，編寫教材的任務就落到了《德行集》編者番大學院教授曹道樂及大臣節親訛計等人身上來。② 所以正如《德行集序》中所説："𗗼𗖻𗉹𗢳𗘉𗜓，𗦭𗤓𗣳𗘜𗗙：'𗱕𗢯𗤋𗅥，𗒛𗊱𗤋𗢳𗊢𗵘𗅥，𗎅𗔇𗕡𗵈𗖂𗫻。'"（此刻聖旨已出，詔微臣："收集古語，以選擇德行覽查，準備一本"），李純祐希望前朝老臣從漢籍中選擇的內容需以德行爲標準，而老臣們在書中的論述部分則在某種程度上反映了仁宗朝的思想理念。

西夏原創書籍，顧名思義，就是西夏人自己撰寫的書籍，不以任何其他文字（如漢

---

① 彭向前：《西夏文〈孟子〉整理研究》，上海古籍出版社，2012年，第30—31頁。
② 聶鴻音：《西夏文德行集研究》，甘肅文化出版社，2002年，第14—15頁。

文、藏文等）的材料爲底本，這樣的文獻包括《番漢合時掌中珠》《宮廷詩集》等。①《番漢合時掌中珠》由骨勒茂才撰寫，是西夏文漢文雙義雙音對照工具書，成書於仁宗在位期間的乾祐二十一年。②據梁松濤分析，《宮廷詩集》中有部分詩歌中提到的"𘂤𘟛𘃞𘂤"（聖明皇帝）及其關聯的"𘟛𘄏"（明王）、"𘂤𘟛𘄏"（聖明王）、"𘟀𘙲𘟛𘄏"（千歲明王）均指仁宗，可以推斷《宮廷詩集》中的部分詩歌創作於仁宗時期，③根據書籍的名稱中包含"宮廷"二字且詩歌創作者包含西夏皇家侍從這一事實，不難聯想到此書的部分內容能夠反映仁宗朝的思想。

上述兩大類文獻中，第一類文獻是仁宗朝眾人能接觸到的直接來自漢地的材料，第二類文獻能反映仁宗朝眾人的思想。通過考察這兩類文獻，可以分析出"報父母恩"在原始材料中的意義以及其是如何被仁宗朝眾人所理解的。

（一）原始材料中"報父母恩"與"事親""孝"的聯繫

筆者認爲，本文中原始材料既包括第一類文獻（即夏譯漢籍），也包括第二類文獻中改編自漢籍的內容。在第一類文獻中，有這樣一些語句：

原文：

1. 𗥰𗫡𘕕："𘓐𗩱𗯿𘑨𗅁，𘟂𗖵𗒛𘟣𗼻，……𘟣𗼻，𗖡𗅁𘟛𗠁𗼻，……𘟣𗼻，𗼒𗅁𘙪𘟣𗼻。……𗆐，𗘅𗤋𘕞𘗊𗯿𘑨𘞌𗼻。"（《𘓐𗩱𗦲·𘓐𗵒𘐆𗅁𗦲𗏇》）

2. 《𗰖𗩱𘝞》𘕕："𗠝𗫂𘕢𗘝𗑱𗯿𘏞，𘈔𗔀𘃡𗝛𗭪，𘓺𗪨𘉎𗅁𘐆，𘓺𗊎𘉎𘝩𘐆，𗷖𘏯𗖏𘟂𗦀。"（《𗭪𘐆》）

3. 𘟣𗫡𘕕："𘒏𗈁𗋅？𘑨𘟣，𘑴𘕿𗼻𘟣𘐥。𗴴𗫡𘕕：'𗾙，𘟛𘟣𗘝；𘕿，𘟛𘟣𗈨，𘟛𘟣𗼒，𘃽𘉉𘓐𘐆。'……"（《𘟣𗫡𗳒𗏇·𘞂𘝞𘓐𗮀𗅁𗫒》）

譯文：

1. 夫子曰："孝子事親時，居時甚敬，[養時]甚[樂]，病時甚憂，[喪時]甚

---

① 《宮廷詩集》中包含的內容繁多，其中有一些詩歌佛教意味濃厚，並不世俗，故在本部分中不能作爲分析材料；同時由於現階段學界祇能推測出《宮廷詩集》的創作時間介於仁宗乾祐十六年（1185）與神宗光定辛巳年（1221）之間，這意味著《宮廷詩集》可能收錄了創作於仁宗朝之後的詩歌，故本部分僅選擇前人已考證或筆者推測創作時間爲仁宗期間的詩歌作爲分析材料。定位介於夏譯漢籍自編和西夏原創書籍之間的西夏文類書《聖立義海》也涉及大量關於"孝"的內容，其重要性當然不言而喻，但由於該類書的成書時間和編撰者不詳，且前人對《聖立義海》的考查頗多，故本文不將《聖立義海》納入討論範圍。
② 景永時、波波娃：《〈番漢合時掌中珠〉整理與研究》，銀川：寧夏人民出版社，2018年，第2頁。
③ 梁松濤：《西夏文〈宮廷詩集〉整理與研究》，上海古籍出版社，2018年，第79—83頁。

[哀],祭時甚禮。[五者]備,則其然後能事親也。"(《孝經傳·紀孝行章第十》)①

2.《亢蒼子》曰:"閔子騫能事父母,交遊贊其信,鄉黨言其仁,宗族稱其悌,德行溢於天下。"(《論語全解》)②

3. 孟子曰:"非善乎?親死,蓋爲所自終。曾子曰:'生,以禮事;死,以禮葬,以禮祭,此謂孝。'……"(《孟子卷五·滕文公章句上》)③

這些語句都有一個共同點,即把"報父母恩"跟"事親""孝"聯繫在一起,這是儒家經典中常見的現象,符合儒家思想中"禮"的核心價值觀。通過對西夏文的翻譯,筆者發現西夏人對於上述三句的理解是較爲深刻的,例如上文第三句"𘚂𘟂𘏚𘜶𘟪"對應漢文《論語全解》"宗族稱其弟"一句,④ 漢文中"弟"字通"悌",西夏人並沒有簡單把"弟"從字面意思上理解爲"弟弟",用"𘙌"(譯爲"弟弟")去翻譯,而是採用西夏文"𘜶","𘜶"在此處的大致意思是順從、服從兄長,正好對應漢文的"悌",⑤ 說明西夏人理解了"弟"在此處爲通假字。

分析第二類文獻中的相關內容,同樣不難發現儒家思想的"孝"存在於夏譯漢籍自編中。如《番漢合時掌中珠》中引用了《孝經》的論述,提到"𘃨𘎪𘄨𘞇,𘞄𘊴𘄱𘚦𘊻,𘊻𘎝𘟪𘜻,𘕕𘎬𘜵𘎳,𘐺𘟪𘕿𘜶?"(父母發身,不敢毁傷也,如此打拷,心不思惟,可謂孝乎?)⑥ 從《德行集·事親章》來看,譯者曹道樂及衆大臣翻譯的"𘟪𘟀𘄨𘚦𘠁𘜶,𘊴𘝞𘈠𘜶𘝞,𘎳𘝞𘏩𘜶𘝞,𘟊𘝞𘇋𘜶𘝞,𘉍𘝞𘛛𘜶𘝞,𘏚𘝞𘋨𘜶𘝞"與現存的夏譯《孝經》草書抄本中對應的翻譯"𘕿𘄨𘚦𘠁𘝞,𘉡𘟄𘋨𘝻𘜶,……𘝻𘜶,𘎳𘝞𘏩𘝓𘜶,……𘝻𘜶,𘟊𘝞𘐀𘝻𘜶"的表述並不相同,但二者都能較爲準確地反映漢文"孝子之事親也,居則致其敬,養則致其樂,病則致其憂,喪則致其哀,祭則致其嚴"的原意,可以看出西夏人在翻譯漢籍時具有靈活性。《德行集·事親章》的末尾"𘟛𘏩𘗏𘄨𘝞𘚈𘊻,𘚦𘠁𘎮𘎩𘍞𘟛,𘋩𘄨𘔻𘝞𘇋𘉜𘜶𘚪,𘐺𘎊𘎒𘟄𘊻𘜶"(蓋爲人子者,背失事親之道,則其雖有

---

① 本句採用孫穎新的錄文,"[ ]"中內容爲補缺,下同。參見孫穎新:《英國國家圖書館藏〈孝經〉西夏譯本考》,《寧夏社會科學》2017年第5期。
② 史金波、魏同賢、克恰諾夫主編:《俄藏黑水城文獻》(第11册),上海古籍出版社,1999年,第48—52頁。
③ 本句採用彭向前的錄文,見彭向前:《西夏文〈孟子〉整理研究》,第146頁。
④ 陳祥道:《論語全解》卷6,明抄本(國圖藏),第281頁。高藝鵬對該抄本進行過分析,認爲該抄本保留了《論語全解》的早期樣貌,與夏譯《論語全解》內容接近,可作爲夏譯本的平行文本相互參照。(高藝鵬:《從西夏譯本看明清抄本〈論語全解〉的文獻價值》,未刊稿)
⑤ 這一點由中國人民大學博士研究生高藝鵬指出,特此感謝。
⑥ 景永時、波波娃:《〈番漢合時掌中珠〉整理與研究》,第102—103頁。

百種善德,其罪無救也)一句,還能看到西夏人對"報父母恩"在"孝""事親"層面上的深刻理解。

(二)仁宗朝西夏人的理解:從"父母"到"君王"

在第一類文獻中,常有將"國君"視爲"父母"的論述(這也是儒家思想中常見的內容),如夏譯《孟子》這樣翻譯道:①

原文:
𗧘𗗙𗖻𗰔𘃵,𗖴𗧘𗾔𗾔𗟻□□𗤓𗰛□,𗖻𗰔𘋨𘉋𗫸𘊠,𘁂𗑱𗟻𘋩𗜏,𘊏𗠁𘍦𘃂□□,𘆚𗧘𗗙𗖻𗰔𘍝𗰔?(《𗼇𘕕𗘼𘉅𗢳·𗂧𘊲𘌽𗦜𘆄𗦻》)

譯文:
爲民父母,其民以盼盼[然,將終歲]勞苦,不得養父母,又以借貸使足,以老[轉乎]溝壑,則何爲民父母?(《孟子卷五·滕文公章句上》)

孟子認爲君王管理百姓,是百姓的衣食父母,應該時刻將百姓放在心上,不能使他們過勞過苦,家庭生活得不到保障,反映"君王爲民父母"的觀點。② 在第二類文獻中我們還能看到西夏人對"君王爲民父母"的應用,如在《宮廷詩集》中"父母"常常與"君王"關聯,詳見下面三句:③

原文:
1. 𗧠𘊲𘃞𗵒,𘃵𘓄𗧐𘃞𘁂𘓐𘍌;𗸌𗮐𗧘𘁂𗖻𗰔𘉌𗦜𘋨𗦫。(《𗸒𗟻𘏠𘊕𘋨》)
2. 𘃞𗧘𗯼,𘂤𘉋𘓄𗧘𗮥𘁂,𘄱𗜏𗧘𘊏𗖻𗰔𘃵。(《𗹵𗸒𗬩𘋨𘋨》)
3. 𘂆𘗿𗴂𘂆𘎢𘊠,𘑨𘌪𘃛𘁂𗬂𘊯𘝓;𘌰𗰔𘊇𘎁𘁂𘌉,𘋈𗿣𘍈𘁂𘍽𗰔𘃛𘅟𗦫𗫸。(《𘂆𘁂𘁅𗤋𘋨》)

---

① 本句採用彭向前的錄文,見彭向前:《西夏文〈孟子〉整理研究》,第150頁。
② 夏譯《孝經》中還能看到西夏人對《孝經》引《詩經》內容的翻譯:"𘂤□𗯼𗠁,𗧘𗗙𗖻𗰔𘊠"(愷悌君子,民之父母),這裏的"君子"可以引申爲君王,此句背後的意思同樣爲"君王爲民父母"。
③ 分析《臣子修治歌》《賢臣巧儀歌》《聖殿俱樂歌》全詩的內容,不難看出詩歌中存在對君王和對國運安寧的歌頌,結合桓宗朝及其後西夏國運日衰的事實,可推測出詩歌的創作時間當早於桓宗期間,即爲仁宗李仁孝期間。《聖殿俱樂歌》中雖然出現了佛教術語,但詩歌整體體現的佛教意味並不濃厚,故仍被本部分採納。此處西夏文參考梁松濤在《西夏文〈宮廷詩集〉整理與研究》中給出的錄文,下同。

譯文：①
1. 黃昏忘食，需思念聖上恩德；黎明難眠，欲報答父母功績。（《臣子修治歌》）
2. 吾大人，九周聖睿如耳目，四海人處爲父母。（《賢臣巧儀歌》）
3. 國父終爲君，亦願歸天院；國母能輔國，皆如太陰普照風跡正。（《聖殿俱樂歌》）

上述三句中第一句將"聖上"與"父母"並排；第二句將"吾大人"（即"君王"）比作"父母"；第三句則直接將皇帝稱爲"國父"，皇后稱爲"國母"。這三句中"父母"和"君王"的聯繫都非常緊密，透過詩歌內容，我們能看到在閱覽儒家漢籍原文抑或是夏譯漢籍，吸收了儒家思想中"事親""孝"與"國君爲人父母"的概念後，詩歌的作者們也將皇帝（這裏是仁宗）稱爲"父母"，這是對仁宗的謳歌。根據《孟子·滕文公上》提到的"𗼨𘂤𘕤𗹦"（君臣有義）、《孝經傳·廣揚名章第十四》提到的"𗼨𘕤𗫸𗾞𗖻，𘆄𘕤𘊂𗼺𘊬𗾞𗖻"（君子之事親孝，故忠可移於君）等儒家漢籍中"忠君"的內容，可知"報父母恩"的概念在這裏被仁宗朝的眾人延伸爲"臣民報君王恩"，是受到儒家漢籍影響的結果，臣民"𘊱𘝞𘈶𘅛𘈷𗫸"（念聖上恩德），"報恩"就是向君王盡忠。

## 三、從"報父母恩"到仁宗朝"忠君—惠民"思想的構建

同樣的，在分析《宮廷詩集》中一些佛教意味濃厚的詩歌時，筆者還發現西夏人在讚頌君王仁宗時，既稱他爲"父母"，又稱他爲"佛"，詳見如下兩首詩歌的節選：②

原文：
1. 𗼨𘂤𗼺𗹦𘕤𗾞𗖻，𘆄𘊬𗫸𗾞𘂤𘊬𘊬，𘕤𗼺𗹦。（《莊嚴速諫歌》）
2. ……𘊱𘝞𘈶𘅛𘈷𗫸，𘊱𘉞𘕤𘆄𘊬𘆄𗫸𗾞𘂤𘊬……𘂤𘊬𘕤𗼺𗹦，𘈶𘝞𘊱𘝞𗾞𗖻。𘊱𘉞𘕤𗼺𗹦𗼨𘂤𘕤𘊬𘝞𗼺𗹦！𘕤𗼺𗹦，𘕤𘊬𘝞𘕤，𘊱𘝞𘈶！（《莊嚴西行燒香歌》）

譯文：
1. 聖帝父母仁心大，雖少許汝莫急，佛父母。（《莊嚴速諫歌》）
2. ……聖上君爲天意，腹中心思皆明，父母恩報不完……我輩此刻，八下境無盜無妄

---
① 西夏文詩歌爲西夏人原創作品，缺少可供對照的漢文或藏文材料，故筆者此處僅給出可能的翻譯，下同。
② 據梁松濤考證，《莊嚴西行燒香歌》爲仁宗時期的作品，見梁松濤：《西夏文〈宮廷詩集〉整理與研究》，第88—94頁；分析《莊嚴速諫歌》中對君王的歌頌，同上文提到的《臣子修治歌》《賢臣巧儀歌》《聖殿俱樂歌》一樣，也能推測出其創作時間爲仁宗時期。

皆安定，一中界無病無惱國豐樂。上師功德聖帝恩，使衆快樂！佛父母，實快樂，聖威儀！（《莊嚴西行燒香歌》）

《莊嚴速諫歌》中認爲仁宗如同"佛"和"父母"一樣，擁有"大仁心"（𗼃𗤶𘜶），所有的臣民都拜倒於其腳下；《莊嚴西行燒香歌》的內容更爲豐富，指出仁宗擁有"上師功德"（𘃯𗖣𘃽𗤶），通過上師的灌頂成爲"佛"，擁有宗教層面的權威性，還指出仁宗擁有"聖帝恩"（𗼃𘝞𗵒），是萬民的父母，擁有世俗層面的權威性。① 可見，這兩首詩歌有一共性，即用"佛父母"（𘀺𗟻𗫻）來稱呼君王仁宗。② 根據這個稱呼，聯繫佛教文獻和世俗文獻中涉及"報父母恩"的相關內容，可以推測仁宗朝"忠君—惠民"思想的具體內容：

君王（此處即仁宗）既是"佛"，也是"臣民父母"。作爲"佛"的君王，爲報自己的"父母恩"，廣施善行，通過舉行法會等方式濟貧，造福臣民，以此達到全民解脱的目的；而臣民稱君王爲"父母"，希望"報父母恩"，向君王盡忠。兩環相扣，構成了仁宗朝"忠君—惠民"思想的主體內容。

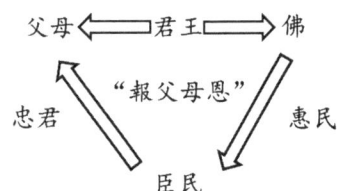

圖1　西夏仁宗朝"忠君—惠民"思想示意圖

（一）"忠君—惠民"思想的基礎

君王與"佛"的結合，其背後是佛教思想在西夏深深的根基。據大慶三年《大夏國葬舍利碣銘》載："我聖文英武崇仁至孝皇帝陛下，敏辯邁唐堯，英雄□漢祖；欽崇佛

---

① 奥地利科學院博士后馬洲洋在筆者分析《莊嚴西行燒香歌》時給予了很大的幫助，他指出"上師功德""聖帝恩"分別可以與"佛""父母"對應，在此向他表示感謝。
② 陳瑋指出，在《夏聖根讚歌》中，李繼遷被塑造爲文殊菩薩和轉輪王的化身。柴建華也指出，李元昊在登基前特意遣使到五臺山供佛寶，這裏的佛寶很可能指七種王寶；而五臺山又是文殊菩薩的道場，在《法華經·入法界品》中，文殊菩薩和轉輪王被視爲同身，即"王即是佛"或"佛即是王"。可見李繼遷被塑造爲"佛王"，李元昊有意將自己打造爲"佛王"（Buddharāja），故西夏自建國之始就有"佛王"傳統，《宮廷詩集》的部分詩歌中稱仁宗爲"佛"也很合理。參見陳瑋：《西夏佛王傳統研究》，《中央民族大學學報》（哲學社會科學版）2016年第4期；柴建華：《西夏"尊孔子爲文宣帝"情勢徵微——兼述西夏王權合法性的三個來源》，《中古中國研究》2023年第4卷。

道，撰述蕃文，奈苑蓮宮，悉心修飾，金乘寶界，合掌護持。是致東土名流，西天達士，進舍利一百五十嵒，並中指骨一節，獻佛手一枝，及頂骨一方，罄以銀槨金棺、鐵甲石匱，衣以寶物，□以毗沙。"① "大慶"是李元昊建國之前的年號，從銘文中可以看出早在西夏建國之前，其統治者就推崇佛教；李元昊建國之後也曾向宋朝祈請《大藏經》，使回鶻僧將其"演繹經文，易爲番字"。② 惠宗李秉常在位期間又曾向宋朝祈請《大藏經》，這證明祈請《大藏經》一事得到了西夏統治者的貫徹。③ 崇宗李乾順在位期間曾將河湟地區（宗喀地區）四州（即西寧州、樂州、廓州、積石州）納入自己的統治範圍，爲了安撫四州的藏族群體，宣揚藏傳佛教，注重與西番僧的合作。④ 仁宗時期頒佈的《天盛改舊新定律令》中列舉了上師（𘕕𗙽）、國師（𗴂𗙽）、德師（𘝿𗙽）、仁師（𗤶𗙽）、忠師（𗼃𗙽）五大僧人頭銜，其中國師（𗴂𗙽）參與到功德司的管理中，可以看到僧人已經參與到管理政府日常事務中來。仁宗自己也常常參加佛教的法會，刊刻佛經，撰發願文。由此可以看到直到仁宗朝，佛教思想仍然扮演著非常重要的角色，仁宗朝"忠君—惠民"思想中的"惠民"一環源自"報父母恩"，以佛教中的親情觀、因果思想等爲靈感合情合理。

君王與"父母"的結合，其背後是仁宗在位期間對儒家思想的推崇。正如上文所說，儒家經典如《孝經》《論語全解》《孟子》等早在景宗李元昊至惠宗李秉常執政期間就被引入，但這段時間由於西夏本民族的文化得到強調，外來的儒家文化一直處於不溫不火的狀態。景宗雖然創建"番學"與"漢學"，但"漢學日壞"。直到崇宗李乾順"始建國學"，"置教授，設弟子員三百，立養賢務以廩食之"，⑤ 儒家思想逐漸被得到重視。李乾順之子仁宗李仁孝則更進一步，立"太學"，尊孔子爲文宣帝，使"州郡悉立廟祀，殿庭宏敞，並如帝制"。⑥《宮廷詩集》中收錄的《新修太學歌》爲仁宗所作，其中提到"番君子"（𘒣𗵒𘕕）應該學習"聖詞聖言"（𗄭𗟲𗄭𗟲），創作"賢謀賢詞"（𘀄𘃪𘀄𗟲）；還提到在"番禮番儀"（𗼇𗃛𗼇𗃀）興盛的同時，"夫子功德"（𗟲𘕕𘄴𘝿）也應被重視。

---

① 羅福頤輯：《西夏文存》，《西夏研究》第 4 輯，北京：中國社會科學出版社，2007 年，第 878—879 頁。
② 吳廣成：《西夏書事校注》，胡玉冰校注，上海古籍出版社，2021 年，第 230 頁。
③ Kirill Solonin, "The Formation of Tangut Ideology: Buddhism and Confucianism", Carmen Meinert, Henrik Sørensen, *Buddhism in Central Asia I: Patronage, Legitimation, Sacred Space, and Pilgrimage*, Leiden: Brill, 2020, p. 133.
④ Ruth W. Dunnell, *The Great State of White and High: Buddhism and State Formation in Eleventh-Century Xia*, Honolulu: University of Hawaii Press, 1996, p. 160.
⑤ 吳廣成：《西夏書事校注》，第 386 頁。
⑥ 吳廣成：《西夏書事校注》，第 444—445 頁。

這都能體現出在仁宗時期儒家思想的地位高這一事實。① 仁宗朝"忠君—惠民"思想中的"忠君"一環源自"報父母恩",以儒家思想中的"孝"爲靈感同樣合情合理。

(二)"忠君—惠民"思想與佛教、儒家思想融合

"忠君—惠民"思想中的"忠君"除了前文分析的世俗文獻,也在作爲佛教文獻的發願文中有所表現,例如在仁宗剛去世時,大臣賀宗壽在仁宗的三七之日,"速集文武大臣,共散淨資,護國寶塔下,敬請禪師、提點、副使、判使、在家出家衆僧等三千餘衆,七日七夜供養燒結滅惡趣、七佛本願、阿彌陀佛各自道場等,請讀誦番、漢、藏三藏經各一遍,救命放生,佈施神幡"(𘓺𘞪𘟪𘄒𘊱𘝯𘄒𘉋,𘎘𘅍𘜘𘑨𘌮𘘄𘗽,𘓊𘞪𘗴𘜼,𘚔𘟣𘘄𘚠𘅞𘛽,𘞃𘛛、𘉋𘓟𘅉、𘟣𘅉、𘟣𘆝、𘘇𘊐𘘇𘜘𘜔𘄒𘞌𘂆𘄒𘒯𘁂𘄒𘋚𘈇𘖬𘗩,𘐞𘊐𘘇𘎤𘎴、𘇒𘘘𘝛𘈓、𘓖𘕉𘐽𘈇𘊤𘗵𘚔𘜔𘇠𘚔𘝿𘎀𘘘𘐽𘊊𘉑𘉛𘀉,𘄴、𘁧、𘝾𘊐𘎏𘔑𘊐𘌻𘝨𘗵,𘅴𘄤𘉅𘄫,𘢲𘠥𘞩𘜯),目的是"上報聖恩"(𘝹𘔀𘐽𘄒);② 在仁宗去世三年後刊刻的佛經——尾署夏天慶三年(1196)的《大密咒受持經》卷末發願文中,發願者張囉幹(𘔌𘎴𘐏)希望"文武智臣,以忠輔佐國家"(𘉋𘕠𘌋𘅞,𘞌𘌋𘞃𘑆𘆘𘘺),這體現出"忠君"思想在桓宗朝的延續。③

"忠君—惠民"思想中的"惠民"除了前文分析的佛教文獻,也在作爲世俗文獻的詩歌中有所表現,例如《宫廷詩集》收録的《天下同樂歌》寫道:"爲治軍民,上下同心如魚水;高舉善智,内外同意龍雲性。千黑頭,聽聞數恭手;萬赤面,處處贊恩德。美日善期,吉舍神宫擊仙樂;君臣庶民,炙口相承共同樂"(𘁂𘚛𘝯𘜯,𘞦𘝀𘆝𘑫𘝿𘉅𘃽;𘚼𘗽𘔩𘃫𘔀𘊻𘟣𘆞,𘛒𘜓𘆝𘉛𘟂𘚱𘑡。𘈱𘜬𘊡,𘝾𘜘𘘇𘗩𘟜;𘛤𘂎𘛃,𘊹𘄒𘊡𘄴。𘚠𘟜𘜫,𘞦𘛋𘙲𘐛𘈒𘈒;𘆘𘞪𘝯𘛺,𘟊𘙩𘐽𘓺𘁂𘎏),④ 詩句中的"黑頭"(𘊡)和"赤面"(𘂎)都是西夏人的自稱,在詩句的描寫中,君王臣民上下同心,君王有德,百姓和樂,這正是仁宗李仁孝心目中的美好景象,是"惠民"的最終目的。

從世俗文獻出發得出的"忠君"在佛教文獻中得到體現,而從佛教文獻出發得出的"惠民"在世俗文獻中得到體現,由該現象可知"忠君—惠民"思想是佛教文獻中的佛教思想和世俗文獻中的儒家思想交融的結果。若放寬視野,不難發現西夏儒家思想興起的時

---

① 聶鴻音:《西夏文〈新修太學歌〉考釋》,《寧夏社會科學》1990年第3期。
② 史金波、魏同賢、克恰諾夫主編:《俄藏黑水城文獻》(第24册),上海古籍出版社,2015年,第151—152頁。
③ 史金波、魏同賢、克恰諾夫主編:《俄藏黑水城文獻》(第27册),上海古籍出版社,2018年,第24—25頁。
④ 梁松濤:《西夏文〈宫廷詩集〉整理與研究》,第83頁。

期稍晚於北宋中期儒學復興的時期。在北宋中期儒學得到長足發展，荆公新學、二程洛學、蘇氏蘇學等學派著書立説的大環境下，西夏也開始發展起自己的儒學，此舉應是受到了北宋的影響。創作於桓宗李純祐時期（此時北宋早已滅亡）的《德行集》中的部分内容仍以司馬光、蘇軾等人的言論作爲選材範圍，反映出一批北宋名臣的主張，① 可見北宋儒家文化對西夏的影響具有持久性。同時值得注意的是，北宋中期儒學復興的一大特點是"舉儒家道統之旗對抗佛老'異端'"。在中原大地上被打壓，被認爲是"'非今理天下之道'，本來就不是用來治理天下的"佛教，② 卻被地處西北的西夏作爲其立國以來的傳統，得到統治者支持並發揚壯大。西夏人在吸收漢傳佛教、藏傳佛教的基礎上，還衍生出了具有民族特色的佛教③。西夏既保持自己的特色，又受到宋朝的影響，這樣的大背景爲西夏人將佛教、儒家思想結合提供了契機。

## 結　語

本文從西夏文佛教文獻和世俗文獻中共有的關鍵詞"報父母恩"出發，深入分析"報父母恩"在兩類文獻中的表現及其是如何被仁宗朝的西夏人理解，構建"忠君—惠民"思想，同時指出該思想是佛教、儒家思想結合的產物，是西夏本土文化和中原文化的結合。值得注意的是，西夏本土佛教的發展過程中同樣也吸收了來自中原漢地的佛教文化，這與西夏吸收儒家文化一道，體現了中原王朝的文化對於周邊少數民族的向心力。"忠君—惠民"思想主導的君臣關係雖然與中原王朝以儒家思想爲主導的君臣關係並不相同，但二者的最終目的都是爲了達到君臣和睦的效果，可謂是殊途同歸。西夏人既包含作爲主體的党項人，又包含漢人、吐蕃人、回鶻人等，是歷史上中華民族的一部分。在仁宗朝存在的"忠君—惠民"思想既吸收了漢地儒家文化，又體現了漢藏佛教文化，既是中華民族發展史上的有機組成部分，也是民族文化融合的結晶。

---

① 聶鴻音：《西夏文德行集研究》，第16—18頁。
② 劉復生：《北宋中期儒學復興運動》，北京：生活·讀書·新知三聯書店，2023年，第48—51頁。
③ 馬洲洋認爲西夏本土的佛教具有開放性，是漢傳佛教和藏傳佛教的有機結合。索羅寧和侯浩然同樣指出西夏的佛教可以被視爲"漢藏佛教"。參見 Zhouyang Ma, *An Inner Asian Buddhist Revolution: The Rise of Tibetan Buddhism in the Tangut Xia State*, Ph. D thesis Inner Asian and Altaic Studies, Harvard University, 2023, p. 66; Kirill Solonin, Hou Haoran, "Tangut Buddhism", Jonathan Silk, *Brill's Encyclopedia of Buddhism*, vol. 4, p. 208.

# "Repaying the Kindness of Parents" and the "Loyal to the Lord—Benefit for the People" Idea in the Renzong Period of Western Xia (Tangut)

Zhang Enfu

**Abstract**: By analyzing Buddhist and secular texts in Tangut, this paper demonstrates the presence of the term "repaying the kindness of parents" (Chin. *bao fumu en* 報父母恩) in both types of sources. This concept is closely associated with the "benefit for the people" (Chin. *hui min* 惠民) notion found in Buddhist scriptures, and it is intricately connected with the "loyal to the lord" (Chin. *zhong jun* 忠君) idea found in secular documents. As such, this term bridges both literary genres and is closely tied to the overarching "loyal to the lord—benefit for the people" ethos of the Renzong Period of Tangut Xia. Furthermore, this paper points out that the emergence of the idea "loyal to the lord—benefit for the people" was influenced by both Buddhism and Confucianism, showcasing the amalgamation of indigenous Tangut culture with Han culture.

**Keywords**: Renzong of Western Xia (Tangut); the "Loyal to the lord—benefit for the people" idea; Buddhism; Confucianism; Tangut

# 雀林碑譯注*

白玉冬

**摘　要**：後突厥汗國雀林（Choiren）碑，1928 年發現於今蒙古國烏蘭巴托東南約 180 公里的雀林蘇木。關於雀林碑，學術界的分歧點在於碑文創建者的名號及其出身，碑文紀念的是何人等。依據筆者釋讀，雀林碑並非以往學者主張的是某一人物的紀功碑，而是其稱號中帶有依干俟斤（yägän irkin）的人物暾毗伽（tun bilgä），於兔年（691）三月七日爲紀念後突厥汗國首任可汗頡跌利施，即骨咄祿的去世而鐫刻的。碑文建造者出自阿史那氏骨咄祿的兄弟家族，是骨咄祿的侄子。雀林碑極可能是迄今爲止所知的年代最爲古老的突厥魯尼文碑。

**關鍵詞**：突厥魯尼文碑文；頡跌利施可汗；依干俟斤；暾毗伽

## 一、研究史及其問題點

　　後突厥汗國雀林（Choiren）碑，1928 年發現於今蒙古人民共和國烏蘭巴托東南約 180 公里的東戈壁省（今戈壁蘇木貝爾省）雀林蘇木的桑薩爾山（Sansar ula）南坡面青銅時代古墓上，面朝西南方。[①] 之後不久，1929 年被移送至烏蘭巴托的蒙古國家博物館保管。2023 年起，收藏於 2022 年開館的成吉思汗博物館。筆者參加蘭州大學"胡漢語碑刻考察團"，曾於 2018 年 8 月、2019 年 8 月和 2023 年 8 月，三次對其進行現場調查。本稿有關雀林碑的各類物理學信息，均來自筆者當時的記錄。

---

\* 基金項目：國家社科基金重大項目"北朝至隋唐民族碑志整理與研究"（編號18ZDA177），中央高校基本科研業務費專項資助項目"隋唐至北宋古突厥語族群與華夏中央王朝之間的交流交往交融史研究"（編號：2023jbkyzx011）。

① 相關介紹，參見 S. E. Malov, "Novye pamyatniki s tureckimi runami", *Yayk i myshlenie*, VI-VII, Leningrad, 1936, pp. 251-252；謝·格·克里亞什托爾内依：《蒙古卻林古代突厥碑銘》，收入普·巴·科諾瓦洛夫著，陳弘法譯：《蒙古高原考古研究》，呼和浩特：内蒙古人民出版社，2016 年，第 284—286 頁；護雅夫：《S＝G＝クリャシュトルヌィ著東ゴビのルーン文字銘文》，《東洋學報》第 57 卷第 1 號，1976 年，收入氏著《古代トルコ民族史研究》第 2 卷，東京：山川出版社，1992 年，第 574 頁。

雀林碑刻寫於稍作加工的石人胴體上，石人正面底部和左右二個側面有被削平的痕跡。

石人由花崗岩制成，保存完好，五官清晰，頭部灰底泛黃，胴體呈青黑色。石人高約132厘米、寬37—41厘米，最厚部約22厘米。共6行魯尼文銘文（圖1），銘文左側有上下二個印記（圖2）。其中，下方的印記與後突厥汗國的闕特勤碑和毗伽可汗碑的印記，以及翁金碑的主體印記相同，是後突厥汗國可汗家族阿史那氏的公山羊印記，上方印記是半圓下面一豎加一"之"的蛇形曲線。

圖1　2018年8月7日筆者攝　　　圖2　2018年8月7日筆者攝

最早對雀林碑進行研究的是蘇聯學者馬洛夫（S. E. Malov）。他在1936年，根據獲得的不太清晰的圖片信息進行了初步的解讀，並刊出了發現時的原始圖片。[①] 雖然多有與文字不合之處，但他推定雀林碑與發現地的古墓沒有直接關係，屬於突厥時代的一個紀念碑。[②] 馬氏的這一觀點爲之後的研究者所認同。對雀林碑真正意義上的解讀，始於蘇聯學

---

① S. E. Malov, "Novye pamyatniki s tureckimi runami", *Yayk i myshlenie*, VI-VII, Leningrad, 1936, pp. 253, 255-259.

② S. E. Malov, "Novye pamyatniki s tureckimi runami", *Yayk i myshlenie*, VI-VII, Leningrad, 1936, pp. 252, 254-255.

者克里亞施托爾內（S. G. Klyashtorny）。他於 1968—1969 年在蒙古國進行田野考察時進行了實地調查，之後於 1971 年和 1980 年連續發表其解讀成果。① 克氏新的重要結論是雀林碑是後突厥汗國功臣 Tonyuquq 暾欲谷（漢籍中的阿史德元珍）的紀功碑，是古突厥語魯尼文碑文中最古老的史料，並推定蛇形印章是暾欲谷所屬阿史德氏的印章。克氏的釋讀及其相關見解影響頗大。如，日本著名突厥學者護雅夫對克氏的雀林碑研究成果進行了詳細介紹，② 並積極吸收利用其研究成果，主張雀林碑爲暾欲谷建造的紀功碑，是最古老的突厥魯尼文碑文等。③ 美國印第安納大學教授高登（P. B. Golden）在關於突厥人歷史的概論中介紹其文字體系時，引用克氏成果，並力陳雀林碑是建造於 688—691 年的最古老的突厥碑文。④ 蒙古國學者寶樂道（L. Bold），以及巴圖圖魯嘎（Ts. Battulga）在早年亦均從克氏的釋讀。⑤ 國內耿世民先生進行了簡單介紹，⑥ 陳懇在考述暾欲谷族出回紇阿史德系時支持並利用克氏觀點。⑦

1990 年，土耳其學者塞爾特卡亞（O. F. Sertkaya）訪問烏蘭巴托，對雀林碑進行實地考察，指出克氏的解讀存在諸多改進之處。⑧ 重要的一點是，他糾正出克氏解讀出來的 Tonyuquq（暾欲谷）實爲誤讀，並主張該碑是九姓烏古斯（九姓鐵勒）的統治者之紀念碑。

2009 年，日本學者鈴木宏節發表《突厥雀林碑文再考》一文。⑨ 他根據實地考察和采集的拓片，對雀林碑進行了迄今爲止最爲翔實的研究，並刊出了碑文的拓片圖片。他詳細介紹了克氏和塞氏的研究成果，指出克氏關於 Tonyuquq（暾欲谷）的誤讀，以及關於碑文紀念者出自阿史德氏這一看法的缺陷所在。並依據公山羊印記及其上方的蛇形印記還

---

① S. G. Klyashtorny, "Runicheskaya nadpis' iz Vostochnoy Gobi", *Studia Turcica( Bibliotheca Orientalis Hungarica*, vol. 12), 1971, pp. 249-258; S. G. Klyashtorny, "Drevnetyurkskaya nadpis na kamennom izvayanii iz Choirena", *Strany i naroby Vostoka*, vol. 22, 1980, pp. 90-102. 其中，1980 年論文是增補版，其中譯文見《蒙古卻林古代突厥碑銘》，收入普·巴·科諾瓦洛夫著，陳弘法譯：《蒙古高原考古研究》，第 284—300 頁。

② 護雅夫：《S＝G＝クリャシュトルヌィ著東ゴビのルーン文字銘文》，《東洋學報》第 57 卷第 1 號，1976 年，收入氏著《古代トルコ民族史研究》第 2 卷，第 573—580 頁。

③ 護雅夫：《古代遊牧帝國》，東京：中央公論社，1976 年，第 116—119、228—234 頁；護雅夫：《遊牧國家の「文明化」》，護雅夫、神田信夫編：《北アジア史（新版）》，山川出版社，1981 年，收入氏著《古代トルコ民族史研究》第 3 卷，山川出版社，1997 年，第 57—58 頁。

④ P. B. Golden, *An Introduction to the History of the Turkic Peoples (Turcologica 9)*, Wiesbaden, 1992, pp. 151-152.

⑤ L. Bold, *Bnmau-in nutag dahi hadni bichees*, Ulaanbaatar, 1990, pp. 143-146; Ts. Battulga, *Mongolin runi bichgiin baga dursgaluud*, Ulaanbaatar, 2005, pp. 85, 101-103.

⑥ 耿世民：《古代突厥文碑銘研究》，北京：中央民族大學出版社，2005 年，第 45 頁。

⑦ 陳懇：《暾欲谷家世鉤沉》，《元史及民族與邊疆研究集刊》2017 年第 1 期，第 138 頁。

⑧ O. F. Sertkaya, "Die Runen-Inschrift von Coir", J. P. Laut, M. Ölmez ( eds. ), *Bahşı Ögdisi. Klaus Röhrborn Armağanı ( Türk dilleri araştırmaları dizisi* 21), Freiburg / İstanbul, 1998, pp. 349-361.

⑨ 鈴木宏節：《突厥チョイル碑文再考》，《内陸アジア史研究》第 24 輯，2009 年，第 1—24 頁。

見於突厥汗國其他碑文這一點，推定碑文主人 yägän irkin（依干俟斤）並非如克氏所言出自阿史德氏，亦非如塞氏所言出自烏古斯部族，而是出自突厥王族阿史那氏的旁系家族。鈴木的解讀，相比前人研究有了很大的改進。

2022 年，蒙古國立大學巴圖圖魯嘎（Ts. Battulga）教授在其新著《蒙古魯尼文紀念銘文的新研究》第三册中，對前人的研究成果全部進行轉引介紹，並刊出了清晰的圖片。① 巴圖圖魯嘎的這一工作，使得筆者得以瞭解到難以入手的歐美學者的相關解讀成果，功不可没。據其介紹，另有蒙古國學者 B. Napil 在 2005 年，② 土耳其學者 B. Özender 在 2006 年，③ 俄羅斯學者科爾姆辛（I. V. Kormushin）在 2011 年，④ 土耳其學者裕勒麥孜（M. Ölmez）在 2012 年，⑤ 以及他本人在 2019 年分別刊出了釋讀文本。⑥

國内方面，尚無學者進行釋讀研究，祇有耿世民先生進行過簡單介紹。⑦ 陳懇則在關於突厥與鐵勒關係歷史的研究中，推定碑文中出現的 tun bilgä（頓毗伽）與 tun yigän irkin（頓移健俟斤）很可能是擁護、追隨以暾欲谷爲領袖的薛延陀——回紇阿史德系的鐵勒部落的代表人物，並主張公山羊印記上方的蛇形印記屬於回紇——薛延陀系統的阿史德氏族印記。⑧

綜上，關於雀林碑的釋讀，學術界意見不一。其中，最大的分歧點在於碑文創建者的名號及其出身，碑文紀念的是何人，以及它行列的排列順序及其行文方向。

的確，雀林碑最大特點及其難點就在於其複雜的行列配置。魯尼文通常自右向左行文，但如葉尼塞碑銘所見，偶有自左向右書寫。在畫有上下方向經線的碑文上，文字自頂部向低端行進，换行自右向左（如闕特勤碑和毗伽可汗碑、翁金碑）或自左向右（如暾

---

① Ts. Battulga, *Mongolin runi bichgin dursgalin shine sudalgaa* Ⅲ, Ulaanbaatar, 2022, pp. 42-57.
② 收入 Ts. Battulga, *Mongolin runi bichgin dursgalin shine sudalgaa* Ⅲ, p. 45.
③ Barutçu Özender, "Çoyr Yazıtı", *Modern Türklük Araştırmaları Dergisi* 3, 2006, 頁數不明, 收入 Ts. Battulga, *Mongolin runi bichgin dursgalin shine sudalgaa* Ⅲ, p. 46.
④ İgor Kormuşin, "Çoyr Runik Kitabesinin Yeni Okuma Yorumlaması Hakkında", *Orhon Yazıtlarının Bulunuşundan 120. Yıl Sonra Türklük Bilimi ve 21. Yüzyıl Konulu III. Uluslararası Türkiyat Araştırmaları Sempozyumu Bildiriler Kitabı*. Ed. Ülkü Çelik Şavk. Ankara: Türk Dil Kurumu Yay, 2011, pp. 511-518. 收入 Ts. Battulga, *Mongolin runi bichgin dursgalin shine sudalgaa* Ⅲ, pp. 47-48.
⑤ Mehmet Ölmez, *Orhon-Uygur Hanlığı Dönemi, Moğolistan'daki Eski Türk Yazıtları*, BilgeSuYayıncılık, Ankara, 2012, p. 211. 收入 Ts. Battulga, *Mongolin runi bichgin dursgalin shine sudalgaa* Ⅲ, p. 48.
⑥ Ts. Battulga, "Oruk Yazıtı", *Asya Araştırmaları Uluslararası Sosyal Bilimler Dergisi* 3-1, 2019, pp. 87-99. 收入 Ts. Battulga, *Mongolin runi bichgin dursgalin shine sudalgaa* Ⅲ, pp. 49-50.
⑦ 耿世民：《古代突厥文碑銘研究》，第 45 頁。
⑧ 陳懇：《暾欲谷家世鉤沉》，《元史及民族與邊疆研究集刊》2017 年第 1 期，第 138—140 頁。

欲谷碑）。① 然而，二次利用石人的雀林碑難辨經線，6 行銘文中，4 行的書寫呈同一方向，剩餘 2 行呈相反方向。這使得學者們關於雀林碑的行列排序意見不一，如：克氏、塞氏、鈴木的排序均不同（圖 3）。其中，前二者的换行方向雖然正好相反，但行與行之間未發生跳躍，而第三者鈴木的换行發生間隔性跳躍，且相鄰行之間存在書寫順序相反的現象。作爲碑文來説，此種間隔性跳躍極其罕見。筆者依據自己釋讀出來的文本及其文義，主張按同一方向書寫的 4 行爲第 1—4 行，相反方向書寫的 2 行爲第 5—6 行（圖 4）。

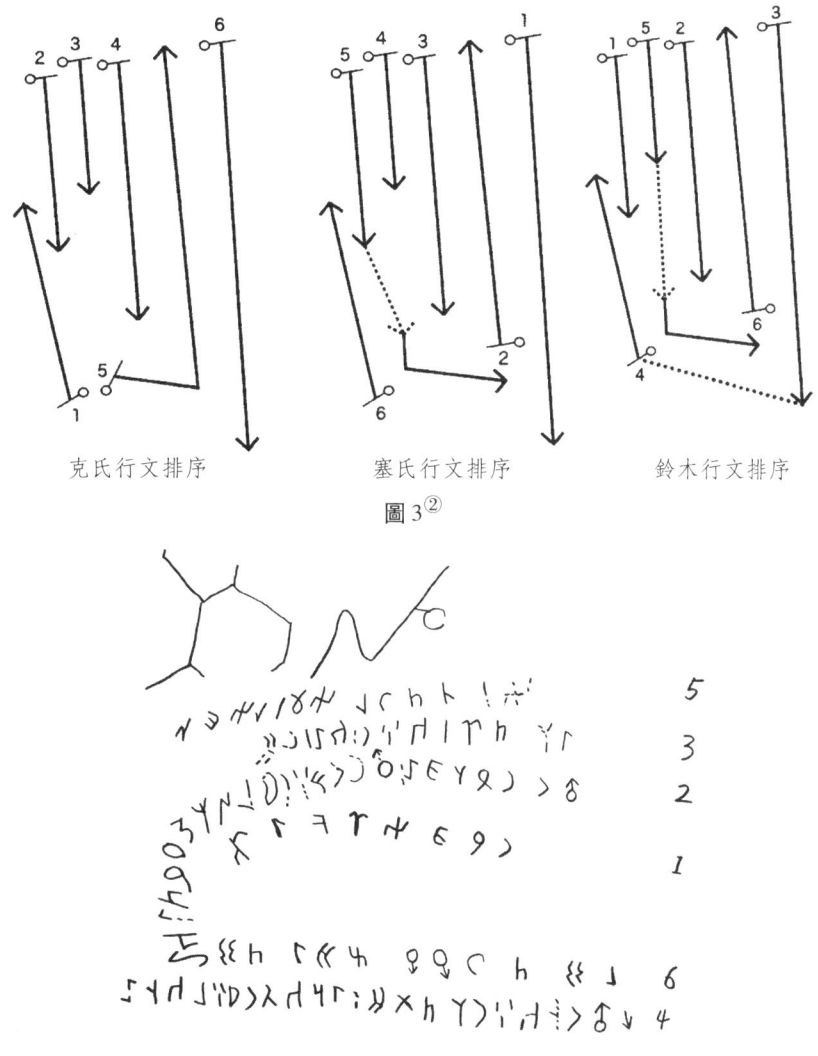

克氏行文排序　　　　塞氏行文排序　　　　鈴木行文排序

圖 3②

圖 4

---

① 關於古突厥碑銘的形制與换行、换面之間的歷史背景，胡鴻作了細致的考察。見胡鴻：《鄂爾渾古突厥碑銘的形制分析》，《中國學術》第 39 輯，北京：商務印書館，2018 年，第 253—271 頁。

② 摘録自鈴木宏節：《突厥チョイル碑文再考》，《内陸アジア史研究》第 24 輯，2009 年，第 5 頁。

到目前爲止，雀林碑較爲清晰的圖片收錄在巴圖圖魯嘎的著作中，① 拓片的黑白圖片刊載於鈴木宏節論文中。②

## 二、換寫、轉寫與譯注

如前所述，雀林碑的彩色圖片與拓片的黑白圖片均已被刊出。筆者的釋讀，主要基於本人在蒙古國實地采集到的圖片和現場識辨結果。在該圖片上不清晰之處，酌情參考巴圖圖魯嘎和鈴木給出的圖片。

(一) 凡例

(1) 換寫

1. 元音：a 代表拼寫前舌音元音 ä 或後舌音元音 a 之文字，i 代表拼寫前舌音元音 i 或後舌音元音 ï 之文字，ü 代表拼寫前舌音元音 ö、ü 之文字，W 代表拼寫後舌音元音 o、u 之文字。

2. 輔音：小寫字母代表拼寫與前舌音元音 ä、i、ö、ü 搭配使用的前舌音系列輔音文字，以及與前舌音元音 ä、i、ö、ü 和後舌音元音 a、ï、o、u 均可搭配使用的雙舌音系列輔音文字；大寫字母代表拼寫與後舌音元音 a、ï、o、u 搭配使用的後舌音系列輔音文字。

(2) 其他遵循原則如下：

1. 換寫之中，: 表示碑文上刻寫的停頓符號，[ ] 内文字表示完全破損文字的推測復原，／表示完全破損文字。

2. 轉寫之中，[ ] 表示整體破損文字的推測復原，／表示不能復原的破損之處。

3. 譯文之中，( ) 内文字爲補充說明，……相當於換寫和轉寫之中不能復原的破損部分。

4. 詞注中，祇給出部分重要詞彙的注釋，前人研究成果介紹中的頁碼不完全一一標明。

録文（摹寫見圖 4）

1. /// ⊃ 或(⟩?) ꑂꑂꑂꑂꑂꑂꑂꑂ

2. ꑂꑂꑂꑂꑂꑂ(ꑂꑂꑂꑂꑂ)ꑂꑂꑂꑂꑂꑂꑂꑂꑂꑂꑂ

3. (ꑂꑂ)ꑂꑂꑂꑂꑂ:ꑂꑂꑂ[ꑂ](ꑂ)

---

① Ts. Battulga, *Turkic Footprints in Mongolia*, Ulaanbaatar, 2016, p. 47; Ts. Battulga, *Mongolin runi bichgin dursgalin shine sudalgaa* III, p. 57.

② 鈴木宏節：《突厥チョイル碑文再考》，《内陸アジア史研究》第 24 輯，2009 年，第 23—24 頁。

4. ↓ⰅⰓⰎⰘⰉⰏⰀⰈⰕⰕⰁⰓⰀⰃⰉ (?)

5. ⰅⰃⰐⰉⰔⰁⰐⰉⰁⰀⰓⰀⰐ : (s) [n]

6. ⰀⰃⰓⰉⰎⰏⰀⰈⰕⰀⰕⰁⰀⰓⰀⰄⰉ

換寫

1. /// N 或 (W?) y g n r k i n

2. T W N b l g a : ( T B W S G N ) Y L ü ič nč Y y t i Q a

3. ( i l ) t r s Q G N : Q a s [ B ] ( m )

4. u Q T W [ ŋ ] ( Q )  G N l t d m : i R Q č N Y G L Q ŋ ( a )

5. ü g n i s b n i B R ŋ : ( s ) [ n ]

6. D R L M z T T B R D i

轉寫

1. /// yägän irkin

2. tun bilgä : ( tabïšɣan) yïl üčün čay yeti – qa

3. ( el ) tärišqaɣan : qa sa[ bï] ( m )

4. qut o( ng) ( qa) ɣan el etdim : ïr qačan ayɣïl qang – ( a )

5. ögni säbni barïŋ : sän

6. adrïlmaz tat bardï

譯文

1. ……依干俟斤

2. 屯毗伽於兔年（辛卯年，691 年）三月七日

3. 獻給頡跌利施可汗的我的話

4. "福王可汗我創建了國家，你要隨時（爲我）歌唱！"父親啊！

5. 您自我稱贊、自我歡喜地去吧！你

6. 離不開的外族人（即殉葬者）他去了。

（二）詞注

1 行 // N 或（W?） y g n r k i n > /// yägän irkin：開頭不清晰部分，前人釋讀意見不一。如克氏換寫作 T N，塞氏換寫作 TWN，但均轉寫作 tun，鈴木宏節對此提出質疑。依據第 2 行的第 2 字和第 3 字而言，此處第 3 字亦有可能是 W。y g n > yägän 原義是外孫或外甥，r k i n > irkin（俟斤）是部族長之義。鑒於 irkin（俟斤）這一稱號，還以 Apayägän irkin（阿波依干俟斤）的形式出現於同屬後突厥汗國的浩爾阿斯嘎特（Xor Asgat）碑文

中,① 且第 2 行開頭處的 tun bilgä(屯毗伽)可以視作碑文製作者的名字,則此處///yägän irkin 恐怕是碑文制作者的職官稱號。

2 行 T W N b l g a:(T B W S G N) Y L ü ič nč Y y t i Q a > tun bilgä(tabïšɣan)yïl üčünč ay yeti-qa(屯毗伽於兔年三月七日):tun bilgä 的釋讀,學術界意見一致,問題在於之後的部分。如,克氏認爲之後空白,並把 yeti-qa(克氏轉寫作 yäti-qa——筆者)置於 adrïlmaz(克氏第 5 行)之前。塞氏讀作 šad(設,職官稱號——筆者),並把 9 個殘餘筆畫部分置於筆者第 3 行中間的 qaɣanqa 之後。B. Napil 讀作 qutluɣ,並把之後的部分與塞氏同樣置於 qaɣanqa 之後,讀作/qoñ/ yïlüčünčay yeti-qa(……羊……年 3 月 7 日)。B. Özender 視作空白,但把 üčünčay yeti-qa 置於筆者第 5 行 ögni säbni barïŋ(您自我稱贊、自我歡喜地去吧!)之後。科爾姆辛推測復原作 šad,並把 yï lüčünč ay yeti-qa 置於 qaɣanqa///之後。鈴木指出塞氏的銜接有誤,轉寫作///yïlqa üčünčay yeti-qa(於某年三月七日)。巴圖圖魯嘎讀作 čurït yïl üčünčay yäti-qa(啜於狗年三月七日)。仔細核查圖片並現場識別,應以鈴木和巴圖圖魯嘎的連綴方式爲正。即,tun bilgä(屯毗伽)之後,yïl üčünčay yäti-qa(於某年三月七日)之前,應該是某一生肖紀年方式。細查圖片可以見到 T B W S G N > tabïšɣan(兔)的殘影(圖 5-1,5-2),尤其是 T 和 S 相對清晰。按緊隨其後的第 3 行中出現的 eltärišqaɣan(頡跌利施可汗)即後突厥汗國的創建者骨咄禄而言,此兔年當指武周天授二年的辛卯年,即 691 年。關於骨咄禄的死亡日期,《舊唐書》作"天授中病卒",②《新唐書》作"天授初"。③ 依據此處的兔年,骨咄禄當死於天授二年(691)三月七日前不久。推而言之,碑文創建者爲了紀念骨咄禄之死而建造了雀林碑。

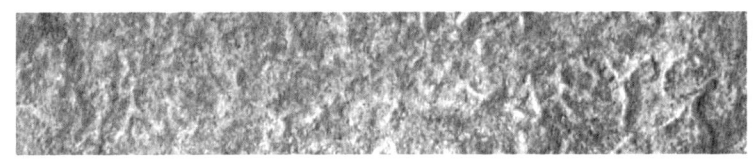

圖 5-1

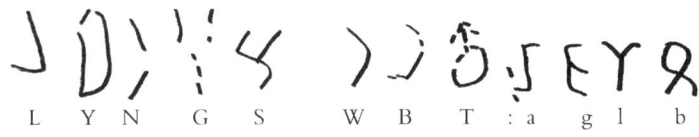

圖 5-2

---

① 大澤孝:《ホル・アスガト(Xor Asgat 碑銘再考》,《内陸アジア言語の研究》第 25 輯,2010 年,第 36、41-42 頁。
② 《舊唐書》卷 144《突厥傳》,北京:中華書局,1975 年,第 5168 頁。
③ 《新唐書》卷 215《突厥傳》,中華書局,1975 年,第 6044 頁。

3 行(i l)t r s Q G N：Q a s [ B ] (m) > (el)tärišqaɣanqa sa[ bï] (m) （獻給頡跌利施可汗的我的話）：eltärišqaɣan 即漢籍記録的後突厥汗國首任頡跌利施可汗骨咄禄，此點自克氏解讀以來，學術界意見一致。之後的文字，學者們釋讀意見不一，兹不贅述。據圖片（圖 6-1），在 a 的後面（左側）可以見到豎線，該豎線視作前舌音字 s 於理不悖。之後的兩個文字，第一字不明，第二字隱約可見 m 的殘影。據整句文義，該處三字讀作 sBm，復原作 sabïm（我的話）較爲穩妥（圖 6-2）。值得一提的是，書寫 s 的文字是前舌音字母，這與闕特勤碑和毗伽可汗碑所見突厥魯尼文碑文的正字體規則相悖。不過，如同碑第 2 行末尾的 y t i Q a > yeti-qa 的 Q 以後舌音文字寫成那樣，雀林碑存在前後舌音文字的相混現象。

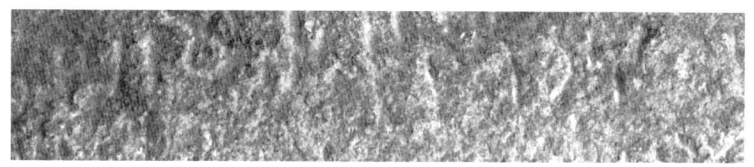

圖 6-1

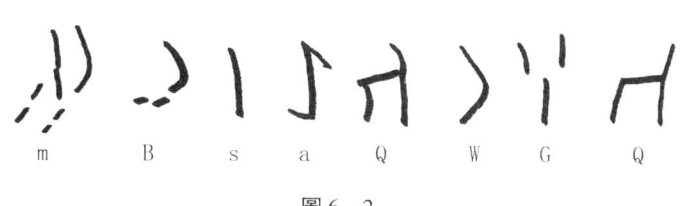

圖 6-2

4 行 uQ T W[ ŋ ] (Q) G N l > qut o( ng) (qa)ɣan el（福王可汗國家）：關於此處文字的識別，學者們之間意見分歧嚴重。如最初的三字，克氏讀作 TWñ，復原作 toñuquq，視作漢籍記録的暾欲谷/阿史德元珍。塞氏批判這一讀法，並將其讀作 tulqu（圓圓的），推測後面可能有被修飾的石頭。鈴木亦讀作 tolqu，解釋作完整的。巴圖圖魯嘎讀作 tul qut。然不論哪一種釋讀，均忽略了在圖片上清晰可見的首字 uQ。W 之後的文字，學者們的釋讀意見亦不一致，兹不贅引。據筆者采集的圖片（圖 7-1），W 之後的五個文字雖然因刻寫淺薄而不清晰，但後四字仍然可以辨別出文字的輪廓（圖 7-2）。該四字，識讀作 (Q)

圖 7-1

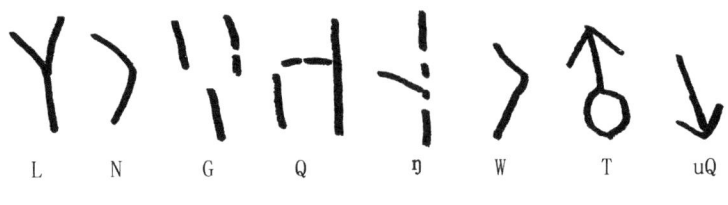

图 7-2

　　G N l 於理不悖，尤其是後三字更無大礙。如此，最初二字 uQ T 復原作在古突厥語中頻繁出現的具有幸運、幸福、恩寵、天佑等含義的 qut 於情於理相合。① W＞o/u 之後的那個不明文字，據其後出現 qaγan（可汗）而言，應該是與 W＞o/u 構成修飾可汗的用詞或與可汗並列的同位語。我們知道，漢語詞"王"被借入到古突厥語中作 ong/oo，② 在後突厥汗國闕特勤碑中作 ong。此處 W 之後的不清晰文字推定作 ŋ，W ŋ 復原作 ong（王），正與前後文義相合。

　　4 行 i R Q čN Y G L＞ïr qačan ayγïl（你要隨時歌唱！）：此處前人換寫轉寫意見不一，竊以爲應以鈴木釋讀爲正，茲從之。其中的 N 字，雖然存在讀作 W 的可能，但據前後文義當讀作 N。誠如鈴木介紹，古突厥語文獻中 qačan 的用例稀少，碑文中出現於暾欲谷第一碑東面第 3 行、第 4 行和北面第 5 行，分別換寫作 Q čn ŋr s r、Q čN ŋr s r、Q čn ŋr s r。③ 土耳其學者特勤（T. Tekin）將上述例子均轉寫作 qačan näng ärsär，解釋作"早晚什麼時候一定"。④ 另一土耳其學者厄達爾（M. Erdal）則復原作 qačanïng ärsär，嘗試解釋爲

---

① 古突厥語詞 qut 內涵甚廣，且時常因時代不同而有區別。意大利學者邦巴西（A. Bombaci）曾就此問題專做歸納討論，護雅夫在考察突厥君主觀的文章中詳細介紹了古今突厥語族語言中 qut 的含義。見 A. Bombaci, "Qutluγ Bolzun! A Contribution to the History of the Concept of 'Fortune' among the Turks", *Ural-Altaische Jahrbücher*, vol. 36, 1964, pp. 284-291，*Ural-Altaische Jahrbücher*, vol. 38, 1966, pp. 13-44；護雅夫：《突厥における君主観》，原載護雅夫編《内陸アジア・西アジアの社会と文化》，山川出版社，1983 年，後收入氏著《古代トルコ民族史研究》第 2 卷，第 356—357 頁。概言之，突厥回鶻時代的 qut，主要有幸運、幸福；恩寵、天佑；命運；靈魂、魂魄；君主、殿下；五行要素；守護靈；超凡能力、魅力、感召力（Charisma）等含義。其中，在古突厥語文獻的碑文時代，首選是幸運、幸福；恩寵、天佑。另參見 Dankoff and J. Kelly, eds. and trs., *Compendium of the Turkic Dialects, by Maḥmūd al Kāšγarī*, Cambridge: Harvard University Printing Office, 1982-1985, 3 vols, vol. 1, p. 257 qut; G. Clauson, *An Etymological Dictionary of Pre-Thirteenth Century Turkish*, Oxford: Clarendon Press, 1972, p. 594 qut.

② 相關研究，主要參見白玉冬：《華夏稱號"王"在暾欲谷碑中的發現》，《中國民族古文字文獻研究》第 1 輯，合肥：黃山書社，2021 年，第 89—98 頁；白玉冬、車娟娟：《葉尼塞碑銘所見華夏稱號"王"考》，《敦煌學輯刊》2022 年第 2 期，第 149—156 頁。

③ 鈴木宏節：《突厥チョイル碑文再考》，《内陸アジア史研究》第 24 輯，2009 年，第 8—9 頁。

④ T. Tekin, *A Grammar of Orkhon Turkic*, Bloomington: Indiana University, 1968, p. 162.

"終究在某一階段,從來,有朝一日"。① 筆者以爲按特勤的意見和克勞森(G. Clausen)的解釋,② 此處 qačan 取義爲"任何時候"爲好。鈴木將 Q čN 復原作 qačan 自無問題,但參考晚期回鶻語文獻中的用例,主張解釋作"何時"。這可能是因爲他將此處視作///yägän irkin(依干俟斤)之言所致。順提一下,ayɣïl 是動詞 ay-(説)的第二人稱命令形。看得出,整個第 4 行是以第一人稱語氣,即頡跌利施可汗的語氣寫成。此種以第一人稱語氣書寫的文本,在突厥魯尼文碑文中並不罕見。

4 行 Q ŋ(a)>qang-(a)(父親啊!):此處文字清晰,但不知爲何多被讀作 B ŋ(a)>banga("我"的與格),如克氏、塞氏、B. Özender 和鈴木。另,B. Napil 轉寫作 yoɣladïŋ 的 dïŋ,科爾姆辛和巴圖圖魯嘎讀作 qaŋ。據圖片,當以 qang-a(父親啊!)爲正。其中,末尾的 a 是語氣助詞,多見於葉尼塞碑銘中。鈴木根據雀林碑的印記包括阿史那氏的公山羊印記和另一蛇形印記,指出碑文主人 yägän irkin(依干俟斤)出自後突厥汗國的創建者骨咄禄的兄弟家族。③ 筆者對此看法没有異議,衹是以爲 yägän irkin(依干俟斤)是碑文建造者的稱號的一部分,屯毗伽(tun bilgä)纔是其名稱。依筆者釋讀,此處"父親啊(qang-a)"之前的部分是以頡跌利施可汗的語氣,以第一人稱語氣寫成,之後的第 5—6 行是以碑文建造者屯毗伽的語氣寫成,是對頡跌利施可汗的祝願與奉告。有鑒於此,此處"父親啊(qang-a)"雖然位於第 4 行,但語義上應該與第 5 行和第 6 行銜接。顯然,此處"父親"並非直系血親,而是骨咄禄兄弟的孩子對骨咄禄的稱呼。

5 行—6 行(s)[n] D R L M z T T B R D i > sän adrïlmaz tat bardï(你離不開的外族人他去了):第 5 行末尾的(s)[n]>sän(你),文字稍顯漫漶,但 s 的竪線可以見到。據之前已經出現動詞"去(bar-)"的第二人稱命令形的複數性 barïŋ(您去吧!此處以複數形表示尊敬)而言,此 sän(你)文義上視作與第 6 行銜接爲好。接下來的第 6 行文字清晰,惜釋讀意見不一,兹不贅引。鈴木將此處不離開(adrïlmaz)的外族人(tat),依據東羅馬史料中關於突厥的記録,推定是隨葬用的人牲。④ 依據筆者的行列排序和釋讀意見,第 5 行和第 6 行是碑文建造者屯毗伽(tun bilgä)對頡跌利施可汗的祝願和奉告,此第 5 行末尾的 sän(你)與第 6 行開頭的 adrïlmaz(動詞 adrïl-"離開"的否定式的形動詞,"離不開的"之義)結合起來構成之後的 T T > tat(外族人)的修飾限定詞。即,外族人 tat 是頡跌利施可汗離不開之人。而且,第 5 行的 barïŋ(您去吧!)的 bar-(去)表

---

① M. Erdal, *A Grammar of Old Turkic*, Leiden/Boston: Brill, 2004, pp. 216-217, p. 216, no. 389. 馬塞爾·厄達爾著,劉釗譯:《古突厥語語法》,北京:民族出版社,2017 年,第 226—227 頁,227 頁脚注 1。
② G. Clauson, *An Etymological Dictionary of Pre-Thirteenth Century Turkish*, p. 592.
③ 鈴木宏節:《突厥チョイル碑文再考》,《内陸アジア史研究》第 24 輯,2009 年,第 16—18 頁。
④ 鈴木宏節:《突厥チョイル碑文再考》,《内陸アジア史研究》第 24 輯,2009 年,第 12—13 頁。

明離開人世，則此處第6行的bar-同樣視作離開人世爲好，即前往頡跌利施可汗之處。有鑒於此，筆者對上述鈴木的"人牲"觀點表示贊同。唐人段成式（約803—863年）的志怪小説《酉陽雜俎》記録突厥祖源傳説，言其祖先射摩"手斬阿謗首領，仍誓之曰：'自煞此之後，須人祭天，即取阿謗部落子孫斬之以祭也'。至今突厥以人祭纛，常取阿謗部落用之"。① 不知此處所言tat（外族人）是否爲阿謗部落人？

綜上，依據筆者釋讀，雀林碑並非以往學者主張的某一人物的紀功碑，而是其稱號中帶有依干俟斤（yägän irkin）的人物屯毗伽（tun bilgä），於兔年（691）三月七日爲紀念後突厥汗國首任可汗頡跌利施，即骨咄禄的去世而書寫鎸刻的。碑文建造者出自骨咄禄的兄弟家族，是骨咄禄的侄子。

## 三、餘　論

2022年8月24日，蒙古國與哈薩克斯坦兩國學者共同在烏蘭巴托召開記者招待會，通報新發現的突厥魯尼文碑文與遺跡。② 蒙古國方面出席者有蒙古國科學院考古研究所Gelegdorj Eregzen所長等，哈薩克斯坦方面出席者有突厥世界教育與科學合作組織（The Turkic World Educational & Scientific Cooperation Organization）總裁Darhan Kıdırali等。據介紹，蒙哈雙方考古人員在蒙古國後杭愛省哈沙圖蘇木（Hashatu som）的瑙木干（Nomgan）河谷發現了突厥時期大型魯尼文碑文與遺跡。鑒於新發現的殘碑中出現Qutluγ Qaγan（骨咄禄可汗）字樣，且遺跡近旁的殺人石上刻有阿史那氏的公山羊印記，蒙哈雙方學者一致認爲該遺址是後突厥汗國首任可汗骨咄禄的紀念碑及其遺址。筆者今年組織蘭州大學"胡漢語碑刻考察團"，在蒙古國科學院歷史所原所長敖其爾（A. Ochir）教授大力幫助下，於2023年7月30日有幸考察了上述遺址的挖掘現場，並現場確認了殺人石上的公山羊印記和約二米見方的大型石製祭祀臺。雖然大澤孝對出土殘碑是骨咄禄可汗碑文這一看法持懷疑態度，③ 但筆者以爲可能性極大。時至今日，相關碑文的解讀成果尚未獲得完全

---

① 録文參考《四部叢刊初編》第468册所收《酉陽雜俎》，上海：商務印書館1929年影印本，第1頁；臺灣學生書局《中國南海諸群島文獻匯編之一》所收《酉陽雜俎》，臺北1986年影印本，第30—31頁。相關考證參見白玉冬：《暾欲谷碑Az考》，《中西元史》第2輯，商務印書館，2023年，第154—161頁。

② 相關介紹，參見"HABERLER（İlteriş）Kutlu Kağan'a Ait Yazıt Bulundu:（NEWS Turkic inscription of Ilterish Kagan found in Mongolia）", *International Journal of Turkology*, no. 18, 2022, pp. 4-13；大澤孝：《モンゴルでの新発見の突厥碑文速報》，《日本モンゴル學會コラム》，https://ja-ms.org/jams_column/，2023年11月20日21：52檢索。

③ 大澤孝：《モンゴルでの新発見の突厥碑文速報》，https://ja-ms.org/jams_column/，2023年11月20日21：52檢索。

公開。鑒於雀林碑是名爲屯毗伽的人物爲紀念頡跌利施可汗，即骨咄禄之死而建立，相信筆者關於雀林碑的釋讀成果會對新發現的骨咄禄可汗碑文的解讀有所貢獻。極可能，雀林碑的建造年代與骨咄禄可汗碑文的建造年代極其相近。管窺之見，權當引玉之磚，冀望學界同仁推陳出新。

## Choiren Inscription: Revised Text, Translation and Commentaries

### Bai Yudong

**Abstract**: The Choiren inscription in the Second Turkic Khanate was discovered in 1928 in Choiren Sum, about 180 km southeast of Ulaanbaatar, Mongolia. About the Choiren inscription, the academic division points lie in the name and origin of the creator of the inscription, and the person who is commemorated in the inscription. According to the author's reading, the Choiren inscription is not the monument of a certain person as advocated by previous scholars, but the figure Tun Bilgä with Yägän Irkin in his title was inscribed on March 7, the Year of the Rabbit (691), in commemoration of the death of the first Khan of the Second Turkic Khaganate, that is, Eltäriš Qaɣan Qutluɣ. The builder of the inscription came from the brother family of Ashina's Qutluɣ and was the nephew of Qutluɣ. The Choiren inscription is probably the oldest Turkic Runic inscription known to date.

**Keywords**: Turkic Runic inscription; Eltäriš Qaɣan; Yägän Irkin; Tun Bilgä

# 國家圖書館藏一葉回鶻文《佛頂尊勝陀羅尼經》研究\*

阿依達爾·米爾卡馬力

**摘　要**：《佛頂尊勝陀羅尼經》是一部重要的密宗文獻，有漢文、藏文、于闐文、回鶻文、西夏文等多種語言譯本。回鶻文《佛頂尊勝陀羅尼經》存刻本和寫本兩種。柏林收藏的 8 件刻本曾由穆勒（Müller F. W. K.）於 1910 年研究刊佈。近期亞庫甫（A. Yakup）、克努佩爾（M. Knüppel）對柏林藏回鶻文《佛頂尊勝陀羅尼經》進行了檔案化整理，發現尚存 30 餘件刻本殘片。本文對北京國家圖書館收藏一葉回鶻文《佛頂尊勝陀羅尼經》（編號 GT15 – 19）進行語文學考證。在考證過程中，將回鶻文本與漢文本和藏文本進行對照，認爲回鶻文《佛頂尊勝陀羅尼經》翻譯時以藏文本作爲底本，且是藏文本的逐字翻譯本，但同時也參考了其漢文譯本。

**關鍵詞**：國家圖書館；《佛頂尊勝陀羅尼經》；回鶻文；密教文獻

## 一、引　言

《佛頂尊勝陀羅尼經》是一部重要的密宗文獻，簡稱《尊勝陀羅尼經》，一卷。經名中出現的"佛頂"（uṣṇīṣa）從佛三十二相之一的肉髻而來，是密教胎藏界曼荼羅釋迦院的五佛頂之一。釋迦院的五佛頂中以釋迦牟尼佛頂顯現的輪王形佛頂尊最爲殊勝，因此密教以佛頂尊作爲本尊，修持息災除病之法，稱之爲"尊勝法"，宣揚"佛頂尊勝陀羅尼"能淨除一切惡道和生死苦惱，廣利群生，救濟幽冥，是唐以來社會上最爲流行的佛經之一。從內容看，該文獻可分爲甲、乙兩種。① 甲本的主人公爲佛陀和善住天子，成書時間

---

\* 本文係教育部哲學社會科學一般項目"敦煌莫高窟北區石窟出土回鶻文文獻整理與研究（23YJA740001）"階段性成果。中國國家圖書館古籍館授權筆者研究該寫本，並同意刊登圖片，在研究過程中，北京大學薩爾吉教授給了諸多幫助，在此表示衷心感謝。

① 日本學者以宋代法天譯本爲界，將《大正藏》所收漢文《佛頂尊勝陀羅尼經》分爲初期本和後期本。持此觀點的代表人物有畝部俊也，他依據經典的內容將《佛頂尊勝陀羅尼經》分爲 A、B 兩個系列，即"善住天子、帝釋天"系列和"阿彌陀佛、觀世音菩薩"系列。畝部俊也：《梵文〈仏頂尊勝陀羅尼經〉と諸訳の対照研究》，《名古屋大学文学部研究論集（哲学）》2015 年第 61 号，第 98 頁。

可定爲 7 世紀,圍繞帝釋天傳佛音至善住天子,善住天子習熟陀羅尼,回避惡趣,回復長壽等情節,内容主要講述遊樂於三十三天的善住天子突然聽聞七日後將命終,將受七度畜生惡道之苦,感到驚恐萬分,於是他向帝釋天詢問如何纔能避免此境。帝釋天憐憫其業因,於是到佛陀那裏,懇請佛陀救濟善住天子。佛陀向他們宣說"一切趣清淨佛頂尊勝陀羅尼經"可救天子,並宣說陀羅尼文,誦其功德,建言受持。漢地流傳的《佛頂尊勝陀羅尼經》多屬甲本,僧俗主要看重陀羅尼咒文對治病、避難、除災、長壽的功效;乙本據信在原陀羅尼單行基礎上,内容逐步增擴,且依據此陀羅尼"往生極樂世界""增益壽命"等功能,於 10 世紀與無量壽信仰相結合,其主人公不再是佛陀和善住天子,而是無量壽如來和觀自在菩薩,該種現存十餘種梵文本收藏在尼泊爾等地。①

《佛頂尊勝陀羅尼經》作爲一部非常殊勝的經典,其内容簡短,受持簡便,且僧俗相信其經咒對於利生、度亡具有不可思議的强大效能,在民間得到尊崇,歷久不衰。據《叢林清規》記載,"佛頂尊勝陀羅尼"與"大悲心陀羅尼""消災妙吉祥陀羅尼"並稱"三大陀羅尼",爲佛門必誦功課。唐代宗曾下令天下僧侣每日必誦該經二十一遍,於每年正月一日具載呈報。在志靜撰《佛頂尊勝陀羅尼經序》、智昇編《開元釋教録》等多種資料中,常將《佛頂尊勝陀羅尼經》的傳播與天竺僧人佛陀波利(Buddha-pālī,覺護)、五臺山、文殊菩薩等聯繫在一起,② 該經借五臺山文殊信仰,得以廣泛傳播和流行。

《佛頂尊勝陀羅尼經》漢譯本較多,③ 據稱杜行顗本屬初譯本,譯於唐儀鳳四年(679),而佛陀波利譯本則到永淳二年(683)。④ 除佛陀波利本、杜行顗本外,另有後周智稱譯《尊勝陀羅尼並念誦功能法》(已佚)、地婆訶羅譯《最勝佛頂陀羅尼淨除業障經》、義淨譯《佛頂尊勝陀羅尼經》,宋代施護譯《尊勝大明王經》等,其中佛陀波利本、杜行顗本、地婆訶羅本和義淨本較爲著名,但以佛陀波利的譯本最爲流行,流傳也最廣,尤其盛行於敦煌一帶,今敦煌石室寫本佛經中見於著録的已有百種,各地尊勝幢所刻的經咒也大部分爲佛陀波利譯本,屬甲類。

除漢文本外,尚存藏文、于闐文、回鶻文、西夏文等多種語言譯本。藏文《大藏經》中收録的《佛頂尊勝陀羅尼》有五種,其中四種以佛頂尊勝母信仰爲基礎,題名作《一切如來佛頂尊勝陀羅尼儀軌》,屬於該陀羅尼的乙種本,與之相對應的漢譯本有法天的

---

① 畝部俊也:《梵文〈仏頂尊勝陀羅尼經〉と諸訳の対照研究》,第 98 頁。
② 佐々木大樹:《仏頂尊勝陀羅尼の研究——特に仏陀波利の取経伝説を中心として》,《大正大学大学院研究論集》2010 年第 33 号,第 1—10 頁。
③ 李小榮:《敦煌密教文獻論稿》,北京:人民文學出版社,2003 年,第 46 頁。
④ 佐々木大樹:《仏頂尊勝陀羅尼の研究——特に仏陀波利の取経伝説を中心として》,第 4 頁。

《佛説一切如來烏瑟膩沙最勝總持經》（《大正新修大藏經》No. 978）；① 另一種則屬甲種譯本，名《聖淨治一切惡趣佛頂尊勝陀羅尼》，譯者爲勝友（Jinamitra）、天王菩提（Surendrabodhi）、智軍（Ye shes sde）等。敦煌亦有該文獻的多種藏文抄本流傳，分兩種類型：一是以意譯或音譯形式摘抄文本中的陀羅尼部分，一是抄寫全文。② 同時，敦煌似亦流傳此陀羅尼的不同藏譯本。③

回鶻文《佛頂尊勝陀羅尼經》現存刻本和寫本兩種。柏林布蘭登堡科學院吐魯番文獻中心（Turfan Collection in Berlin Brandenburg Academy of Sciences and Humanities）收藏有多件回鶻文刻本（以下簡稱"柏林本"），其中 8 件由穆勒（Müller F. W. K.）考證出版。④ 該刻本上下有粗淺兩行黑色邊欄，正面書寫，紙薄，背面可見正面文字痕跡，每頁左側中間有"四""十三""十五"等漢字標注頁碼，梵文借詞皆用婆羅米文注音，共 337 行。最近由亞庫甫（A. Yakup）、克努佩爾（M. Knüppel）對所有柏林藏刻本進行了檔案化整理。⑤ 除穆勒已刊佈的文獻外，柏林尚藏有 30 餘件《佛頂尊勝陀羅尼經》殘片，共有 49 個不同編號。⑥ 通過殘片的原編號 T Ⅲ M 185、T Ⅲ M 207 等可知，穆勒刊佈的刻本應爲德國第三次吐魯番探險隊獲自吐魯番木爾吐克，其中新發現刻本的 T Ⅰ、T Ⅱ 等編號可以説明，有部分殘片是德國吐魯番探險隊在第一、第二次考察中從吐魯番所掠獲的。柏林亞洲藝術博物館藏一葉（由三張疊帖膠紙而成）近期由金吉茲（A. K. Cengiz）刊佈，文獻編號 III 206（T III M 209），尺寸爲 121.9 厘米×9.8 厘米，共 96 行，内容爲該經的陀羅尼部分，近乎完整，可彌補柏林藏刻本所缺。與柏林刻本中陀羅尼咒用婆羅米文注音不同，該寫本之回鶻文陀羅尼咒未見任何婆羅米文注音。⑦

---

① 佐々木大樹：《チベット訳〈仏頂尊勝陀羅尼経〉校合テキストおよび和訳（3）》，《川崎大師教学研究所紀》2021 年第 6 号，第 109—110 頁。

② 才讓：《延續壽命法：〈尊勝陀羅尼〉吐蕃譯本與流傳》，《敦煌研究》2021 年第 2 期，第 9—11 頁。

③ 據才讓研究，P. T. 54A 和 P. T. 368 屬於同一文獻的不同譯本，兩個文獻差異明顯，没有相同的句子。見才讓：《延續壽命法：〈尊勝陀羅尼〉吐蕃譯本與流傳》，《敦煌研究》2021 年第 2 期，第 11 頁。

④ Müller, F. W. K., *Uigurica II*, APAW (Abhandlungen der Kömglich Preussischen Akademie der Wissenschaften) Nr. 3, 1910, pp. 27-50.

⑤ Yakup, Abdurishid & Michael Knüppel, *Alttürkische Handschriften. Teil 11. Die uigurischen Blockdrucke der Berliner Turfansammlung. Teil 1: Tantrische Texte*, Stuttgart: Franz Steiner Verlag, 2007, p. 25, p. 151; Yakup, Abdurishid, *Alttürkische Handschriften. Teil 15. Die uigurischen Blockdrucke der Berliner Turfansammlung. Teil 3: Stabreimdichtungen, Kalendarisches, Bilder, Unbestimmte fragmente und Nachträge*, Stuttgart: Franz Steiner Verlag, pp. 194-198.

⑥ 阿不都熱西提·亞庫甫：《回鶻文雕版印刷密宗文獻概述》，載張定京等主編《突厥語文學研究——耿世民教授八十華誕紀念文集》，北京：中央民族大學出版社，2009 年，第 8 頁。

⑦ Cengiz, A. K., "A Fragment of the Uṣṇīṣavijayā Dhāraṇī from Turfan Housed in the Museum für Asiatische Kunst in Berlin", *Acta Orientalia Academiae Scientiarum Hungaricae*, 2021(74/4), pp. 651-672.

柏林本《佛頂尊勝陀羅尼經》中，該經的回鶻語譯名有簡化形式 ušniš-a vičai atl(ï)γ darni 和全文 ušniš-a vičai atl(ï)γ alqu ayïγ yavuz yol-lar-ïγ artuqraq uz arïtdačï darni 兩種，其中 ušniš-a vičai 來自梵文題名 Ārya sarvadurgati-pariśodhani-uṣṇīṣavijayā nāma-dhāraṇī 中的 uṣṇīṣavijayā "佛頂尊"；全名中的前一部分 alqu ayïγ yavuz yol-lar-ïγ artuqraq uz arïtdačï 似譯自梵語經名（Ārya sarvadurgati-pariśodhani）或藏文經名（'Phags pa ngan 'gro thams cad yongs su sbyong ba gtsug tor rnam par rgyal ba zhes bya ba'i gzungs），意爲"聖淨治一切惡趣"。① 另外，柏林吐魯番文獻中心藏有一件與《佛頂尊勝陀羅尼經》有關的寫本殘片（U 2378a），其文本並非是該陀羅尼的譯文，而是一段皈依文，原由茨默（Peter Zieme）確認屬性並討論其個別詞語，② 近期由吾曾卡亞（U. Uzunkaya）刊佈。③ 在該寫本中出現了該經用朱筆書寫的另一譯名 burxanlar töpüsi alquda ye[gä]d[mi]š ušniša vičaya atl(ï)γ darni tegmä tutruq nom，這裏的 tutruq nom 可直譯爲"陀羅尼經"，其中 tutruq 與 darni 同義。tutruq 的詞根爲 tut-"持"，對應漢文的"總持"，而梵語音譯詞 darni（＜dhāraṇī）在梵語中的動詞詞根 dhṛ 同樣具有"留住""保持"之意。burxanlar töpüsi"佛頂"、alquda ye[gä]d[mi]š"尊勝"二詞從漢語直譯的痕跡明顯，而 darni"陀羅尼"後有意增加 tutruq nom"神咒經"也應是爲了體現漢文題名中的"經"字。

除以上文獻外，近期筆者發現中國國家圖書館收藏有一葉回鶻文《佛頂尊勝陀羅尼經》殘片（以下簡稱"國圖本"），編號 GT15-19，高 18 厘米，上寬 6 厘米，下寬 10 厘米，黃色紙，正、背面半楷體書寫，每頁存 9 行，上下有紅色邊欄，中間有穿繩用紅色圓孔，但梵語借詞未見婆羅米文注音。從以上形質特徵看，國圖本與柏林本屬於不同版本，由於內容太少，加之與柏林本沒有重複內容，故無法確認是否爲不同譯本。但從該殘片所涉及內容可以判斷，此爲講述帝釋天爲救善住天子向佛求助時，佛向帝釋天講此陀羅尼種種功能的部分。

以下是該文獻的拉丁字母轉寫、漢文譯文、漢文原文和注釋。④ 回鶻文《佛頂尊勝陀羅尼經》與漢文本不一一對應，爲便於對照，本文附漢文《佛頂尊勝陀羅尼經》（《大正新修大藏經》第 19 冊）佛陀波利本（No. 967，p. 351a1-15）、杜行顗本（No. 968，p. 354a5-b12）和藏文譯本（D 597）。

---

① Elverskog, Johan, *Uighur Buddhist Literature*, Silk Road Studies I, Brepolis, 1997, pp. 121-122.
② Zieme, Peter, *Magische Texte des uigurischen Buddhismus*（Berliner Turfantexte 23.），Turnhout: Brepols, 2005, p. 9.
③ Uzunkaya, Uğur, "A Fragment of Old Uyghur Uṣṇīṣavijayā-nāma-dhāraṇī from the Berlin Turfan Collection", *Erdem*, 2018(75), pp. 223-250.
④ 凡例："[ ]"：正文內容的殘缺之處，括弧內的內容爲筆者根據上下文進行的補正；*abc*：斜體字表示原文中該字模糊，不易辨認；ṭ：（下面帶點的 t）表示寫作 d，但應讀作 t；ḍ：（下面帶點的 d）：表示寫作 t，但應讀作 d；ẓ：（下面帶點的 z）表示寫作 s，但應讀作 z；漢文原文下劃線部分指與回鶻文對應平行文。

## 二、轉　寫

（正面，圖 1）

01 [ bu ušniš-a vičai atl(ï) γ d] arni ärsär : alqu

02 [ ayïγ yavïz yo]*l-lar*ïγ artuqraq uz arït-

03 dačï ärür : alqu ayïγ qïlïnč-lïγ örtüg-lärig

04 ymä arïtdačï ärür : ädgü yolqa uduẓ-tačï

05 ärür : alqu yavïz yol-larïγ buẓ-dačï artaṭ-

06 dačï ärür : anïn munï säkiz on säkiz lakš

07 gang öküẓ-täki① qum sanïnča burxan atï

08 kötrülmiš-lär nomlayu y( a) rlïqamïš ärür :　ädiš-

09 ṭit qïlmïš ärür : eyin ögirmäk qïlmïš ärür : ②

（背面，圖 2）

10 amgäk-lig taluy-[ qa　čom-mïš bat-]

11 mïš tïnl(ï) γ-larïγ [　　　　ozγurγalïr]

12 qutqarγalïr üčün nomlayu y( a) rlïqamïš ärür :

13 alčulayu oq qïsqa öz-lüg yaš-lïγ az qy-a

14 buyan-lïγ qodïq-ï asraqï öngi öngi türlüg

15 tuγum ažun-larta tüšmiš: isilmiš saqïnč-

16 lïγ : isilmiš yol-luγ tïnl(ï) γ-lar üčün bu darni-

17 nï čambudavip-ta qoḍmïš ärür : t( ä) ngri-lär

18 iligi-y-a s( ä) n bu darni tutup supiratiš[ tit]

---

① 吐送江將柏林藏平行文本中的相應詞語讀作 käng ögüz，譯作"寬廣的河流"，實爲 gang öküẓ "恒河"，見吐送江‧依明：《德藏回鶻文〈佛頂尊勝陀羅尼經〉殘卷研究》，《國學學刊》2023 年第 2 期，第 48 頁。

② 茨默刊佈的柏林藏本 Mainz 214 有平行文本，其中本寫本殘片後的"大日如來智印印之"譯爲 alku ančulayu kälmiš-lär-ning bilgä biliglig tamga-larï üzä tamγalalmïš ärür "用諸如來智慧之印之"，見 Peter Zieme, "Notes on the Uṣṇīṣavijayādhāraṇī and the Bodhigarbhālaṃkāralakṣa dhāraṇī according to Old Uyghur versions", 創價大學國際仏教學高等研究所：《創價大學‧國際仏教學高等研究所年報》（2022 年第 26 號），東京：清水工房，2023 年，第 271 頁。

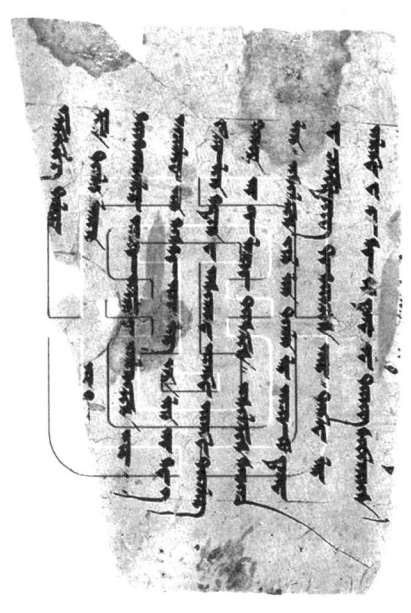

圖 1　GT15-19（正面）　　　　　圖 2　GT15-19（背面）

## 三、譯　文

正面：(01-03)（佛：天帝啊，此佛頂尊勝）陀羅尼者能完全淨治一切惡道，(03-04) 亦能淨除一切惡障。(04) 能（將衆生）領入善道，(05) 摧毀一切惡道。(06-08) 且如八十八億恒河沙般諸佛所宣說，(08-09) 加持（衆生），並隨歡喜。……

背面：(10-12) 能使（諸罪惡沉溺）苦海，（受諸痛毒）之衆生得到解脫，故（佛爲衆生）演說（此經）。(13-16) 同樣，爲短壽薄福，降生於種種惡趣，失心愚昧的，步入歧途的衆生，(16-17) 將此陀羅尼放置於贍部洲。(17-18) 天帝啊，你受持此陀羅尼，爲善住（天子宣說讀誦）。

## 四、原　文

佛陀波利本：

佛告帝釋言：此呪名淨除一切惡道佛頂尊勝陀羅尼，能除一切罪業等障，能破一切穢惡道苦。天帝，此大陀羅尼，八十八殑伽沙俱胝百千諸佛同共宣說，隨喜受持，大日如來智印印之，爲破一切衆生穢惡道苦故，爲一切地獄畜生閻羅王界衆生得解脫故，臨急苦難墮生死海中衆生得解脫故，短命薄福無救護衆生樂造雜染惡業衆生得饒益故，又此陀羅尼於贍部洲住持力故，能令地獄惡道衆生，種種流轉生死，薄福衆生，不信善惡業失正道衆生等，得解脫義故。佛告天帝：我說此陀羅尼付囑於汝，汝當授與善住天子，復當受持讀誦思惟愛樂憶念供養，於贍部洲與一切衆生，廣爲宣説此陀羅尼。

杜行凱本：

（佛：）天帝，此清淨諸趣佛頂尊勝陀羅尼，淨諸罪障除諸惡趣，八十八俱胝百千恒河沙諸佛所共宣説守護喜贊，一切如來智印印之，爲除一切衆惡趣故。一切地獄畜生閻摩盧迦，諸罪惡類沈溺苦海，受諸痛毒爲解脫故。爲諸短壽薄福下陋，卑賤惡業諸衆生故。趣於地獄種種生類夭折失心，亡背正路諸衆生故。説此陀羅尼行閻浮提，淨除罪業令歸解脫。天帝汝當持此尊勝陀羅尼爲善住説，當爲閻浮衆生諸天天子一切含識，宣揚讀誦思惟習念，恭敬供養受持修行。

藏文本：

lha'i dbang po gtsug tor rnam par rgyal ba zhes bya ba'i gzungs ngan 'gro thams cad yongs su sbyong ba | sdig pa dang | las dang | sgrib pa thams cad rnam par sbyong ba | bde 'gro'i lam thams cad du 'gro ba dang | ngan 'gro thams cad rnam par 'jig par byed pa 'di ni sangs rgyas bcom ldan 'das gang gA'i klung 'bum phrag bye ba phrag brgyad cu rtsa brgyad kyi bye ma snyed dag gis gsungs pa | byin gyis brlabs pa | rjes su yi rang bar mdzad pa | de bzhin gshegs pa thams cad kyi ye shes kyi phyag rgyas btab pa ste | sems can thams cad bde 'gror 'gro bar bya ba dang | ngan 'gror lhung ba rnams bzlog pa dang | sems can dmyal ba dang | dud 'gro'i skye gnas dang | gshin rje'i 'jig rten la sogs pa sdug bsngal gyi gnas thams cad du sdug bsngal zhing nyam nga bar gyur pa rnams dang | sdug bsngal gyi rgya mtshor lhung ba'i sems can rnams rnam par 'grol bar bya ba'i phyir gsungs pa'o | |

de bzhin du sems can tshe thung zhing skal ba chung ba | smad pa dang | bsam pa nyams pa dang | sems can lam las nyams pa rnams kyi don du gzungs 'di 'dzam bu'i du bzhag go | |

lha'i dbang po khyod kyis gzungs 'di zung la lha'i bu shin tu brtan pa la sgrogs shig |

bsgrags nas kyang gdon pa dang ｜ kha ton du bya ba dang ｜ bsam pa dang ｜ bsgom pa dang ｜ dran par bya ba dang ｜ mchod pa dang ｜ gzung ba dang ｜ kun chub par bya ba la de sbyor bar gyis shig dang ｜ de ltar lha'i gnas thams cad na 'khod pa'i lha'i bu rnams dang ｜ 'dzam bu'i gling ba'i sems can rnams kyi don dang ｜ phan pa dang ｜ bde ba'i phyir gzungs kyi phyag rgya dang ｜ gsang sngags 'di dag khyod la gtad do ｜｜ de'i phyir lha'i dbang po khyod kyis gzung bar bya'o ｜｜（D597, p. 245b. 1-245b. 7）

## 五、語文學注釋

01 [ d] arni：< Skt. dhāraṇī "陀羅尼"。

01-03 [      ] l-larïγ artuqraq uz arït-dačï：該句可直譯爲"能清淨……"，其中 uz arït-dačï 對應梵語的 pariśodhana，藏語的 yongs su sbyong ba "淨治" "修治"，其前半部分殘缺，可判斷爲《佛頂尊勝陀羅尼》之題名，故根據柏林收藏回鶻文《佛頂尊勝陀羅尼》將其與第一行一起補正爲[ bu ušniš-a vičai atlïγ d]arni ärsär alqu [ ayïγ yaviz yo]l-larïγ artuqraq uz arït-dačï ärür。①

03 ayïγ qïlïnč-lïγ örtüg-lär：相當於漢文原文的"罪業等障""罪障"。ayïγ qïlïnč ＝ 惡業；örtüg 在回鶻文《佛頂尊勝陀羅尼》中皆對應"障"字，在回鶻文《阿毘達磨俱舍論實義疏》中對應漢字"覆"②，本文獻中 örtüg 對應藏文本的 sgrib pa。

04-05 ädgü yolqa uduẓ-tačï ärür：可直譯爲"領入善道"。該句均不出現佛陀波利和杜行凱的漢文譯本《佛頂尊勝陀羅尼經》。此處的 ädgü yol "善道" 對應藏文本的 bde 'gro'i lam "善趣道"。這是該回鶻文《佛頂尊勝陀羅尼》譯自藏文本的有力證據。

05 buẓ-dačï artaṭ-dačï：該二詞爲同義詞，對應漢文原文的"破"或"除"，意爲"摧毀"，其藏文對應詞 rnam par 'jig par byed pa "消滅" "摧毀" 亦比較接近回鶻語文意。

06 säkiz on säkiz lakš：對應漢文的"八十八殑伽沙俱胝百千"（佛陀波利本）或"八十八俱胝百千"（杜行凱本）。"俱胝" ＝ Skt. koṭi，"百千" ＝ Skt. lakṣa "億"，藏文本對應處爲 'bum phrag "十萬組"，回鶻文本使用了來自梵語且已約定俗成的固定音譯詞 lakš < Skt. lakṣa。

07-08 burxan atï kötrülmiš-lär：爲藏文本 sangs rgyas bcom ldan "佛世尊" 的直譯文，漢文本對應處僅出現"諸佛"。

08-09 ädiš-ṭit qïl-: ädišṭit ＜ Skt. adhiṣṭhita，應爲藏文 byin gyis brlabs pa（"加持"）之譯

---

① Müller F. W. K., *Uigurica II*, p. 33.
② 庄垣内正弘：《ウイグル文アビダルマ論書の文献学的研究》，京都：松香堂，2008 年，第 609 頁。

文。"加持"也譯作"所持""護念",意爲加附佛力於信者,使信者受授其佛力。① 在回鶻文《華嚴經》中對應漢文原文的"所加"。如:tätrülmäk-siz nom-tïn tuɣmïš-lar ülgülänč-siz ančulayu kälmiš-lär-ning küčläri üz-ä ädištit qïlïlmïš-lar"以從無顛倒法所起,無量如來力所加"。② 敦煌本藏文寫本 P. T. 54A 中譯作 byin gyis brlabs pa"加持",在 P. T. 368 中譯作 dgongs pa'o"意想",看來國圖本更接近於 P. T. 54A。③

09 eyin ögirmäk qïlmïš ärür:該句譯自藏文本的 rjes su yi rang bar mdzad pa"並隨歡喜",佛陀波利譯本帶"隨"字,譯爲"隨喜",較接近於藏文和回鶻文本;杜行凱本僅存"喜贊"二字,而未見固定與 eyin 對應的"隨"或"依"字。

12 qutqarɣalïr üčün:對應漢文原文的"解脫故"。在回鶻文《阿毘達磨俱舍論實義疏》《華嚴經》中附加成分 -ɣalïr/-gälir + üčün 固定對應漢字"爲……故"。④ 該《佛頂尊勝陀羅尼》雖譯自藏文本,其藏語對應句 rnam par 'grol bar bya ba'i phyir 的表達結構與 qutqarɣalïr üčün 亦完全一致。"-ɣalïr/-gälir + üčün"作爲對譯漢文"爲……故"模式屬於極爲特殊的句型,從這一層面說,譯者非常熟悉回鶻文《阿毘達磨俱舍論實義疏》《華嚴經》的特殊翻譯風格。nomlayu yarlïqamïš:對應藏文本的 gsungs pa'o"佛言說",漢文本此處無對應詞。

13 alčulayu oq:藏文本 de bzhin du"如此這般"的譯文,漢文本此處沒有對應的內容;qïsqa öz-lüg yaš-lïɣ:藏文本 tshe thung"短壽"之譯文,對應漢文原文的"短命"或"短壽"。

13-14 az qy-a buyan-lïɣ:藏文本 skal ba chung ba"薄福"之譯文,對應漢文原文的"薄福"。

14 qodïqï asraqï:藏文本 smad pa 之譯文,對應杜行凱本的"下陋",在佛陀波利譯本中此處無對應詞。

15-16 isilmiš saqïnč-lïɣ isilmiš yol-lïɣ tïnl(ï)ɣ-lar:前一句 isilmiš saqïnč-lïɣ 對應"失心",後一句 isilmiš yol-lïɣ 對應"亡背正路",其中動詞 isil- 的藏文對應詞爲 nyams pa"衰敗、衰減、減少",且與回鶻語譯文同義,亦同樣重複出現兩次。isil- 在回鶻文《阿毘達磨俱舍論實義疏》中與 qora- 連用表示"減少"之意。⑤ 在回鶻文佛教文獻中,"失心"一般用 igit saqïnč、igit yangluq saqïnč、tärs yavlaq ayïɣ saqïnč 等佛教詞語來進行翻譯,而

---

① 中村元:《仏教語大辭典》,東京:東京書籍,1981 年,第 146 頁。
② 耿世民:《甘肅省博物館藏回鶻文〈八十華嚴〉殘經研究(二)》,《中央民族大學學報》1986 年第 2 期,第 87—89 頁。
③ 才讓:《延續壽命法:〈尊勝陀羅尼〉吐蕃譯本與流傳》,《敦煌研究》2021 年第 2 期,第 13 頁。
④ 庄垣内正弘:《ウイグル文アビダルマ論書の文献学的研究》,第 121 頁;阿依達爾・米爾卡馬力:《安藏・ウイグル語訳〈華嚴経〉の翻訳法について》,《国語国文》2015 年第 5 号,第 12 頁。
⑤ 庄垣内正弘:《ウイグル文アビダルマ論書の文献学的研究》,第 555 頁。

isilmiš saqïnč 的出現尚屬首次，顯然爲藏文 nyams pa 的直譯。

17 qod-：一般對應漢文佛典中的"置"字，意爲"放置"，在杜行凱譯本對應處爲"説"，佛陀波利本則没有對應詞，故可判斷該詞應爲藏文本 bzhag "安置、放置"的直譯形式。

18 supiratiš[tit] < TochB. supratiṣthit < Skt. supratiṣṭhita "善住"，藏文本爲 shin tu brtan pa，亦固定對應梵文的 supratiṣṭhita。

## 六、結　語

柏林藏回鶻文《佛頂尊勝陀羅尼經》雖有殘缺，但近於完整，所缺部分主要爲：（1）帝釋天爲救助善住天子去誓多林園於世尊所，向佛講述善住天子遭遇之事；（2）如來頂上肉髻放光種種；（3）佛頂尊勝陀羅尼咒文；（4）善住天子誦讀此陀羅尼，解脱惡趣之苦，恢復長壽之身後與帝釋天一同再訪佛世尊，共同聞法情節。從柏林藏品檔案化材料看，部分殘片可彌補穆勒本的殘缺。如：柏林藏品中的編號 U4002、U4003 + U4638、U4448、U4467 等皆爲注有婆羅米文的殘片，應是穆勒本所缺陀羅尼；編號 U4117 中則出現了"授此陀羅尼""第七日"等語，① 顯然是善住天子受持此陀羅尼後的情形。

穆勒推斷柏林藏回鶻文《佛頂尊勝陀羅尼》刻本於元代譯自藏文。筆者此次對照了漢、藏、回鶻文本，發現除與漢文本不一一對應外，柏林藏品開頭出現不見於漢文本的"頂禮一切佛菩薩"，而對應藏文的 sangs rgyas dang | byang chub sems dpa' thams cad la phyag 'tshal lo，這也是確認回鶻文本譯自藏文的關鍵。如同柏林本，本文研究的國圖本亦應譯自藏文。如：第 4—5 行的 ädgü yolqa uduẓ-tačï "領入善道"一句，未見於漢文本，但存於藏文本，其中 ädgü yol "善道"對應藏文本的 bde 'gro'i lam "善趣道"；第 8 行的 burxan atï kötrülmiš-lär "佛世尊"，漢文本爲"諸佛"，藏文本爲 sangs rgyas bcom ldan "佛世尊"；第 9 行的 eyin ögirmäk qïlmïš ärür "依隨歡喜"，佛陀波利本爲"隨喜"，杜行凱本爲"喜贊"，而藏文本爲 rjes su yi rang bar mdzad pa "並隨歡喜"；第 13 行的 alčulayu oq "如此"不見於漢文本，但出現在藏文本 de bzhin du "如此這般"等。從以上例子可以肯定，回鶻文《佛頂尊勝陀羅尼經》翻譯時確實將藏文本作爲底本，且是藏文的逐字翻譯本。此外，另一值得注意的是，回鶻語本（柏林藏 U 372）出現了梵文本、藏文本所没有，僅存於漢文本的 ančulayu ärür mäning äšidmiš-im "如是我聞"一句。該句是漢譯者爲

---

① 柏林藏回鶻文《佛頂尊勝陀羅尼經》刻本目録見 Yakup, A. and M. Knüppel, *Die uigurischen Blockdrucke der Berliner Turfansammlung. Teil 1: Tantrische Texte*, pp. 151-179，相關圖版見網址 Digitales Turfan Archiv（U）(bbaw. de)。

使此陀羅尼更符合佛教經典的格式而自行添加的。由此可證明回鶻文《佛頂尊勝陀羅尼經》在翻譯過程中雖以藏文本作爲底本,但無疑亦參考了漢文本。① 此種情況並非孤證,柏林藏回鶻文《佛説大白傘蓋陀羅尼經》刻本同樣譯自藏文,但其殘片 U 400 中的 alqu türlüg süü čärig-lardä 一句在梵文和藏文本中没有對應内容,顯然是參考了漢文的"一切軍兵之中"。②

回鶻文《佛頂尊勝陀羅尼經》現階段還没有找到相關跋文,故其譯者暫時無從考證,但從已考證的材料來看,回鶻人曾規模性翻譯藏文密教文獻。根據已經刊佈的跋文,譯自藏文的回鶻語密教經典的相關信息如下:

(1)《聖救度佛母二十一種禮贊經》,譯者:安藏(Antsang);③

(2)《文殊師利真實名經》,譯者:迦魯納答思(Karunadas);④

(3)《勝軍王問經》,譯者:桑伽失里(Sanggaširi = Skt. Sa###ghaśrī);⑤

(4)《文殊師利成就法》,譯者:桑伽失里;⑥

(5)《觀世音成就法》,譯者:本雅失里(Punyaširi = Skt. Puṇyaśrī);⑦

(6)《吉祥勝樂輪本續》,譯者:本雅失里;⑧

---

① 吐送江·依明近期對穆勒 1910 年刊佈的德藏回鶻文《佛頂尊勝陀羅尼經》進行了再刊佈。在導論部分,在未參考原作的情況下根據茨默教授的相關論文對筆者關於回鶻文底本問題的以上結論進行了評論。遺憾的是,吐送江·依明未能理解茨默教授英文論文的原意,尤其對双重否定句 but not without referring to or considering its Chinese wording "並非未參考或考慮漢文本"一句理解有誤,從而與原意相反地評論爲"未與任何漢語版本進行對比",筆者在此給與澄清。以上兩文詳見 Peter Zieme, "Notes on the Uṣṇīṣavijayādhāraṇī and the Bodhigarbhālaṃkāralakṣa dhāraṇī according to Old Uyghur versions",創價大學國際仏教學高等研究所:《創價大學·國際仏教學高等研究所年報》(2022 年第 26 號),東京:清水工房,2023 年,第 272 頁;吐送江·依明:《德藏回鶻文〈佛頂尊勝陀羅尼經〉殘卷研究》,《國學學刊》2023 年第 2 期,第 48 頁。

② 阿不都熱西提·亞庫甫:《回鶻文雕版印刷密宗文獻概述》,載張定京等主編《突厥語文學研究——耿世民教授八十華誕紀念文集》,第 7 頁。

③ 現存漢文《聖救度佛母二十一種禮贊經》譯者爲安藏,據此有學者提出安藏同爲其回鶻文本的譯者的可能性。見耿世民:《回鶻文〈聖救度佛母二十一種禮贊經〉殘卷研究》,《民族語文》1990 年第 3 期,第 27 頁。但亦有學者並不認同此種假設,見中村健太郎:《ウイグル語仏典からモンゴル語仏典へ》,《内陸アジア言語の研究》2007 年第 22 号,第 74 頁。

④ 柏林藏跋文編號 U 4759,相關研究見 Kasai, Yukiyo, *Die Uigurischen Buddhistischen Kolophone* (Berliner Turfantexte 26), Turnhout: Brepols, 2008, pp. 129-130.

⑤ Elverskog, Johan, *Uygur Buddhist Literature*, p. 107.

⑥ 京都龍谷大學藏跋文編號 Nr. 2695,相關研究見小田壽典:《ウイグル文 文殊師利成就法の斷片一葉》,《東洋史研究》第 33 卷第 1 号,第 107 頁。

⑦ 柏林藏跋文編號 U 4710,印刻時間爲 1333 年,見 Elverskog, Johan, *Uygur Buddhist Literature*, p. 110.

⑧ 柏林藏相關跋文編號 U 557,見 Kara, György & Peter Zieme, *Fragmente tantrischer Werke in Uiguruscher Übersetzung* (Berliner Turfantexte 7), Berlin: Akademie Verlag, 1976, p. 46.

(7)《捺囉六法》之"中陰""拙火"修法儀軌,譯者:Arya Ačari ( = Skt. Ārya Ācārya)。①

以及《大乘無量壽經》《佛説大白傘蓋總持陀羅尼》《佛頂尊勝陀羅尼經》《吉祥勝樂輪本續》《八大聖地制多贊》《解胎經》《阿彌陀鼓音勝王陀羅尼》《諸星母陀羅尼》《佛説隨求即得大自在陀羅尼神咒經》等,其中《大乘無量壽經》《佛説大白傘蓋總持陀羅尼》《佛頂尊勝陀羅尼經》爲殘片數量最多的刻本。據相關跋文記載,《大乘無量壽經》曾印刷110部(跋文U 345),《佛説大白傘蓋總持陀羅尼》分别印刷1萬部(跋文U 4292)和108部(U 4762),而《佛頂尊勝陀羅尼經》曾與《大乘無量壽經》作爲同一雕版印刷,② 也由此可知《佛頂尊勝陀羅尼經》的印刷數量也不在少數。

回鶻佛教徒也曾受到漢傳密教的影響。比如,《金光明最勝王經》《大慈恩寺三藏法師傳》的譯者,11世紀的著名翻譯家勝光亦曾從漢文翻譯《千眼千臂觀世音菩薩大圓滿無礙大悲心陀羅尼經》,但彼時藏傳密教似乎也開始影響回鶻佛教。現存世有一本由藏文書寫的回鶻語《佛教教義問答》,這成爲此種假設的依據。該寫本由伯希和獲自莫高窟,現藏法國巴黎,故學界猜測其可能來自藏經洞,於是將其年代斷爲10世紀中葉或11世紀初。然而,回鶻文密教文獻的大規模翻譯和印刷與元代宫廷的藏傳密教信仰密切相關。也許,回鶻文密教文獻的印刷並不衹是服務於回鶻佛教徒,可能也包括元廷高官。據研究,回鶻文密教文獻與黑水城出土的漢文、西夏文密教文獻以及見於《大乘要道密集》和其他漢譯藏傳密教文獻的内容較爲一致,反映了元代宫廷所傳藏傳密教的實際。③

誠然,很多回鶻精英服務於元代宫廷,尤其在藏傳密教的翻譯和傳播中起到關鍵作用。如迦魯納答思、脱印、安藏、合台薩里、齊亞荅思、彈壓孫等七人參與《至元法寶勘同總録》(1285—1287年間),其中學界比較熟悉的翰林學士安藏,曾將《華嚴經》《栴檀瑞像中國渡來記》從漢文譯爲回鶻文,亦曾將《聖救度佛母二十一種禮贊經》從藏文譯成漢文。他曾舉薦他的同鄉北庭人,顯密兼通的迦魯納答思入朝,師從國師八思巴,並在1302年在大都白塔寺翻譯《文殊師利真實名經》(U 4759)。據《至元法寶勘同總録》記載,彈壓孫曾承擔翻譯藏文佛典的工作,將《四天王供物儀軌》從藏文譯爲回鶻

---

① 該文獻原由茨默和卡拉合作研究,題名"死亡書",見 Zieme, Peter & György Kara, *Ein uigurisches Totenbuch. Naropas Lehre in uigurischer Übersetzung von vier tibetischen Traktaten nach der Sammelhandschrift aus Dunhuang British Museum Or. 8212 (109)*, Budapest: Akadémiai Kiadó, 1978, pp. 283-347。近期,沈衛榮對其内容進行了新的考證,見沈衛榮:《藏傳佛教在西域和中原的傳播——〈大乘要道密集〉研究初編》,北京:北京師範大學出版社,2017年,第29頁。

② 阿不都熱西提·亞庫甫:《回鶻文雕版印刷密宗文獻概述》,載張定京等主編《突厥語文學研究——耿世民教授八十華誕紀念文集》,第6頁。

③ 沈衛榮:《藏傳佛教在西域和中原的傳播——〈大乘要道密集〉研究初編》,第30頁。

文,將《栴檀瑞像中國渡來記》從回鶻文譯爲藏文等。上述文獻均得到官方資助,並在大都、杭州等地印刷。如《佛説大白傘蓋總持陀羅尼》受卜魯罕皇后之命於大德二年(1298)在大都印刷 1 萬部。上層如此青睞《佛説大白傘蓋總持陀羅尼》,與元廷每年一度的大白傘蓋佛事活動及其"伏邪魔安國刹"思想有關。如此,《佛頂尊勝陀羅尼經》的印刻無疑也可能得到了官方的資助,印刻時間約在 13 世紀末至 14 世紀中葉,極受歡迎,更是因其"淨除惡道,救濟幽冥,回復長壽"等功效,與《大乘無量壽經》作爲同一雕版印刷,廣爲流傳。

# An Old Uighur *Uṣṇīṣavijayā Dhāraṇī* Fragment from the National Library of China

Aydar Mirkamal

**Abstract**: The *Uṣṇīṣavijayā Dhāraṇī* is an important Tantric text, which has been translated into Chinese, Tibetan, Khotanese, Old Uighur, Tangut and other languages. The *Uṣṇīṣavijayā Dhāraṇī* in Old Uighur is available in both woodblock-printed and handwritten versions. The eight block-printed leaves from the Berlin collection were studied and published by M ller F. W. K. in 1910. Recently, A. Yakup and M. Knüppel conducted an archival survey of the Berlin collection of the *Uṣṇīṣavijayā Dhāraṇī* text and 30 woodblock-printed fragments of the text were found. This paper presents a textual examination to the *Uṣṇīṣavijayā Dhāraṇī* fragment in Old Uighur (GT15-19) in the collection of the National Library of China. In the course of the research, the Old Uighur fragment was compared with the Chinese and Tibetan versions. It is believed that the Old Uighur woodblock-printed *Uṣṇīṣavijayā Dhāraṇī* text is a literal translation mainly based upon the Tibetan text, and the Chinese version was also referred as well in the process of translation.

**Keywords**: National Library of China; *Uṣṇīṣavijayā Dhāraṇī*; Old Uighur; Tantric text

# 蒙古文《卻吉德空行母傳》的"中有"題材探討

蘇日嘎

**摘 要**:《卻吉德空行母傳》(藏文稱作 'das log gling sa chos skyid kyi rnam thar bzhugs so)是一部藏族代洛('das log)傳記文學或還魂故事,講的是有一位叫作卻吉德的婦女死後在"中有"狀態下經歷的一系列事情以及她還陽復活後把自己的所見所聞講述給他人的佛教通俗文學作品。大約在17世紀上半葉首次被翻譯成蒙古文,以"čoyiǰid daγini-yin tuγuǰi"的名稱廣爲流傳於蒙古地區。在蒙古學界,人們往往把它歸於"遊歷地獄"題材文學來介紹。本文在對比和結合蒙古文、藏文《卻吉德空行母傳》的基礎上,著重探討該傳記中有別於"地獄"題材的另一種重要題材——"中有",認爲"中有"纔是《卻吉德空行母傳》的主要題材和中心思想所在,"遊歷地獄"反而是被包含在其中的一個內容。另從體裁方面,也提出把它應歸入到"傳記文學"中的小建議。

**關鍵詞**:《卻吉德空行母傳》;中有;遊歷地獄題材;傳記文學

《卻吉德空行母傳》是一部藏族代洛('das log)傳記文學或還魂故事,講的是西藏一名叫卻吉德的婦女死後在"中有"狀態下的一系列經歷以及還陽復活後把自己所見所聞轉述給他人的佛教通俗文學作品。其藏文提名一般稱作 'das log gling sa chos skyid kyi rnam thar bzhugs so(《代洛林沙卻吉德傳記》),大約在17世紀上半葉首次被翻譯成蒙古文(題爲čoyiǰid daγini-yin tuγuǰi),其後逐漸形成了咱雅班智達譯本系統、韻散相間匿名譯本系統和羅桑林沙單傑譯本系統三大類,在蒙古地區廣泛流傳。目前所知蒙古文《卻吉德空行母傳》手抄本、木刻本、石刻本、油印本等各種形式的文本數量已達60多種,分佈在中國、蒙古國、俄羅斯、法國、捷克等國家的圖書館、研究所及個人收藏中。然而,在蒙古文學界對其研究相對滯後,祇是籠統地將其歸納到"遊歷地獄"題材文學當中來介紹,而並沒有對其內容進行深入分析。本文在對比和結合蒙古文、藏文《卻吉德空行母傳》的基礎上,著重探討該傳記中的有別於"地獄"題材的另一種重要題材——"中有"。在以往蒙古文《卻吉德空行母傳》研究中"中有"題材往往被忽略或被"地獄"題材遮蔽而一帶而過。但實際上"中有"纔是《卻吉德空行母傳》的主要題材和中心思想所在,"遊歷地獄"反而是被包含在其中的一個內容。

## 一、進入 "中有" —— 死位中有和法性中有

所謂 "中有", 亦作 "中陰", 梵語作 antarābhava（antarā 爲中間; bhava 爲存在）, 藏語稱 bar ma do'i srid pa, 意爲介於兩者之間的狀態, 即人死後投生之前的存在狀態, 是佛教專用詞彙。"中有身" 是指 "人在臨終時出現四空光明所起之意身, 此意身與幻身同一性質, 是最細微的風心所成"。① 中有的種類分法甚多, 根據寧瑪派傳承中有六大種類, 即生處中有、夢境中有、靜慮中有、死位中有、法性中有和輪回中有。其中, 死位中有、法性中有、輪回中有出現在人死亡直到投胎之間, 即前世的身體已壞, 來世的身體還未形成之前的 "身體", 根據前世業力將在六道中輪回或解脱輪回。《卻吉德空行母傳》的故事主要在卻吉德死後處在 "中有" 狀態下發生的, 涉及死位中有、法性中有和輪回中有。

（一）死位中有

《卻吉德空行母傳》開頭交代了卻吉德死亡前的徵兆。

> 我卻吉德重病十六天, 期間算命、打卦、吃藥, 做法事祈福都徒勞無功, 病卻每況愈下。我心思我已病入膏肓、無力回天。②

依《中有教授聽聞解脱密法》, 凡人死之前會現死相, 死相第一階段表現爲五根敗壞。"眼根壞則視覺不明眼珠不動; 耳根壞則耳不聞聲; 鼻根壞則鼻柱歪斜; 舌根壞則語言澀滯; 身根壞則身難轉動。"③ 傳記中卻吉德没有詳細描述其死相第一階段的體驗感受, 但從故事内容來看重病也是具死相的徵兆之一。

卻吉德預感到自己命不久矣, 便回憶自己的一生, 懺悔交代自己的後事。隨後便展開描述自己的死亡體驗。

> 可憐! 我心裏感歎又無力頓挫的那一刹那, 頭腦發昏出現了到達地底下的幻象。隨後產生了衆人壓我身上的感受, 爲此我恐慌不已。之後我在大海中來回地遊蕩感到

---

① 劉立千:《藏傳佛教噶舉派》,《中國藏學》1995 年第 4 期。
② 本文引用的《卻吉德空行母傳》綜合參考各蒙古文譯本, 重點參考沙兹金拉丁字母轉寫和影印出版的版本, 下文引用不再一一注明。История Чойджид-дагини. Факсимиле рукописи / Транслитерация текста, пер. с монг., исслед. и коммент. А. Г. Сазыкина. Ответственный редактор С. Ю. Неклюдов. М.: «Наука», ГРВЛ, 1990.（Памятники письменности Востока. XC. Bibliotheca Buddhica XXXVII）.
③ 孫景風:《中有教授聽聞解脱密法》, 上海佛學書局, 1994 年, 第 52 頁。

渾身冰冷，產生了水泡裂開洞穿的痛苦。之後猶如燃燒著無邊無際的野火，大地被大火籠罩。在轟然燃燒的火焰中有了身體燒焦般的痛苦。之後又刮起強勁的旋風，我生怕自己被風卷走。

據孫景風居士注釋，這是描述現死相的第二階段，即"四大融入"。"人身爲四大和合所成。四大者，謂地、水、火、風。人到死時，四大解體，有一定先後次第。最初地融爲水，此時感覺如山壓之痛苦。次則水融爲火，感覺寒濕如浸水中。次則寒濕消失，變成潮熱，如在湯中。次則火融爲風，感覺體被風吹，化爲微塵。四大解體之時，猶如生龜剝殼，最難忍受。惟平時有修持之人，預知時至，諸佛授手來迎，威力加持，可以減免。"① 這是孫景風居士對四大融入時內在變化的注釋。外在的表現是身體凹陷、面部變形；面色灰白、氣喘急促；體溫下降、開始變冷；祇吐氣不呼氣。四大融入之後便會進入死位中有時期。死位中有時外氣已斷，內氣尚未絕。平常又稱這一時期爲悶覺位，也是西醫所講的假死狀態。死位中有一般持續三四天，如果是修行有成就之人能延長死位中有時間到七天。死位中有時期出現兩次明光，如果亡者能夠認取明光便能成就法身佛。這也是寧瑪派認爲有較高修行的人不入中有便能解脫的原因。四大融入後，會出現各種各樣的景象，《中有教授聽聞解脫密法》中描述的有日月光朗照之相，有煙霧迷離之狀，有流螢光、黑月光影、空無所有之景象。《卻吉德空行母傳》中並沒有出現描寫死位中有時期會顯現的畫面，祇交代了死相現前和四大融入的感受。描述完四大融入便已經出現"法性中有"時期的種種感受。

（二）法性中有

卻吉德死後進入法性中有的表現爲：

> 之後又變得紅彤彤、白茫茫，出現了大地震動般的轟隆聲。隨後陷入一片空白中，感受不到任何東西，靜下來了。不知是否過了一宿，由於過度害怕，我的病反而痊癒了，爲此我歡喜著。隨後我的頭上顯現了五種不同顏色的盾牌般的光，散發出萬丈光芒。每種光線的源頭有人身獅頭、猴頭、牛頭等；有七面、三面的、眼睛像日月般閃亮；手持形形色色的利器；發出"呵呵、呼呼"和"殺殺、敲敲"的聲音，猶如龍吼一般，讓我感到十分恐懼。

---

① 孫景風：《中有教授聽聞解脫密法》，第68頁。

卻吉德經歷死位中有痛苦後其意識變得清朗，其實就代表著意識已經離開身體，昏厥的意識開始蘇醒，開始有了意生身。隨後出現了光、人身動物頭的相，這與《中有教授聽聞解脫密法》記載法性中有現象出現光、輝、震等相對應。《中有教授聽聞解脫密法》中記載："此時亡者靈識，如從睡夢初醒，較爲清朗，凡其親屬哭泣哀號，以及撤除食器、脫換衣服、掃除床具、清潔臥室、自雖能見，而彼諸人，無能見己；他人所言，自雖能聞，而呼諸人，竟無應者。心遂懊喪，並知已死，將求重生，逡巡欲去，爾時'聲、光、輝'三種境相，俱現於前，遂疲勞與怖、畏、懼三種情況之下，莫知所適。"①

《卻吉德空行母傳》中繼續寫道：

> 我受喇嘛教導時，喇嘛説過，每一束光都是自識的光、每一種色都是自識的色、每一種聲都是自識的聲、每一個幻象都是你自識的幻象，都是心的顛倒顯現。我心思喇嘛教授的就是現前的幻象，諦實無成立。於是一切都變得安詳，我恐懼的感覺也消失了。

可知卻吉德在法性中有時期憶起生前所授，對各種恐怖幻象本來面目有了清晰的認知，從而恐懼的感覺消失了。這也與《中有教授聽聞解脫密法》中指出的法性中有時期的解脫法門吻合。如果卻吉德能夠與這些光、聲等合上去便能在法性中有時期得到解脫。

接著《卻吉德空行母傳》非常生動地描述了法性中有時期的體驗。

> 然後我看向自己的床榻。那裏躺著一隻已腐爛的蛤蟆屍體，上面蓋著我的衣服。我想去拿我的衣服，但害怕蛤蟆就沒敢拿。"我沒有死，我還活著，因過度驚嚇我的病痊癒了。爲什麼在我床上放一隻蛤蟆的屍體，還要用我的衣服蓋住它呢？我害怕蛤蟆，難道你們不知道嘛？"沒有人回應我，都悶不吭聲地坐著。孩子們哭喊著"母親！"他們有的握著我的手哭喊，這時傳出千龍咆哮的聲音，他們的眼淚猶如雞蛋般大的血冰雹一樣敲打在我身上，疼痛令我難以忍受。我也因爲害怕變得驚慌失措、無所適從。當他們停止哭泣的時候千龍咆哮的聲音和血冰雹也隨之消散了。隨後我的父母、弟弟和鄉里人全都過來大聲哭喊，此時我又感到無比的痛苦。我大聲說"我還沒死，你們爲何要哭？當你們哭的時候，我身體會感到非常痛苦。"但無人能聽見我説的話。當他們停止哭泣的時候，我也變得平靜。

---

① 孫景風：《中有教授聽聞解脫密法》，第75頁。

法性中有剛開始時，亡者意識不到自己已經死亡，試圖與家人對話，但無人應答。亡者將產生分別心，家人痛哭嚎啼會使其產生分別心，進而有了法性中有的恐怖巨響。勸阻亡者家屬哭喊的原因是幫助亡者減少中陰時期的痛苦。這種阻止家屬在亡者身旁大哭的行爲在蒙古族喪葬禮儀中已保留，其理論來源也可能就是此中有學說。

接著描述了卻吉德家人爲其準備度亡的場景。

> 我弟弟布卻說："我們哭有什麽用？不能沒有做破瓦法的喇嘛。需要請一位元喇嘛僧人和他們的徒弟二三十位。我姐生平信仰大修行者土傑仁欽，因此邀請他做無間儀軌，你去邀請一位念決巴的人。"

據《中有教授聽聞解脫密法》，亡者家屬在亡者現死相時便要施破瓦（'pho ba）法，如果亡者生前已有修行成就，那麼在臨終時修破瓦法就會往生淨土。但修行低下或者沒有聞法之人，便要請亡者生前信仰的上師或者一起聽聞法的法侶等爲其施破瓦法。這裏還提到了念決巴，決巴指的是《金剛經》。在地獄遊記中常出現因生前念誦《金剛經》而得到解脫的現象，從而讚頌《金剛經》的殊勝功德。這裏也是同樣的道理。

佛教把中有身也叫作食香者。這是因爲中有身祇能聞到氣味，不能進食。這種理念也體現在蒙古族喪葬禮儀中，即給亡者燒紙、燒食物。《卻吉德空行母傳》中描述的中有身食用供品時的感受正是如此：

> 他們把肉、酒和麵食作供品，供養給喇嘛和他的弟子們，卻唯獨沒給我。"把我的一份給我！我已經變得饑腸轆轆了。"但無人理睬我。我很疑惑他們爲何生我的氣？正當沮喪時，大修行者命令我的女兒給自己的母親供食物。女兒把肉和麵食盛在木盤上同一杯茶放在蛤蟆屍體前面，說"請母親享用"。我心想，不給我反而放在蛤蟆屍體前面，感到惡心就沒吃。我惱怒又饑餓難耐的時候，喇嘛偷偷給食物加持，把它扔進火裏。食物散發出的燒焦味讓我感到如吃如喝，饑渴感隨之消失。

以上是卻吉德中有身在"法性中有"中的體驗和過程。如果中有身在法性中有期間未能實現解脫，那將進入輪回中有。然而在《卻吉德空行母傳》中，在法性中有和輪回中有之間插入了一段"中有身的旅程"，即被引者帶到了閻羅法王處。這一段旅程的內容既不屬於法性中有，也不屬於輪回中有，而是插入的民間文學成分。

## 二、"中有身"的旅程——被引向閻羅王處

在法性中有時期，卻吉德的中有身感到肉身已死，並做了一番自我驗證。證實自己已死亡的事實後，正坐在房角之時有人叫她並帶領她走向了閻王處。

> 這時外面來了一人，說道："卻吉德到這兒來"，我過去一看像是我的父親。他說："你跟我過來，我有東西要給你看，看完之後再把你送回來。"我心想，家裏喇嘛和其他人都生我的氣，我的丈夫和孩子都不給我食物，我也不能自主。我心生想離開的瞬間來到了一條寸草無生、白茫茫的道路上。我一眼望去，是需要騎馬二十多天纔能夠橫穿的平坦荒漠草原。荒漠中有一座城，城邊有寬一箭射程之遠的水，上面有一箭之寬的橋。

接著卻吉德中有身跟著引導者見到了中有衆生。

> 我走進城中一看就像蟻穴裏邊的螞蟻般有密密麻麻的無數個男男女女。有的穿著光鮮亮麗，神色也容光煥發；有的衣衫襤褸，神色灰暗。他們都抱怨說太痛苦了。他們的臉色都暗沉了下來。有些人還哭泣著。我也會變成這樣嗎？我想到這裏，身體就開始瑟瑟發抖。我繼續往前走，在衆多人中，看到我的弟弟牧牛人卻貢。
>
> 他回答道："他們是陽間的壽命終止後來到這裏的，所以這是生死中間地帶中有。他們有的人是壽滿剛好，他們在等七七四十九天的法事。有些是陽數未到，被認錯姓名帶到這裏的。他們當中穿著光鮮亮麗和容光煥發的是在前世做到了上供養三寶，下佈施窮人。……神色黯然的是前世沒有修持善業。在他死後他的親朋好友也沒有爲他做法事。做的一點善業，也因沒有發願回向鞏固，所以沒有增長的功德和福報。有的容光煥發但衣衫襤褸，是因爲他們雖然念過經但沒有佈施他人。有的穿著華麗但是神采黯然，是因爲雖然做過佈施但沒有修法之人。"

捷克學者丹尼爾·貝倫斯基認爲，此處亡者穿過河流去往陰間的情節與伊朗拜火教《阿爾達耶·維拉夫記》（*The Book of Arda Viraz*）所描寫的一樣；出現一人甚至多人帶領亡者去陰間可能是受到漢族志怪小說中還魂故事的影響。他還指出藏族代洛傳記和漢族志

怪小說《冥祥記》中的還魂故事有相同的情節。① 總之，《卻吉德空行母傳》中的中有身前往閻羅王處的一段旅程及見聞，吸收了民間故事或還魂故事的多種要素。

## 三、閻羅王的審判——輪回中有

第二個引領者卻貢帶卻吉德中有身來到閻羅王處，排隊等候閻羅王的審判。

在輪回中有期，由閻羅王來審判中有衆生，決定其輪回去向。司善之神和司惡之神分別以白色石頭和黑色石頭計量善惡。是否說謊，閻羅王會在業鏡中查看判決。閻羅王審判，是輪回中有時期非常重要的，也是一個"生死攸關"的決定性環節。從佛教教義角度而言，它對世人的警示作用和勸善意義更深。同時富有文學性，故事内容豐富、吸引力大，也可以張弛有度、收放自如，對作者和譯者而言有可操作性空間。比如《卻吉德空行母傳》的兩種蒙古文譯本分別比藏文原文多出了兩場審判案例。閻羅王審判内容，在篇幅上占據全篇内容的一半以上；在程式上也分工明確、有條不紊，人物、情節與對話描寫生動、細膩，具有很強的畫面感和感染力，有獨立的欣賞價值。當卻吉德的中有身初到閻羅王處的場景是這樣的：

> 我跟隨其後，看見在山的那邊有一座大鐵城。城中有一座金色寶座，閻羅法王坐在上面，身體呈黄色、持冥想手印、頂上有肉髻相、身穿花紋法衣，上撐綾羅綢緞的寶蓋，前面佈滿了各種供品。在其右邊，牛頭的厄爾里克（鬼卒）手持一面鏡子；在左邊，猴頭的厄爾里克手執一桿秤；前面麋鹿頭的厄爾里克捧著一本書。還有長者各種各樣面貌的地獄獄卒們，張著嘴，露著獠牙，眼睛如日月一般閃爍，各個呈現忿怒相。他們手里握著槍、刀、弓、箭、叉、鋸、錘、劍、釘、鈎、鉗等各種各樣的無數個利器。他們呼喊著"殺！殺！敲！敲！"發出"哈！哈！吼！吼！"笑聲、飛躍著、跳動著。目睹他們的人都會心驚膽戰。在他們面前，有三百位男男女女，等著分辨他們的善惡。

閻羅王的審判程式一般爲：中有身（受審者）來到閻王面前陳述自己的善業和惡業——閻羅王讓厄爾里克在業鏡和書中查看受審者具體的業行（同時檢查陳述者是否說謊）——白色的司善之神補充陳述有關善業之事，並堆起白色石頭——黑色的司惡之神補充陳述有關惡業之事，並堆起黑色石頭——黑白石頭堆對比大小與輕重——閻羅法王判

---

① Daniel Berounský, *The Tibetan Version of the Scripture on the Ten King*, Prague: Triton Faculty of Arts, Charles University, 2012, p.78.

決，説判詞——中有身去往輪回之道或得到解脱（白色彩道：去往淨土，得到解脱；黄色彩道：投胎於人道的；下地獄的，被獄卒用套脖、勾心等方式帶走）。他們離開之時，根據自己的業報，都給世人留下一句話，對世間衆生表示警示和勸善。希望"如果有人返回世間，把我的話帶給世人"。

在第一場審判開始之時，閻羅王用問話的語氣把獲得佛果的善根和墜入地獄的惡根交代了一遍：

在世間具足獲得佛陀果位的善根有：

**受密宗灌頂、傳承、教導，受灌頂觀想本尊佛、持誦念咒，觀想自己内心、自己體相自己證悟，證得迷惑顯現無諦實成立**。這些是獲取佛陀果位的因。告訴我你是如何做的？再者，**上供養三寶、抄寫念誦經典、恭敬僧人、報答父母恩情、佈施窮人、拯救衆生的生命、救治命弦垂危的人重新獲得自由、依身語意三門利益他人**，身語意的善會讓你享受更高的人天安樂果的因。道出你做過哪些事！清净身體業障的方法有**磕頭朝拜、持齋戒、斷食戒**。爲善法做過哪些身體上的苦行？

衆生墮入惡趣的罪大惡極的因主要有以下：

**殺生你養你的父母、殺傳授發心的喇嘛、離間僧團等五無間罪和與他接近的五種罪**。説出你是否犯了以上罪！從身語意三門違抗受密宗灌頂傳承教導上師的教言、毁壞三寶、違背向三寶起誓的誓言。説出你是否犯了以上罪業！**離間上師和師友們的心、對上師產生邪見、違背自己的戒律**，説出你是否犯了以上罪業！

**虐待無辜的人，掠奪、搶殺、毆打修行人和磕頭朝聖的善男善女等重大罪業**。從身的門做偷盜、殺生、邪淫，從語的門説過妄語、兩舌、惡口、綺語，從意的門產生過貪欲、瞋恚、邪見等十惡。**不信仰密咒法門且產生過邪見，誹謗大乘道，搶斷修行人的口糧**。你是否犯過以上罪業，一一交代不要有任何隱瞞！

下面我們首先列表梳理閻羅王12場審判的主要内容，然後對全部審判過程做整體分析。

◇第一場審判

| 受審者 | 身材高大、皮膚黝黑、牙齒前凸，穿著毛氈長袍，披著毛皮斗篷，手持念珠，口念嘛呢。 |
|---|---|
| 自我陳述的善業 | 自13歲至今，每天念誦《文殊真實名經》和嘛呢萬遍。受過灌頂，向拉薩召送供燈、磚茶。供養寺院和喇嘛，孝敬父母，無仇人，從未做過偷盜、掠奪、打殺之事。 |
| 自我陳述的惡業 | 在家時殺牲吃肉，但我自己從未損害過動物的生命。 |
| 業鏡和書中的檢驗 | 至於善行，所講皆爲真。至於惡業，他們三人偷了一隻大犛牛，便擲骰子決定由誰來宰殺。色子落到他身上，由他殺死。 |
| 白神之詞（司善） | 這人從無數世以來做的善業是不可想象的。<br>做的惡業還不及芝麻籽般大。祇有讓他往生淨界。 |
| 黑神之詞（司惡） | 此人在無數次輪回中累積了許多罪孽。<br>他不能享受人天安樂果。除了地獄，別無去處。 |
| 黑白石堆的對比 | 白色石頭沉，石碓也大。黑色石頭輕，數量也少。 |
| 閻羅法王判詞 | 做了諸多善業，累積了深厚福田。因此享用安樂果位。讓他往生到富人家庭。如能修習正法，再讓他享受更高的果位。 |
| 輪回去向 | 去向黃色的彩道，投胎爲富人子弟。 |
| 對世人的寄語 | 一定要勤於修善，遠離惡業。不忌惡業，必墮入惡趣痛苦中。像我一樣修善造福纔能夠擺脫苦難，去往善趣道。 |

◇第二場審判

| 受審者自我陳述 | 我之前未曾瞭解分辨善惡。我生前擁有的糧食和財富祇夠維持自己的生活。除了交稅，沒做過任何佈施，更沒有依身語意三門累積福報。生前向喇嘛祇受過長壽灌頂，再無受其他灌頂。朝拜者前來乞討時，我阻止妻子佈施任何東西。殺過20條魚，宰殺過家裏養的雞、豬、羊。受惡人挑唆掠奪過苦行男男女女的食物。 |
|---|---|
| 業鏡和書中的檢驗 | 殺過的魚都無法計量，宰殺29隻雞，大小50頭豬，43隻綿羊，90頭牛，設陷阱獵殺野獸。打獵時放火燒死蟲子、螞蟻和蝴蝶。合夥搶劫朝聖者，搶不動的便去偷。 |
| 黑神之詞（司惡） | 他累生累世種下的惡業説不完道不盡。 |
| 黑白石堆的對比 | 堆起黑色石頭，有山那麼高。 |
| 閻羅法王判詞 | 哎，你是一個沒有累積福德資糧的惡人。爲了今生的財富，埋下了無邊痛苦的種子。你造下了五無間罪和近五無間罪的惡業。比起殺生的罪業，**掠奪、毒害朝聖者和修行人的罪更嚴重**。現在把他帶到等活地獄、黑線地獄和衆合地獄等八熱地獄和八寒地獄中。由於掠奪過信衆之食物，給他常年灌煉火和熔鐵。 |
| 輪回去向 | 八熱地獄和八寒地獄<br>被厄爾里克用繩索套住脖子、用鐵鉤勾住心臟，帶走了。 |
| 對世人的寄語 | 千萬不要與我一樣做惡業，將會永遠無法擺脱痛苦。 |

◇第三場審判

| 受審者 | 背著皮口藥袋，長相似班迪（小喇嘛）的人 |
|---|---|
| 自我陳述的善業 | 我是世間是一名大夫，曾聽善惡業的利與弊，爲善法，請人抄寫了金字決巴，請人念誦《普明儀軌》百遍。自己每天念誦《文殊真實名經》。作爲醫者不管有人佈施與否，我從未向他人索要過任何東西。有人患病請我時，我首先想的是怎麼救治快速痊癒。我懷揣著善意，佈施藥物給他人，而不曾想開錯藥和錯誤診治。 |
| 自我陳述的惡業 | 我自己沒有殺生，但緣於活在世間，殺了衆多家中牲畜。 |

| | |
|---|---|
| 業鏡和書中的檢驗 | 關於福德方面，他所説的一切都屬實。<br>關於惡業，你的一位親屬尋你就醫時，你嫉妒他人錢財而故意用錯藥，使他病痛八月之久。等他錢財耗盡之時，你纔用對藥，使他避免一死。等他病情好轉之時，你又收了人家佈施的上等盔甲。你有故意拖延病情的罪過。你在家時殺了175頭牛羊。 |
| 閻羅法王判詞 | 若你未對患者進行錯誤的診治，來世定能享受人天安樂果。現在把他帶到沸騰的毒湖！作爲懲治他故意誤診的過錯行爲，給他常年灌滾燙的毒水，給他身上鑲嵌千個鐵釘。待他業障滅盡、福報變重，惡業清淨變輕之時再送往高等趣道。 |
| 輪回去向 | 下（毒湖）地獄。被厄爾里克用鉤子勾住心臟帶走了。 |
| 對世人的寄語 | 切忌錯誤用藥，惡業的異熟果有這般大。 |

◇第四場審判

| | |
|---|---|
| 受審者自我陳述 | 我父親祇有我一子嗣，娶了丹巴索南家的女兒，但與她常起口舌之爭，家中財產也因此被耗盡。我在妻子娘家宅院中縱火，燒死了75頭牛、羊、馬等牲畜。我截住逃跑之人，射死了一對夫妻。之後我再娶妻，加上親友們的相助，日子恢復如前。<br>但我爲我犯下的罪業感到惶恐不安，思索怎麽懺悔纔能滅盡我所作的惡業，於是我詢問喇嘛僧人。有的説受灌頂教導並如理修行纔能夠清除罪障；有的説朝聖磕頭能夠清除罪障；有的説觀音菩薩教法大有所益，持齋戒和禁食齋並念喇嘛呢一億遍就能夠清除罪障；有的説靜猛百尊儀軌同酬懺念誦一百遍就能清除罪障；有的説金剛薩錘儀軌同《百字明咒》念一千遍就能清除罪障；有的説供奉嘛呢石雕刻者和大修行者就能夠清除罪障；有的説向僧衆懺悔就能夠清除罪障。<br>我自己觀摩用一種方法不能清淨我的業障，我必須用他們所説的全部方法結善緣方能清淨罪業。於是我裝扮成乞丐，拜見所有有加持力的喇嘛。向他們磕頭，毫無隱瞞地懺悔自己的惡業。説"我自己是一名此等有罪之人，我懺悔！"大聲哭著向他們懺悔。我亦盡力結了磕頭、轉山、轉塔等的善緣。兩年之後我回到家中，向一位大修行者受了灌頂教導，修行了上師教導的觀心識體明空的法。在持齋戒的一位喇嘛身邊過了整整一年時間，在殊勝日持齋戒和禁食齋兩百次。每天發奮念誦嘛呢，用黃金鑄成《金剛經》和《三聚經》，念誦了一千遍，也佈施了經膳和供品。我請**寧瑪派一位喇嘛**念誦輔助靜猛百尊儀軌的酬懺兩百遍，回頭供養了一匹好馬、價值有一頭犏牛的綠松石和一方緞子。供養嘛呢石雕刻者和從一日之地外來的大修行者，並向發願。供養施捨一位戒律清淨的喇嘛。業障清淨了的現象亦曾出現過多次。現在請看看我的業障有沒有清淨，未清淨我也無遺憾可言。 |
| 業鏡和書中的檢驗 | 他沒説謊 |
| 閻羅法王判詞 | 犯下惡業之人衆多，但懺悔之人卻極少，你自願做了有利益的善業。你犯下了惡業，雖沒有通達智慧，但是有懺悔的功德。依靠四對治力懺悔連五無間罪都能夠清淨。**真誠懺悔**的功德使你具足了四對治力。依靠朝拜轉輪、持齋戒和禁食齋清淨了身體上的業障；依靠皈依、念誦嘛呢使得言語上的罪業明淨了；依靠生圓次第雙運的修法使得意念上的罪業明淨了。若你未曾犯下衆多惡業而是做了如此多的善業，你會成爲一位引導衆生的人。現在你無間隔地轉生到人道，**對密咒進行聞思修**，經過四世輪回便會成爲佛。 |
| 輪回去向 | 去往黄色道路，投胎到人道。 |
| 對世人的寄語 | 若有去往世間的人，請轉達我的話。有罪業的人像我一樣懺悔自己的罪過。勤於善業，能夠清淨罪業，獲得更高的果位。 |

## ◇第五場審判

| 受審者 | 一位似苦行裝扮的瑜伽行者 |
|---|---|
| 自我陳述 | 我是藏地岑布河的苦行僧希日佈道吉。自小修習正法，精通性相。從上師雲丹加措受密咒灌頂傳承教導並如理觀修。做了諸多善業，沒有私藏財物，把些許累積之物都如理佈施，沒有積累罪業。 |
| 業鏡和書中的檢驗 | 你未曾精心學習性相。你向雲丹加措受了灌頂，但你欺騙上師的女兒和妻子與你邪淫。上師得知後訓斥母女倆，你卻說'我講的法比你的深，你就這樣說我壞話'。說完拿石頭砸向喇嘛身體，違背教言、惡言相向，違背心意、離間他人。你做了破身語意三戒的惡業。你修法的時間一年不到，卻充當佛，與你結緣的人都被引入惡趣道。你一共殺了人、馬、狗一千萬。比起這些，從身語意三門迫害給你灌頂傳承教導的上師的罪惡更嚴重。 |
| 閻羅法王判詞 | 你罪孽深重，因此把他帶到無間地獄，永生永世不得解脫。 |
| 輪回去向 | 無間地獄。厄爾里克們用一千個鐵鉤勾住，把他帶到紅鐵室。 |
| 對世人的寄語 | 千萬不要對自己授受灌頂傳承教導的上師失去信仰 |

## ◇第六場審判

| 受審者 | 身材豐盈，圍著長襌裙、上面穿著紅色短袢、頭頂戴著熊皮眉簾。他的身邊圍著三千多名男男女女，敲鑼打鼓，嘛呢聲鳴天。 |
|---|---|
| 自我陳述的善業 | 我是嘛呢覺窮。爾等當中有與我結緣之人請跟我來，爾等如今在中有和地獄當中，我現在將去淨土。 |
| 厄爾里克向閻羅法王的描述 | 有一位班迪從空中飛過來後，地獄的門自動打開了。厄爾里克們都成爲灰燼了，地獄也差點變空了。我急忙起身用鉤子拉回來三百名男男女女。他們像不用經歷善惡的審判一般，逃過了拷問。那位能者是誰，叫什麼名字？做了何等善事？被拉回來的人裏面男人多女人少，跟著去的人當中男人少女人多。這是爲何？ |
| 閻羅法王判詞 | 那位是人稱僧格的有智慧有神通的喇嘛。他自小信仰大慈悲觀世音，自心念誦嘛呢六字真言。跟著他去的人都是生前去拜見他，向他聽法並做了供養佈施的有緣之人；依身語意三門信仰他。他以慈悲心救護了他們。不然沒有不分辨善惡便能趣往善趣之理。 |
| 輪回去向 | 未通過法王審判，直接飛往淨土。 |
| 對世人的寄語 | 如果修習大悲心本尊並念嘛呢心咒，並宣誦給他人是一件有功德的善業，但去持習之人非常少。能夠和宣誦大悲心心咒的人結緣亦是一件有利益的善業，但持嘛呢和結緣的人卻祇有極少數。 |

## ◇第七場審判

| 受審者 | 一位長相醜陋，體形肥胖的尼姑 |
|---|---|
| 自我陳述 | 我自己種田，自給自足。吃喝穿用足夠便好，何必尋求佛。我不知前世有沒有行持善法，如今也沒有任何痛苦，我自食其力，過著自己的生活。我不曾爲沒有修習善法而感到後悔。我沒有可言說的善業，也沒有可說的惡業。我也未曾聽聞分辨善惡。就算聽聞，也祇做一些不著邊的業。若把我遣送回去，我定會勤善修法。 |
| 業鏡和書中的檢驗 | 你雖剃髮穿僧衣，但對正法的信仰不及一粒芝麻籽大。你沒有聽聞正法，不知何事對來世有利或有弊。沒有爲佛法佈施過一滴水、一塊麵。你嘲笑修習佛法之人，羞辱他們。你常常混跡於世俗中，做邪淫之事。你誇大其詞、竭盡全力傳播醜聞。你搬弄是非，挑撥離間，積聚了無邊惡業。 |

| | |
|---|---|
| 閻羅法王判詞 | 像你這樣的尼姑上擾亂上師的心，下打擊遠近鄰里的心，牽連他們起瞋恨之心。你做的惡業成熟於你的身語意三門中。請把她帶到地獄，讓她輪流在大小號叫地獄以下，裂如蓮花地獄以上的地獄中受苦！從她喉根處拉出舌頭，在其上面耕田、釘鐵釘，讓她在地獄住到壽命終止爲止！由於說乞食者如魔王，說男男女女如母犛牛的罪因，讓她無數次地輪回在狗身、鬼怪身、犛牛身中！ |
| 輪回去向 | 下地獄受苦，在畜生道中輪回。 |
| 對世人的寄語 | 不要去做積累無意間的罪業、未清淨的惡業；不要有嫉妒心；不要吝嗇和炫耀。 |

◇第八場審判

| | |
|---|---|
| 受審者自我陳述 | 我犯了殺麝和野山羊的罪。我在家裏殺了八九隻牲畜，在邊關輪崗期間搶劫了許多朝拜者。我做的惡業就這些。我從未思考過供養的事，由於家人人口衆多，不能做到衆多佈施的業。我來到這裏，目睹法王辨別善惡之業，深感懊悔，然而卻無力改變。 |
| 業鏡和書中的檢驗 | 你殺害野獸，放狗咬死了一部分；設陷阱獵殺了一部分；放箭射死了一部分。你殺死了90隻野山羊、67隻麝、7隻大狸猩和11隻猴子。在家的時候屠殺了11隻山羊、九隻綿羊、兩頭犛牛、17頭豬。你守邊關的12年，攔截和搶劫朝拜者、僧侶和路人。儘管你帶頭作惡卻不曾貪圖大的份利，可仍然負擔最大的罪業。 |
| 黑白石頭對比 | 未見一顆白色石頭；如山高的黑色石頭 |
| 閻羅法王判詞 | 在衆多惡業中，**妨礙乞食者的罪業最重**。由於擾亂僧侶和男男女女心、搶斷法糧之罪，需要嘗受一千年的阿修羅道苦；由於掠奪和妨礙乞食者的罪，需要嘗受無間地獄等十六地獄的痛苦；由於殺生的罪，需要嘗等活、黑繩地獄痛苦。從地獄解脫之後轉生成爲你殺害的動物，贖自己殺生之罪。 |
| 輪回去向 | 下地獄，後輪回於畜生道。 |
| 對世人的寄語 | 別做和我一樣的罪業，永無解脫之日。 |

◇第九場審判

| | |
|---|---|
| 受審者 | 一位不瘦不胖中等身材，手持黃色嘛呢珠的女人 |
| 自我陳述 | 我是善説女兒名叫諾敏朱拉。來到那條河的喇嘛僧人無人不認得我。我曾想出家爲尼，但自小被許配給人，身不由己。爲人妻後也一心想早日出家。我時常想當死亡來臨時除了善法，不管世間是有何高等智慧都起不到任何作用。我在世時，皆盡全力做好供養和供奉，結下了善緣。多次受過灌頂傳教教導並觀心修行。我曾經供養給大修行士遍知貢嘎益西衣物等六年時間，並受他的傳承。一直努力遵循上師教導，不管誰前來我都從供養施捨的門做了累積福德的善業，並回向祝願。 |
| 業鏡和書中的檢驗 | 你往善的方向念誦的未計入的嘛呢已超過十萬了。亦做了多次的皈依和發願，也做了多次的磕大頭。乞食者前來之時你做了佈施。關於惡業，你除踩死一隻蟲子外，當年出婚嫁之時宰了犛牛、綿羊等共七頭。這份罪業分四份，其中雙方父母負擔一份，新婚夫妻負擔兩份，屠夫負擔一份罪。沒有其他罪業。 |
| 閻羅法王判詞 | 哎！女人你是一位有崇高信仰、心善之人。你恭敬、供養僧侶，用回向祈禱助印功德。這是有爲法的善根。你學習觀修顯空不二的教理。這是累積的無爲法的善根。但因你修行時間過於短暫，沒有形成定解，有心的迷亂顯現。要長時間的串習之後纔能定解，證無迷亂的心本性。你現在未通達心的本性，因此不能往生淨土。 |

| | |
|---|---|
| 白神之詞 | 我是大修行者貢嘎益西，是一位證得心空性瑜伽師；能夠破除顛倒的瑜伽師；能夠救護一切眾生的瑜伽師。善說女兒諾敏朱拉，你在世間之時，與我結下了法的緣，爲何不提？我與你傳授的心本性去往了何處？你如今已離開血肉之軀，你如今的身軀是爲何？誤把迷亂顯現成真實有，心本無形！請跟我去往淨土。 |
| 輪回去向 | 喇嘛上師貢嘎益西帶著她，大聲傳誦嘛呢奔向白色道路去了。 |
| 對世人的寄語 | 如果有去世間的人，請把我的這些話傳遞給衆人，尤其請對麻康崗的女士們告知這些話。請告知地獄是顯明的；請告知會把有福德的人派往高處；請告知上供養三寶，下施捨給乞丐。盡可能地對修行者做供養，真誠地向喇嘛上師貢嘎益西祈禱，他是能夠救護一切與他結緣的大慈悲喇嘛。請告知念誦六字心咒，裨益巨大。 |

◇第十場審判

| | |
|---|---|
| 受審者 | 一位幹眼直瞪的尼姑 |
| 自我陳述的善業 | 我自二十歲便開始修習正法，剛開始由於年輕浮躁，儘管聞佛法，未牢記於心。我財產豐富，因此喇嘛僧侶前來之時我都盡力結緣。朝聖者和乞食者到我家門前時，我從未讓他們空手而歸而行佈施。 |
| 自我陳述的惡業 | 在父母身邊做侍奉之時，不慎踩死了諸多蟲子。有一年生病之時，宰殺兩頭母犛牛吃其肉。薈供之時，宰殺母犛牛和公犛牛兩頭。 |
| 業鏡和書中的檢驗 | 她說的善業是假的。有一位老太婆給你保管肉和黃油時，你跟她說不慎被人偷盜，暗地裏占爲己有。有個苦行僧交給你保管一顆綠松石，你卻說不小心丟失，不曾歸還人家，反而拿去當賣。 |
| 黑白石頭對比 | 堆起黑白色石頭，在稱上稱重之時，造下的惡業與他福德一樣重。由於誆騙人家肉、酥油和綠松石，因此罪業多兩份，福德輕一份。 |
| 閻羅法王判詞 | 你令老太婆和空行僧大失所望，吃了未給的食物；因此把他帶到膿血的髒湖，常年灌沸毒水和紅火灰；由於拿了人家錢財，砍斷其雙手；由於謊話切其舌頭；由於傷害老太婆的心意，挖其心臟。何時其罪業變輕，福德變重之時再派往高處。 |
| 輪回去向 | 下地獄受各種酷刑。厄爾里克用鐵鍊拴住其脖子帶走。 |
| 對世人的寄語 | 切忌勿偷盜別人的物品，其罪業深重。 |

◇第十一場審判

| | |
|---|---|
| 受審者 | 一位穿著華麗、長相美麗，帶金銀珊瑚綠松石的體態豐盈的女子 |
| 自我陳述 | 我是馬日貢王的女兒。我從婆家去往娘家的途中，掉進洪水中便到了這裏。我不曾聽聞分辨善惡。雖有財寶，但不曾意識到要供養佈施給善的方向。在我們家鄉，喇嘛僧人前來之時，我曾想過去聞法受加持、結供養食物的緣，但我是大人的女兒，不想讓其他人妄議大人的女兒是如此無腦愚笨，因此我未曾去過。有一次，我在向喇嘛順弩堅贊聽法之時，他命令我在夜裏到他處。我心生懊惱，因此沒有聽完他所授之法，亦對他失去了信仰。 |
| 業鏡和書中的檢驗 | 你自稱無罪是謊言。在你婚嫁之時操辦的兩次婚禮期間，宰殺了23隻動物。你要承擔殺生罪的四分之一。<br>喇嘛順弩堅贊是一位修習大圓滿證悟心自性的人，你卻因他讓你夜間來而心生質疑，未遵從他的旨意。還告訴你父母後，他們亦產生了邪見、違背了誓言。<br>你向自己的女師友們惡口相罵。你對受灌頂傳承的人說惡毒的話，使他們產生邪見，種下了墮入惡趣道的因。**比起屠殺一千個人、馬、狗的惡業，使人產生邪見的罪惡更爲深重。**你本可以活到65歲，因破壞上師的教言並產生邪見，到20歲時便來到了這裏。 |

| 閻羅法王判詞 | 遇到如此造孽深重的惡人，無需稱、無需數黑白石頭。你是大人的女兒，你長相美麗、體態豐盈、穿金帶銀。但在此地毫無用處。你聽聞佛法、卻違規誓言輕蔑自己的上師，因此你要經歷十八地獄的痛苦。把她舌頭從喉部拉出來釘兩千個鐵釘，然後在中間挖開耕地。在她頭頂用錐子打洞後扔進金剛地獄。讓她受數劫痛苦。 |
|---|---|
| 輪回去向 | 落入十八層地獄，承受數劫痛苦。 |
| 對世人的寄語 | 不要對自己結緣的上師產生邪見，違背自己的誓言。攝受密法灌頂和教授佛法的喇嘛功德何等深厚，因此切忌僭越他的命令並誹謗他。如果僭越產生邪見定會像我一樣受千劫的痛苦。 |

◇第十二場審判

| 受審者 | 身穿短裙上披毛氈、頭戴熊皮眉簾、右手持嘛呢輪、左手持嘛呢珠、口中念誦嘛呢，身邊圍著六十多位男男女女，伴隨著嘛呢聲 |
|---|---|
| 自我陳述 | 我是嘛呢字石刻家希日布仁欽。在彼岸城中的眷屬、好友和供養過我的人請到我身邊來。大悲觀世音菩薩在召喚我，我要去那裏。 |
| 閻羅法王判詞 | 他是一位念誦嘛呢一萬遍的人，在石頭上刻嘛呢後堆放在路邊，使行人路過時轉嘛呢石堆或念嘛呢誦，由此累積的福德不可估量。因有兒女三個，外人認爲其品行不佳，與他結緣的衆生祇有少數。現在跟著他去的人是他的親朋好友和在他刻嘛呢石堆時佈施過食物的施主。如果敬信他並與他結緣的話，他是能夠引導你們的人。無奈不是人人都有福分，沒有與他結緣，未觸正法的人便被留在此地。如果向大悲心祈禱念誦嘛呢一億遍，自己便能獲得解脫。無奈多數人都做不到。他帶走的衆生都是與他結緣之人。 |
| 輪回去向 | 不用通過閻羅王的審判，直接解脫 |
| 對世人的寄語 | 如想獲得解脫之道，要向大悲心祈禱，並勤奮念誦嘛呢。 |

從以上 12 場審判的内容整理，我們可以總結以下幾點。

1. 閻羅王的審判，是"輪回中有"中非常重要且精彩的組成部分。其内容豐富、多樣、真切，貼近生活，讓人感同身受。文中出現了 8 名男性、4 名女性受審者。他們的情況（來自不同的家庭和職業）和業果都各不相同。其中兩個人輪回到人道，七個人下了地獄（其中兩個受盡地獄之苦後又在畜生道上繼續輪回），三個人往生淨土，解脫輪回（其中兩個甚至沒有通過審判，直接去往淨土）。

2. 閻羅王的審判嚴謹、公正，讓人感覺到秉持公道、弘揚正義。他不會祇聽一面之詞就做出判斷，而是首先讓受審者自己陳述自己的善惡業，然後在業鏡和書中查看業跡，同時檢驗陳述者是否撒謊，再讓白神和黑神進行補充，最後閻羅王纔做判決，懲罰明確、證據充足，令人信服。

3. 從閻羅王開始審判時的言辭和在審判過程中的善惡、罪行的輕重評判標準來看，其中特別強調"受密宗灌頂，尊崇和信仰上師，尊重朝聖者、修行人"等觀點非常明確，並注重真心懺悔和心的修行。這些的理論依據應該爲佛教密宗寧瑪派（《卻吉德空行母傳》中也直接提到請寧瑪派喇嘛來念經以清淨業障）。而在世俗生活中，它們影響了蒙古的法律、法令是比較明顯的。在 17、18 世紀的《蒙古—衛拉特法典》（1640）和《喀爾喀律令》（1709）中非常重視喇嘛上師和僧人的利益，這個不得不說受影響於此類佛教通俗文學。

4. 每個中有身離開閻羅王之前都會對世人留下一句話，這其實就是給我們的主人公卻吉德説的，因爲卻吉德能返回陽間，他們留下的話因爲是跟他們親身體驗的生動故事結合在一起，所以比起閻羅王乾巴巴的囑咐更有説服力，給人的印象更加深刻。當卻吉德返回陽間勸人行善、弘揚佛法之時，這些故事的效力會是更直接、更有效。這正是"中有"題材的《卻吉德空行母傳》創作目的所在。

## 四、結　語

卻吉德的中有身全程觀看閻羅王 12 場審判之後，閻羅王又讓她去參觀十八層地獄，並囑咐她好好記住地獄的模樣和酷刑。等卻吉德遊覽十八層地獄返回閻王處，閻王以"陽壽未盡"的理由提出讓她返回陽間，並要求她回去後向世人講述自己的所見所聞，業報的大小及其緣由，逐字轉告閻王所説的一系列指示。於是卻吉德返回人間，遵照閻王指示，皈依三寶、供養喇嘛上師、行善修心，並把曾在"中有"時期的所有見聞記載於此《卻吉德空行母傳》，傳授給他人看、説、寫，以此傳播正法，積德積福。到此《卻吉德空行母傳》全部内容完結。即該傳記是記載卻吉德處在"中有"狀態下所有經歷的傳記。相對於人活著的一生的傳記而言，它是"中有"時期的傳記，也就是藏文所説的"代洛囊達（'das log rnam thar）"或代洛傳記。筆者認爲它就是傳記文學的一種。"rnam thar"（傳記）這個詞是蒙古文從藏文借的，而有學者提出像《卻吉德空行母傳》這樣的代洛傳記文學不算在傳記文學内。筆者認爲這是不對的。那麼從題材上看，以往的蒙古學者總把它歸入到"遊歷地獄"題材中，而忽略"中有"這個概念，同時忽略"中有身"所面臨的"閻羅王的審判"。從前文分析，我們可知"地獄"這個名稱是無法覆蓋"中有"和"中有身"的經歷和體驗的。"中有"這個概念本身有其獨特意義，《卻吉德空行母傳》也因此變爲把宗教教義和世俗理念完美結合的獨特文本。它在民衆的精神領域和蒙古文學史上的地位值得深究。所以，本文建議對蒙古文《卻吉德空行母傳》的"中有"題材加以明確和關注，從而推動對其進一步的深入和細入研究。

# Discussion on the Theme of "bar do" in Mongolian *Čoyiǰid Daɣini-yin Tuɣuǰi*

Sorgog

**Abstract**: *Čoyiǰid daɣini-yin tuɣuǰi* ( *The Story of Chos Skyid Dākinī;* Tib. *'das log gling sa chos skyid kyi rnam thar bzhugs so*), is a spiritual story of the Tibetan *'das log* in origin, about a series of events experienced by a woman named Čoyiǰid ( Chos skyid) in a state of "bar do" ( intermediate state) after her death and her act of telling what she saw and heard to others and spreading the Buddhist teachings after her resurrection. It was first translated into Mongolian around the first half of the 17th century and widely spread in Mongolian under the name of *čoyiǰid daɣini-yin tuɣuǰi*. In Mongolian academic circles, people often refer to it under the theme of "hell". In this paper, based on the comparison and combination of Mongolian and Tibetan texts, the author focus to analyse another important theme, "bar do", which is different from the theme of "hell", and hold that "bar do" is the theme of *čoyiǰid daɣini-yin tuɣuǰi*, and the content about "hell" is just included in it. In addition, from the aspect of genre, it is also suggested that *čoyiǰid daɣini-yin tuɣuǰi* should be classified as Mongolian namtar ( rnam thar) literature.

**Keywords**: *The Story of Chos Skyid Dākinī*; Intermediate state ( bar do); The Theme of "hell"; Biographical Literature

# 紡織術語在絲綢之路上的東西方交流*

[法]哈密屯 著 李丹妮 譯

**摘 要**：絲綢之路是歐亞大陸的一大交通動脈，在東西方物質文化、精神文化交流上扮演了重要的角色，對人類文明的發展產生了深廣的影響，其中以語言文化交流最爲重要，東西方之間爲數可觀的借詞現象是其一大端。本文以紡織品貿易中的借詞問題爲例，探討語源，勾勒其交互影響的軌跡和流變過程。

**關鍵詞**：絲綢之路；紡織品；借詞；歷史比較語言學

鑿通於兩千年前的絲綢之路，是東西方民族之間語言和文化交往的重要通道，對絲路沿線和中亞地區各國民衆而言，延續數世紀之久的交流尤具深廣影響。東西方之間語言中爲數可觀的借詞現象反映了這一點，與紡織品貿易相關的借詞更是顯例。

在一件大約寫成於 12 世紀西域的回鶻語寫本中，有一個詞多次出現：küküllüg torqu，義爲"蠶絲、生絲"。回鶻文字中的kükül 或 kügül 應即 15 世紀以降見於奧斯曼土耳其語的 gügül（"蠶繭"），現代土耳其語的一些方言中仍然使用這個詞。在奧斯曼土耳其語中，gügül 無疑來自拜占庭希臘語 κουκουλλιον，後者則源出於拉丁語 cucullus，義爲"錐體物""兜帽"。法語的 cagoule "風帽" 意義相近，乃同源詞。① 因此似可認爲，拉丁語的 cucullus 一詞從歐洲出發，跨越大半個亞洲地區，於 12 世紀左右抵達絲綢之路的東端，在中亞回鶻語中以 kükül（"蠶繭"）的形式爲人所知。

然而，更值得注意的是，這個詞在公元 2 或 3 世紀的漢文文獻中似乎已有用例，寫作

---

\* 原文有英語、法語兩個版本：James Hamilton, "East-West Borrowings via the Silk Road of Textile Terms," *Diogenes*, Issue 171, Vol. 43/3, Fall 1995, pp. 25-33; "Vocabulaire textile emprunté à travers la Route de la Soie," *Diogène* 171, 1995, juillet-septembre, pp. 29-38.

① 關於 küküllüg, 參見 Nicholas Sims-Williams and James Hamilton, *Documents turco-sogdiens du IX$^e$ – X$^e$ siècle de Touen-houang*, Corpus Inscriptionum Iranicarum, Part II, Volume III Sogdian（辛姆斯—威廉姆斯、哈密屯：《敦煌出土的九至十世紀突厥化粟特語文書》，《伊朗語銘文集成》第二部分第三卷粟特語，倫敦，1990年），第35頁。

"句決",早期中古漢語發音爲*kuǎ-kwɛt①,這定然是原始蒙古語 kökül 的音寫,因爲句決是居住在蒙古地區的烏桓人(烏桓的早期漢語發音是*'ɑ-ɣwɑn,西史稱之爲 Avars "阿瓦爾人")對已婚婦女所戴的一種綴有黃金和寶石的冠飾的稱謂。② 這無疑就是蒙古女性所戴的那種頗具特色的頭冠,在記錄嚈噠人的漢文文獻中也有提及。後來,隨著成吉思汗的西征,這種帽子遂流行於整個歐亞大陸。在歐洲,這種帽子被稱爲 hennin,在中國則被稱爲 "姑姑"(中古漢語發音*ku-ku),則是對原始蒙古語該詞的轉寫。③ 看來,這個公元 2 世紀的詞,後來體現在拉丁語 cucullus 和原始蒙古語 kükül 中,流傳廣及絲綢之路的東西兩端,從蒙古到意大利,無遠弗屆。

現在再回到 küküllüg torqu("蠶絲"或"生絲")上來。在古突厥語中,torqu 表"絲綢",由於絲綢完全是一種中國產品,所以我們本可借此推測這個突厥語詞是一個漢語借詞。但是,把 torqu 和漢語里所有可表絲綢的詞語相比較,幾無任何共通相似之處可尋。因此,我們也許應該考慮這樣一種可能:早期的突厥人在首次接觸到這種舶來品時,便利用他們固有的語言成分創造了一個新名詞來指稱它。例如,我們可以假設 torqu 是在最初表示 "網""絲網"的 tor 後增加一個名詞詞綴-qu/-ɣu 擴充而成。

有幾位語言學名家提出一種說法,認爲古突厥語 torqu 在中古時期被借入一些歐洲語言。④ 可以姑且這麼看,就是筆者本人也認爲這種可能性頗高。首先,芬蘭語的 turku,瑞

---

① 本文使用的漢語古音構擬形式據蒲立本系統:Edwin G. Pulleyblank, *Lexicon of Reconstructed Pronunciaton in Early Middle Chinese, Late Middle Chinese, and Mandarin*(蒲立本:《中古早期、晚期漢語音韻詞典》,溫哥華,1990 年),僅作了少量的簡化。

② 譯者補注:《後漢書·烏桓傳》卷90,第2979頁:"婦人至嫁時乃養髮,分爲髻,著句決,飾以金碧,猶中國有簂步搖。"

③ 參見 E. G. Pulleyblank, "The Chinese and Their Neighbors in Prehistoric and Early Historic Times," in: D. Keightley (ed.), *The Origins of Chinese Civilization*(蒲立本:《史前與上古時代的中國人及其鄰人》,吉德煒主編:《中國文明的起源》,伯克利,1983 年),第 453—454 頁。蒲立本教授指出,烏桓是東胡的南部部族,公元 2 世紀時居住在蒙古地區的東界,而烏桓這個名字按照當時的發音是*Awar 或 Avar 的對應形式,也就是嚈噠王國的部落。嚈噠人在 6 世紀亡於突厥後西遷歐洲。《宋雲行紀》記載:"嚈噠國王妃亦著錦衣,長八尺奇,垂地三尺,使人擎之,頭帶一角,長三尺,以玫瑰五色珠裝飾其上。"(譯者補注:見《洛陽伽藍記》卷五,參見周祖謨:《洛陽伽藍記校釋》,北京:中華書局,1963 年,第 196 頁)參 René Grousset, *L'Empire des Steppes*(格魯賽:《草原帝國》,巴黎,1939 年),第 113—114 頁。

④ 參見 G. J. Ramstedt, "Finnish *Turku*, Swedish *Torg*, Danish and Norwegian *Torʋ*, a Word from Central Asia," *Neuphilologische Mitteilungen*(蘭斯鐵:《中亞傳來的表"絲綢"的詞彙:芬蘭語 Turku、瑞典語 Torg 及丹麥、挪威語 Torʋ 語源考》,《近代語文學通報》), Vol. L, Helsinki 1949, pp. 99-103; idem., „Einführung in die altaische Sprachwissenschaft. I." *Mémoires de la Société Finno-Ougrienne*(蘭斯鐵:《阿爾泰語導論》卷一,《芬烏學會紀要》) 104 (1957), p.49; Aulis J. Joki, „Die Lehnwörter des Sajansamojedischen," *Mémoires de la Société Finno-Ougrienne*(姚基:《薩顏薩摩耶德語中的借詞》,《芬烏學會紀要》) 103, pp. 334-335; Berthold Laufer, *Sino-Iranica*(勞費爾:《中國伊朗編》,芝加哥,1919 年), pp. 501-502; Gerhard Doerfer, *Türkische und*

典語的 torg，丹麥語和挪威語的 torʋ，意思都是"市場"，它們的可能原型無非就是古突厥語表示"絲綢"義的 torqu，這個詞由在公元 600 年到 1100 年之間遠涉中亞絲綢之路的俄羅斯、抵達阿姆河畔的火尋國（花剌子模）的維京人（Vikings）帶回北歐。Torqu 的語義從單純的"絲綢"到泛指"乾貨"（dry goods），最終延伸到"貨物"和"集市"。

類似的語義演變也體現在 torqu 被借入到歐洲語言的另一個例子中，即 14 世紀起見於英語的 drug、drugget，法語的 drogue、droguet，以及意大利語和西班牙語的 droga、droghetto 和 droguete，等等。在俄語里，dorogi 指"帶條紋的絲織品"，一般認爲借自波斯語，可能是作爲突厥語 torgu、torγu、torγa 和歐洲語詞 drug、drogue、droga 的一種中介形式。英語 drug 或法語 drogue 在早期的用例中意思是"價格低廉、沒有銷路的商品"（例如"a drug on the market"，説的是市場上的劣等貨色），另一個意思則是"常用於化學、制藥、染色和普通工藝品里的所有成分"。drug 最初無疑就是指某些紡織品，其派生詞 drugget 或 drogut 早先在英國用於稱呼一種毛絲混紡的服飾布料，但現在則指一種用來製作地毯、桌布的粗紡毛織物，在法國也指一種帶有圖案的絲織品。

還有另一個最初指稱 silk 的詞 serge，後來指一種廉價的紡織品，最初是從法語傳至英語及其他語言的。sarge 及 serge 二詞已見於 12 世紀以降的文獻，起先無疑是指一種絲綢料子，然後直到 16 世紀以前，主要指一種可以用來製作簾子、床罩等的粗毛織料，現在則指一種結實的斜紋布料，精紡而成，用於製衣。sarge 和 serge 來源於拉丁俗語 *sārica，根源是古典拉丁語 *sērica，義爲"絲綢"。① 拉丁詞 sērica 則是來自有同樣意義的希臘語詞 σηρικον，另一個拉丁詞 seres（"中國"）來自希臘語 Σηρες，它的來源至少可以追溯到公元前 2 世紀，也就是公元前 3 世紀末就建立起的秦王朝的名稱（秦，早期中古發音爲 *dzin < dzēn）。② 確實如此，通過借音轉寫，漢語"秦"以 Σηρες 的形式進入希臘語。漢語發音中的 -n 和其他語言中的 -r 頗爲相似，因而它常被用於轉寫外語中的 -r。但是，σηρικον 未必由 Σηρες 而來，它有可能直接來自中亞地區某種語言（比如吐火羅語）中同樣

---

（接上頁）*mongolische Elemente im Neupersischen*（德福：《近世波斯語中的突厥語和蒙古語因素》，威斯巴登，1963—1975 年），Vol. II，no. 884。

① 有關這個詞及其語源，請參見 *Oxford English Dictionary*（《牛津英語詞典》，牛津，1971 年，此據 1977 年 Compact edition），p. 2736（494）。

② 在西方語言中還有其他表示"中國"和"中國人"的詞，如希臘羅馬時代的 Θινα 與 Sinai，行用的時代稍晚，大約在公元 1 世紀末以降，其背景是西方語言與印度最初接觸之時就接受了梵語的 Cīna，或許也知曉中古波斯語里的 Čīnstān。參見 Paul Pelliot，*Notes on Marco Polo*（伯希和：《馬可波羅行紀叢考》第一卷，巴黎，1959 年），第 264—278 頁"Cin"條。

有表示"絲綢"義的另外一個詞。① 如同 China 得名於漢語"秦"一樣，英語中的 silk 一詞也許從根源上說也是來自 serica 或者 σηρικον。因爲古英語中的 sioluc、seoluc 以及更早的 *siluc 可對應古斯堪的那維亞語和冰島語的 silki，以及斯堪迪納維亞語的 silke、古斯拉夫語的 shelku，所以，也許語言中-r 到-l 的轉變過程，是由類似 serica 或 σηρικον 這樣的詞首先傳入斯拉夫，並由此進入早期波羅的海地區的貿易。②

另一個由東向西傳播的紡織品借詞是漢語的"褐子"。這是一種用動物的毛髮或羊毛織成的布料，跨越了整個亞歐大陸，進入英語的範圍，在 1390 年獲得了英語的名稱 kersey。③ 所以，我礙難同意諸多英語詞典對 kersey 給出的孤島式的解釋，把它説成是得名於英格蘭東部薩福克郡的 Kersey 村，這樣的解釋毫無理據。這個織物名稱在 14 世紀時的意大利語中稱爲 cariséa，從 15 世紀起在西班牙語中被稱作 carisea，同時期的法語中則有 carisé 和 créseau 等形式。就這個詞，在羅曼語支的詞書中有一個極爲怪異的情況，就是它們一概被説成是來自英語，並默認它的得名緣由就是薩福克郡的村莊名 Kersey，至於理據，這些詞書編者則三緘其口。

實際上，以上討論的這種羊毛紡織品的所有歐洲各語言名稱，都是來自 15 世紀已見於記載的阿拉伯語詞 qarziyā，指粗毛織物。阿拉伯語詞 qarziyā 有可能經由波斯語的中介，源自古突厥語和回鶻語詞 qars。在大約 9 世紀到 15 世紀期間的中亞回鶻文寫本中可見到大量 qars。它是 9 世紀前借自漢語的複合詞"褐子"（早期中古漢語發音爲 *ɣɑt-tsɨ，而中古時期的中國西北方音則讀作 *fiɑr-tsɨə），指"毛布或羊毛織品"。粟特人從很早的時代起就穿行在絲綢之路，他們無疑比回鶻人更早好幾個世紀接觸並引進了這個詞。在 8 世紀的穆格山文書中有這個詞，不過已經歷過音位變換，拼寫爲 *razɣe（rzɣy），本來應該是 *ɣarze。9—10 世紀又進一步變爲 *raɣze（rɣzy）。④ 進一步説，在公元 3 世紀或 4 世紀，漢語"褐子"一詞就以 ɣɑt-tsɨ 這樣的音值傳入西域的犍陀羅語中，我們發現在一件佉盧

---

① 有關希臘概念 Σηρες 與 σηρικον 的源流，可參讀 E. G. Pulleyblank, "The Consonantal System of Old Chinese," Part II, *Asia Major*（蒲立本：《上古漢語的輔音系統》（下），《泰東學志》），IX-2(1963)，pp. 229-230.

② 參見 *Oxford English Dictionary*, p. 2824 (46)。

③ James Hamilton and Nicoara Beldiceanu, "Recherches autour de *qars*, nom d'une étoffe de poil," *Bulletin of the School of Oriental and African Studies*（哈密屯、貝爾地塞阿努：《毛織物 qars 考》，《倫敦大學亞非學院學報》），Vol. XXXI (1968), pp. 330-346.

④ 有關此類粟特語的多種詞彙形式，N. Sims-Williams and J. Hamilton, *Documents Turco-sogdiens du IXᵉ-Xᵉ siécle de T'ouen-houang*（辛姆斯—威廉姆斯、哈密屯：《敦煌出土的九至十世紀突厥化粟特語文書》），pp. 25-26, n. A1 作了一些印歐詞源方面的探索性討論。

文寫本中有一個詞 karci，指作褲子的料子。①

儘管"褐"這個詞在漢文文獻中出現得非常早，但它的複合名詞形式"褐子"在蒙元時代以前的文字記錄中卻付闕如，究其原因，恐怕是由於它是一個帶"子"後綴的口語詞。文字記載晚，無妨事實上它早已行用於日常口語。職是之故，我確信，漢語的"褐"就是英語 kersey 的語源。薩福克郡的村莊 Kersey 與此無關。

另一個爲人所知借自中國——儘管不是經由絲綢之路——的絲綢類名詞是 satin。該名稱源自 Zaiton、Zaitun、Zayton、Çaiton 等，亦即中國東南的大港泉州。在 13 至 14 世紀蒙古統治中原時期，泉州是重要的商港，經由南海海路常有阿拉伯和波斯商舶穿梭往來，所以當時是中西國際貿易的的重要港口。Zatin、Zaitun 明顯是在泉州的蕃商對泉州的別名"刺桐"（中原音韻發音：*ts'z-'uŋ）的一種譯音，而"刺桐"本身則原指一種種植在城牆周圍的帶刺的樹。②

中國最常見的紡織品名無疑是"布"（早期中古漢語發音 *pɔh，中古晚期漢語發音 *puě），泛指所有用麻、亞麻、棉紗或其他纖維織成的織物。回鶻人用 böz 表示，借自希臘語 bussoş（"亞麻"）。然而在中古時期，特別是在絲綢之路的東段，有常見複合詞"官布"。其中"布"受"官"修飾，表示"官方的"或"受政府管控的"布料。在 10 至 13 世紀時期左右的回鶻文寫本中可見 quanpu、qunpu 或 qanpu 等形式。③ 它們因常被誤讀爲 qoqpu、quaapu、quabu 或 qaabu，因而被伯希和等歐洲大學者誤解，錯把 quan-中的-an-寫作-q-，從而構想出一個子虛烏有的詞 qoqbo。實際上，源自中國的官布，在 11 世紀馬合木·喀什噶里編纂的《突厥語大詞典》中已提到過，寫作 qamdu。它無疑是回鶻文 qanpu 的變體，最初是喀什噶爾使用的方言詞，後來經過音位轉換（metamorphosis）變成 qamdu（即 qapnu→qabdu→qamdu）。《突厥語大詞典》中對 qamdu 一詞的定義，很明顯與中國的公文語相通："指一塊（亞麻）布，四肘長，一拃寬，鈐有回鶻可汗的璽印，用於商業交

---

① kɑrci kɑmutɑ "毛織褲" 見於一件公元 2 世紀的佉盧文文書，係由斯坦因在塔里木盆地南沿的尼雅遺址發現。參 James Hamilton and Nicoara Beldiceanu, "Recherches autour de *qars*, nom d'une étoffe de poil," *Bulletin of the School of Oriental and African Studies*（哈密屯、貝爾地塞阿努：《毛織物 *qars* 考》，《倫敦大學亞非學院學報》），Vol. XXXI (1968), pp. 335-337.

② 伯希和討論過西方語言的 satin 來自 zaiton，見 *Notes on Marco Polo*（《馬可波羅行紀叢考》），I, Paris, 1959, p. 595。

③ 參見 James Hamilton, "Un acte ouïgour de vente de terrain provenant de Yarkhoto." *Turcica*（哈密屯：《交河出土的回鶻語契約考》，《突厥學志》），vol. I (1969), pp. 43-44.

易。若布變得破舊，則加以補綴，洗淨並重新加蓋璽印。每七年進行一次。"①

除此之外，還有相當一部分突厥語詞早期是從漢語借入的，並且有一些現在仍在土耳其使用。例如現代土耳其語中的 yün（"羊毛"），早期突厥語形式爲 yuŋ。在過去不僅表"毛髮"或"羊毛"，還指"棉花"甚至"羽絨"。蒙古語 nuŋɣasu 和 uŋɣasu，指"毛髮"或"羊毛"，而朝鮮語用漢語的 yuŋ 指"法蘭絨"或"羊毛織物"。② 所有這些語詞都是漢語"絨"及其變體（如：茸、毧）所指代的羊毛、毛髮、茸毛、羽絨、絮絲、毛氈、法蘭絨、天鵝絨等物品，在 6 世紀前後的早期中古漢語中讀作 *ŋuwŋ 或 *ŋuawŋ。

此外，現代土耳其語中表"剪刀"的多個名詞也是從中古時代漢語裏的複合詞中借進的。例如現代土耳其語 sındı，在我的土耳其英語詞典中解釋爲"大的剪裁刀"。喀什噶里詞典中記錄的 sindu 一詞同樣定義爲"大剪刀"。這個名稱明顯對應漢語中的"剪"/"剪刀"，早期中古發音是 *tsian-taw。由於中古漢語中 *tsian 的聲母 ts- 和其後的複合元音 -ia- 這類形式爲古突厥語所無，因而 *tsian 被調整爲 sin-，而 *taw 這一"非突厥語式"複合元音則變成了 -du，此便是當時 sindu 的由來。另一個 10 世紀時表"剪刀"的古突厥語詞是 qiβtu 或 qiftu，在現代土耳其方言中作 kipti。③ 它明顯是借自 10 世紀以前的漢語詞"鉸刀"，同樣是表剪刀類的一個常用詞，而在當時的突厥語中表示一種比 sindu 尺寸更小的剪刀。漢語複合詞"鉸刀"中的"鉸"在早期中古漢語中發音是 *kɑiw 或 *kɛɛw，後以 qiɛ、qif、qip 的形式吸收進入突厥語。同樣，7 世紀時，漢語"州"的發音 *tsuw，對應的突厥語音譯形式是 čuβ，其中的漢語原韻尾的 -w 也變成了 -β。alti čuβ soɣdaq（"六州胡"）見於 8 世紀的突厥語闕特勤碑。

在西方有句老話，一般認爲是出自魯迪亞德·吉卜林（Rudyard Kipling）："East is East, and West is West, and never the twain shall meet（東是東，西是西，兩者永遠不相

---

① 此據馬合木·喀什噶里大詞典的翻譯，見影印本第 211 頁，1.1；*Compendium of the Turkic dialects* (*Dīwān Luɣāt at-Turk by Maḥmud al Kāšɣarī*), edited and translated by R. Dankoff & J. Kelly, Part I, Harvard: Harvard University Printing House, 1982, p. 317. 馬合木·喀什噶里生於 11 世紀前半段，於巴格達完成這部詞典的纂輯。

② 蘭斯鐵已經注意到突厥語的 yuŋ 在蒙古語、受漢語影響的朝鮮語（Sino-Korean）中的有關詞語，見 G. J. Ramstedt, *Kalmückisches Wörterbuch*（蘭斯鐵：《卡爾梅克語詞典》，赫爾辛基，1935 年），第 279—280 頁。

③ qiβtu 這個詞形出現於敦煌文書 Pelliot Chinois 3046 背面，我在 *Manuscrits ouïgours du IXᵉ-Xᵉ siècle de Touen-Houang. Texts établis, traduits, et commentés*（《9 至 10 世紀敦煌回鶻語文書譯注研究》，巴黎，1986 年，第 165—169 頁）中曾加以研究，有關此詞來源的解說（注解 n. 34. 11）現在看來應該收回。就此問題，目前還有種種異說，請參考：Gerhard Doerfer, *Türkische und mongolische Elemente im Neupersischen*（德福：《近世波斯語中的突厥語和蒙古語因素》），I, Wiesbaden, 1963, pp. 450-451; 以及 Sir Gerard Clauson, *An Etymological Dictionary of Pre-Thirteenth-Century Turkish*（克勞森：《公元 13 世紀前突厥語語源詞典》，倫敦，1972 年），第 582 頁。

遇)。"在本文中,我試圖證明成規之下仍有許多例外的存在,借此提醒西方學者需謹慎,要以超越自身局限的視角去尋求問題的答案。作爲未來研究工作的座右銘,我建議將此句稍作修改:"East is East, and West is West, and *ever* the twain shall meet(東是東,西是西,兩者總是會相遇)。"

## East-West Borrowings via the Silk Road of Textile Terms

Written by James Hamilton, Translated by Li Danni

**Abstract**: The Silk Road is a major transportation artery in the Eurasian continent. It played an important role in the material and spiritual culture exchanges between the East and the West, and had a profound and extensive impact on the development of civilizations. Among them, the exchange of language culture is crucially important, and the remarkable number of loanwords between the East and the West is one of its representative manifestations. Taking the issue of loanwords in textile trade as an example, this article discusses the etymology questions of the concerned technical terms and outlines the orbit and process of their interactive influence.

**Keywords**: The Silk Road; Textiles; Loanword; Historical linguistics

# 讀《脱兒豁察兒書》劄記

烏 蘭

**摘 要**：現存明洪武年間的《脱兒豁察兒書》是以漢字音譯蒙古語，加旁譯，形式類似《元朝秘史》，但無總譯部分。除包含不少重要歷史信息外，還不失爲瞭解古蒙古語的難得資料。本文在運用蒙古史語文學的方法解讀這份文書的基礎上，就其涉及的一些史實問題展開考證，提出了自己的見解。朵顔衛首領脱兒豁察兒在文書中提到他們是"兀良罕林木中百姓"；自成吉思汗時期至明朝初年其住地都在"朵顔溫都兒、捌兒河"之地；"累朝將世代貢納之鷹隼、土豹等貢品每年盡我所獲進貢大都"。經過辨析考證，可以確認脱兒豁察兒所領人衆確實來源於元代森林兀良罕人；其住地至明初仍在朵顔溫都兒、捌兒河之地（今内蒙古自治區興安盟扎賚特旗境内）的説法亦屬實；但其部衆並非最初於成吉思汗之時遷來。由此引出進一步的結論：脱兒豁察兒的先人並非如清代文獻《欽定外藩蒙古回部王公表傳》所説爲成吉思汗功臣者勒篾。

**關鍵詞**：脱兒豁察兒；文書；文本解讀；史實考訂

《華夷譯語》（洪武本，或稱甲種本。以下簡稱《譯語》）收有十二件來文，其中一件爲《脱兒豁察兒書》。脱兒豁察兒，明代漢籍又作"脱魯忽察兒""脱兒忽察""脱兒火察""脱兒兀察""脱魯火綽兒""脱羅叉兒"等，① 是明初首位朵顔衛首領，任指揮同知，掌衛事。1389 年，明廷在故元遼陽行省境内設泰寧衛、福餘衛、朵顔衛等三衛，② 元朝末代遼王阿札失里所領泰寧衛居三衛之首，而朵顔衛以元代朵因溫都兒兀良哈千户所人

---

① "脱兒忽察""脱兒火察""脱兒兀察""脱魯火綽兒"等名，見於《明實録》；"脱羅叉兒"見於《盧龍塞略》卷 15 "貢酋考"，薄音湖、于默穎編輯：《明代蒙古漢籍史料彙編》第六輯，呼和浩特：内蒙古大學出版社，2009 年，第 128 頁。

② 《明太祖實録》（卷一九六）洪武二十二年（1389）四月辛卯條載："置泰寧、朵顔、福餘三衛指揮使司於兀良哈之地，以居降胡。"五月癸巳條載："遣使齎勅往諭故元遼阿札失里等曰，……今特于泰寧等處，立泰寧、福餘、朵顔三衛，以阿札失里爲泰寧衛指揮使，塔賓帖木兒爲指揮同知；海撒男答溪爲福餘衛指揮同知；脱魯忽察兒爲朵顔衛指揮同知，各領所部，以安畜牧。"臺北"中央研究院"歷史語言研究所校印本，1962 年，第 2946—2947 頁。

衆設立。脱兒豁察兒1433年後不見於記載，① 在世期間曾向明廷貢馬。《脱兒豁察兒書》當爲脱兒豁察兒於洪武後期寫給分藩北平之燕王朱棣的文書。

現存《脱兒豁察兒書》是以漢字音譯蒙古語，加旁譯，形式類似《元朝秘史》（以下簡稱《秘史》），但無總譯部分。除包含不少重要歷史信息外，還不失爲瞭解古蒙古語的難得資料。本文將在運用蒙古史語文學的方法解讀這份文書的基礎上，就其涉及的一些史實問題展開初步的考證，提出自己的見解。

## 一、原文解讀

（一）原文録寫及拉丁轉寫

### 《脱兒豁察兒書》

殿下額氈捏②。　孛ᵀ斡③脱兒[中]豁察兒。必赤吉牙兒④兀[中]合兀魯木⑤。額朶額ᵭ突兒⑥。
　主人處　　　奴婢　　　　　文書　教　啓　有　今次　時分
Denhe Ejen-(n)e.　Bo'ol　Torqočar　Bičig-iyer　uqa'ulumu.　Edö'ed-tür,

---

① 《明宣宗實録》（卷二十下）宣德八年（1433）"七月乙亥"條載："朶顏衛都督僉事脱兒兀察率其子朶羅干遣人進馬，且請襲職。遂命朶羅干爲都指揮同知，陞都指揮僉事哈剌哈孫亦爲都指揮同知。"

② 殿下額氈捏（Denhe Ejen-(n)e），"殿下"二字在《蒙古字韻》裏讀如dɛn he。額氈，蒙古語"主""主人"之義。殿下額氈，指燕王朱棣。-e，蒙古語向位格助詞，用於柔性名詞後，表示"向""在""致"等語法意義，《秘史》《譯語》旁譯多作"處""行"；元代硬譯文體漢文文獻中多作"根底"等。

③ 孛ᵀ斡（bo'ol），旁譯"奴婢"，與《秘史》同，但音譯方式與其不同。《譯語》以主字左上角加小字"丁"來表示該主字帶有音節末輔音 l，而《秘史》採用主字右下角加小字"勒"的方式。

④ 必赤吉牙兒（Bičig-iyer），-iyer 爲蒙古語工具格助詞，用於以輔音結尾的柔性名詞後，表示"用""以""憑藉"等語法意義，《秘史》《譯語》旁譯多作"教""行""依著""裏"等。元代硬譯文體漢文文獻中多作"依著"或"依著……裏"等。此處接在詞尾輔音 g 之後，-iyer（亦耶兒）的 i 與 g 連讀爲 gi，以漢字"吉"音譯；後面的 yer，規範的音譯用字當爲"耶兒"，因爲"牙兒"一般用於音譯剛性形式 yar。

⑤ 兀[中]合兀魯木（uqa'ulumu），uqa'ul-（啓）爲蒙古語動詞詞根，mu 爲一般現在時後綴（綴接時墊連元音 u），《秘史》《譯語》旁譯及元代硬譯文體漢文文獻中多以"有"對應此種語法現象。

⑥ 突兒（-tür），爲蒙古語向位格助詞，用於柔性名詞後，表示"在""向"等語法意義，《秘史》《譯語》旁譯多作"裏""行""處"等；元代硬譯文體漢文文獻中多作"根底"等。此處譯作"時分"並不規範，因爲蒙古語的動名詞（一般現在時-qu(i)/kü(i)，過去時-qsan/-gsen）綴接該向位格助詞時纔使用"時分"來表示，如 Daidu büküi-dür bičibei（大都有時分寫來）等。

巴①兀<sup>舌</sup>良<sup>中</sup>罕豁余<sub>黑</sub>台②亦兒堅。兀魯孫額氈。速圖　成吉思<sup>中</sup>合罕訥③。　察<sup>中</sup>合阿察④
俺　　種名　　　林木　　　　百姓　　　國土的主人　洪福　　皇帝的　　　時分　自
ba Uriyangqan hoyuqtai irgen　　ulus-un ejen　Sutu　Činggis　Qahan-(n)u　čaq(a)-ača

亦納<sub>黑</sub>失荅。額客多延溫都兒。 ᠊ᡨ搠木<sup>舌</sup>連⑤乞額<sub>楊</sub>。<sup>中</sup>合札兒兀速納察安⑥。額只耶額薛<sup>中</sup>
以來　　　　山名　　　　　　河名河　等　　　　地水自的行　　　　到今　不曾
inaqšida.　eke Doyan Öndür,　Čol Müren ki'ed,　　qajar usun-ača'an　　　ejiye　ese

---

① 巴（ba），古蒙古語第一人稱複數形式之一種，表示"我們"之義，不包括聽話對方，漢語一般譯作"俺"。另一種第一人稱複數形式爲 bida（必荅），也表示"我們"之義，但包括聽話對方，漢語一般譯作"咱"。

② 豁余<sub>黑</sub>台（hoyuqtai），從旁譯"林木"來看，該詞原文應作 hoyiqtai，即 hoi（~oyi）+qtai，hoyuqtai 或爲口語發音形式，或原文 hoyiqtai 之第二音節 yi 被訛寫爲 yu。hoi（爲 oyi 尚帶有詞首清喉擦音的形式）爲"林木"之義；-qtai 爲形容詞構詞後綴，表示"有……的"語法意義。比較《秘史》hoi-yin irgen（槐因亦兒堅/林木中百姓）、《史集》hūīn-ūrīānkqa 的（森林兀良罕）的說法，hoi-yin 或 hūīn（林木的）用的是名詞接屬格助詞的方法，與 hoyi（~oyi）+qtai 同義。斯欽朝克圖《蒙古語詞根詞典》（第 2648 頁）列出兩種形式：後綴 -γtai/-gtei（-γtan/-gten），説主要用於人們的姓氏、出身來源類的名詞以及用來表示尊敬之意，給出的例詞有 ere-gtei（男性），eme-gtei（女性）；Sarta-qtai kümün（回回人）；oyi-γtai irgen（林木百姓）。例詞中提到的 Sarta-qtai kümün（回回人），見於《秘史》第 263 節，漢字音譯原文作"撒兒塔<sub>黑</sub>台古溫"，旁譯作"回回人"。其實這組形容詞構詞後綴還有 -qtu/-gtü 的形式，如《秘史》第 119 節的"闊闊出捏列<sub>克</sub>禿可兀泥（Kököčü neregtü kö'ün-i，將名叫闊闊出的小兒）"，其中捏列克禿的旁譯作"名字有的"。neregtü，nere（名字）+gtü（有的）。

③ <sup>中</sup>合罕訥（Qahan-(n)u），旁譯"皇帝的"。<sup>中</sup>合罕，按照《秘史》譯寫規則當作"<sup>中</sup>合<sup>中</sup>罕"（qaqan），但是全書無一例外均作"<sup>中</sup>合罕"，《譯語》亦同。《秘史》又見"<sup>中</sup>合阿訥"（Qa'an-u，皇帝的）、"<sup>中</sup>合阿泥"（Qa'an-i，皇帝行）、"<sup>中</sup>合阿納"（Qa'an-a，皇帝行）、"<sup>中</sup>合阿訥埃"（Qa'an-u'ai，皇帝的）等形式，説明該辭彙寫形爲 QAQAN（qaqan~qa'an），羅桑丹津《黃金史》以及《也松格刻石》的寫形 QAQAN 可以提供旁證。比較<sup>中</sup>合罕訥（Qahan-(n)u）和"<sup>中</sup>合阿訥"（Qa'an-u）兩種譯寫形式，應該說後者更符合《秘史》譯寫規則和蒙古語實際發音。

④ 察<sup>中</sup>合阿察（čaq(a)-ača），旁譯"時分自"。蒙古文同樣情況，該書《納門駙馬書》作"察<sup>中</sup>合察"（čaq-ača），旁譯"時［自］"；《捏怯來書》作"察<sub>黑</sub>阿察"（čaq-ača），旁譯"時分 自"。čaq，《秘史》多見，音譯爲"察<sub>黑</sub>"，旁譯一般作"時""時分"。-ača 爲蒙古語從比格（奪格）助詞，用於剛性名詞後，表示時間或空間起始、事物比較等語法意義，《秘史》《譯語》旁譯一般作"自""處""行""裏"等；元代硬譯文體漢文文獻中多作"根底"。此處"<sup>中</sup>合"之元音（a）衍，當作"察<sup>中</sup>合察"（čaq-ača）或"察<sub>黑</sub>阿察"（čaq-ača）。

⑤ ᠊ᡨ搠木<sup>舌</sup>連（Čol Müren），旁譯"河名河"。᠊ᡨ搠（Čol），按照《譯語》以主字左上角加小字"丁"表示該主字帶有音節末輔音 l 的譯寫規則，ᠨ搠可讀 Čol 或 Čöl。此河名即今嫩江支流綽爾河（ČOOl ΓOOl，Čool（-un）Γol）。

⑥ 兀速納察安（usun-ača'an），旁譯"水自的行"。-ača'an 爲蒙古語從比格（奪格）助詞 -ača 加反身領屬附加成分 -'an 的形式。-'an 爲口語發音形式，其寫形爲 -BAN（-ban~-'an）。蒙古語格助詞加反身領屬附加成分的形式，《秘史》《譯語》旁譯多作"自的行"。

讀《脫兒豁察兒書》劄記

合<sub>中</sub>合察<sub>黑</sub>撒巴兒①。兀藍<sup>中</sup>合<sup>揚</sup>合敦②察<sub>黑</sub>圖兒。忽札兀<sup>舌</sup>侖荅<sup>舌</sup>侖阿黑三③。赫兀敦④
分離 　　　 的 上頭　 轉　 累朝[的]時分裏　　　 根源[的]　 原納 　的　　 窩每的
qaqačaqsabar,　　　ulam qad qad-un čaq-tur,　huja'ur-un　darun aqsan　he'üd-ün

失保兀<sub>揚</sub>。失列溫孫乞額<sub>揚</sub>保<sup>丅</sup>溫麻的⑤。桓<sub>揚</sub>不<sup>舌</sup>里 斡欒啜延。斡魯<sub>黑</sub>撒敦扯揑額兒⑥。
鷹每　　 土豹　 等　皮貨　　　　年　每　多少　 得[了]的每[的]力量[教]
šibawud,　šile'ülsün ki'ed　bawulmad-i,　ho(n)d büri olan čö'en oluqsad-un čenē'er,

---

① <sup>中</sup>合<sup>中</sup>合察<sub>黑</sub>撒巴兒（qaqačaqsabar），旁譯"分離的上頭"。qaqača-爲動詞詞幹，"分離"之義；-qsa 爲蒙古語形動詞過去時後綴-qsan（《秘史》《譯語》音譯作"<sub>黑</sub>三"）的不完整形式，n 因綴接-bar 而脫落。-qsan 的柔性形式是-gsen（《秘史》《譯語》音譯作"<sub>克</sub>先"），一般譯爲"了的"；-bar 爲蒙古語工具格助詞，用於以元音結尾的剛性名詞後，一般表示"用""以""憑藉"等語法意義，旁譯多作"教""行""依著"等，也用於表示原因等語法意義，旁譯多作"[的]上頭"，與表示原因的連詞"禿剌（[的]上頭）"同義。

② <sup>中</sup>合<sup>揚</sup>中合敦（qad qad-un），旁譯"累朝[的]"。直譯即"諸汗的"。

③ 荅<sup>舌</sup>侖阿黑三（darun aqsan），旁譯"原納的"。darun，動詞詞根爲 daru-，有"壓""鎮""押運"等詞義，詞尾的 n 爲蒙古語副動詞後綴，表示短暫中頓。aqsan 之 a-爲動詞詞根（多用於有生命之物），有"是""在""有"等詞義，作爲助動詞與動詞中頓形式連用表示進行時的語法意義，-qsan 爲形動詞過去時後綴。darun aqsan 即動詞 daru-的過去進行時形動詞形式，"曾送納著的"之義。

④ 赫兀敦（he'üd-ün），旁譯"窩每的"。he'üd 爲 he'ür ~ e'ür（巢、窩）的複數形式，綴接複數詞尾-d（每）時原詞尾的輔音-r 脫落。從音譯用字看，當時該詞還保留詞首清喉擦音（h）的發音，但應該已處在向零聲母過渡的進程中，《穆卡迪瑪特蒙古語詞典》即作 e'ür（巢、窠），說明至少 14 世紀中葉該詞的詞首清喉擦音已有脫落；-ün 爲蒙古語屬格助詞，用於以輔音 b、g、r、s、d 結尾的柔性名詞。該處原文是一節四句韻文，頭韻押在"額（e）"音上，赫兀敦（he'üd-ün）位於第四行韻文的行首，顯然是爲了押頭韻的要求而加入的，本來祇説"失保兀<sub>揚</sub>"（šibawud ~ šiba'ud，鷹每）即可，並無加修飾語赫兀敦（窩每的）成"窩每的鷹每"（諸窩裏的鷹隼們）之必要。

⑤ 保<sup>丅</sup>溫麻的（bawulmad-i），旁譯"皮貨"。bawulmad ~ ba'ulmad，當爲 bawulmal ~ ba'ulmal 的複數形式，詞尾 l 在綴接複數詞尾-d 時脫落。該辭彙未見於其他古蒙古語文獻，而"皮貨"一般作 arasun širi 或 arasun edlel。ba'ulmad 的詞幹當爲動詞 ba'ul-，有"放下""卸載"等詞義，綴接名詞構詞後綴-mal/-mel 成 ba'ulmal，這裏使用複數形式 ba'ulmad 總的表示進貢之物。

⑥ 斡魯<sub>黑</sub>撒敦扯揑額兒（oluqsad-un čenē'er），旁譯"得[了]的每[的]力量[教]"。oluqsad，詞根爲動詞 ol-，有"得到""獲得"等詞義，綴接動名詞過去時構詞後綴-qsan 的複數形式-qsad，成 oluqsad，其中-u-爲墊連的元音。動名詞（形動詞）過去時構詞後綴-qsan/-gsen，《秘史》《譯語》及元代硬譯文體漢文文獻中一般譯爲"了的"。-un 爲屬格助詞，用於以輔音 b、g、r、s、d 結尾的剛性名詞，《秘史》《譯語》及元代硬譯文體漢文文獻中一般譯爲"的"。čenē'er，當作 čene'e-'er，čene'e（cine'e）是名詞"能量""量"等義，表示其程度，《穆卡迪瑪特蒙古語詞典》收其動詞詞幹 cine:-，釋義爲"量""計量"。-'er（-ber）爲古語工具格助詞，用於以元音結尾的柔性名詞後，一般表示"用""以""憑藉"等語法意義，《秘史》《譯語》及元代硬譯文體漢文文獻中一般譯爲"教""行""依著"等。čene'e-'er 即"盡所有""全部不留"之義。

大都荅荅ᵗ兪不列額①。額朶額。速圖ᶜ合罕訥。　也客脱ᵗ劣宜②薛ᵞ勤。幹ᵗ羅ᴴ三納察。
地名行　納　有來　　　今　洪福皇帝的　　　大　體例行　想　入了　自
Daidu-da darun büle'e. Edö'e　Sutu Qahan-(n)u, yeke törö-yi setkin, 　　oroqsan-(n)ača

古兒迭古。阿ᵀ班泥。只池遼陽荅阿ᵗ鄰牙不周。迭額ᵗ列古兒格耶③客額速④。ᶜ合札兒
合到的　　差發行　卻　地名　經過 行著　　上　送[咱]　説呵　　　地
kürtekü　alban-i, jiči Leüyang da'arin yabuju, de'ere kürgey-e kē'esü, 　qajar

---

① 不列額（büle'e），旁譯"有來"。büle'e 之 bü-爲動詞詞根，有"是""在""有"等詞義（多用於無生命之物），作爲助動詞與動詞中頓形連用表示進行時的語法意義，-le'e 爲動詞過去時後綴，büle'e 在《秘史》《譯語》及元代硬譯文體漢文文獻中一般譯爲"有來"。darun büle'e（"曾送納著"之義）與上文的 darun aqsan 同義，都是動詞 daru-的過去進行時，祇是前者爲終止形，後者爲形動詞形式。

② 也客脱ᵗ劣宜（yeke törö-yi），旁譯"大體例行"。törö，在《譯語》《秘史》裏有四種漢譯，作"道理""理""體例""禮"。《秘史》törö 又作 töre（脱ᵗ列），旁譯"道理"。與《譯語》洪武本雜字（辭彙）部分相同，四夷館本、會同館本以及《武備志·譯語》《盧龍塞略·譯語》也均以 törö（脱羅）或 törü（脱魯）對譯"禮"；《穆卡迪瑪特蒙古語詞典》töre 釋爲"典禮"。《譯語》（洪武本）、《秘史》另有"約孫"（yosun）一詞，基本上也都譯爲"道理""理"，但在元代碑刻文獻中多對應"體例"一詞，如 uritan-u jarliq-un yosu'ar（依著在先的聖旨體例），yosu ügegüi üiles buu üiledtügei（没體例的勾當休做）等。羅依果（《蒙古秘史，13世紀蒙古史詩编年史》）譯作 principle，比拉（《蒙古史學史》）漢譯本作"原則"。törö 後來引申爲"政體""國政"等詞義，如 17 世紀蒙古文史書中出現的 törö 基本上都作爲這種詞義使用，最明顯的例子是所謂"政教二道"的説法。政教二道，蒙古語一般作 šašin törö qoyar［yosun］（《俺答汗傳》《大黄史》《蒙古源流》等，《恒河之流》有 qos yosun "雙道"的説法），這裏 törö 已當"政權"講，而 yosun 仍保留爲"道理"之義。不過，törö 也還零星見有用作原義"道理"的情況，與 yosun 混用，如"二道"既可説 qoyar yosun，也可以説 qoyar törö（《蒙古源流》等）。《蒙古源流》還提到答言汗的祖父哈兒忽出黑的一句話 Qan ečige-yin esergü ügelekü törö ügei bülüge（本無與汗父爭辯之理），句中的 törö 顯然是"道理"之義。又如《盧龍塞略·蒙古譯語》有一條作"失禮曰脱羅俺荅"，脱羅俺荅即蒙古語 törö alda-。這兩個例子中的 törö 均與 yosun 同義。現代蒙古語中 törö 的基本詞義是"政權""政體""朝代"等。-yi 爲賓格助詞，用於以元音結尾的名詞後，《秘史》《譯語》多譯作"行"；元代硬譯文體漢文文獻中多作"根底"。

③ 古兒格耶（kürgey-e），旁譯原作"送"。kürgey-e，kürge-爲動詞詞幹，"送"之義；-y-e 爲祈使式第一人稱複數詞尾，用於柔性動詞詞幹後。-y-a/-y-e，《秘史》一般漢譯爲"咱"，《譯語》來文多不譯出（僅見一例）。此處旁譯"送"的後面若補一"咱"字，語法意義會更加清晰。

④ 客額速（kē'esü），旁譯"説呵"。《秘史》又作"客額額速"（ke'e'esü，羅桑丹津《黄金史》作 kemebesü），旁譯"説呵"。kemebesü，keme-爲動詞詞根，"説"之義；-besü 爲假定式詞尾，用於柔性動詞詞幹後，表示假定以及動作之後的結果等語法意義，《譯語》來文、《秘史》以及元代硬譯文體漢文文獻中都譯爲"呵"。

讀《脫兒豁察兒書》劄記

安赤安訥禿剌①。亦連幹敦。桓脫幹舌里中灰巴兒。牙當吉兀魯撒②。孛魯中忽余兀③。
寬達　的上頭　　來　　去　年　轉遶　的上頭　窮困　百姓行　生受　做［了］麼
alči'an-(n)u tula,　iren odun　hon to'oriqui-bar,　yadanggi ulus-a jobalang bol(u)qui uu.

挑兀別兒④。巴兀舌良［中］罕訥　　幹欒土失篾楊把。亦兒堅訥薛楊勤。不古迭因。孛舌里黑
爲那般　俺一種名的　　　多　臣每並　　百姓的　心　　都　的意思
Tewüber,　ba Uriyangqan-(n)u olan tüšimed ba, irgen-(n)ü setkil, bügüde-yin joriq

朶帖。殿下額篾捏。　篾迭中溫周⑤。阿里別⑥阿丁班孛魯阿速⑦。中合札舌侖亦魯卜
徑直　主人處　　　管教著　　　不揀甚　差發　　做呵　　　地　的　順便
döte. Denhe Ejen-(n)e, mede'üljü,　ali be　alban bolu'asu,　qajar-un ilübde

---

① 安赤安訥禿剌（alči'an-(n)u tula），旁譯"寬達的上頭"。alči'an，他處未見，當與形容詞 alča'ai（alčaɣai）有關。alčaɣai 意爲"叉開的"，可引申爲"廣闊"之義，旁譯"寬達"很貼切。tula 爲連詞，表示原因，《譯語》來文、《秘史》以及元代硬譯文體漢文文獻中一般爲"［的］上頭"。

② 牙當吉兀魯撒（yadanggi ulus-a），旁譯"窮困百姓行"。yadanggi，形容詞，"窮困的""貧窮的"之義。ulus，蒙元時期即擁有"人衆""百姓"和"國""國家"兩種詞義，而前者爲其本義，後者爲其引申義。《譯語》《秘史》譯爲"百姓""民"和"國""國土"等。-a 爲蒙古語向位格助詞，用於剛性名詞後，表示"向""在""對於""致"等語法意義，旁譯多作"處""行"；元代硬譯文體漢文文獻中多作"根底"等。

③ 孛魯中忽余兀（bol(u)qui uu），旁譯"做［了］麼"。bol(u)qui 之 bol-爲動詞詞根，"成""成爲"之義，-qui 爲形動詞一般時後綴，用於剛性詞後；輔音 l 後元音（u）衍。uu 爲疑問詞，與前一辭彙的尾音 i 連讀爲"余兀"（*yuu）。《秘史》類似情況，音譯用字見有"余兀""由"等，旁譯作"麼""莫不"等（§§254, 80etc.）。

④ 挑兀別兒（Tewüber），旁譯"爲那般"。tewüber 即 te'über（tegüber），由指示代詞 tere（那、那個）的屬格形式 te'ün（tegün）接工具格助詞-ber 構成，-ber 在這裏起表示原因的語法作用。《譯語》來文、《秘史》以及元代硬譯文體漢文文獻中多作"爲那般"。

⑤ 篾迭中溫周（mede'üljü），旁譯"管教著"。mede-爲詞根，動詞"知""管理"之義；-'ül 爲使動態後綴，用於柔性詞，《秘史》《譯語》一般對譯爲"使""教"等；-jü 爲副動詞後綴，表述中頓，亦用於柔性詞，一般對譯爲"著"。此處旁譯中的"管教"，《秘史》《譯語》多作"教管"。此處的 mede-當理解爲"知"，可譯作"教（使）知著"（如《秘史》第244節"篾迭兀侖"mede'ülün 的旁譯作"教知"），因爲該動詞與向位格助詞-e（額篾捏 Ejen-e）搭配使用，即表示"向……呈報"之義。若與賓格助詞搭配使用，則表示"使管理……"之義。

⑥ 阿里別（ali be），旁譯"不揀甚"。ali，疑問代詞，"哪個"之義，《秘史》旁譯作"那個"；be，副詞"也"，《秘史》即譯作"也"，ali be 合在一起表示"不論哪個""不管什麼"之義，《秘史》《譯語》一般譯爲"不揀甚麼"。《續增華夷譯語》"一應"的對應蒙古語辭彙爲"阿力八"（aliba），而現代蒙古語中祇見已經合爲一詞的 aliba（因元音和諧律 be 變成-ba），表示"任何的""所有的"之義。

⑦ 孛魯阿速（bolu'asu），蒙古文原形當爲 bolbasu，參見羅桑丹津《黃金史》。按《秘史》的音寫慣例，bolbasu 似應音譯作"*孛勒巴速"，但《秘史》《譯語》凡出現該詞之處均作孛魯阿速（bolu'asu），即輔音 l 後面墊連了元音 u，或許反映了當時的一種發音習慣。

迭① 荅[中]罕。北平阿②荅ˊ魯兀侖阿巴速③。[中]罕里(中)溫④把。兀魯孫委列圖兒。
　　　隨　　　地名　　納 教(佳)[住]呵　　官(行)[的]　並　民的　事 裏
daqan,　Buiping-a daru'ulun abasu,　　　qanli'-un　　ba ulus-un üile-dür,

朵甘⑤孛魯木者⑥。莎余兒中合[阿]速⑦。兀藍 中合罕納斡赤古宜⑧。殿下額氈訥。
少益做有[也者]　恩賜　　呵　　　　轉 皇帝行　奏 的[行]　　主人的
dögem bolumu j-e.　Soyurqa['a]su,　　ulam Qahan-(n)a öčikü-yi Dianhe Ejen-(n)ü

---

① 亦魯卜迭（ilübde），旁譯"順便"。《秘史》第280節有"站塔勒必兀勒周札木臣兀剌阿臣中合ˊ兒中合阿速……額勒赤捏別ˊ兒迓步中忽牙亦魯卜帖備"（ilübte）一語，亦魯卜帖之旁譯亦作"順便"，總譯缺，可譯爲"若設置驛站、派駐站戶、馬夫，……對於使臣來說行路也便利"。元代漢蒙合璧《孝經》"以訓天下"對譯爲 delekei ulus-i ilübteken jasaqsan，ilübteken 爲 ilübte 的比較級形式。

② 北平阿（Buiping-a），阿（-a）爲向位格助詞。北，《蒙古字韻》讀如 puɛ。但該來文的蒙古文原文此處很可能仍作 Daidu（大都），因蒙古人直至清初始終稱今北京爲大都，如《武備志·蒙古譯語》記"北京/大都合托"，《盧龍塞略·蒙古譯語》記"京都曰大都合托"；《蒙古源流》有"大明皇帝的大都城""順治帝在大都城外修建了皇城"等語。

③ 荅ˊ魯兀侖阿巴速（daru'ulun abasu），旁譯"納教住呵"。daru'ulun 爲動詞 daru-（壓、押運、納貢）的使動態接續形，對應旁譯的"納教"；abasu 爲助動詞 a-的假定式，對應旁譯的"住（原訛"佳"）呵"，但 a-作爲助動詞使用時一般旁譯作"有"，用作實義動詞時纔旁譯作"住""存""活""有"等。daru'ulun abasu 兩詞合起來爲進行時假定式，表示某種持續狀態的假定，旁譯若作"教納有呵"則更合規則，可直譯爲"如果讓人送納著"。

④ [中]罕里(中)溫（qanli'-un），旁譯"官（行）[的]"。qanli'-un，即 qanliq-un 的口語發音形式，則"行"當爲"的"之訛。元代漢蒙合璧《孝經》"居家理故治可移於官"的蒙古語譯文爲 ger-iyen joqiyan čidaqu sedkil-iyen abču qanliq-un üile-yi joqiyan jasaqdaqu，其中的 qanliq-un üile（官）指國家事務。qanliq 爲"有汗的""汗領的"之義（-liq 爲形容詞構詞後綴），其名詞化後的詞義即"汗國"，因此可以後接名詞的屬格助詞-un。此處"溫"左上角的小字"中"爲衍文，小字"中"僅用於輔助蒙古語剛性輔音 Q（q）的譯寫。

⑤ 朵甘（dögem），旁譯"少益"。dögem，當即 dögöm，"便利""便宜"等義。dögem 之寫形未見於其他古蒙古語文獻，估計是口語發音形式。

⑥ 孛魯木者（bolumu j-e），旁譯"做有[也者]"。bol-爲動詞詞根，"成""成爲"之義，《秘史》《譯語》一般譯作"做"，後接-mu 時墊連元音 u；-mu 爲一般現在時後綴，用於剛性詞，一般譯作"有"；j-e 爲推量式後綴，表示推量、不肯定或委婉的語氣，一般旁譯爲"也者"。

⑦ 莎余兒中合[阿]速（Soyurqa['a]su），旁譯"恩賜呵"。soyurqa-，動詞詞幹，"賞賜""恩准"之義，《秘史》《譯語》一般譯作"恩賜"，間或譯爲"賞"；-['a]su，其書面讀音爲-basu，假定式後綴，用於剛性詞，均譯作"呵"，比較同書《納門駙馬書》中的"莎余兒中合巴速"（soyurqabasu，恩賜呵）。

⑧ 斡赤古宜（öčikü-yi），旁譯"奏的[行]"。öči-爲動詞詞根，"說""奏"之義，《秘史》《譯語》均譯作"奏"，元代硬譯文體漢文文獻中"奏"也對應 öči-，如 öčibesü 作"奏呵"；-kü 爲形動詞現在時後綴，《秘史》《譯語》一般譯作"的"；-yi 爲賓格助詞，《秘史》《譯語》一般譯作"行"等；元代硬譯文體漢文文獻中多作"根底"。

速ᵗ忽禿ᵸ˚ᵢ篾迭禿該①。

洪福　　知（也）者
su qutuq　medetügei.

（二）漢譯文

## 《脱兒豁察兒書》

呈殿下。臣脱兒豁察兒奉書稟告。

如今俺兀良罕林木百姓因自國主聖福的成吉思汗之時起

與母親般的朵顏溫都兒②、捌兒河等山水之地

至今不曾相離之故，更累朝將世代貢納之

鷹隼、土豹等貢品每年盡我所獲進貢大都。

至是，思洪福皇帝之大理，若將歸附後應納之差發卻經遼陽送上，則［恐］因地廣路遙而往返逾年，至窮困百姓生受。於此俺兀良罕衆臣及百姓之心意皆同。

啓稟殿下，若所有差發可隨地之便運送至北平，當便易於朝政及百姓。

若蒙恩准，進奏皇帝之事還請殿下之洪福定奪。

## 二、相關史實考證

脱兒豁察兒在文書中提到他們是"兀良罕林木百姓"；自成吉思汗時期至明朝初年其住地都在"朵顏溫都兒、捌兒河等山水之地"；"累朝將世代貢納之鷹隼、土豹等貢品每年盡我所獲進貢大都"。那麽，通過對照其他相關史料可以辨析這些内容，從而判定其史料價值。

（一）部衆成員來源於兀良罕人

首先，明代朵顏衛因元代朵因溫都兒兀良哈千户所的人衆設立，説明這些人有兀良哈

---

① 篾迭禿該（medetügei），旁譯"知（也）者"。mede-爲動詞詞根，"知""管理"之義；-tügei 爲祈使式第三人稱後綴，《秘史》《譯語》一般譯作"者"，而"也者"對應推量式後綴 j-e。

② 原文"額客多延溫都兒"的旁線是連貫下來的，旁譯"山名"。看來明翰林院的譯者是將"額客"（母親）也算在了山名裏。但處於韻文第二行行首的"額客"，顯然是出於押頭韻的需要而被使用的，同時也有對該山表示一種尊敬之意，並不作山名的一部分。史書中多次出現該山之名，除這一處在山名前加了"額客"之語外，其他均直接作"朵顏""多延"等。其他文獻中的"朵顏山""朵雲山""朵因溫都兒""朵顏穩都兒"等，也無一冠有"額客"之語。因此，"額客"不能算作該山之名中的一部分。因"朵顏"之名比較常見，如"朵顏山""朵顏衛"等，故此處譯文未採用原文中的"多延"二字。

之稱，來源與兀良罕有關。

聯繫明末清初朵顔衛的歷史變遷以及《欽定外藩蒙古回部王公表傳》（以下簡稱《王公表傳》）"喀喇沁部"的相關記載，可知該部落成員主要來源於明代的朵顏衛之衆，自稱其首領爲"烏梁罕"氏"元臣濟拉瑪之裔"。① 烏梁罕即兀良罕，濟拉瑪即者勒篾（折里麥）。脱兒豁察兒稱所領人衆爲"森林兀良罕"人，當屬實。

（二）住地在朵顔温都兒、搠兒河之地

搠兒河即今内蒙古自治區興安盟扎賚特旗境内的綽爾河。發源於呼倫貝爾市牙克石市境内，爲嫩江最大支流，百分之九十五以上的流域面積在扎賚特旗境内，流至黑龍江省泰來縣境内注入嫩江。

朵顔温都兒即今内蒙古自治區興安盟扎賚特旗境内的博格達烏拉（又譯作"大神山"），位於綽爾河之北。史籍另載"朵顔山"②"朵因温都兒"③"朵雲山"④ 等名。《蒙古遊牧記》明確將該山記於扎賚特旗境内，謂："旗北百二十里有朵雲山，……八十里有綽爾河。"《内蒙古歷史地理》一書也説："朵因温都兒就是今天興安盟扎賚特旗西北大神山。"⑤

元代文獻中，朵顔山之名因設置"朵因温都兒兀良哈千户所"而見於《元史》，延祐三年（1316）在朵顔山一帶設立該千户所。⑥ 明初，明廷於1389年設泰寧衛、福餘衛、朵顔衛三衛，以元遼王後裔部衆所設泰寧衛排在首位。⑦ 朵顔衛以元代朵因温都兒兀良哈千户所人衆而設，其首領脱兒豁察兒被任命爲指揮同知，掌衛事。但朵顔衛在一些明代文獻中又被稱作"五兩案"⑧，這是朵顔衛蒙古人的自稱 Uriyangqan 的音譯，即元代漢籍中的"兀良罕""兀良合""兀良哈"⑨ 等，明代多譯爲"兀良哈"。從脱兒豁察兒介紹自身

---

① 《欽定外藩蒙古回部王公表傳》卷二三《喀喇沁部總傳》，包文漢、奇·朝克圖整理《蒙古回部王公表傳》（第一輯），内蒙古大學出版社，1998年，第183、185頁。
② 方孔炤：《全邊略記》卷六，"〔洪武二十四年〕三月，……故元遼王阿札失里寇邊，屯朵顔山。命傅友德、郭英總兵討之。"《明代蒙古漢籍史料彙編》第三輯，内蒙古大學出版社，2006年，第210頁。
③ 《元史》卷八八《百官四》，北京：中華書局，1976年，第2237頁。
④ 張穆：《蒙古遊牧記》，卷一，臺北：文海出版社（影印清同治四年祁氏重刊本），1965年，第45頁。
⑤ 周清澍主編：《内蒙古歷史地理》，内蒙古大學出版社，1993年，第127頁。
⑥ 《元史》卷八八《百官四》，第2237頁。
⑦ 《明太祖實録》（卷一九六）洪武二十二年（1389）"五月癸巳"條載，詳見前文注釋。
⑧ 《登壇必究·譯語》《盧龍塞略·譯語》，見賈敬顔、朱風合輯《蒙古譯語·女真譯語彙編》，天津：天津古籍出版社，1990年，第133、172頁。
⑨ 《元史》卷一二四《忙哥撒兒傳》，第3054頁；卷一五《世祖紀十二》，第316頁；卷八八《百官四》，第2237頁。

及屬衆時所用"俺兀良罕林木百姓"的説法,也證明他們這部分人仍以原有部名自稱。永樂年間,以朵顔衛爲首重建三衛。因爲首的朵顔衛以兀良哈人爲主而設,所以習慣上三衛又統稱爲"兀良哈三衛"。初隸大寧都司,後來改隸奴兒干都司。不過三衛實際上一直附屬於北元政權,屬"山陽萬户"(Ölge-yin Tümen),衹是首領名義上接受明朝的官號以獲得貢賞之利而已。

脱兒豁察兒所謂其衆至明初仍住在朵顔溫都兒、搠兒河之地的説法亦屬實。

(三)部衆並非於成吉思汗之時遷來

脱兒豁察兒在文書中説他們"自國主聖福的成吉思汗之時起"不曾離開朵顔山、搠兒河住地,意思是説朵顔衛屬衆的先人早在成吉思汗時期就已來到該地了。但是聯繫元代、明代和清代的相關記載,可以看出脱兒豁察兒的這一説法是存在問題的。

1. 與朵因溫都兒兀良哈千户所設立的時間相矛盾

據《元史》記載,"朵因溫都兒兀良哈千户所"設置於延祐三年(1316)。而且根據之前的記載,可以大致梳理出該千户所設立的來龍去脈。

元世祖末年窩闊台後王海都再叛,至元二十九年(1292)欽察親軍都指揮使土土哈奉詔征討。當時阿爾泰山及其以北葉尼塞河流域諸部均因脅迫而依附海都,土土哈先"掠地金山(阿爾泰山),虜海都之户三千餘",又奉詔進取乞里吉思。至三十年(1293)春從結冰的欠河(葉尼塞河)上溯江而北,"盡收其五部之衆,屯兵守之"。① 所謂"五部",是指至元七年委任的益蘭州斷事官所轄乞里吉思、兀速、憨哈納思、昂可剌、謙州等五部。② 與此同時,忽必烈已於前一年在東部平定了斡赤斤後王乃顔的叛亂,就在其故地(基礎即原斡赤斤的封地)内阿巴剌忽地面建肇州城(今黑龍江省肇東市西南四站鎮八里城),遷兀速、憨哈納思、乞里吉思三部人居之,任命劉哈剌八都魯爲宣慰使。③

成宗元貞二年(1296)爲皇后中宮置中御府,大德四年(1300)改名中政院。遷往乃顔故地的乞里吉思等三部人後來成爲皇后中宫的屬民,由海西遼東哈思罕等處鷹房諸色人匠怯憐口萬户府管轄。其中肇州宣慰司轄境有"肇州等處女直千户所"和"朵因溫都

---

① 虞集:《句容郡王世績碑》,《國朝文類》卷二六,頁11A,《四部叢刊》;《元史》卷一二八《土土哈傳》,第3134頁。
② 《元史》卷一六七《劉好禮傳》,第3925頁;周清澍:《元朝對唐努烏梁海及其周圍地區的統治》,《元蒙史劄》,内蒙古大學出版社,2001年,第306頁。
③ 《元史》卷一六九《劉哈剌八都魯傳》,第3975頁。"二十七年,遷正奉大夫、河東山西道宣慰使。奏曰:'臣累戰而歸,衣裘盡弊。河東,臣故鄉也,願乞錦衣以爲榮。'帝以金織文衣賜之。居二年,召還,帝諭之曰:'自此而北,乃顔故地曰阿八剌忽者,產魚,吾今立城,而以兀速、憨哈納思、乞里吉(里)〔思〕三部人居之,名其城曰肇州。汝往爲宣慰使。'"

兒兀良哈千户所"兩個千户所。① 肇州城所在地阿八剌忽產魚，適於以捕魚爲生的女直人，因此形成女直千户所；而適於狩獵和遊牧的林木中百姓，實際上是被遷居到了肇州管轄下的朵顏山和綽爾河一帶地區。這也與脱兒豁察兒在文書中所描述他們的職守"累朝將世代貢納之鷹隼、土豹等貢品每年盡我所獲進貢大都"是相合的。

據上引《元史》等史料記載，可以確認朵因溫都兒兀良哈千户所的人衆是在世祖朝末年被遷來的，至仁宗朝正式設爲朵因溫都兒兀良哈千户所。因此，脱兒豁察兒的先人們不可能早在成吉思汗時期就來到朵顏山之地。

2. 成吉思汗時期森林兀良罕人不可能東遷嫩江流域

從政治形勢方面來看，成吉思汗時期也不可能有蒙古部落包括森林兀良罕人東遷嫩江流域，因爲那時蒙古的勢力還没有真正控制這一地區。

成吉思汗時期嫩江流域尚在金朝控制的勢力範圍之内，朵顏山一帶屬臨潢府路泰州管轄，北鄰金界壕，東北路招討司亦設在泰州。1214 年，蒙古人曾與朵顏山地區有過一次近距離的接觸。成吉思汗在蒙古軍進占金中都後不久回師，胞弟哈撒兒受命率左翼軍隊沿海邊北上，經松花江、嫩江收降沿途金朝勢力，溯洮兒河回到自己的領地額爾古納河地區。② 哈撒兒所行經的路線，大範圍正包括朵顏山地區。而蒙古軍隊最終占領整個東北地區是在 1233 年滅亡蒲鮮萬奴的東夏國之時。其時距離成吉思汗去世已經過去了六年。

隨著蒙古汗國對金朝東北地區的軍事活動，領地在呼倫貝爾西南部地區、哈拉哈河流域的斡赤斤及其後裔逐漸南下，至乃顏時領地已擴展到東北的中北部地區，朵顏山一帶也隨之成爲蒙古所控制的區域。但乃顏之亂後朝廷加强了中央集權，設遼陽行省以削弱和限制斡赤斤後王等東道諸王的勢力，在斡赤斤後王領地境内設置泰寧路，隸遼陽行省管轄。屬"乃顏故地"的朵顏山一帶也被遷進了乞里吉思等蒙古森林部落的人（森林兀良罕人）。

有學者説："乃顏之亂後東北地區各部族的分佈與組成發生了變化。元世祖朝前期東北的蒙古部民主要是以東道諸王及五投下貴族所轄的蒙古部民爲主體，乃顏之亂後一些其他的蒙古部族也進入了東北地區。"所舉例證首先就是至元二十九年（1293）兀速、憨哈納思、乞里吉思三部人遷居肇州之事。③

---

① 《元史》卷八八《百官四》，第 2237 頁。"海西遼東哈思罕等處鷹房諸色人匠怯憐口萬户府，秩正三品。……掌錢糧造作之事，管領哈思罕等處、肇州、朵因溫都兒諸色人匠四千户，仍領鎮撫所、千户所。""哈思罕等處打捕鷹房怯憐口千户所，……至大三年，置提舉司。延祐六年，改千户所。……肇州等處女直千户所，……延祐三年置。朵因溫都兒（乃）〔兀〕良哈千户所，延祐三年置。"
② 《秘史》第 253 節，烏蘭：《〈元朝秘史〉校勘本》，中華書局，2012 年。
③ 薛磊：《蒙古斡赤斤家族與元廷的東北統治》，《北方文物》2013 年第 4 期。

因此從這一點上來説，脱兒豁察兒的先人們也不可能早在成吉思汗時期就來到朵顏山之地。脱兒豁察兒的説法可能源於一種錯誤的記憶。

3. 脱兒豁察兒的先人並非者勒篾

清代以來蒙古喀喇沁部諸旗的烏梁罕（兀良罕）人均以蒙古汗國時期成吉思汗的功臣者勒蔑的後人自稱，目前所見最權威的文獻依據即出自《王公表傳》。

經過上文的梳理、考證，可知《王公表傳》所謂喀喇沁部首領一系源自成吉思汗時代"烏梁罕"氏"濟拉瑪"的説法當有問題。再回頭細讀《脱兒豁察兒書》，可以確認脱兒豁察兒祇是稱自己及屬衆爲"俺兀良罕林木百姓"，並未説是者勒蔑的後裔。

蒙古文史書中，約成書於17世紀中葉或後半葉的羅桑丹津《黄金史》收有一段文字，列出了所謂成吉思汗"九月兒魯"之後裔所領諸部落之名，其中提到第五位者勒蔑的後裔"是兀良罕的首領們"。① 但不好判斷這裏的兀良罕具體是指答言汗六萬户中的"兀良罕萬户"，還是指朵顏衛的兀良罕人衆。兀良罕萬户的人衆當源自者勒蔑所領千户，他們一直活動於今蒙古國中部地區，即大致上未離開最初的駐地範圍。1725年成書的《恒河之流》説："有人説兀良罕之者勒蔑的後人娶答言汗的獨生女［格］根公主，子孫成塔布囊而繁衍傳續。"② 這就將朵顏衛的兀良罕人衆與者勒蔑聯繫起來了。但是這一説法並不能得到確認，因爲據羅桑丹津《黄金史》《蒙古源流》等，答言汗的獨生女脱囉勒圖公主是嫁給了内喀爾喀五部之一札魯特部的把阿孫達爾罕塔布囊，③ 與者勒蔑的後人無關。實際上山陽萬户（朵顏衛）兀良罕人之所以有塔布囊（駙馬）的稱號，是由於明代後期他們常與答言汗之孫、喀喇沁部主崑都力哈家族通婚。因此《恒河之流》的那段話並不值得采信。估計清代的一些人根據當時的情況以爲凡稱塔布囊（駙馬）的都是喀喇沁部的兀良罕人。較《恒河之流》稍晚成書的《金輪千輻》《水晶數珠》也都有了這樣的説法，不過《水晶數珠》的作者喇什彭楚克補充説："關於兀良罕姓塔布囊自者勒蔑以來的承襲及職爵，我未找到相關的史書記載，故無法細述。"④《王公表傳》所利用的理藩院舊存蒙古王公世系檔案，當采自諸蒙旗王公，其中喀喇沁各旗的上報資料中應該已經有了這樣的説法，目的不外乎是攀附抬高自己。

脱兒豁察兒的先人及其部衆既然來自葉尼塞河上游謙謙州一帶的乞里吉思等部族，那

---

① *Altan Tobči, the Mongol Chronicle of the 17th Century*, Ulaanbaɣatur, 1990, 174a.

② *Γangɣ-a-yin Urusqal*, Coiji tulɣan qaričaɣulju tailburilaba, Öbör Mongɣol-un Arad-un Keblel-ün Qoriy-a, 1981, p. 132.

③ *Altan Tobči, the Mongol Chronicle of the 17th Century*, 166a, 166b；烏蘭：《〈蒙古源流〉研究》，瀋陽：遼寧民族出版社，2000年，第358、658頁。

④ *Bolor Erike*, Kökeöndür qarɣuɣulun tulɣaba, Öbör Mongɣol-un Arad-un Keblel-ün Qoriy-a, 1985, p. 935.

麽他們肯定不會是者勒蔑的後裔,因爲成吉思汗的功臣者勒蔑的家族世代生活在不兒罕合勒敦(今蒙古國肯特山主峰)一帶。① 史載者勒蔑的三個兒子也速不花、也孫帖額、哈丹及其後裔,分別在朝廷和中原地區爲官,② 未見有者勒蔑後人被派駐到朵顔山地區的記載。

從《史集》的記述來看,兀良罕這一部落名涵蓋很廣,除了者勒蔑家族所屬兀良罕部落外,還有"森林兀良合部落"(亦作"槐因—兀良合"),包括貝加爾湖一帶的豁里、巴兒忽惕、禿馬惕以及以西森林地帶的乞里吉思等諸部落。③ 兀良罕幾乎成了一個泛稱,既具體指者勒蔑家族所屬兀良罕部落,也泛指生活在森林地區的諸部落。脱兒豁察兒所説"俺兀良罕林木百姓",所指應當是非常準確的,即與者勒蔑家族所屬兀良罕部落無涉。

至於清初喀喇沁部首領以者勒篾後人自稱的問題,周清澍師認爲也許是後來的哈喇沁部主爲了顯示其族姓的尊貴,拉扯另一支兀良罕人中的功臣者勒篾爲自己的祖宗;或者是在明朝諸部不斷分合的戰亂中,者勒篾的後人篡奪了領主的位置。④

還在此文的撰寫過程中,看到了一篇討論元代葉尼塞河上游森林部落内遷和演變問題的文章⑤,頗受啓發。據該文的考證,元代葉尼塞河上游森林部落中有過内遷的過程,一些部民分批次逐步遷徙到了東部地區。從史料記載中可看出起碼有四批次,大多發生在世祖朝後期。第一次,至元二十七年(1290)之前已有一批乞里吉思、憨哈納思人遷居到了上都路;⑥ 第二次,至元二十七年(1293)七月有七百户乞里吉思人被從上都路只兒哈忽昔寶赤八剌哈孫總管府發往合思合(哈思罕)之地屯田;⑦ 第三次,至元二十七年(1293)朝廷在乃顔故地設立肇州,"以兀速、憨哈納思、乞里吉思三部人居之";⑧ 第四次,元貞元年(1295)十二月,"徙縉山所居乞里吉思等民於山東,以田與牛、種給之"。⑨

---

① 《秘史》第9、99節。烏蘭:《〈元朝秘史〉校勘本》。
② 《史集》第一卷第一分册,第257頁等;《秘史》第202、225、230、234、278節等;《元史》"太宗紀""憲宗紀""兵志二";《江浙行中書省平章政事贈太傅安慶武襄王神道碑》,《四部叢刊》初編。也速不花承襲其父者勒蔑之位,任左翼千户長,後去伊利汗國;也孫帖額任火兒赤長及右翼千户長;哈丹一支子嗣在中原漢地爲官生活。
③ 余大鈞、周建奇譯:《史集》,北京:商務印書館,1983年,第一卷第一分册,第199—202頁。
④ 詳見拙文《朵顔山史事一例——駁其地爲月倫太后祭祀處之説》,《西域歷史語言研究集刊》第7輯,北京:科學出版社,2014年。
⑤ 李鳴飛:《元代葉尼塞河上游森林部落的内遷和演變——以憨哈納思爲例》,《史林》2021年第4期。
⑥ 《大元馬政記》,文殿閣書莊據廣倉學宧叢書重印1937年版,第50頁。
⑦ 《元史》卷十七《世祖紀》,第373頁。
⑧ 《元史》卷一六九《劉哈剌八都魯傳》,第3975頁。
⑨ 《元史》卷十八《成宗紀一》,第398頁。縉山縣(今北京市延慶區一帶)原爲上都路屬縣,延祐三年(1316)劃歸大都路。

那麼，第三次即 1293 年那批被遷往肇州朵顏山一帶的森林兀良罕部落或許存在另一種可能性，就是説他們有可能是間接從上都路派駐過去的。元廷爲了上都城周邊配套服務設施的興建，在世祖朝後期從葉尼塞河上游森林部落中遷來一些人衆，讓他們在這裏繼續從事與自己原有生產生活方式相關的勞作，如訓養鷹隼、狩獵等。後來隨著政治和軍事形勢的需要又將其中的一些人陸續派駐到了其他地方。

## Reading Notes of the Letter of Torqočar

B. Ulaan

**Abstract**: The existing letter of Torqočar written in the Hongwu Period of the Ming Dynasty is a document which transliterated the Mongolian words by Chinese characters and translated them into Chinese word by word, its form is similar to *the Secret History of the Mongols*, but there is no general translation attached. In addition to containing a lot of important historical information, it is also a rare material to understand the ancient Mongolian language. On the basis of interpreting this document by the method of philology of Mongolian history, this paper carries out textual research on some historical issues involved in it and puts forward its own opinions. Torqočar, the head of Doyan Garrison said in the letter that they were "the Uriyangqan people living in the forests"; they came and settled down at "the place of Mount Doyan Öndür and the Čol River" since the period of Činggis Qa'an to the beginning of the Ming Dynasty; they had "paid tribute such as the eagles and leopards to Daidu City every year". After analysis and research, it can be confirmed that the people of Torqočar really came from the Uriyangqan people living in the forests in the Yuan Dynasty; their activity area was at the Mount Doyan Öndür and the Čol River (now is in the Jalaid Banner of Inner Mongolia Autonomous Region) till the early Ming Dynasty; but the people did not arrive there at the time of Činggis Qa'an. Thus leads to a further conclusion: the ancestor of Torqočar is not Jelme—a meritorious vassal of Činggis Qa'an as the document of the Qing Dynasty *The Table Biography of Mongolian Princes* said.

**Keywords**: Torqočar; Letter; Text interpretation; Historical fact verification

# 元代驅口與怯憐口之辨

思日牧恩

**摘　要**："驅口"與"怯憐口"都是曾出現在元代文獻中對於特定種類人群的劃分。在清代李文田撰《元史地名考》中，更將驅口與怯憐口視爲同一概念，其實元代"驅口"與"怯憐口"確實存在一定程度上的緊密聯繫，但又存在諸多區別，不能將兩者簡單地混同。"驅口"一詞並非元朝首創，最早的記録可追溯至遼代道宗時期的《創建靜安寺碑銘》而"怯憐口"一詞則爲元朝首創，至少從驅口與怯憐口名稱的出現時間上來看，兩者就不會是同一概念，更匡論元代大量典籍中對於兩者的不同描述了。

**關鍵詞**：驅口；怯憐口；《元史》；《高麗史》

我國古代北方的遊牧民族經常南下對中原地區進行掠奪，被其俘虜而來的人口常常成爲遊牧民族的奴隸，任其驅使。在元代，蒙古軍隊通過大小戰争，對中原地區甚至外國進行掠奪，獲得了大量的人口。"至大四年三月十八日，欽奉登寶位詔書内一款：……近者脱脱收聚康禮，刧立軍衛，濫及各投下並州郡百姓、諸色驅奴人等，多至數萬，已經散遣。"① 對此，元朝統治者延續自遼代以來對於俘虜人口的稱呼，稱其爲"驅口"。在元人徐元瑞輯：《吏學指南》中對於"驅口"一詞做了解釋："謂被俘獲驅使之人。古者以罪没爲奴婢，故有官私奴婢之分。荀子云臧獲，即奴婢也。此等並同資財，估《刑統賦(釋)》曰：'稱人不及於奴婢。'其所生子女謂曰家生驅口，若驅口自買到驅謂之重口，蓋此流亦同財産耳。"② 而與之相對的，怯憐口則源於蒙古貴族家養奴僕的傳統。"怯憐口"在蒙古語中稱爲 ger-ün-kümün，意即"自家人也"。③ 按照古代蒙古族傳統，蒙古貴族家中常常會養育專爲其私人服務的僮僕，這些僮僕可以是通過戰争抓獲的敵對部落人

---

① 陳高華、張帆、劉曉、党寶海點校：《元典章》聖政卷一，典章二，天津：天津古籍出版社，2011年，第65頁。
② （元）徐元瑞輯：《吏學指南（外三種）》，載楊訥點校《元代史料叢刊》，杭州：浙江古籍出版社，1988年，第104頁。
③ （元）徐元瑞輯：《吏學指南（外三種）》，載楊訥點校《元代史料叢刊》，第32頁。

口，也可以是通過劃歸或者自行投靠等方式收入的人口。從這一角度看，怯憐口似乎與驅口並無甚不同，但是通過查閱各類元代文獻，兩者之間確實存在著諸多差異。厘清驅口與怯憐口之別，對於研究元代户計制度和討論怯憐口在元代統治高麗時的作用都具有一定的意義。

## 一、人口來源

（一）驅口

"驅口"，元時又稱"撒花人口""投祥户"①，在元初，其主要來源是朝廷發動的對外戰爭中被俘虜而來的人口。在《元史》中就有許多蒙古軍隊通過戰爭俘獲到大量人口的記録，如："（憲宗）九年己未春正月乙巳朔，……丁卯，大淵請攻合州，俘男女八萬餘。"②"（至元三年）八月癸亥，……戊子，高麗國王王禃遣其大將軍朴琪來賀聖誕節。阿术略地蘄、黃，俘獲以萬計。"③"（至元四年）八月……阿术略地至襄陽，俘生口五萬、馬牛五千。宋人遣步騎來拒，阿术率騎兵敗之。"④"（至元）六年春正月……戊午，阿术軍入宋境，至復州、德安府、荆山等處，俘萬人而還。"⑤"（至元十二年）五月辛未朔，阿里海牙以所俘童男女千人、牛萬頭來獻。"⑥"（至元十七年春正月）戊辰，敕相威檢覈阿里海牙、忽都帖木兒等所俘丁三萬二千餘人，並放爲民。"⑦ 根據文獻對被俘獲人口以"俘生口""俘丁"進行稱呼來看，所俘人口大多都被視爲奴隸也就是驅口使用。被俘獲的人口成爲驅口後，爲元朝廷的對外戰爭作出了不少的貢獻，也支持元朝軍隊不斷進行掠奪。而隨著元朝廷對外戰爭數量的減少，同時元世祖開始推行"漢法"，降低了戰爭的頻率，通過戰爭獲得驅口的數量鋭減。

與之相對的，有元一代，天災頻發："（大德）十一年……旱暵霖雨之災迭見，饑毀荐臻，民之流移失業者亦已多矣。"⑧"（至大元年）九月丙辰〔朔〕……中書省臣言：

---

① 見於《新元史卷九十八·志第六十五·兵一》載："至軍人所掠買者，謂之驅口，又名撒花人口，亦曰投祥户。"
② （明）宋濂等撰：《元史》卷三，本紀第三，憲宗，北京：中華書局，1976年，第53頁。
③ （明）宋濂等撰：《元史》卷六，本紀第六，世祖三，第112頁。
④ （明）宋濂等撰：《元史》卷六，本紀第六，世祖三，第115頁。
⑤ （明）宋濂等撰：《元史》卷六，本紀第六，世祖三，第121頁。
⑥ （明）宋濂等撰：《元史》卷八，本紀第八，世祖五，第166頁。
⑦ （明）宋濂等撰：《元史》卷十一，本紀第十一，世祖八，第221—222頁。
⑧ （明）宋濂等撰：《元史》卷九十三，志第四十二，食貨一，第2356頁。

'夏、秋之間,鞏昌地震,歸德暴風雨,泰安、濟寧、真定大水,廬舍蕩析,人畜俱被其災。江浙饑荒之餘,疫癘大作,死者相枕籍。父賣其子,夫鬻其妻,哭聲震野,有不忍聞。'"① 由於頻繁受災,百姓生活極端貧苦,不得不將妻子、兒女賣掉以求活,更極端的情況下,自己也可以成爲交易的對象。而這種販賣自身的行爲,最終的結果就是受災百姓成爲富戶、地主、貴族的驅口。

普通百姓因向地主權豪借高利貸無法償還成爲驅口也是當時另一種常見的現象,據《新元史》載:"貧民貸富家錢,至本息相當,收其本,又以息爲券,展轉責償,號'羊羔利'。負則虐待之,不勝其毒。"② 普通百姓由於天災或者支付不起朝廷賦税,不得不向當地的地主或富户借貸銀錢,而這種民間借貸往往利息頗高,百姓無法償還而不得不賣妻鬻子。同時,地主、富户又常常借著百姓不能償還本息的名義,動輒將其本人直接擄爲奴隸。《元曲選外編·施仁義劉弘嫁婢雜劇·第一折》載:"你道要女兒著錢贖個婢,要廝兒著錢買一個驅,待著他抽胎換骨可便爲兒女。"③ 及《元曲選·玉清庵錯送鴛鴦被雜劇·第三折》載:"分明那白紙上教我畫著黑字兒是怎生倒留做他家憑證,却將我宅院良人,生扭做酒店裏驅丁。"④ 都是對這一現象的記録。

同時,隨著人市的出現,人口的販賣活動更爲頻繁,普通民衆賣兒賣女以及賣身爲奴已經取代了戰俘成爲驅口的主要來源。據《新元史》記載:"父子夫婦,綱常之大,今鬻子休妻,視同犬豕,雖有抑良買休之條,而轉售者則易其名曰過房,受財者則易其名曰聘禮。今大都、上都有馬市、羊市、牛市,兼有人市,致使人畜相等,極爲可憐,宜嚴行禁絶,使各相保守,無棄天倫,此可厚俗之四也。"⑤ 在《析津志輯佚》中則記録了元代人市的具體位置:"人市,在羊角市,至今樓子尚存,此是至元間。"⑥

(二) 怯憐口

怯憐口,又稱"格侖可兀惕""齊里克昆",其具體起源暫不可考,爲古時蒙古族的一種傳統,即通過收養或者俘虜其他部落的兒童作爲貴族"私屬人"以供僕役使用。在《胡祗遹集》卷一十六《德興燕京太原人匠達嚕噶齊王公神道碑》記載:"公諱德真,字

---

① (明)宋濂等撰:《元史》卷二十二,本紀第二十二,武宗一,第502頁。
② 柯劭忞撰,張京華、黄曙輝校:《新元史》卷一百五十五,列傳五十二,上海:上海古籍出版社,2018年,第4329頁。
③ 隋樹森編:《元曲選外編》,中華書局,1959年,第813頁。原文爲"〔寄生草〕你道要女兒著錢贖個婢,要廝兒著錢買一個驪,待著他抽胎換骨可便爲兒女。"根據上下文判斷,此處應爲"驅"。
④ (明)臧懋循編:《元曲選》,中華書局,1958年,第63頁。
⑤ 柯劭忞撰,張京華、黄曙輝校:《新元史》卷一百九十三,第4926頁。
⑥ (元)熊夢祥:《析津志輯佚》,北京:北京古籍出版社,1983年,第6頁。

濟淮，……太祖皇帝提兵南下，敗金軍於野狐嶺，得公，喜其頭顱不凡，命宫掖撫養之。……又命公兼掌二皇后宫政，后撫之如子，嘗謂所親曰：'此吾之奇淩扣也。'"① 此處之"奇淩扣"即爲怯憐口。從上述文獻記載可以大致推斷出元朝建立之前，怯憐口的主要來源是通過戰爭獲得的俘虜中的兒童。當然，也可能僅僅是在戰爭過程中發現的普通民户的兒童，其來源並不一定出自俘虜。蒙古貴族通過對這些兒童進行收養，使其成爲專爲私人服務的僮僕。並且由於"收養"這一程式的存在，對這些兒童的養育工作主要由貴族中的女性負責，怯憐口在長大後也常常直接服從於女性貴族管理。至元朝建立後，這一傳統仍不曾變化："大德六年三月初十日，……在先中御府時分，'文卷休别者'麽道，懿旨有來。如今，中政院管著的怯憐口、阿塔赤、阿察赤、玉烈赤匠人每、管民官吏等，但是俺管著，省裏、臺裏、内外衙門俺根底不商量，'做罪過來'麽道，拿將去問有。"② 其中中政院作爲元代皇后掌領之所，負責對怯憐口進行管理，因此中央或地方上的官員對於怯憐口進行審判和拘捕纔會讓皇后心生不滿。

在蒙古入主中原後，怯憐口的主要來源發生了變化，主要是朝廷劃歸或自行投充的人口，並且也不再限於兒童。據《（至順）鎮江志·校勘記上》記載："至元七年，招集析居、從良、還俗僧道編籍人户爲怯憐口，立總管以領之。……據此，則怯怜口皆係從良還俗之人，專司織染雜造之事，雖亦工匠之類，而究與工匠微異，故上文既言：'匠一十八'，而此處復言'怯怜口二十三也。'"③ 元朝正式建立之後，怯憐口的範圍擴大，將析居户、還俗僧道、放良户等統一劃歸爲怯憐口，並設立專屬機構進行管理。此外，在《元史》亦有屯户被收編爲怯憐口的記録："十九年，以軍站屯户拘收爲怯憐口户計，放還而無所歸者，籍爲屯户，立安西、平涼屯田，設提領所以領之。"④

而怯憐口的另一來源則是投充人口："初，至元九年，僉軍三萬，止擇精鋭年壯者，不復問其貲產，且無貼户之助，歲久多貧乏不堪。樞密院臣奏，宜縱爲民，遂併爲一萬五千。諸軍户投充諸侯王怯憐口、人匠，或托爲别户以避其役者，復令爲軍，有良匠則别而出之。"⑤ "大德七年二月二十四日，中書省奏：'四怯薛裏怯薛歹人數明白，有近年以來内外城子裏的百姓内，回回、畏兀兒、漢兒、蠻子人等投充昔寶赤、阿察赤、怯怜口各枝兒裏並諸王、駙馬、公主、妃子位下投入去了的多有。'"⑥ 根據上述記録可知，在元代，

---

① （元）胡祇遹著，魏崇武、周思成點校：《胡祇遹集》，長春：吉林文史出版社，2008年，第357頁。
② 陳高華、張帆、劉曉、党寶海點校：《元典章》刑部卷一，典章三十九，第1344—1345頁。
③ （元）脱因修，（元）俞希魯纂：《（至順）鎮江志·校勘記上》載"怯憐口二十三條"，清道光二十二年丹徒包氏刻本。
④ （清）陳夢雷：《食貨典》卷四十八，清雍正銅活字本。
⑤ （清）邵遠平撰：《元史類編》卷四，清康熙三十八年刻本。按：《元史》亦有相同字句。
⑥ 方齡貴校注：《通制條格校注》卷二十八，中華書局，2001年，第366頁。

由於官府軍役、科差繁重，出於生存的需要，有不少軍户或民户還投奔諸王投下充當怯憐口以躲避賦役重擔。

綜上所述，驅口和怯憐口在元朝建立之前，其人口主要來源都可以算作戰爭所俘獲的奴隸，祇不過怯憐口對於年齡有著一定的要求而驅口則没有。到元朝建立後，兩者人口來源便出現了一定的區別。首先，驅口的人口來源更爲廣泛，並未對人口的身份、技能等進行限制；而怯憐口則有著較爲明確的人口範圍。其次，驅口在元朝建立以後，其人口的主要獲得方式是買賣，而怯憐口的人口獲得方式更多的是政府的劃歸或者自願投充。最後，由於元代對於户計的嚴格管理，一旦被確定了户計，短時間内很難有所變化。同時由於怯憐口對人口的要求，已經成爲驅口的人口是不能被劃入怯憐口的，但是怯憐口卻有可能因爲種種原因成爲驅口，這種轉化在目前看來是單向的。

## 二、人身依附性

### （一）驅口

元代驅口的人身依附性極强，通常被視爲主家的財產，因此主家有權利對自家的驅口進行隨意的處置——或賣給他人爲驅，或"大發善心"將驅口放良，即使對驅口進行虐待甚至打死，主家所承擔的責任也非常輕微。因此文廷式在《純常子枝語》中寫道："刑律：'私宰牛馬，杖一百。毆死驅口，比常人減死一等，杖一百七。'所以視奴婢與馬牛無異。"①

1. 驅口的販賣

據《元典章·刑部卷十九·典章五十七·禁誘略》中"應賣人口官爲給據"條"及厘勒江南司縣，應賣人口，依例於本處官司陳告來歷根因，勘會是實，明白給據，方許成交。"② 以及"禁乞養過房販賣良民"條"其有欲將驅口轉行貨賣之家，須赴所在官司，給到公據，方許貨賣。"③ 之規定，主家對於驅口是可以進行販賣的。並且，對於驅口的販賣，元朝廷還規定了具體的販賣程式，即主家必須先到官府進行申報，官府發給憑證後纔可以將驅口進行販賣，否則"違者，買主、賣主、牙保人俱各斷罪。"④

由於元代的驅口被視爲主家的財產，因此對於元代的富户而言，"財產"的交易基本

---

① （清）文廷式撰：《純常子枝語》卷二十一，民國三十二年刻本。
② 陳高華、張帆、劉曉、党寶海點校：《元典章》刑部卷十九，典章五十七，第1876頁。
③ 陳高華、張帆、劉曉、党寶海點校：《元典章》刑部卷十九，典章五十七，第1881—1882頁。
④ 同上。

完全依據其主觀意願決定。同時，元朝廷對於驅口這種"財產"的交易也制定了一定的法律程式確保其順利進行。除了上述對於販賣驅口時應當由官府認證的規定外，還要求主家對於要販賣的驅口要有"元買契券"，即購買驅口的憑證，否則不得擅自給予"公據"。① 可見，無論是民間還是元朝廷官方，都將驅口視爲可以買賣的"商品"，既是"商品"，其在被賣出前，從屬於"所有權人"自然也是天經地義的了。與之相似的，由於驅口是主家的"財產"，因此具有一定的排他性，其他人不得通過非法的方式對於他人的驅口進行占有。如《元典章·聖政卷一》就規定了："今後各投下諸色人等，並遵世祖皇帝以來累朝定制，不得擅招户計，誘占驅奴，違者治罪。"②

2. 驅口的處斷

由於元代驅口的人身依附性極强，因此在主家因爲種種原因而被判決没收財產時，驅口也往往被一併没收。如在元代河間路滄州官吏並庫官、庫子侵占庫鈔一案中，庫子即被斷没財產和名下驅口："庫子元，各杖斷一百七下，配役一年。除親口外，斷没驅口、財產。"③ 又如《元典章》"達達偷頭口一個陪九個"條中，對於蒙古人偷盜他人牲畜的，根據偷盜者年齡做出了賠償的規定："兔兒年三月二十五日，據律律官人等上位奏……九個頭口無呵，他的女孩兒、驅人斷没。人，頭口裏准折斷没呵……十歲以下，或女孩兒或驅人他的有呵，斷事的札魯花赤斟酌斷没者。商量來。"④ 對於十五歲以上的蒙古人，如果偷盜了他人的牲口，祇需一頭，即斷没驅口，將驅口視爲賠償給予受害人。

相對的，驅口如果犯罪的話，對其的處置也必須要經過主家的決定，"至元三十年八月，福建行省准中書省咨……近爲各處捉解到偷馬牛頭疋等物賊人，多係諸人驅奴……爲此，於至元三十年五月十二日奏過事内一件：'月兒魯官人一處商量來：人的奴婢事甚麽没，作賊呵，要了罪過，放有，頭口的主人根底消乏了一般有。他的使長已人用著呵，贖要者；不用著呵，就將他頭口的主人根底斷與呵，怎生？'麼道。"⑤ 在驅口犯罪的情況下，需要根據主家的決定來處置驅口：如果主家仍舊想讓驅口爲自己服務的，可以交贖金將驅口要回；如果贖金過高或者主家認爲驅口已經不能再爲自己服務的，就直接由官府斷給被害人家作爲賠償。甚至在一些極端情況下，主家的態度對於官府的重案判決也有相當大的影響。如《元典章》刑部卷四"打死同驅"條中就有這種案例的記載："龍興路申：

---

① 原文爲："如無元買契券，有司輒給公據者，及承告不即追捕者，並笞四十七。"載於（明）宋濂等撰：《元史》卷一百四，第2662—2663頁。
② 陳高華、張帆、劉曉、党寶海點校：《元典章》聖政卷一，典章二，第65頁。
③ 陳高華、張帆、劉曉、党寶海點校：《元典章》刑部卷九，典章四十七，第1594—1595頁。
④ 陳高華、張帆、劉曉、党寶海點校：《元典章》刑部卷十一，典章四十九，第1642頁。
⑤ 陳高華、張帆、劉曉、党寶海點校：《元典章》刑部卷十一，典章四十九，第1633—1644頁。

'歸問到李含兒驅口王黃頭招伏:不合爲一般驅王宜兒爲黃頭不行逃走,欲將黃頭父子內打死一個,燒毀房舍,以此於至元五年正月二十七日夜,先將王宜兒用棒打死,於場上埋藏罪犯。'法司擬:'同主奴婢相犯致死,而主求免者,聽減本罪一等,合徒五年,決徒年杖一百。'部下本路勘當得本主願求免,擬杖一百七下。呈省,准斷。"① 在本案中,李含兒的驅口王黃頭因爲害怕驅口王宜兒將其父子打死,先下手將王宜兒殺害。而根據元代的法律,驅口之間如果互相打殺的話,理應處死。② 而在本案中,官府卻因爲主家求情,而減本罪一等論處。因此官府免除驅口死罪,僅施以杖刑結案。可見,在處置驅口上,官府給予主家的權力是十分大的,祇要主家願意,官府也會根據主家的要求處斷驅口。

3. 驅口的處置

由於元代驅口的"財產"屬性,主家對待驅口的態度相當隨意,元朝廷對於主家的行爲約束也相對較少。因此,在元代文獻中,主家毆打、虐待、殺害驅口的案例並不少見。但無一例外的,主家最終都沒有按照對普通人犯罪被處以相應的處罰,大多以輕判結案。

在《至正條格》當中,記錄有主家虐待驅口案例:"大德六年正月,御史臺呈:'真定路達魯花赤哈剌哈孫男貓兒,嗔驅阿都赤聲〈楊尹〉[揚伊]強姦良婦,淫亂驅妻,將本人兩腳後筋砍斷。'刑部議得:'貓兒所犯,量決肆拾柒下,罪經釋免。"③ 在本案中,主家因爲驅口犯罪,對驅口施以私刑,將其腳筋挑斷,使其殘疾。而按照《元典章》中所載案例,將人腳筋割斷使其殘廢的,決杖九十七下,罰鈔五百兩。④ 由此觀之,主家對於驅口行同樣之事,僅決杖四十七,未曾罰鈔,所判決的懲罰已經較輕,且之後又經釋免,則主家幾乎沒有對此承擔任何責任。

在《元典章》中也記錄有主家打死驅口的案例多起,在案例的記錄中,還根據案情將驅口分爲"有罪驅"和"無罪驅"兩類。在"打死無罪驅"的案例中記錄有:"衛輝路申:'歸問到東平路住坐探馬赤張歹兒,不合於至元五年七月初五日,爲失了馬疋,用鐵筋疆打死驅婦燕粉兒,私下立與李留住全家放良文字。'法司擬:'若依殺驅斷罪,似涉太重。合無依准放良,將犯人免罪?'部准擬。呈省准。"⑤ 在本案中,主家因爲驅口放牧時丟失馬匹而將驅口毆打致死,按照元代法律,"諸故殺無罪奴婢,杖八十七,因醉殺

---

① 陳高華、張帆、劉曉、党寶海點校:《元典章》刑部卷三,典章四十一,第1461—1462頁。
② 《元典章》刑部卷四"打死同驅敲了者"條記錄有案例,載陳高華、張帆、劉曉、党寶海點校:《元典章》刑部卷三,典章四十一,第1462頁。
③ [韓]丁淳佑纂:《至正條格·斷例》卷七,휴머니스트出版社,2007年,第94頁。
④ 《元典章》刑部卷三"割斷義男腳筋"條記錄有案例,載陳高華、張帆、劉曉、党寶海點校:《元典章》刑部卷三,典章四十一,第1416頁。
⑤ 陳高華、張帆、劉曉、党寶海點校:《元典章》刑部卷四,典章四十二,第1459頁。

之者,減一等。"① 主家在本案中應當承擔杖刑,但似乎是因爲其私下將驅口家人放良,事發後官府免除了主家的罪責。

另一案例則記録了主家打死所謂"有罪驅"後的判决:"至元五年九月二十一日,承奉中書省判送……至六月二十七日,昔剌因與脱歡等於本家飲酒,有妻咬瓦失言道:乞赤斤小產了。昔剌回道:我不曾收拾,那裏得小產來?問當本婦,抵諱不肯實説。以此用劈柴於乞赤斤沿身並頭上亂打,因傷身死。……本部參詳:'昔剌驅婦乞赤斤無夫小產,自合赴官陳告,别無驅口有罪自打致死體例。其昔剌不行赴官陳告,自用劈柴沿身並頭上亂打致死,暗行埋瘞,難擬無罪。據昔剌所犯,量决二十七下。'呈省照驗。"② 在本案中,主家因爲驅口有姦情在先而毆打驅口致死並自行埋葬,不曾報官。而打死"有罪驅"並無在先案例可供參考,因此也僅僅判决杖二十七下。但是在之後的案例記録中,主家打死犯罪在先的驅口似乎並未參考這一案例進行判决,而是直接免除主家的罪責。《元典章》載:"至元十一年正月,奉安西王令旨……軍户王美狀告:有弟王仔,爲驅口王錦鋤田間下草苗,令同驅王興打了兩三下。當夜有驅王錦用(攫)[钁]頭將弟王仔並驅王興俱各打死,有王錦在逃。……後王美捉獲王錦,用棒於遍身亂打,王錦因傷身死。……爲此,議得:王錦先將本主弟王仔,又將一般驅口王興二人打死,所犯已該極刑。雖王美不請官司,將王錦致打因傷身死,難議定罪。仰踈放施行。"③ 在本案當中,主家王美打死犯殺人罪的驅口王錦,官府認爲王錦所犯之罪重大,即使主家未曾報官處理,直接自行打殺,亦不論罪。由此觀之,在"打死有罪驅"這類案件中,判决主家的依據似乎是驅口所犯在先之罪的嚴重程度。

但是如果他人將驅口打死的話,就需要承擔一定的責任了。《元典章》中記録有案例:"至元七年,中都路申:'蘇三五於至元六年八月初一日,與周仲義驅男王小狗相爭撲肉,將本人用肐膝於不便處踢死。'法司擬:'良人毆傷他人奴婢,減凡人二等,合徒四年,依例於本人名下徵銀五十兩。'部擬:'量决一百七下,徵銀。'呈省,准。"④ 在本案之中,有良人將驅口打死,最終被判杖刑和賠償金給付主家。可見,對於驅口的處置導致的不同結果,實際所依據的還是驅口的人身依附性。由於對主家的人身依附性較强,因此主家處置驅口後所承擔的責任較小;而驅口對於他人來説,不存在人身依附性,那麽當他人對驅口進行處置時,就需要承擔相應的責任了。

整體來看,元朝廷對於主家處罰驅口,尤其是對"有罪驅"的懲罰,實際上是默許

---

① (明)宋濂等撰:《元史》卷一百五,志第五十三,刑法四,第 2677 頁。
② 陳高華、張帆、劉曉、党寶海點校:《元典章》刑部卷四,典章四十二,第 1459—1460 頁。
③ 陳高華、張帆、劉曉、党寶海點校:《元典章》刑部卷四,典章四十二,第 1460 頁。
④ 陳高華、張帆、劉曉、党寶海點校:《元典章》刑部卷四,典章四十二,第 1461 頁。

的態度。《元典章》中記載:"至大元年□月,……訪聞在都富勢之家,奴隸有犯,並不經官言理,往往用鐵枷釘項。凡奴僕之數,貴賤雖殊,亦皆人之子也。……送刑部議得:'奴婢有罪,本使自當依理決罰。若擅自刺面者,即係不應。合准臺呈,遍行禁治相應。'都省准擬,咨請依上施行。"① 在這一條中,雖然御史臺呈文,認爲奴隸雖然本身低賤,但也是人子,主家不應當隨意進行懲治。然而,呈文到了刑部後,刑部反而認爲主家對於有罪驅的懲罰是合情合理的,祗不過在懲罰奴隸時不應當動用刺面的方式。可見,元朝廷對於主家對驅口的處置行爲並未做過多干涉。

4. 驅口人身依附性的消失

驅口被視爲主家的"財產",有極強的人身依附性,其在承擔賦役上也緊隨著主家。如果主家是民户的,那麼驅口也需要跟著主家一同繳納稅糧,"至丙申年,乃定科徵之法,令諸路驗民户成丁之數,每丁歲科粟一石,驅丁五升,新户丁驅各半之,老幼不與。"② 而如果主家是軍户的,驅口還需要時刻供給主家服兵役所需,"中書省:據樞密院呈:蒙古都萬户府呈:'照得蒙古、漢軍分戍江南,全籍各家驅丁供給一切軍需。'③ 對於驅口來說,其人身依附性的消失與主家息息相關。

在元代,驅口人身依附性消失的途徑之一就是被主家"放良"。根據《元典章》的記載,驅口在得到主家的放良書之後,便可獲得自由,並按照其具體的户籍情況賦予新的户計:"諸驅口壬子年已前得訖良書,卻於他人户下作驅附籍,比及照勘以來,除軍、站、急遞鋪、駕船人等户下附籍人口(户)照籍相同,改正爲良,充貼户外,其餘諸色人等户下籍過户數,並仰收系當差。"④ 在元代,當驅口獲得主家的放良文書後,就成了元朝廷的普通民户。而如果驅口獲得放良文書後,仍在諸如軍户、站户等下附籍作驅口的話,在放良後則會成爲貼户而非普通民户了。

另一種擺脱人身依附性的途徑則是源於朝廷對於户計的統計。根據《元典章》記載,壬子年,元朝廷對其下轄人口進行過一次登記,這次登記文獻中記稱"壬子籍户"。在壬子年的户籍登記中,由於"前行尚書省不曾仔細分揀",導致事後引起很多爭論。對此,元朝廷提出許多辦法試圖彌補壬子年對於户籍登記造成的混亂。也正是因爲這樣,驅口有了成爲平民的機會。按照《元典章》的記載,驅口成爲民户的條件主要有:

(1) 驅口本身不與主家同居而是在外居住,並且已經在主家所屬以外的地方登記户籍的;

---

① 陳高華、張帆、劉曉、党寶海點校:《元典章》刑部卷十九,典章五十七,第1922頁。
② (明)宋濂等撰:《元史》卷九十三,志第四十二,食貨一,第2357頁。
③ 陳高華、張帆、劉曉、党寶海點校:《元典章》兵部卷一,典章三十四,第1188頁。
④ 陳高華、張帆、劉曉、党寶海點校:《元典章》户部卷三,典章十七,第586頁。

（2）壬子年進行户籍登記時，主家與驅口都不曾進行過登記的；

（3）壬子年户籍登記時，主家已將驅口登記到本户籍内，但在抄寫户籍時遺漏的；

（4）壬子年户籍登記時，驅口已經登記在别户作驅，後又因爲種種事情而逃走又一直没能被官府抓獲的。①

（二）怯憐口

由於怯憐口的主要來源是貴族家中自小養大的僮僕或者經由朝廷劃歸或自願投充，因此怯憐口的人身依附性需要根據其人口的具體來源進行分辨。

1. 貴族的僮僕

產生於蒙古族傳統的怯憐口，其在主家中的地位較高，也因爲其從小就在家中做事、服務的緣故，怯憐口多受蒙古貴族信任，往往被委以一定的官職。雖然怯憐口仍依附於蒙古貴族，但其不管是在人身還是財產上，都擁有相當的自由，並非驅口那樣近似於"財產"的地位。在《高麗史》當中，可以見到許多關於怯憐口的記録，在這些記録當中，怯憐口不僅没有表現出驅口那樣形同牛馬的社會地位，反而在一定程度上社會地位都高於平民，甚至高過部分高麗的官吏。

據《高麗史》記載："己巳，僉議府言：'公主怯憐口及内僚廣占良田，標以山川，多受賜牌，不納租税，請還賜牌。'不聽。"②"李英柱括民户告王曰：'聚逋民者廉承益爲首。'……時鷹坊怯憐口及内豎賤者皆受賜田，多至數百，結誘齊民爲佃。凡民田在旁近者，收租州縣賦税無所入，守令有繩以法者誣。"③ 隨著齊國公主一同來到高麗的怯憐口，在高麗獲得了大量的田地，並且仗著齊國公主"家裏人"的身份，反向高麗官吏施壓，不僅不納租税，還誘惑高麗平民作佃户，使得占領田地所在的州縣都難以正常獲得税租。其行爲之恣橫，遠超驅口所能爲之。

同時，隨著齊國公主一同進入高麗的怯憐口中，還有不少人直接在高麗做官。在《高麗史》的記載中，就有印侯、張舜龍等怯憐口在高麗做官的記録。"印侯，本蒙古人，初名忽刺歹，齊國公主怯憐口。怯憐口，華言私屬人也。與三哥、車古歹從公主來，補中郎將。"④"張舜龍，本回回人，初名三哥，父卿，事元世祖爲必闍赤。舜龍以齊國公主怯

---

① 根據《元典章》户部卷三"驅良、蒙古牌甲户驅"條總結，載於陳高華、張帆、劉曉、党寶海點校：《元典章》户部卷三，典章十七，第584—586頁。
② （明）鄭麟趾纂、孫曉編：《高麗史標點校勘本》世家卷第二十八，重慶：西南師範大學出版社，2014年，第890頁。
③ （明）鄭麟趾纂、孫曉編：《高麗史標點校勘本》列傳卷第三十六，第3727頁。
④ （明）鄭麟趾纂、孫曉編：《高麗史標點校勘本》列傳卷第三十六，第3740頁。

憐口來，授郎將，累遷將軍，改今姓名。"① 這些屬於蒙古貴族的怯憐口，非但沒有被像奴僕一樣對待，甚至還被貴族所依仗，在高麗位居高官，幫助蒙古貴族一同統治高麗。

2. 劃歸、投充的怯憐口

作爲元代怯憐口的主要來源，被朝廷劃撥或自願投充到蒙古貴族治下的怯憐口也擁有一定的自由，雖然仍舊對蒙古貴族有一定的人身依附性，但較之作爲僮僕的怯憐口來説，這種人身依附性相對薄弱。

首先，對於朝廷劃撥的怯憐口來説，其人身依附性的來源是朝廷的行政命令。那麼當朝廷對這一部分怯憐口進行重新劃撥或者裁撤時，怯憐口對蒙古貴族的人身依附性就可能發生改變。"按：'元史文宗本紀，……八月壬申，中書省樞密院御史臺言：臣等比奉旨裁省衛士，……媵臣怯憐口共萬人，當留者六千人，其汰去者斥歸本部著籍應役。'"② 在此條記載中，作爲隨嫁僕臣的怯憐口中，就有四千餘人被裁撤並回歸原先籍貫所屬的部下繼續服勞役。既然被發回原籍，這些怯憐口自然就不會再屬於原先服務的貴族，其人身依附性也發生改變。又比如之前提到的被劃歸爲怯憐口戶計的軍站屯户，雖然已經作爲怯憐口服務了一定的期限，但是當這些原本的屯户從怯憐口中被放歸時，其對於之前服務的貴族的人身依附性也自然隨之發生變化。

總的來説，怯憐口的人身依附性沒有驅口那麼強，至少在現有的元代文獻當中，暫未見到怯憐口被當作主人的"財產"對待的記錄，亦未見到怯憐口受到虐待或殺害的案件記載。雖然由於資料的缺少，關於怯憐口在元代的生活狀況暫不可知。但僅就《高麗史》以及《元史》的記錄來看，怯憐口在元代的總體社會地位和生活狀況應當都是要好於驅口的。從《高麗史》中怯憐口獲得大量土地甚至做官的記錄以及在《元史》《庶徵典》《口北三廳志》當中朝廷多次對受災怯憐口進行賑濟的記錄來看，怯憐口都是得到元朝廷的重視的。③ 更何況怯憐口多是由掌握了一定手工業技巧的人口組成，無論對於元朝廷對外戰爭還是促進地方手工業發展來説都有一定的意義，其生活情況、工作待遇想來並不會太差。

---

① （明）鄭麟趾纂、孫曉編：《高麗史標點校勘本》列傳卷第三十六，第 3744 頁。
② （清）陳夢雷：《戎政典》卷第二百四十四，清雍正銅活字本。
③ 《元史》卷九十六，志第四十五上，食貨四，第 2475 頁載："二十八年，以去歲隕霜害稼，賑宿衛士怯憐口糧二月，以饑賑徽州、溧陽等路民糧三月。三十一年，復賑宿衛士怯憐口糧三月。"《庶徵典》中記載："泰定三年秋，霜。按：《元史·泰定帝本紀》，三年秋七月乙巳，怯憐口屯田，霜，賑糧二月。"《（乾隆）口北三廳志》卷九中記載："十一月，賑上都灤河駐冬各官分怯憐口萬五千七百户，糧二萬石。"

## 三、管轄機構

驅口與怯憐口在元代都屬於對特定人群的劃分，根據元代對諸色户計的管理制度，驅口與怯憐口都需要接受其户籍所在地官府的管轄，"其應斷驅良諸色户計，定奪差發、税糧、課程、鹽法、諸項錢穀、祗待軍馬鹽糧草料、理斷婚姻、地土、公私債負，各路自合依條處決。"①

（一）驅口

元代的驅口由於其極强的人身依附性，其主要管轄機構是主家所在地的官府，祗要這種人身依附性不曾消失，地方官府對於驅口的管轄幾乎不發生變化。因此，當驅口對於主家的人身依附性消失時，其管轄機構也會發生相應的變化。

產生這種變化最爲常見的原因之一就是當驅口被放良或者因爲户籍登記時獲得了成爲民户的機會。在這種情況下，驅口成了元朝廷所管轄的民户，對於主家的人身依附性消失，主家所在地官府的管轄權可能會出現以下情況：一是驅口在被放良後，仍居住在本地，並且在本地進行户籍登記，那麽，原官府仍對其有管轄權；二是驅口在成爲民户後，不願居住在本地或者已經在其他地方官府處進行過户籍的登記，那麽，本地官府管轄權消失，由其他地方官府對其進行管轄；三是在個别情況下，驅口在成爲民户後又轉爲其他户計，那麽，又會有其他機構與地方官府共同對其享有管轄權。

另一種在元代常見的驅口管轄權變化的方式則涉及元代的一項制度——孛蘭奚管理制度。

孛蘭奚，又稱不蘭奚、卜蘭奚、卜蘭豀②或布呼齊③，是元代對於無主逃驅的一種稱呼。當驅口從主家逃跑後，被他人發現並拿獲，而主家又因爲種種原因未對逃走的驅口進行識認或進行了識認卻没有憑證的，又或者主家進行識認時已經超過了規定的時限，驅口就會被歸爲孛蘭奚人口，其與主家的人身依附關係也就此消失。當驅口被劃歸爲孛蘭奚人口時，便會由闌遺監進行管轄。

在元代，由於驅口的社會地位極其低下，常常遭受主家的虐待或毆打，再加之地方官府在處理涉及驅口事宜的政務時，多聽從主家之言，驅口生活極爲困苦，因此，常有驅口逃離主家之事發生。如"照得蒙古、漢軍分戍江南，全籍各家驅丁供給一切軍需。今來

---

① 陳高華、張帆、劉曉、黨寶海點校：《元典章》朝綱卷一，典章四，第139頁。
② （清）汪輝祖纂：《元史本證》卷四十，證名四，中華書局，2004年，第456頁。
③ （清）于敏中、英廉等纂：《日下舊聞考》卷一百五十四，志第三十六，四庫全書本。

往往逃匿寺觀，爲道爲僧，或於局院傭工，或爲客旅負販，縱有敗獲，鼓衆奪去。"① 因此，元朝廷對於逃跑的驅口十分重視，不僅設立了闌遺監這一專管機構對無主逃驅進行收管，還規定了抓獲逃驅給賞的條例："俺商量來，今後若有盤獲諸人逃驅者，隨即分付與本主者。如本主在他所者，許送所在官司發付給主。仍於逃驅名下追鈔一定，給與捉獲人充賞。"② 也正因此，逃驅成功逃亡的數量並不算多，大多都被人所抓獲，除了能找到原主識認的以外，不少都成了孛蘭奚人口，由闌遺監所收管。闌遺監在收管孛蘭奚人口後，會在一定時間內向孛蘭奚人口提供衣物和糧食等，以助其生存。但是在元代，闌遺監由於孛蘭奚人口數量衆多，提供其生存所需壓力甚大，因此，在具體執行對孛蘭溪人口的收管時，主要還是各地方來執行："今後莫若改委各處文資長官提調，凡有孛蘭奚人口、頭疋，責付里正、主首收養，立法關防，用心檢點，毋致逃易、隱匿、瘦弱、倒死。"③ 同時，闌遺監對於孛蘭奚人口、頭疋的收管也規定了一定的時限，即"如半年之後，無主識認者，合准本監所言，分撥匹配成戶，發付有司，收系當差。"④ 在這一規定下，逃跑的驅口經歷了無主識認——劃爲孛蘭奚人口——成爲民戶三個階段，最終又回到地方接受當地官府管轄。

（二）怯憐口

與驅口相似，怯憐口本身也要受到户籍地官府的管轄。但與驅口所不同的是，怯憐口在接受地方官府管轄的同時，也受到各級怯憐口專管機構的管轄。以下爲元代怯憐口人口專管機構：⑤

| 序號 | 年號 | 官署名稱 | 品秩 | 設立時間 | 下轄機構 | 官署職能 | 官吏設置 | 沿革變化 |
|---|---|---|---|---|---|---|---|---|
| 1 | 中統 | 管領本投下大都等路怯憐口民匠總管府 | 正六品 | 中統元年 | 織染提舉司 管民提領所（大都路兼奉聖州、曹州、河間路） 管地提領所（奉聖州、東安州） | 國初，掌怯憐口哈赤民匠一千一百餘戶；中統二年，掌戶口錢帛差發等事。 | 達魯花赤一員，總管一員，俱受御寶聖旨；同知一員，副總管一員，俱受安西王令旨；知事一員，令史二人。 | 至元九年，撥隸安西王位下。皇慶元年，又屬公主皇后位下。延祐元年，改隸章慶司。天曆二年，又改隸儲政院。 |

---

① 陳高華、張帆、劉曉、党寶海點校：《元典章》兵部卷一，典章三十四，第1188頁。
② 陳高華、張帆、劉曉、党寶海點校：《元典章》兵部卷一，典章三十四，第1189頁。
③ 陳高華、張帆、劉曉、党寶海點校：《元典章》刑部卷十八，典章五十六，第1865頁。
④ 方齡貴校注：《通制條格校注》卷二十八，第683—684頁。
⑤ 表格主要根據《元史·百官志》內容進行總結，僅列出對怯憐口有明確管轄職能的機構，是否還有其他特設機構對怯憐口人口有管轄權尚待考證。具體內容參見（明）宋濂等撰：《元史》卷八十八至卷九十，志第三十八至志第四十，百官四至百官六，第2232—2294頁。

續表1

| 序號 | 年號 | 官署名稱 | 品秩 | 設立時間 | 下轄機構 | 官署職能 | 官吏設置 | 沿革變化 |
|---|---|---|---|---|---|---|---|---|
| 2 | 中統 | 管領本位下怯憐口隨路諸色民匠打捕鷹房等總管府 | 正三品 | 中統二年 | | 掌怯憐口二萬九千戶，田萬五千餘頃，出賦以備供奉營繕之事。 | 達魯花赤一員，都總管一員，並正三品；同知一員，正五品；副總管一員，從五品。其首領官則經歷一員，從七品；知事一員，從八品；照磨一員，從九品；吏屬：令史一十二人，譯史四人，通事、知印各二人，奏差一十人，典吏六人。 | 大德十年，隸詹事院。至大三年，隸徽政院。延祐三年，改善政司。至治二年，徽政院及其屬盡廢。天曆三年，復立府，仍正三品。 |
| 3 | 中統 | 隨路諸色人匠都總管府 | 正三品 | 中統五年 | 上都諸色民匠提舉司<br>金銀器盒局<br>染局<br>織造局<br>泥瓦局<br>鐵局<br>上都葫蘆局<br>器物局<br>碾金局<br>鞍子局<br>雲州管納色提領所<br>大都等路諸色人匠提舉司<br>成制提舉司<br>上都、大都貂鼠軟皮等局提領所<br>大都奧魯提領所<br>上都奧魯提領所<br>上都異樣毛子局<br>上都氈局<br>上都斜皮等局<br>上都隆興等路雜造鞍子局<br>真定路冀州雜造局 | 司怯憐口造作 | 達魯花赤一員，總管二員，並正三品；同知一員，正五品；副總管二員，從五品；經歷、知事、照磨、提控、案牘各一員，令史四人，譯史一人，奏差二人，典吏一人。 | 至元九年，升正三品。大德十一年，改繡珍司。延祐六年，升徽儀使司，秩正二品。延祐七年，仍爲繡珍司，官屬如舊。至治三年，復改都總管府。 |
| 4 | 至元 | 管領諸路怯憐口民匠都總管府 | 正三品 | 至元七年 | 織染局<br>雜造局<br>提領所<br>（河間、益都、保定、冀寧、晉寧、大名、濟寧、衛輝、宣德、汴梁、曹州、大同、開元、大寧、上都、濟南、真定）<br>弘州衣錦院<br>豐州毛子局<br>緝山毛子旋匠局<br>徐邳提舉司<br>廣備庫 | 管領治下怯憐口 | 達魯花赤一員，總管一員，並正三品；同知二員，正五品；副總管二員，從五品；經歷、知事、提控、案牘兼照磨各一員，令史五人，譯史一人。 | 至元十四年，屬中宮。至元二十五年，改升正三品。延祐六年，改繡用司，仍二品。延祐七年，復改府。 |
| 5 | 至元 | 利用監 | 正三品 | 至元十年 | 資用庫<br>怯憐口皮局人匠提舉司<br>雜造雙線局<br>熟皮局<br>軟皮局<br>斜皮局<br>貂鼠局提舉司<br>貂鼠局<br>染局<br>熟皮局 | 掌出納皮貨衣物之事 | 監卿八員，正三品；太監五員，從三品；少監五員，從四品；監丞四員，從五品；經歷、知事、照磨、管勾各一員，令史八人，譯史二人，通事、知印各一人，奏差六人，典吏二人。 | 二十年罷，二十六年複置。大德十一年，改爲院。至大四年，復爲監。 |
| 6 | 至元 | 中尙監 | 正三品 | 至元二十四年 | 兩都濼河三庫怯憐口雜造等九司局　資成庫 | 掌大斡耳朵位下怯憐口諸務，及領資成庫氈作，供內府陳設帳房荊幕車輿雨衣之用。 | 監卿八員，正三品；太監二員，從三品；少監二員，從四品；經歷、知事、照磨各一員，令史七人，譯史三人，通事二人，知印二人，奏差五人。 | 至大元年，升爲院。至大四年，復爲監。 |

續表2

| 序號 | 年號 | 官署名稱 | 品秩 | 設立時間 | 下轄機構 | 官署職能 | 官吏設置 | 沿革變化 |
|---|---|---|---|---|---|---|---|---|
| 7 | 至元 | 御位下管領隨路民匠打捕鷹房納綿等戶總管府（朔正司） | 正三品 | 至元三十一年 | 管領上都等處諸色人匠提舉司<br>管領隨路打捕鷹房納綿等戶提舉司<br>管領歸德亳州等處管民提領所 | 掌怯憐口民匠五千餘戶，歲辦錢糧造作，以供公上。 | 令五員，正三品；丞四員，正四品；典簿二員，從七品；照磨一員，從八品；譯史二人、令史六人、知印二人、通事一人、奏差、典吏各二人。 | 延祐六年，改朔正司。 |
| 8 | 大德 | 長信寺 | 正三品 | 大德五年 | 怯憐口諸色人匠提舉司<br>大都鐵局<br>上都鐵局 | 領大斡耳朵怯憐口諸事 | 卿四員，正三品；少卿二員，從四品；寺丞二員，從五品；經歷、知事各一員，令史六人、譯史、知印二人、通事一人，奏差四人。 | 至大元年，改升爲院。至大四年，仍爲寺，卿五員，增少卿一員，以宦者爲之。延祐七年，省寺卿、少卿各一員，定置如上。 |
| 9 | 至大 | 管領怯憐口諸色民匠都總管府 | 正三品 | 至大三年 | 管領大都怯憐口諸色人匠提舉司<br>管領上都怯憐口諸色人匠提舉司<br>典制局<br>典設署<br>雜造人匠提舉司<br>雜造局 | 領怯憐口人匠造作等事 | 達魯花赤一員，總管一員，並正三品；同知一員，正四品；副總管二員，正五品；經歷一員，從七品；知事一員，從八品；提控、案牘、照磨、管勾各一員，令史十人、知印二人、通事一人，譯史二人，奏差六人，典史四人。 | 至治三年罷。天曆元年復立，隸儲政院。 |
| 10 | 至大 | 管領六盤山等處怯憐口民匠都提舉司 | 正四品 | 至大四年 | 五長官司<br>（奉元等路、平涼等處、開城等處、甘肅寧夏等路、察罕腦兒等處）<br>十提領所<br>（奉元等路、鳳翔等處、平涼寧環等處、開城等處、察罕腦兒等處、甘州等路、肅沙等路、永昌寧夏等路、長城等路） | | 達魯花赤一員，都提舉一員，同提舉二員，副提舉二員，知事一員，提控案牘一員，吏四人，奏差二人。 | 國初，未有官署，賦無所稽。後遣使覈實，始著爲籍，設司以領之 |
| 11 | 皇慶 | 長秋寺 | 正三品 | 皇慶二年 | 怯憐口諸色人匠提舉司二 | 掌武宗五斡耳朵戶口錢糧營繕諸事 | 寺卿五員，正三品；少卿二員，從四品；寺丞二員，從五品；經歷、知事各一員，令史六人，譯史、知印各二人，通事一人，奏差四人。 | |
| 12 | 延祐 | 管領隨路打捕鷹房諸色民匠怯憐口總管府 | 從三品 | 延祐五年 | | 掌太祖四皇后位下四季行營並歲賜造作之事 | 達魯花赤、總管、同知、副總管各一員，經歷、知事、提控案牘兼照磨各一員，司吏二人。 | |
| 13 | 至治 | 承徽寺 | 正三品 | 至治元年 | 怯憐口諸色人匠提舉司二 | 掌答兒麻失里皇后位下錢糧營繕等事 | 寺卿五員，正三品；少卿二員，從四品；寺丞二員，從五品；經歷、知事各一員，令史六人，譯史、知印各二人，通事一人，奏差四人。 | |
| 14 | 至順 | 宮相都總管府 | 正三品 | 至順二年 | | | 達魯花赤二員，都總管一員，副達魯花赤二員，同知二員，副總管二員，經歷、知事、提控、案牘承發架閣各一員。 | 至順二年，罷宮相府並鶴馭司，改怯憐口錢糧總管府爲本府。 |
| 15 | 不詳 | 怯憐口諸色民匠達魯花赤並管領上都納綿提舉司 | 正五品 | 年份不詳 | 上都人匠提領所<br>上都大都提領所<br>歸德長官司<br>管領上都大都諸色人匠納綿戶提舉司<br>致用庫<br>提領司<br>上都人匠局 | 掌迭只斡耳朵位下怯憐口諸色民匠及歲賜錢糧等事 | 達魯花赤、長官、同知、副長官各一員，提控案牘一員。 | |

續表3

| 序號 | 年號 | 官署名稱 | 品秩 | 設立時間 | 下轄機構 | 官署職能 | 官吏設置 | 沿革變化 |
|---|---|---|---|---|---|---|---|---|
| 16 | 不詳 | 海西遼東哈思罕等處鷹房諸色人匠怯憐口萬户府 | 正三品 | 年份不詳 | 鎮撫司<br>哈思罕等處打捕鷹房怯憐口千户所<br>諸色人匠怯憐口千户所<br>肇州等處女直千户所<br>朵因溫都兒兀良哈千户所<br>灰亦兒等處怯憐口千户所<br>開元等處怯憐口千户所<br>石州等處怯憐口千户所<br>瀋陽等處怯憐口千户所<br>遼陽等處怯憐口千户所<br>蓋州等處怯憐口千户所<br>幹盤等處怯憐口千户所 | 掌錢糧造作之事，管領哈思罕等處、肇州、朵因溫都兒諸色人匠四千户，仍領鎮撫所、千户所。 | 達魯花赤一員，萬户一員，副萬户一員，經歷一員，知事一員，提控案牘兼照磨一員，譯史一人。 | |

## 四、賦役内容

元代的驅口與怯憐口在一定程度上存在著賦役内容交叉的現象，比如都需要向軍隊提供糧餉："至元二十五年……夏四月甲申，……命諸王、怯憐口及扈從臣轉米餉。"①"照得蒙古、漢軍分戍江南，全籍各家驅丁供給一切軍需。"② 但值得注意的是，驅口向軍隊提供糧餉在元代是爲常例，而怯憐口向軍隊轉撥糧餉僅見於此條，難說定制。除此之外，驅口與怯憐口在元代在賦役方面亦多有不同。

（一）驅口

1. 稅賦

在稅賦方面，驅口繳納丁稅在元代法律當中有著明確的規定，例如《元史》中記有："至丙申年，乃定科徵之法，令諸路驗民户成丁之數，每丁歲科粟一石，驅丁五升，新户丁驅各半之，老幼不與。"③"（至元）十七年，遂命户部大定諸例：全科户丁稅，每丁粟三石，驅丁粟一石，地稅每畝粟三升。減半科户丁稅，每丁粟一石。"④ 根據上述記載，元代的驅口是承擔一定的丁稅的，祇不過其所繳納的稅賦較民户要少。而如果朝廷決定減半徵收丁稅時，驅口則可以不繳納丁稅。

而關於驅口是否需要繳納田稅在元代文獻當中則語焉不詳。不過，根據現有文獻資料來看，竊以爲驅口承擔田稅也是有可能的。首先，由於元代南北方徵稅依據不同，"大抵

---

① （民國）萬福麟修，張伯英等纂：《（民國）黑龍江志稿》卷三十，民國二十二年鉛印本。
② 陳高華、張帆、劉曉、黨寶海點校：《元典章》兵部卷一，典章三十四，第1188頁。
③ （明）宋濂等撰：《元史》卷九十三，志第四十二，食貨一，第2357頁。
④ （明）宋濂等撰：《元史》卷九十三，志第四十二，食貨一，第2358頁。

江淮之北，賦役求諸户口，其南則求諸上田。"① 因此，地税是江南地區徵收税賦的主要種類。其次，在元代的驅口是能夠擁有自己的財產的："然奴或致富，主利其財，則俟少有過犯，杖而錮之，席捲而去，名曰抄估；亦有自願納財以求脱免奴籍，則主署執憑付之，名曰放良。"② 在這種情況下，如果身在江南的驅口有一定的財產，而這些財產之中恰好又包含了田地，那麽，驅口就有可能需要承擔地税而不需要承擔丁税了。至於所要承擔的具體數額則還需要根據田畝數量、耕種工具數量和田畝等級等進行確定。

2. 軍役

在元代，驅口根據主家的身份，還可能承擔軍役，替主家從軍："（至元六年）十月，從山東路統軍司言，應係逃軍未獲者，令其次親丁代役，身死軍人亦令親丁代補，無親丁則以少壯驅丁代之。"③ 可見，當主家是軍人且無親丁代役時，驅口就需要代替主家從軍。雖然朝廷已經規定驅口從軍當役的條件，但主家私自讓驅口代替服軍役的現象仍屢見不鮮，以致朝廷頒佈了多項禁令禁絶這類現象。如："至元二年六月初五日，欽奉聖旨……聖旨到日，宣諭諸路出征萬户、千户、百户、牌子頭，軍人今後須要正身當役，無令驅口頂替雇覓。如違治罪。"④ "管軍官將所管軍人選揀親丁好漢，一名名常要數足，閲習武藝慣熟，教練陣勢，進退如法。各要精鋭，不許雇名驅丁、軟弱之人應當。……如不測差官點覷得軍人少數，或有雇名驅口、軟弱之人，定須究治。"⑤

（二）怯憐口

與驅口不同的是，在元代文獻當中暫未找到關於怯憐口是否應當繳納税賦以及繳納數額具體爲多少的規定。不過，借助一些文獻的描述，依舊可以進行大致推斷。

首先，根據《（至順）鎮江志·校勘記上》記載："據此，則怯怜口皆係從良還俗之人，專司織染雜造之事，雖亦工匠之類，而究與工匠微異，故上文既言：'匠一十八'，而此處復言'怯怜口二十三也。'"⑥ 可以看出，在元代，怯憐口與工匠可以算作一個類别，祇不過略微有些差異。因此，對怯憐口所徵收的税賦大抵應當與向工匠徵收的税賦種類相同。其次，根據元代律法規定，工匠、僧道等需要根據土地等級情況確定所收地税，

---

① （明）危素撰：《危學士全集》卷六，清乾隆二十三年芳樹園刻本。
② （元）陶宗儀撰：《南村輟耕録》卷十七，瀋陽：遼寧教育出版社，1998 年，第 204 頁。
③ （明）宋濂等撰：《元史》卷九十八，志第四十六，兵一，第 2514 頁。
④ 陳高華、張帆、劉曉、党寶海點校：《元典章》兵部卷一，典章三十四，第 1164 頁。
⑤ 陳高華、張帆、劉曉、党寶海點校：《元典章》兵部卷一，典章三十四，第 1168 頁。
⑥ （元）脱因修，（元）俞希魯纂：《（至順）鎮江志·校勘記上》載 "怯憐口二十三條"，清道光二十二年丹徒包氏刻本。

再與其所應當繳納的丁稅進行比對，若地稅多則繳納地稅即可，若丁稅多則繳納丁稅即可。① 根據以上兩條規定，我們可以大致推斷出怯憐口所應繳納的稅賦：由於怯憐口與工匠僅僅是"微異"，因此，怯憐口所應繳納的稅賦種類亦應當與工匠没有太大差别，其所應當繳納的主要賦稅是地稅，部分情况下繳納丁稅。而怯憐口所應當繳納的賦稅數量爲："（至元）十七年，遂命户部大定諸例：全科户丁稅每丁粟三石，驅丁粟一石，地稅每畝粟三升。"② 在地稅比丁稅多的情况下，怯憐口需繳納地稅，每畝粟三升；在丁稅比地稅多的情况下，怯憐口需繳納丁稅，每丁粟三石。除此之外，由於怯憐口受專管機構管理，其應當承擔的稅賦還包括各專管機關所承擔稅賦，例如供奉營繕之事及供公上等所使用的稅賦。至於一直在蒙古貴族家庭當中從僮僕成長起來的怯憐口，則其所應繳納稅賦應當直接出自蒙古貴族，怯憐口本人不需另行繳納。③

而至於怯憐口所應承擔的差役，則由怯憐口專設管理機構決定。具體來説，怯憐口在元代承擔的差役包括皮貨衣物製造、内府陳設、帳房、帝幕、車輿、雨衣等的製造、五斡耳朵營帳修繕、太祖四皇后位下四季行營和歲賜的製造、答兒麻失里皇后位下營帳修繕等事。除此之外，根據《（至順）鎮江志・校勘記上》記載："十六年，立織染、雜造二局以司造作。據此，則怯怜口皆係從良還俗之人，專司織染雜造之事……卷十三'公廨門局類'云'織染局'。至元十八年改置雜造局，至元十三年改置鎮江府既有此二局，自當有怯怜口矣。"④ 元代的怯憐口還普遍從事織布、染布、雜物製造等事。

至於在軍隊中，怯憐口的身影更不少見，"十三年，……速不台選哈必赤軍怯憐口等五十人赴之，一戰獲也烈班，進攻禿里思哥城，三日克之，盡取兀魯思所部而還。"⑤ "朵羅台，唐兀氏。祖小丑，太祖既定西夏，括諸色人匠，小丑以業弓進，賜名怯延兀蘭，命爲怯憐口行營弓匠百户。"⑥ 怯憐口作爲掌握一定手工技能的人口，在蒙古軍隊出征時，無論是在營盤的修建或者是武器的製造方面，都能創造不少價值，因此蒙古軍隊之中常常駐有怯憐口。

---

① 據《元史》記載："丁稅少而地稅多者納地稅，地稅少而丁稅多者納丁稅。工匠僧道驗地，官吏商賈驗丁。"見（明）宋濂等撰：《元史》卷九十三，志第四十二，食貨一，第2257頁。
② （明）宋濂等撰：《元史》卷九十三，志第四十二，食貨一，第2258頁。
③ 按蒙古貴族家庭中的怯憐口是否還需另行繳納稅賦，現有資料當中並未明確記載，不過根據怯憐口在蒙古貴族家庭中被稱爲"家中兒郎"來看，其與蒙古貴族關係較爲親密，所繳納的稅賦也很可能被蒙古貴族直接承擔。
④ （元）脱因修，（元）俞希魯纂：《（至順）鎮江志・校勘記上》載"怯憐口二十三條"，清道光二十二年丹徒包氏刻本。
⑤ （清）何秋濤撰：《朔方備乘》卷三十四，傳四，清光緒七年刻本。
⑥ （明）宋濂等撰：《元史》卷一百三十四，列傳第十一，第3264—3265頁。

## 五、結　語

僅就元代來看，驅口與怯憐口確有許多相似之處，比如其最初的來源都可以算作蒙古對外戰爭的俘虜，都依附在一定家庭之中並承擔服務家庭的任務。但從其他方面來看，元代的驅口與怯憐口也存在諸多不同，比如從人身依附性來看，怯憐口卻相較於驅口有更多的自由，其能夠擁有的財產也會較驅口多。同時，怯憐口由於其僅僅這一人口來源，蒙古貴族在出行時往往也會攜帶大量的怯憐口爲其服務。正是由於這一特點，怯憐口的身影也出現在元代與高麗的來往中。總的來說，元代的驅口與怯憐口事實上是不同的人口劃分，絕不應當混爲一談。

## The Differences between "Qu Kou" and "Qie Liankou" in the Yuan Dynasty

Sirimuen

**Abstract**: "Qu Kou" 驅口 and "Qie Liankou" 怯憐口 are both classifications of specific groups of people in the Yuan Dynasty. In the book *Yuanshi Diming Kao* written by Li Wentian in the Qing Dynasty, "Qu Kou" and "Qie Liankou" were regarded as the same concept. There was indeed a certain degree of close connection between "Qu Kou" and "Qie Liankou" in the Yuan Dynasty, but there were also many differences between them. They cannot be simply confused. The term "Qu Kou" was not created in the Yuan Dynasty. The earliest record may be in the Chuang Jian Jing An Si Bei Ming of the Daozong period of the Liao Dynasty. The term "Qie Liankou" was created in the Yuan Dynasty. At least from the time when "Qu Kou" and "Qie Liankou" appeared, they would not be the same concept, let alone the different descriptions of the two in a large number of books in the Yuan Dynasty.

**Keywords**: Qu Kou; Qie Liankou; *The History of the Yuan Dynasty; History of Koryo*

# 蒙古語時位詞"qoyina"的用法及演變*

## 韓蘇日古嘎

**摘　要**：通過歷時視角，結合蒙漢對勘的方法，從句法位置、語義和頻率三個方面考察元代《蒙古秘史》、明代《黃金史綱》以及清代蒙漢合璧文獻《初學指南》中的蒙古語名詞型時位詞 qoyina 的用法和演變，發現蒙古語時位詞 qoyina 從基本的時位義，在明代萌芽出表達原因義，在清代演變出表達假設條件義。蒙古語時位詞的虛詞性特點和語境的擴展成爲 qoyina 表達廣義因果關係的主要原因。

**關鍵詞**：蒙古語時位詞；qoyina；蒙漢對勘；原因；假設條件

## 一、引　言

蒙古語中，在表示"北、後"義的詞根 qoyi-之後，通過添加不同的附加成分，可構成名詞型時位詞、形容詞型時位詞和副詞型時位詞，分別表示時位和處位、部位和屬位以及方向和方位等語法意義。qoyina 屬於名詞型時位詞，主要表示時間和空間方位。從詞源來説，詞根 qoyi-來源於 qüyi-，即表示"寒冷"義的 qüyi-te 的詞根。從語法特徵來説，蒙古語時位詞具有實詞和虛詞的雙重性質。實詞性的 qoyina 通常在句中獨立充當狀語和定語，虛詞性的 qoyina 相當於後置詞，用在靜詞後面，構成時位詞結構，表示靜詞與其他詞之間的時位關係。

現代蒙古語中，名詞型時位詞 qoyina 有四個義項：1. 表示方位：北，北邊，北方；2. 表示空間：後，後邊，後頭；3. 表示時間：以後，之後，後來；4. 表示原因：……了麽。對應的例句如下：

（1）boroɣan qoyina eče oro-ǰu bai-na.①
　　　雨　　北邊　從-比格　下-並列副動詞　在-現在時
　　雨正在從北邊下。

---

\* 本文爲國家社科基金冷門絕學和國別史等研究專項(19VJX096)的階段性成果。論文曾在"翻譯與漢語史上的語言接觸"青年學者論壇(北京外國語大學,2021年12月4日)上宣讀，得到與會專家的指教。謹此致謝。
① 《蒙古語辭典》編纂組：《蒙古語辭典》，呼和浩特：內蒙古大學出版社，2015年，第1305頁。

（2）ger　un　qoyina modo tai. ①
　　　房子 領格　後面　　樹 和同格
　　　房子後面有樹。

（3）qoyina　　syidbürile-ye. ②
　　　以後　　解決-第一人稱祈使式
　　　以後解決吧！

（4）ǰuǰaɤan debel　emüsü-gsen　qoyina　qalaɤuda-qu　ügei　yaɤaqi-qu　bui！③
　　　後　　衣服　穿-過去時形動詞　後　 熱-現將時形動詞　不　怎麽-現將時形動詞 語氣詞
　　　穿上厚衣服了麽，怎麽不熱呢。

江藍生在考察漢語假設助詞系統發展過程中發現，漢語時間詞"時"和"後"具有相似的語法化過程，即在未然的語境中，當位於動詞後的"時"和"後"出現在時間短語或小句句尾時，時間意義會弱化，從而產生假設意義。同時作者指出，時間範疇語法化爲假設範疇具有語言類型學意義。④ 本文從歷時角度，選取體例較爲一致的蒙漢合璧文獻，即元代《蒙古秘史》⑤、明代《黃金史綱》（1625）⑥ 和清代蒙漢合璧會話教科書《初學指南》（1794）作爲主要語料，從句法位置、語義和頻率三個方面對蒙古語名詞型時位詞 qoyina 的意義和用法進行窮盡性的統計和分析，探討 qoyina 從表達時位義向表達原因、假設條件義的演變，同時結合蒙漢對勘的方法考察 qoyina 所對譯的漢文部分，以此進一步佐證蒙古語時位詞 qoyina 語法功能的擴展。

## 二、時位詞 qoyina 在《蒙古秘史》中的用法及分佈⑦

在《蒙古秘史》中，共出現 77 例名詞型時位詞 qoyina，且保留了最基本的表時間和空間方位的語法意義。

（一）表達時間

在《蒙古秘史》中，共有 30 例名詞型時位詞 qoyina 支配領格形式後構成 nu-qoyina，

---

① 《蒙古語辭典》，第 1305 頁。
② 《蒙古語辭典》，第 1305 頁。
③ 《蒙漢辭典》，第 638 頁。
④ 江藍生：《時間詞"時"和"後"的語法化》，《中國語文》2002 年第 4 期。
⑤ 巴雅爾標音：《蒙古秘史》，內蒙古人民出版社，1980 年。
⑥ 佚名著，留金鎖校注：《黃金史綱》，內蒙古人民出版社，2013 年；佚名著，朱風、賈敬顏譯注：《蒙古黃金史綱》，內蒙古大學出版社，2014 年。
⑦ 《蒙古秘史》中的蒙古語拉丁文轉寫，參考栗林均、確精扎布編：《〈元朝秘史〉モンゴル語全単語・語尾索引》，仙台：東北亞研究中心叢書，2001 年。

位於前一小句之後表達時間義，旁譯爲"的後/的後頭"。而後一小句主要包括已然事件。此類用法後來進入"漢兒言語"當中①。具體表現形式如下：

1. 形動詞 + nu-qoyina + 分句

（5）Dobun_mergen-i ügei bol=u=qsa*n-u **qoyina**②
　　人名　　　　行-賓格　無　做了-過去時形動詞　的-領格　後

　　Alan_qo'a ere üge<i>'üi bö=et qurban kö'üt töre'ül=bi.（01：10：05）
　　婦人名　　丈夫　無　　　便-分離副動詞　三箇　兒子每　生了-過去時

　　總譯：朶奔蔑兒干死了的後頭，他的妻阿蘭中豁阿又生了三箇孩兒。

（6）nengǰi'ül-i od=u=qsan-u **qoyina**
　　搜的每　行-賓格　去了-過去時形動詞　的-領頭

　　Sorqan_šira ügüle=rün «nama-yi hünesü-er keyisge=n a[l]da=ba.
　　人名　　　　説-現在時形動詞　我　行-賓格　灰般-憑藉格　刮-聯合副動詞　險了-過去時

　　edö'e eke-ben de'ü+ ner-iyen eri=n ot.»（02：25：05）
　　如今　母　自的行-反身領屬　弟每　自的行-反身領屬　尋-聯合副動詞　去-第二人稱祈使式

　　總譯：搜的人去了後，鎖兒中罕失乞剌對帖木真説：你險些將我斷送得煙消火滅。如今你母親兄弟行尋去。

上述例句中，蒙古語名詞型時位詞 qoyina 均出現在表示過去時的形動詞附加成分-qsan 的後面作後置詞，表示"前一事件發生之後"的時間義。如例（5）中的"bol=u=qsa*n-u qoyina"（做了的後）和例（6）中的"od=u=qsan-u qoyina"（去了的後頭）。其中，過去時形動詞附加成分對譯爲漢語的完成體標記"了"。領格附加成分 nu 對譯爲"的"。

2. te'ün（遠指代詞）+ nü qoyina + 分句

在《蒙古秘史》中，共有16例 qoyina 用在"te'ün 遠指代詞 + nü qoyina + 分句"結構中，其中"te'ün + nü qoyina"構成前一小句。在該結構中，遠指代詞 te'ün（那）指代上文中的内容，構式對譯爲"那的後"，表示"在上述事件之後"。後續小句進一步進行敘述，且均爲已然事件，如例（7）（8）。

（7）te'ün-ü **qoyina** niken üdür
　　那　的-領格　後　　一　日

　　Dobun_mergen Toqočaq_ündür de'ere görö'ele=re qar=ba.（01：08：02）
　　人名　　　　　　地名　山名　　上　　捕獸-目的副動詞　上去了-過去時

---

① 此類用法影響了元明時期由語言接觸所導致的"後頭"表時間的特殊用法。參見趙長才：《語言接觸背景下元明時期"後頭"表時間的用法及其來源》，《中國語文》2014年第3期。

② 本文採用三行標注法：第一行爲拉丁文轉寫，第二行爲旁譯和語法標注，最後爲總譯。

總譯：在後一日，朵奔蔑兒干往脱豁察[黑]溫都兒名字的山上捕獸去。

(8) te'ün-ü **qoyina** Činggis_qahan-tur Kereyid-ün
　　　那 的-領格　後　　太祖 皇帝 行-與位格　種 的-領格

　　 Ĵaqa Gambu Tersüt-te bü = küi-tür　　　　 nököče = re 　ire = be. (05:08:10)
　　 人名　 地名　行-與位格 有-現在時 時-與位格 做伴-目的副動詞 來 了-過去時

　　總譯：在後成吉思在帖[舌]兒速地面。有客[舌]列亦種人札[中]合敢不來降。

3. e'ün-ü（近指代詞）+ nü qoyina + 分句

在《蒙古秘史》中，僅出現 1 例 qoyina 用於指示代詞 e'ün-ü（這的）的後面，且後一小句爲祈使句，以此命令或警告。

(9)　e'ün-ü **qoyina** yeke 　eye-tür　 Belgütei bü oro = tuqai.（05:21:02）
　　 這 的-領格　後　　大　商量 里-與位格　人名　 休 入者-第三人稱祈使式

　　總譯：今後議大事，不許別[勒]古台入來。

4. 代詞 mono + qoyina + 分句

在《蒙古秘史》中，共有 9 例名詞型時位詞 qoyina 用在代詞 mono（現在，今）的後面，表示"在今後"的時間義，旁譯爲"久後"或者"明後"。語料中，mono qoyina 均位於句首，後一小句爲未然事件，如例（10）的後一小句爲祈使句。

(10) Naqu_bayyan 　ügüle = rün 　«qoyar ǰala'us büi. ta üǰeldü = ktüt.
　　　 人名　　　 説-現在時形動詞 兩箇　 少年每　有　您 相顧　您-第二人稱祈使式

　　 mono **qoyina** bü te[ b]čildü = [ k] tüt. »　　ke'e = be.（02:35:05）
　　 明　　後　 休　相棄　　您-第二人稱祈使式　說了-過去時

　　總譯：納[中]忽伯顏說："你兩箇年小的常相顧盼！明後休相棄！"

5. 其他

在《蒙古秘史》中，有 4 例 qoyina 位於名詞後，支配領格形式 yin 或"雙重格" yü'en（賓格+反身領屬）後，表示時間，例如：

(11) qahan ečige-yü'en　　　　　 **qoyina**　dörben üyyiles　neme = be　ǰe
　　 皇帝　 父 自的行-領格 反身領屬　後　　　四件　 勾當每　添了-過去時 也者

bi.（12:57:08）
我

　　總譯：自坐我父親大位之後，添了四件勾當。

此外，還有 2 例 qoyina 位於句首或後一小句開頭充當實詞性的時間名詞，例如：

(12) **qoyina** teyin bü ke'e = tkün.　　　　（11:28:06）
　　　後　　那般 休　說您-第二人稱祈使式

　　總譯：今後不可如此說。

（二）表達空間方位和時間

在《蒙古秘史》中，共有 32 例名詞型時位詞 qoyina 與從比格-ča 構成 qoyina-ča，表示空間方位或時間，旁譯爲"後/後頭-自/行/處"。語義上，由於從比格既可以表示空間的起點，也可以表示時間的起點，從而導致 qoyina-ča 有表達空間方向義和表達時間義的兩種理解。形式上，qoyina-ča 位於句中的用例較多，包括支配領格和支配詞幹兩種形式，而位於句首和後一小句開頭的用例較少。

1. qoyina-ča 位於句中

語料中，qoyina-ča 支配領格形式的共有 17 例，例如：

（13）Temüǰin-ü **qoyina-ča** Burqan_ Qaldun-ni
　　　人名 的-領格　後 自-從比格　山名　　行-賓格

　　　qurbanta　　quči'ul = ǰu　erüs = ü = n　yada = ba.　（02：48：02）
　　　三次　　繞着-並列副動詞　得-聯合副動詞　不能了-過去時

　　　總譯：那軍自帖木真後襲着，繞不兒中罕山三遍拿不得。

（14）te'ün-ü **qoyina-ča** Toqučar qan_ Melig-ün kiǰi'ar balaqat ha'ul = ǰu
　　　那的-領格　後 行-從比格　人名　皇帝 名的-領格　邊　　城　擄-並列副動詞

　　　Tariyaǰin-i　　in-u　　dawuli = ǰu'ui.　（11：37：09）
　　　種田的行-賓格　他的-領格　擄　了-過去時

　　　總譯：至第三次脫中忽察舌兒經過，搶了百姓的田禾。

例（13）（14）中的時位詞 qoyina-ča 均位於領格附加成分 nü 之後。其中，例（13）中位於人名"Temüǰin-ü"（帖木真的）後的 qoyina-ča 表達空間義，即"後面"。例（14）中的 qoyina-ča 位於指示代詞"te'ün-ü qoyina-ča"（那的後）後表示時間義，即"在上一事件之後"。

語料中，qoyina-ča 支配詞幹形式的共有 7 例，例如：

（15）qurba'ula **qoyina-ča**　neke = ǰü　dolo'an quburi　daba = tala
　　　三箇　　後 自-從比格　追趕着-並列副動詞　七箇　岡　越過-迎接副動詞

　　　hülde = ǰü　　qari = ǰu　　ire = ǰü.　（01：36：09）
　　　趕了-並列副動詞 回着-並列副動詞 來着-並列副動詞

　　　總譯：也速該把阿禿兒兄弟三人，隨後趕也客赤列都，過了七箇山岡，趕不上，回來了。

（16）basa Tayang qan ǰamuqa-dača　　asaq = u = run
　　　再　人名　皇帝　人名　處-從比格　問 時-現在時形動詞

　　　«basa tere **qoyina-ča**　ǰuǰa'an-a　　ayisu = qun　ken büy = yü.»
　　　再　那 後 行-從比格　厚 行-與位格　來的-現將時形動詞　誰 有-現將時

ke'e = n　　　asa[ q] = ba.（07∶37∶05）
麼道-聯合副動詞　問了-過去時

總譯：塔陽説："但可懼！"又令上山立了。又問："隨後多軍馬來的是誰？"

例（15）中的 qoyina-ča 位於數量詞 "qurba'ula"（三個）後面，隨後接並列副動詞 "neke = ǰü"（追趕）。回到原文中看，前文説"因爲也客赤列都看見也速該把阿禿兒兄弟三人來了，所以打著馬，逆著翰難河逃跑了。"其後，出現例（15）中的"也速該把阿禿兒兄弟三人追趕也客赤列都"這句話。由此推斷，時位詞 qoyina-ča 空間義突出，即"在也客赤列都的後面追趕"。例（16）中的時位詞 qoyina-ča 用於疑問句中，表達空間義。這句話的敘述背景是塔陽看到成吉思後面跟著衆多馬車而向扎木合詢問的話，因此，時位詞 qoyina-ča 應理解爲空間處所上的"後面"。與此同時，由於存在事件發生的先後順序，qoyina-ča 的空間概念隱喻時間概念，該兩例中的 qoyina-ča 也隱含時間義。

2. qoyina-ča 位於句首

位於句首的 qoyina-ča 在《蒙古秘史》中共出現 5 例，如例（17）中的 qoyina-ča 在假設句中表達空間義，即"如果從後面追襲我們，就準備廝殺。"

（17）Činggis_ qahan　　ügüle = rün　　«**qoyina-ča**　　bidan-u　　neke = ǰü
　　　太祖　皇帝　　説-現在時形動詞　　後　行-從比格　咱的-領格　襲着-並列副動詞

　　　ire = esü　　　　　qatquldu = ya. »　　　　　　ke'e = n
　　　來　呵-假定副動詞　廝殺　　咱-第一人稱祈使式　麼道-聯合副動詞

　　　ǰasa = ǰu　　　bayyi = bai.（06∶11∶07）
　　　整治着-並列副動詞　立了-過去時

總譯：那夜成吉思又恐敵來追襲，整治着軍馬准備廝殺有來。

3. qoyina-ča 位於後一小句開頭

在《蒙古秘史》中，qoyina-ča 位於後一小句開頭的例句共有 3 例，且在已然的語境中表達空間處所義，如例（18）中的"從後面"。

（18）Qo'aqčin_ emegen　　ügüle = rün　　«ger či oyira büy = yü.
　　　名　老婦人　　説-現在時形動詞　　家　呵　近　有-現將時

　　　Temüǰin-i　　bü = büy-yi ügei ese uqa = bi.
　　　人名 行-賓格　有的行-賓格　無　不曾　省-過去時

　　　**qoyina-ča**　　bos = u = at　　　ire = bi　bi. »　ke'e = bi.（02∶45∶05）
　　　後 自-從比格　起了-分離副動詞　來了-過去時　我　説了-過去時

總譯：老婦人説："家呵不遠，我自後房子起來來了，未知帖木真他家裏有無。"這般説了。

除此之外，時位詞 qoyina 和 qoyina-ča 均可以與反身領屬附加成分-an 構成 qoyina-an

和 qoyina-ča-an，表達空間方位義，譯爲"後自行"或"自後-自的行"。此結構在《蒙古秘史》中，各出現 1 例。

根據表 1，在《蒙古秘史》中，蒙古語名詞型時位詞 qoyina 在表達時間義時主要通過虛詞性質來表達，即位於形動詞、代詞、名詞等後，支配領格附加成分的形式與靜詞連接，句法上也是通常位於前一小句句尾。而 qoyina 的實詞性質少量集中於句首或後一小句句首。與從比格構成的 qoyina-ča 有表達空間和時間的兩種用法。從語境情況來看，在《蒙古秘史》中，時位詞 qoyina 大部分用於已然的事件當中，少數用於未然的祈使句當中。

表 1 時位詞 qoyina 在《蒙古秘史》中的使用情況統計

| 蒙古語時位詞 | | 語法意義 | 形式 | 旁譯 | 位置 | 數量 |
|---|---|---|---|---|---|---|
| 名詞型時位詞 | qoyina | 表示時間 | 形動詞 + nu-qoyina | 的後,的後頭 | 前一小句句尾 | 13 |
| | | | （te'ün）遠指代詞 + nu-qoyina | 那的後 | | 16 |
| | | | （e'ün-ü）近指代詞 + nu-qoyina | 這的後 | | 1 |
| | | | 代詞 mono qoyina | 久後/明後 | | 9 |
| | | | 名詞 + yin/yü'en + qoyina | 的後 | | 4 |
| | | | qoyina | 後 | 句首/後一小句句首 | 2 |
| | | 表示空間/時間 | qoyina-ča | 後/後頭－自/行/處 | 句首/句中/後一小句句首 | 32 |

## 三、時位詞 qoyina 在《黃金史綱》中的用法及分佈

在明代的《黃金史綱》中共統計出 129 例 qoyina，去掉後人纂入的 13 例 qoyina，最後得到 116 例。

（一）表達時間

1. 形動詞 +（nu）+ qoyina

在《黃金史綱》中，位於形動詞後的 qoyina 有兩種形式，其一是與元代相同的支配領格形式，表達動作或事件之後的時間義，共 18 例，且後續小句均是已然事件，如例（19）。其二是支配簡化的領格形式的 qoyina 增多，共 13 例。從語境情況來看，第二種形式，即省去領格形式的 qoyina 有 1 例出現在未然的語境中，如例（20）表達説話人"死了以後"的未然事件。以上兩種形式漢譯爲"後/以後/之後"或意譯、省譯。

（19）tere kömün iči-gsen nu **qoyina** Toquqan tayisi ügüle-rün «či-nü üge
　　　那　　人　　走-過去時形動詞 領格　後　　人名　　　説-現在時形動詞 你-領格 話

| busu | tengri | yin | ǰarliγ | buiǰa» | geǰü | malaγai | ben | abču | tengri |
|---|---|---|---|---|---|---|---|---|---|
| 不 | 天 | 領格 | 命令 | 語氣詞 | 聯繫動詞 | 帽子 | 反身領屬 | 拿 | 天 |

dur　mörgö-be.
與位格　叩-過去時

總譯：那人走後，太師説："這不是您的話，而是天命。"於是脱下帽子，朝天叩謝了。

（20）bi ure ügei buyu, nama-γi ügei bolu-γsan　　 nu **qoyina**, qatun beriged
　　　我 子 無 語氣詞 我-賓格 無 變成-過去時形動詞 領格　 後　　衆 嫂

qamuγ ulus egü-nei bi-le.
衆　　民　 這-領格 在-過去時

總譯：我没有子嗣，死了以後，哈屯衆嫂，普土衆民理應歸他。

2. 指示代詞 + nü + qoyina

在《黄金史綱》中，位於遠指代詞後的 qoyina 數量較多，共有 59 例，形式上多數爲 te'ün-ü qoyina，即指示代詞和領格連寫形式，表達上一事件之後，且均爲已然事件，漢譯爲 "其後" 較多，此外也譯爲 "後來/此後/那以後" 等等，如例（21）。用於近指代詞中的 qoyina 僅出現 1 例，且是未然的祈使句，如例（22）。

（21）te'ün-ü **qoyina**, Boyan Sečin qaγan yeke oro saγu-ba.
　　　那 領格　 後　　 人名　　　　 大　位 坐-過去時

總譯：其後，布顔徹辰可汗即了大位。

（22）e e da　 egü-ni　 ese ala-ba, e'ün-ü　 **qoyina**
　　　嘆詞 這-第三人稱領屬 不 殺-過去時 這 領格　 後

terigün iyen büü kemǰiyele-gtün.
頭　　反身領屬 不 失-第二人稱祈使式

總譯：唉，不殺此子，久後難以保全首領了。

3. qoyina 位於句首或後一小句句首

在《黄金史綱》中，位於句首或後一小句句首表達時間義的 qoyina 共有 21 例，漢譯爲 "後來/以後/後" 等等，如例（23）。其中有 2 例位於後一小句句首的 qoyina 用於未然語境，如例（24）。

（23）qoyina Sayin qatun Očar bolod Alču bolod qoyar i
　　　　 後　　 人名　　　人名　　　 人名　　 倆 賓格

köl kündü yisün saratai dur Oyirad dur dobtol-ba.
腳　 重　 九　　月　 與位格 部落名 與位格 襲-過去時

總譯：後來賽音哈屯孕育斡齊爾博羅特與阿勒楚博羅特二人到九個月的時候，衛喇特（突然）來襲。

(24) ene ügen dur qoriɣla-ǰu bolu-sa,
　　 這　 話　 與位格 阻攔-並列副動詞 變成-假定副動詞

**qoyina** terigü-ben büü kemǰile-gtün.
　 後　 頭-反身領屬　不　失-第二人稱祈使式

總譯：不聽我的話，久後難以保全首領了。

（二）表達空間和時間

在《黃金史綱》中，qoyina 與從比格構成 qoyina-ča 或 qoyina eče 表達空間義的有 2 例，如例（25），空間義和時間義兩解的有 1 例，如例（26）。

(25) Temüǰin emün-eče Qasar **qoyina-eče** Bigter qaɣa-ǰu ügei bolɣa-ya
　　 人名　 前-從比格　人名　 後-從比格　 人名　攔-並列副動詞 無 變成-第一人稱祈使式

geǰü ire-küi dur
聯繫動詞 來-現將時形動詞 與位格

總譯：鐵木真從前面，哈撒兒由後面，朝着別克帖兒走來。

(26) Temüǰin **qoyina-ča** Belgetei yin tarbaɣčila-ɣsan
　　 人名　 後-從比格　 人名　 領格 抓旱獺-過去時形動詞

darqi qonɣyor i una-ǰu neke-müi.
甘草　 黃馬　賓格 騎-並列副動詞 追-現將時

總譯：鐵木真騎上別里古台獵旱獺時乘坐的甘草黃馬去追趕。

（三）表達原因

在《黃金史綱》中，有 1 例用於已然句中的 qoyina 保留時間義的同時萌芽出表原因的功能，其中 qoyina 位於主要動詞前連接表示原因的成分。從漢譯中也可以發現，"而"具有把表示時間、方式、目的、原因等成分連接到動詞上的功能。

(27) noitan nekei künesüle-ǰü qata-ǰu kebte-ǰü **qoyina** ükü-bei.
　　 濕　 羊皮　 當乾糧-並列副動詞 渴-並列副動詞 躺-並列副動詞　後　死-過去時

總譯：以濕羊皮當乾糧，困渴而死。

根據表2，與元代相比，在明代的《黃金史綱》中，表達時間義的 qoyina 最大的特點是位於形動詞之後支配簡化的領格形式增多。實詞用法上，位於句首或後一小句句首的數量也增多，並出現用於未然語境的情況。同時，qoyina 連接主要動詞的用法增強，在已然句中萌芽出表原因的功能。

表 2  時位詞 qoyina 在《黃金史綱》中的使用情況統計

| 蒙古語時位詞 | | 語法意義 | 形式 | 總譯 | 位置 | 數量 |
|---|---|---|---|---|---|---|
| 名詞型時位詞 | qoyina | 表示時間 | 形動詞 + nu-qoyina | 後/以後/之後 | 前一小句句尾 | 18 |
| | | | 形動詞 + qoyina | | | 13 |
| | | | (te'ün-ü) 遠指代詞 + nu-qoyina | | | 59 |
| | | | (e'ün-ü) 近指代詞 + nu-qoyina | 久後 | | 1 |
| | | | qoyina | 後/後來/以後 | | 21 |
| | | 表示空間/時間 | qoyina-ča | 後/後面 | 句首/後一小句句首 | 3 |
| | | 表示原因 | qoyina | 而 | 句中 | 1 |

## 四、時位詞 hoina 在《初學指南》中的用法及分佈①

在蒙漢合璧文獻《初學指南》的蒙古語部分中共出現 57 例表時間義的名詞型時位詞 hoina，且在表達時間方面出現了新的特點。本部分通過蒙漢對勘的方法探討表達時間義的名詞型時位詞 hoina 的具體用法和漢譯情況。

（一）表達時間

1. hoina 位於句首

在《初學指南》中，共出現 11 例用於句首的名詞型時位詞 hoina 表達時間義，在漢譯時有 3 例對譯爲 "後頭"，8 例對譯爲 "後來"，如例（28）（29）。

（28）anisha     ani = ma     dotor  munghak   bol = na.
　　　眼皮   閉-前提副動詞    內      糊塗     變成-現在時

　　**hoina**  geici + t    tara = ma，  bi  darui    derel = et
　　　後    客人-複數 散-前提副動詞  我   就    枕-分離副動詞

　　del   emus = u = ser    ukusire = ji    unta = ba.
　　衣服 穿-延續副動詞    昏-並列副動詞   睡-過去時

　　總譯：眼皮子搭拉着心裏發糊塗。後頭客人一散，我就枕了一個枕頭，渾衣沉睡了。

（29）urida bi harin  itege = hu * sik     sejikle = hu * sik    bile.
　　　開始 我   還  信-現將時形動詞 像  想-現將時形動詞 像  語氣詞

---

① 這部分中的 hoina 與 qoyina 相同，是不同的拉丁文轉寫方式。《初學指南》中的蒙古語拉丁文轉寫，參考栗林均、斯欽巴圖編：《〈初學指南〉の研究：18 世紀の口語モンゴル語》，仙台：東北亞研究中心叢書，2015 年。

**hoina**　　nuku + t + as　　　asao = bala，uneren　aji.
　　　後　　朋友-複數-從比格　問-假設副動詞　　真　　語氣詞
　　總譯：起初我還半信半疑來著。後來在朋友們跟前打聽果然。

用於句首的 hoina 具有實詞意義，與時間名詞一樣，可位於句首獨立使用。從上述的例句中可以看出，時位詞 hoina 均用在已然的語境中，表示"過去某一時間中先後發生的事件"，具有時間上的順承關係。如例（28）中的 hoina 用於過去時的語境中，承接上文的已經發生過的事情進行回憶敘述；例（29）中的 hoina 與前一句的 urida（起初）構成時間上的先後關係；從漢文對譯中也可以發現，hoina 對譯爲"後頭"或"後來"，表示過去某一時間之後的時間。

2. hoina 位於句中

在《初學指南》中，時位詞 hoina 位於句中表達時間的共有 4 例，例如：

（30）　cini　　**hoina**　　ire = sen　　jaluo ulus cuk debsi = be. cam + asa erkim bol = ba.
　　　你-領格　　後　　來-過去時形動詞　年輕　人們　都　上升-過去時　你-從比格　高　是-過去時
　　　總譯：在你後來的年輕的人們都升了，比你高貴了。

例（30）中位於句中的 hoina 在已然的語境中，用於第二人稱代詞 ci 的領格後，表示時間義，即"在你後面來的"。從漢譯情況來看，hoina 對譯比較靈活，有的譯爲"後"，有的進行了意譯。

3. hoina 位於前一小句之後

在《初學指南》中，位於前一小句之後表達時間義的時位詞 hoina 通常位於形動詞後，且均爲支配簡化的領格形式。從語境情況來看，不僅包括已然語境，而且用在未然語境的數量增多，例如：

（31）＜ ucugedur bi biši　gajar + tu　　oci = san　　**hoina**，
　　　　昨日　我　別　地方-與位格　去-過去時形動詞　　後

　　　moohai ger + in ulus sanan　dur + ar　　kereol　　ki = ji　　tuibege = be.
　　　壞　家-領格　人們　想　意願-憑藉格　爭吵　做-並列副動詞　擾亂-過去時
　　　總譯：昨日我往別處去了的時候，賤奴才們就任意拌嘴吵鬧了一場。

（32）　jun-nai　aor　　oro = san　**hoina**，uner　　ai = hū　　butur, ike halun
　　　夏-領格　氣候　來-過去時形動詞　　後　　果真　怕-現將時形動詞　悶　大　熱
　　　edur　　ge = ji　　　　bol = hū.
　　　日　說-並列副動詞　變成-現將時形動詞
　　　總譯：立夏以來，可說得是頭等頭的熱。

（33）　gedergu　　ire = sen　　**hoina**, urtek kulusu-tei　　tul = ji　　bari = ya.
　　　返回　來-過去時形動詞　　後　　報酬-和同格　到-並列副動詞　拿-第一人稱祈使式
　　　總譯：回來的時候本利奉換。

（34）nige kedun uda gašun　　ide = sen　　**hoina**, usen amta simta bara = na.
　　　 一個　幾　次　苦　　吃-過去時形動詞　後　死　味　道　結束-將來時
　　　總譯：吃幾次虧的時候，自然而然的灰心啊。

上述例句中，表達時間的 hoina 均位於表示過去時的形動詞後面，但從後一小句的主要謂語動詞的使用情況來看，除了例（31），其他例句中的主動詞均爲非過去時態。根據語境，例（31）（32）中的 hoina 用於已然語境，例（33）（34）的用於未然語境。其中，例（32）中的形動詞"= hū"應理解爲現在時附加成分，因爲前一小句是已然事件，後一小句表達說話人對"立夏以來"氣候變化的感受，用於陳述事實或強調說話人的主觀性。在漢譯時，hoina 沒有嚴格採用蒙古語的表達方式，對譯爲漢語的時間名詞"時候"或"以來"，或者進行意譯。

4. hoina 位於後一小句句首

（35）im　bolot, **hoina** harin nige keceo kun　　ucara = san　　biš*io.
　　　這樣　而且　　後　還　一個　厲害　人　遇見-過去時形動詞　語氣詞
　　　總譯：這樣而且，後來還遇見了一個利害人。

（36）abagai　　uje = ye　　　ge = bele,　　bi　　kurge = ye
　　　哥哥　　看-第一人稱祈使式　說-假定副動詞　我　送-第一人稱祈使式

　　　ge = ji　　　amalda = san　　bolot,
　　　說-並列副動詞　答應-過去時形動詞　並且

　　　**hoina** kerek'　　daos = at,　　　duras = hū　　c'y　ugei.
　　　後　　事情　結束-分離副動詞　提-現將時形動詞　語氣詞　不
　　　總譯：阿哥若要看我送去，這麼那麼的應許了我，後頭事情完了，提也不提了。

例（35）（36）的複句前一分句均以連詞 bolot（而且，和）結尾，後一小句以時位詞 hoina 開頭進行進一步敘述，具有實詞性質。上述例句中的後一小句均是已然事件，hoina 對譯爲時間名詞"後來"或"後頭"。

（二）表達假設及條件

在《初學指南》中，隨著蒙古語時位詞 hoina 在未然語境中數量的增多，從而時間意義開始虛化，表現出表達假設條件的用法。這同漢語中的時間詞"後"的虛化情況一致，即"後"指的是事件發生後的一段時間，在未然的語境中，對預設的某種動作或行爲的結果進行陳述時，可理解爲假設義。假設通常是以某種條件作爲基礎，即當具備某種條件之後發生某種結果。因此，在一定情況下，假設與條件可聯繫在一起，屬於廣義的因果關係。蒙古語中，時位詞 hoina 進入假設條件句時，主觀化會突出，具體表現爲：

1. hoina 位於句中

在語料中，hoina 位於句中表達條件和假設含義的各出現了 1 例，例如：

(37) bi bol＝b*ao, biši bol＝b*ao,　uda＝san **hoina**　mede＝hu.
　　我　是-語氣詞　不　是-語氣詞　久-過去時形動詞　後　知道-現將時形動詞
　　總譯：是我來着，不是來着，久而自明。

(38)　yabu＝san　**hoina** ken-nai ama kele-gi　bukle＝hu　bui.
　　走-過去時形動詞　後　誰-領格　嘴　口-賓格 堵住-現將時形動詞 語氣詞
　　總譯：若行了的時候堵得住誰的嘴。

上述例句中的時位詞 hoina 均位於形動詞之後以及表示將來時的主動詞之前來表達條件或假設的含義。例（37）中的 hoina 與謂語動詞關係更加緊密，表示的是"是我或不是我，時間長了後（纔）知道"，隱含條件含義；例（38）中的 hoina 假設"若走了之後"，後一小句是對假設進行的一個陳述説明。且從語氣詞 bui 的使用來看，更傾向於表達説話人的主觀態度。從漢譯中也可以發現，hoina 並未對譯爲"後頭"或者"後來"，而是進行意譯或者使用假設句"若……（的）時候"的句式。漢語中，"假設助詞'時'的出現時代不會晚於初盛唐"。①

2. hoina 位於前一小句之後

在《初學指南》中，時位詞 hoina 位於前一小句之後表達假設義的共有 8 例，表條件義的共有 2 例。其中，在表達假設含義時，有些句子無前置標記，單獨使用 hoina；而有的有前置標記，與假設連詞 kerbe（若是/如果）連用。例如：

無前置標記：

(39) ugei　bol＝bala,　　sur＝sen　**hoina**, tamtuk ugei bol＝o＝na.
　　不　是-假定副動詞　學-過去時形動詞　後　破爛　不　是-將來時
　　總譯：不然慣了，他就不堪了。

有前置標記：

(40) **kerbejin** tun＋du　ujek'de＝sen　**hoina**,　asao＝hū　c'y　ugei,
　　若　他-與位格 看見-過去時形動詞　後　問-現將時形動詞 語氣詞　不
　　olda＝sar　　abaci＝dak　yeoma.
　　得到-延續副動詞 拿-經常體形動詞 語氣詞
　　總譯：倘若被他看見的時候，問也不問，撈摸就拿了去。

(41) **kerbe** saitur　sur＝u＝sen　**hoina**, tušimel ulu　sao＝hū
　　若　好　學-過去時形動詞　後　官　不　坐-現將時形動詞

---

① 江藍生：《時間詞"時"和"後"的語法化》，《中國語文》2002 年第 4 期，第 293 頁。

ucir basa    yeo + gan     joba = nam.
事情　再　 什麼-反身領屬　 愁-將來時

總譯：若好好地學了的時候，愁甚麼不做官呢。

在上述例句中，hoina 均用於未然語境之中。雖然位於形動詞後的 hoina 在未然語境中時間意義會弱化，但因爲强調動作或事件本身發生後的狀態，所以仍然保留時間義。尤其當 hoina 無前置標記單獨使用時，可有兩解，且與有前置標記相比時間義較爲突出。如例（39）既可以表達時間義，即"（習）慣後，他會不堪。"也因爲是未然，所以也可以理解爲假設義，即"如果（習）慣了，他就會不堪。"例（40）（41）中的 hoina 均與假設連詞 kerbe 或 kerbejin 連用，假設義突出，其中例（41）用反問的語氣來加强說話人的主觀態度。在漢文對譯部分中，翻譯比較靈活，但譯爲"（的）時候"或假設連詞"若/倘若/要是……的時候""若/要是"等譯法較多。

時位詞 hoina 表達條件用法時，不僅與副詞 sai（纔）共現，且與主動詞的關係比較緊密，如例（42）（43）。

（42）toktol sanan    ol = o = san    **hoina**, sai yabu = ji    bol = o = ltai yeoma.
　　　 主意　 想　 得到-過去時形動詞　 後　纔 走-並列副動詞　是-和同格 語氣詞

總譯：得了主意的時候，纔可以行得罷咧。

（43）nige keceo yeoma-du   barikda = san   **hoina**,  ci sai    mede-hu    baha.
　　　 一個 厲害 事情-與位格 被抓-過去時形動詞　 後　 你 纔 知道-現將時形動詞 語氣詞

總譯：遇見一個刻苦人吃了虧的時候，你纔知道。

（三）表達原因

在《初學指南》中，出現 1 例位於前一小句之後的 hoina 表達原因的用法，如例（44）。

（44）gakca ene metu kerek' + tu   tusiyaldu = san    **hoina**,    tes = ku    ugei
　　　 衹　 這　 像　 事情-與位格　遇到-過去時形動詞　 後　 忍-現將時形動詞　 不

ama jagatana = na.
嘴　 癢-現在時

總譯：但衹是遇著這樣的事，不由得嘴癢癢。

例（44）中，時位詞 hoina 用於連接已然的因果小句表達原因義。前一小句中的 hoina 位於過去時的形動詞之後，表達已經發生的事情，即"遇到了這樣的事"成爲原因句，後一小句"不由得嘴癢癢"成爲結果小句。與《黃金史綱》中表原因的 qoyina 相比，這裏的 hoina 語義重心前移，成爲前一小句形動詞之後的後置詞。

結合表 3，在《初學指南》中，蒙古語名詞型時位詞 hoina 不僅形式和句法位置上呈現多樣性特點，而且時間義開始虛化，出現表達假設條件和原因的用法。具有虛詞性質的

hoina,一方面在未然語境中,位於前一小句之後演變爲表達假設條件義;另一方面在已然的語境中發展出表達原因義。此外,在這一時期,表達時間義的 hoina 與謂語動詞的關係加強,使得前後小句的邏輯和語義關係更加緊密,進入表達因果類的複句結構當中。

表3 時位詞 hoina 在《初學指南》中的使用情況統計

| 蒙古語時位詞 | | 語法意義 | 形式 | 句法位置 | 漢譯 | 數量 |
| --- | --- | --- | --- | --- | --- | --- |
| 名詞型時位詞 | hoina | 表示時間 | hoina + 代詞/動詞 | 句首 | 後頭/後來 | 11 |
| | | | 代詞/形動詞 + hoina | 句中 | 後來/意譯 | 3 |
| | | | 形動詞 + hoina | 前一小句之後 | 時候/意譯 | 30 |
| | | | hoina + 連詞/名詞 | 後一小句句首 | 後頭/後來 | 2 |
| | | 表達假設/條件 | 形動詞 + hoina | 句中 | 時候/意譯 | 2 |
| | | | (kerbe)…形動詞 + hoina | 前一小句之後 | (的)時候/若…的時候/若/意譯 | 8 |
| | | 表示原因 | 形動詞 + honia | | 意譯 | 1 |

## 五、結 論

綜上所述,蒙古語名詞型時位詞 qoyina 經元代、明代至清代,其語法意義從最基本的時間和空間處所概念,演變爲表達原因、條件和假設在內的廣義因果關係的用法。蒙古語時位詞 qoyina 的語法化過程中,其虛詞性質和語境因素起著關鍵作用。在明代,qoyina 在已然的語境中萌芽出表達原因的功能,並在清代得到鞏固。在《蒙漢詞典》中,表達原因的 qoyina 對譯爲漢語中的完成體標記"了麼",從而也證明了 qoyina 用於已然語境。清代,隨著時位詞 qoyina 在未然語境中的數量增多,特別是位於前一小句及形動詞之後的 qoyina,可單獨或與假設連詞 kerbe 連用導致時間義弱化,隱現出表達假設或條件義。蒙古語時位詞 qoyina 從時間到假設範疇的語法化過程同於漢語中的時間語"後"語法化爲假設助詞的過程:"VP 後"——"(若)VP 後"相似,但漢語助詞"後"的語法化程度更高,"後"可以在非假設句中充當謂詞性話題標記,並具有提頓語氣用法。① "qoyina"的語法化過程爲:

$$\text{空間義} > \text{時間義} \begin{cases} > \text{原因義} \\ > \text{假設條件義} \end{cases}$$

從蒙漢對譯情況來看,由於漢語中的"後"表達假設義的時間並不長,明代開始逐漸被"時"所取代,所以在清代蒙漢合璧文獻《初學指南》中,表達假設義的 hoina 對譯

---

① 江藍生:《時間詞"時"和"後"的語法化》,《中國語文》2002年第4期,第298頁。

成"(的)時候"或"若……(的)時候"較多,而不用"後/後頭"等。

從歷時視角考察蒙古語時位詞 qoyina 的用法演變不僅具有重要的語言類型學價值,對蒙古語詞典義項確立和義項排列也有一定的學理價值。從蒙漢對勘的角度研究《蒙古秘史》《黃金史綱》《初學指南》等蒙漢合璧語料對深入挖掘蒙古語詞彙、語法、語言特點等有很大的參考價值,應引起學界的重視。

## The Usages and Evolution of Mongolian Locative-Temporal Word *qoyina*

### Han Suriguga

**Abstract**: From a diachronic perspective, combined with the method of the collation of Mongolian and Chinese, this paper investigates the usages of the Mongolian locative-temporal noun *qoyina* in *The Secret History of Mongolia* in the Yuan Dynasty, *Altan Tobči* in the Ming Dynasty, and the Mongolian and Chinese bilingual literature *Chuxue Zhinan* in the Qing Dynasty, from three aspects of syntactic position, semantics and frequency. The study finds that *qoyina* evolves from the basic locative-temporal meaning to the meaning of reason in the Ming Dynasty, and evolves to express hypothetical condition in the Qing Dynasty. The functional features of Mongolian locative-temporal words and the expansion of the context are the main factors for *qoyina* to express generalized causal relationship.

**Keywords**: Mongolian locative-temporal word; *qoyina*; Collation of Mongolian and Chinese; Reason; Hypothetical condition

# 巴布爾《阿魯茲》及校勘本相關問題研究*

阿拉法特・艾山

**摘　要**：巴布爾作品在絲綢之路沿線國家，尤其是在中亞和印度歷史、文學中占有重要地位。其相關研究對"一帶一路"沿線國家語言文化研究有一定的學術意義和參考價值。《阿魯茲》一書是巴布爾闡釋東方文學詩歌格律——阿魯茲格律理論和實踐的一部學術著作，在中亞、印度和波斯文學史上具有重要地位。巴布爾在該著作中大量引用了《巴布爾傳》中的一些內容，因此《阿魯茲》對《巴布爾傳》的校勘也有重要價值。《阿魯茲》僅在巴黎和德黑蘭存有兩部抄本，德黑蘭抄本筆者尚未獲得。以往學界對《阿魯茲》的研究以介紹性文章爲主，尚無《阿魯茲》的專題研究，現有研究基礎薄弱且不夠深入。基於《阿魯茲》的重要性和在"一帶一路"沿線國家語言文化與中國歷史、語言文化的橋梁作用，同時哈桑諾夫所做的《阿魯茲》西里爾文轉寫本存在非常多的錯誤，筆者以《阿魯茲》巴黎抄本爲底本，輔以其他上百部多語種文獻，對《阿魯茲》進行了校勘研究，討論了該著作現存抄本與目前已問世的轉寫本中出現的典型問題。

**關鍵詞**：巴布爾；《阿魯茲》；作品名；成書年代；校勘

## 一、巴布爾及其《阿魯茲》

巴布爾，原名扎赫魯丁・穆哈麥德（Ẓahīr-ud dīn Muḥammad, 1483—1530），1494 年登基，成爲費爾干納的統治者。1526 年巴布爾建立印度莫臥兒帝國，於 1530 年 12 月 26 日在印度阿格拉去世。作爲察合台文學最著名的作家之一，巴布爾有《巴布爾傳》（Bābur-nāmā）、《巴布爾詩集》（Dīvān-i Bābur）、《慕白言》（Mubayyan）、《音節劃分規則手册》（Taqṭī' risālasï）、《阿魯茲》（'Arūẓ）五部作品流傳至今。

《阿魯茲》在中亞、印度和波斯文學史上占據重要地位，是闡述阿魯茲格律理論[①]和

---

\* 本文係國家社科基金重大項目"東方古代文藝理論重要範疇、話語體系研究及資料整理"（19ZDA289）的階段性成果。

① 阿魯茲（'arūẓ）：東方文學中的一種詩歌格律，是指以長短音節的組合、變換爲基礎的詩歌格律。

實踐的學術作品，從中可以看出作者學識廣博。書中巴布爾用很多例子闡述了阿魯茲格律的複雜理論。《阿魯茲》篇幅較大，是巴布爾僅次於《巴布爾傳》長度的作品。《阿魯茲》內容大致可分爲十部分，没有前言。缺前言是《阿魯茲》區別於絶大多數察合台語文獻的一大特點。

## （一）作品的發現

據《巴布爾傳》和《巴布爾詩集》蘭普爾抄本中的介紹可知，除這兩部作品外，巴布爾還創作過一部關於阿魯茲格律理論的書①。該作品的手抄本多年來不見於世。1923 年弗阿德·庫普茹魯（M. F. Köprülü, 1890—1966）在巴黎國家圖書館（Bibliothèque Nationale）發現了一部關於阿魯茲格律理論的手抄本作品，但没有標題與作者姓名。經研究，庫普茹魯認爲，新發現的這部作品出於巴布爾之手。② 貝羅切特（E. Blochet）也在《巴黎國家圖書館藏突厥語抄寫本目録》中描述了該館藏 Turc 1308 號抄本，並認爲此作品屬於巴布爾。③ 抄本第 26b-27a 頁中有 "Hàr kimniŋ bàytïnï keltürülsä, atïnï bitilgäy, màgàr olkim, qāyilï mà'lūm bolmaǧay, qāyilï màzkūr bolmaǧan Türkī bàyt mu'àllifnïŋ bolǧusïdur"（譯文：如果舉例的詩句是他人之作，那旁邊寫其名諱。如果聯句没標其作者，那麽没標作者的察合台語聯句屬於本書作者）一句。正如抄本所言，抄本中有很多没標作者名的察合台語聯句，其絶大多數與《巴布爾詩集》④ 一致。例如

> Jānïmdïn özgä yār-i vàfā-dār tapmadïm
> Köŋlümdin özgä màḥràm-i àsrār tapmadïm⑤
> 譯文：除了我的靈魂外，我未見過知心的朋友，
> 除了我的心外，信得過的人也從來没有。⑥

---

① Захириддин Муҳаммад Бобур, *Бобурнома*, Порсо Шамсиев, Содик Мирзаев ва Эйжи Мано（Япония）нашрлари асосида кайта нашрга тайёрловчи: Саидбек Ҳасанов, Тошкент: «Шарқ», 2002, 267-бет; А. Н. Самойлович, Собрание стихотворений Императора Бабура. Ч. Ⅰ. Текст, *Тюркское языкознание, Филология, Руника*, Москва: Издательская фирма «Восточная литература» РАН, 2005, стр. 695.
② Захир ад-дин Мухаммад Бабур, *Трактат об 'арӯзе*, Вступительная статья и указатели И. В. Стеблевой, Москва: Издательство «Наука», 1972, стр. 13.
③ E. Blochet, *Catalogue des manuscrits turcs de la Bibliothèque Nationale de Paris*, t. Ⅱ. Supplément, Paris, 1933, p. 229.
④ 參見 Bilal Yücel, *Babür divanı( Gramer-Metin-Sözlük-Tıpkıbasım)*, Ankara: Atatürk Kültür Merkezi, 1995.
⑤ 巴布爾：《阿魯茲》，現藏巴黎國家圖書館，編號 Turc 1308，第 152a 頁。
⑥ 譯文引自由王治來先生翻譯的《巴布爾回憶録》漢文版。參見巴布爾著，王治來譯：《巴布爾回憶録》，北京：商務印書館，1997 年，第 153 頁。

Tàkàlluf hàr nečä ṣūràtta bolsa andïn artuq sen

Seni jān derlär àmmā bī-tàkàlluf jāndïn artuq sen①

譯文：無論讚美有多過分，你都高於那些，

世人皆將你視作生命，但你無疑比生命還要高貴。②

等著名聯句出現在《阿魯茲》巴黎抄本中，而這些聯句也均見於《巴布爾詩集》③ 和《巴布爾傳》④。正因如此，謝爾巴克（A. M. Щербак，1926—2007）和斯捷布列娃（И. В. Стеблева）也認定《阿魯茲》屬於巴布爾的作品。⑤《阿魯茲》的作者還在書中寫道："Tārīh toqquz yüz yigirmä sekkizdä men dağï… nàẓm qïldïm, **Mubàyyàn**ğa màvsūm"⑥（譯文：928 年我還寫了一部……詩歌作品，命名爲《慕白言》）隨後從《慕白言》引用了一些聯句。⑦《巴布爾傳》中也提到，巴布爾有一部名爲《慕白言》的著作⑧，並引用了其

---

① 巴布爾：《阿魯茲》，抄寫於 1533—1534 年，抄寫者阿吉·穆哈麥德·撒馬爾罕迪，抄寫地不詳，現藏巴黎國家圖書館，編號 Turc 1308，第 36b、105a 頁。

② 王治來先生所翻譯《巴布爾傳》漢文版中的譯文是 "你的肖像不會比你更美，你的相貌比肖像美甚（andin artuqsin）；人們把你稱作是他們的靈魂，但你無疑要高於靈魂（jandin artuqsin）"，其中第一行譯文有誤。參見巴布爾著，王治來譯：《巴布爾回憶錄》，第 150 頁；塔克斯敦教授翻譯的《巴布爾傳》英文版中的譯文是 "With whatever artifice your portrait is made, you are still more; They call you soul, but without artifice you are more than a soul"，其中第一行譯文有誤。參見 Zahiruddin Muhammad Babur Mirza, *Baburnama*, part one, Chaghatay turkish text with Abdul-rahim Khankhanan's Persian translation, Turkish transcription, Persian edition and English translation by W. M. Thackston, JR., Published at the Department of Near Eastern Languages and Civilizations Harvard University, 1993, p. 198-199；薩莫依洛維奇翻譯的《巴布爾詩集》俄文版中的譯文是 "Сколько бы преувеличений ни было в портрете, ты лучше его; тебя Душой называют, но, без преувеличения, ты лучше души!"，其中第一行譯文有誤。參見 А. Н. Самойлович, Собрание стихотворений Императора Бабура. Ч. II. Переводы, *Тюркское языкознание. Филология. Руника*, Москва: Издательская фирма «Восточная литература» РАН, 2005, стр. 728；哈米提·鐵木爾先生翻譯的《巴布爾傳》維吾爾文版中的譯文與王治來、塔克斯敦、薩莫依洛維奇的譯文大致相同。其中第一行譯文有誤。參見巴布爾著，哈米提·鐵木爾譯：《巴布爾傳》，北京：民族出版社，1991 年，第 181 頁。

③ Bilal Yücel, *Babür divanı( Gramer-Metin-Sözlük-Tıpkıbasım)*, s. 121, 138.

④ Ẓahīr Al-Dīn Muḥammad Bābur, *Bābur-nāma Vaqāyi'*, Critical edition based on four chaghatay texts with introduction and notes second edition by Eiji Mano, Kyoto Syokado, 2006, p. 150, 147.

⑤ А. М. Щербак, "Сочинение Бабура об арузе", *Народы Азии и Африки*, No 5. 1969, стр. 157；Захир ад-дин Мухаммад Бабур, *Трактат об 'арӯзе*, Вступительная статья и указатели И. В. Стеблевой, Москва: Издательство «Наука», 1972, стр. 14-15.

⑥ 巴布爾：《阿魯茲》，現藏巴黎國家圖書館，編號 Turc 1308，第 170ab 頁。

⑦ 巴布爾：《阿魯茲》，現藏巴黎國家圖書館，編號 Turc 1308，第 170b、171ab 頁。

⑧ Ẓahīr Al-Dīn Muḥammad Bābur, *Bābur-nāma Vaqāyi'*, Critical edition based on four chaghatay texts with introduction and notes second edition by Eiji Mano, Kyoto Syokado, p. 405, 562；巴布爾著，王治來譯：《巴布爾回憶錄》，第 443、597 頁。

中三個聯句①。而《阿魯茲》和《巴布爾傳》從《慕白言》引用的聯句均見於巴布爾的《慕白言》一書②。因此可以確定，《阿魯茲》和《巴布爾傳》中提到的《慕白言》爲同一部作品。除此之外，《巴布爾傳》中寫道：

> Ušbu àyyāmda bu bàytïmnï:
> 
> Köz-u qaš-u söz-u tilinimü däy
> 
> Qàd-u hàd-u [ sač-u]③ belinimü däy
> 
> beš yüz tört vàznda tàqtī' qïldïm, bu jihàtdïn risàlà tàrtīb berildi④

譯文：在這些日子裏，我將自己的以下聯句劃分爲504種分支格律種類：

> 我會説出她的眼睛與眉毛，或她的激情與言談嗎？
> 
> 我會説出她的個頭與臉蛋，或她的頭髮與腰身嗎？
> 
> 爲此，我撰寫了一部手册。⑤

該聯句在《阿魯茲》中出現六次，均未標作者名諱⑥。該聯句也見於《巴布爾詩集》伊斯坦布爾大學抄本。⑦

值得一提的是，《阿魯茲》中一些察合台語聯句未標注作者，其實是抄寫者的遺漏。筆者發現，這些名諱被遺漏的作家就包括大詩人阿里希爾·納瓦依（'Àlīšēr Nàvāyī, 1441—1501）。例如：

---

① Ẓahīr Al-Dīn Muḥammad Bābur, *Bābur-nāma Vaqāyi'*, Critical edition based on four chaghatay texts with introduction and notes second edition by Eiji Mano, Kyoto Syokado, p. 562；巴布爾，王治來譯：《巴布爾回憶錄》，第597—598頁。

② 參見 Ẓahīrü'd-dīn Muḥammed Bābūr Mīrza, *Mübeyyen der fikh*, Giriş-Metin-Dizin-Tıpkıbasım, Hazırlayan Dr. Tanju Oral Seyhan, İstanbul: Çağrı Yayınları, 2004, s. 2, 3, 59, 88, 89, 90, 91.

③ 間野英二教授的《巴布爾傳》原文校勘本中該詞爲 sač，不正確；塔克斯敦教授的《巴布爾傳》拉丁文轉寫本和波斯文譯文中該聯句爲：

> Köz u qaš u söz u tilini mü de
> 
> Qadd u xadd u sač belini mü de

不正確。參見 Zahiruddin Muhammad Babur Mirza, *Baburnama*, part one, Chaghatay turkish text with Abdul-rahim Khankhanan's Persian translation, Turkish transcription, Persian edition and English translation by W. M. Thackston, JR., pp. 702-703.

④ Ẓahīr Al-Dīn Muḥammad Bābur, *Bābur-nāma Vaqāyi'*, Critical edition based on four chaghatay texts with introduction and notes second edition by Eiji Mano, Kyoto Syokado, p. 529.

⑤ 譯文中參考了王治來翻譯的《巴布爾回憶錄》漢文版。參見巴布爾著，王治來譯：《巴布爾回憶錄》，第563頁。

⑥ 參見巴布爾：《阿魯茲》，現藏巴黎國家圖書館，編號 Turc 1308，第100b、114b、138a、140b、141b、165a頁。

⑦ 參見巴布爾：《巴布爾詩集》，約抄寫於16世紀，抄寫者和抄寫地不詳，現藏伊斯坦布爾大學圖書館，編號3743，第92b、99a頁。

>Zihī nåḫl-i qåddïŋdïn hijil sårv-i bustānī
>
>Ḫåṭ ičrä låbïŋdïn munfaʿil rāḥ-i råyḥānī

譯文：柏樹羞於和你的身材相比，

羅勒香汁羞於和你的雙唇相比。

此聯句在《阿魯茲》巴黎抄本和塔什干版本都未標明作者①，其實出自納瓦依《中年的美質》（Bådāyiʿ-ul våsåṭ）詩集②。巴布爾在《阿魯茲》中還引用了14—15世紀察合台語詩人穆齊米（Måvlānā Muqīmī）的一個著名聯句，但在《阿魯茲》巴黎抄本中未標注作者。例如：

>Sen sen åṣl-i vujūd-i hår måvjūd
>
>Sendin özgä vujūdqa ne vujūd③

譯文：你是一切存在的根本，

沒有你不會有任何存在。

納瓦依在《名人之談》（Måjālis-un nåfāyis）和《愛的芬芳》（Nåsāyim-ul muḥåbbå）等作品中引用過此聯句，並提到其作者是穆齊米。④

（二）作品的名稱

貝羅切特在《巴黎國家圖書館藏突厥語抄寫本目錄》中描述了巴布爾《阿魯茲》一書，並寫道："巴布爾在作品中稱其爲 Muḥtåṣår fil-ʿĀrūẓ，而抄本的標題應該爲 Mufåṣṣål fil-ʿĀrūẓ。"⑤ 學界一度把該作品稱作"穆赫塔薩爾"（Muḥtåṣår，"簡短的、概括的；簡要、

---

① 巴布爾：《阿魯茲》，現藏巴黎國家圖書館，編號 Turc 1308，第143b頁；Захириддин Муҳаммад Бобир, *Мухтасар*, Наширга тайёрловчи Саидбек Ҳасан, Тошкент: «Фан», 1971, 168-бет.

② Алишер Навоий, *Бадойиул-васат*, илмий-танкидий текст асосида нашрга тайёрловчи Хамид Сулаймон, Тошкент: Ўзбекистон ССР Фанлар Академияси Нашриёти, 1960, 593-бет；阿里希爾·納瓦依：《中年的美質》，載《納瓦依作品全集》抄本，於1497年在赫拉特抄寫，抄寫者戴爾維什·穆哈麥德·塔凱，現藏伊斯坦布爾托普卡皮博物館熱彎圖書館，編號808，第587a頁；阿里希爾·納瓦依：《中年的美質》，載《納瓦依作品集》抄本，抄寫於1499—1500年間，抄寫者不詳，現藏塔吉克斯坦科學院魯達基語言文學研究院（Институти Забон ва Адабиёт ба номи Рӯдакӣ Академияи Фанҳои Тоҷикистон），編號1990，第163a頁。

③ 巴布爾：《阿魯茲》，現藏巴黎國家圖書館，編號 Turc 1308，第169b頁。

④ Kemal Eraslan, *Alî-şîr Nevâyî, Mecâlisü'n-nefâyis*, Ⅰ Giriş ve Metin, Ankara: TDK Yayınları, 2001, s. 69；阿里希爾·納瓦依：《愛的芬芳》，載《納瓦依作品全集》抄本，戴爾維什·穆哈麥德·塔凱於1497—1500年間在赫拉特抄寫，現藏伊斯坦布爾托普卡皮博物館熱彎圖書館，編號808，第170b頁。

⑤ E. Blochet, *Catalogue des manuscrits turcs de la Bibliothèque Nationale de Paris*, t. Ⅱ. Supplément, Paris, 1933, p. 229. "Mufåṣṣål"意爲"全面的、詳細的"。

概述"之意），甚至此作品的塔什干版本即以《穆赫塔薩爾》（Мухтасар）命名，① 因爲《阿魯茲》巴黎抄本第 98a 頁和 170b 頁兩處出現"穆赫塔薩爾"一詞。其中，第一個"穆赫塔薩爾"見於"Ši'r åhlï arasïda šāyi' vàznlarda ustāddïn ğàrrā åš' ār keltürülgäy, tā bu **muḥtàṣàr** bu vàsīlā bilā fuṣàhā nàzàrïğa mànzūr và šu' àrā tiligä màzkūr bolğay"（譯文：詩人們常用的格律種類，引自大詩人作品中的優美詩句。因爲這種舉例的方式，這部"概述"被語言大師和詩人們所看重）一句中。值得一提的是，察合台語文獻和波斯語文獻作者通常用"穆赫塔薩爾"一詞來稱呼自己的作品。例如納瓦依在其《名人之談》一書中寫道："Čun bu **muḥ tàṣàr**da màzkūr bolğan jàmā' àtnïŋ…"（譯文：此"概述"中提及的人群）。② 從中不難發現，納瓦依在此用"穆赫塔薩爾"一詞指代《名人之談》屬於謙稱，類似漢語中的"拙作"，並非其作品的真實名稱。納瓦依還在《格律的準繩》（Mīzān-ul àvzān）中寫道："'Àrūž fànnïda bu **muḥ tàṣàr** ṣàbt boldï và aŋa Mīzān-ul àvzān at qoyuldï"③（譯文：基於阿魯茲學創作了此"概述"，命名爲《格律的準繩》）。可以看出，巴布爾在《阿魯茲》一書中稱其爲"穆赫塔薩爾"是出於謙虛。抄本中的第二個"穆赫塔薩爾"出現在"Čun bu **muḥtàṣàr** sàfàrda bàyàžğa bardï, ol munāsàbàt bilā musāfir màsāyilïnï bitildi"（譯文：因爲此"概述"是在路途中創作的，因此談到了旅行者的問題）一句中。此處説明了巴布爾另一部著作《慕白言》的成書原因④，巴布爾也同樣把《慕白言》稱爲"穆赫塔薩爾"（概述）。接著巴布爾從《慕白言》中引用了關於旅行者生活的 27 個聯句。⑤ 因此可以肯定，抄本中出現的"穆赫塔薩爾"一詞不是該作品的真實名稱，先前研究中的相關錯誤需要糾正。在《阿魯茲》巴黎抄本和《巴布爾詩集》蘭普爾抄本中，巴布爾没有註明作品的名稱，僅稱其爲"阿魯茲"⑥。謝爾巴克、斯捷布列娃和哈桑諾夫

---

① Захириддин Мухаммад Бобир, *Мухтасар*, Нашрга тайёрловчи Саидбек Хасан, Тошкент："Фан", 1971.
② Kemal Eraslan, Alî-şîr Nevâyî, *Mecâlisü'n-nefâyis*, Ⅰ Giriş ve Metin, s. 76.
③ 阿里希爾·納瓦依：《格律的準繩》，載《納瓦依作品全集》抄本，戴爾維什·穆哈麥德·塔凱於 1495—1500 年間在赫拉特抄寫，現藏伊斯坦布爾托普卡皮博物館熱彎圖書館，編號 808，第 751a 頁。
④ Захир ад-дин Мухаммад Бабур, *Трактат об 'арузе*, Вступительная статья и указатели И. В. Стеблевой, Москва: Издательство «Наука», 1972, стр. 21.
⑤ 巴布爾：《阿魯茲》，現藏巴黎國家圖書館，編號 Turc 1308，第 170b、171ab 頁。
⑥ 巴布爾：《阿魯茲》，現藏巴黎國家圖書館，編號 Turc 1308，第 44b 頁；А. Н. Самойлович, Собрание стихотворений Императора Бабура. Ч. Ⅰ. Текст, *Тюркское языкознание, Филология, Руника*, Москва: Издательская фирма «Восточная литература» РАН, 2005, стр. 695; Захир ад-дин Мухаммад Бāбур, *Трактат об 'арӯзе*, Вступительная статья и указатели И. В. Стеблевой, Москва: Издательство «Наука», 1972, стр. 22.

（Саидбек Хасан）等學者稱其爲《阿魯茲手册》（'Ārūż Risālāsï, Аруз Рисоласи）①，而扎米爾·賽都拉和買提熱依木·沙依提仍稱之爲《木哈塔賽爾》（Muxtäsär）②，後者亦稱其爲《有關阿柔孜瓦孜尼的筆記》（Äruz Wäzni Häqqidä Risalä）③。根據名從主人原則，本文尊重巴布爾本人的稱呼，將此作品稱作《阿魯茲》。

（三）作品的成書年代

庫普茹魯認爲《阿魯茲》寫於回曆九三二—九三四年間④（公元1525—1528年間）。哈桑諾夫在《阿魯茲》塔什干版本前言中寫到，該作品完成於1521—1522年間（回曆九二八年）⑤。顯然，哈桑諾夫混淆了《慕白言》與《阿魯茲》的成書年代。1981年哈桑諾夫又發文説《阿魯茲》在1523—1525年間寫成，並在隨後幾年中被巴布爾修改和補充⑥。斯捷布列娃認爲《阿魯茲》的成書時間不早於1523年，且不晚於1525年⑦。瓦·拉赫馬諾夫認爲《阿魯茲》寫於1527年⑧。扎米爾·賽都拉和塔拉波夫（Эминжон Талабов）參考了《阿魯茲》塔什干版本，認爲《阿魯茲》約寫於1521—1522年間⑨。

關於《阿魯茲》的成書時間，作品中没有明確記載。但在《阿魯茲》巴黎抄本和《巴布爾詩集》蘭普爾抄本記載："'Ārūż itmāmïdïn ikki üč yïl soŋ Hind-istān fäthïnïŋ soŋğï

---

① 參見 A. M. Щербак, "Сочинение Бабура об арузе", *Народы Азии и Африки*, No 5. 1969, стр. 156-168; Захир ад-дин Мухаммад Бабур, *Трактат об 'арӯзе*, Вступительная статья и указатели И. В. Стеблевой, Москва: Издательство «Наука», 1972; С. Хасанов, *Бобирнинг "Аруз рисоласи асари"*, Тошкент: «Фан», 1981.

② 扎米爾·賽都拉：《阿魯孜格律理論》，烏魯木齊：新疆大學出版社，2011年，第35頁；張公瑾、黄建明主編：《中國少數民族古籍珍品圖典：民族古文字古籍整理研究100年通覽》，第三册，北京：中國社會科學出版社，2018年，1639頁。

③ 張公瑾、黄建明主編：《中國少數民族古籍珍品圖典：民族古文字古籍整理研究100年通覽》，第三册，第1639頁。

④ 參見 Захир ад-дин Мухаммад Бабур, *Трактат об 'арӯзе*, Вступительная статья и указатели И. В. Стеблевой, Москва: Издательство «Наука», 1972, стр. 20.

⑤ Захириддин Мухаммад Бобир, *Мухтасар*, Нашрга тайёрловчи Саидбек Хасан, Тошкент: «Фан», 1971, 6-бет.

⑥ С. Хасанов, *Бобирнинг "Аруз рисоласи асари"*, Тошкент: «Фан», 1981, 13-бет.

⑦ Захир ад-дин Мухаммад Бабур, *Трактат об 'арӯзе*, Вступительная статья и указатели И. В. Стеблевой, Москва: Издательство «Наука», 1972, стр. 21.

⑧ В. Раҳмонов, "Мухтасар қачон ёзилган", *Ўзбекистон маданияти*, 1973 йил 8 июнь; С. Хасанов, *Бобирнинг "Аруз рисоласи асари"*, Тошкент: «Фан», 1981, 12-бет.

⑨ 扎米爾·賽都拉：《阿魯孜格律理論》，第35頁；Эминжон Талаб Олмосли, *Араб шеъриятида аруз тизими*, Тошкент-Наманган, 2015, 51-бет.

yïlï..."（譯文：完成"阿魯兹"兩三年後，也就是征服印度的第二年……）①。衆所周知，巴布爾於 1526 年（回曆九三二年）4 月征服印度，那麽上一句中所提到的"征服印度的第二年"就是回曆九三三年（公元 1526 年 10 月至 1527 年 9 月）。奇怪的是，《阿魯兹》中竟然出現巴布爾完成《阿魯兹》後的一些事件。可以肯定，《阿魯兹》中的這段内容來自抄寫於 1528 年（回曆九三五年）的《巴布爾詩集》蘭普爾抄本。薩莫依洛維奇（А. Н. Самойлович, 1880—1938）和斯捷布列娃認爲蘭普爾抄本的編者是巴布爾本人②。因此，《阿魯兹》正如斯捷布列娃和哈桑諾夫所言，寫於公元 1523—1525 年間（回曆九三〇—九三一年），後陸續補充到 1528 年或更晚。

（四）作品的内容

《阿魯兹》的内容可分爲十個部分。作品第一部分詳細介紹了阿魯兹格律理論最小的單元——格律單元的要素（juzv，第 1a-2b 頁）。第二部分介紹了基本格律單元（rukn，第 2b-4a 頁）。第三部分介紹了變格律單元要素（ziḥāfāt）和分支格律單元（furū'）的構成規則（第 4a-11b 頁）。第四部分介紹了格律種類（baḥr）的構成（第 11b-12a 頁）。第五部分爲阿魯兹律論（dāyira，第 12b-21a 頁）。第六部分詳細闡述了察合台語和波斯語的音節劃分規則（taqṭī'，第 21a-25b 頁）。第七部分舉例介紹了屬於 21 個格律種類的 537 種分支格律種類（vazn，第 25a-91b 頁）。第八部分舉例分析了屬於不同格律種類的相似分支格律種類問題（avzān-i muštābih，第 91b-92b 頁）。第九部分舉例介紹了不同格律單元和分支格律單元在一個聯句中同時可能出現的情況（第 92b-97b 頁）。第十部分舉例介紹了 537 種分支格律種類中巴布爾認爲最優美的 162 種分支格律種類（第 98a-172b 頁），可以説該部分是《阿魯兹》最重要，也是作品的精華部分。

在《阿魯兹》中，巴布爾引用了 68 位察合台語和波斯語作家的詩歌片段。③ 察合台語詩歌以巴布爾本人、納瓦依以及其他一些詩人的作品爲代表。其中有魯特菲（Mavlānā Luṭful-lāh Luṭfī, 1367—1463）、海達爾（Ḥaydar Ḫārazmī，約 14—15 世紀）、穆齊米、塔拉兹（Šayḫ Aḥmad Ṭarāzī，約 14—15 世紀）、侯賽尼（Ḥusayn Mīrzā Bayqara, 1438—1506）、

---

① 巴布爾：《阿魯兹》，現藏巴黎國家圖書館，編號 Turc 1308，第 44b 頁；А. Н. Самойлович, Собрание стихотворений Императора Бабура. Ч. I. Текст, *Тюркское языкознание, Филология, Руника*, Москва: Издательская фирма «Восточная литература» РАН, 2005, стр. 695-696.

② А. Н. Самойлович, Собрание стихотворений Императора Бабура. Ч. I. Текст, *Тюркское языкознание, Филология, Руника*, Москва: Издательская фирма «Восточная литература» РАН, 2005, стр. 598; Захир ад-дин Мухаммад Бабур, *Трактат об 'арузе*, Вступительная статья и указатели И. В. Стеблевой, Москва: Издательство «Наука», 1972, стр. 20.

③ 其中一些是完整的詩歌。

哈基里（Hājrī，約15—16世紀）、蘇里旦·麻赫穆德汗（Sulṭān Maḥmūd-Ḫān，約15—16世紀）、蘇里旦·麻蘇德·米爾扎（Sulṭān Masʿūd Mīrzā，1475—1507）、蘇里旦阿里·米爾扎（Sulṭān-ʿAlī Mīrzā，1483—1501）、米爾·莫臥兒（Mīr Moğul，約15—16世紀）、塔雷（Ṭārī，約15—16世紀）、安瓦里·迪瓦納（Anvārī Dīvānā，約15—16世紀）等。波斯語例子主要是魯達基（Rūdakī，858—940）、內扎米（Niẓāmī Ganjavī，1141—1209）[1]、安瓦里（Anvārī，1105—1187）、哈岡尼（Ḫāqānī，1120—1198）[2]、阿塔爾（Farīd-ud dīn ʿAṭṭār，1148—1221）、霍斯魯（Ḫusrav Divlāvī，1253—1325）、薩迪（Saʿdī Šīrāzī，1208—1292）、薩爾曼（Salmān Sāvajī，1310—1376）[3]、哈菲茲（Ḥāfiẓ Šīrāzī，1325—1390）、卡瑪爾（Kamāl Ḫujandī，1321—1400）和賈米（ʿAbd-ur Raḥmān Jāmī，1414—1492）等詩人的詩句。其中既有前代詩人，也有巴布爾同時代的人。值得一提的是，書中提到的十餘名詩人的一些詩句除《阿魯茲》中引用外，不見於其他資料。

## 二、《阿魯茲》的現存抄本

《阿魯茲》流傳至今的抄本有兩種。一種是由阿吉·穆哈麥德·撒馬爾罕迪（Ḥājī Muḥammad Samarqandī）於1533/1534年（回曆九四〇年）抄寫的巴黎抄本，現藏於巴黎國家圖書館（Bibliothèque Nationale），編號Turc1308，共172張（344頁），開本大小23×13.5，每頁一般為13行，正文以黑色、標題和格律術語用紅色筆抄寫，字體為波斯納斯塔利克（Fārsī Nastaʿliq）。[4] 該抄本完整的影印本首次由斯捷布列娃於1972年在莫斯科刊行。[5] 從抄本可以得知，抄寫者對阿魯茲格律理論並不熟知。抄本存在很多處錯誤和遺漏，其中較嚴重的錯誤涉及阿魯茲格律術語。但這些不會妨礙我們對抄本的理解。《阿魯茲》是闡述阿魯茲格律理論的學術著作，論述十分複雜抽象，專業性、理論性較強。因此抄寫《阿魯茲》對抄寫者要求很高，抄寫者不但需要會書法，還必須對阿魯茲格律理

---

[1] 張暉先生認為內扎米的生平年代為1140—1202年。參見［波斯］內扎米著，張暉譯：《內扎米詩選》，商務印書館，2016年，第11、13頁。

[2] 沈一鳴博士認為哈岡尼的生平年代為1121/1122—1190年。參見［波斯］賈米著，沈一鳴譯：《春園》，商務印書館，2019年，第143頁。

[3] 沈一鳴博士認為薩爾曼生於12世紀初，卒於1357年。參見［波斯］賈米著，沈一鳴譯：《春園》，第149頁。

[4] E. Blochet, *Catalogue des manuscrits turcs de la Bibliothèque Nationale de Paris*, t. II. Supplément, Paris, 1933, p. 229-230.

[5] Захир ад-дин Мухаммад Бабур, *Трактат об 'арӯзе*, Вступительная статья и указатели И. В. Стеблевой, Москва: Издательство «Наука», 1972；雖然《阿魯茲》的塔什干版本中附錄了巴黎抄本的影印本，但原文中的紅色部分和抄本旁註部分不完整。

論十分瞭解。抄寫完成《阿魯茲》這樣大篇幅理論性著作並非是件容易的事。考慮到此方面，抄寫者完成的已經很不錯。

第二個抄本現藏於德黑蘭的伊朗國家圖書館，編號爲 2249 的《巴布爾作品全集》，抄寫於 17 世紀，共 1036 張。《阿魯茲》載於該抄本第 304b-455b 頁間，共 151 張。此德黑蘭抄本並不完整，抄本不包含巴黎抄本後 81 張内容。但值得一提的是，德黑蘭抄本的抄寫者在作品的每行下方標有該行的波斯語譯文。① 這有助於抄本中難讀、難懂詞的理解與翻譯。《阿魯茲》德黑蘭抄本至今還未被專門研究。

有資料顯示，巴布爾《阿魯茲》一書的第三個抄本現藏於阿富汗。② 筆者認爲，此消息尚需要進一步證實。除此之外，《阿魯茲》於 18 世紀末 19 世紀初由印度學者、詩人阿茲法里（Aẕfarī，1760—1819）譯成波斯文。現有兩種抄本，其中一個是韻文體譯文③。

## 三、《阿魯茲》校勘本相關問題

《阿魯茲》未曾出版過校勘本。至今唯一的現代版本爲 1971 年在蘇聯由哈桑諾夫刊行的塔什干版本，是基於烏兹别克西里爾字母的轉寫本，包括《阿魯茲》巴黎抄本的西里爾文轉寫，並附有阿魯兹術語、人名、作品名、地名、部落名稱索引和抄本影印本④。該書是《阿魯茲》至今唯一的轉寫本。書中存在許多錯誤。關於此問題烏兹别克斯坦學者拉赫馬諾夫（Ваҳоб Раҳмонов）寫道："巴布爾《阿魯茲》一書的塔什干版本中存在的謬誤爲文獻學史上最多，這一點都不爲過。如果修正其中的錯誤，那麼修改本的大小相當於原書的兩倍。"⑤

古籍校勘的根本任務在於"改正傳寫的錯誤，恢復一個文件的本來面目，或使他和原本相差最微"。⑥《阿魯茲》巴黎抄本抄寫於 1533/1534 年，距巴布爾生活的年代僅有三四年間隔，幾乎爲同時代。但即便是同時代或距作者的年代間隔很近，抄寫過程中也可能出現筆誤，抄寫者也可能無意中加入自身方言特點與時代特點。《阿魯茲》巴黎抄本中存

---

① Саидбек Ҳасанов, Бобур асарлари қўлёзмаларининг ўрганилиши ва Куллиёти Бобур Ҳақида, *Адабиёт Кўзгуси*, No10, 2008, 10-бет.

② Саидбек Ҳасанов, Бобур асарлари қўлёзмаларининг ўрганилиши ва Куллиёти Бобур Ҳақида, *Адабиёт Кўзгуси*, No10, 2008, 9-бет.

③ С. Ҳасанов, *Бобирнинг "Аруз рисоласи асари"*, Тошкент: «Фан», 1981, 7-бет.

④ Заҳириддин Муҳаммад Бобир, *Мухтасар*, Нашрга тайёрловчи Саидбек Ҳасан, Тошкент: «Фан», 1971.

⑤ Ваҳоб Раҳмонов, *Мумтоз сўз сеҳри*, Тошкент: «Oʻzbekistan», 2015, 333-бет.

⑥ 董洪利主編：《古典文獻學基礎》，北京：北京大學出版社，2008 年，第 190 頁。

在許多錯誤,包括字形致誤、脱文、衍文、倒文①等。此類錯誤大多出現於變格律單元要素、分支格律單元、分支格律種類、分支格律種類名稱與例詩中。

筆者在前人的研究基礎上,以《阿魯茲》巴黎抄本爲底本,輔以其他上百部多語種文獻,校勘出了《阿魯茲》,並對相關問題進行了挖掘。此研究中筆者未能獲得《阿魯茲》的其他抄本供對校。因此,祇能用本校法、他校法和理校法來校勘該作品。在校勘過程中遇到了一些典型問題,並就此提出了一些解決方法。下面舉例介紹校勘過程中遇到的一些問題和解決方法。

(一) 正文的校勘

《阿魯茲》正文部分指除示例外的所有內容,該部分的語言爲散文體。《阿魯茲》中出現問題較多的部分爲變格律單元要素和分支格律單元。在没有其他抄本對校的情況下,我們祇能用理校法來校勘該部分內容。理校法——"顧名思義,理校即用理論知識作爲依據去分析判斷……這種校勘方法實質上是分析推理,通過對有關專門知識的查考,確定文字正誤。"②遇到抄本中出現的類似問題時,筆者以阿魯茲格律理論來修正其中的謬誤。

《阿魯茲》巴黎抄本中抄寫者在抄寫阿魯茲格律術語時出現了較多失誤。例如,變格律單元要素 hazaz 一律寫成 hazū。Hazaz 是中世紀波斯詩學家發明的變格律單元要素③,一般出現在拉賈茲(rajaz)、莫塔達勒克(mutadārik)、蒙薩勒赫(munsarih)和卡梅爾(kāmil)格律種類的句末。④阿魯茲格律理論史上未出現過名爲 hazū 的變格律單元要素。《阿魯茲》中變格律單元要素 hazaz 出現七次,全被寫作 hazū。⑤可見,抄寫者對阿魯茲格律理論並不熟知,未能準確識讀變格律單元要素 hazaz。

《阿魯茲》巴黎抄本的抄寫者和塔什干版本的轉寫者始終没有分清變格律單元要素 harm 與 hazm。阿魯茲格律中指省略連楔音節(vatad-i majmū')的首個動符字母(mutaḥarrik)的變格律單元要素稱作 harm;句首增加一個或兩個字母,且該字母將不計在詩句的音節劃分中,該變格律單元要素稱作 hazm。波斯—塔吉克詩人一般不使用該變格律

---

① 字形致誤指因字形相近而誤;脱文指缺字漏句;衍文指多出的文字,包括無意多寫和出於某種考慮有意增加的底本所没有的文字;倒文指原文的字句被前後顛倒。參見董洪利主編:《古典文獻學基礎》,第 229、236、239、242 頁。

② 董洪利主編:《古典文獻學基礎》,第 216—217 頁。

③ Бахром Сирус, *Арӯзи Тоҷикӣ*, Душанбе: Нашриёти Давлатии Тоҷикистон, 1963, c. 78-79; P. Мусульманкулов, *Персидско-Таджикская классическая поэтика*, Москва: «Наука», 1989, стр. 90; 扎米爾·賽都拉:《阿魯孜格律理論》,第 154 頁。

④ Урватулло Тоиров, *Фарҳанги истилоҳоти Арӯзи Аҷам*, Душанбе: «Маориф», 1991, c. 39.

⑤ 參見巴布爾:《阿魯茲》,現藏巴黎國家圖書館,編號 Turc 1308,第 4a、5b、8a、9b、10a 頁。

單元要素。① 《阿魯茲》中的第十個變格律單元要素在巴黎抄本和塔什干版本中均寫爲 jàzm。② 巴布爾在介紹第十個變格律單元要素時寫道:"Jàzm vàtàd-i màjmū' nïŋ àvvàlğï mutàḫàrrikin isqāṭ qïlmağlïğdur, vuqū' ï màfā' īlunda bolsa fā' īlun qalur, màf' ūlunnï anïŋ yerigä qoyarlar, àḥràm derlär."(譯文:Jàzm 指省略連楔音節的首個動符字母,如果該省略發生在 màfā' īlun 中,那麼最後剩下 fā' īlun,用 màf' ūlun 替換原有的 fā' īlun,稱其爲 àḥràm。) 從中不難看出,巴布爾在闡述變格律單元要素 ḥàrm,而不是 jàzm。《阿魯茲》巴黎抄本中將最後一個變格律單元要素寫作 ḥàrm,並解釋道:"Ḥàrm bàytnïŋ àvvàlïğa bir nemä ziyādà qïlmağlïğdur, bu zāyid bir ḥàrf bolur yā ikki ḥàrf, köpräk hàm tā bàytturlar. Ḥurūf-i mustàqillà-l mà' nā vāv-i ' àṭf và ḥàl-i istifhāmīdek tàqṭī' da mu' tàbàr emästür. Bu tàğàyyurnïŋ àrkān và àjzā bilä hēč tà' àlluqï yoqtur, ' Àràb àš' ārïnïŋ àzāḥīfīdur, ' Àjàmda mustà' màl emäs."(譯文:Ḥàrm 指在詩行前增加一些東西,這些增加內容可以是一個字母或者兩個字母,甚至是一個聯句。這是表示單獨意義的字母,就像連詞 vāv 一樣在音節劃分時被忽略。詩行中的此類變化與格律單元和格律單元的要素無關。這是屬於阿拉伯詩歌的變格律單元要素,波斯詩歌中不常用。)由此可以得知,該段講述的是變格律單元要素 ḥàzm,而非 ḥàrm。

在校勘格律單元的構成方法部分時,筆者用理校法的同時,還以他校法校勘了該內容。他校法——"他校法者,以他書校本書……即從本書之外的其他書籍中找到本書的異文或相關材料,作爲校勘考證的依據。"③《阿魯茲》中論述格律單元的構成方法時,巴布爾甚至直接翻譯引用了《詩歌標準》(Mi' yār-ul àš' ār)的該部分內容④。筆者在校勘該部分時依據了納斯爾·圖斯(Ḫājà Nàṣīr Ṭūsī, 1201—1272)的《詩歌標準》一書。

《阿魯茲》正文中還存在誤寫他人名諱和著作名稱的句子。遇到抄本中出現的類似問題時,筆者以他校法來校勘該部分內容。《阿魯茲》中介紹以哈非夫(ḥàfīf)格律瑪斯納維專用分支格律創作的長詩時提及了筆名爲沙希(Šāhī)的詩人,並寫到其有以該分支格律種類創作的長詩——《園林》(Ḥàdīqà)。《阿魯茲》中巴布爾多處引用過筆名爲沙希的波斯語詩人的聯句。其爲沙哈魯之子拜松古爾(Baysunğur Mīrzā, 1397—1433)時期的宮廷

---

① Урватулло Тоиров, *Фарҳанги истилоҳоти Арӯзи Аҷам*, Душанбе: «Маориф», 1991, с. 439.
② 巴布爾:《阿魯茲》,現藏巴黎國家圖書館,編號 Turc 1308, 第 4a、5a 頁; Заҳириддин Муҳаммад Бобир, *Мухтасар*, Нашрга тайёрловчи Саидбек Хасан, Тошкент: «Фан», 1971, 19-бет.
③ 董洪利主編:《古典文獻學基礎》, 第 214 頁。
④ 參見 Насируддини Тӯсӣ, *Меъёр-ул-ашъор*, таҳияи Урватулло Тоиров, Мирзо Абдуллоев, Раҳмуддини Ҷалол, Душанбе: «Ориёно», 1992, с. 27; 巴布爾:《阿魯茲》,現藏巴黎國家圖書館,編號 Turc 1308, 第 3ab 頁。

詩人沙希・薩布茲瓦里（Šāhī Sábzvārī，1385—1453）①。納瓦依在《名人之談》中提及過沙希・薩布茲瓦里，並對他的詩歌創作給予了高度評價②。賈米也在《春園》（Báhāristān）中提到過沙希，並寫道："他的詩歌優雅、純粹且統一，有著簡潔的詞組和富有韻味的內容。"③ 無論納瓦依還是賈米都未提到沙希・薩布茲瓦里著有名爲《園林》的長詩。另外，帖木兒後裔蘇里旦・麻蘇德・米爾扎在察合台語創作中的筆名也爲沙希④。納瓦依在《名人之談》中提及過蘇里旦・麻蘇德・米爾扎，但未提到其有名爲《園林》的著作⑤。《阿魯茲》中巴布爾引用過蘇里旦・麻蘇德・米爾扎的兩個察合台語聯句，並未提到其筆名，而直接使用全名⑥。巴布爾提到的以哈非夫格律創作的作品——《園林》（Ḥadīqā）應該是作品名的縮寫形式，此現象亦符合巴布爾的寫作習慣。巴布爾在提到賈米的《信士的念珠》（Subḥat-ul ábrār）長詩時幾乎每次都使用作品名的縮略形式（Subḥá）⑦。東方文學中用哈非夫格律瑪斯納維專用分支格律種類創作的以 Ḥadīqā 一詞開頭的作品有薩納伊（Ḥakīm Sánāyī，1080—1140/41）⑧ 的《真理之園》（Ḥadīqāt-ul ḥaqīqā）長詩。納瓦依在《愛的芬芳》中提及過薩納伊，並寫道："Anïŋ Ḥadīqásïdïn bašqa hám – ol vázn bilá üč kitābï bar. Vá Ḥadīqánïŋ itmāmïğa andaqki özi názm qïlïpdur, beš yüz yigirmi beš ermiš."⑨（譯文：他除 Ḥadīqā 外，還有三部以相同分支格律創作的作品。他自己在 Ḥadīqā 的最後部分注明了該作品的完成時間爲 525 年。）不難發現，納瓦依提到的 Ḥadīqā 也正是薩納伊的《真理之園》。可見，納瓦依也習慣使用該作品名的縮寫形式。因此可以確定，《阿魯茲》中介紹以哈非夫格律瑪斯納維專用分支格律創作的長詩 Ḥadīqā 非沙希之作，而是薩納伊《真理之園》長詩的名稱的縮寫形式。在波斯納斯塔里克字體中薩納伊和沙希的寫法很接近，因此抄寫者誤讀薩納伊（ثنایی）一詞，寫成了沙希（شاهی）。

---

① Бобур номидаги халкаро жамоат фонди, Азизхон Каюмов бош тахририда, *Бобур энциклопедияси*, Тошкент: «Sharq», 2014, 580-бет; С. Ғаниева, А. Эркинов, О. Давлатов, *Алишер Навоий Комусий Луғат*, II том, Тошкент: «Sharq», 2016, 171-бет.

② Kemal Eraslan, *Alî-şîr Nevâyî, Mecâlisü'n-nefâyis*, I Giriş ve Metin, s.28-29.

③ ［波斯］賈米著，沈一鳴譯：《春園》，第 155 頁。

④ János Eckmann, Bilinmeyen bir Çağatay şairi Şahi ve divanı, *Harezm, Kıpçak ve Çağatay türkçesi üzerine araştırmalar*, Yayıma hazırlayan: Osman Fikri Sertkaya, Ankara: TDK Yayınları, 2003, s.288.

⑤ Kemal Eraslan, *Alî-şîr Nevâyî, Mecâlisü'n-nefâyis*, I Giriş ve Metin, s.200-201.

⑥ 巴布爾：《阿魯茲》，現藏巴黎國家圖書館，編號 Turc 1308，第 129b 頁。

⑦ 巴布爾：《阿魯茲》，現藏巴黎國家圖書館，編號 Turc 1308，第 100a、141ab 頁；Ẓahīr Al-Dīn Muḥammad Bābur, *Bābur-nāma Vaqāyi'*, Critical edition based on four chaghatay texts with introduction and notes second edition by Eiji Mano, Kyoto Syokado, p.282, 554.

⑧ 張鴻年：《波斯文學史》，北京：昆侖出版社，2003 年，第 152 頁；穆宏燕：《波斯古典詩學研究》，北京：昆侖出版社，2011 年，第 8 頁。

⑨ 阿里希爾・納瓦依：《愛的芬芳》，載《納瓦依作品全集》抄本，編號 808，第 166b 頁。

《阿魯茲》中介紹以薩里（sårī')格律瑪斯納維專用分支格律創作的長詩時提到了納瓦依，並寫道："Yana Mīr 'Ålīšēr Nàvāyīnïŋ Zubdàt-ul àḥrārïdur, pày-ràvluq màqāmï[ da] Šàyḫ Niẓāmī và Ḫājà Ḫusràv và Mullā Jāmīdïn istimdād tiläp, sonğï bàyt iqtibās ṭàrīqï bilä özini ṭàvr uluğï qïlïptur"（譯文：還有米爾·阿里希爾·納瓦依的《高貴的精華》，以追隨者的身份向謝赫·内扎米、霍加·霍斯魯和毛拉·賈米（他們的靈魂）求助，並以借用聯句的方式（效仿）成爲該形式（五卷詩傳統）的大師）。接著舉例以

Yoldasa bu yolda Niẓāmī yolum

Qoldasa Ḫusràv bilä Jāmī qolum

譯文：希望内扎米陪我行進，

希望霍斯魯和賈米與我攜手。

開頭的八個聯句①。眾所周知，納瓦依以薩里格律的瑪斯納維專用分支格律種類創作過一部長詩，即《正直人的驚愕》（Ḥàyràt-ul àbrār）。巴布爾提到的納瓦依以追隨者（pàyràv）的方式向内扎米·甘賈維、霍斯魯·德赫拉維和賈米求助，並使他成爲該形式（ṭàvr）的大師的作品正是《五卷詩》（Ḫàmsà）。該作品是納瓦依以仿效（tàtàbbu'，nàẓīrà）② 和内容上的某種方式、形式（ṭàvr）③ 跟隨上述三位《五卷詩》大師而創作的察合台語《五卷詩》。其中沒有名爲《高貴的精華》（Zubdàt-ul àḥrār）的長詩。並且巴布爾引用的上述詩句爲《正直人的驚愕》中的著名聯句。《阿魯茲》引用的八個聯句均出現在納瓦依《正直人的驚愕》長詩的第 13 章④。因此，筆者認爲該作品名應該爲《正直人的驚愕》，而不是《高貴的精華》。

《阿魯茲》塔什干版本中未能識讀上述内容中的 ṭàvr uluğï（方法的大師、方法的偉

---

① 巴布爾：《阿魯茲》，現藏巴黎國家圖書館，編號 Turc 1308，第 165b 頁。

② tàtàbbu'、nàẓīrà，是一種文學模仿形式，廣泛分佈於近東、中東和中亞。通常新作品保留原著的主題、格律、韻律，有時甚至保留原韻。但這不是對原範本的瘋狂使用，而是一種詩意的競爭。參見 A. Ш. Шамухамедов, Традиция татаббу в творчестве Алишера Навои, Ташкент: «Фан», 1984, стр. 6-7.

③ ṭàvr，指仿效内容，與形式無關。仿效作品中表達與原著内容相似的思想，並發展它們將其提升到新的高度。參見 A. Ш. Шамухамедов, Традиция татаббу в творчестве Алишера Навои, Ташкент: «Фан», 1984, стр. 85.

④ 參見 Алишер Навоий, Хайрат-ул-аброр, илмий-танкидий матн, тузувчи Порсо Шамсиев, Тошкент: «Фан», 1970, 31-32-бетлар；阿里希爾·納瓦依：《正直人的驚愕》，載《五卷詩》抄本，於 1484 年在赫拉特抄寫，抄寫者阿布都賈米爾·卡提布，現藏塔什干國家東方學研究院東方文獻中心，編號 5018，第 8b 頁；阿里希爾·納瓦依：《正直人的驚愕》，載《納瓦依作品全集》抄本，於 1495 年在赫拉特抄寫，抄寫者戴爾維什·穆哈麥德·塔凱，現藏伊斯坦布爾托普卡皮博物館熱彎圖書館，編號 808，第 181b 頁。

人）詞組，直接打了個問號，並表示未能識讀該詞組①。巴黎抄本中該内容寫得很緊凑，很難被識別。其中難點在於第二個詞。該詞在抄本中的書寫形式很像"الغى"。筆者在識讀該詞時翻閲了大量資料，最終從《巴布爾傳》中獲得了重要綫索。筆者發現，巴布爾在其作品中把"اولوغ"（uluǧ，偉大）一詞習慣性地寫作"الغ"（uluǧ，偉大）。可謂，巴布爾作品的抄寫者也基本保持了作者的書寫形式。《阿魯兹》中 uluǧ 一詞出現兩次，均寫作"الغ"②。因此，可以確定抄本中 tạvr 之後出現的詞應爲 uluǧï。該句子中 uluǧ 一詞綴加了從屬第三人稱附加成分 ï，寫作"الغى"（uluǧï）。因此，之前的 tạvr（方式、方法，種類）修飾 uluǧï 一詞，稱作 tạvr uluǧï（方式、方法的偉人、大師）。可見，巴布爾在此用該詞組形容納瓦依在《五卷詩》傳統中的地位。

（二）例詩的校勘

校勘《阿魯兹》中的例詩時，以他校法和理校法來解決其中存在的問題。用他校法對校例詩與從其他書籍找到的另一種版本；用理校法以阿魯兹格律理論來檢驗每一句例詩的準確性。本研究筆者檢驗了作品中所引用的所有 2568 個聯句（5136 詩行）。

1. 察合台語詩歌的校勘

《阿魯兹》中引用的多數察合台語例詩爲巴布爾和納瓦依的詩句。因此校勘該類例詩時找到其原文對校即可糾正其中的謬誤。例如：

Ičküčä jām köŋlümdä ol sāqī durur

Tolğuča pàymānàm ol sāqī bāqī durur③

fā'ilātun fā'ilātun fā'ilātun fā'ilun

譯文：喝酒的時候，她在我心中是釃客，

酒杯斟滿時，這釃客是永恒的存在。

聯句的第一行不合乎格律，詩行中缺了三個音節，即兩個長音節和一個短音節。該聯句是巴布爾詩集中某個伽扎爾④體詩的首聯。此聯句在巴布爾詩集的校勘本中正確無誤⑤。聯句應爲：

Ičküčä **jām-i àjàl** köŋlümdä ol sāqī durur

---

① Захириддин Мухаммад Бобир, *Мухтасар*, Нашрга тайёрловчи Саидбек Хасан, Тошкент: «Фан», 1971, 195-бет.

② 巴布爾：《阿魯兹》，現藏巴黎國家圖書館，編號 Turc 1308，第 31a、124b 頁。

③ 巴布爾：《阿魯兹》，現藏巴黎國家圖書館，編號 Turc 1308，第 124a 頁。

④ 伽扎爾（Ǧazal）是東方文學阿魯兹格律的抒情體詩，篇幅最少四個聯句，最多 25 個聯句。押韻形式爲 aa、ba、ca。

⑤ Bilal Yücel, *Babür divanı (Gramer-Metin-Sözlük-Tıpkıbasım)*, s. 169.

> Tolğuča pàymānàm ol sāqī bāqī durur
> 
> *fā' ilātun fā' ilātun fā' ilātun fā' ilun*
> 
> 譯文：喝死亡之酒的時候，她在我心中是醻客，
> 
> 酒杯斟滿時，這醻客是永恒的存在。

可見，第一行 jām（酒杯）一詞後面的 àjàl（死亡）一詞是在抄寫時被遺漏。Jām 一詞與 àjàl 連讀時用"耶扎菲"（iżāfà），而 àjàl 修飾之前的 jām 一詞，即 jām-i àjàl（死亡之酒）。詩句中耶扎菲 i 算長音節，àjàl 一詞則一短一長兩音節。該聯句在《阿魯茲》的 58b 頁中亦出現過，此次抄寫者未出現抄寫錯誤。值得一提的是，《阿魯茲》塔什干版本中轉寫者未發現此類錯誤。①

從納瓦依詩集引用的詩句在《阿魯茲》占據重要地位。抄寫者在抄寫納瓦依詩句時同樣出現了許多錯誤。例如：

> ' Išq yüki äylädi ṭāràm-i à' lānï **kūž**
> 
> Ne ' àjàb àr äyläsä men kebi šàydānï **kūž**
> 
> *Muftà' ilun fā' ilān muftà' ilun fā' ilān*
> 
> 譯文：愛情的沉重壓彎了天穹，
> 
> 那它壓彎了我的身軀又有何奇？

該聯句爲納瓦依《青年的異珍》（Nàvādir-uš šàbāb）詩集中某伽扎爾體詩的首聯②。《阿魯茲》巴黎抄本中抄寫者把韻腳之後的重複詞（ràdīf）kūž（駝背）誤讀成 kàvsàr（慷慨的）。而 kàvsàr 一詞既不合乎聯句的格律也不符合內容。《阿魯茲》塔什干版本中轉寫者不僅未能識讀該詞，③ 也沒有從納瓦依詩集中查找該聯句的出處及其格律分類。可見，校勘關於阿魯茲格律的學術著作時，校勘者並不在乎其格律。④ 還有《青年的異珍》詩集中某伽扎爾詩的首聯：

---

① Захириддин Муҳаммад Бобир, *Мухтасар*, Нашрга тайёрловчи Саидбек Ҳасан, Тошкент: «Фан», 1971, 145-бет.

② Алишер Навоий, *Мукаммал асарлар тўплами*, Иккинчи том, *Наводир ун-ниҳоя*, текстни тузувчи Марям Рахматуллаева, Тошкент: Ўзбекистон ССР «Фан» Нашриёти, 1987, 192-бет; Алишер Навоий, *Наводируш-шабоб*, илмий-танкидий текст асосида нашрга тайёрловчи Ҳамид Сулаймон, Тошкент: Ўзбекистон ССР Фанлар Академияси Нашриёти, 1959, 226-бет; 阿里希爾·納瓦依：《青年的異珍》，載《納瓦依作品全集》抄本，編號 808，第 500a 頁；阿里希爾·納瓦依：《青年的異珍》，載《納瓦依作品集》抄本，編號 1990，第 75a 頁。

③ Захириддин Муҳаммад Бобир, *Мухтасар*, Нашрга тайёрловчи Саидбек Ҳасан, Тошкент: «Фан», 1971, 87-бет.

④ Ваҳоб Раҳмонов, *Мумтоз сўз сеҳри*, Тошкент: «O' zbekistan», 2015, 334-бет.

Ačmağay erdiŋ **jàmāl-i 'ālàm-ārā** kāškī
Salmağay erdiŋ barï ' ālàmğa ğàvğā kāškī①
*Fā'ilātun fā'ilātun fā'ilātun fā'ilun*
譯文：你沒有展示點綴世界的美貌，該多好啊！
　　　因此你沒有讓世間喧鬧萬分，這該有多好！

《阿魯茲》巴黎抄本中抄寫者遺漏了第一行'ālām（宇宙）一詞②。這導致第一行既不合乎聯句的格律也不符合内容。《阿魯茲》塔什干版本的轉寫者發現了此問題，並在第一行中填補了'ālàm一詞,③但轉寫者没能理解'ālàm一詞和其後的 ārā（打扮，裝飾）的關係。於是他們把 ārā一詞讀作 ara（之間，裏面），即理解爲 олам аро（'ālàm ara，世間）。因此，轉寫者把'ālàm之前的 jàmāl一詞誤改成 жамолинг（jàmālïŋ，你的美貌）。這樣，第一行在《阿魯茲》塔什干版本的轉寫者哈桑諾夫和責任編輯哈米德·蘇萊曼（Хамид Сулаймон，1910—1979）的理解中成了 Ačmağay erdiŋ jàmālïŋ 'ālàm ara kāškī（譯文：你没有向世人展示自己的美貌，該多好啊！）。值得提醒的是，納瓦依《青年的異珍》的哈米德·蘇萊曼轉寫本中該詩句如同上述他們改的文本。④該聯句也見於納瓦依早期詩集《稀奇之峰》（Nàvādir-un nihāyà），而該詞組被塔什干版本的轉寫者讀作 жамол олам аро（美貌世間）。⑤可見，《稀奇之峰》的轉寫者也未能準確處理該問題。其實，聯句第一行中的 ārā 是波斯語動詞 ārāstàn（打扮，裝飾；使繁榮）的詞根⑥，而非察合台語固有詞 ara（之間，裏面）。ārā一詞也可綴接名詞派生新詞，就上述聯句中的'ālàm-ārā（點綴世界的，非常美麗的）是此類派生詞。因此第一行'ālàm-ārā之前的 jàmāl一詞在這裏就用耶扎菲被'ālàm-ārā 修飾，即 jàmāl-i 'ālàm-ārā（點綴世界的美貌）。可見，《阿魯茲》引用納瓦依《青年的異珍》中的上述聯句第一行應爲 Ačmağay erdiŋ jàmāl-i 'ālàm-ārā kāškī（譯文：你没有展示點綴世界的美貌，該多好啊！）。

---

① 阿里希爾·納瓦依：《青年的異珍》，載《納瓦依作品全集》抄本，編號 808，第 532b 頁；阿里希爾·納瓦依：《青年的異珍》，載《納瓦依作品集》抄本，編號 1990，第 107a 頁。

② 巴布爾：《阿魯茲》，現藏巴黎國家圖書館，編號 Turc 1308，第 129a 頁。

③ Захириддин Мухаммад Бобир, *Мухтасар*, Нашрга тайёрловчи Саидбек Хасан, Тошкент: «Фан», 1971, 151-бет.

④ Алишер Навоий, *Наводируш-шабоб*, илмий-танкидий текст асосида нашрга тайёрловчи Хамид Сулаймон, Тошкент: Ўзбекистон ССР Фанлар Академияси Нашриёти, 1959, 629-бет.

⑤ Алишер Навоий, *Мукаммал асарлар тўплами*, Иккинчи том, *Наводир ун-ниҳоя*, текстни тузувчи Марям Рахматуллаева, Тошкент: Ўзбекистон ССР «Фан» Нашриёти, 1987, 584-бет.

⑥ 北京大學東方語言文學系波斯語教研室編：《波斯語漢語詞典》，商務印書館，1981 年，第 20 頁；Т. Н. Зехнй, В. А. Капранов, И. А. Ализода, *Фарҳанги забони тоҷикӣ( аз асри X то ибтидои асри XX)*, I, Москва: Нашриёти «Советская Энциклопедия», 1969, с.924.

筆者發現，巴布爾在撰寫《阿魯茲》時專門爲較難運用的格律種類與分支格律種類創作過不少聯句。因爲這類例詩未見於其他文獻，所以在校勘時沒有參考或依據的其他資料。例如：

> Jåvr-u ***sitåm tårk etibän*** mihr-u våfā körsätkil
> Luṭf-u kåråm qïlïp bu dårdïmǧa dåvā körsätkil①
> *Muftå'ilun* ***måfā'ilun*** *muftå'ilun måf'ūlun*

譯文：請你戒除欺侮，展示恩典，

請你施以恩惠，醫我苦疾。

聯句以拉賈茲格律種類的 Råjåz-i muśåmmån-i måṭvi-yi måḥbūn, 'årūż-u żarb måqṭū'（-vv-\ v-v-\ -vv-\ ---）分支格律種類寫成。該分支格律種類在察合台文學中未曾使用。而聯句第一行 sitåm tårk etibän（戒除欺侮）詞組不合乎聯句的格律，但符合句意。因此校勘時不影響句意的情況下稍改詞組 sitåm tårk etibän。分析詩句可以得知，該詞組中的重點也是不合乎格律的關鍵爲 tårk etibän（戒除）一詞。tårk et-爲波斯語 tårk kårdån（戒除）的察合台語化的形式，其中助動詞 kårdån（做）被察合台語固有助動詞 et-（做）替換。因此必要時可用同義詞來替換 tårk 的助動詞。但上述詩句中祇換助動詞不能解決問題，祇能用符合格律要求的同義詞來換掉 tårk etibän 一詞。筆者發現，巴布爾在爲《阿魯茲》創作例詩時兩處因格律要求使用了 sitåmnï qoy-（戒除欺侮）一詞②，而沒有繼續使用 sitåm tårk et-。其中的動詞 qoy- 意爲"放下，不要繼續做"，這符合 tårk et- 的詞意。因此，筆者用 sitåmnï qoy- 一詞替換了 sitåm tårk et-，並爲了合乎格律和句意要求把動詞 qoy- 改成了其副動詞形式 qoyuban。這樣 sitåmnï qoyuban 一詞既合乎格律又符合詩行內容。

另外，《阿魯茲》中還存在察合台語例詩和其格律符號均有問題的聯句。例如：

> Jåvr-u sitåmnï qoy daǧï våfā qïlǧïl
> Luṭf-u kåråm qïlïp bu ***dårdïmǧa*** dåvā qïlǧïl
> *Muftå'ilun måfā'ilun måfā'ilun* ***muftå'ilun***

譯文：請你戒除欺侮，展示恩典，

請你施以恩惠，醫我苦疾。

從巴布爾指出的格律名稱來看，此聯句以拉賈茲格律種類的 Råjåz-i muśåmmån-i måṭvi-yi måḥbūn, 'årūż-u żarb ***åḥåzz***（-vv-\ v-v-\ v-v-\ --）分支格律種類寫成③。但例詩下方的格律符號與格律名稱不符。筆者在解決此類問題時，首先以格律名稱來檢驗該分支

---

① 巴布爾：《阿魯茲》，現藏巴黎國家圖書館，編號 Turc 1308，第 52b 頁。
② 巴布爾：《阿魯茲》，現藏巴黎國家圖書館，編號 Turc 1308，第 54a 頁。
③ 巴布爾：《阿魯茲》，現藏巴黎國家圖書館，編號 Turc 1308，第 54a 頁。

格律的波斯語例詩。當波斯語例詩符合格律要求時，再按格律名稱檢驗其下方的格律符號。上述分支格律中波斯語聯句與格律名稱相符合，但與格律符號不符。因此可以確定該例詩下方的格律符號存在問題。從格律名稱可以得知，例詩雙行的句尾格律單元（'àrūż-u żàrb）爲分支格律單元 àḥàzz。眾所周知，拉賈茲格律種類的格律單元爲mustàf'ilun，因此上述例詩的格律名稱中出現的分支格律單元名稱 àḥàzz 是指分支格律單元 fà'lun，而不是muftà'ilun[①]。如果例詩雙行的句尾格律單元是 muftà'ilun，那巴布爾就沒有必要在格律名稱中專門提到'àrūż-u żàrb àḥàzz（雙行的句尾格律單元是 àḥàzz），而句尾的 muftà'ilun 也不合乎波斯語例詩的格律。因此，該例詩的格律符號應爲 Muftà'ilun màfā'ilun màfā'ilun **fà'lun**。

糾正完格律符號後我們再看察合台語例詩。可見，上述例詩第一行第三個格律單元的對應處缺一短一長兩音節詞和第二行的 dàrdïmǧa（向我的愁苦）一詞不合乎格律。《阿魯茲》第54a頁存在與上述例詩很相似的：

Jàvr-u sitàmnï qoy dàġï **maɲa** vàfā qïl ṣànàmïm

Luṭf-u kàràm qïlïp bu **dàrdïmǧa** dàvā qïl ṣànàmïm

*Muftà'ilun màfā'ilun màfā'ilun muftà'ilun*

譯文：我的美人啊！請你戒除欺侮，向我展示恩典，

我的美人，請你施以恩惠，醫我苦疾。

不難發現，上述例詩是在稍改此聯句的基礎上而來的。可見，上述例詩第一行缺了maɲa（向我）一詞，而第二行的 dàrdïmǧa 一詞在此聯句中同樣不合乎格律。筆者分析第二行詩句得知，dàr**dïm**ǧa 一詞的第二個音節（-dïm-）爲長音節，因此與詩行格律不符。而爲了把該音節變成短音節，我們祇能用烏古斯語向格附加成分-a 替換綴接於 dàrdïm（我的愁苦）一詞的向格附加成分-ǧa。這樣就原來的 dàrdïmǧa 變爲 dàrdïma，而第二個音節也從原來的長音節-dïm-變成短音節-dï-。在此值得提醒的是，烏古斯語向格附加成分-a 對巴布爾韻文體作品的語言並不陌生，另外《阿魯茲》中兩處還出現過 dàrdïma 一詞[②]。

2. 波斯語詩歌的校勘

筆者在校勘波斯語例詩時同樣使用了他校法和理校法。巴布爾在《阿魯茲》中引用了包括自己在內的56位詩人的1185個波斯語聯句。其中存在巴布爾專門爲《阿魯茲》中

---

① 參見巴布爾：《阿魯茲》，現藏巴黎國家圖書館，編號 Turc 1308，第 9b 頁；P. Мусульманкулов, *Персидско-Таджикская классическая поэтика*, Москва:«Наука», 1989, стр. 85；烏爾瓦圖洛·托伊洛夫, *Фарҳанги истилоҳоти Арӯзи Ачам*, Душанбе:«Маориф», 1991, с.272；扎米爾·賽都拉：《阿魯孜格律理論》，第 207 頁。

② 巴布爾：《阿魯茲》，現藏巴黎國家圖書館，編號 Turc 1308，第 27b、51b 頁。

較難運用的格律種類與分支格律種類創作的例詩。校勘此類例詩時祇能用理校法，以阿魯茲格律理論和例詩的具體内容檢驗每一句例詩的準確性。其餘作者中筆者祇獲得了阿塔爾（Farīd-ud dīn 'Aṭṭār, 1148—1221）、内扎米、納斯爾·圖斯、薩迪、夏姆斯·蓋斯（Šams Qàys Ràzī, 約 13 世紀）、哈岡尼、霍斯魯、哈桑·德赫拉維（Ḥàsàn Dihlàvī, 1253—1327）、薩爾曼、哈菲兹、沙希、考泰比（Kātibī Turšīzī, 卒於 1436 年）、賈米、比納伊（Kamāl-ud dīn Bināyī, 1453—1512）、赫拉里（Badr-ud dīn Hilālī, 1470—1529）、阿薩菲（Ḫāja Āṣafī, 1449—1517）和法尼（納瓦依在波斯語詩歌中使用的筆名）等 17 位元詩人作品的抄本或校勘本。除此之外，從納瓦依《名人之談》中找到了黑耀里（Ḫiyālī, 卒於 1441 年）、薩赫比·巴爾赫（Ṣāḥib Balḫī, 15 世紀）、阿熱菲（'Ārifī, 卒於 1449 年）、穆哈麥德·塔巴德蓋尼（Muḥàmmàd Tàbādàgānī, 1399—1486）、賽菲·亞迪噶爾·伯克（Sàyfī Yādgār-Beg, 15 世紀）、沙·拉里（Šāh ibn La'lī, 15 世紀）、沙·拉里·巴達赫山（Šāh La'lī Bàdàḫšān, 15 世紀）、玉素甫·安集延尼（Yūsuf Àndijānī, 15 世紀）、蘇海里（Suhàylī, 1444—1502）、比赫希提·希薩里（Bihištī Ḥiṣārī, 15—16 世紀）、阿里夫·法爾卡提（'Ārif Fàrkàtī, 15 世紀）、夏赫迪（Šàhīdī, 15 世紀）、沙哈魯之子拜松古爾·米爾扎和巴布爾的堂兄拜松古爾·米爾扎（Baysunǧur Mīrzā, 1477—1499）等 14 位波斯語詩人的聯句。因此在研究中用他校法對校了上述 31 位詩人的波斯語詩句。例如：

Judā zi lālà-ruḥ-i ḫud bàhārrā čikunàm
Hàzār dāǧ bà-dil **zārrā** čikunàm①
Màfà'ilun fà'ilā　　fà'ilun fà'ilun

譯文：我失去了花容情人，我奈春何？
萬千悲哀在我心中，我奈悲痛的癡迷人何？

此聯句以莫吉塔斯（mujtàṡṡ）格律種類的 Mujtàṡṡ-i muṡàmmàn-i màḥbūn-i màḥẓūf（v-v-/vv--/v-v-/vv-）分支格律種類寫成。該分支格律種類在波斯文學和察合台文學中普遍使用。我們以阿魯兹格律檢驗上述聯句，不難發現，該聯句第二行不合乎格律，但勉強符合句意。原因是第二行第二個格律單元的最後音節和第三個格律單元首音節的對應處缺一長一短兩音節詞。筆者發現，該例詩引自《賈米詩集》，是賈米某伽扎爾詩的首聯②，其原文如下：

Judā zi lālà-ruḥ-i ḫud bàhārrā čikunàm
Hàzār dāǧ bà-dil **lālà-zārrā** čikunàm

---

① 巴布爾：《阿魯兹》，現藏巴黎國家圖書館，編號 Turc 1308，第 158b 頁。
② 阿卜杜拉赫曼·賈米：《賈米詩集》，抄寫於 1492 年，現藏巴黎國家圖書館，編號 Supplément 1384，第 201a 頁。

*Mȧfāʿilun faʿilātun mȧfāʿilun faʿilun*

譯文：我失去了花容情人，我奈春何？

萬千悲哀在我心中，我奈鬱金香圃何？

可見，《阿魯兹》的抄寫者在第二行所遺漏的詞爲 lālā（鬱金香）。因此筆者把該詞填補到引自《賈米詩集》的上述聯句中，這樣該例詩第二行既合乎格律也符合句意。

值得一提的是，《阿魯兹》中還存在筆者未獲得其作品抄本或其他版本的 25 位波斯語詩人。其中包括《阿魯兹》中大量被引用詩句的卡瑪爾·霍薑迪（Šȧyh Kȧmāl Ḥujȧndī，1321—1400）等帖木兒時代的大詩人。而校勘此類例詩時也祇能用理校法，以阿魯兹格律理論和聯句内容檢驗每一句例詩的準確性。然而，此方法的效果遠不如對校法和他校法。例如：

Guftīm jȧvābī nȧ kȧm ȧz guftȧ-yi Sȧʿdī

**Bȧlki** īn du ğȧzȧl **ḫūb**tȧr ȧz yȧk-digȧr uftād①

Mȧfʿūlu mȧfāʿīlu mȧfāʿīlu mȧfāʿīl

譯文：我們的答詩不遜色於薩迪，

而且這兩篇詩遠高於其餘。

該例詩是卡瑪爾·霍薑迪的聯句，以哈扎吉格律種類的 Hȧzȧj-i muṡȧmmȧn-i ȧḫrȧb-i mȧkfūf-i mȧqṣūr（--v/v--v/v--v/v-~）分支格律種類寫成。該分支格律種類在波斯文學和察合台文學中普遍使用。因筆者未能獲得卡瑪爾·霍薑迪的詩集，因此祇能以阿魯兹格律檢驗上述聯句。不難發現，該聯句第二行不合乎格律，但符合句意。詩行出格的原因是第二行 bȧlki（而且）一詞的第二音節與第一個格律單元的第二個音節不符，而且詩行比格律符號多出了一個音節。因爲第二行的 hūbtȧr（hūb 的比較級；比……好）一詞的 hūb 音節在詩行中讀作一長一短兩音節。因此，筆者考慮到詩行的格律要求省略了 bȧlki 一詞的 ki 音節，即讀作 bȧl。因爲 bȧl 是 bȧlki 的縮略形式。② 筆者認爲，卡瑪爾·霍薑迪的上述聯句應爲：

Guftīm jȧvābī nȧ kȧm ȧz guftȧ-yi Sȧʿdī

**Bȧl** īn du ğȧzȧl ḫūbtȧr ȧz yȧk-digȧr uftād

Mȧfʿūlu mȧfāʿīlu mȧfāʿīlu mȧfāʿīl

譯文：我們的答詩不遜色於薩迪，

---

① 巴布爾：《阿魯兹》，現藏巴黎國家圖書館，編號 Turc 1308，第 111a 頁。

② 北京大學東方語言文學系波斯語教研室編：《波斯語漢語詞典》，第 309 頁；Т. Н. Зехнй，В. А. Капранов，И. А. Ализода，*Фарҳанги забони тоҷикӣ*（*аз асри X то ибтидои асри XX*），I，Москва：Нашриёти «Советская Энциклопедия»，1969，с. 135.

而且這兩篇詩遠高於其餘。

可見,該例詩第二行既合乎格律也符合句意。

## 四、結　語

《阿魯兹》的篇幅僅次於《巴布爾傳》,是察合台文學爲數不多的理論性著作,亦是阿魯兹理論史上較完整地闡述該理論的學術著作。而學界對該著作的關注度遠低於《巴布爾傳》和《巴布爾詩集》,研究甚少。因此,在學界就該著作的名稱、成書年代有多種不同觀點。以往學界將該著作誤稱爲"穆赫塔薩爾""阿魯兹手册""有關阿柔孜瓦孜尼的筆記"等。基於巴布爾自己對該著作的稱呼,筆者爲其正名爲《阿魯兹》。關於《阿魯兹》的成書時間,該著作没有明確記載。但在《阿魯兹》巴黎抄本和《巴布爾詩集》蘭普爾抄本中有重要綫索。巴布爾寫到,自己完成《阿魯兹》一兩年後征服了印度。因此可以肯定,《阿魯兹》寫於公元1523—1525年間(回曆九三〇—九三一年),後陸續補充到1528年或更晚。《阿魯兹》未曾出版過校勘本。至今唯一的現代版本爲1971年在前蘇聯刊行的塔什干版本,是《阿魯兹》巴黎抄本的烏兹别克西里爾字母轉寫本。書中存在許多錯誤。《阿魯兹》巴黎抄本抄寫於1533—1534年,抄本存在許多錯誤和遺漏。這些錯誤主要出現在變格律單元要素、分支格律單元、分支格律種類、分支格律種類名稱和例詩中。《阿魯兹》中出現問題較多的部分是變格律單元要素和分支格律單元。在没有其他抄本可供對校的情況下,筆者使用理校法來校勘該部分內容,即用阿魯兹格律理論來修正該內容。在校勘格律單元的構成方法部分時,筆者同時使用理校法和他校法對這些內容進行校勘。《阿魯兹》正文中還存在誤寫他人名諱和著作名稱的情況。遇到抄本中出現的類似問題時,筆者使用他校法來校勘該部分內容。在校勘《阿魯兹》中的例詩時,筆者使用他校法和理校法來解決其中存在的問題。使用他校法對校例詩和從其他書籍找到的另一種版本進行校勘;使用理校法以阿魯兹格律理論來檢驗每一句例詩的準確性。筆者在文章中舉例介紹了上述問題中的典型案例。在校勘《阿魯兹》的過程中很明顯這些謬誤應該歸咎於抄寫者,而不是巴布爾本人。

## A Study of Babur's *Aruz* and the Issues Related to the Collated Texts

Arafat Hasan

**Abstract**: Babur's works have an important position in the history and literature of countries along the Silk Road, especially in Central Asia and India. The related research is of academic significance and offers resources for the linguistic and cultural studies on the nations along the "Belt and Road". *Aruz* is a scholarly work of Babur's which illustrates the theory and practice of "aruz", a poetic metre of oriental literature. The book enjoys high esteem in the literary history of Central Asia, India and Persia. In *Aruz*, Babur quoted extensively from *Bābur-nāmà*, thus *Aruz* also plays a crucial role in the proofreading of *Bābur-nāmà*. Only two hand-written copies of *Aruz* survived, in Paris and Tehran respectively, the author of the latter still unknown. Previous studies of *Aruz* were mainly introductory articles, with few thematic insights. The contemporary research on the topic have not been conducted in-depth. Due to the importance of *Aruz* and its role in bridging the languages and cultures of the nations along the "Belt and Road" with Chinese history, language and culture, the author takes the Paris version of *Aruz* as the base text and supplements it with hundreds of other multilingual documents, and discusses the related issues after proofreading the work. This paper probes into the typical problems that arise in the extant copies of the work and the transcriptions in circulation.

**Keywords**: Babur; *Aruz*; Title of the work; Date of composition; Collation

# 英、法藏敦煌吐魯番回鶻語文獻*

吐送江·依明

**摘　要**：19世紀末20世紀初，英、法、德、俄、日、美等國考古探險隊紛紛進入中亞及中國新疆、甘肅等地，對酒泉、敦煌、吐魯番、庫車、和田、喀什及其周邊地區進行了多次的考古發掘，發現並帶走了大量文物和文獻。他們盜走的文物和文獻現館藏於世界各地的圖書館和博物館中。文章對英國探險家斯坦因、法國探險家伯希和等人在中國甘肅、新疆等地進行的考古探險活動以及他們帶走的回鶻語文獻的研究情況進行討論。

**關鍵詞**：斯坦因；伯希和；敦煌；吐魯番；回鶻語文獻

19世紀末20世紀初，西方各國的考古探險隊紛紛將其足跡延伸到中亞及中國新疆、甘肅等地，對酒泉、敦煌、吐魯番、庫車、和田、喀什以及周邊地區的各類古代遺跡進行了多次的考古發掘，發現並盜走了大量珍貴的文物和歷史文獻。

英藏文獻主要由英國探險家斯坦因（Marc Aurel Stein）獲得。1900年至1915年間，斯坦因在英國政府的支持下三次前往中國進行探險，在和田、吐魯番以及敦煌等地帶走大量的文物和文獻資料，這些文物和文獻現主要收藏在英國國家圖書館和英國國家博物館。法藏文獻則主要由法國探險家伯希和（Paul Pelliot）獲得，他在1906年至1908年到達中國新疆喀什、庫車和甘肅敦煌等地，獲得大量文物和文獻。他通曉漢文，會説漢語，因此在敦煌莫高窟中與王道士溝通順暢，被允許進入藏經洞中搜檢文書，從而帶走了大量精美的寫卷。他所獲文物文獻現主要藏於法國巴黎國家圖書館和吉美博物館（Musée Guimet）等處。英法兩國所獲得的各類民族文字文獻尤爲豐富，其中更有大量的回鶻語文獻，這些文獻時代跨度大（9—14世紀）、涉及的内容豐富（佛教、摩尼教、景教、道教等各類宗教以及世俗社會經濟），是研究這一時期中國西北地方歷史，以及曾活躍在中國西北以及中亞地區的各政權及王朝（甘州回鶻、高昌回鶻、西夏、喀喇汗、西遼、元代和明代）絶佳的第一手資料，可補證傳世史籍之缺憾。

---

* 基金項目：國家社會科學基金重大招標項目"海外藏回鶻文獻整理與研究"（20&ZD211）；蘭州大學"中央高校基本科研業務費專項資金"戰略發展專項項目（2023jbkyzx017）。

## 一、斯坦因的探險考察活動與英藏回鶻語文獻

英藏回鶻語文獻大部分是英國探險家斯坦因在新疆和甘肅探險過程中獲得。斯坦因 1862 年出生於匈牙利首都布達佩斯的一個猶太人家庭，年輕時受亞歷山大大帝、玄奘以及馬可·波羅等歷史名人的啟發立下探險考察的志向。在 19 世紀下半葉歐洲學者對語言學愈發重視的背景下，斯坦因曾師從圖賓根大學的印歐語言學、宗教史教授魯道夫·馮·羅特（Rudolf von Roth）和維也納大學的印度語言學、古代史教授喬治·比勒（George Buhler），這些都是促使他動身前往中亞進行考察的重要因素。1898 年，斯坦因獲得英屬印度政府和英國政府的支持，動身前往中國進行考察。英藏的回鶻語文獻大部分是他在中國新疆、甘肅等地進行的三次大規模地理勘測和考古調查活動中獲得的。第一次考察時間從 1900 年 5 月至 1901 年 7 月，考察隊到達和田周圍地區，如大馬溝、麻扎塔格等地。本次考察結束後他於 1901 年寫成考古報告《中國新疆考古：地理探險旅行初步報告》[1]，於 1903 年出版個人筆記《沙埋和田廢墟記》[2]，於 1907 年出版《古代和田》2 卷[3]。第二次考察時間從 1906 年 4 月至 1908 年 11 月，他到達樓蘭古城、米蘭以及敦煌周邊，並於 1912 年出版個人筆記《沙埋中國廢墟記》2 卷[4]，於 1921 年出版正式考古報告《西域考古圖記》5 卷，副標題爲《在中亞和中國西陲考察的詳細報告》[5]。第三次從 1913 年至 1915 年，他再次到和田周圍地區以及吐魯番周圍地區，如阿斯塔那、柏孜克里克、小河薩爾、大河薩爾、高昌古城、吐峪溝石窟寺、交河故城、庫車周圍、黑水城、敦煌等地進行考古發掘，並於 1928 年出版考察報告《亞洲腹地考古圖記》4 卷[6]，於 1933 年出版《在中亞古道上》（即《西域考古記》）[7]。

---

[1] Aurel Stein, *Preliminary Report on a Journey of Archaeological and Topographical Exploration in Chinese Turkestan*, London: Eyre and Spottiswoode, 1901.

[2] Aurel Stein, *Sand-buried Ruins of Khotan: Personal Narrative of a Journey of Archaeological and Geographical Exploration in Chinese Turkestan*, London: Hurst and Blackett, 1904.

[3] Aurel Stein, *Ancient Khotan*, Oxford: Clarendon Press, 1907.

[4] Aurel Stein, *Ruins of Desert Cathay: Personal Narrative of Explorations in Central Asia and Westernmost China*, London: Macmillan, 1912.

[5] Aurel Stein, *Serindia: Detailed Report of Explorations in Central Asia and Westernmost China*, Oxford: Clarendon Press, 1921.

[6] Aurel Stein, *Innermost Asia: Detailed Report of Explorations in Central Asia, Kan-su and Eastern Īrān: Carried Out and Described under the Orders of H. M. Indian Government*, Oxford: Clarendon Press, 1928.

[7] Aurel Stein, *On Ancient Central-Asian Tracks: Brief Narrative of Three Expeditions in Innermost Asia and North-western China*, London: Macmillan & Co. Limited, 1933.

斯坦因根據其探險經歷撰寫了多個調查報告、遊記和目錄，除上述外還有《新疆和甘肅的地圖回憶錄》調查報告（1923）[1]、《千佛洞》（1921）[2] 等，是研究敦煌吐魯番文獻，特別是回鶻文獻及其產生的歷史背景的重要資料。斯坦因考察所獲的漢文、粟特文、古代突厥魯尼文、回鶻文以及婆羅謎文等多種語言文字的文獻，主要藏於英國國家圖書館，以斯坦因收集品（Stein Collection）命名。這批文獻有 Or. 8210—Or. 8212 三個編號，第一次探險獲取的文獻在 Or. 8211 號下；第二次所獲文獻在 Or. 8210 號下；第三次所獲文獻在 Or. 8212 號下館藏。Or. 8210 主要是敦煌藏經洞出土的漢文寫本和印本，此後又以 S. 命名。回鶻文獻主要在 Or. 8212 號下。Or. 8212/1—74 編號下多爲婆羅謎文書寫的梵語殘片、于闐塞語殘片，以及少量粟特語殘片；Or. 8212/75 以下是漢文、回鶻文、古代突厥魯尼文、粟特文和古藏文，還有少量的婆羅謎文書寫的龜茲—焉耆語以及于闐塞語等文獻。

英藏回鶻文文獻中除了斯坦因所獲外，還有在 1911 年英國駐喀什總領事喬治·馬繼業（Sir George Macartney）獲取的出土於莎車的 15 件文書。這些文獻中 7 件是以阿拉伯文書寫的阿拉伯語，5 件是以阿拉伯文書寫的古突厥語，還有 3 件則是以回鶻文書寫的古突厥語[3]，均係 11 世紀晚期的土地買賣契約。以上 8 件古突厥語文書均屬於同一時代同一地點的寫本，文書中所提及人物多有穆斯林名字，説明當時當地已經開始伊斯蘭化，但仍有部分文書用回鶻文書寫，且文書格式多採用漢文土地買賣契約的格式。據俄羅斯學者巴托爾德（W. Barthold）提供的信息，上述文獻現藏於印度考古博物館，但在倫敦大學亞非學院 SOAS 圖書館藏有文獻圖片[4]。

## 二、英藏回鶻語文獻的研究

斯坦因帶走的回鶻語文獻大多數出自敦煌莫高窟藏經洞，其中有回鶻文、古代突厥魯尼文、摩尼文、婆羅謎文等多種文字書寫的回鶻語文獻。雖然英藏敦煌文獻的研究已有 100 多年的歷史，但是英藏文獻尚未全部刊佈，其中英藏回鶻語文獻的研究更爲稀少。這批文獻主要由斯坦因、希納斯·特肯（Şinasi Tekin）、哈密頓（James Hamilton）、茨默

---

[1] Aurel Stein, *Memoir on Maps of Chinese Turkistan and Kansu*, Dehra Dun, 1923.

[2] Aurel Stein, *The Thousand Buddhas: Ancient Buddhist Paintings from the Cave-temples of Tun-Huang on the Western Frontier of China*, London: Bernard Quaritch, 1921.

[3] 牛汝極：《阿爾泰文明與人文西域》，烏魯木齊：新疆大學出版社，2003 年，第 182 頁。

[4] W. Barthold, "The Bughra Khan mentioned in the Qudatqu Bilik," *Bulletin of the School of Oriental and African Studies*, 3(1), 1923, pp. 151-158.

(Peter Zieme)、莊垣内正弘(Masahiro Shōgaito)、羽田亨(Toru Haneda)、松井太(Dai Matsui)等學者進行研究。

沙畹(Edouard Chavannes)在 1913 年出版的《斯坦因在新疆沙磧中所獲漢文書》①一書中，提供了非常重要的敦煌出土漢文文獻信息。

斯坦因於 1921 年在牛津出版的《西域考古圖記》第 2 卷中對英藏文獻進行過報導。英藏回鶻佛教文獻中最早被研究的是編號爲 Or. 8212/75A 的《阿毘達磨俱舍論實義疏》。日本學者羽田亨是首次對敦煌出土英藏回鶻文《阿毘達磨俱舍論實義疏》寫本文獻進行初步研究的學者。他在論文《回鶻譯本安慧の俱舍論實義疏》中，對文獻結構進行分析，誤認爲英國國家圖書館館藏的另一個編號爲 Or. 8212/75A 的回鶻文文獻的第二種文獻《譬喻譚》爲《實義疏》的一部分②。羽田亨根據 Or. 8212/75A 中出現的所有紀年題記，包括蒙古文"光緒三十年"題記猜測認爲，題記的書寫是後人所爲，但他並未對題記內容進行詳細分析。

《阿毘達磨俱舍論實義疏》梵語稱 Abhidharma-kośa-bhāsya-tikā Tattvārtha-nāma，是根據印度佛教大師世親(Vasubandhu)所著《阿毘達磨俱舍論》(Abhidharma-kośa)一書所作的注釋。《阿毘達磨俱舍論》是反映世親早期佛教思想的哲學著作，它對研究回鶻小乘佛教和大乘佛教都具有比較重要的意義。《阿毘達磨俱舍論實義疏》梵文原本已丟失，漢文譯本絕大部分也已不在，僅有兩個殘件，現分別館藏於法國巴黎國家圖書館和北京國家圖書館。它的回鶻文譯本由無念(Asimarta)根據漢文本翻譯成回鶻語，由兩個卷子組成。英藏的《阿毘達磨俱舍論實義疏》由沙州人土凱勒·鐵木爾(Tükäl Tämür)抄寫。

除了羽田亨以外，希納斯·特肯、莊垣内正弘等學者對編號爲 Or. 8212/75 A 和 B 的回鶻文《阿毘達磨俱舍論實義疏》進行研究。1970 年希納斯·特肯在美國哈佛大學出版名爲《安慧譯阿毘達磨俱舍論實義疏回鶻語譯本》的影印本③，在前言部分對文獻歷史背景、書寫年代以及相關情況進行介紹。莊垣内正弘在 1991—1993 年出版了名爲《古代ウイグル文阿毘達磨俱舍論実義疏の研究》三本專著④，對文獻進行轉寫、翻譯和語文學研究，並附有詞彙表和文獻原文掃描。莊垣内正弘的研究是目前國內外最完整的研究。在國內，耿世民、薩仁高娃、楊富學和阿依達爾等學者對《阿毘達磨俱舍論》和《阿毘達磨

---

① Edouard Chavannes, *Les documents chinois découverts par Aurel Stein dans les sables du Turkestan oriental.* l'Universit, 1913.

② [日]羽田亨:《回鶻譯本安慧の俱舍論實義疏》，《羽田博士史学論文集》下卷《言語宗教篇》，同朋社，1975 年，第 148—182 頁。

③ Ş. Tekin, *Abhidharma-kośa-bhāsya-tikā Tattvārtha-nāma, The Uighur translation of Sthirmati's commentary on the Vasabandhs Abhidharmakosa šastra*, Garland Pub, 1970.

④ [日]莊垣内正弘:《古代ウイグル文阿毘達磨俱舍論実義疏の研究》1—3，松香堂，1991—1993 年。

俱舍論實義疏》的國內館藏部分殘卷進行過研究①。

編號爲 Or. 8212/76 至 Or. 8212/79 是突厥魯尼文文獻。丹麥學者湯姆森（Vilhelm Thomsen）作爲解讀蒙古高原突厥魯尼文碑文的第一位學者，對英藏的多個魯尼文文獻進行過解讀和研究。1912 年，他在《英國皇家亞洲學會雜誌》（JRAS）發表的論文《斯坦因博士所獲米蘭和敦煌出土的突厥魯尼文寫本研究》②，對包括《占卜書》（Irq Bitig）在內的多個突厥魯尼文紙質文獻進行研究。他的研究還涉及編號爲 Or. 8212/76、Or. 8212/77、Or. 8212/78、Or. 8212/79 的突厥魯尼文紙質文獻。

英藏回鶻文獻中，用其他文字書寫的回鶻語文獻中最有名的是突厥魯尼文寫成的册頁裝《占卜書》。突厥魯尼文《占卜書》出土於敦煌莫高窟藏經洞，現藏於英國國家圖書館，編號爲 Or. 8212/161，册子式，共 58 葉。該文獻在 1939 年由土耳其學者厄爾渾（Husein Namık Orhun）進行研究，成果收錄在他出版的《古代突厥文獻》第二卷中③。蘇聯學者馬洛夫（S. Malov）在 1951 年《古代突厥語文獻》④ 一書中也對《占卜書》進行了研究。除此之外，英國克勞遜（S. G. Clauson）、美國 A. Arlotto、蘇聯 İ. V. Stebleva、以色列艾爾達爾（Marcel Erdal）⑤、法國哈密頓⑥、我國的耿世民和張鐵山⑦等學者對其進行過研究。

法國學者哈密頓研究刊佈了敦煌莫高窟藏經洞發現的長篇回鶻文文獻《善惡兩王子的故事》（法藏 Pelliot chinois 3509、英藏 Or. 8212/118）⑧，其內容雖然不完全對應，但可判斷該文獻應譯自《大方便佛報恩經》的講經文《雙恩記》。

在英藏敦煌文書中，已刊佈的出於藏經洞的回鶻文書還有 Or. 8212/104 回鶻文《佛説

---

① 耿世民：《回鶻文〈阿毘達磨俱舍論〉殘卷研究》，《中央民族大學學報》1987 年第 4 期，第 86—91 頁；薩仁高娃、楊富學：《敦煌本回鶻文〈阿毘達磨俱舍論實義疏〉研究》，《敦煌研究》2010 年第 1 期，第 117—124 頁；阿依達爾·米爾卡馬力：《敦煌莫高窟北區新出回鶻文文獻綜述》，《敦煌學輯刊》2009 年第 2 期，第 81—88 頁。

② V. Thomsen, "Dr. A. Stein's Manuscripts in Turkish 'Runic' Script from Miran and Tun-huang," JRAS, 1912, pp. 190-214.

③ H. N. Orhun, Eski Türk Yazıtlar, Atatürk Kültür Dil ve Tarih Yayınları, 1994.

④ S. Malov, Pamyatniki drevnetyurkskoy pis'mennosti, Moskva-Leningrad, 1951.

⑤ S. G. Clauson, "Notes on the Irk Bitig," Ural-Altaische Jahrbücher 33, 1961, pp. 218-225; A. Arlotto, "Old Turkic oracle books," Monumenta Serica XXIX (1970-71), pp. 685-696; İ. V. Stebleva, Eski Türkçe Fal Kitabı Irk Bitig ve Sembollerinin Kavramsal Temeli (çev. Halil İbrahim Usta): Moskova, 1998; Marcel Erdal, "Irk Bitig Dzerine Yeni Notlar," TDAY-Belleten, 1977, pp. 87-119.

⑥ J. R. Hamilton, "Le colophon de l'Irq Bitig," Turcica VII, 1975, pp. 7-19.

⑦ 耿世民：《古代突厥文碑銘研究》，北京：中央民族大學出版社，2005 年，第 285—302 頁。張鐵山、趙永紅：《古代突厥文〈占卜書〉譯釋》，《喀什師範學院學報》（哲學社會科學版）1993 年第 2 期，第 31—43 頁。

⑧ J. R. Hamilton, Le conte bouddhique du bon et du mauvais prince en version ouïgoure, Éditions du Centre national de la recherche scientifique, 1971.

天地八陽神咒經》（Säkiz yükmäk nom bitig）長卷，係年代最早的回鶻文佛教文獻之一。本文獻被葛瑪麗（A. M. Von Gabain）和阿拉特（Reşid Rahmeti Arat）收錄在《突厥語吐魯番文獻》卷6中①。此外，日本學者小田壽典（Juten Oda）多次對該文獻進行整理研究，他的研究包括英藏版本的《佛説天地八陽神咒經》，最新的研究是2015年他在德國出版的作爲"柏林吐魯番文書研究系列"第33卷的《古代突厥語佛經〈佛説天地八陽神咒經〉研究》一書②，其中包含了藏於不同地點的回鶻文《佛説天地八陽神咒經》的殘卷。

哈密頓在1986年研究刊佈了英藏和法藏部分回鶻語文書，他的專著《9至10世紀敦煌回鶻語寫本》③刊佈了英藏、法藏敦煌文書中出自藏經洞的共36個編號的回鶻文寫本的圖版，並對文本做出轉寫、法文翻譯和注釋。這些文書中包含了多個社會經濟文書，對研究西北地方歷史具有很高的參考價值。

森安孝夫在1997年對英藏突厥魯尼文編號爲Or. 8212/1692文獻進行研究，其研究成果在大阪大學出版的《内陸亞細亞語言研究》12卷上公佈④。國内學者白玉冬曾對英藏突厥魯尼文文獻進行研究並發表了數篇論文⑤。

編號Or. 8212/106的回鶻文書是社會經濟文書，1969年由蘇聯學者提爾亞斯基（E. Tryjarski）進行研究，成果發表在《烏拉爾阿勒泰學年鑒》上⑥。法國學者哈密頓在1969年《雅爾和屯（交河）出回鶻文書》⑦一文中對其進行研究。1975年，美國學者克拉克（Larry V. Clark）在其學位論文《新疆13—14世紀的回鶻社會經濟文書》中⑧詳細介紹了這些社會經濟文書的狀況。1962年日本學者山田信夫在《大阪大学文学部紀要》

---

① Willi Bang, Annemarie von Gabain, R. R. Arat and Gabdul Rašid Rachmati, *Türkische Turfan-Texte VI. Das buddhistische Sūtra Säkiz yükmäk*, Berlin, 1934（Aus: SPAW. Phil.-hist. Kl. 1934: 10, 93-192.）[Reprint in: SEDTF 2, 190-289]

② Juten Oda, *A Study of the Buddhist Sūtra called Säkiz Yükmäk Yaruq or Säkiz Törlügin Yarumïš Yaltrïmïš in Old Turkic*, BTT XXXIII, Turnhout: Brepols, 2015.

③ J. R. Hamilton, *Manuscrits Ouïgours du IXe-Xe siècle de Touen-houang*, Paris: Peeters France, 1986. 釋文漢譯參見楊富學、牛汝極：《沙州回鶻及其文獻》，蘭州：甘肅文化出版社，1995年。

④ ［日］森安孝夫：《大英図書館所蔵ルーン文字マニ教文書Kao. 0107の新研究》，《内陸アジア言語の研究》12，1997年，第41—71頁。

⑤ 白玉冬：《米蘭出土Or. 8212/76魯尼文軍需文書年代考》，《中古中國研究》第3卷，2021年，第53—67頁；［日］松井太著，白玉冬譯：《英國圖書館藏"蕃漢語詞對譯"殘片（Or. 12380/3948）再考》，《敦煌研究》2017年第3期，第60—65頁。

⑥ E. Tryjarski, "Note on the Turcica in Sir M. Aurel Stein's Collection, B. Uighur Manuscripts. seal on the Documents," *UAJb*, 42, 1969, pp. 327-328.

⑦ J. R. Hamilton, "Un acte Ouïgourde vente de terrain provenant de Yar-Khoto," *Turcica* 1, 1969, pp. 26-52.

⑧ Clark, L. V., *Introduction to the Uyghur Civil Documents of East Turkestan (13th-14thC.)*, Indiana University, Ph. D. Dissertation, 1975.

中發表的《ウイグル文貸借契約書の書式》一文，對這些文書進行了研究①。

編號爲 Or. 8212/108 的回鶻文獻是《回鶻語佛教詩集》，最早由阿拉特進行解讀研究，其成果刊佈在 1965 年出版的《古代突厥語詩歌》② 一書中。日本學者莊垣内正弘在 1967 年《東洋學報》57 卷發表的《ウイグル語写本・大英博物館蔵 Or. 8212—108 について》一文中進行了研究③。茨默在 Berliner Turfantexte（簡稱 BT）柏林吐魯番文書第 13 卷《回鶻語佛教頭韵詩歌》中對本文獻進行了研究。他 1991 年在匈牙利出版的《吐魯番和敦煌出土的回鶻語詩歌選》④ 一書中收録了本文獻的研究。

除此之外，希納斯・特肯 1980 年在匈牙利東方學研究系列圖書的 27 卷，出版了名爲《元代回鶻文文書》⑤ 的專著，其中對編號爲 Or. 8212/108 的回鶻文《説心性經》和法藏回鶻文文獻編號爲 Pelliot-Ouïgour 4521《常啼菩薩的求法故事》進行研究。他的内容包括了文獻的轉寫、翻譯、語文學研究和詞彙表。在國内，阿里木・玉蘇甫和帕提古力・麥麥提在《敦煌回鶻寫本（説心性經）》中對其進行了研究⑥，張田芳在其博士論文《敦煌本回鶻文〈説心性經〉探原》對其進行了研究⑦。

匈牙利學者卡拉（Gyorgy Kara）和德國學者茨默對編號爲 Or. 8212/109 的回鶻文密宗文獻《死亡書》進行研究，並在 1978 年出版研究成果《回鶻語死亡書》⑧，他們的研究内容包括文獻的轉寫、德語翻譯和詞彙表等。除此之外，日本學者莊垣内正弘在 1974 年出版的《東洋學報》56 卷中對其進行過研究⑨。

編號爲 Or. 8212/116、Or. 8212/117、Or. 8212/118、Or. 8212/119、Or. 8212/120、Or. 8212/121、Or. 8212/122、Or. 8212/124 的回鶻文文書收録在哈密頓 1986 年出版的《9 至 10 世紀敦煌回鶻語寫本》一書中。編號爲 Or. 8212/129—Or. 8212/132、Or. 8212/141、

---

① ［日］山田信夫：《ウイグル文貸借契約書の書式》，《大阪大学文学部紀要》11，1965 年，第 87—216 頁。
② R. R. Arat. *Eski Turk Şiiri*, Türk Tarih Kurumu Basması, Ankara, 1965.
③ ［日］莊垣内正弘：《ウイグル語写本・大英博物館蔵 Or. 8212-108 について.》，《東洋学報》57.1・2，1976 年，第 272—254 頁。
④ P. Zieme, *Buddhistische Stabreimdichtungen der Uiguren*, BTT XIII, Berlin, 1985. P. Zieme, *Die Stabreimtexte der Uiguren von Turfan und Dunhuang*, Studien zur alttürkischen Dichtung, Budapest, 1991.
⑤ Ş. Tekin, *Buddhistische Uigurica aus der Yüan-Zeit*, Budapest: Adadémiai Kiadó, 1980.
⑥ 阿里木・玉蘇甫、帕提古力・麥麥提：《敦煌回鶻寫本〈説心性經〉中的夾寫漢字現象》，《西北民族大學學報》（哲學社會科學版）2010 年第 2 期，第 105—112 頁。
⑦ 張田芳：《敦煌本回鶻文〈説心性經〉》探原》，蘭州大學博士學位論文，2018 年。
⑧ P. Zieme, G. Kara, *Ein uigurisches Totenbuch. Nāropas Lehre in uigurischer Übersetzung von vier tibetischen Traktaten nach der Sammelhandschrift aus Dunhuang Britisch Museum Or. 8212(109)*, Budapest, 1978.
⑨ ［日］莊垣内正弘：《ウイグル語写本・大英博物館蔵 Or. 8212（109）》，《東洋学報》56：1，1974 年，第 44—57 頁。

Or. 8212/142、Or. 8212/143、Or. 8212/144、Or. 8212/145、Or. 8212/147、Or. 8212/151 是回鶻文社會經濟文書,日本學者梅村坦①、山田信夫②、森安孝夫③等對其進行過研究。他們的研究成果在《中央アジア古文獻の言語學的・文獻學的研究》《大阪大學文學部紀要》《待兼山論叢・史學篇》等期刊上發表。這些文獻在研究高昌回鶻、甘州回鶻社會制度等方面非常重要。森安孝夫在 2019 年出版的《絲綢之路東段的回鶻語信件集成》中收錄了英藏回鶻文文獻中的 Or. 8212/ 115、Or. 8212/ 116、Or. 8212/ 120、Or. 8212/ 123、Or. 8212/ 129、Or. 8212/ 136、Or. 8212/ 147、Or. 8212/ 179、Or. 8212/ 180、Or. 8212/ 181、Or. 8212/ 1803、Or. 12207A-8-10、Or. 12452B 4-9-11、S. 10780;法藏回鶻文文獻中的 Pelliot Ouïgour 3、4、5、6、7、9、12、14、15、16,Pelliot Chinois 181(203 號正反面),Pelliot Chinois 3049(4 號)。④

編號爲 Or.8212/156—157 A,B,C 是回鶻文《金光明最勝王經》的相關殘卷,德國學者拉施曼(Simone-Christiane Raschmann)在 2010 年舉辦的 53 屆阿勒泰學年會上公佈了相關研究情況,論文名稱爲 The Pre-eminent Sūtra: New Traces of the Altun Yaruk Sudur,收錄在 2010 年由 Gerd Winkelhane 主編的《在圖書館、檔案館和博物館館藏的阿勒泰學界的不爲人知的寶藏》一書中⑤。拉施曼論文的漢譯本由宋博文翻譯,在《河西學院學報》2020 年第 1 期發表⑥。

英藏回鶻文獻中還有摩尼文回鶻語文書,其中最有名的是摩尼文書寫成的卷軸裝《摩尼教徒懺悔詞》(Xwāstwānīft),由 Or. 8212/178、Or. 8212/78 + Or. 8212/79 綴合。《摩尼教徒懺悔詞》於 1907 年由英國探險家斯坦因從莫高窟藏經洞帶走,現藏倫敦英國國家圖書館,被稱爲倫敦抄本,編號爲 Or. 8212—178(舊編號爲 Ch. 0015),卷子式,共 338 行,用摩尼文寫成,是現存回鶻語《摩尼教徒懺悔詞》中保存最完好的一件。

---

① [日]梅村坦:《Chong-hassār 出土ウイグル俗文書の檢討》,《中央アジア古文獻の言語学的・文獻学的研究》,2006 年。
② [日]山田信夫:《回鶻文斌通(善斌)賣身契三種》,《東洋史研究》第 27 卷第 2 期,1968 年,第 119—224 頁;《ウイグル文奴婢文書及び養子文書》,《大阪大学文学部紀要》第 16 期,1972 年,第 161—267 頁;《一份有關奴隸解放問題的回鶻文文書》(An Uighur Document for the Emancipation of a Slave, Revised),《亞細亞學報》(Journal Asiatique)第 269 卷,1981 年,第 373—383 頁。
③ [日]森安孝夫:《ウイグル文契約文書補考》,《待兼山論叢》(史学篇)32,1998 年,第 1—24 頁。
④ Takao Moriyasu, Corpus of the Old Uighur Letters from Eastern Silk Road, BTT XLVI, Turnhout: Brepols, 2019.
⑤ Simone-Christiane Raschmann, "The Pre-eminent Sūtra: New traces of the Altun Yaruk Sudur," Unknown Treasures of the Altaic World in Libraries, Archives and Museums: 53rd Annual Meeting of the Permanent International Altaistic Conference, St. Petersburg, Vol. 13, 2010, p.93.
⑥ [德]西蒙娜・克里斯蒂娜・拉施曼著,宋博文譯:《回鶻文〈金光明經〉的新發現》,《河西學院學報》2020 年第 1 期,第 13—25 + 63 頁。

《摩尼教徒懺悔詞》除了本寫本以外，還有俄藏、德藏回鶻文版本。這兩個版本由勒柯克、邦格、茨默、阿斯姆森（J. P. Assmusen）、德米特里耶娃（Л. В. Дмитриева）等學者進行研究。勒柯克在 1911 年出版了《斯坦因收藏的突厥語〈摩尼教徒懺悔詞〉》，譯文在《英國皇家亞洲學會雜誌》上發表①。他同年出版了《高昌出土的突厥語摩尼教文獻》3 卷②，其中收錄了英藏版本。回鶻語《摩尼教徒懺悔詞》在國內由著名回鶻學家耿世民、李經緯③、楊富學④、芮傳明⑤等學者進行研究。《摩尼教徒懺悔詞》除了不同文字的回鶻語版本以外，還有粟特文版本，回鶻文是根據粟特文版本翻譯成回鶻語的。粟特文的《摩尼教徒懺悔詞》由阿斯姆森進行過詳細的解讀研究⑥。

　　在國內對敦煌回鶻文獻進行研究最多的是耿世民先生，他在 1989 年至 1990 年在《語言與翻譯》雜誌上發表了名爲《敦煌出土回鶻文獻介紹》的系列文章，主要介紹了包括英藏回鶻文獻在內的多個敦煌出土回鶻文獻的概況以及相關研究。

　　雖然英藏回鶻文獻有相當數量研究成果，但是仍有數十個編號的文書目前尚未見相關研究成果。有部分文書有一面的內容是已被釋讀的漢文、藏文或婆羅謎文文獻，另一面的回鶻文內容卻仍有待後來的學者進行解讀和研究。

　　回鶻文獻研究中最重要的集成式研究成果之一是英國學者克勞遜的研究。他根據已出版的敦煌吐魯番文獻的研究成果，在回鶻、蒙古歷史以及歷史語言學方面進行了非常詳細的研究。他在 1972 年出版的《13 世紀以前突厥語的詞源學詞典》⑦ 中，使用蒙古高原的古突厥、回鶻、黠戛斯時期的碑文，高昌回鶻、甘州回鶻時期的敦煌吐魯番文書、喀喇汗王朝時期的《突厥語大詞典》和《福樂智慧》等作爲語言材料，對 13 世紀以前的古代突厥語詞彙的詞源進行了考釋。該著作是至今爲止發表的關於詞源學的最好的詞典之一。另，他還出版了專著《突厥語和蒙古語研究》⑧ 和數十篇回鶻語研究相關論文。

　　此外，莎車出土的回鶻文文獻亦有相關學者進行了刊佈和研究。1975 年，希納斯·特肯在土耳其出版的《塞爾柱汗國研究雜誌》上發表了名爲《喀喇汗王朝時期回鶻文契

---

① A. von Le Coq, "Dr. Stein's Turkish Khuastuanıft from Tun-huang, Being a Confession Prayer of the Manichaean Auditores," *JRAS*, 1911, pp. 277-314.

② A. von Le Coq, *Türkische Manichaica aus Chotscho, I-III*, Abhandlungen der preussischen Akademie der Wissenschaften, 1912-1922.

③ 李經緯：《古代維吾爾文獻〈摩尼教徒懺悔詞〉譯釋》，《世界宗教研究》1982 年第 3 期，第 57—78 頁。

④ 楊富學：《敦煌民族史探幽》，甘肅文化出版社，2016 年，第 331—343 頁。

⑤ 芮傳明：《摩尼教突厥語〈懺悔詞〉新譯和簡釋》，《史林》2009 年第 6 期，第 54—66 頁。

⑥ J. P. Asmussen, *Xuāstvānīft. Studies in Manichaeism*, Copenhagen: Prostant a. Munksgaard, 1965.

⑦ G. Clauson, *An Etymological Dictionary of Pre-Thirteenth Century Turkish*, Oxford: Clarendon Press, 1972.

⑧ G. Clauson, *Turkish and Mongolian Studies*, The Royal Asiatic Society of Great Britain and Ireland, Landon, 1962.

約文書研究》① 的論文，首次對這批文獻進行了研究。艾爾達爾 1984 年在《倫敦大學東方與非洲研究學院通報》上發表了《古代突厥語葉爾羌文書》②，對這一批回鶻文契約文書進行了詳細的語文學研究。莎車出土的這些回鶻文文獻在研究喀喇汗王朝時期的回鶻文使用情況以及當時社會制度方面有很大的價值。

## 三、伯希和的探險考察活動與法藏回鶻語文獻

法藏回鶻文文獻主要是法國探險家伯希和 1906 年至 1908 年到新疆喀什、庫車和甘肅敦煌等地探險時獲取的文獻。伯希和 1878 年出生於法國巴黎的商人家庭，中學畢業後進入法國漢學中心之一的現代東方語言學院學習漢語，並師從法國的中國學權威沙畹。20 世紀初，歐洲及沙俄等國的探險家紛紛進入我國西北地方進行探險和考察，他們所發現的古代遺跡和帶走的文物震驚了世界，法國的中國學研究者也不甘落後，因此法國金石和古文字科學院以及亞細亞學會組織了一個考察團，由伯希和擔任考察團的團長。該考察團於 1906 年從中亞地區進入中國喀什地區，後到達庫車，並對都勒都爾—阿護爾、蘇巴什寺廟和夏爾特朗等遺址進行了考察，發現了一批佛教藝術品和梵文及古代龜茲文寫本等文物。後到達烏魯木齊，在當地他遇到了舊識清朝官員載瀾，並從他手裏看到了來自敦煌藏經洞的寫卷，於是他放棄了前往吐魯番進行考察的計劃，於 1908 年 2 月抵達敦煌。他來到莫高窟後，把藏經洞中所有的遺書通檢一遍，由於他通曉漢文，能夠辨認出寫卷的內容，因此他帶走了藏經洞敦煌文獻中最有價值的部分。在此期間，他曾用書信的形式向"中亞與遠東歷史、考古、語言、民俗考察國際協會"法國分會會長塞納（Emile Senart）報告他的一系列發現，這一批書信後來編爲《甘肅發現的中世紀書庫》一文，於 1908 年發表在《法國遠東學院學報》（*BEFEO*）第 8 卷上③。伯希和在敦煌的三個月間，除了翻檢敦煌藏經洞文獻外，還第一次給莫高窟有壁畫的洞窟統編了號碼，抄錄了壁畫上的各種文字的題記並記錄了相關的內容，拍攝了主要洞窟壁畫、雕塑的照片，這些照片於 1920 年至 1924 年間分六冊以《敦煌石窟圖錄》④ 爲名出版。此外，他還在莫高窟北區的洞窟

---

① Ş Tekin. "Bilinen en eski İslâmî Türkçe metinler: Uygur harfleriyle yazılmış Karahanlılar devrine ait tarla satış senetleri," *Selçuklu Araştırmaları Dergisi*, 1974, pp. 157-186.

② Marcel Erdal, "The Turkish Yarkand Documents," *Bulletin of the School of Oriental and African Studies* 47. 2, 1984, pp. 260-301.

③ P. Pelliot, "Une bibliothèque médiévale retrouvée au Kan-sou," *BEFEO* VIII. 3-4, 1908, pp. 501-529.

④ P. Pelliot, *Les Grottes de Touen-houang I-XI*, Paris: Librairie Paul Geuthner, 1920-1924.

中，發現一批回鶻文、西夏文的寫刻本①。

伯希和帶走的敦煌文書現藏於法國國家圖書館和國立亞洲藝術吉美博物館。除此之外，在法國亞洲學會圖書館（La Bibliotheque de la Societe Asiatique）也有部分回鶻文書。這批文獻中，漢文文獻以 Pelliot Chinois 命名，編入 Pelliot Chinois 2001—6040 號中，考慮到編號遺失、併合、改編、空號等問題，事實上，伯希和漢文文獻數量在 3700 件以上；藏文文獻以 Pelliot Tibetain 命名，起初伯希和將 1—2000 的編號預留給藏文文獻，但實際上，藏文文獻數量超出了這一編號，目前藏文文獻編入 Pelliot Tibetain 1—2225、3500—4451 中；梵文文獻以 Pelliot Sanscrit 命名，其中得自敦煌的命名爲 Pelliot Sanscrit TH，編入 Pelliot Sanscrit TH 01—13 中，得自新疆的命名爲 Pelliot Sanscrit A. C.，又根據紅綠顔色之分另有編號，計有 1000 餘件；焉耆—龜兹語文獻以 Pelliot kutcheen 命名，計有 1000 餘件；于闐文文獻，編入漢文文獻的計有 71 件，編入藏文文獻的計有 4 件，另有其餘處文獻若干；粟特文文獻命名爲 Pelliot Sogdien，編入 Pelliot sogdien 01—30 號中；西夏文文獻以 Pelliot Xixia 命名，計有 211 件；另有一些彼時尚未識別出語言的文獻，暫編入 Pelliot divers 中，其中或包含少量察合台文等文字文獻。回鶻文文獻以 Pelliot Ouïgour 命名，編入 Pelliot Ouïgour1—16 中。除此之外，464 窟所出回鶻文文獻另有編號爲 Pelliot Ouïgour 1811—363；另外其他文字文獻中也存在部分寫有回鶻文，包括 Pelliot Tibetain 127，1129，1685，1850，2132；Pelliot Chinois 2909，2961，2969，2988，2998，3046，3049，3071，3072，3134，3407，3509，3517（Pelliot Ouïgour 13），4521（Pelliot Ouïgour 16），4637（Pelliot Ouïgour 12），Pelliot Sogdien 16。除此之外，還有古藏文音寫的回鶻語佛教文獻 Pelliot Tibetain 1292。從內容來看，法藏回鶻文獻有佛教文獻、摩尼教文獻、佛教詩歌、諺語集、發願文、信函、社會經濟文書，以及 Pelliot 2892 文獻是少有的一件回鶻語與于闐語詞彙對照，這些文書可稱之爲研究高昌回鶻和甘州回鶻歷史的第一手資料。法國國家圖書館還藏有回鶻、突騎施、喀喇汗、察合台時期的西域錢幣，多數由伯希和提供。

法國吉美博物館還藏有伯希和在敦煌考察時所獲回鶻文木活字，總數 960 枚。除此之外，吉美博物館還藏有非常有名的回鶻文《玄奘傳》的一部分文書。回鶻文《玄奘傳》於 1930 年前後在新疆出土，出土地點尚不確定。隨後被一商人拆散售出，現藏於三個不同地方：一部分由清華大學袁復禮教授在新疆工作時購得，帶回北京，售與北京圖書館（現國家圖書館），共 242 葉；一部分由海金（Joseph Hackin）在敘利亞至北京途中購得，共 8 葉，後交給葛瑪麗，現已歸還中國國家圖書館收藏；另一部分由吉美博物館經伯希和

---

① 榮新江：《敦煌的發現及其學術意義》，載榮新江《敦煌學新論》，蘭州：甘肅人民出版社，2002 年，第 4—5 頁。

介紹，通過商人購買，共 123 葉；剩餘的 97 葉藏於俄羅斯科學院東方文獻研究所。

法藏回鶻文獻的圖片現已在法國國家圖書館 Gallica 資料庫和國際敦煌項目（IDP）網站全部公佈。

## 四、法藏回鶻語文獻的研究

對法藏敦煌文獻研究最重要的學者是伯希和，他是法國東方學專家和語言學家，著名的東方學家西爾文·烈維（Sylvain Levi）的門徒。他是一個語言天才，共掌握 13 種語言，包括漢語、滿語、蒙古語、藏語、阿拉伯語、波斯語和土耳其語。他在很小的時候就成爲越南西貢（現在的胡志明市）印度支那考古團的獎學金生；22 歲時，他成爲越南河內法國遠東學院的中國研究教授。1905 年（27 歲）8 月，他成爲法國政府派遣的中亞研究團隊的負責人，在中亞進行了考古研究，隨後沿天山南路前往喀什、庫車和吐魯番等地，並調查了敦煌莫高窟。特別值得一提的是，他在 1908 年 2 月訪問莫高窟的過程中，買下了藏經洞中發現的 6000 多種文物，並將它們帶到了法國。當時，伯希和待在藏經洞，並在 3 周的時間內對 15000 份古代文獻藏品進行了編目，而且從中挑選出他認爲最有價值的藏品帶走。與其他歐洲探險家不同，伯希和不僅能夠毫不費力地閱讀和書寫漢文，而且由於其深厚的文化素養，他還與中國本地高級官員保持著密切的關係。回到法國後，他的考察結果得到了認可。1911 年，他在 33 歲時成爲法蘭西學院（Collège de France）中亞歷史和語言課程的首席教授。

伯希和出版多個考察報告，其中《中國發現的一部摩尼教經典》調查報告①和《敦煌石窟圖錄》② 最爲重要。《敦煌石窟圖錄》中收錄了伯希和帶領的法國中亞研究小組（1906—1908）在 1908 年參觀敦煌莫高窟時所拍攝的照片。照片的拍攝者是攝影師查理斯·努埃特（Charles Nuette），他拍攝了從南到北依次編號的數百個洞窟的雕像和壁畫的照片，是對莫高窟的第一個完整記錄。其中部分壁畫的照片彌足珍貴，因爲不少壁畫後來由於自然災害和人爲破壞而損毀。

1910 年伯希和出版了《在高原亞洲三年》遊記③，文中提供了敦煌出土文獻的重要信息。1914 年他在《通報》研究刊佈了回鶻文《善惡兩王子的故事》（Pelliot Chinois 3509 號），提出該文獻或譯自漢文④。伯希和在 1930 年研究出版了回鶻文《烏古斯可汗傳

---

① E. Chavannes and P. Pelliot, *Un traité manichéen retrouvé en Chine*, Imprimerie nationale, 1913.
② P. Pelliot, *Les Grottes de Touen-houang I-XI*, Paris: Librairie Paul Geuthner, 1920-1924.
③ P. Pelliot, Trois ans dans la Haute Asie, *Bulletin du Comité de l'Asie française*, Janvier, 1910.
④ P. Pelliot, "La version Ouïgoure de l'histoire des princes Kalyāṇaṃkara et Pāpaṃkara," *T'oung Pao*, 1914, pp. 225-272.

説》①。尼古拉·旺迪埃（Nicole Vandier-Nicolas）整理出版了 6 卷《伯希和日記》②，卷 6 中提到了敦煌回鶻文題記相關的信息。伯希和在 1926 年與日本學者羽田亨合作出版了《敦煌遺書》兩卷③，其中對敦煌出土法藏文獻進行了整理研究。

  法國學者哈密頓是對法藏回鶻文獻整理和研究貢獻最大的學者。他在 1955 年出版了《五代回鶻史料》④，在 1986 年被翻譯成漢文⑤。1971 年出版了他的博士論文《回鶻文〈善惡兩王子的故事〉》⑥。他在 1986 年整理出版的《9 至 10 世紀敦煌回鶻語寫本》，其參考價值同樣很高。此書分兩卷，第一卷是包括法藏、英藏回鶻文獻的 36 個編號下的回鶻文書的研究和整理，第二卷是回鶻文獻的影印本。他的研究包括法藏和英藏回鶻文獻編號爲 Pelliot Ouïgour 1、Or. 8212/121—122、Pelliot Ouïgour 13、Pelliot Chinois 3049—3047—3071—3072、Or. 8212/192、Stein 3853、Or. 8212/119、Pelliot Chinois 2988—2909—2998，2969、Or. 8212/116 et Pelliot Chinois、Pelliot Ouïgour 2—5—15—9—12—4—3—6—7—14—8、Or. 8212/120—123—179—180—181、Pelliot 3046、Pelliot Ouïgour 10、Or. 8212/117 等 36 個文獻。

  在 1990 年英國著名的粟特語專家辛威廉（Nicholas Sims-Williams）與哈密頓合作出版了《9—11 世紀敦煌古突厥—粟特文獻》⑦。他們的研究包括英藏和法藏的 8 件粟特文文獻。該書的英譯本在 2015 年由辛威廉翻譯出版。⑧ 該譯稿基本上是 1990 年出版、現已絶版的 Documents turco-sogdiens =（DTS）的譯文。書中除了將法文文本譯成英文外，作者還將法文拼讀的漢字轉換爲相應的漢語拼音。除了改正一些錯別字外，對原文没有做任何實質性改動，但在括號或腳注中插入了最必要的改正和補充參考文獻。因爲法文版没有腳注，因此腳注都是新的。由於在方括號中給出了原始頁碼，因此在該英譯本中查找法文版的參考文獻很容易。英文版新增的附録由文欣編寫（第 97—101 頁）。附録中對斯坦因收藏的兩份漢文文獻（S. 2589 和 S. 389）的内容經編輯和翻譯後，對文獻中提到的事件提供

---

① P. Pelliot, "Sur la légende d'Uγuz-khan en écriture Ouïgoure," *T'oung Pao*, 1930, pp. 247-358.

② P. Pelliot, *Grottes de Touen-houang carnet de notes de Paul Pelliot I-XI*, Paris, 1981-1992.

③ ［法］伯希和、［日］羽田亨：《敦煌遺書》第 1 集，上海東亞考究會鉛印本，1962 年；《敦煌遺書》第 2 集，京都，1926 年。

④ J. R. Hamilton, *Les Ouighours l'epoque des cinq dynasties dapres les documentschinois*, Presses universitaires de France, Paris, 1955.

⑤ ［法］J. R. 哈密頓著，耿昇、穆根來譯：《五代回鶻史料》，烏魯木齊：新疆人民出版社，1986 年。

⑥ J. R. Hamilton, *Le conte bouddhique du bon et du mauvais prince en version ouïgoure*, Éditions du Centre national de la recherche scientifique, 1971.

⑦ N. Sims-Williams and J. R. Hamilton, *Documents turco-sogdiens du IXe-Xe siècle de Touen-houang*, Corpus Inscriptionum Iranicarum, SOAS: London, 1990.

⑧ N. Sims-Williams and J. R. Hamilton, Translated by N. Sims-Williams with an Appendix by Wen Xin, *Turco-Sogdian Documents from 9th-10th Century Dunhuang*, Corpus Inscriptionum Iranicarum, London: SOAS, 2015.

了進一步的補充信息。這兩份文件表明了收信人與基督教團體的某種聯繫。

日本學者森安孝夫曾在 1978 年至 1980 年赴巴黎留學期間調查法藏、英藏敦煌文書，其相關研究《講座敦煌·敦煌胡語文書》（ウイクル語文獻）中①全面介紹了兩地藏回鶻文書的概況。

法國學者路易·巴贊（Louis Bazin）在其《古代突厥曆法研究》（該書 1976 年在里爾大學内部出版、1991 年在匈牙利出版，1998 年翻譯成漢語）②一書中根據不同時期的古代突厥、回鶻文獻對古代突厥和回鶻人的曆法體系進行了研究。他在書中的前言和參考書目部分對回鶻文獻進行了綜述。

1997 年美國學者俄勒威爾斯科格（Johan Elverskog）在《絲綢之路研究》（Silk Road Studies）系列專著中出版了他的博士論文《回鶻佛教文獻》③，他在書中對法藏、德藏、俄藏多個回鶻文獻進行了整理和研究。他在書中將回鶻佛教文獻分爲大乘佛教文獻、非大乘佛教文獻、佛教論藏文獻、回鶻文疑僞佛經、密宗文獻和其他佛教文獻等六大類，並整理出 1997 年以前對 81 種回鶻佛教文獻所發表的所有研究成果及其館藏地點。他的研究是回鶻佛教文獻研究領域中最重要的參考圖書之一。

我國學者牛汝極對法藏文獻進行過整理和研究，並發表過數篇回鶻文獻的解讀和研究論文。他最重要的研究成果是 2000 年出版的《回鶻佛教文獻——佛典總論及巴黎所藏敦煌回鶻文佛教文獻》④。他對回鶻佛教文獻種類以及相關情況進行了分析，並對法藏回鶻文《善惡兩個王子的故事》《阿爛彌王本生故事》《妙法蓮華經玄宗》以及敦煌回鶻文題記進行了整理研究。

熱孜婭·努日在 2015 年整理出版了法藏回鶻文獻《常啼菩薩的求法故事》和《菩薩修行道》⑤。她的研究包括文獻的轉寫、解讀、與漢文《菠蘿蜜多經》的對比研究和詞彙表。

2023 年，由北京大學榮新江教授主編的《法國國家圖書館藏敦煌文獻》⑥ 第 1 册至第 10 册在上海古籍出版社出版，全書預計 160 册。該書爲法藏敦煌文獻的高清彩色圖録，是 1990 年代上海古籍出版社出版的黑白版《法藏敦煌西域文獻》（總 34 册）圖録的提升版。該書所收範圍包括伯希和在敦煌藏經洞所獲全部漢文文獻，以及原列入漢文文庫的粟

---

① ［日］森安孝夫：《ウイグルと敦煌》，榎一雄編《講座敦煌 2·敦煌の歷史》，東京：大東出版社，1980 年，第 297—338 頁；［日］森安孝夫：《ウイグル語文獻》，山口瑞鳳編《講座敦煌 6·敦煌胡語文獻》，大東出版社，1985 年，第 1—98 頁。
② Louis Bazin, *Les systemes chronologiques dans le monde turc ancien*, Akadémiai Kiadó, 1991. 漢譯本：［法］路易·巴贊著，耿昇譯：《突厥曆法研究》，北京：中華書局，1998 年。
③ Johan Elverskog, *Uygur Buddhist Literature*, Turnhout: Brepols, 1997.
④ 牛汝極：《回鶻佛教文獻——佛典總論及巴黎所藏敦煌回鶻文佛教文獻》，新疆大學出版社，2000 年。
⑤ 熱孜婭·努日：《巴黎藏回鶻文詩體般若文獻研究》，上海：上海古籍出版社，2015 年。
⑥ 榮新江主編：《法國國家圖書館藏敦煌文獻》（第 1 册至第 10 册），上海古籍出版社，2023 年。

特語、于闐語、龜茲語、梵語和部分回鶻語文獻。

綜上，英藏回鶻語文獻大部分藏於英國國家圖書館中，包括從吐魯番、敦煌、米蘭等地出土的 Or. 8212 目錄下的回鶻文文獻，以及突厥魯尼文文獻 100 多件。另，英藏回鶻文獻還包括英國駐喀什領事馬繼業 1911 年在莎車所獲回鶻文契約文書 5 件、哈卡尼亞文文書 3 件。法藏回鶻語文獻主要來自伯希和，其大部分收集品藏於法國國家圖書館和國立亞洲藝術吉美博物館，包括從敦煌出土的回鶻文、摩尼文、突厥魯尼文回鶻語文書以及其他民族文字書寫的回鶻語文書共計 400 餘件，另包括回鶻文木活字 960 件。除伯希和收集品外，海金獲取的藏於吉美博物館的回鶻文《大唐大慈恩寺三藏法師傳》123 葉也是法藏回鶻語文獻的重要組成部分。在 20 世紀的百年之中，國外學者及國內學者對這部分英藏、法藏文獻進行了諸多研究，已如上文所述。國內外先賢的研究自然意義重大，但其成果或多或少存在著語言文字、時代、技術等方面的局限。因而，就目前而言，針對這一批英藏、法藏回鶻語文獻，仍有進一步梳理、整合、研究的必要。目前，敦煌吐魯番等地出土的各類文獻均在陸續電子化中，可見於國際敦煌項目數據庫（IDP）、德國勃蘭登堡科學院吐魯番學研究所數據庫（BBAW Turfanforschung）及法國國家圖書館數據庫（BNF Gallica）等敦煌吐魯番文獻數據庫，但這些數據庫鏈接不穩定，獲取文獻圖片有時受到影響，且英藏回鶻語文獻尚未全部公開，因此，推動流失海外的敦煌吐魯番文獻數字化回歸的工作刻不容緩。以此爲基底，進一步推動國內回鶻語文獻研究的工作也應該策馬揚鞭，以期爲歷史學家、語言學家提供更爲豐富重要的史料和語言材料。

# A Review of the Research on Old Uyghur Documents from Dunhuang Collected in Britain and France

Tursunjan IMIN

**Abstract**: At the end of the 19th century and the beginning of the 20th century, archaeological expeditions from Britain, France, Germany, Russia, Japan, the United States and other countries entered Central Asia and China's Xinjiang and Gansu, and carried out a number of archaeological excavations in Jiuquan, Dunhuang, Turfan, Kucha, Khotan, Kashgar and the surrounding areas, discovering and taking away a large number of historical relic and documents. These historical relic and documents are now in libraries and museums around the world. This article discusses the archaeological expeditions conducted by the British explorer Aurel Stein, the French explorer Paul Pelliot and others in Gansu and Xinjiang of China, and the study of the old Uyghur documents in British and French Collection.

**Keywords**: A. Stein; P. Pelliot; Dunhuang; Turfan; Old Uyghur documents

# "第八届西藏考古与藝術國際學術討論會"會議綜述

王詩晴

**摘　要**：2023年11月11日至12日，"第八届西藏考古與藝術國際學術討論會"（The Eighth International Conference on Tibetan Archaeology & Arts）在浙江大學召開。此次會議由浙江大學漢藏佛教藝術研究中心、四川大學中國藏學研究所和故宫博物院藏傳佛教文物研究所聯合主辦，浙江大學藝術與考古博物館和西藏自治區文物保護研究所協辦。會議自籌辦開始便持續吸引了國内外專家學者的廣泛關注，並得到社會各界人士的贊助與支持。學者們在爲期兩天的會議中就西藏考古與藝術的八個議題對各自近年來的新成果做了報告和交流。

**關鍵詞**：西藏考古；佛教美術；新材料；圖像志

2023年11月11日，爲期兩天的"第八届西藏考古與藝術國際學術討論會"在浙江杭州拉開帷幕。開幕儀式由浙江大學漢藏佛教研究中心主任謝繼勝教授主持，浙江大學藝術與考古學院黨委書記方志偉、四川大學中國藏學研究所所長霍巍、故宫博物院副院長任萬平作爲會議主辦方的代表分别致辭，簡明扼要地介紹了各單位目前的研究領域與側重點，回顧了自2022年以來西藏考古與藝術國際學術討論會的發展狀况與交流互動的實效，並衷心期待本次討論會將呈現的研究成果，以及未來推進西藏考古與藝術的新進展。

來自美、德、法、新西蘭、俄羅斯、瑞士、韓國、印度等國家以及國内各地區的共計94位學者出席了此次會議，60餘位學者發表了精彩的學術報告，展示了近年藏族地區考古與藝術研究的最新成果。報告主題横跨古今，涵蓋了考古調查與文保科技、西藏西部的佛教美術、圖像與文獻新知、圖像志的闡釋、唐卡的多角度研究、建築空間與佛教宇宙觀、新材料的公佈與解讀等諸多方面，呈現了西藏考古與藝術領域的新材料、新方法與新觀點。

# 一、考古調查與文物保護

自史前時期起，青藏高原就不是與世隔絕的孤島，而是與周邊的中原漢地、北方草原地區和中亞、南亞等存在廣泛的交流和互動。近年來，考古工作者們在西藏阿里、日喀則、山南、四川馬爾康等地開展了大量田野考古工作，爲考察當地的歷史文化發展、自然環境與人類生産方式的演變與交融等問題提供了更加可靠的資料。

西藏自治區文物保護研究所的四位學者分別介紹了墓葬、摩崖造像和岩畫的新成果。文博助理館員擁措在《西藏札達縣桑達隆果墓地出土頭骨的測量性狀研究》的發言中，就將人骨作爲碳十四測年樣本做了成果展示，並認爲該墓地的絕對年代從 BP2260±30 年延續到 BP1340±30 年，有助於我們深入探索阿里地區先民可能的淵源、流向。研究員赤列次仁在《西藏芒康縣查果西溝B點、崩隆達、納日貢摩崖造像考古調查報告》中詳細介紹了三處摩崖造像，指出其中的吐蕃風格，爲進一步研究吐蕃佛教造像的空間分佈、藝術傳承以及思想傳播等提供了重要資料。夏格旺堆研究員就《西藏康馬縣薑若谷地咀查東（rDzus brag gdong）岩畫的初步考察》的主題，陳述了咀查東岩畫現狀，並指出作爲古代西藏中南部通向南亞交通要道上的一處遺存，該岩畫的發現爲重新理解高原地域文化的發展和文明的演進，提供了獨特視角。何偉副研究員在《西藏阿里早期金屬時代至吐蕃初期的跨區域文化互動》中指出，西藏阿里早期墓葬出土的箱式木棺、金面飾、帶柄銅鏡等遺物在形制風格和製作技術上表現出早期金屬時代至吐蕃初期的西藏阿里與多地相似的考古學文化因素，暗示了西藏阿里與周邊廣大區域存在直接或間接的聯繫，揭示出不同人群在交流、交往時留下的痕跡。

中國社會科學院考古研究所研究員韓建華在題爲《吐蕃統治下的吐谷渾王族墓葬初探》的發言中，通過歸納墓道、墓室、木棺、壁畫及其附屬設施的位置、結構、裝飾等，對吐蕃時期吐谷渾王族墓葬的典型特徵進行歸納，並爲該時期吐谷渾王族墓葬的辨別提出一套標準。

阿垻藏族羌族自治州文物考古研究所（博物館）副研究館員李勤學在《四川省馬爾康市康山寺佛塔壁畫調查報告》中介紹了阿垻地區首次發現的具有108佛塔信仰的實物情況，對研究阿垻地區及青藏高原東緣15—16世紀藝術風格的形成與演化具有重要價值。隨著西藏文物普查工作的進展，我們期待對於西藏文明的認識將會更加全面和深入。

在文化遺産保護方面，"數字化技術" 發揮著越來越重要的作用。天津大學何捷教授在《尼泊爾木斯塘文化遺産與文化景觀調查與數字化研究》中介紹了他在 "世界遺産" 申報與研究的語境下對木斯塘和珞曼塘文化遺産與文化景觀進行全面的地理信息資料庫建設的初步分析。魯賓美術館杜凱鶴（Karl Debreczeny）和紐約市立大學亨特學院副教授周文欣在《喜馬拉雅藝術項目：將西藏和喜馬拉雅藝術融入亞洲教學的資源》（Project Himalayan Art：Resources for Integrating Tibetan and Himalayan Art into Teaching on Asia）中著重講解了魯賓美術館新上線的喜馬拉雅藝術項目（https://projecthimalayanart.rubinmuseum.org），將西藏、喜馬拉雅與内亞藝術及文化納入亞洲文化教學的教育資源平臺的優勢。另外高麗大學金漢雄教授以《收藏、保存與忽視：韓文化財團與和庭博物館藏品概覽》爲題，介紹了首爾和庭博物館和館内韓文化財團（Hahn Cultural Foundation）的西藏藝術藏品。

利用嫻熟的技術對文物修復或裝裱是保護文物時的重要手段之一。克利夫蘭美術館高級修復師蕭依霞（Ika Yi-Hsia HSIAO）在題爲《當傳統遇上現代：以克利夫蘭藝術博物館收藏的一幅13世紀綠度母唐卡爲例》（When Tradition Meets with Modern：Study on the Techniques and Methods to Conserve and Mount Thangkas using a 13th century Green Tara Thangka collected in the Cleveland Museum of Art as an example）的發言中，詳細介紹了她對該唐卡裝裱方式的調整，使其儘量與原始的完整結構保持一致，是符合該文物當前保護的最佳實踐。

## 二、壁畫與工藝美術

壁畫作爲見證動態歷史的重要遺跡，歷來是學者們研究的重點物件。浙江大學賈維維副研究員在《夏魯寺二層西側轉經道壁畫的年代與題材分析》中指出，八塔變和彌勒下生經題材在夏魯寺壁畫中出現的契機或與元代漢地佛教藝術元素向西藏的強勢輸入、元代西藏開始大範圍流行的轉輪王觀念有關，深受夏魯寺大量出現七政寶、八吉祥間隔圖案影響的白居寺壁畫，可以認爲是明清時期兩組圖像廣泛流行的序章。

中國社會科學院大學研究生姚瑞怡在《德格縣汪堆寺百柱殿壁畫初探》的發言中根據汪堆寺舊經堂和百柱殿壁畫中均能看到薩迦俄派影響，從而指出薩迦俄派在德格的影響之持久。德國波恩大學博士生陳秉揚在《木斯塘強巴寺第三層壁畫的初步探究》中對該寺最頂層以無上瑜伽密續曼荼羅爲主題的壁畫進行初步的辨識和說明，並簡要討論此類曼荼羅圖像的興起原因及其與當時政治和宗教脈絡的關聯。四川大學博士生練夢穎就《達律王府佛堂壁畫辨識及初步研究》對該佛堂結構和壁畫做了介紹。

四川大學中國藏學研究所博士生多傑仁青在《西藏阿里札達縣芒扎石窟壁畫辨析與年代新考》發言中，通過逐一辨識和分析芒扎石窟的壁畫圖像、翻譯和釋讀題記內容，認爲該窟建於古格王赤·南喀旺波平措德（Khri nam mkha'i dbang po phun tshogs lde,

1396—1467）時期的火豬年（即 1467 年），並指出題記明確表示了師承像爲希解派創始人帕·當巴桑傑一脈。

美國西北大學榮休教授林瑞賓（Rob Linrothe）在《對抗黑暗的視覺盔甲：桑噶爾薩尼寺古如拉康東南壁壁畫研究》（Visual Armor Against Darkness: The Southeast Mural in the Guru Lhakhang of Sani, Zangskar）的彙報中，通過對殘損的壁畫和題記進行辨識，認爲 18 世紀早期桑噶爾地區藝術家們繪製佛像的風格趨向明確，並重點強調了這些原型人物與喜馬拉雅山西部之間的密切聯繫。

工藝器具作爲佛教藝術的重要文物遺存，其研究成果也隨著學者們考察視野的擴大而日漸豐碩。作爲高原絲路文化交流的重要文物，西藏大學博士生那尕才讓在《歷史的記憶：大昭寺鎏金馬首銀壺的圖案與文獻鉤沉》中通過分析國内外的隋唐駱駝俑馱囊上模印的酒神圖形象，認爲大昭寺鎏金銀壺腹部的人物組合圖像與"希臘酒神"題材密切相關，且"反彈琵琶"圖像與絲路上的粟特商人有著歷史淵源關係。銀壺年代應當處於吐蕃經營西域絲路的鼎盛時期。中國人民大學講師王傳播在《俗具與法器：藏地眼罩考》中對藏地傳統護目具——孔網眼罩（mig ra）和熊皮眼簾（dom ra）進行考察，試圖探析護目具在早期藏地社會的宗教意義及其演進歷程。

國内館藏珍品中，故宮博物院研究館員林歡和副研究館員王彥嘉分別就《清宮玉質鈴杵》和《轉輪聖王的多寶閣：清代帝后陵寢隆恩殿仙樓的神聖化改造》進行報告。前者考證了鈴杵從和田到蘇州，再從蘇州經由清宮到拉薩的基本過程；後者大致還原了清代數座帝陵佛樓的陳設和佈局，爲進一步探討藏傳佛教在清代皇室生活中所起到的作用提供史料支撐和研究基礎。臺北故宮博物院副研究員賴依縵則以《晚清西藏入貢貴族世系考——以臺北故宮藏半寶石數珠進貢者爲例》爲題，根據歷史文獻等記錄印證了前人對於清代西藏政治權力由少數家庭寡占的論述，並厘清了權傾一時的桑珠頗章等五家西藏貴族至今未明的清末世系。

## 三、藏族地區西部的佛教美術

有關藏族地區西部的藏傳佛教美術研究，本次會議中的發言值得關注。四川大學中國藏學研究所熊文彬教授作《阿里札達縣洛當寺藏〈八千頌〉彩繪插圖：藏傳插圖藝術最早的連環畫作品》的報告，指出該彩繪插圖爲一套較爲完整的常啼菩薩的故事，並通過文法、字體和裝幀等特點顯示，認爲該寫本應爲 11—13 世紀左右的遺存。

浙江大學"百人計劃"研究員王瑞雷在《觀音救濟與亡靈超薦——托林寺迦薩殿東北角 T. 50 號佛塔壁畫研究》中分析了壁畫的時代特徵及其與中亞、絲綢之路敦煌的文化關聯，並以壁畫所據文本爲切入點，從主旨思想、規格、造像題材與樣式等方面討論該塔所反映的思想功能，以及當時以阿齊寺爲中心、攜有濃郁中亞元素的裝飾及造像樣式對古格佛教藝術的輻射與影響。

德國柏林自由大學康柏娜（Bernadette Broeskamp）在《西藏西部卡孜河谷帕爾嘎爾布石窟新解》（A new interpretation of the Bar rdzong cave in the Kha rtse valley, Western Tibet）中指出了該窟的圖像學概念與特殊的政治功能有關，並論證了石窟可追溯到藏西古格王朝扎巴德（Grags pa lde，1230—1277）統治時期。

奧地利格拉茨技術大學建築史學家吉羅德·科齊茨（Gerald Kozicz）和美國新倫敦康乃狄克學院助理教授羅迪在《門神護持：拉達克上部吉芒地區薩迦寺入口處的天王》（Guardians of the Gate: The Heavenly Kings at the Entrance to the Sakya Temple at Skidmang, Upper Ladakh）報告中，發言人將吉芒寺內的天王壁畫與居庸關雲台過街塔內的石雕形象進行比較，並指出這兩個地區之間的聯繫源於薩迦派的活動。

法國巴黎東亞文明研究中心博士后研究員尼爾斯·馬丁（Nils Martin）的發言《萬喇建築群的形成：14世紀拉達克的供養人與畫師關係網》（The Wanla Group of Monuments in the Making: A Network of Patrons and Painters in 14th Century Ladakh）是對喜馬拉雅山脈西部的拉達克地區（印度）13世紀中葉至15世紀晚期繪製的30多座寺廟、石窟和佛塔等壁畫遺址進行的首次藝術史研究嘗試，考察了在圖像和風格上趨於相似的多個古跡，並通過幾個精選的實例介紹了壁畫創作背後的供養人與畫師之間的關係網。

## 四、圖像與文獻新知

藏文化輻射地區有大量不同時期的寺院、佛塔、文獻等藏傳佛教遺存。其中從此類遺存與文獻互證的角度建構歷史中的圖像變遷，是中外學術界的重點研究方法之一。在《西夏"上師贊"文獻與圖像的關係》的發言中，中國人民大學索羅寧教授通過初步比較西夏文材料後發現西夏同時流傳最少兩種"上師贊"文獻脈絡。如此不同體系是否與中亞流傳藏傳佛教不同的傳承有關，尚待考證。浙江大學"百人計劃"研究員侯浩然在《噶譯師訊奴伯和大黑天教法在西夏的傳播》發言中，以噶譯師訊奴伯（1105/1110—1198/1202）的生平傳記和黑水城出土文獻爲基礎，重構其在印度學習和藏東傳法的經歷，分析黑水城文獻中發現的歸在其名下的教法文本，以此探討噶譯師訊奴伯對大黑天信仰在西夏傳播的影響。

在《飛來峰造像與楊璉真迦及元代杭州藏傳佛教臆度敘事》一文中，浙江大學謝繼勝教授從飛來峰造像的分類個案入手，從多角度探討整個飛來峰所謂藏傳佛教造像的根本意旨。認爲飛來峰個別造像借用了西夏化的藏傳佛教圖像形態，但造像佈置的總體思想繼承了杭州晚唐吳越至宋元以來的華嚴與淨土信仰爲主流的地域傳承，藏傳佛教的影響微乎其微。對主持造像的楊璉真迦父子把持江南佛教的 14 年事蹟加以考察，根據其刊刻完成前代遺留的《磧砂藏》和《普寧藏》，並將新刻本傳播全國，認爲其背後的動因是弘傳新王朝的新民族融合、多元宗教的主流思想觀念，其思想動因與開龕飛來峰以及此後北京地區的西夏人參與創建居庸關雲台一致。新德里國際印度文化學院尼瑪拉·莎瑪（Nirmala Sharma）教授同樣針對飛來峰造像發表了見解。她在《宋元時期杭州飛來峰塑像與多民族文化交流》（Feilaifeng Sculptures and Multi-Ethnic Cultural Exchanges in Hangzhou during Song and Yuan Dynasty）中討論了宋元時期杭州的民族文化交流和貿易，並對飛來峰上的 25 件雕塑及其獨特屬性進行了說明。隨後指出印度靈鷲山與中國飛來峰的不同之處在於飛來峰中有位於壁龕中的雕塑，而印度靈鷲山則以洞穴爲居所。

中央民族大學美術學院院長烏日切夫在《元刊藏文文獻佛像插圖研究》中主要介紹了我國北京、西藏和尼泊爾幾部元刊藏文文獻的發現過程、文獻基本信息和版印插圖等情況；經過比較多種文字的文獻版印插圖，論證了元刊蒙藏佛教版畫是多民族、多元文化交流碰撞的結晶，並強調了元刊藏文文獻對明、清兩代宮廷刊印各版本《大藏經》的插圖風格和版式的影響。

清華大學沈衛榮教授在《明永樂五年南京靈谷寺"普度大齋"與藏傳勝海觀音除障儀軌》中指出"普度大齋"實質上是一場哈利麻派所傳的特有的"勝海觀音除障儀軌"，其目的不僅是爲超度明太祖夫婦，也是爲明初戰亂中喪生的有情超度薦福，是具有明確宗教目的的宗教行爲。結合其他文獻資料綜合考察，也許可認爲明成祖朱棣具有非常明確的藏傳佛教信仰。

臺北故宮博物院副研究員劉國威在《對於明憲宗成化八年（1472）所成之泥金寫本〈吉祥各佛擁護總輪〉的探討》中認爲此份漢文目錄譯自藏文，並通過翻譯用詞斷代到明代。發言人還根據皇帝壽辰與咒輪中心常見"大明皇帝法王勝喜金剛"（Tai ming gong ma chos rgyal mchog tu dga' ba'i rdo rje）一詞，推測此套"擁護輪"應是爲憲宗祝壽祈福而作。

西藏圖書館古籍部主任達爾文·尼夏在《藏文〈度量大范畫·智者心怡〉相關歷史考》中介紹了該文本爲 17 世紀末由第司·桑傑嘉措（1653—1705）主持繪製編纂，是以《白琉璃·除鏽》（The Vaidurya g·ya' sel）中相關造像學度量理論爲藍本，組織著名宮廷繪畫大師和書法名家精誠合作、精心繪製完成的一部身、語、意造像學規範化巨著。

## 五、圖像志的闡釋

多學科的交叉融合、多種研究方法的綜合運用推動了西藏考古與藝術研究再上新臺階。本次會議有多場發言利用圖像志研究討論了一系列跨文化議題，再度讓我們看到了藏傳佛教文化傳播的複雜性及其在藝術遺存中的多樣化表現。

西藏藝術史獨立學者傑夫・瓦特（Jeff Watt）在《圖像志、風格與美學：是什麼決定了一幅純正的西藏繪畫》（Iconography, Style & Aesthetics：What Determines a Correct Traditional Tibetan Painting）中探討了圖像志（Iconography）、風格（Style）、美學（Aesthetics）這三個重要術語的歷史和現代含義及其互動關係，以及如何對它們進行狹義地定義，以便供學生優先的現代漸進式課程使用。並對與圖像志、風格和美學有關的一般特徵和具體特徵的差異進行深入研究。

隨著尊神諸形象的圖像志研究日漸完備，對其形象背後、神祇之間的關係與意義的深度探究則愈顯重要。中國社會科學院研究員廖暘的研究視角新穎而且頗有創見，其在《吐蕃時期的毗盧遮那造像——試論早期藏傳佛教藝術中的救度主題》中，以一佛八菩薩圖像中的毗盧遮那和淨諸惡趣系圖像爲例的其他語境中的毗盧遮那爲主要切入點，對"胎藏大日"進行反思。吐蕃時期一佛八菩薩造像中的毗盧遮那多結定印，因此曾被判定爲胎藏大日，以區別於結智拳印的金剛界大日如來。從佛教圖像志發展歷程來看，似不宜簡單將胎藏與金剛界視爲平行與對立；在藏傳佛教語境中這一點尤爲明顯。吐蕃藝術中的毗盧遮那爲重審這個問題提供了新的視角。

中國藏學研究中心魏文副研究員在《從圖像和文字雙重史料看元明之際十六羅漢和藥師信仰的交涉》中列舉了西藏各地明代前期的石窟、殿堂和唐卡中十六羅漢與藥師七佛爲主的各種神祇的組合，從圖像配置角度闡明十六羅漢在上述內涵的底層邏輯上又分別呈現出救度超薦、袪病延壽、懺悔罪業等不同的功能面向。通過譯釋元朝納塘寺主澤烏・扎巴尊珠的傳記，發掘出其在元世祖和成宗宮廷中廣行藥師七佛和十六羅漢儀軌的行爲，以解釋二者的圖像組合在元明之際頗爲流行的文化現象。

針對雲南地區的圖像志研究，雲南大學副教授杜鮮在《雲南毘沙門天王信仰和圖像與于闐、敦煌、中原、吐蕃和印度之關係》中結合廣布的圖像與傳承至今的毘沙門民俗信仰和民間口頭傳統，認爲相關圖像反映出于闐、敦煌的影響，並指出藏地的因素亦因吐蕃在西域、河西走廊和滇西北的擴張而經由青藏高原傳入雲南。臺灣大學兼任教授李玉珉就《大理國大黑天圖像研究》認爲西藏大黑天的特色均與雲南大黑天迥別，指出雲南大黑天信仰在圖像發展的過程中，與藏傳佛教並無過多聯繫。

中國社會科學院的木仕華研究員在《藏族"匝嘎利"（tsa-ka-li）與納西東巴"孜噶勒"（zzee-ka-lei）比較研究》中重點以哈佛燕京學社收藏的一套完整的納西"孜噶勒"圖像及相關東巴文注釋文字的釋讀爲中心，通過比較類型共性與個性特徵，討論了喜馬拉雅—藏彝走廊區域宗教藝術的傳播路徑和區域共性特徵，及其同源關係及流變軌跡。同時討論印度佛教藝術與青藏高原象雄文明及苯教藝術、東巴教藝術、韓規教藝術間的互鑒和交融關係。

圖像學研究方面，西藏大學副教授孜強·邊巴旺堆在《關於欽孜派的幾點思考》中主要從形成年代、創始人的生卒時間以及該畫派所使用的造像量度等三個方面進行了探討。

## 六、唐卡的多角度研究

多位學者分享了多年來與唐卡相關的研究成果及近期新發現。故宮博物院藏傳佛教文物研究所客座研究員簡·凱西（Jane Casey）在《達隆繪畫：研究成果》（Taklung Painting-Research Findings）中，根據上師世系、題記、敘事場景、母題和風格等多方面內容作爲斷代的主要手段，仔細解析了康區的子寺類烏齊寺委託創作的 100 多幅繪畫和約 80 幅匝嘎利背後所留存的題記以及圖像本身的風格特徵，並認爲這些作品與達隆寺和類烏齊寺密切相關。

德國漢堡大學助理研究員約格·漢姆貝爾（Jörg Heimbel）在《藏傳佛教喪葬訂件：對俄爾派神聖藝術分類的初次嘗試》(Tibetan Buddhist Funerary Commissions：A First Attempt to Classify the Sacred Art of Ngor)中介紹了基於文本對俄爾寺喪葬遺物所做的分類，並以部分能夠識別爲喪葬委託的雕像和繪畫案例進行說明。法國國家科學研究中心教授沙怡然（Isabelle Charleux）在《格斯爾汗/格薩爾，成吉思汗還是戰神？蒙古佛教繪畫中的戰神識別問題與蒙古現存論點芻議》( Geser Khan/Gesar, Chinggis Khan or dgra lha/süld tenger? On the problem of identifying war deities in Mongol Buddhist painting and contemporary controversies in Mongolia)中重點介紹了新發現的七幅彩色唐卡，以及最近引起熱議的一幅非彩色唐卡。牛津大學博士生陳天在《邁向國際風格：從司徒班欽的〈菩薩喻如意藤〉組畫看跨文化交流與視覺融合》中展示了其翻譯的司徒班欽的 29 節題跋，並以此說明了司徒班欽是如何融合亞洲各地諸多藝術傳統與視覺文化中的圖式與舊有母題，強調其中來自印度與喀什米爾的影響，並推測司徒班欽的視覺習語受到了 18 世紀印度北部細密畫的啟發。

布達拉宮藏有 6000 餘幅不同歷史時期的珍貴唐卡，這些唐卡對構建西藏傳統繪畫藝術的時代序列具有十分重要的價值。西藏自治區布達拉宫管理處副研究館員旦增央嘎和文博館員班旦次仁分别就其中部分唐卡進行了探討。旦增央嘎在《對一幅布達拉宫館藏帕木竹巴唐卡的初步解讀》中著重討論了一幅館藏於布達拉宫以帕木竹巴·多吉傑布為主尊的唐卡。除了對該唐卡畫面本身的解讀外，還試圖探索此類上師傳承譜系繪畫除了表達紀念外，是否能夠即時地反映當下的宗教形勢。在《從桑珠孜宫到布達拉宫：從勉唐·貢確臣列倫珠真跡談 16—17 世紀西藏宫廷畫風的演變》一文中，班旦次仁則從勉唐·貢確臣列倫珠（sMan thang pa dKon mchog lhun grub）所作的 17 幅噶舉派祖師真跡談起，認為這組唐卡屬於 16 世紀在九世噶瑪巴·旺秋多傑的主持下繪製。除風格外，該研究對瞭解珠古·曲英嘉措繪畫風格的形成和新舊勉唐畫派轉型時期過渡段的風格，以及同一時期噶瑪噶赤風格關係等具有十分重要的意義。

近年來，關注作為西藏藝術實踐核心群體的唐卡傳承人成為人類學研究西藏藝術的一個重要維度。本次研討會中唯一一則從人類學角度討論唐卡及其傳承人的報告，是來自中央民族大學劉冬梅教授和美國羅徹斯特大學博士研究生金雨的《西藏唐卡傳承人口述史田野工作中的深度訪談法探討》。她們講述了長期跟隨唐卡傳承人學習唐卡技藝的經歷，參與了繪畫世家口述史的研究，並在此基礎上總結出五種深度訪談法，切入人類學田野工作方法論的探討，深化了非物質文化遺產傳承人口述史田野工作。

## 七、建築空間與佛教宇宙觀

數位學者深入分析了藏傳佛教地區的建築形式，並在廣闊的視野中探討了宗教觀念影響下形成的佛教宇宙觀的呈現。中國歷史研究院特聘教授房建昌在題為《毀於 1841 年的卡爾東諸王皇宫》報告中，根據止筆于明朝 15 世紀末的《阿里王統記》（mNga' ris rgyal rabs）等多種藏文史料及清代西方人實測地圖與記載，考證了位於西部西藏卡爾東遺址（mKhar gdong gna' shul Palace）上由吐蕃松贊干布（Srong btsan sgam po）所建的鎮肢寺巴者拉康（dPal rgyas Lha khang）。

西藏自治區文物保護研究所研究員李亞忠在《西藏阿里日土宗遺址建築空間初探》中指出，日土宗遺址的建築佈局反映了在 17 世紀末至 19 世紀西藏阿里地方行政管理的政教合一特點，並且受到了中軸對稱的中原傳統建築理念的影響。此外，日土宗建於高地的位置特點和地壟式監獄，以及圍繞在整個宗山建築群週邊的碉樓則説明它自身具有一定的軍事防禦功能。

四川大學中國藏學研究所研究生完么東智在《拉薩祈願大法會對八廓古城形成的影響考釋》中以拉薩祈願大法會的選址考究為切入點，從八廓古城建築空間、建築形式以及建築功能的影響等方面入手，探討八廓古城的形成與演變以及整個拉薩古城的地域結構，從而闡述祈願大法會的創立對拉薩城市空間結構與風貌特徵產生的影響。

在《無上瑜伽部五方佛壇城與青色蒙古》一題中，中國人民大學烏雲畢力格教授指出"五色四藩"概念出現在 16 世紀後半葉，其出現與藏傳佛教第二次傳入蒙古有關。五色來源於五方佛的顏色，青色蒙古的説法起源於蒙古對密宗金剛乘無上瑜伽部的信仰。

萊斯大學助理教授艾瑞克·亨廷頓（Eric Huntington）在《供養中的喜馬拉雅宇宙觀：紐瓦爾與藏地在佛教資糧曼荼中的藝術、實踐之比較》（Himalayan Cosmologies of Offering：A Comparison of Newar and Tibetan Buddhist Treasure Mandalas in Practice and Art）中，分别分析了源於紐瓦爾與藏地的兩種喜馬拉雅傳統曼荼羅供養儀式，並通過比較這兩種模擬供養宇宙的物質文化和實踐儀式，分析紐瓦爾和藏地在理解宇宙空間視角的異同與意義，認爲理解儀式和藝術作品如何成爲宇宙觀視角的線索，其影響力可以與文本材料相媲美。

## 八、新材料的公佈與解讀

進入佛教時期以後，藏傳佛教藝術隨著宗教傳播的網路大規模東傳的同時輻射到周邊國家和地區，在我國以及境外都留下了大量的藝術遺存。這也歷來是學界關注的重點。

四川大學在這一領域成果頗爲豐碩。四川大學中國藏學研究所的三位學者彙報了他們的最新研究成果。副所長張長虹的發言《青藏高原東部地區吐蕃時期佛教摩崖造像的新認識》結合新發現的材料，對這一地區吐蕃時期的佛教藝術及其文化面貌展開論述，爲我們進一步認識這批吐蕃時期的佛教摩崖造像提供了新的材料。張延清副教授在《吐蕃時期絲綢之路中華民族共同體意識的形成和發展》中，根據多處吐蕃時期的材料總結到，無論從佛經翻譯還是洞窟壁畫，都充分反映出中華民族融合的進程，也是中華民族共同體意識形成和不斷凝聚的史詩畫卷，更是古代中世紀絲路沿線各個部族團結奮進的歷史縮影。楊清凡副教授在《吉隆縣強准祖拉康尼泊爾銘文的新發現及研究》中公佈了 2017 年 7—8 月，西藏自治區文物局與四川大學聯合進行"高原絲綢之路南亞廊道蕃尼段文物調查"期間，在吉隆縣強准祖拉康發現了一則基本保存完好的尼泊爾語銘文。這則題記應爲目前在西藏發現的最早的尼泊爾語銘文。有關尼泊爾語碑銘題記在西藏的遺存此前的發現與關注極少，這類新材料的發現爲高原絲綢之路"蕃尼古道"提供了更多的證據，對歷史上中國西藏與尼泊爾之間文化交流的進一步研究有重要意義。

四川大學、西藏大學教授李永憲在《"藏式帶柄銅鏡"裝飾紋樣研究》中認爲，"藏式帶柄銅鏡"在形制上受"北方草原文化"影響，其冶鑄工藝和鏡、柄合體技術與高原東部的"西南夷青銅技術系統"關係密切,是西藏"早期金屬時代"特徵明確、具有高原本土文化意義的代表性遺物。四川大學副教授李帥在《青藏高原出土黄金面具和面飾的系統與淵源》中指出,從樣式、分佈區域、使用方式和年代來看,"整體型"金面具和"組合型"金面飾所代表的覆面應屬於兩個不同的系統,有各自獨立的發展脈絡。爲我們提供了關於這一地區複雜文化淵源的重要線索,亦再次表明青藏高原是多元文化相互交融的重要交匯點之一。

西藏藝術史獨立學者烏爾里希‧馮‧施羅德(Ulrich von Schroeder)在《新發現的與卻英多傑(1604—1674)或工坊有關的雕塑》(New Discoveries of Sculptures Associated with Chos dbyings rdo rje(1604-1674) or Workshops)中首次公佈了所收集的卻英多吉本人或相關工坊鑄造的造像的圖像,其中呈現出黃銅、銀質、象牙、檀香木、海螺殼、香泥等不同材質。並指出其中存在模仿早期尼泊爾風格、早期喀什米爾和斯瓦特風格。

西藏自治區布達拉宮管理處副研究館員多吉平措在《布達拉宮"營造法式":紅宮平面設計圖的初步解析》中展示了17世紀晚期實施布達拉宮紅宮修建工程時繪製的一份極爲珍貴的平面設計圖紙。紅宮平面圖紙對紅宮修建工程中總體建築樣式的構勒、建築細部的精準把控和施工材料的選用等方面做了詳細說明。這份材料對布達拉宮建築基礎結構研究、建築本體的預防性保護和日常修繕等方面具有重要的指導和參考價值。

閉幕式上,浙江大學藝術與考古學院院長趙豐、西藏自治區文物保護研究所所長李林輝、四川大學中國藏學研究所教授熊文彬、故宮博物院宮廷歷史部副主任文明、浙江大學漢藏佛教藝術研究中心主任謝繼勝出席閉幕式並致辭,爲本屆討論會畫上圓滿句號。

自2002年至今,"西藏考古與藝術國際學術討論會"已成功舉辦八屆,業已成爲漢藏佛教藝術研究領域內大規模的國際性學術例會。會議持續吸引著國內外知名學者的廣泛關注,也爲廣大青年學者提供了直接參與國際學術對話的平臺。討論會中彙報的學術成果涉及西藏考古與藝術研究的多個領域,將藝術學、考古學、民族學、人類學、藏學和歷史學等多學科的方法綜合運用,爲傳統的西藏考古與藝術研究注入了新的活力。

# A Review of the Eighth International Conference on Tibetan Archaeology & Arts

Wang Shiqing

**Abstract**: From November 11 to 12, 2023, The Eighth International Conference on Tibetan Archeology & Arts was held at Zhejiang University. The conference was co-sponsored by the Sino-

Tibetan Buddhist Art Research Center of Zhejiang University, the Institute of Chinese Tibetan Studies of Sichuan University, and the Institute of Tibetan Buddhist Cultural Relics of the Palace Museum, and co-organized by the Art and Archeology Museum of Zhejiang University and the Cultural Relics Protection Institute of the Xizang Autonomous Region. Since its preparation, the conference has continued to attract widespread attention from experts and scholars at home and abroad, and has received sponsorship and support from people from all walks of life. During the two-day conference, scholars reported and exchanged their new achievements in recent years on eight topics on Tibetan archeology and art.

**Keywords**: Tibetan Archeology; Buddhist Art; New materials; Iconography

# 吐蕃文獻研究專題論壇會議綜述

## 曹新卓　旦知吉

**摘　要**：吐蕃文獻是中華典籍文獻的有機組成部分和中華優秀傳統文化的重要載體之一，做好吐蕃文獻專題研究有利於推進新時代我國藏學研究話語體系建設，推動中華優秀傳統文化創造性轉化和創新性發展。本次論壇從宗教研究、歷史與語言研究、文獻研究、科技研究四個方面對吐蕃文獻進行了全方位的探討。本文記錄了本次論壇的主要流程，整理了專題報告的主要內容，總結了此次論壇的突出特色，以期推動學界對吐蕃文獻的各方面研究。

**關鍵詞**：吐蕃文獻；吐蕃碑銘；吐蕃禪宗；苯教；《吐蕃大事紀年》；敦煌藏文詞彙

2023年10月27日—29日，由中國人民大學國學院和中央民族大學藏學院主辦，中國人民大學國學院西域歷史語言研究所、中國人民大學漢藏佛學研究中心和《西域歷史語言研究集刊》編輯部承辦的"吐蕃文獻研究專題研討會"在北京市隆重召開。來自中央民族大學、中國人民大學、中國藏學研究中心等15所高等院校和科研機構的53位專家學者及學生與會。

會議分開幕式、陳踐教授九秩華誕祝壽會、吐蕃文獻研究專題研討會和閉幕式四個環節。

開幕式上，中央民族大學藏學研究院黨總支書記周拉教授、中國人民大學國學院院長楊慶中教授先後致辭。"黨的十八大以來，以習近平同志爲核心的黨中央高度重視中華優秀傳統文化的傳承與發展"，包括吐蕃文獻在內的藏文典籍是中華典籍文獻的有機組成部分和中華優秀傳統文化的重要載體，"我們要堅持以鑄牢中華民族共同體意識爲主線，用正確的指導思想和研究方法去整理和研究吐蕃時期的各類文獻"，推進新時代我國藏學研究話語體系建設，推動中華優秀傳統文化創造性轉化和創新性發展。此後，中國人民大學國學院副院長黃維忠教授爲大家展示介紹了陳踐教授的新書及贈予中國人民大學國學院的部分珍貴書籍，並由中國人民大學國學院院長楊慶中教授代表國學院接受陳踐教授的贈書。

开幕式后，陈践教授九秩华诞祝寿会开始。首先各位与会专家学者和学生代表向陈践教授献上充满祝福与敬意的哈达。之后由陈践教授致辞。陈践教授讲述了自己晚年的学术研究经历，表达了自己的感谢和祝愿。此后，中国藏学出版社总编王维强、中国中医科学院中国医史文献研究所研究员刘英华、中国人民大学国学院副院长黄维忠、上海师范大学教授牛宏、复旦大学历史地理研究中心副研究员任小波、学生代表中国人民大学国学院博士生旦知吉、中央民族大学藏学研究院院长苏发祥依次发言，共同向陈践教授待人诚挚、醉心学术、淡泊名利、提携后进的学养学风表达敬意。

祝寿会后，"吐蕃文献研究专题研讨会"正式开始。会议由"宗教研究""历史研究""语言研究""文献研究""科技、文化研究"及5个"研究生专场"共10个专场组成。整场会议共有17位专家学者、17位研究生进行报告，涉及文献学、历史学、宗教学、语言学、医学等各研究领域，内容丰富且具有创新性，各位与会人员通过激烈的思想碰撞，对吐蕃文献研究有了更为深刻的认识与见解。综述将从吐蕃文献研究的角度出发，按照内容将此次论坛上的34篇文章分为宗教研究、历史与语言研究、文献研究、科技研究4个方面，分别进行介绍。

## 一、宗教研究

本次论坛中有6篇文章与宗教研究有关，涉及吐蕃禅宗、民间苯教信仰、吐蕃苯教丧葬仪轨、《须达拏经》的流传等主题。

中央民族大学藏学研究院周拉教授发表了以《禅宗入藏——从〈楞伽师资记〉藏译本谈起》为题的报告，主要论述了禅宗在吐蕃时期的传播与影响。报告从《楞伽师资记》藏译本切入，结合《五部遗教》《禅定目炬论》等宁玛派文献，深入解读了其中的达摩禅师的"二入四行"思想，认为吐蕃时期禅宗入藏并成为吐蕃佛教的一部分，古代藏传佛教非常重视禅宗思想。

上海师范大学哲学系牛宏教授在题为《论吐蕃禅宗的面向——以 Sam van Schaik 的研究为中心》的报告中，以英国国家图书馆 Dr. Sam van Schaik 撰写的《吐蕃禅宗——一个遗失传统的发现》(*Tibetan Zen: Discovering a Lost Tradition*) 一书为主，介绍并评述此论著的研究内容、方法及观点。

兰州大学西北少数民族研究中心阿旺嘉措教授在报告《敦煌文献中的"曼(སྨན)"字释义及其民间信仰》中，认为敦煌文献 P. T. 1060，P. T. 1047 等文献中"曼(སྨན)"字的意义为"女性神灵"，与当时民间的苯教信仰直接相关。

兰州大学敦煌学研究所博士生杨春在报告《敦煌藏文写卷所见吐蕃苯教丧葬仪轨空

間——以 P. t. 1042 爲中心》中，摘譯並梳理了敦煌藏文諸寫卷中散錄的吐蕃苯教喪葬儀軌空間相關信息，初步認爲吐蕃苯教喪葬儀軌空間可分爲整體空間、地面空間、地下空間三類，墓葬營建準則包括形制的四角八方、選址於隱秘河谷、墓室上建四木架和升舉四角飛簷等五端，且墓葬營建表述動詞採用建造、鋪展、環繞、延展、支撐和升舉等固定語詞。

上海師範大學哲學系博士生環科才讓做了題爲《探析〈須達拏經〉（藏文）與敦煌石窟須達拏壁畫的關係》的報告，從《須達拏經》的文獻淵源問題出發，基於過往研究成果及西域出土的有關文物，認爲藏文《須達拏經》以文本形式從西域流傳到西藏，通過古代絲綢之路、以壁畫形式首次出現在敦煌石窟中，並最終認爲佛教中國化的歷史形成及演變可追溯到公元 10 世紀前。

中央民族大學藏學研究院博士生趙松山在報告《吐蕃喪葬禮儀中的絲綢製品及其作用》中，結合敦煌藏文文獻、漢文文獻與吐蕃墓葬中所出土的各類絲綢製品實物，對吐蕃喪葬禮儀中所使用的各類絲綢製品進行了統計，就作用分爲喪服、隨葬品、助喪物品、裝飾物品及旗幡等類別，並認爲吐蕃喪葬禮儀中使用各類絲綢製品的現象可能是受到了漢地喪葬禮儀的影響。

## 二、歷史與語言研究

歷史與語言研究所涵蓋的範圍較廣，本次會議共有 20 篇報告涉及本專題。其中，既有對舊文獻的新發現、新解讀，也有對舊問題的再討論、再研究。

西北民族大學扎西當知教授在報告《雪碑相關問題探討》中，將雪碑碑文内容與敦煌古藏文、《賢者喜宴》《漢藏史集》等藏文古籍文獻相比較，分析得出此碑是恩蘭·達札路恭的墓碑、碑主人的最高職務是"内大相（ནང་བློན་ཆེན་པོ་）"及此碑立碑時間在桑耶寺石碑之後三大結論。

中央民族大學藏學研究院楊毛措副教授發表了題爲《吐蕃王室敘事中的祖先與後代：以"དཀོར་"爲例》的報告。報告考察了古藏文贊普傳記、吐蕃金石銘文和吐蕃律例文獻中的"དཀོར་"一詞，通過闡釋其核心語義及道德内涵，解釋其與吐蕃王室的緊密關係，論述了其對連接吐蕃王室祖先與後代、構建吐蕃王室連續性和整體性所發揮的重要作用。

河北大學歷史學院張旭教授在報告《唐府兵制與吐蕃大調集制比較研究》中，詳細介紹並對比了唐朝的府兵制和吐蕃的大調集制，認爲唐朝府兵制軍政錯位管理，所組建的軍隊兵非兵將非將，缺乏戰鬥力，而吐蕃大調集制將與兵、官與民存在固定的從屬關係，官轉將、民轉兵能夠迅速組建征戰軍隊。

南開大學歷史學院沈琛副教授在報告《從མདོ་སྨད到མདོ་ཁམས與བདེ་ཁམས——也論吐蕃東境管理體制的變遷》中，詳細梳理了吐蕃東境管理體制的變遷，認爲東境在吐蕃占領河隴之前統稱朵思麻，後改爲朵甘斯。764年之後吐蕃在河隴地區建立起德論領地（བདེ་བློན་རིས），與朵甘斯分野應在巴顏喀拉山或者更北的積石山。

中國社會科學院民族學與人類學研究所尹蔚彬研究員發表了題爲《古藏文文獻中的"生"和"死"》的報告。報告結合"生（出生、降生）"與"死（死亡）"出現的文本語境及不同書寫形式分析了古藏文文獻中的這兩個語義對立的詞，重點探討了"生"一詞不同書寫形式之間的關聯。

中央民族大學中國少數民族語言文學學院格日傑布副教授在報告《敦煌藏文大事紀年文書Or. 8212. 187末卷的文本標注與語法分析》中，在Brandon Dotson注解的基礎上，逐句分析並漢譯了敦煌古藏文文獻Or. 8212. 187號文書末卷的詞法和句法，總結了部分古藏文語法標注及語法特徵。

復旦大學中國歷史地理研究所任小波副教授發表了以《領有·征服：一個古藏文複合詞語義群》爲題的報告，解析了一個表示"領有"或"征服"的古藏文複合詞語義群，借助該義群在古藏文文獻中的用例和書證，分析了古代藏人解釋、運用和豐富其政治辭令和行政術語的方式，並提出了一個理想的古藏文詞條形式。

中央民族大學中國少數民族語言文學學院才讓扎西講師在題爲《"སྲུང"：古藏文文獻中的儀式敘事傳統探析》的報告中，詳細分析了"སྲུང"的基本概念、定義、特徵及影響。通過"སྲུང"神話與儀式之間的互動以及所表之意的一體性可知，以二元對立法處理神話與儀式的關係問題不符合古代"སྲུང"的實際情況，亦不具備重要價值。

中國人民大學國學院黃維忠教授發表了題爲《以父爲天：敦煌藏文詞彙"སྲུ"字語源初探》的報告，嘗試用語言學方法，綜合漢文、藏文及八思巴字等文獻，討論了སྲུ一字的語源。報告認爲，སྲུ最初語義爲父（甫），兼具王權和神權（占卜師），其後既作爲姓氏，也作爲天神（以父爲天），天崇拜和祖先崇拜合二爲一。吐蕃藏文文獻中出現的多種語義反映出父（甫）字的意義演變。

中國人民大學國學院博士生旦知吉發表了題爲《〈吐蕃大事紀年〉中的"བཙན་མོ"語義考》的報告，根據《吐蕃大事紀年》的實例，分別對"བཙན་མོ""སྲུས""རི་བ""ཇོ་མོ"四種吐蕃王室女性姻親稱謂詞進行統計，重點分析了"བཙན་མོ"（贊蒙）的概念與屬性，初步認爲བཙན་མོ應爲吐蕃聯姻政策中和親公主的專用尊稱。

中國人民大學國學院博士生徐瑤在報告《〈吐蕃大事紀年〉性質再探析——以親屬稱謂詞爲中心》中，採用史料編撰研究的方法及語言學中稱謂考察的視角，條析了ITJ 750寫卷《吐蕃大事紀年》涉及親屬稱謂的內容，認爲《吐蕃大事紀年》產生於遠離吐蕃王權中心地帶的多思麻地區，其性質爲吐蕃所轄之地方史，而非吐蕃官修史。

中央民族大學藏學研究院碩士生西合刀傑發表了報告《古藏文"ཕོ་བྲང"的語義及其演變——兼論"松贊干布遷都拉薩"說》。報告分爲兩大部分：第一部分以敦煌古藏文文獻和吐蕃時期碑銘爲研究對象，探討了"ཕོ་བྲང"一詞的本義、多重語義及其演變。第二部分通過分析吐蕃贊普爲核心的"ཕོ་བྲང"（吐蕃朝廷）的遷移性質，認爲吐蕃王朝無固定的都城，否定了"松贊干布遷都拉薩"說。

中央民族大學藏學研究院博士生扎西東智在題爲《吐蕃大論缺位問題考述》的報告中，從《吐蕃大事紀年》呈現的吐蕃大論制度的整體視角，對吐蕃大論缺位與重建問題進行了深入探討。他提出，吐蕃大論官制經歷了兩次缺位與重建的歷史演變。報告認爲，對該問題的探討對研究吐蕃贊普墀芒松、墀都松父子執政時期的權力博弈、政治生態變遷以及吐蕃大論制度的運行實踐與歷史演變具有重要的意義。

中央民族大學藏學研究院碩士生特布旦尼瑪在報告《吐蕃དཀུ་རྒྱལ་考》中，依據古藏文文獻、後世苯教文獻和藏文教法史等文獻中的相關內容，運用訓詁、考據和對比等方法探討了"དཀུ་རྒྱལ་"一詞的含義及其指代的吐蕃社會階層，認爲"དཀུ་རྒྱལ་"字面爲"贊普身邊的良吏"，由贊普通過盟誓授予諸功臣的兄弟子孫，是贊普鞏固政權的錦囊妙計。赤松德贊父子時期"དཀུ་རྒྱལ་"逐漸發展成爲一個固定的貴族階層，產生了相應的告身和章飾，對吐蕃社會階層的形成和發展有重要影響。

中央民族大學中國少數民族語言文學學院碩士生多傑措毛發表了題爲《藏語མག་པ（女婿）的詞源探析》的報告。報告基於藏語方言與古藏文文獻，用歷史比較法和詞彙語義學考察了藏語詞彙མག་པ的詞源問題，認爲མག་པ在早期爲雙輔音。

中央民族大學藏學研究院碩士生當子吉在報告《從古藏文親屬稱謂看吐蕃功臣的財產繼承》中，以敦煌古藏文文獻及古藏文碑銘爲考察對象，重點分析了"ཕུ་ནུ་པོ"、"བུན་མཆེད"、"བད་བུན"等多個古藏文親屬稱謂詞的含義，認爲"ཕུ་ནུ་པོ"與吐蕃時期的家族制度密切相關，"བུན་མཆེད"及"བད་བུན"等詞可泛指子、孫、父兄等親屬群體。在此基礎上，報告還將吐蕃功臣的財產繼承分爲法定、特權、分家三種類型。

中央民族大學藏學研究院碩士生頓珠次仁在題爲《吐蕃政治文化中的教化思想》的報告中，運用歷史人類學和歷史語言學的研究方法，以འདུལ་བ作爲切入點，探討吐蕃政治文化的教化思想，認爲依附自然的崇拜和依附動物的崇拜是吐蕃政治教化最初的種子，爾後的動物馴服是吐蕃政治教化的來源和基礎。

復旦大學中國歷史地理研究所博士生楊志國在報告《吐蕃王言考——以碑刻文獻爲中心的調查》中，以吐蕃碑銘、敦煌古藏文文獻、西域藏文簡牘爲史料支撐，初步探索了吐蕃王言制度，認爲隨著書寫載體從牘帛轉變到紙本，吐蕃王言義例也由簡約至於繁複，規制的王言文本可依據體裁的不同分爲敕（བཀའ）、制（བཀས）、誓（གཅིགས）三類，分別用於不同的場合。

中國藏學出版社編輯柴建華博士發表了以《唐蕃王權授受比較研究》爲題的報告，通過對已被學界熟知的敦煌藏文文獻的再解讀，勾勒出了吐蕃王權授受的大致形式：吐蕃的王位繼承儀式與葬禮儀式互爲表裏，贊普的權力、權威及其象徵物一起在靈柩前授受，這一點與漢文典籍中記載的唐朝新皇"柩前即位"有相似之處。

中國人民大學國學院碩士生諾日才讓在報告《敦煌藏文文獻 ITJ 1375 中所載的"北方象雄"考》中，將 ITJ 1375 中的"北方象雄"與其他敦煌文獻中的"象雄"在王臣、地名、方位以及被吐蕃征服的歷史記載等方面相比較，認爲二者是不同的政權，並探討了"北方象雄""小羊同""葉茹"之間的關係及"北方象雄"的中心地"ཏོག"的大致位置。

## 三、文獻研究

本次論壇中有 6 篇文章與文獻研究有關：兩篇文章重點介紹文獻價值，兩篇文章聚焦石碑研究，兩篇文章梳理了相關文獻。

青海民族大學民族與社會學學院葉拉太教授在報告《〈吐蕃編年史〉與吐蕃多康區域史研究》中，依據《吐蕃編年史》的記述，提取出了吐蕃時期有關多康區域的名稱，並將這些名稱與後期區域概念進行了對比。葉拉太教授認爲《吐蕃編年史》紛繁複雜的内容特徵恰好說明吐蕃時期的多康區域發揮著極其重要的"複線歷史"功能，區域特徵極爲明顯。

四川大學中國藏學研究所張延清教授發表了題爲《最新發現古格藏經洞出土文獻的史學價値和文獻價値》的報告。2020—2021 年，四川大學中國藏學研究所在西藏自治區阿里地區札達縣皮央村發現了一處古格時期的藏經洞，出土了一批珍貴文獻。這批文獻與敦煌古藏文文獻關係密切，但編纂《大藏經》時未被列入參校範圍，是修訂、補充藏文《大藏經》的珍貴資料。同時，藏經洞中還發現有元代中央政府下發給阿里的詔令抄件及八思巴印，表明古格與中原王朝的聯繫從未中斷。

西藏文物保護研究所夏格旺堆研究員發表了以《桑耶寺碑再考》爲題的報告。報告結合史料記載與今天的石碑實物，認爲桑耶寺碑應爲原立於烏孜大殿後的一通石碑，其護法神名稱爲"森哈木卡"或"森阿木卡"，《拔協》交代了"石碑由蓮花裝飾""碑頂置獅子裝飾"的重要信息。

中國人民大學國學院博士生扎西本在《英藏敦煌藏文文獻 ITJ 26 新探——基於 P. 2077〈大乘百法明門論開宗義決〉》中，通過將 ITJ 26 與敦煌漢文寫本 P. 2077 曇曠所造《大乘百法明門論開宗義決》及丹珠爾《異部宗輪論之異部説集》進行對勘研究，將ITJ 26定名爲《百法明門論開宗義決》，認爲該文獻以《大乘百法明門論開宗義決》爲基礎，兼引《異部宗輪論之異部説集》内容，是古印度論師世親《大乘百法明門論》的注釋本。此外，文章還補充了Borgland的研究，進行了漢藏對勘與翻譯。

中國人民大學國學院博士生永中久美發表了報告《嘎瓊石碑的考古調查與"skar-cung"一詞的流變考察》。報告基於嘎瓊石碑的考古調查歷程與學術史回顧，補充了1993年考古調查報告中未被公佈的重要出土信息，並對碑文中"སྐར་ཅུང"一詞在不同時期藏文史料中的記載與流變、在當代學術文章中的應用等方面進行了考察。

蘭州大學西北少數民族研究中心博士生才讓扎西在題爲《藏譯聲明典籍文獻的學派及作品》的報告中，系統考察了巴尼尼學派、伽羅巴學派、旃陀羅學派和妙音學派等四個傳入藏地的聲明學派被收錄於丹珠爾中的47部藏譯聲明典籍，對其進行了分類和綜述，展現了聲明在印度和藏地傳承和發展的重要背景信息。

## 四、科技研究

本次論壇中，有2篇文章涉及科技研究主題，且均與藏醫研究有關。

中國中醫科學院中國醫史文獻研究所劉英華研究員在《敦煌本藏文醫馬書所載醫術對比研究——利尿導尿、解毒、復蘇和拔牙磨齒》中，從英、法兩國收藏的7件敦煌古藏文醫馬書（殘卷）中抽取利尿導尿、解毒、復蘇和拔牙磨齒等內容與相關文本類似內容比較，並給出了參考漢譯文。

西藏大學中華民族共同體研究院夏吾卡先研究員在題爲《西藏林周新見涉醫吐蕃崖壁文的調查與初步研究》的報告中，介紹了西藏林周新見崖壁文的位置、概況及主要內容，指出該崖壁文是西藏腹地目前發現的唯一一處有關吐蕃醫學的文書，對研究吐蕃醫學史和文字演變史等具有重要的歷史價值。

## 五、論壇特色

本次會議特色鮮明，體現在以下4個方面：

一是與會人員老中青結合，體現出吐蕃文獻研究的傳承有緒。與會者最年長者九十高齡，最年輕的還在大學就讀，尤其是進行報告的學生占了一半，體現了吐蕃文獻研究幾代學人"薪火相傳"，後繼有人。

二是與會人員來自8個省市自治區，體現出吐蕃文獻研究者分佈的廣泛性。本次與會人員來自中央民族大學、中國人民大學、中國藏學研究中心、中國社會科學院、中國中醫科學院、西藏大學、西藏文物保護研究所、蘭州大學、西北民族大學、青海師範大學、四川大學、復旦大學、上海師範大學、南開大學、河北大學等 15 所高等院校和科研機構，體現了吐蕃文獻研究學者分佈的廣泛性。

三是本次會議涉及內容豐富，體現出吐蕃文獻研究的新趨勢。本次研討會從傳世文獻及考古材料出發，宏觀與微觀相結合，從不同學科視角，討論了吐蕃歷史、宗教、語言、文獻、科技和文化等方面的問題。與會學者或舊史新探、或舊物新發現、或公佈新史料，尤其是不少報告從學界關注較少的基礎性詞彙入手，從微觀視野，以小見大，分析其背後的文化因素，體現了吐蕃文獻研究的新動向。

四是本次會議設有"研究生專場"，以"加強青年專家學者的培養"。本次會議專設 5 個"研究生專場"，其中包括一個藏文專場。會前學生論文的全文提交點評專家仔細審閱，在會上，學生報告後，由專家進行點評，可謂爲"加強青年專家學者的培養，爲他們把好方向、搭建平臺、創造機會"。

吐蕃文獻記錄了 7—10 世紀青藏高原上我國古代各民族交往交流交融的歷史事實，是值得深入挖掘和研究的學術寶藏，有待學界同仁共同探索和研究。本次會議的成功舉辦有利於推動吐蕃文獻的各方面研究，有利於促進吐蕃文獻研究科研人才隊伍發展壯大，標誌著吐蕃文獻研究取得了新的進展。

## Summary of the Tubo Literature Research Forum

Cao Xinzhuo, Danzhiji

**Abstract**: Tubo literature is an organic part of Chinese ancient literature and one of the main carriers of Chinese excellent traditional culture. Therefore, an outstanding study of Tubo literature is conducive to promoting the construction of the discourse system of China's Tibetan studies in the new era, and pushing the creative transformation and innovative development of Chinese excellent traditional culture. This forum discussed the Tubo literature from four aspects: religious research, historical and linguistic research, documentary research, and technological research. This article records the main meeting process, organizes the main contents of the special reports, and summarizes the outstanding features of the forum, with a view to promoting the academic community's research on all aspects of the Tubo literature.

**Keywords**: Tubo literature; Tubo inscription; Tubo Zen; Bon; *The Old Tibetan Annals*; Dunhuang Tibetan words

# 本輯作者名錄

（按作者姓氏拼音排列）

阿拉法特·艾山　北京外國語大學亞洲學院博士后

阿依達爾·米爾卡馬力　新疆大學中國語言文學學院教授

安海燕　中國人民大學清史研究所副教授

巴哈提·依加漢　中國人民大學國學院、哈薩克斯坦國立歐亞大學突厥學與阿勒
　　　　　　　　泰學研究中心教授

白玉冬　蘭州大學敦煌學研究所教授

芭璐爾　中國人民大學國學院博士后

曹新卓　中國人民大學國學院本科生

陳　踐　中央民族大學教授

陳　希　中國人民大學國學院講師

旦知吉　中國人民大學國學院博士生

格日傑布　中央民族大學中國少數民族語言文學學院副教授

貢噶旦增　內蒙古自治區康寧寺經師

韓蘇日古嘎　中國人民大學文學院博士生

侯浩然　浙江大學歷史學院研究員

黃維忠　中國人民大學國學院、"古文字與中華文明傳承發展工程"協同攻關創新
　　　　平臺教授，中央民族大學兼職博導

李丹妮　上海外國語大學全球治理與區域國別研究院博士生

劉丹楓　中國人民大學國學院博士后

毛一銘　浙江大學藝術與考古學院漢藏佛教藝術研究中心博士生

屈直敏　蘭州大學敦煌學研究所教授

任小波　復旦大學中國歷史地理研究所副教授

薩爾吉　北京大學東方文學研究中心、西藏大學文學院副教授

沈衛榮　清華大學人文學院教授

思日牧恩　清華大學法學院博士生

蘇日嘎　內蒙古大學蒙古學學院博士生

索羅寧（K. Solonin）　中國人民大學國學院、"古文字與中華文明傳承發展工程"協同攻關創新平臺教授

唐曉寧　中國人民大學國學院博士生

吐送江·依明　蘭州大學敦煌學研究所教授

王詩晴　浙江大學藝術與考古學院漢藏佛教藝術研究中心博士生

烏　蘭　中國社會科學院民族學與人類學研究所研究員

烏雲畢力格　中國人民大學國學院、"古文字與中華文明傳承發展工程"協同攻關創新平臺教授

象毛措　中央民族大學博士生

張恩輔　北京師範大學歷史學院本科生

張　雲　中國藏學研究中心歷史研究所研究員

# 稿　約

《西域歷史語言研究集刊》是由中國人民大學國學院西域歷史語言研究所主辦的學術刊物，半年刊，由中國藏學出版社出版發行。

本刊以介紹國內外學者關於中國西域（青藏高原、天山南北、蒙古高原）以及中央歐亞民族、歷史、語言、宗教、藝術、文化等方面的最新研究成果爲主要宗旨。發表具有原創性的學術研究論文、書評和研究綜述等，以期推動國內學界在西域和中央歐亞歷史語言研究方面的進步。

歡迎相關研究領域專家學者自由投稿，稿件字數原則上應控制在3.5萬字以內，文種爲漢文、英文、日文、蒙古文（僅限於基里爾文）等。來稿一經刊用，即贈送樣刊2本。

本刊對擬采用稿件有酌情删改權，如不同意删改者，請在來稿中特别聲明。如兩個月內未接到用稿通知，作者可自行處理。

來稿務必參照中國藏學出版社學術著作出版規範的格式，並同時發來 Word 與 PDF 版兩種形式。漢文稿用繁體字，附作者姓名英文寫法、文章英文題目、英文摘要等，並附詳細的通信地址、郵編、電子郵箱、聯繫電話。

本刊投稿郵箱：xiyulishiyuyan@163.com

通信地址：北京市海淀區中國人民大學國學館118室

郵編：100872

聯繫電話：18811536991

《西域歷史語言研究集刊》編輯部

圖書在版編目（CIP）數據

西域歷史語言研究集刊. 二〇二三年. 第二輯：總第二十輯/黃維忠主編. —北京：中國藏學出版社，2023. 11
ISBN 978 – 7 – 5211 – 0487 – 5

Ⅰ.①西… Ⅱ.①黃… Ⅲ.①西域 – 文化史 – 研究 – 叢刊 Ⅳ.①K294.5 – 55

中國國家版本館 CIP 數據核字（2023）第 236065 號

**西域歷史語言研究集刊　二〇二三年第二輯（總第二十輯）**　　　　黃維忠　主編

| | |
|---|---|
| 責任編輯 | 徐華蘭　柴建華 |
| 英文編輯 | 張　寧 |
| 封面設計 | 李建雄 |
| 出版發行 | 中國藏學出版社 |
| 印　　刷 | 中國電影出版社印刷廠 |
| 規　　格 | 開 本：787mm × 1092mm　1/16 |
| | 印　張：27.25　字　數：561 千字 |
| 版　　次 | 2024 年 4 月第 1 版第 1 次印刷 |
| 書　　號 | ISBN 978 – 7 – 5211 – 0487 – 5 |
| 定　　價 | 164.00 圓 |

本書如有印裝質量問題，請與本社發行部（010 – 64892902）聯繫
版權所有　侵權必究